史記

全本　全注　全评

评注版

一

本纪　年表

[西汉] 司马迁 著
韩兆琦 评注

岳麓書社 · 长沙

二里头考古遗址

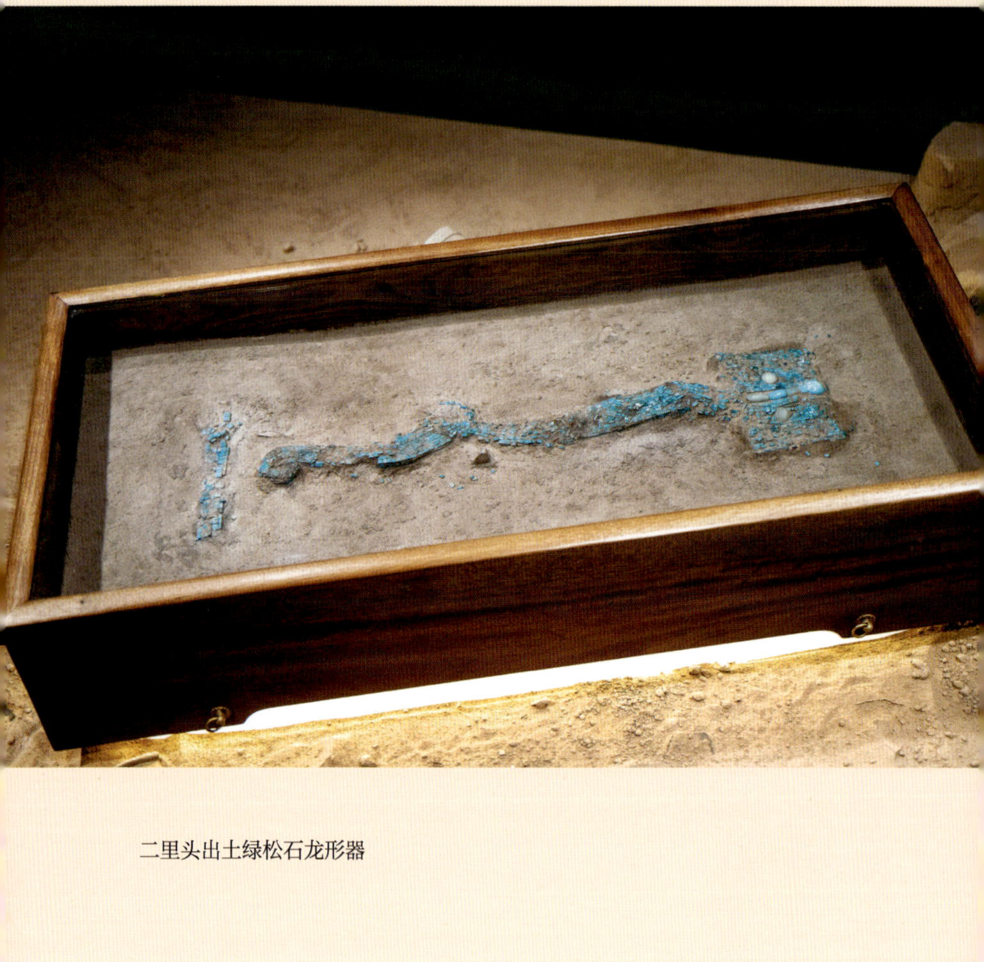

二里头出土绿松石龙形器

二里头出土青铜爵

二里头出土嵌绿松石铜牌饰

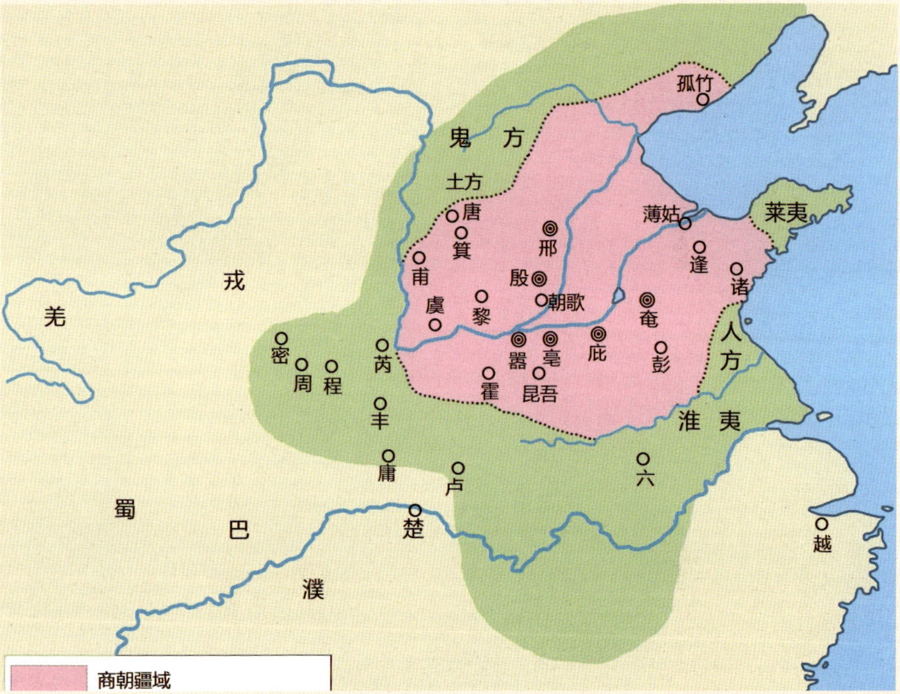
孤竹
鬼方
土方
唐
箕
邢
薄姑
莱夷
逢
诸
甫
殷
朝歌
虞
黎
奄
戎
羌
密
周
程
芮
嚣
亳
庇
彭
人方
霍
昆吾
丰
淮夷
庸
卢
六
蜀
巴
楚
越
濮
商朝疆域

商朝统治范围示意图

卜骨刻辞

西周青铜器利簋

武征商，唯甲子朝，歲鼎克聞（昏），夙又（有）商，辛未，王在闌（管）師（次），賜又（右）事（史）利金，用乍（作）旜公寶尊彝

04131

利簋铭文

西周何尊

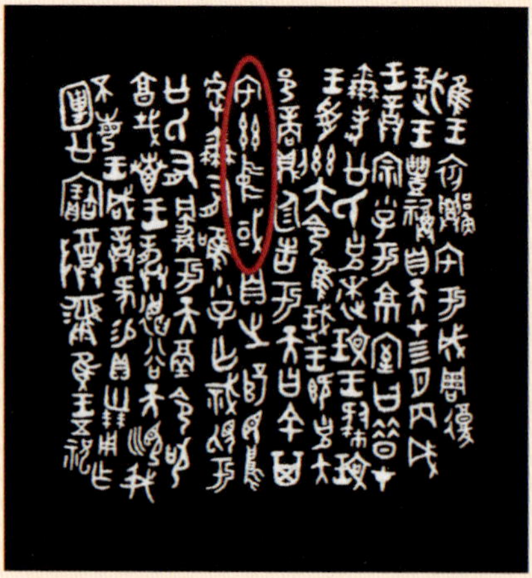

何尊铭文“宅兹中国”

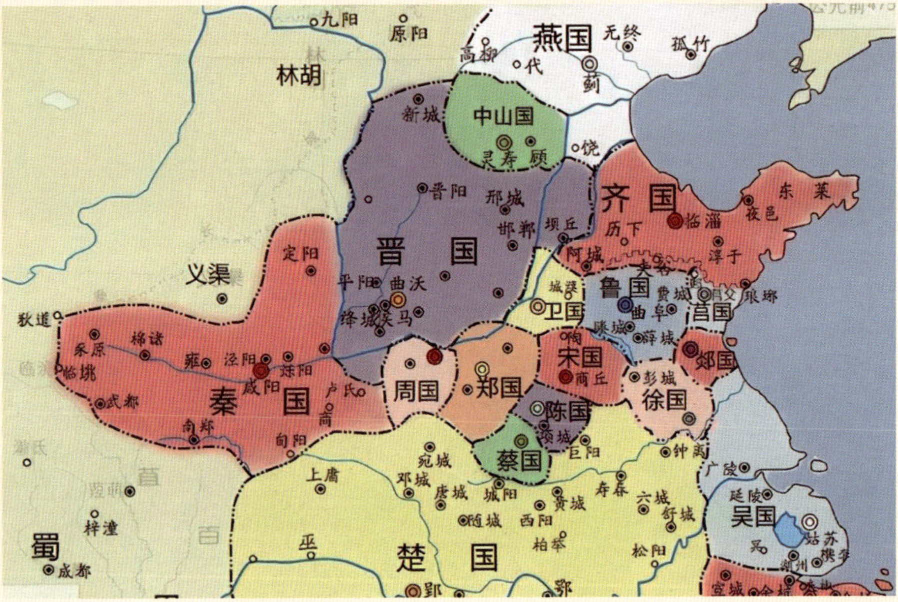
燕国
中山国
晋国
齐国
鲁国
卫国
宋国
莒国
郯国
周国
郑国
陈国
蔡国
徐国
秦国
楚国
吴国
林胡
义渠
蜀
九阳
原阳
无终
孤竹
高柳
代
蓟
新城
灵寿
顾
晋阳
邢城
邯郸
临淄
东莱
夜邑
历下
阿城
淳于
琅琊
定阳
平阳
曲沃
绛城
新城
商丘
彭城
咸阳
雍
泾阳
栎阳
卢氏
商
武都
临洮
狄道
上庸
宛城
邓城
唐城
城阳
随城
西阳
寿春
六城
舒城
钟离
广陵
延陵
姑苏
松阳
成都
梓潼
郢

春秋列国形势图

战国秦孝公十八年商鞅方升

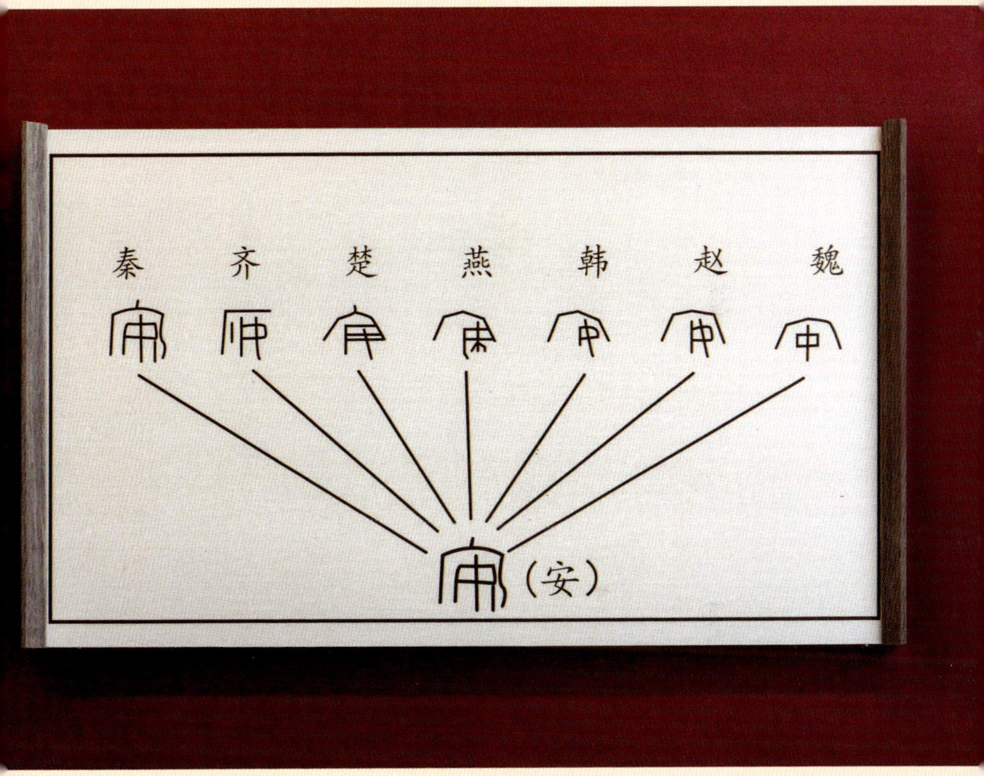

秦统一六国文字

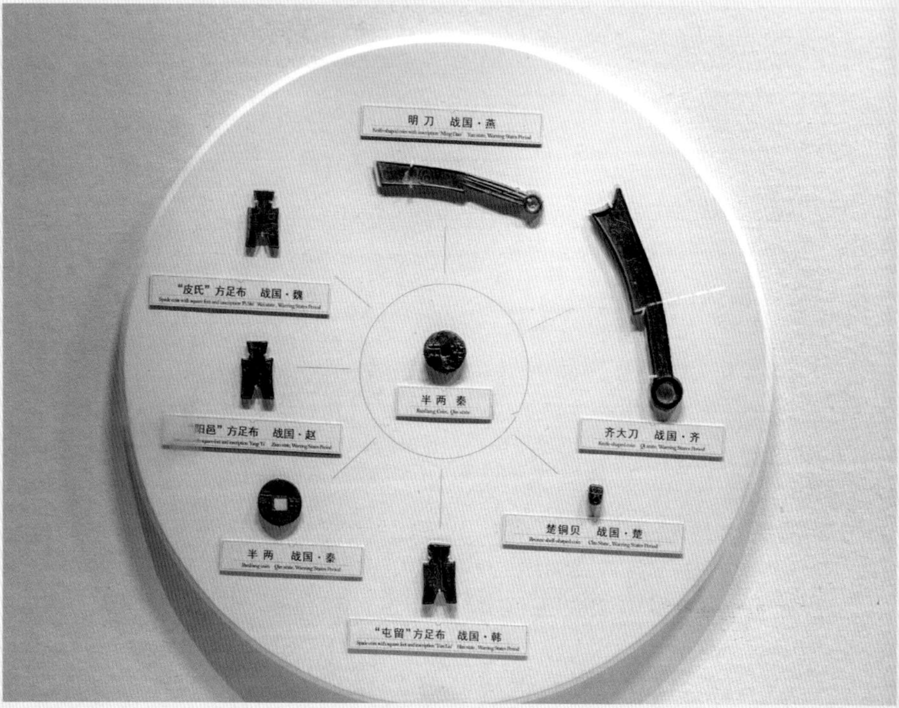

秦统一六国货币

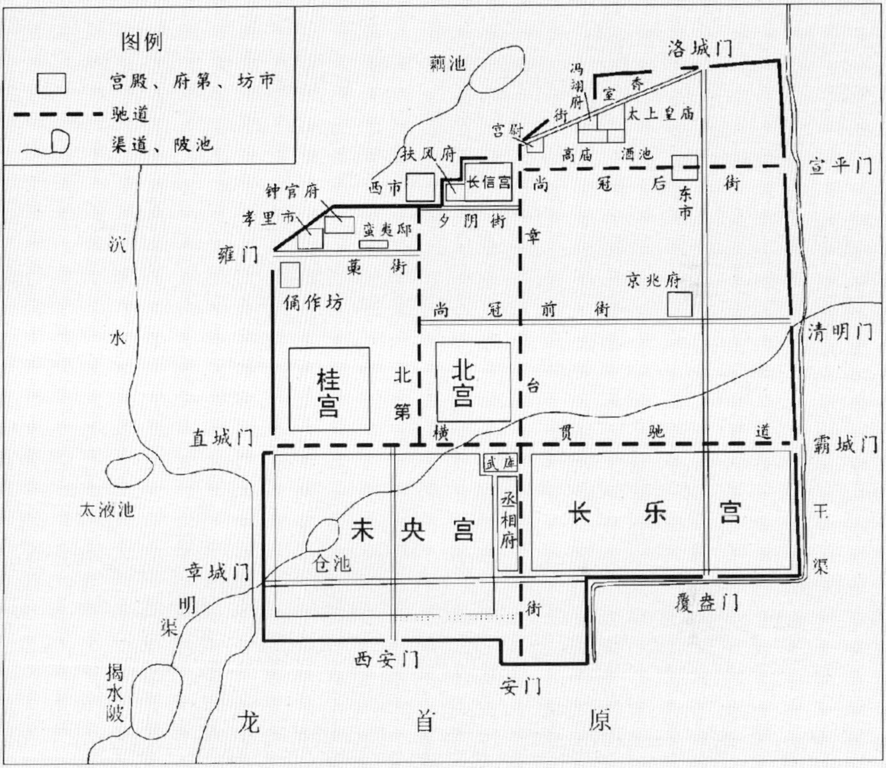
图例
宫殿、府第、坊市
驰道
渠道、陂池
洛城门
冯翊府
太上皇庙
扶风府
高庙
酒池
宣平门
长信宫
西市
尚冠后街
东市
钟官府
孝里市
蛮夷邸
夕阴街
章台街
雍门
藁街
京兆府
尚冠前街
清明门
桂宫
北第
北宫
直城门
横贯驰道
霸城门
武库
丞相府
长乐宫
太液池
未央宫
王渠
仓池
章城门
明渠
覆盎门
西安门
安门
龙首原

汉长安城示意图

皇后（吕后）之玺

长乐未央瓦当

汉武帝茂陵

前 言

司马迁，字子长，夏阳（今陕西韩城南）人，我国古代伟大的史学家和散文家。他生于汉景帝中元五年（前145），大约死于汉武帝征和三年（前90），活了五十六岁。

司马迁出生在一个世代史官的家庭，自幼受父亲司马谈的学术思想熏陶。从二十岁开始，他游历了江淮、汶泗、鄱薛、梁楚等广大地区。后来他当郎中的时候，还跟随汉武帝巡游过许多地方，又曾奉命到巴蜀以南的邛笮、昆明等地区考察。当司马迁从西南地区回来的时候，在洛阳一带见到了他生命垂危的父亲。那时司马谈正在为自己身为太史令却因病不能跟随汉武帝去东封泰山而抱憾，也更为自己生逢这么一个国家一统，国力强盛，百废俱兴，各方面都在大总结、大发展的时代，而竟未能写出一部具有像孔子的《春秋》那样地位的传世之作而愧恨。他希望儿子能继承自己的遗志，完成这一历史重任。临终之际，司马谈对儿子说："余先周室之太史也。自上世尝显功名于虞夏，典天官事。后世中衰，绝于予乎？汝复为太史，则续吾祖矣。"又说："自获麟以来四百有余岁，而诸侯相兼，史记放绝。今汉兴，海内一统，明主贤君忠臣死义之士，余为太史而弗论载，废天下之史文，余甚惧焉,汝其念哉!”这不仅仅是一位父亲临终前对儿子的谆谆嘱托,它传达的更是历史责任感和使命感。这使司马迁受到了极大震动,他俯首流涕说:“小子不敏,请悉论先人所次旧闻,弗敢阙。”无疑,这件事对司马迁日后的生活和事业都有着重大的影响。

三年后,司马迁继父职当上了太史令。又过了五年,即太初元年(前104),司马迁正式开始了《史记》的写作。到天汉二年(前99)司马迁四十七岁的时候,一场意想不到的灾难降临到了他的头上。这一年,李广的孙子李陵带领五千步兵出征匈奴,中途遇上了敌人的大部队,虽经浴血奋战,但终因寡不敌众而兵败,李陵也被匈奴人俘去。消息传入汉廷,武帝大为恼怒。当他呼问司马迁对此事有何看法时,司马迁一方面为了安慰汉武帝,另一方面也痛恨那些见风使舵、落井下石的小人,便说李陵的被俘也许是权宜之计,“观其意,且欲得其当而报于汉”。退一步讲,即使他真的投降了敌人,他投降前那种艰苦卓绝的奋战也足以扬名天下了,不应该再过多责怪。不料这些话更加激怒了晚年多疑的汉武帝和他周围的一群宠臣,结果司马迁被以“诬上”与“沮贰师”的罪名判处死刑,后经司马迁自己申请改为宫刑。这件事不论从肉体上还是精神上都是对司马迁的沉重打击,只是因为《史记》还没有写成,出于一种强烈的使命感,他才忍辱负重地坚持活了下来。受刑后,他被任命为中书令,在汉武帝手下负责收发管理文件档案,实际上司马迁不过是为了借此求得接触国家图书资料的机会,以继续完成其伟大著作而已,其他荣辱得失都已置之不顾了。受宫刑一事给司马迁带来了极大的痛苦和耻辱,但也使他的思想得到了净化和升华。从此,他的眼光更锐敏、更有洞察力,他的立场感情也更加向下,更加接近劳动人民了。这对《史记》中批判精神与民主性的加强,显然有着重要的意义。

征和二年(前91),司马迁五十五岁,这时他的《史记》已经接近完成,全书的规模、体例、篇幅字数都已经基本确定,这些信息是从他给任安的回信中透露出来的。大概是因为任安在给司马迁的来信中对司马迁进行了许多指责吧,司马迁多年来郁积心底的无限痛苦与悲愤一下子翻涌了起来,它像一江打开了闸门的洪水,再也无法遮掩、无法阻遏了。司马迁的《报任安书》是一张对汉武帝严刑酷法的控诉状,是一纸与汉代上流社会决裂的绝交文,是一份表明个人心志的宣言书,是一首血泪凝成的悲愤诗。也许正是由于这篇充满悲愤、充满战斗性的作品更加严重地得罪了汉代统治集团吧,司马迁从此便销声匿迹了。是因此第二次下狱被杀了呢,还是他觉得自己的《史记》已经写完,可以“偿前辱之责”而死无遗憾,于是便愤而自杀了呢?任何地方都没有记载。班彪上距司马迁之死只不过几十年,在《汉书·司马迁传》里竟也只字未提。

五十六年的一生,是司马迁历尽千辛万苦,受尽种种磨难和侮辱的一生,也是司马迁艰苦奋斗、百折不挠,使自己生命大放光华的一生。它悲惨,但是光荣、壮烈,因而激励着千百万后人为争取更加美好的社会而不懈奋斗。

《史记》的记事,上起轩辕,下至汉武帝太初年间,是一部纪传体通史。它包括本纪、表、书、世家、列传五个部分,共一百三十篇,约五十二万字,既是一部体大思精、前无古人的历史巨著,也是我国文学史上最伟大的著作之一。

《史记》在思想上的成就,在我国整个古代社会中是无与伦比的,没有第二部史学著作可以和它相提并论。

其一是表现了司马迁朴素的唯物思想。他揭露和批判了当时充斥整个汉代社会的“天人感应”“君权神授”的滥言，揭穿了那些阴阳五行家和方士们所编造的种种欺人之谈。有关这方面的内容集中表现在《封禅书》《伯夷列传》等篇中，而《封禅书》简直是一篇讨伐鬼神迷信的檄文。尽管《史记》的某些篇目也有关于“灵异”之类的记载（如《高祖本纪》），但是我们不要认为司马迁真正相信这些鬼把戏，他只不过是不好直接说破而已。我们只要看看司马迁在《陈涉世家》与《田单列传》中关于“灵异”实质的记述，对他所持的态度也就十分清楚了。

其二是表现了司马迁的进步历史观。一部《史记》涵盖了由上到下、由中到外的各阶层、各地区、各领域、各行业，在司马迁看来，它们是互相依存、互相关联、互相影响的。因此，他对任何一个问题的发生发展都要“原始察终”“见盛观衰”，都要研究它们的来龙去脉，这也就是他自己所说的“通古今之变”。这种注重事物的发展变化及其相互关系的历史观，与当时官方哲学所宣扬的“道之大，原出于天，天不变，道亦不变”的观点，是完全对立的。

其三是表现了司马迁卓越的经济思想。司马迁重视经济发展对国家兴衰的关键作用，认为国家的一切重大决定都与当时的经济状况紧密相关。司马迁认为，手工业、商业是与农业同等重要的，因而反对片面地强调“重本抑末”，主张商业、手工业自由发展，反对官工官商垄断国家经济。他高度评价了工商业者中的一些杰出人物的智慧与才干，高度肯定了他们在国家社会发展中的重要贡献。这种思想在《平准书》《货殖列传》等篇中，有较为集中的反映。正是由于司马迁一改当时正统观念对商业、商人的鄙薄态度，钱锺书才称《货殖列传》对于新史学的发展来说，简直是一篇“手辟鸿蒙”的奇作。

其四是司马迁继承了孟子“民为贵，社稷次之，君为轻”的思想,他在《史记》中展现了鲜明的反专制、反暴政的民主色彩。他重视下层人民的力量,歌颂下层人士的品质才干,用了很多篇幅为他们树碑立传,诸如《游侠列传》《滑稽列传》《日者列传》《扁鹊仓公列传》等都属这一类。至于那些虽以贵族人物为卷名,而文中实际所写仍是下层人物的篇章就更多了:如《孟尝君列传》突出写了冯驩,《平原君虞卿列传》突出写了毛遂、李同,《魏公子列传》突出写了侯嬴、朱亥、毛公、薛公等等。他认为真正有智慧、有才干,决定国家命运的是这些人,而不是那些"金玉其外,败絮其中"的腐朽贵族。同时,司马迁还肯定下层人民在走投无路的情况下被迫造反的合理性,高度敬仰那些揭竿而起、反抗强暴的草莽英雄。他写《陈涉世家》,把陈胜列入商汤、周武王、孔子一类"圣贤"的行列,这体现了怎样的一种令人难以置信的眼光与勇气啊!

其五是表现了司马迁卓越的民族观。他认为,我国境内各民族都是黄帝的子孙,都是兄弟。他主张各民族之间应该平等友好,而反对那些以掠夺、扩张为目的的不义战争。在这个问题上,司马迁突出地表现了他作为汉族被压迫人民和一切被欺凌、被掠夺的少数民族的共同朋友的正义立场。

唐代刘知幾认为一个历史学家应该具备史学、史才、史识,所谓史识,就是指观点、见解、判断力、洞察力之类。而司马迁就是同时具备这三项素质的少有的伟大历史学家。

一个人有先进卓越的思想是难能可贵的,而一个人能够把这些思想如实地表达出来就更为难能可贵,而《史记》就恰好突出地表现了司马迁勇敢无畏的批判精神和"不虚美、不隐恶"的求实态度。所谓"不虚美、不隐恶",所谓"批判精神",主要是针对汉代的现实社会政治而言。对先秦的某个昏君邪臣有所批判,那又有什么值得说的呢?司马迁勇敢无畏地揭露和批判了汉朝皇帝与其宠臣们的荒淫、奢侈、残忍和自私，这方面的情况尤其表现在对汉高祖、汉景帝、汉武帝以及李广利、公孙弘、张汤等人的批判上。司马迁还揭露和批判了汉代统治集团内部的勾心斗角、互相残杀，以及汉代所推行的诸如杀功臣、对外扩张、独尊儒术、算缗告缗、平准均输等一系列政策。司马迁对汉代上流社会那种唯利是图、背信弃义、趋炎附势、落井下石等一系列道德沦丧的表现极为不满，他之所以写《游侠列传》，主要就是由此而发。其他如《孟尝君列传》《廉颇蔺相如列传》《汲郑列传》以及《报任安书》等篇中，也都流露着愤世之音。

司马迁的求实精神一方面表现在他能够不顾忌当朝统治者的喜怒而勇敢地直书史实，如客观地承认秦朝的历史地位、历史贡献，敢于为郭解这个被汉武帝点名杀掉的游侠歌功颂德、树碑立传等。另一方面表现在他能够战胜自己，能够不因个人的爱憎上下其手，而歪曲历史的真相。如商鞅的为人是司马迁所不喜欢的，但是《商君列传》却能把变法的过程和作用写得异常客观明晰；又如项羽、李广都是司马迁喜爱的人物，但在《项羽本纪》《李将军列传》中，他也能如实地写出他们的种种缺点，说明他们的悲剧结局并非出于偶然。

清代的章学诚认为，要做一个杰出的历史学家，仅有刘知幾所说的“史学”“史才”“史识”还不够，还应该再加一个“史德”。我们认为“杰出的历史学家”这一称号，司马迁是当之无愧的。

作为一部伟大的文学著作，《史记》的艺术成就主要表现为以下三方面：

其一是《史记》的写人艺术。司马迁是以人物为中心的写人文学的开创者，这在我国文学发展史上具有划时代的意义。早在先秦时期，以叙事为中心的《左传》和以写辞令为中心的《战国策》就已经取得了相当高的文学成就，而它们也无疑地对《史记》的写作产生了巨大的艺术影响，但是我们不能不说，作为以人物为中心的自觉的写人艺术，在先秦还没有出现。因此要追溯我国写人文学，甚至明确说到中国小说戏剧的始祖，就不能不首推《史记》了。对于这一点，我们必须有足够的认识。

《史记》是一幅丰富多彩的生动的人物画卷，其中有一定性格的人物形象多达上百个，而这些人物形象又大都带有后世写人文学所不具备突出特点。

首先是《史记》中的人物大都具有一种英雄气质。他们积极进取，勇于事功，艰苦奋斗，百折不挠地追求理想的实现与事业的成功。伍子胥、孙武、吴起、商鞅、陈涉、项羽等固然是这种气质的典型代表，而即使那些被司马迁所批判的人物如李斯、主父偃等，也都有着一种“得时无怠”的进取精神，一种“生不五鼎食，死即五鼎烹”的豪气。

同时，《史记》中的人物又大都具有一种悲剧色彩。《史记》中写人物的作品共一百一十二篇，其中以悲剧人物的名字为标题的共五十七篇，再加上虽不以悲剧人物的名字为题，但其中写有重要悲剧人物的二十多篇，《史记》中写悲剧人物的共有七十多篇。又因为有的作品一篇中就有几个悲剧人物，所以《史记》共写了一百多个悲剧人物。他们当中有的是新生事物的代表，被反动势力的一时强大毁灭了，如吴起、商鞅、陈涉、晁错等；有的是功勋卓著的帝王将相、英雄豪杰，只是由于晚年的某些错误而招致了悲剧下场，如齐桓公、赵武灵王、吴王夫差等；有的是才能卓越，有大功于世的名臣良将，却因直言敢谏，忠心耿耿，而遭忌被谗，造成悲剧。这里面有一部分是被昏君邪臣所害的，如伍子胥、廉颇、李牧、信陵君、屈原等；有一部分还是生活在“明圣”之朝，结果也未能逃脱悲剧结局的，如白起、韩信、周亚夫、李广、汲黯等；有些是见义勇为，打抱不平，为解救国家和朋友的危难而奋不顾身的，如侯嬴、荆轲、田光、高渐离、李同等；有的是为了坚守节操或为了某种信念而从容赴死的，如伯夷、屈原、王蠋、程婴、聂荣以及田横的门人等；有的是有大才而地位卑贱，一生无人赏识而困顿终生的，如孔子、孟轲、韩非、司马相如等；此外还有些善良或无辜却被害的，如申生、汲子、子婴、如意、楚怀王等，也都令人同情。《史记》中还有一些人物看起来像是功成名遂，得意非凡，但是实际上他们晚年的心境也仍然是凄凉寂寞、惶恐不安的，如秦始皇、汉高祖、汉武帝等，他们尽管握有生杀予夺的大权，但是内心并不快乐，甚至还比不上一个普通的平民百姓。

整个《史记》是被司马迁的世界观所涵盖的，《史记》的悲剧气氛无处不在。

尤其应该注意的是，《史记》写悲剧人物、悲剧故事，与古代的欧洲悲剧以及中国后世的悲剧创作有很大不同。它不像古希腊悲剧那样特别强调命运的作用，也不像法国悲剧、英国悲剧那样片面地突出个人性格的原因。《史记》是扎扎实实地描写现实问题，揭露社会矛盾，充分展现造成人物悲剧的错综复杂的社会原因。这就从根本上排除了席勒所说的那种“耻辱的有伤尊严的”神秘力量的作用，同时也排除了那种令人不可置信的偶然因素的作用，从而使矛盾的发生发展以及种种问题的解决都建立在朴素的唯物思想的基础上。这就使作品的批判力、对读者的感染力，以及对后世的警诫力，都大大地增强了。例如，商鞅纯粹是因为实行变法得罪了既得利益集团而被杀害的；伍子胥是由于功高位重而又极谏直言而被昏君邪臣逼死的；韩信是由于本领太强，功劳太大，因而在强敌消灭之后被刘邦、吕后、陈平、萧何等一伙强加罪名迫害的。《史记》中也有关于某些人物的带有一些宿命色彩的描写，如周亚夫的命当饿死，李广的“数奇”

等，但显然这部分内容在作品中都没有被强调。在司马迁笔下，造成周亚夫、李广悲剧的仍然是罪恶的汉朝统治者，是人为，而绝不是什么不可知的“天意”。

《史记》中的悲剧主人公多是帝王将相、英雄豪杰，《史记》所表现的题材多是军国大事，《史记》的故事情节多是矛盾尖锐，冲突剧烈，剑拔弩张，惊心动魄。这些都和古希腊、法国、英国悲剧很相似，而和我国宋元以来的那种好写小人物、好写市井生活的悲剧大不相同。《史记》也常常极力突出悲剧效果的触目惊心，如写项羽自刎后，“王翳取其头，余骑相蹂践争项王，相杀者数十人”。写齐桓公是“桓公病，五公子各树党争立。及桓公卒，遂相攻，以故宫中空，莫敢棺。桓公尸在床上六十七日，尸虫出于户”。这种穷形尽相的描写，与深刻影响了中国文学发展的儒家理论所倡导的“中庸”以及什么“温柔敦厚”大不相同，而和亚里士多德所强调的要力争激起人们的“怜悯或恐惧之情”的观点却很相似。

《史记》里记述悲剧人物、悲剧故事的基调是高亢激越的，它不但不使人感到消极悲沉，反而鼓舞读者的壮气。《史记》中的悲剧人物都是有理想、有目标、百折不挠、奋斗不息的，他们对历史的发展都做出过重要贡献，或者至少曾经对当时社会有某种震动，对后世产生过某种影响。总之一句话，他们都充分展现出了人生的价值。因此在后人看来，他们的死是值得的。这一点，《史记》和西方悲剧、中国后代的悲剧故事也不尽相同。

《史记》描写人物的手法、技巧是很高超的，许多地方明显带有后世小说的某些因素。由于司马迁写《史记》是要“成一家之言”，因此他在人物的传记中除了叙述该人物的一些基本史实外，还往往要借以表达自己的思想。明代陈仁锡说：“子长作传，必有一主宰。”近人高步瀛说：“史公之文，每篇各有主旨。”说的都是这个意思。《史记》好写戏剧性的情节,好写戏剧化的场面,善于刻画人物,为人物设计个性化的语言,这些特点在《项羽本纪》《高祖本纪》《田单列传》《廉颇蔺相如列传》等一系列作品中表现得尤为突出,它们显然都是经过司马迁艺术加工、艺术创造的结果。清代周亮工曾经针对项羽的垓下作歌说:“垓下是何等时?虞姬死而子弟散,匹马逃亡,身迷大泽,此际亦何暇更作歌词?即有作,亦谁闻之,而谁记之欤?吾谓此数语者,无论事之有无,应是太史公‘笔补造化,代为传神’。”这“笔补造化,代为传神”八字,可说是参透了《史记》中许多生动情节、生动场面描写的奥秘。《史记》写人叙事的许多具体手法,诸如对比衬托、夸张铺垫、心理描写、气氛烘托等,都运用得得心应手,为后代小说创作开风气之先。

其二是《史记》的语言成就。司马迁是我国杰出的语言大师,他吸收并改造了先秦典籍的书面语,同时也吸收融会了许多汉代的书面语和人民群众的口头用语,从而形成了一种浅近、活泼、朴实、流利的书面语言。表现在《史记》中,我觉得主要有以下三点:

第一,作者叙述描写的语言极其生动形象,准确传神。例如《廉颇蔺相如列传》写蔺相如在完璧归赵一段中与秦王斗智斗勇的情景时说:“相如视秦王无意偿赵城,乃前曰:‘璧有瑕,请指示王。’王授璧,相如因持璧却立,倚柱,怒发上冲冠……”。这“因持璧却立,倚柱,怒发上冲冠”几个动作的次序是多么明晰,而蔺相如当时的心理和神情又被表现得多么生动逼真啊!在渑池会上,秦王侮辱性地让赵王鼓瑟,而秦国御史还要当众在起居注上写明“某年月日,秦王与赵王会饮,令赵王鼓瑟”。面对这样的侮辱和挑衅,赵王没有任何抗争和反击。蔺相如因此不得不挺身而出,越俎代庖。他提出请秦王击缶,以相娱乐。秦王不许,于是他便把缶送到秦王面前，以“五步之内，相如请得以颈血溅大王”相威胁，迫使秦王勉强敲了一下。可是赵国御史却没有勇气学着秦国御史的样子，把“赵王令秦王击缶”记在起居注上，以维护赵国君主的尊严。于是蔺相如又不得不“顾召赵御史书曰‘某年月日，秦王为赵王击缶’”。所谓“顾召”，是指把赵御史从痴迷中喊醒，喝令他拿笔写上。就是很少的这么几笔，把当时蔺相如的精神气概，以及秦、赵两国君臣的震惊失色之状准确而传神地写了出来。

第二，作品人物语言的高度个性化。例如《淮阴侯列传》写韩信平定齐国后派人向刘邦请求当齐国的假王，“韩信使者至，发书，汉王大怒，骂曰：‘吾困于此，旦暮望若来佐我，乃欲自立为王！’张良、陈平蹑汉王足，因附耳语曰：‘汉方不利，宁能禁信之王乎？不如因而立，善遇之，使自为守，不然，变生。’汉王亦悟，因复骂曰：‘大丈夫定诸侯，即为真王耳，何以假为！’”这就把刘邦对韩信不用不行，用又时刻不放心的猜忌之情，以及他身处困境不得不故作洒脱达观的随机应变之态，写得淋漓尽致。又如《郦生陆贾列传》写陆贾出使南越，先以汉帝国的国势兵威晓谕尉他后，下面的一段精彩对话是：“于是尉他乃蹶然起坐，谢陆生曰：‘居蛮夷中久，殊失礼义。’因问陆生曰：‘我孰与萧何、曹参、韩信贤？’陆生曰：‘王似贤。’复曰：‘我孰与皇帝贤？’陆生曰：‘皇帝起丰沛，讨暴秦，诛强楚，为天下兴利除害，继五帝三王之业，统理中国。中国之人以亿计，地方万里，居天下之膏腴，人众车轝，万物殷富，政由一家，自天地剖泮未始有也。今王众不过数十万，皆蛮夷，崎岖山海间，譬若汉一郡，王何乃比于汉！’尉他大笑曰：‘吾不起中国，故王此；使我居中国，何渠不若汉！’”这里把尉他那种粗鲁、豪爽，心悦诚服而口头还要逞强，以及陆贾那种非关键处能让就让、能哄就哄，关键之处义正辞严、决不妥协的心理和神情，一齐表现了出来。

第三，《史记》总的语言风格是朴拙、浑厚、有感情、有气势、有力量。司马迁有一种浪漫主义的激情，他写文章重在表情达意，而不屑于在雕章琢句上下功夫。他是激情滚滚，一气写下，兴之所至，笔亦随之。他刻意追求的是故事情节的紧张曲折和人物精神气质的神似，至于偶尔个别辞句上的奇特或不合习惯之处，他是绝对不斤斤计较的。《史记》中有许多句式在别的著作中很少见到，可以称之为“特殊修辞”；也有不少反复出现但是分明不合语法习惯的句子，这可称之为“畸形句例”。这些也都是构成《史记》语言朴拙风格的一些重要方面。《史记》的语言像是滚滚洪川，鱼龙漫衍，泥沙俱下；又像是苍山老林，尽管它有指说不尽的枯枝败叶，偃木斜柯，但是它那种古朴浑茫的原始气象，却永远不是任何整齐茂美的园林所可追拟的。韩愈曾说司马迁的文章“雄深雅健”，辛弃疾曾用深邃雄伟的大山来比喻司马迁的文章风格，这些都值得我们认真体会。

其三是《史记》的抒情性。鲁迅先生在《汉文学史纲要》中曾称《史记》是“史家之绝唱，无韵之《离骚》”。的确，《史记》是爱的颂歌，恨的诅曲，是一首饱含着作者满腔血泪的悲愤诗。《史记》融入了作者强烈的爱憎，从而使它带有浓重的抒情意味。司马迁写《史记》是以孔子写《春秋》为榜样的。孔子写《春秋》的目的，照司马迁的理解是：“上明三王之道，下辨人事之纪，别嫌疑，明是非，定犹豫，善善恶恶，贤贤贱不肖，存亡国，继绝世，补敝起废，王道之大者也。”也就是说，这不是一部简单的历史书，而是一部为改造现实社会开药方、画蓝图的政治书、哲学书。司马迁把自己写《史记》的目的概括为三句话，那就是“究天人之际，通古今之变，成一家之言”。他要探求人与天道的关系，要总结历史发展变化的规律，要在这个基础上进一步建立起自己的观点学说，而这一切又都是融贯、体现在他这部表面看来不过是记叙历代史实的著作中。梁启超说：“（迁）著书最大目的，乃在发表司马氏一家之言，与荀况著《荀子》、董生著《春秋繁露》性质正同，不过其一家之言乃借史的形式以发表耳。故仅以近世史的观念读《史记》，非能知《史记》者也。”这话说得很精确。司马迁不是政治家，他的治国平天下的见解不可能像贾谊、晁错那样直接化为切实的纲领措施；他是一个历史学家，他只能在写人叙事的过程中寓褒贬、别善恶。他在那些伟大、善良、崇高的人物身上，赋予了理想的光辉，倾注了自己无限的热爱与敬仰，从而表现了自己对于这种理想政治、理想道德的追求和向往；而对于那些卑鄙、奸邪、阴险的人物，他也揭露了他们作为反动势力代表的那种腐朽丑恶的本质特征，毫不掩饰自己对这些人的无比愤怒、轻蔑、唾弃与鞭挞。此外，由于司马迁自身受过汉代专制主义政治的残害，因而他的著作中也就不由地又增加了一种愤激之情，这是我们读《史记》时经常可以感受到的。如《季布栾布列传》说：“以项羽之气，而季布以勇显于楚，身屦典军搴旗者数矣，可谓壮士。然至被刑戮，为人奴而不死，何其下也！彼必自负其材，故受辱而不羞，欲有所用其未足也，故终为汉名将。贤者诚重其死，夫婢妾贱人感慨而自杀者，非能勇也，其计画无复之耳。”这与他在《报任安书》中所说的“臧获婢妾，由能引决，况仆之不得已乎！所以隐忍苟活，幽于粪土之中而不辞者，恨私心有所不尽，鄙陋没世而文彩不表于后世也”的思想正相一贯。类似的话还可见于《老子韩非列传》《孙子吴起列传》《伍子胥列传》《平原君虞卿列传》《范雎蔡泽列传》《廉颇蔺相如列传》《魏豹彭越列传》等。可以说，一部《史记》，无处不充溢着司马迁的愤郁不平之情。

总之，《史记》全书闪耀着司马迁理想的光辉，他对那种美好的政治、崇高的人物无比热爱、无比赞赏；同时，《史记》也流露出一种对现实社会的强烈不满，他对那种邪恶现象、腐朽事物无限愤怒、无比痛恨。正因为他爱得深，所以他也恨得切。在他的笔端，不期而然地就翻滚激荡着感情的波涛，给读者的心灵以强烈震撼，这就是《史记》抒情性的根本来源。郭沫若在《论诗三札》中说："诗之精神在其内在的韵律。内在的韵律（或曰无形律）并不是甚么平上去入，高下抑扬，强弱短长，宫商徵羽；也并不是甚么双声叠韵，甚么押在句中的韵文！这些都是外在的韵律或有形律。内在的韵律便是'情绪的自然消涨'。"按照这个原则，即使没有其他条件，单凭以上所述，《史记》就可以说是诗了。何况《史记》还不止如此，它的"外在韵律"同样也是很明显的：

第一，作品夹叙夹议，以叙代议，以议代叙，叙议结合，整个作品像一首抒情诗，这方面以《伯夷列传》《屈原贾生列传》《游侠列传》为代表。《伯夷列传》全文七百多字，而人物传记部分只有二百余字，其他都是作者的借题抒发。《屈原贾生列传》除去里面所引的《怀沙》赋，全文一千二百余字，而纯粹的议论抒情部分占一半。《游侠列传》的抒情议论部分虽然只占全传的五分之二，但由于它的结构特殊，仍使人感到抒情议论是其主体。正如清代吴见思说："篇中先以儒侠相提而论，层层回环，步步转折，曲尽其妙；后乃出二传，反若借以为印证，为注解，而篇章之妙，此又一奇也。"

第二，许多作品虽不能说整篇像一首诗，但其中有许多抒情段落，语言的节奏感很强。这些抒情段落有插在人物传记中间的，如《李将军列传》《酷吏列传》，有集中体现在篇末"太史公曰"中的，如《孔子世家》《伍子胥列传》《魏公子列传》等。关于《史记》语言的节奏感，宋代洪迈在《容斋随笔》中曾说它是"重沓熟复，如骏马下注千丈坡，其文势正尔，风行于上而水波，真天下之至文也”。正是由于这种强烈的节奏感，由于这种周回反复，有规律地使用感叹句，因而使得即便像《平准书》《货殖列传》这种本来容易写得枯燥无味的篇章，也都具有了很强的抒情性。

第三，大量诗赋和民间谚语歌谣的引入，尤其是作品中人物的即景作歌，更加增强了文章的抒情色彩。司马迁爱好文章辞赋，在屈原的列传里，他收入了《怀沙》；在贾谊的列传里，他收入了《吊屈原赋》《鹏鸟赋》；在《司马相如列传》里，他收入了《子虚赋》《上林赋》《哀二世赋》等。这些都显然增强了各篇传记的抒情性和韵律感。另外像《河渠书》收入了汉武帝的《瓠子歌》，《淮南衡山列传》《魏其武安侯列传》等收入了汉代民谣，这也都是作品中的抒情因素。而其中最精彩的是作品中人物的即景作歌，如《项羽本纪》中的《垓下歌》，《高祖本纪》中的《大风歌》，《留侯世家》中的《鸿鹄歌》，《伯夷列传》中的《采薇歌》，《刺客列传》中的《易水歌》等。这些即景作歌对于突出人物的精神气质，对于渲染场面的气氛都起了重要作用。关于《垓下歌》，宋代朱熹说：“慷慨激烈，有千载不平之余愤。”清代吴见思说：“一腔怨愤，万种低徊，地厚天高，托身无所，写英雄失路之悲，至此极矣。”关于《易水歌》，明代董份说：“荆轲歌易水之上，就车不顾，只此时，懦士生色。”孙月峰说：“只此两句，却无不尽，慷慨激烈，写得壮士心出，气盖一世。”都很中肯地指出了它们在作品中所起的作用。

第四，《史记》中还有一部分篇章，或是某些篇章中的某些段落是押韵的，这些当然就更像诗了。《滑稽列传》写淳于髡对齐威王说：“若乃州闾之会，男女杂坐，行酒稽留，六博投壶，相引为曹，握手无罚，目眙不禁，前有堕珥，后有遗簪，髡窃乐此，饮可八斗而醉二参。日暮酒阑，合尊促坐，男女同席，履舄交错，杯盘狼藉，堂上烛灭，主人留髡而送客，罗襦襟解，微闻芗泽，当此之时，髡心最欢,能饮一石。”以此来说明了纵酒害德的道理,用语是押韵的。

正由于《史记》首先有一种一以贯之的“内在韵律”,同时在表现方法上又讲求“外在韵律”,因而就使作品呈现出了一种在我国历代散文中少有的抒情性和气势感。为此,明代方孝孺曾说它“如决江河而注之海”,清代刘鹗曾说“《离骚》为屈大夫之哭泣,《庄子》为蒙叟之哭泣,《史记》为太史公之哭泣”。迨至现在,人们更说它是“无韵之《离骚》”,这都是很精当的评价。

前面我们说司马迁有一种“不虚美、不隐恶的求实态度”,故有人称《史记》为“实录”;后面我们又说《史记》有很高的文学性,甚至说它有突出的“小说因素”,这两者不矛盾么?因此我们必须说明《史记》的“实录”与“小说因素”的关系。我觉得《史记》作品大体可分为三种类型:

其一是作品的历史性强,小说的因素也强。小说因素主要用于描写细节,并且正由于这种手法的适当运用,从而更加增强了历史本质的真实性,使历史人物和历史事件更生动感人、更有说服力了。如《秦始皇本纪》《项羽本纪》《高祖本纪》《商君列传》《李斯列传》《淮阴侯列传》等,都是如此。这些篇章使人读起来既感到它的基本史实是可信的,同时又资料丰富,叙事周密。这里边有许多夸张虚构的成分是显而易见的,但是它们大都与基本史实统一和谐。这类作品有四十多篇,占《史记》中人物传记的三分之一以上,这是一种很大的成功。

其二是不能否认,《史记》中也有一些由于过分追求故事性,因而削弱了其历史真实性的篇章。它已经使人难以看到作者所描写的这个历史人物、这个历史事件的完整面貌了。这类作品有《孙子吴起列传》《田单列传》《鲁仲连邹阳列传》等。不过,以上篇章的人物还是写出了其一生的某个重要方面。还有一种情况是作品所反映的仅是历史人物的一些枝节片段,根本不能体现人物的本质,例如《管晏列传》就是如此。因此唐代刘知幾攻驳《史记》说:“太史公撰《孔子世家》,多采《论语》旧说;至《管晏列传》,则不取其本书,以为‘时俗所有,故不复更载’也。按,《论语》行于讲肆,列于学官,重加编勒,只觉烦废。如管晏者,诸子杂家,经史外事,弃而不录,实杜异闻。夫以可除而不除,宜取而不取,以兹著述,未睹厥义。”梁启超也说这篇作品是“走偏锋”,说这里边所写的事情,对于这两位大政治家“太不关痛痒”。所论不为无见。

《史记》中这种小说气很浓而历史感较差的作品大约有十多篇。胡应麟说《史记》“不求大体,专搜奥僻”,我觉得主要应指这一类。这部分作品虽然历史性差,但在文学上有相当成就,而且在表达其社会理想,成就其“一家之言”上有重要意义,因此也不可低估。

其三,《史记》中还有一类作品,只有史实梗概的缕述,而没有多少文学性可言,如《孝景本纪》《曹相国世家》《五宗世家》以及“十表”“八书”等,后代人写“正史”大多是走的这种路子。这一类作品的艺术性虽然不强,但它们在表现历史的真实性方面还是很重要的。

统观《史记》全书,第一种作品是最主要、最引人注目的,所取得的成就也最大。再将第一与第三、第一与第二两组作品分别结合,就既突出地反映了历史的本质,表现了作者鲜明的进步历史观和勇敢无畏的批判精神、求实精神,同时又表现了浓厚的文学色彩,具有明显的小说因素,所以它才被后人称为“史家之绝唱,无韵之《离骚》”;被后人认为既是我国古代最伟大的历史著作之一,也是我国古代最伟大的文学著作之一。

《史记》对后世的影响是巨大的，在史学方面，它直接影响了历朝“正史”体制的确立。从班固的《汉书》，到民国时的《清史稿》，所有“正史”的格局都与《史记》基本相似。恰如宋代郑樵所说的“使百代而下，史官不能易其法”，亦如清代赵翼所说的“自此例一定，历代作史者遂不能出其范围”。自司马迁死后，仅在西汉末期的几十年间，续补《史记》的就有几十家；殆至东汉三国，仿效《史记》而作的各种野史杂传更是纷纷涌现，足见它的影响之大。《史记》对后代历史学家们的影响主要是它那种勇敢无畏的批判精神和“不虚美、不隐恶”的求实态度。尽管后代人消极地接受了前代血的教训，再也没人敢给身处的王朝写史了，但毫无疑问，司马迁的勇敢精神和正义感作为一种美德，已深深地融入我们民族的传统之中。

《史记》对后世文学的影响，最直接的是散文。司马迁的散文在我国文学史上被视为巨擘，被后人当作一种典范。唐宋八大家反对骈文，提倡古文，就是把《左传》《史记》的文章风格当成旗帜的。韩愈说：“汉朝人莫不能为文，独司马相如、太史公、刘向、扬雄为之最。”韩愈的《张中丞传后叙》最具有《史记》的风韵；《毛颖传》更是与《史记》形神毕肖。欧阳修的散文如同行云流水，比《史记》又发展了一步，但是他的《新五代史》，人们仍然认为是得力于《史记》，而且认为其在后代诸史中是学《史记》学得最好的。归有光是明代文章的宗匠，一生服膺司马迁。他撰有《评点史记》一书，开品评分析《史记》文章的先河。归有光又深受清代方苞、姚鼐推崇，因而成为清代最大、最有影响的散文派别——桐城派的祖师。这样，我们也就可以明白《史记》在历代散文家们心中的地位了。完全可以说，它的影响、它的精神几乎是无往而不在的。

《史记》是中国传记文学成熟的标志,是小说的始祖,而且也有力地促进了戏剧文学的产生。有人说,中国唐宋以后的小说是来自魏晋南北朝的"小说";我认为,魏晋南北朝的"小说"只是东汉以来在《史记》影响下涌现的各种野史杂传的一部分,它是流,而不是源。至于唐代传奇这一批中国最早成熟的小说,诸如《南柯太守传》《李娃传》《霍小玉传》,它们的面目,它们的骨架,它们的精神气质,以及它们的口吻语气,与其说是像南北朝"小说",毋宁说更像《史记》。而后世的小说戏曲从《史记》中选择题材进行再创作,《史记》中的人物性格、故事情节被后世的戏曲小说所模仿、所推衍,则更是显而易见的。当代一位名叫浦安迪的美国人认为《史记》是我国古代的一部伟大史诗,说"中国后代长篇小说诸如《三国演义》《西游记》《水浒传》《红楼梦》等里面典型人物的内心世界处处与《史记》中表现的荆轲精神、伍子胥精神、孟尝君精神相暗合",说"明清小说的主要境界是从《史记》中吸取来的"。妙哉斯言!

《史记》作为我国传记文学的始祖,不仅直接影响了我国历朝"正史"中人物传记的发展,还在文学领域中影响着单篇人物传记、变体人物传记(如碑文、墓志铭)、传记体寓言(如柳宗元《种树郭橐驼传》《梓人传》)以及传记体滑稽文字(如韩愈《毛颖传》、苏轼《万石君罗文传》)等诸种文体的发展。

《史记》作为我国传记文学始祖的确立,是具有世界意义的。过去欧洲人以欧洲为中心,他们称古罗马时期的希腊作家普鲁塔克为"世界传记之王"。普鲁塔克大约生于公元 46 年,死于公元 120 年,著有《列传》(今本译作《希腊罗马名人传》)50 篇,是欧洲传记文学的开端。如果比较一下,可以发现,普鲁塔克比班固(32—92 年)还要晚生 14 年,若和司马迁(前 145—前 90 年)相比,则要晚生 191 年了。司马迁的《史记》要比普鲁塔克的《列传》早产生近两个世纪。

《史记》的研究历史源远流长,《史记》作为中国文化的经典名著之一,近现代以来也一直受到广大读者的喜爱。岳麓书社自上世纪八十年代出版标点本《史记》和《白话史记》以来,分别累计印行已逾百万册,便是明证。为了让《史记》爱好者更方便、更深入地阅读,我们同该社密切合作,在新世纪之初又推出了这部评注本《史记》,出版后备受好评,销量经久不衰。

本次出版,承蒙岳麓书社编辑李郑龙先生关切,做了大幅修订,主要工作有:

其一,对原文进行认真核对。近年来,多种《史记》古刻本以及现代整理本问世。本书吸收多家版本特长,融会折中,努力打造一良善版本。其二,本书注释做了大幅修订。在编辑同志的协助下,对人名、地名、引文等进行全面核查,修改多达数千处,确保注释的准确性。其三,为突出本书"评论"特色,特授权岳麓书社使用《史记笺证》的研究成果,对原有评论进行补充。其四,参照《史记笺证》,增加了"年表"部分。其五,运用新技术手段,以二维码形式增加了讲解视频、朗读音频以及 VR 景观。

岳麓书社在《史记》出版工作上,紧密跟随时代步伐,对图书不断升级改造,在《史记》出版领域拔得头筹,值得肯定和庆贺!我希望通过以上诸种举措,能够掀起《史记》阅读与研究的又一波热潮。欢迎广大读者对此书提出宝贵意见。

北京师范大学　韩兆琦

2025 年 3 月

目　录

五帝本纪第一

黄帝者，少典之子[①]，姓公孙，名曰轩辕[②]。生而神灵，弱而能言，幼而徇齐，[③]长而敦敏，成而聪明。[④]

轩辕之时，神农氏[⑤]世衰。诸侯相侵伐，暴虐百姓，而神农氏弗能征[⑥]。于是轩辕乃习用干戈，以征不享，诸侯咸来宾从。[⑦]而蚩尤[⑧]最为暴，莫能伐。炎帝[⑨]欲侵陵诸侯，诸侯咸归轩辕。轩辕乃修德振兵，治五气，蓺五种，抚万民，度四方。[⑩]教熊罴貔貅貙虎，以与炎帝战于阪泉之野。[⑪]三战，然后得其志。蚩尤作乱，不用帝命[⑫]。于是黄帝乃征师诸侯，与蚩尤战于涿鹿之野，遂禽杀蚩尤[⑬]。而诸侯咸尊轩辕为天子，代神农氏，是为黄帝。天下有不顺者，黄帝从而征之，平者去之[⑭]，披[⑮]山通道，未尝宁居。

东至于海，登丸山，及岱宗。[⑯]西至于空桐，登鸡头。[⑰]南至于江，登熊、湘[⑱]。北逐荤粥，合符釜山，[⑲]而邑于涿鹿之阿。[⑳]迁徙往来无常处，以师兵为营卫[㉑]。官名皆以云命，为云师。[㉒]置左右大监，监于万国。[㉓]万国和，而鬼神山川封禅与为多焉。[㉔]获宝鼎，迎日推策[㉕]。举风后、力牧、常先、大鸿以治民。[㉖]顺天地之纪，幽明之占，死生之说，存亡之难[㉗]。时播百谷草木，淳化鸟兽虫蛾。[㉘]旁罗日月星辰，水波土石金玉[㉙]。劳勤心力耳目，节用水火材物。[30]有土德之瑞，故号黄帝[31]。黄帝二十五子，其得姓者十四人[32]。

黄帝居轩辕之丘，而娶于西陵之女，是为嫘祖。[33]嫘祖为黄帝正妃，生二子，其后皆有天下：其一曰玄嚣，是为青阳，青阳降居江水[34]；其二曰昌意，降居若水[35]。昌意娶蜀山氏女，曰昌仆，生高阳，[36]高阳有圣德焉。黄帝崩，葬桥山。[37]其孙昌意之子高阳立，是为帝颛顼也。

（以上为第一段，写中国华夏诸族的始祖黄帝的神奇故事。）

①少典之子——少典：诸侯国号。有说少典娶有蟜（qiáo）氏女，生黄帝、炎帝者，为史公所不取。　②姓公孙，名曰轩辕——皇甫谧云："居轩辕之邱，故因以为名，又以为号。"　③弱——指两三个月大身体还很柔软的时候。　徇齐——指思维敏捷，反应快。　④长——年龄渐大，盖谓少年时代。　敦敏——即勤勉。　成——谓年二十加冠，成人也。按：以上数句见《大戴记·五帝德》。　⑤神农氏——古帝王名，因其教人耕稼，故曰"神农"。也有人说神农氏即炎帝，与史公本文不合。　⑥弗能征——有本作"弗能正"，大体意思相同。　⑦干戈——干：盾牌，防御武器；戈：青铜制兵器，进攻武器。　不享——应朝拜而不来朝拜。享：奉上，进献。　宾从——归顺。　⑧蚩尤——古代的部落领袖。相传是兵器的发明者，以好战著称，故又被尊为战神。　⑨炎帝——炎帝是与黄帝并立的另一个部族领袖，黄帝姓姬，炎帝姓姜。一说炎帝为少典之子，黄帝之弟者，为史公所不取。　⑩振兵——整军，调集军队，进行动员。　五气——指金、木、水、火、土五行之气。　蓺（yì）五种——蓺：种植。五种：稻、黍、麦、菽（shū）、稷。　度四方——观察四方而安抚之。度：观察，审视。　⑪熊罴（pí）貔（pí）貅（xiū）貙（chū）虎——六种猛兽名，皆驯之用于战场。　阪（bǎn）泉——有说在今河北涿鹿东南，有说在今山西运城盐池附近。按：黄帝打败炎帝事，见《大戴记·五帝德》。　⑫不用帝命——不听黄帝的命令。　⑬与蚩尤战于涿鹿之野，遂禽杀蚩尤——相传蚩尤为大雾，军士昏迷，轩辕造指南车以示四方，遂擒蚩尤。　⑭平者去之——凡表示归

服者，即率兵离去。平：归顺。 ⑮披——开辟。 ⑯丸山——一名丹山，在今山东临朐东北纪山，地处渤海之滨。 岱宗——即泰山。 ⑰空桐——也作“空同”“崆峒”，山名，在今甘肃平凉西。 鸡头——山名，即今宁夏泾源六盘山。空桐、鸡头都属于今六盘山脉。 ⑱熊、湘——熊耳山、湘山。湘山即今湖南岳阳洞庭湖中之君山；《荆州记》称：耒阳、益阳东北有熊耳山，东西各一峰，如熊耳状，因以为名。 ⑲荤粥（xūn yù）——古代北部地区的少数民族名，也作“猃狁（xiǎn yǔn）”，即后代之“匈奴”。 合符——验证信物。 釜山——在今河北怀来东，一说在今保定徐水区西。 ⑳邑——修建城邑，这里指建都。 涿鹿之阿——涿鹿山下的拐角平地。或以为在今保定徐水区西。 ㉑以师兵为营卫——环绕军兵为营以自卫，后世辕门即其遗制。 ㉒官名皆以云命——黄帝受命有云瑞，故以云纪事。春官为青云，夏官为缙云，秋官为白云，冬官为黑云，中官为黄云。 为云师——谓组织军队以“云”相称。 ㉓大监——官名。 监于万国——监督天下诸国。 ㉔鬼神山川封禅——指各种祭祀山川之事。封禅：特指帝王到泰山山顶祭天和到泰山下的某小山祭地。 与为多焉——数他最多。 ㉕获宝鼎，迎日推策——即制定原始的历法。策：蓍（shī）草名，古人用来占卜或运算的筹码。 ㉖风后——黄帝之大臣。 力牧——黄帝之将。 常先——其人不详。 大鸿——名鬼臾区，号大鸿，黄帝的大臣。 ㉗顺天地之纪，幽明之占，死生之说，存亡之难——顺：遵循。纪：法则。幽明：指阴阳。“占”字似应依《大戴记》作“故”。“幽明之故”即阴阳二气倚伏变化的道理。生死之说，存亡之难：即人类社会的各种变化规律。难：论辩，诘难，这里指有关其事的各种说法。 ㉘时播百谷草木——顺四时之所宜，而布种百谷草木。 淳化——驯化。这里指驯服、养殖鸟兽虫蛾以供人所用。 ㉙旁罗日月星辰，水波土石金玉——十二字不知所云，疑多讹误。前六字大约指观测天文。凌稚隆认为：“旁罗”，乃测天度之器，如今之日晷、地罗。“水波”二字，张家英认为意同“水播”，意即“水中播荡”。 ㉚劳勤心力耳目——意即教人用心尽力地做事，不要偷懒。 节用水火材物——对与水火有关的各种材物都要按季节采伐使用。节：时节、季节。水，水中所产之物。火:须以火烧之物。按:“顺天地之纪”以下十句,见《大戴记·五帝德》。㉛有土德之瑞,故号黄帝——按:《吕氏春秋·有始览》有所谓“黄帝之时,天先见大螾、大蝼。黄帝曰:‘土气胜!’土气胜,故其色尚黄,其事则土”;《封禅书》中亦有所谓“黄帝得土德,黄龙地蚓见”之语,盖皆战国阴阳家所编造。 ㉜得姓者十四人——据《国语·晋语》载,胥臣云:“凡黄帝之子二十五宗,其得姓者十四人,为十二姓:姬、酉、祁、己(qǐ)、滕、葴(zhēn)、任、荀、僖、姞(jí)、嬛(huán)、依是也。” ㉝轩辕之丘——有说在今河南新郑西北,也有说在今甘肃天水东南。 西陵——《史记会注考证》本作“西陵氏”,古部族名,其活动地区应在黄帝部族之西,相距不远。 嫘(léi)祖——也作“累祖”。 ㉞降居江水——被分封到江水立国。江水:古“四渎”之一。又称大江,即今长江。明以前皆误以为今岷江为长江正源,明以后始以今金沙江为长江正源。 ㉟若水——即今雅砻江。 ㊱蜀山氏——古代部落名,此“蜀山”似应指今四川西部的大雪山。 高阳——即颛顼。按:“黄帝居轩辕之丘”以下十四句,见《大戴记·帝系姓》。 ㊲黄帝崩——相传黄帝在位百年而崩,年百一十一岁。 桥山——小山名,旧注皆以为在上郡阳周县(今陕西绥德西)西南,而后世则改说在今陕西黄陵县西北,即今所谓黄帝陵之所在。

帝颛顼高阳[①]者,黄帝之孙而昌意之子也。静渊以有谋,疏通而知事;[②]养材以任地,载时以象天;[③]依鬼神以制义,治气以教化,洁诚以祭祀。[④]北至于幽陵,南至于交阯,西至于流沙,东至于蟠木。[⑤]动静之物,大小之神,日月所照,莫不砥属。[⑥]

帝颛顼生子曰穷蝉[⑦]。颛顼崩[⑧],而玄嚣之孙高辛立,是为帝喾。

帝喾高辛[⑨]者,黄帝之曾孙也。高辛父曰蟜极[⑩],蟜极父曰玄嚣,玄嚣父曰黄帝。自玄嚣与蟜极皆不得在位,至高辛即帝位。高辛于颛顼为族子[⑪]。

高辛生而神灵,自言其名[⑫]。普施利物,不于其身[⑬]。聪以知远，明以察微。顺天之义[14]，知民之急。仁而威，惠而信，修身而天下服。取地之财而节用之，抚教万民而利诲之。[15]，历日月而迎送之，明鬼神而敬事之。[16]其色郁郁，其德嶷嶷。[17]其动也时，其服也士。[18]帝喾溉执中而遍天下[19]，日月所照，风雨所至，莫不从服[20]。

帝喾娶陈锋氏女，生放勋。[21]娶娵訾氏女[22]，生挚。帝喾崩[23]，而挚代立。帝挚立，不善[24]，崩，而弟放勋立，是为帝尧。

（以上为第二段，写颛顼、帝喾二人的神圣事迹。）

①帝颛顼（zhuān xū）高阳——名“颛顼”，“高阳”是号。 ②静渊以有谋——静渊：沉稳，有涵养。以：而。 疏通——心眼多，智商高。 ③养材以任地——能因地制宜地发挥地力，增值财物。材：同“才”，《大戴记》作“财”。 载时以象天——根据天象的运行规定春、夏、秋、冬四时。载：履行，规定。 ④依鬼神以制义——按照祖宗、神灵的旨意规定人们该做什么与不能做什么。鬼：指祖宗的亡灵。神：指天、地、山川诸神。义：宜，指思想、行为规范。 治气以教化——制定阴阳五行的原则以教化人民。气：指阴阳，这里指由阴阳推衍出来的伦常关系。 洁诚——谓祭品洁净，态度虔诚。 ⑤幽陵——地区名，亦名幽州。相当于今北京、河北北部及辽宁一带。 交阯——即“交趾”，南方古国名，其首府在今越南河内。 流沙——地区名，指今内蒙古西部额济纳旗，阿拉善左、右旗一带的大沙漠。 蟠木——即所谓“扶桑之木”，日所出处。 ⑥动静之物——谓鸟兽与草木。 大小之神——“大”谓五岳四渎，“小”谓丘陵坟衍。 砥（dǐ）属——平定归服。砥：平定。 ⑦穷蝉——帝舜之五世祖。以上有关颛顼事迹，见《大戴记·帝系》。 ⑧颛顼崩——相传颛顼在位七十八年，年九十八。 ⑨帝喾（kù）高辛——名喾，“高辛”是号。 ⑩蟜（jiǎo）极——帝尧之祖。 ⑪族子——本家族的侄辈。按：史公此纪，高辛为颛顼之堂侄。 ⑫自言其名——自言其名曰“岌”。 ⑬普施利物，不于其身——犹今所谓“专门利人，不求利己”。普施利物：普施恩泽，利及万物。 ⑭顺天之义——遵循天地自然客观之所宜。义：宜也。 ⑮财——通

"材"。 利诲——不失时宜地予以教育引导。诲:教导。 ⑯历日月而迎送之——依照日月运行的规律制定历法、节气,并按时对这些节气举行迎送的祭祀之礼。 明鬼神而敬事之——天神曰"神",人神曰"鬼"。 ⑰其色郁郁——神态肃穆宽和。色:神色,神态。郁郁:犹穆穆。 嶷嶷(nì)——崇高的样子。 ⑱其动也时——一举一动无不切合时宜,亦即没有任何轻举妄动。 其服也士——身穿一般的士人服装,从不豪华奢侈。也有说像普通士人那样从事工作,勤劳不息。 ⑲溉(gài)执中而遍天下——帝喾治民若水之溉灌,平等而中正,遍于天下。也有说"溉"同"概",称量粮食用的斗板,引申为"平",意即实行一种中正和平、不偏不倚的政策治理天下。 ⑳莫不从服——按:以上有关帝喾的叙述与评价,见《大戴记·五帝德》。 ㉑陈锋氏女——名庆都。陈锋:古代部族名。 放勋——即尧。 ㉒娶娵訾(jū zī)氏女——娵訾氏女:名常仪,生帝挚。娵訾:古代部族名。 ㉓帝喾崩——相传帝喾在位七十年,年一百零五岁。 ㉔帝挚立,不善——言其政衰微。

帝尧者,放勋[①]。其仁如天,其知如神,就之如日,望之如云。[②]富而不骄,贵而不舒[③]。黄收纯衣,彤车乘白马。[④]能明驯德[⑤],以亲九族。九族既睦,便章百姓[⑥]。百姓昭明,合和万国。[⑦]

乃命羲和,敬顺昊天,数法日月星辰,敬授民时。[⑧]分命羲仲,居郁夷,曰旸谷,敬道日出,便程东作。[⑨]日中,星鸟,以殷中春[⑩]。其民析,鸟兽字微。[⑪]申命羲叔,居南交,便程南为,敬致。[⑫]日永,星火,以正中夏[⑬]。其民因,鸟兽希革。[⑭]申命和仲,居西土,曰昧谷。敬道日入,便程西成。[⑮]夜中,星虚,以正中秋[⑯]。其民夷易,鸟兽毛毨。[⑰]申命和叔,居北方,曰幽都,便在伏物。[⑱]日短,星昴,以正中冬[⑲]。其民燠,鸟兽氄毛。[⑳]岁三百六十六日,以闰月正四时。[㉑]信饬百官[㉒],众功皆兴。

尧曰:"谁可顺此事[㉓]?"放齐曰:"嗣子丹朱开明。"[㉔]尧曰:"吁!顽凶,不用。"[㉕]尧又曰:"谁可者?"讙兜曰:"共工旁聚布功,可用。”[26]尧曰:“共工善言,其用僻,似恭漫天,[27]不可。”尧又曰:“嗟,四岳,汤汤洪水滔天,浩浩怀山襄陵。[28]下民其忧,有能使治者[29]?”皆曰鲧[30]可。尧曰:“鲧负命毁族[31],不可。”岳曰:“异哉,试不可用而已。[32]”尧于是听岳用鲧。九岁,功用不成[33]。

尧曰:“嗟！四岳,朕在位七十载,汝能庸命,践朕位[34]?”岳应曰:“鄙德忝帝位。[35]”尧曰:“悉举贵戚及疏远隐匿者。”众皆言于尧曰:“有矜[36]在民间,曰虞舜。”尧曰:“然,朕闻之。其何如?”岳曰:“盲者子。父顽,母嚚,弟傲,能和以孝,[37]烝烝治,不至奸。[38]”

尧曰:“吾其试哉。”于是尧妻之二女,观其德于二女。[39]舜饬下二女于妫汭,如妇礼。[40]尧善之,乃使舜慎和五典,五典能从。[41]乃遍入百官,百官时序。[42]宾于四门,四门穆穆,[43]诸侯远方宾客皆敬。尧使舜入山林川泽[44],暴风雷雨,舜行不迷。尧以为圣,召舜曰:“女谋事至而言可绩,[45]三年矣,女登帝位。”舜让于德不怿。[46]正月上日,舜受终于文祖。[47]文祖者,尧大祖也[48]。

于是帝尧老,命舜摄行天子之政,以观天命。[49]舜乃在璇玑玉衡,以齐七政。[50]遂类于上帝,禋于六宗,[51]望于山川,辩于群神。[52]揖五瑞,择吉月日,见四岳诸牧,班瑞。[53]岁二月,东巡狩,至于岱宗,柴,望秩于山川。[54]遂见东方君长,合时月正日,同律度量衡,[55]修五礼、五玉,三帛、二生、一死为挚[56],如五器,卒乃复[57]。五月,南巡狩;八月,西巡狩;十一月,北巡狩,皆如初[58]。归,至于祖祢庙,用特牛礼。[59]五岁一巡狩,群后四朝[60]。遍告以言,明试以功,车服以庸。[61]肇十有二州,决川。[62]象以典刑[63],流宥五刑[64]。鞭作官刑,扑作教刑,金作赎刑。[65]眚灾过,赦;怙终贼,刑。[66]钦哉,钦哉,惟刑之静哉![67]

讙兜进言共工,尧曰:“不可。”而试之工师,共工果淫辟。[68]四岳举鲧治鸿水,尧以为不可,岳强请试之,试之而无功,故百姓不便。三苗在江淮、荆州数为乱。[69]于是舜归而言于帝,请流共工于幽陵,以变北狄;[70]放讙兜于崇山,以变南蛮;[71]迁三苗于三危,以变西戎;[72]殛鲧于羽山,以变东夷[73]:四罪而天下咸服。[74]

尧立七十年得舜,二十年而老,令舜摄行天子之政,荐之于天。尧辟位凡二十八年而崩。百姓悲哀,如丧父母。三年,四方莫举乐,以思尧。尧知子丹朱之不肖,不足授天下,于是乃权授舜。授舜,则天下得其利而丹朱病;授丹朱,则天下病而丹朱得其利。尧曰:“终不以天下之病而利一人。”而卒授舜以天下。尧崩,三年之丧毕,舜让辟丹朱于南河之南。[75]诸侯朝觐者不之丹朱而之舜,狱讼者不之丹朱而之舜,讴歌者不讴歌丹朱而讴歌舜。舜曰:“天也。”夫而后之中国践天子位焉,是为帝舜。[76]

(以上为第三段,写尧的种种圣德,与其禅天下与舜的动人故事。)

①帝尧者,放勋——依史公之意,谓帝尧名放勋。郭嵩焘认为:“尧”“舜”“禹”皆名,自史公以“放勋”“重华”为尧、舜之名,于是转以“尧”“舜”为谥,其误甚矣。 ②其仁如天——谓其仁德有如天之无不覆盖。 就之如日——若葵藿之倾心以向日。 望之如云——如百谷之仰望云雨。 ③舒——放纵,恣意而行。 ④黄收纯(zī)衣——黄帽子,黑衣裳。收:冕名,其色黄,故曰“黄收”。纯:此处读为“缁”,黑色丝织物。 彤车乘白马——彤车:红色的车子。按:以上对尧德的描述,见《大戴记·五帝德》。 ⑤能明驯德——能发挥、弘扬其崇高美德。驯:美善。 ⑥便章百姓——使百官各明其职,各处其位。便章:也作“辨章”“平章”,即治理的意思。百姓:这里指百官。 ⑦昭明——指各自的权利、职责、义务分明。 合和万国——意谓使全国各邦、各地融洽和睦,归心于中央。 ⑧羲(xī)和——有人认为指羲氏、和氏二人,世掌天地之官。据史公文意,“羲和”在这里似指一个人。 敬顺昊(hào)天——意即遵循日月星辰的运行规律。昊天:苍茫难测之天。 数法日月星辰——即按照日月星辰的运行规律,制定出历法、节气。数法:遵循,推算。 敬授民时——向黎民百姓公布历法,使其知晓何时春播,何时育蚕,等等。 ⑨分命——分派,派出。 郁夷——今之山东半岛一带。 旸(yáng)谷——也作“汤谷”,相传为日出之处。 道——通“导”,引导。 便程东作——督促黎民安排春耕

生产。便程:分派,布置。东作:春天的农事活动。 ⑩日中,星鸟,以殷中春——根据白天和黑夜的时间一样长,与鸟星出现在正南方,确定这一天为“春分”。星鸟:即“七星”,也单称为“星”,是二十八宿中的东方七宿之一。 ⑪其民析——析:分散。此指民众分散到田野上进行农业劳动。 鸟兽字微——各种动物交尾。字:乳也,谓分娩、哺乳。微:此处通“尾”,交尾。 ⑫申命——任命时予以告诫。 南交——南方的交趾。 便程南为——分派、督促夏天的农事活动。 敬致——按:句子似欠完整。《集解》引孔安国曰:“敬行其教,以致其功也。”也有人解释为祭祀日神。 ⑬日永,星火,以正中夏——根据白天的时间最长和心宿出现在正南方,确定这一天为“夏至”。火:也称“大火”,即心宿,是二十八宿中的南方七宿之一。 ⑭其民因——因:趋赴,相就。《集解》引孔安国曰:“因,谓老弱因就在田之丁壮以助农也。” 鸟兽希革——鸟兽的羽毛都变得稀少。希:稀少,稀疏。革:改变。 ⑮西土——西部的边地。 昧谷——神话中的日落之处。 便程西成——分派、督促秋天的农业收成活动。 ⑯夜中,星虚,以正中秋——根据黑夜和白天一样长与虚星处于正南方,确定这一天为“秋分”。虚:星名,为二十八宿中的西方七宿之一。 ⑰其民夷易——《尚书》作“其民夷”。《集解》引孔安国曰:“夷,平也,老壮者在田,与夏平也。”穿凿得没有道理。亦有人谓“夷易”为“平和、快乐的样子”,言其为秋收而喜悦也。 鸟兽毛毨(xiǎn)——《集解》引孔安国曰:“毨,理也,毛更生曰毨理。”近人据甲骨文认为“夷易”是南方的神名,“鸟兽毛毨”为南方风名的错写。 ⑱幽都——北方的阴气聚集之地。《集解》引孔安国曰:“北称‘幽’;都,谓所聚也。” 便在伏物——分派、督促有关收拾、储藏的活动。便在:意同“便程”。伏:储藏。 ⑲日短,星昴,以正中冬——根据白天最短和昴星出现在正南方,确定这一天为“冬至”。昴:星名,是二十八宿中的北方七宿之一。 ⑳燠(yù)——暖,此指保暖之衣,或保暖之室。 氄(rǒng)毛——鸟兽贴近皮肤的柔软细毛。 ㉑岁三百六十六日——三百六十六天为一年。

以闰月正四时——设置闰月,以维持春、夏、秋、冬四时不致错位。㉒信(shēn)饬(chì)百官——严格要求负责各项事务的官吏。信:通

“伸”，申述条例、纪律。饬：约束，整顿。 ㉓谁可顺此事——意即谁可以继承我的这份事业。顺：循，继承。 ㉔放齐——尧的大臣。 嗣子——正妻所生的长子，通常被视为理所当然的继承人。 开明——即今所谓“英明”，通达事理，看问题透彻。 ㉕吁——厌弃声。 顽凶——既愚顽又凶狠。或曰：凶，讼也。言丹朱心既顽嚚，又好争讼，不可用之。 不用——不可用，不中用。 ㉖讙兜（huān dōu）——尧的大臣，为后文所称的“四凶”之一。又作“驩兜”。 共工——尧的大臣，水官，为后文所称“四凶”之一。与《淮南子》所说的“怒而触不周之山，天柱折，地维绝”的共工非一人。 旁聚布功——广泛地聚集人力，兴办了许多事业。旁：广泛，普遍。 ㉗善言——巧于言辞，善于言谈。 其用僻——用：行事，实践。僻：邪恶。 似恭漫天——貌似虔敬，实则对天地鬼神态度傲慢。 ㉘四岳——四方的诸侯之长。 汤汤（shāng）——水势浩大的样子。 怀山襄陵——包围山峰，淹没丘陵。 ㉙有能使治者——语句不完整。意即谁可以接受任务前往治理。 ㉚鲧（gǔn）——尧臣，禹的父亲。 ㉛负命毁族——违抗命令，伤害同僚。 ㉜异哉——我们觉得鲧不像你说的那个样子啊。 试不可用而已——先让他去试试，如果真不行再罢免他。 ㉝功用不成——由于鲧的“负命毁族”，大事果然未能办成。 ㉞汝能庸命，践朕位——你们诸侯之中有谁能顺应天命，来接替我的帝位。 ㉟鄙德——犹言“德鄙”，品德不高。鄙：粗野。 忝（tiǎn）——辱，辱没。

㊱矜（guān）——通“鳏”，无妻的男子。 ㊲父顽，母嚚（yín）——口不道忠信之言为嚚，心不则德义之经为顽。 弟傲——舜之弟名“象”，为人狂傲。 能和以孝——“和”字用作动词，意谓即使在那样的父母、兄弟面前，舜仍能很孝顺、很友爱地与他们和睦相处。 ㊳烝烝（zhēng）治——温和善良地规劝、感化他们，使其改进、克制。烝烝：温厚善良的样子。治：作，为。 不至奸（gān）——谓舜能忍让，不与父母、兄弟发生冲突。奸：通“干”。干犯，冒犯。 ㊴妻之二女——娥皇、女英。 观其德于二女——看看舜能在他的妻妾面前做出什么样的表率。 ㊵饬下二女于妫汭（guī ruì）——舜便打发这两个女人回老家侍奉公婆。饬：训教，告诫。妫汭：妫水隈曲之处，舜的家乡之所在，

在今山西永济南。　如妇礼——意谓两个出身高贵的妇人都能按照舜的要求在虞家恪守妇道。　㊶慎和五典——意即制定“五典”,以“五典”教化百姓。慎和:谨慎地制定并付诸实行。五典:也称“五常”,指父子有亲,君臣有义,夫妇有别,长幼有序,朋友有信。　能从——意谓普天下都能服从。　㊷遍入百官——全面深入地考察、管理百官。　百官时序——百官于是都有了秩序,即各居各位,各司己职。时:连词,相当于“而”。　㊸宾于四门——让舜主管外交,接待四方来的使臣。宾:用作动词,迎宾,礼宾。　穆穆——喜悦、心服的样子。　㊹入山林川泽——谓使其巡视山川地理诸事。　㊺谋事至——意即办什么事情都能成功。　言可绩——所说的话,都经得住考察。　㊻让于德——推让说自己的德行不够。　不怿——不乐,因感力不胜任。　㊼正月上日——正月初一。上日:朔日。或曰“上日”谓上旬吉日。　受终——本指“接受禅让”,但这里实际是指接受“摄政”之权。　文祖——此指文祖之庙。　㊽文祖者,尧大(tài)祖也——大祖:即太祖。大:通“太”。有谓尧之大祖即黄帝,未必史公之意。　㊾老——即今之所谓“退休”,但这里尧只是“退居二线”。　摄(shè)行——代理执行。　以观天命——以观察上帝的反应。　㊿在——即今所谓观测。　璇玑玉衡——观测天文星象的仪器。也有认为即指北斗七星。　以齐七政——《集解》引郑玄曰:“七政,日、月、五星也。”五星:即金、木、水、火、土五颗行星。古人以为日、月、五星的运行是否正常,体现着人间帝王的政治是否有偏差,因此称其为“七政”。　51类于上帝——即祭天。类:祭祀名。　禋(yīn)——祭祀名。　六宗——有指天、地、春、夏、秋、冬,也有指四时、寒暑、日、月、星、水旱,其他不录。　52望于山川——望:祭祀名,遥望而祭。所祭的对象主要指山川河海等。　辩于群神——祭祀丘陵冈峦诸神。辩:此处通“遍”,周遍。　53揖(jí)五瑞——揖:通“辑”,敛起。五瑞:也称“五玉”,即公、侯、伯、子、男五等诸侯所持的珪璧。尧将禅舜,使群牧敛之,使舜亲往班之。　诸牧——各地区的地方长官。　班瑞——再把收起来的这些珪璧(瑞)给四岳诸牧颁发下去。班:颁发,分发。　54岁二月——与上述诸事同一年的二月。　东巡狩——到东方诸地视察。巡狩:亦作“巡守”,帝王出行视察各地诸侯为天子守土的情况。 岱宗——即泰山。 柴(chái)——也作“柴”,祭祀名,将供品架在柴上燔(fán)烧,以祭天神。 望秩于山川——按等级对山川诸神遥望祭祀。秩:次序,等级。五岳视三公,四渎视诸侯。 ⑮合时月正日——即向各地诸侯颁行新历法,以统一“四时”与“月”“日”。合、正:都是“协调”“统一”的意思。 同律度量衡——律之十二律,度之丈尺,量之斗斛,衡之斤两,使天下相同。十二律:音乐上用以确定音高的十二个定音管,即黄钟、大吕、太簇(còu)、夹钟、姑洗(xiǎn)、仲吕、蕤(ruí)宾、林钟、夷则、南吕、无射(yì)、应钟。 ⑯修五礼、五玉——制定了五种礼节,规定了五等诸侯所执的珪玉。五礼:吉、凶、军、宾、嘉。五玉:即“五瑞”。 三帛、二生、一死为挚——不同等级的官僚士大夫见面时应持的礼物。三帛:三种不同颜色的丝织品。二生:两种活物,指羔羊、雁。一死:一种死物,指雉(zhì)。挚:同“贽”,见面礼。 ⑰如五器,卒乃复——有说“五器”即“五玉”,礼终则还之,“三帛”以下不再归还。也有说“五器”为“五礼”之器,与此处上下文不合。 ⑱皆如初——都和东巡所做的事情一样。 ⑲祖祢(nǐ)庙——帝王家的宗庙。何休曰:“生称父,死称考,入庙称祢。” 特牛礼——公牛一头的供品。特:独。 ⑳五岁一巡狩,群后四朝——意谓五年之中,天子出巡一次,在外面会见诸侯;其余四年,都是诸侯进京朝见天子。群后:指各地的诸侯。后:上古时代义同“帝”“王”。 ㉑遍告以言——谓天子对诸侯们严肃地提出具体的守土治民的要求。 明试以功——公开地考核他们守土治民的实际成效。 车服以庸——以不同等级的车马服饰来奖励他们守土治民的功勋。庸:效用,功绩。 ㉒肇(zhào)十有二州——意谓中国原有九州,从此乃增置为十二州。肇:始。禹治水之后,舜分冀州为幽州、并州;分青州为营州,始置十二州。 决川——疏通河道。 ㉓象以典刑——四字甚绕,大意即制定各种刑罚。孔颖达曰:“详其罪罚,依法用其常刑,使罪各当刑,不越法。”典刑:常刑,即墨(刺字)、劓(yì,割鼻)、剕(fèi,断足)、宫(阉割生殖器)、大辟(杀头)。 ㉔流宥五刑——犯五刑之罪者,视其具体情节当宥者宥之,当流者流之。 ㉕鞭作官刑——对犯错误的官吏用鞭子抽。 扑作教刑——对犯错误的学生用板子打。扑:用板子或用荆条打人。　金作赎刑——有些罪可以用钱赎免。　⑥眚(shěng)灾过,赦——对于一些非故意的过失犯罪,应该宽赦。　怙(hù)终贼,刑——对怙恶不悛(quān)的人要严加惩办。怙终贼:坚持到底地作恶。　⑥钦——敬,兢兢业业。　惟刑之静哉——执法行刑可一定要认真思虑呀。静:平心静气,深思熟虑。按:以上舜受命"摄政",以及巡狩、治礼、慎刑诸事,见《尚书·尧典》。　⑥驩兜进言共工——即前文驩兜推荐共工为接班人一事。　工师——主管土木建筑的官员。　淫辟——骄纵,邪恶。　⑥三苗——古代的少数民族名,生活在今湖南一带,其种不一,故称"三苗"。　江淮、荆州——即今岳阳、九江间相邻地带。　⑦流——迁,发配。　幽陵——北部边裔的都城,约当今之北京密云区。　以变北狄——使其逐渐同化北方的少数民族,也就是起一种抵御北方民族入侵的作用。　⑦崇山——在今湖南张家界西南,与天门山相连。　南蛮——泛称南方的少数民族,与"北狄"泛称北方的少数民族同。　⑦三危——山名,在今甘肃敦煌东南。　西戎——泛称西方的少数民族。　⑦殛(jí)——诛,这里是"流放"的意思。　羽山——山名,在今山东郯(tán)城东北。　东夷——泛称东部地区的少数民族。　⑦四罪——四个恶人受到惩罚。罪:用作动词,被治罪。　天下咸服——按:以上舜请示尧惩罚"四凶"事,见《尚书·尧典》,参见《大戴记·五帝德》《孟子·万章》。　⑦舜让辟丹朱——让辟:动词连用,让位于人而己回避之。　南河——尧都以南之河。倘以为尧都平阳(今山西襄汾之陶寺遗址),则其"南河"即今河南三门峡、洛阳一线之黄河。也有认为尧都在今山东鄄(juàn)城东,则所谓"南河"应指济水。　⑦之中国——由"南河之南"进入京城。中国:一国之中心,即首都。　是为帝舜——按:以上舜避丹朱于"南河之南",终因百姓归心而即帝位事,见《孟子·万章》。

虞舜者,名曰重华。[1]重华父曰瞽叟,瞽叟父曰桥牛,桥牛父曰句望,句望父曰敬康,敬康父曰穷蝉,穷蝉父曰帝颛顼,颛顼父曰昌意,以至舜七世矣。自从穷蝉以至帝舜,皆微为庶人。

舜父瞽叟盲，而舜母死，瞽叟更娶妻而生象，象傲。瞽叟爱后妻子，常欲杀舜，舜避逃；及有小过，则受罪。顺事父及后母与弟，日以笃谨，匪有解。[2]

舜，冀州[3]之人也。舜耕历山，渔雷泽，陶河滨。[4]作什器于寿丘，就时于负夏。[5]舜父瞽叟顽，母嚚，弟象傲，皆欲杀舜。舜顺适不失子道，兄弟孝慈。欲杀，不可得；即求，尝在侧[6]。

舜年二十以孝闻。三十而帝尧问可用者，四岳咸荐虞舜，曰可。于是尧乃以二女妻舜以观其内，使九男与处以观其外。[7]舜居妫汭，内行[8]弥谨。尧二女不敢以贵骄事舜亲戚，甚有妇道。尧九男皆益笃。舜耕历山，历山之人皆让畔[9]；渔雷泽，雷泽上人皆让居；[10]陶河滨，河滨器皆不苦窳[11]。一年而所居成聚，二年成邑，三年成都。[12]尧乃赐舜绨衣[13]与琴，为筑仓廪，予牛羊。瞽叟尚复欲杀之，使舜上涂廪[14]，瞽叟从下纵火焚廪。舜乃以两笠自捍而下，[15]去，得不死。后瞽叟又使舜穿井，舜穿井为匿空旁出。[16]舜既入深，瞽叟与象共下土实井，舜从匿空出，去。瞽叟、象喜，以舜为已死。象曰："本谋者象。"象与其父母分。[17]于是曰："舜妻尧二女与琴，象取之。牛羊仓廪予父母。"象乃止舜宫居[18]，鼓其琴。舜往见之，象鄂不怿，[19]曰："我思舜正郁陶[20]！"舜曰："然，尔其庶矣[21]！"舜复事瞽叟爱弟弥谨。于是尧乃试舜五典百官，皆治。

昔高阳氏有才子八人，世得其利，谓之"八恺"。高辛氏有才子八人，世谓之"八元"。此十六族者，世济其美，不陨其名。[22]至于尧，尧未能举。舜举"八恺"，使主后土[23]，以揆百事，莫不时序。[24]举"八元"，使布五教于四方，父义，母慈，兄友，弟恭，子孝，内平外成。[25]

昔帝鸿氏有不才子，掩义隐贼，好行凶慝，天下谓之浑沌。[26]少皞氏有不才子，毁信恶忠，崇饰恶言，天下谓之穷奇。[27]颛顼氏有不才子，不可教训，不知话言，天下谓之梼杌。[28]此三族世忧之。

至于尧，尧未能去。缙云氏有不才子，贪于饮食，冒于货贿，天下谓之饕餮。[29]天下恶之，比之三凶。舜宾于四门[30]，乃流四凶族，迁于四裔，以御螭魅[31]。于是四门辟，言毋凶人也。[32]

舜入于大麓，烈风雷雨不迷，尧乃知舜之足授天下。尧老，使舜摄行天子政，巡狩。舜得举用事二十年，而尧使摄政。摄政八年而尧崩。三年丧毕，让丹朱，天下归舜。而禹、皋陶、契、后稷、伯夷、夔、龙、倕、益、彭祖，[33]自尧时而皆举用，未有分职[34]。于是舜乃至于文祖，谋于四岳，辟四门，明通四方耳目。[35]命十二牧论帝德，行厚德，远佞人，则蛮夷率服。[36]舜谓四岳曰："有能奋庸美尧之事者，使居官相事？[37]"皆曰："伯禹为司空，可美帝功。[38]"舜曰："嗟，然！禹，汝平水土，维是勉哉。"禹拜稽首，让于稷、契与皋陶。舜曰："然，往矣[39]。"舜曰："弃，黎民始饥，汝后稷，播时百谷。[40]"舜曰："契，百姓不亲，五品不驯[41]。汝为司徒，而敬敷五教，在宽。[42]"舜曰："皋陶，蛮夷猾夏，寇贼奸轨。[43]汝作士，五刑有服，五服三就。[44]五流有度，五度三居，维明能信。[45]"舜曰："谁能驯予工？"皆曰垂可，于是以垂为共工。[46]舜曰："谁能驯予上下草木鸟兽？"皆曰益可，于是以益为朕虞。[47]益拜稽首，让于诸臣朱虎、熊罴[48]。舜曰："往矣，汝谐[49]。"遂以朱虎、熊罴为佐。舜曰："嗟！四岳，有能典朕三礼[50]？"皆曰伯夷可。舜曰："嗟！伯夷，以汝为秩宗，夙夜维敬，直哉维静洁。[51]"伯夷让夔、龙。舜曰："然。以夔为典乐，教稚子[52]，直而温，宽而栗，刚而毋虐，简而毋傲。[53]诗言意，歌长言，声依永，律和声。[54]八音能谐，毋相夺伦，神人以和。[55]"夔曰："於！予击石拊石，百兽率舞。[56]"舜曰："龙，朕畏忌谗说殄伪，振惊朕众。[57]命汝为纳言，夙夜出入朕命，惟信。[58]"舜曰："嗟！女二十有二人，敬哉，惟时相天事。[59]"三岁一考功，三考绌陟，远近众功咸兴。[60]分北三苗[61]。

此二十二人咸成厥功：皋陶为大理，平，民各伏得其实；[62]伯夷主礼，上下咸让；垂主工师，百工致功；[63]益主虞，山泽辟[64]；弃主稷,百谷时茂;[65]契主司徒,百姓亲和;龙主宾客,远人至;十二牧行而九州莫敢辟违;[66]唯禹之功为大,披九山,通九泽,决九河,[67]定九州,各以其职来贡,[68]不失厥宜。方五千里,至于荒服[69]。南抚交阯、北发,西戎、析枝、渠廋、氐羌,[70]北山戎、发、息慎,东长、鸟夷,[71]四海之内咸戴帝舜之功。于是禹乃兴《九招》之乐,致异物,凤皇来翔,天下明德皆自虞帝始。[72]

舜年二十以孝闻,年三十尧举之,年五十摄行天子事,年五十八尧崩,年六十一代尧践帝位。[73]践帝位三十九年,南巡狩,崩于苍梧之野,葬于江南九疑,是为零陵。[74]舜之践帝位,载天子旗,往朝父瞽叟,夔夔唯谨,如子道。[75]封弟象为诸侯。舜子商均亦不肖,舜乃豫荐禹[76]于天。十七年而崩。三年丧毕,禹亦乃让舜子,如舜让尧子。诸侯归之,然后禹践天子位。尧子丹朱,舜子商均,皆有疆土,以奉先祀。服其服,礼乐如之。以客见天子,天子弗臣,示不敢专也。[77]

自黄帝至舜、禹,皆同姓而异其国号,以章明德。[78]故黄帝为有熊[79],帝颛顼为高阳,帝喾为高辛,帝尧为陶唐,帝舜为有虞。[80]帝禹为夏后而别氏,姓姒氏。[81]契为商,姓子氏;弃为周,姓姬氏。[82]

(以上为第四段,写舜的种种圣德,与其禅天下与禹的动人故事。)

①虞舜——虞:国名,在今山西平陆。 名曰重(chóng)华——阎若璩(qú)认为:古帝王有名有号,如“尧”“舜”“禹”,其名也。“放勋”“重华”“文命”,皆其号也。 ②笃(dǔ)谨——厚道,谦谨。 匪有解(xiè)——从不怠慢。匪:通“非”。解:通“懈”。 ③冀州——古九州之一,约当今之河北、山西和与之邻近的河南北部地区。④历山——在今山西永济东南,一说在今山东菏泽东北,一说在今山东济南东南。雷泽——一名雷水,古泽名,在今山西永济东南。一说在今山东菏泽东北。 陶河滨——一说在今山东菏泽定陶区西南之古黄河边上制造瓦器。也有说在今山西永济附近,离历山不远。 ⑤什器——各种生活、劳动用品。 寿丘——在今山东曲阜东。也有人以为此寿丘应离蒲州不远。 就时于负夏——就时:犹逐时,乘时射利,即做买卖。负夏:在

今山西垣曲北。一说在今山东兖州东北。 ⑥即求,尝在侧——如果有事找他,他总是随叫随到。即:若。尝:通“常”。 ⑦九男——尧的九个儿子。 以观其外——以观察其处理外部事务的情况。 ⑧内行——在家族以内的行为表现与其处理事务的能力。 ⑨让畔——《韩非子》曰:“历山之农者侵畔,舜往耕焉,期年,甽亩正。”畔:田界。 ⑩雷泽上人——“上”应作“之”。 让居——让出自己的房子给别人住。 ⑪不苦窳(yǔ)——精致,结实。苦窳:粗劣,易坏。 ⑫一年而所居成聚——舜所住的地方,仅一年就成了村落,极言归附者之多。聚:村落。 邑——市镇。 都——都城。 ⑬絺(chī)衣——细葛布做的衣裳,在当时很贵重。 ⑭涂廪(lǐn)——用泥抹粮仓的屋顶。 ⑮笠——伞状的草帽。 自捍而下——像是撑开伞似的从屋顶上跳下。捍:防护。 ⑯匿空(kǒng)——秘密通道。匿:藏,不使人知。空:同“孔”。 旁出——从旁边通向地面。 ⑰本谋——主谋。 与其父母分——谓瓜分舜的遗产。 ⑱止舜宫居——住进了舜的房子里。止:这里指住。宫:屋舍。 ⑲鄂——通“愕”,惊讶。 不怿(yì)——不高兴,这里是尴尬的样子。 ⑳我思舜正郁陶——意谓我现在正想你想得伤心。郁陶:伤心痛苦的样子。 ㉑然,尔其庶矣——是的,你我的兄弟情谊的确不错。庶:可以。按:以上瞽叟与象之反复谋划欲杀舜事,《尚书》不载,见于《孟子·万章》。 ㉒十六族——范文澜《中国通史简编》用杜预说,认为“八恺”即以禹为首的各族;“八元”指以契为首的各族。 世济其美——世世代代都能和他们的祖先具有同等的美德。济:达到,成就。 不陨其名——不使其祖先的名望降低。陨:落。 ㉓使主后土——让他们主管大地上的水利、农作诸事。后土:大地。 ㉔揆(kuí)——观察,忖度,这里指治理。 莫不时序——没有一项不被整治得有条有理。时序:承顺。 ㉕布五教于四方——即主管全国的教育、教化工作。五教:即前所谓“五常”。 内平外成——谓使诸夏太平,夷狄向化。内:诸夏;外:夷狄。 ㉖帝鸿氏有不才子——帝鸿氏:指黄帝之族。不才:不成才,没出息。 掩义隐贼——掩蔽仁义,包庇奸贼。“掩”亦可训为“袭击”。 凶慝(tè)——凶邪。 浑沌——即讙兜。 ㉗少皞(hào)——也作“少昊”。 穷奇——有说即“共工”,未必合史公原意。 ㉘话言——谓善言。 梼杌(táo wù)——有说即“鲧”,乃后世注家之说,未必合史公原意。 ㉙缙云氏——姜姓,炎帝之苗裔。 贪于饮食,冒于货贿——即贪婪好财。冒:没,其他皆所不顾。 饕餮(tāo tiè)——有说即三苗。按:谓“饕餮”即“三苗”,乃后世注家之说,未必合史公原意。 ㉚宾于四门——谓迎宾于四门。 ㉛迁于四裔,以御螭魅(chī mèi)——发配到四方的边远之地,使其抵抗远方欲危害中原的妖魔怪物。 ㉜四门辟——四门大开,言其太平无事之状。 言毋凶人也——毋:无。按:以上任“八恺”“八元”与流四凶族事,见《左传·文公十八年》。 ㉝禹——鲧之子,因治水有功,受舜禅让为帝。 皋陶(gāo yáo)——舜时掌刑狱的大臣。 契(xiè)——舜时掌教化的官,商人的祖先,子姓。 后稷——名弃,舜时掌管农事的官,周人的祖先,姬姓。 伯夷——舜时掌礼的官,与周初之饿死首阳山者同名。 夔(kuí)——舜时主乐的官。 龙——舜时的谏官。 倕——舜时主管建筑的官。 益——也称“伯益”“伯翳”“大业”,秦人的祖先。 彭祖——传说中的人物。姓篯名坚,颛顼玄孙。 ㉞而皆举用,未有分职——梁玉绳曰:“既曰‘举用’,又曰‘未分职’,语意戾矣。若谓遇事共理,不分职守,岂尧朝如是之无纪律乎?” ㉟辟四门——指广迎四方的贤人。辟:敞开。 明通四方耳目——即广泛听取各方面的意见。 ㊱十二牧——十二州的州长。 论帝德——论帝尧之德。论:阐发,光大。 率服——相率来归顺。 ㊲奋庸美尧之事——努力光大尧的事业。奋庸:努力建立功业。美:使之更加美好,即“发扬光大”。 使居官相事——使其位居首辅,佐我以理众事。相:佐助。 ㊳司空——主管土木、水利的官,这里实即推荐禹往治洪水。 可美帝功——可以完成治水的事业。 ㊴然,往矣——你推荐得不错,但这件事还是你去办吧。 ㊵汝后稷——你去主管农业。稷:五谷之长。 播时百谷——播种这些五谷。时:是,这些。 ㊶五品不驯——即人际关系中的伦常秩序乱套。五品:即前文之所谓“五典”,也称“五教”“五常”。 ㊷司徒——掌管教育、教化的官。 敬敷五教——认真地对百姓进行伦常关系教育。敬:认真对待。敷:布,实施。 在宽——在于逐步引导,不能操之过急。 ㊸猾夏——侵乱中国。猾:侵扰。夏:华夏,指当时的中原地区。 寇贼奸轨——轨:通"宄",内乱。孔安国曰:"群行攻劫曰寇,杀人曰贼,在外曰奸,在内曰宄。" ㊹士——主管司法的官。五刑有服——五种刑罚都要量刑合适。 五服三就——对犯了五种罪过的人,要在规定的场所用刑。大罪于原野,大夫于朝,士于市。㊺五流有度——五刑如果改为流放,则其远近也有规定的里程。 五度三居——五种不同程度的流放,安置于三种不同的场所。 维明能信——只有执法严明,才能取得人们的信任。 ㊻驯予工——管理工匠,即主管土木建筑及各种制作。驯:顺,此指管之使顺。 共工——官名,意思是供职于工程之事。 ㊼驯予上下草木鸟兽——即管理山泽草木鸟兽之事。 虞——管理山林畜牧的官。 ㊽朱虎、熊罴(pí)——前文所谓"八元"中的两个。 ㊾汝谐——你最合适。谐:和,合适。 ㊿有能典朕三礼——典:主管。三礼:天事、地事、人事之礼。 51秩宗——官名,主管朝廷的尊卑次序以及郊庙的祭祀之事,有如后世之"太常"。 夙夜维敬——要昼夜一贯地保持虔敬。夙:早,这里指白天。 直哉维静洁——《正义》引孔安国云:"职典礼,施政教,使正直而清明。" 52稚子——即胄子,贵族子弟。 53直而温——正直而颜色温和。 宽而栗——宽厚而又谦敬。栗:谦敬庄重的样子。 刚而毋虐,简而毋傲——刚则失之虐,简则失之傲。按:以上数句《尚书》原作"帝曰:'夔,命汝典乐,教胄子,直而温,宽而栗……'",今将两个叙述句混同在舜的话语之内,殊欠明了。 54诗言意——《尚书》作"诗言志"。 歌长言——唱歌是一种拉长声音的话语。《尚书》作"歌永言","永"即"长"。 声依永——歌声的长短高低要根据语句拉长的需要。 律和声——歌曲使用何种调式、何种弦律,要与本诗、本声相和。声:五声,宫、商、角(jué)、徵(zhǐ)、羽;律:谓六律、六吕,十二个定音管。 55八音能谐,毋相夺伦——指能将匏(páo)、土、革、木、石、金、丝、竹八种物质制成的乐器配合使用得浑然和谐,而不相互抵触,出现噪音。 神人以和——让受祭祀的神灵与在座的听众都感到愉悦平和。 56於(wū)——语气词。 击石拊(fǔ)石——敲起石磬一类的乐器。拊:击。 百兽率(shuài)舞——连各种禽兽听了音乐也会相继起舞。率:相继、相依。 ㊼谗说殄(tiǎn)伪——谗说:谗佞(nìng)的辞令,容易迷惑人的花言巧语。殄伪:钱大昕(xīn)认为"伪"通"为"。"殄为"即不讲道德信义的行为。 振惊朕众——即迷惑我百姓们的视听。振:通"震",耸动。 ㊽纳言——官名,言出纳王命。即将下言纳于上,受上言宣于下。 出入朕命——向我报告群臣的要求,向外传达我的命令。 惟信——谨守信义,即如实传达,不得妄自增减或篡改。 ㊾二十有二人——崔適认为:自禹至彭祖共为十人,加以十二牧,乃为二十二人也。 敬哉——尽心于自己所负的职责。敬:近于今之所谓"敬业"。 时相天事——顺时视天所宜而行事。 ㊿考功——考察官吏的功效、政绩。 三考绌陟(zhì)——通过三次考核,以确定该官员的升降。绌:通"黜",降职;陟:提升。众功——各部门的工程、工作。按:以上舜分官委任"二十二人"事,见《尚书·尧典》。 61分北(bèi)三苗——分北:分离。北:"背"的本字。按:"分北三苗"四字亦见于《尚书·舜典》,孔颖达疏:"北,背也,善留恶去,使分背也。"该句与上下文无关,疑系衍文或错简,史公亦姑妄照抄之。 62皋陶为大理,平——皋陶为法官,司法公平。大理:官名,主官刑罚狱讼。 民各伏得其实——伏:通"服",谓被定罪者皆内心服气。 63工师——即前所谓"共工",汉代称"将作大匠",主管土木建筑与各种手工制作。 致功——做出了良好的劳动成绩。 64山泽辟——山林湖泽的资源得到了开发。辟:开辟,开发。 65主稷——主管粮食生产。 百谷时茂——各种庄稼都种得及时,长得茂盛。66十二牧行——十二州的州长在本州内行使职权,开展工作。 九州莫敢辟违——普天下都在各州长官的领导下奉公守法,无人弄虚作假,违命不从。辟:邪恶;违:抗命。 按:华夏原称"九州",其长官也只有"九牧";后又增三州为"十二州",故其长官也就成了"十二牧"。此处"十二"与"九"错落使用。 67披九山——谓开凿九山以泄洪水。披:劈。九山:极言为泄导洪水所开凿的山岭之多。 决——疏通。68定九州——划定九州的疆界。 各以其职来贡——各州都按照规定向朝廷进贡。职:责任,也就是按照本州地形与物产应向朝廷进献的贡品。 69方五千里,至于荒服——此指当时整个华夏的疆域。据《尚书·禹贡》，自天子王畿向四周辐射，五百里甸服，五百里侯服，五百里绥服，五百里要服，五百里荒服。按直径计算，即五千里。甸服：《集解》引孔安国曰："为天子服治田。"侯服：《集解》引孔安国曰："侯，候也，斥候而服事。"绥服：《集解》引孔安国曰："绥，安也，服王者政教。"要服：《集解》引孔安国曰："要束以文教。"荒服：《集解》引马融曰："政教荒忽，因其故俗而治之。" ⑩南抚交阯、北发——意谓向南管辖到交趾、北发。北发：即"北向户"，指今广东、广西南部之北回归线以南，门户向北开的地方。 西戎、析枝、渠廋（sōu）、氐羌——按："西"下省"抚"字，其意乃谓向西管辖到"戎、析枝、渠廋、氐羌"。戎、析枝、渠廋、氐羌：都是西方的少数民族名，大约生活在今陕西西部、四川西北部与甘肃、青海一带。 ⑪北山戎、发、息慎——按："北"下亦省"抚"字。山戎、发、息慎：都是当时东北地区的少数民族名，山戎在今辽宁西部；发：具体方位不详；息慎：也称"肃慎"，在今黑龙江、吉林一带。 东长、鸟夷——意即东抚长夷、鸟夷。鸟夷也作"岛夷"。"长夷""鸟夷"指当时东部大海中的岛国。 ⑫于是禹乃兴《九招》之乐——"禹"字疑当作"夔"，叙禹于诸臣之后者，以禹功最大也。而太乐之作，所以告成功，故又叙夔于禹之后。《九招》：同《九韶》，相传为舜时所作的古乐名。 致异物，凤皇来翔——意谓由于舜的德高政美，感动上天，致使异物出现，凤凰来翔也。凤皇：即凤凰。 明德——兼指崇高的道德与圣明的政治。 ⑬年五十八尧崩——按：此与前文"舜得举用事二十年，而尧使摄政，摄政八年而尧崩"说法相同；与所谓"尧立七十年得舜，二十年而老，令舜摄行天子之政，荐之于天，尧辟位，凡二十八年而崩"说法不同。 年六十一代尧践帝位——即前文所谓"三年丧毕，让丹朱，天下归舜"，始即帝位。 ⑭苍梧——汉郡名，郡治广信，在今广西梧州。 九疑——山名，在今湖南宁远南，因山有九峰皆相似，故称"九疑"。 零陵——帝王陵墓名，即今湖南宁远之舜陵。 ⑮载天子旗——车上插着天子的旌旗。 夔夔（kuí）——虔敬的样子。 如子道——仍和正常的儿子对待父亲的礼节一样。 ⑯豫荐禹——事先推荐了大禹。豫：后作"预"，事先有所准备。 ⑰服其服，礼乐如之——让他们仍采用其父在位时的固有服饰，仍使用其父在位时的固有礼乐。

弗臣——不把他们当作自己的臣子对待。 不敢专——不敢专行天下之政,实际是不好意思管辖到他们两家的头上。 ⑱自黄帝至舜、禹,皆同姓——按:司马迁既然将颛顼、帝喾、尧、舜、禹都说成是黄帝的后代,因此说他们“皆同姓”,这当然是对的。然而前文乃采《国语》而有所谓“黄帝二十五子,其得姓者十四人”之说,于是遂自相矛盾。 异其国号,以章明德——另立一个国号,以显扬他们的道德功业。章:彰明,彰显。 ⑲黄帝为有熊——此说于传记无所概见。 ⑳帝颛顼为高阳,帝喾为高辛——按:“唐”“虞”皆地名,演为国号,而从未闻有以“高阳”“高辛”为地名、国号者,独史公于此言之。 帝尧为陶唐——陶唐:地名,亦为远古部落名或国号名,今考古学者认为当在今山西之临汾、襄汾、翼城、曲沃一带,其“陶寺遗址”之早期即为尧时之文化。 ㉑帝禹为夏后——帝禹的国号曰“夏后”。 而别氏,姓姒(sì)氏——意思是他改了姓,姓姒。梁玉绳曰:“‘姓’一定而不易,虽百世弗改;‘氏’递出而不穷,即再传可变。史公承秦、项焚燹(xiǎn)之余,谱学已紊,‘姓’‘氏’遂混。” ㉒契为商,姓子氏——契的国号曰“商”,姓“子”。 弃为周,姓姬氏——弃的国号曰“周”,姓“姬”。

太史公曰[①]:学者多称五帝,尚矣,然《尚书》独载尧以来,[②]而百家言黄帝,其文不雅驯,荐绅先生难言之。[③]孔子所传《宰予问五帝德》及《帝系姓》,儒者或不传。[④]余尝西至空桐,北过涿鹿[⑤],东渐于海,南浮江淮矣,至[⑥]长老皆各往往称黄帝、尧、舜之处,风教固殊焉,总之不离古文[⑦]者近是。予观《春秋》《国语》,其发明《五帝德》《帝系姓》章矣,顾弟弗深考,其所表见皆不虚。[⑧]《书》缺有间矣,其轶乃时时见于他说。[⑨]非好学深思,心知其意,固难为浅见寡闻道也。余并论次,择其言尤雅者,故著为本纪书首。[⑩]

(以上为第五段,是作者的论赞,史公在这里讲了他之所以用黄帝、尧、舜作为《史记》开篇的原因,以及自己选择、使用旧有资料的原则,有为全书发凡起例的意义。)

①太史公曰——此司马迁对本篇正文所作的说明，有如其他史书每篇最后的“赞曰”。 ②称——讲说。 尚——上，以言久远。《尚书》独载尧以来——《尚书》记载最早的人物是尧，见《尧典》，没有比尧更早的人了。 ③百家——原指战国时代的各家著作，但这里实际乃指儒家以外的其他诸家。 不雅驯——犹今所谓荒诞，不正经。荐绅先生——犹今所谓“正派人”“有身份的人”。荐绅：亦作“搢绅”“缙绅”，指官僚、士大夫。 ④《宰予问五帝德》及《帝系姓》——都是记述黄帝、尧、舜等远古帝王事迹的篇章，见于今本《大戴记》与《孔子家语》，但此二书所载是否即司马迁所说的原始模样，不得而知，因为此二者皆成书于司马迁之后。 儒者或不传——《索隐》曰：“以二者皆非正经，故汉时儒者以为非圣人之言，故多不传学也。” ⑤涿鹿——山名，也是城邑名，在今河北涿鹿东南。 ⑥至——谓凡所到的有关之处。 ⑦古文——战国时代东方六国所使用的文字与用东方六国文字所写的书籍。这种文字与秦国所使用的“大篆”不同，与秦朝所规定统一使用的“小篆”亦不同。 ⑧顾弟弗深考——意谓问题只出在没有人对它深入考察、研究，所以才对它采取了不相信的态度。顾：转折词，犹如今之所谓“问题是”“问题在于”。弟：但，只是。 其所表见皆不虚——这两部书所表现的观点都是切实可信的。 ⑨《书》缺有间矣——《尚书》有很多散失，到现在已经相隔很久了。 其轶乃时时见于他说——《索隐》曰：“然帝皇遗事散轶，乃时时旁见于他记说，即《帝德》《帝系》等说也。” ⑩论次——阐发、编排。 著为本纪书首——写成《五帝本纪》作为“本纪”的第一篇。

［**简评**］ 黄帝、尧、舜等都是我国古代传说中的人物，尧、舜被儒家称为“圣人”，见之于儒家著作的说法较多，尧、舜“禅让”的故事更被后世传为美谈。司马迁依据《尚书·尧典》，写成尧、舜两位古代帝王的本纪，从中寄托了自己的政治理想，并使之与秦、汉以来的专制政治形成对照，其用意是显而易见的，尧、舜无疑是《史记》中最受司马迁尊崇的理想帝王。可喜的是，近年来

的考古发掘,已经证实了尧、舜时代的存在。至于"黄帝",孔子、孟子并没有提及,在先秦儒家的古书中只有《五帝德》《帝系姓》中说到了他。司马迁依据这两种材料,并吸收了其他学派,甚至还有些秦汉之际的方士的说法,将之写成了华夏民族的始祖,这是具有开创性的。有关黄帝其人的种种事迹,自然无从考辨,司马迁将其写之于史,这只能说明我国古代有这些说法,而对于传说中的历史进行记录也只能如此了。根据近年来在长江流域发现的古先民遗址,那里的人们早在公元前七千年至公元前五千年就已经懂得种植水稻,修建城市,这比黄帝的传说还要早得多。另外在福建、广东、云南等地发现的古先民遗址,也都不比黄帝的传说时代更晚。这说明司马迁将黄帝塑造成是我国各族人民共同祖先的做法虽未必科学,但是"黄帝"作为华夏民族的始祖在《史记》中得以确立,其意义是巨大的。从此他便成了中华民族的一面旗帜,成为我国境内各族人民共同皈依的偶像,成为散居世界各地华夏后裔们的凝聚核心。如果说在过去的两千多年里,这种凝聚力还主要是表现在我国境内的话,那么,今后随着历史的发展,随着华夏子孙遍布全世界,随着我国在国际上所处地位不断提高,这面旗帜、这种凝聚力所起的作用也就会显得越来越突出,越来越明显。

[**集评**] 《太史公自序》:"维昔黄帝,法天则地。四圣遵序,各成法度;唐尧逊位,虞舜不台;厥美帝功,万世载之。作《五帝本纪》第一。"

柯维骐曰:"'五帝'之名,见于《孔子家语》及《大戴礼》,其说有二:其一孔子答季康子,以伏羲配木,神农配火,黄帝配土,少昊配金,颛顼配水,此言数圣人革命改号取法于五行之帝,非'五帝'之定名也。其一则孔子所答宰予五帝德,曰黄帝、曰颛顼、曰帝喾、曰尧、曰舜,太史公所述《五帝纪》是也。厥后皇甫谧作《帝王代(世)纪》,苏子由作《古史》,郑樵作《通志》,并祖孔安国,以伏羲、神农、黄帝为'三皇',少昊、颛顼、帝喾、尧、舜为'五帝',五峰双湖胡氏又主秦博士'天皇、地皇、人皇'之议,而以伏羲、神农、黄帝、尧、舜为'五帝',道原刘氏遂以为定论。窃谓皆不如太史公之说为有征耳。"(《史记考要》)

毛泽东曰:"赫赫始祖,吾华肇造。胄衍祀绵,岳峨河浩。聪明睿知,光被遐荒;建此伟业,雄立东方。世变沧桑,中更蹉跌;越数千年,强邻蔑德。琉台不守,三韩为墟;辽海燕冀,汉奸何多!以地事敌,敌欲岂足?人执笞绳,我为奴辱。懿维我祖,命世之英。涿鹿奋战,区宇以宁。岂其苗裔,不武如斯,泱泱大国,让其沦胥!东等不才,剑履俱奋。万里崎岖,为国效命。频年苦斗,备历险夷,匈奴未灭,何以家为?各党各界,团结坚固,不论军民,不分贫富。民族阵线,救国良方,四万万众,坚决抵抗。民主共和,改革内政,亿兆一心,战则必胜。还我河山,卫我国权,此物此志,永矢勿谖。经武整军,昭告列祖,实鉴临之,皇天后土。尚飨!"(《祭黄帝陵文》)

苏秉琦曰:"在全世界少数几个农业起源中心中,中国独居其二。中国的农业以精耕细作为其特色,这在远古时代便已露其端倪。我国古籍中有不少关于农业起源的传说,有的说是神农发明了农业,有的说是烈山氏(或厉山氏)或炎帝之子名柱的发明了农业,周人相信是他们的祖先弃发明了农业,《史记·五帝本纪》则说黄帝'时播百谷草木,淳化鸟兽虫蛾',看来黄帝又成了农业的发明者。说法虽不一致,总之都是中国人自己的祖先发明了农业,而不是从外界学习来的。研究栽培作物起源的先驱德康多尔和瓦维诺夫都认为中国北方是粟和黍的起源地,何炳棣更系统地论证了中原是粟、黍等旱地作物起源的核心地区。近年来的一系列考古发现证明了这些学者是很有见地的。……中原应是旱地农业起源的核心地区。""许多人认为中国南方应是稻作农业起源地之一,但具体范围说法不一。有的主张起源于南岭以南的两广地区,有的主张起源于云南和印度支那北部山地或云南—阿萨姆地区,有的则主张起源于长江中下游,越来越多的考古发现证明后一种说法是最接近历史实际的。……长江中下游应是稻作农业起源的一个重要的中心。""由于在我国有两个而不是一个农业起源中心,往后的发展又都各具特色,从而在史前时期就形成了南北两大农业经济文化区和两种农业体系。"(白寿彝《中国通史》第二卷)

夏本纪第二

夏禹，名曰文命。[①]禹之父曰鲧，鲧之父曰帝颛顼[②]，颛顼之父曰昌意，昌意之父曰黄帝。禹者，黄帝之玄孙而帝颛顼之孙也[③]。禹之曾大父[④]昌意及父鲧皆不得在帝位，为人臣。

当帝尧之时，鸿水滔天，浩浩怀山襄陵，下民其忧。[⑤]尧求能治水者，群臣四岳[⑥]皆曰鲧可。尧曰："鲧为人负命毁族[⑦]，不可。"四岳曰："等之未有贤于鲧者[⑧]，愿帝试之。"于是尧听四岳，用鲧治水。九年而水不息，功用不成。于是帝尧乃求人，更得舜。舜登用，摄行天子之政，巡狩。行视鲧之治水无状，乃殛鲧于羽山以死[⑨]。天下皆以舜之诛为是。于是舜举鲧子禹，而使续鲧之业。

尧崩，帝舜问四岳曰："有能成美尧之事者使居官？"皆曰："伯禹为司空，[⑩]可成美尧之功。"舜曰："嗟，然！"命禹："女平水土，维是勉之。"禹拜稽首，让于契、后稷、皋陶。舜曰："女其往视尔事矣。"

禹为人敏给克勤[⑪]；其德不违，其仁可亲，其言可信；声为律，身为度，称以出。[⑫]亹亹穆穆，为纲为纪。[⑬]

禹乃遂与益、后稷奉帝命，命诸侯百姓兴人徒以傅土，行山表木，定高山大川。[14]禹伤先人父鲧功之不成受诛，乃劳身焦思，居外十三年，过家门不敢入。薄衣食，致孝于鬼神。卑宫室，致费于沟淢[15]。陆行乘车，水行乘船，泥行乘橇，山行乘檋[16]。左准绳，右规矩，载四时，以开九州，通九道，陂九泽，度九山。[17]令益予众庶稻[18]，可种卑湿。命后稷予众庶难得之食[19]。食少，调有余相给，以均诸侯。禹乃行相地宜所有以贡[20]，及山川之便利。

禹行自冀州始。冀州：既载壶口，治梁及岐。[21]既修太原，至于岳阳。[22]覃怀致功，至于衡漳。[23]其土白壤，赋上上错，田中中。[24]常、卫既从，大陆既为。[25]鸟夷皮服[26]。夹右碣石，入于河[27]。

济、河维沇州[28]。九河既道，雷夏既泽，雍、沮会同，桑土既蚕，于是民得下丘居土。[29]其土黑坟，草繇木条。[30]田中下，赋贞，作十有三年乃同。[31]其贡漆丝，其篚织文[32]。浮于济、漯，通于河[33]。

海、岱维青州[34]。堣夷既略，潍、淄其道。[35]其土白坟，海滨广潟，厥田斥卤。[36]田上下，赋中上[37]。厥贡盐絺，海物维错，岱畎丝、枲、铅、松、怪石，莱夷为牧，其篚酓丝。[38]浮于汶，通于济[39]。

海、岱及淮维徐州[40]。淮、沂其治，蒙、羽其蓺。[41]大野既都，东原厎平。[42]其土赤埴坟，草木渐包。[43]其田上中，赋中中[44]。贡维土五色，羽畎夏狄，峄阳孤桐，泗滨浮磬，淮夷蠙珠臮鱼，其篚玄纤缟。[45]浮于淮、泗，通于河[46]。

淮、海维扬州[47]。彭蠡既都，阳鸟所居。[48]三江既入，震泽致定。[49]竹箭[50]既布。其草惟夭，其木惟乔，其土涂泥。[51]田下下，赋下上上杂[52]。贡金三品，瑶、琨、竹箭，齿、革、羽、旄，岛夷卉服，其篚织贝，其包橘、柚锡贡。[53]均江海，通淮、泗[54]。

荆及衡阳维荆州[55]。江、汉朝宗于海[56]。九江甚中，沱、涔已道，云土、梦为治。[57]其土涂泥。田下中，赋上下[58]。贡羽、旄、齿、革，金三品，杶、榦、栝、柏，砺、砥、砮、丹，维箘、簬、楛。[59]三国致贡其名，包匦菁茅，其篚玄纁玑组，九江入赐大龟。[60]浮于江、沱、涔、汉，逾于雒，至于南河。[61]

荆、河惟豫州[62]。伊、雒、瀍、涧既入于河，荥播既都，道荷泽，被明都。[63]其土壤，下土坟垆。[64]田中上，赋杂上中。[65]贡漆、丝、絺、纻，其篚纤絮，锡贡磬错。[66]浮于雒，达于河[67]。

华阳、黑水惟梁州[68]。汶、嶓既蓺，沱、涔既道，蔡、蒙旅平，和夷厎绩。[69]其土青骊[70]。田下上，赋下中三错[71]。贡璆、铁、银、镂、砮、磬，熊、罴、狐、狸、织皮。[72]西倾因桓是来，浮于潜，逾于沔，入于渭，乱于河。[73]

黑水、西河惟雍州[74]。弱水既西，泾属渭汭。[75]漆、沮既从，沣水所同。[76]荆、岐已旅，终南、敦物至于鸟鼠。[77]原隰厎绩，至于都野。[78]三危既度，三苗大序。[79]其土黄壤[80]。田上上，赋中下[81]。贡璆、琳、琅玕[82]。浮于积石，至于龙门西河，会于渭汭。[83]织皮昆仑、析支、渠搜，西戎即序。[84]

道九山[85]。汧及岐至于荆山，逾于河；壶口、雷首至于太岳。[86]砥柱、析城至于王屋。[87]太行、常山至于碣石，[88]入于海。西倾、朱圉、鸟鼠至于太华。[89]熊耳、外方、桐柏至于负尾。[90]道嶓冢，至于荆山。[91]内方至于大别。[92]汶山之阳至衡山，过九江，至于敷浅原。[93]

道九川[94]：弱水至于合黎，余波入于流沙。[95]道黑水，至于三危，入于南海[96]。道河积石，至于龙门，南至华阴，东至砥柱，又东至于盟津，东过雒汭，至于大邳，北过降水，至于大陆，北播为九河，同为逆河，入于海。[97]嶓冢道瀁，东流为汉，又东为苍浪之水，过三澨，入于大别，南入于江，东汇泽为彭蠡，东为北江，入于海。[98]汶山道江，东别为沱，又东至于醴，过九江，至于东陵。[99]东迤北会于汇，东为中江，入于海。[100]道沇水，东为济，入于河，泆为荥，东出陶丘北。[101]又东至于荷，又东北会于汶，又东北入于海。道淮自桐柏，东会于泗、沂，东入于海。道渭自鸟鼠同穴，东会于沣，又东北至于泾，东过漆、沮，入于河。道雒自熊耳，东北会于涧、瀍，又东会于伊，东北入于河。

于是九州攸同，四奥既居，九山刊旅，九川涤原，九泽既陂，四海会同。[102]六府甚修,众土交正,致慎财赋,咸则三壤成赋,中国赐土、姓。[103]祗台德先,不距朕行[104]。

令天子之国以外五百里甸服[105]:百里赋纳总,二百里纳铚,三百里纳秸服,四百里粟,五百里米。[106]甸服外五百里侯服[107]:百里采,二百里任国,三百里诸侯。[108]侯服外五百里绥服[109]:三百里揆文教,二百里奋武卫。[110]绥服外五百里要服[111]:三百里夷,二百里蔡。[112]要服外五百里荒服[113]:三百里蛮,二百里流。[114]

东渐于海,西被于流沙,朔、南暨:声教讫于四海。[115]于是帝锡禹玄圭,以告成功于天下[116]。天下于是太平治[117]。

皋陶作士以理民。[118]帝舜朝,禹、伯夷、皋陶相与语帝前。皋陶述其谋曰:"信其道德,谋明辅和[119]。"禹曰:"然,如何?"皋陶曰:"於!慎其身修,思长,敦序九族,众明高翼,近可远在已。[120]"禹拜美言,曰:"然。"皋陶曰:"於!在知人,在安民。"禹曰:"吁!皆若是,惟帝其难之。[121]知人则智,能官人;能安民则惠,黎民怀之。能知能惠,何忧乎驩兜,何迁乎有苗,何畏乎巧言善色佞人?"皋陶曰:"然,於!亦行有九德,亦言其有德。[122]"乃言曰:"始事事,宽而栗,柔而立,愿而共,治而敬,扰而毅,直而温,简而廉,刚而实,强而义,章其有常,吉哉。[123]日宣三德,蚤夜翊明有家。[124]日严振敬六德,亮采有国。[125]翕受普施,九德咸事,俊乂在官,百吏肃谨。[126]毋教邪淫奇谋[127]。非其人居其官,是谓乱天事。天讨有罪,五刑五用哉。[128]吾言底可行乎[129]?"禹曰:"女言致可绩行[130]。"皋陶曰:"余未有知,思赞道哉[131]。"

帝舜谓禹曰:"女亦昌言[132]。"禹拜曰:"於,予何言!予思日孳孳[133]。"皋陶难禹曰:"何谓孳孳?"禹曰:"鸿水滔天,浩浩怀山襄陵,下民皆服于水[134]。予陆行乘车,水行乘舟,泥行乘橇,山行乘檋,行山刊木。与益予众庶稻鲜食[135]。以决九川致四海,浚畎浍致之川。[136]与稷予众庶难得之食。食少,调有余补不足,徙居[137]。众民乃定,万国为治。"皋陶曰:"然,此而美也。"

禹曰:“於,帝!慎乃在位,安尔止。[138]辅德,天下大应[139]。清意以昭待上帝命,天其重命用休[140]。”帝曰:“吁,臣哉,臣哉!臣作朕股肱耳目。予欲左右有民,女辅之[141]。余欲观古人之象[142],日月星辰,作文绣服色,女明之。[143]予欲闻六律五声八音,来始滑,以出入五言,女听。[144]予即辟,女匡拂予[145]。女无面谀,退而谤予[146]。敬四辅臣[147]。诸众谗嬖臣,君德诚施皆清矣[148]。”禹曰:“然。帝即不时,布同善恶则毋功[149]。”

帝曰:“毋若丹朱傲,维慢游是好,毋水行舟,朋淫于家,用绝其世。予不能顺是。[150]”禹曰:“予娶涂山,辛壬癸甲,生启,予不子[151],以故能成水土功。辅成五服,至于五千里,州十二师,外薄四海,咸建五长,各道有功。[152]苗顽不即功,帝其念哉[153]。”帝曰:“道吾德,乃女功序之也[154]。”

皋陶于是敬禹之德,令民皆则禹[155]。不如言,刑从之。舜德大明。

于是夔行乐,祖考至,群后相让,鸟兽翔舞,《箫韶》九成,凤皇来仪,百兽率舞,百官信谐。[156]帝用此作歌曰:“陟天之命,维时维幾[157]。”乃歌曰:“股肱喜哉,元首起哉,百工熙哉[158]!”皋陶拜手稽首扬言曰[159]:“念哉,率为兴事,慎乃宪,敬哉[160]!”乃更为歌曰:“元首明哉,股肱良哉,庶事康哉[161]!”又歌曰:“元首丛脞哉,股肱惰哉,万事堕哉![162]”帝拜曰:“然,往钦哉[163]!”于是天下皆宗禹之明度数声乐,为山川神主。[164]

(以上为第一段,采录《尚书》的《禹贡》及《皋陶谟》,歌颂夏朝开国君主大禹的功德。)

①夏禹——夏是国号,禹是其名。　名曰文命——《索隐》曰:“《尚书》云‘文命敷于四海’,孔安国云‘外布文德教命’,不云是禹名。太史公皆以‘放勋’‘重华’‘文命’为名。”　②鲧(gǔn)之父曰帝颛顼——《索隐》曰:“鲧既仕尧,与舜代系殊悬,舜即颛顼六代孙,则鲧非是颛顼之子。”　③帝颛顼之孙也——张照认为:《夏本纪》:“禹之父曰

鲧,鲧之父曰帝颛顼。"《五帝纪》:"瞽叟父曰桥牛,桥牛父曰句望,句望父曰敬康,敬康父曰穷蝉,穷蝉父曰帝颛顼。"是禹为帝颛顼之孙,而舜为帝颛顼六世孙矣。禹为舜之高祖行,得相见已属仅事,必年大长于舜矣,乃舜命禹治水时,禹方娶涂山氏之女,复受舜禅,岂理也哉! ④曾大父——即曾祖父。 ⑤鸿——大。 浩浩怀山襄陵——洪水浩浩荡荡,包围了山岗,淹上了丘陵。怀:包。襄:上。 ⑥四岳——有说为共工的后裔,因佐禹治水有功,赐姓姜,封于吕,成为一方诸侯之长;一说为尧臣羲和之四子,分掌四方诸侯。 ⑦负命毁族——违背命令,败坏同族。 ⑧等之未有贤于鲧者——与他人相比,没有比鲧更贤能的。等:用作动词,比较。 ⑨乃殛(jí)鲧于羽山以死——殛:杀。羽山:传说中地名,一说在今山东郯城东北。 ⑩伯禹——即禹,古称一方的诸侯之长曰"伯"。 司空——西周以后官名,掌管工程营建。 ⑪敏给(jǐ)克勤——敏给:敏捷。给:说话办事很快。克勤:犹言"耐劳"。⑫声为律——声音合乎音律。 身为度——行动举止成为法度。 称以出——意即以禹为标准制定权衡。 ⑬亹亹(wěi)穆穆——勤勉恭敬的样子。亹亹:勤勉貌。穆穆:肃敬貌。 为纲为纪——意即成为天下人的楷模。纲:纲维,法度。纪:法度,准绳。 ⑭益——即伯益,传说为禹的大臣,掌管山泽。 兴人徒——兴:调派。人徒:服徭役的人。

傅(fū)土——治理大地。傅:通"敷",分布。《索隐》:"敷,分也……谓令人分布理九州之土地也。" 行山表木——顺着山势砍削树木作为标志。表木:刊木立为表记。 定高山大川——确定高山大川的治理规划。 ⑮薄衣食,致孝于鬼神。卑宫室,致费于沟淢(xù)——四句内容也见于《论语》,但《论语》乃说禹为天子之事,非谓其治水时。致孝于鬼神:以丰洁的祭品孝敬祖先神明。致费于沟淢:不惜花费大量资财以修筑沟洫。淢:通"洫",护城沟。 ⑯泥行乘橇(qiāo),山行乘檋(jú)——橇:在泥路上滑行的木制交通工具,有如北方之雪橇。檋:底下钉有锥齿的登山鞋,犹今所谓钉子鞋。上山,前齿短,后齿长;下山,前齿长,后齿短。也有说即今所谓"滑竿"。应指后者。 ⑰左准绳,右规矩——意即身边常带着准绳规矩。准:测定平面的工具。绳:测定直线的工具。规:画出或校正圆形的工具。矩:画出或校正方形的工具。 载四时——谓使用仪器测量星宿方位。 开九州,通九道,陂九泽,度九山——意即区划九州土地,辟通九条水道,修筑九处湖泽堤障,测量九大山系。九:除“九州”是实指外,其余皆泛指。 ⑱令益予众庶稻——命令伯益把稻种分给民众。予:给予。 ⑲难得之食——不仅指临时可充饥者,也包括可以种植者。 ⑳行相地宜所有以贡——巡视各地的特产以确定其应出的贡赋。相:视。 ㉑既载壶口——已经完成壶口一带的工程后。既:已经。载:事,这里指从事壶口的水利工程。一说:载,始也。壶口:山名,在今山西吉县西、陕西宜川东北。 治梁及岐——梁:山名,位于壶口的南面,在今陕西韩城西北。岐:山名,在今陕西岐山县东北。 ㉒太原——即今山西太原一带,处在汾河中游。 岳阳——指太岳山以南地区。岳:即太岳山,在今山西霍州东。阳:指山的南面。 ㉓覃(qín)怀致功——覃怀:地名,在今河南武陟西南。致功:获得功绩。 至于衡漳——意即自覃怀至衡漳的广大区域都已获得治理。衡漳:水名,在今河北西南部。 ㉔白壤——指砂质盐渍之土。 赋上上错——赋:赋税。上上错:主要是第一等,也杂有第二等。 田中中——土地肥沃程度为第五等。 ㉕常、卫既从——恒水、卫水都已顺顺当当地流入黄河。常:水名,即滱(kòu)水。卫:水名,即滹(hū)沱河,在今河北西部。从:顺,指汇入黄河。 大陆既为——治理大陆泽的工程已开始。大陆:古湖泽名,在今河北巨鹿、束鹿、尧隆、宁晋等地之间,后渐淤塞形成平原。为:作。
㉖鸟夷皮服——海岛东夷地区所出产的皮衣。鸟夷:《禹贡》作“岛夷”,指我国古代东北海上所居住的少数民族。皮服:指岛夷向中原王朝进贡的珍禽异兽的皮毛。 ㉗夹右碣石,入于河——指岛夷上的人们从碣石山的南侧经由黄河入海口溯流而上进入黄河。当时黄河上游、中游的河道与今天略似,自今洛阳以东至河南浚县北流,经今河北之魏县、巨鹿、献县,东北流,至今天津南入渤海。夹右:夹,挟也,自海入河,逆流而西,右顾碣石,如在挟掖也。碣石:山名,在今河北昌黎西北。 ㉘济、河维沇(yǎn)州——济水与黄河之间的地带是沇州。沇:亦作“兖”。济:水名,古时四渎之一,其源出河南济源西王屋山,其河道大体约当今时之黄河。 ㉙九河——指黄河下游的九道河。《集

解》引马融曰:“九河名徒骇、太史、马颊、覆釜、胡苏、简、絜、钩盘、鬲津。” 道——通“导”,疏通。 雷夏既泽——雷夏洼地已经成为湖泽。雷夏:古湖泽名,在今山东菏泽一带,宋时已干涸。 雍、沮会同——雍、沮二水汇合后一同注入雷夏泽。 桑土既蚕——能种桑的土地已经在养蚕了。桑土:宜于种桑的土地。蚕:养蚕。 民得下丘居土——人民得以从山丘上搬下来,住在平地上。 ㉚黑坟——含有黑色植物腐料的灰棕土壤。 草繇(yáo)木条——草长得茂盛,树木的枝干修长。繇:茂。条:长。 ㉛田中下——置地位于第六等。 赋贞——“贞”即“下下”,位于第九等。金履祥认为:“贞”字本“下下”字也。古篆凡重字者,或于上字下添“=”。兖赋下下,篆从“下=”,或误作“正”,通为“贞”。 作十有三年乃同——意即兖州耕作了十三年,进贡才与其他八州相同。有:通“又”。 ㉜其篚(fěi)织文——进贡的丝织物用竹筐装着。篚:圆形的盛物竹器。织文:有文采的丝织品。 ㉝浮于济、漯(tà),通于河——兖州的贡物可由济水、漯河上行入黄河。漯:水名,古黄河的支流。 ㉞海、岱维青州——渤海与泰山一带是青州。海:即渤海。岱:即泰山。青州:渤海至泰山之间的山东北部地区。

㉟堣(yú)夷既略——青州境内的堣夷已经划定疆界,使之安定居住。堣夷:古代东方“九夷”的总称,此处是指居住在今山东半岛的那一部分少数民族。略:封略,即划定疆界。 潍、淄其道——潍水、淄水的河道都已疏通。 ㊱白坟——即所谓“白壤”。 潟(xì)——盐碱地。 斥卤——盐碱地。 ㊲田上下,赋中上——田第三等,赋第四等。 ㊳絺(chī)——细葛布。 海物维错——海物:海产品。错:杂,品种繁多。 岱畎(quǎn)——泰山的山谷间。畎:山谷。 枲(xǐ)——不结籽的大麻,其纤维可织麻布。 莱夷为牧——莱夷:莱州、登州一带的少数民族。为牧:从事放牧。 其篚酓(yǎn)丝——用筐装着柞蚕丝。酓:通“檿”,山桑。 ㊴浮于汶,通于济——经由汶水进入济水(再由济水进入黄河)。汶(wèn):水名,即今山东中部的大汶河。 ㊵海、岱及淮维徐州——东起大海、北至泰山、南到淮河的地带是徐州。淮:即淮河,古时四渎之一。徐州:州境约当今之江苏、安徽两省北部与山东的西南部。 ㊶沂——水名,源于今山东沂源鲁山。

蒙、羽其蓺(yì)——在蒙山、羽山的丘陵上种植了庄稼。蒙:山名,在今山东蒙阴西南。羽:山名,在今山东郯(tán)城东北,即舜流放鲧之地。蓺:种植。 ㊷大野既都——巨野泽已汇积成湖。大野:即巨野泽,在今山东巨野北。都(dū):水流汇聚。亦指水流汇聚之所。 东原底(zhǐ)平——东平一带的积水已经退去,地已平复。东原:地名,即今山东东平、汶上、宁阳一带。底平:致平。底:致,达到。 ㊸赤埴(zhí)坟——赤色黏土。埴:黏土。 草木渐包——包:通“苞”,草木丛生。 ㊹其田上中,赋中中——田第二等,赋第五等。 ㊺贡维土五色——向天子进贡五色土。五色土:指青、红、白、黑、黄五种不同颜色的土,用于修筑社稷坛,天子分封诸侯之用。 羽畎(quǎn)——羽山的山谷。 夏狄(dí)——野鸡名,其羽毛五彩斑斓。狄:通“翟”。峄(yì)阳——峄山之阳,峄山在今山东邹城东南。 孤桐——特别好的桐树,是制琴的优良材料。孤:特别。 泗滨——泗水两岸。泗水源出今山东泗水县东蒙山南麓,四源并发,故名。 浮磬(qìng)——水中之石可以为磬,故谓之浮磬。磬:古代一种石制的敲击乐器。 淮夷蠙(bīn)珠臮(jì)鱼——淮夷:也称“徐夷”,商周之交住在淮河下游一带。蠙珠:即蚌珠,珍珠。蠙是蚌的别称。臮:同“暨”,及,与。 玄纤缟(gǎo)——黑色的精细丝织物。玄:黑色。缟:素色丝织物,这里泛指丝织物。 ㊻浮于淮、泗,通于河——经由淮河、泗水,进入黄河。㊼淮、海维扬州——淮河以南、大海西侧是扬州。 ㊽彭蠡(lǐ)——古代水泽名,在今安徽、江西相邻的长江两岸地区。今之鄱阳湖是其中的一部分。 阳鸟——指鸿雁等候鸟。 ㊾三江既入——三江已经流入大海。三江:泛指长江下游的众多支流。 震泽——今江苏太湖,又名“具区”。 ㊿竹箭——《禹贡》作“筱簜(xiǎo dàng)”,“筱”为小竹,“簜”为大竹。 51其草惟夭,其木惟乔——夭:花草盛美貌。乔:高。

涂泥——土湿如泥,指黏质湿土。 52田下下,赋下上上杂——田第九等,赋第七等。赋下上上杂:赋第七等,又间杂第六等。 53贡金三品——向天子进贡三种金属,谓金、银、铜。 瑶、琨——皆美玉名。

齿、革、羽、旄(máo)——象齿、犀皮、鸟羽、旄牛尾。 岛夷——指东南海中大小岛屿上的少数民族。 卉(huì)服——用草编织的衣服,如蓑衣之类。一说为葛布制成的服装。　织贝——织有贝壳花纹的绵。或指串联编织贝壳而成的饰物。　其包橘、柚锡贡——将橘、柚装起来进贡给朝廷。锡:赐。孔安国曰:“以须之有时,故待锡命乃贡,言不常也。”　㊹均江海,通淮、泗——沿长江到东海,转弯进入淮河、泗水,而后进入黄河。“均”字应作“沿”。　㊺荆及衡阳维荆州——从荆山一线到衡山以南的区域是荆州。荆:山名,在今湖北西部、武当山东南、汉江两岸。衡:山名,在今湖南衡阳南岳区和衡山县等地。　㊻江、汉朝宗于海——江:指长江。汉:指汉水。朝宗:朝拜,归向,犹诸侯之朝天子。　㊼九江甚中——九江:长江中游的众多支流。甚中:甚得地势之中。　沱(tuó)、涔(cén)——二水名。沱水流经今成都,至宜宾入长江。涔水是长江支流汉江的支流。　云土、梦——原为二泽,后来统称“云梦泽”。　㊽田下中,赋上下——田第八等,赋第三等。㊾杶(chūn)、榦(gàn)、栝(guā)、柏——杶:即椿树。榦:即柘树。栝:即桧树。柏:即柏树。　砺(lì)、砥(dǐ)、砮(nǔ)、丹——砺、砥:都是磨刀石。粗的叫“砺”,精的叫“砥”。砮:可做箭头的石头。丹:即朱砂,可做颜料,也可入药。　维箘(jùn)、簬(lù)、楛(hù)——箘:竹笋。簬:美竹。楛:木名,可做箭杆。　㊿三国——指荆州境内产箘、簬、楛的三个诸侯国。　名——名产。　包匦(guǐ)菁(jīng)茅——包匦:包裹缠结。菁茅:一种有毛刺的茅草,可用以过滤酒中的渣滓。　玄纁(xūn)玑(jī)组——玄纁:黑色和浅红色的丝织品。玑:不圆的珠。组:丝带。　入赐——按赐命入贡。　(61)逾于雒——由水登岸陆行叫“逾”。雒:今河南洛河。　南河——黄河自潼关以下西东流向的一段。(62)荆、河惟豫州——荆山和黄河之间的区域是豫州。河:指黄河。(63)伊、雒、瀍(chán)、涧——四水名。伊水源出今河南栾川伏牛山北麓,向东北流至洛阳偃师区杨村附近入洛河。雒水指今河南洛河。瀍水源出今河南洛阳孟津区任家岭,向南流经洛阳城东入洛河。涧水源出今河南渑池东北白石山,东流经新安,南至洛阳西南入洛河。　荥播既都——荥播:即古荥泽,在今河南荥阳。既都:已经蓄好水。都:水流汇聚。　荷泽——水泽名,在今山东菏泽定陶区东北。　被明都——被:覆盖。明都:即“孟诸”,又作“盟猪”“望诸”,水泽名,在今河南商丘东北。

⑭其土壤——多为石灰性冲积土,或即所称“壤”。　下土坟垆——辛树帜认为:许慎著《说文》释垆为黑刚土,土坚刚而色黑,或指分布于河南低地石灰性冲积土底层之深灰黏土与石灰结核;结核者连接成层。今河南、山西、山东人民尚有称之为垆者,亦称沙姜,为丘陵土与次生黄土所掩覆。　⑮田中上,赋杂上中——田第四等,赋第二等,又杂出第一等。杂上中:即赋第二等,又夹杂缴纳第一等。　⑯纤絮——细棉。纤:细。　磬错——可制磬的石头。　⑰浮于雒,达于河——经过雒水,送进黄河。　⑱华阳、黑水惟梁州——华山以南至黑水之间是梁州。华阳:华山以南。华山在今陕西东部。黑水:众说不一,应在今四川、甘肃、陕西交界地区。　⑲汶、嶓——汶:即岷山,在今四川中北部。嶓:即嶓冢山,在今陕西宁强北,为汉水发源地。　沱、涔既道——沱江、汉水已经疏导。　蔡、蒙旅平——蔡:胡渭认为即今四川境内的峨嵋山。蒙:蒙山,在今四川雅安、名山、芦山三地交界处。旅平:言二山之道已治理完毕。旅:治。　和夷厎绩——对西南夷的整治已见成绩。和夷:和水流域的夷人。胡渭认为“和”指涐水,即今四川境内的大渡河。厎绩:获致成绩。厎,致,获得。　⑳青骊——青黑色。　㉑田下上,赋下中三错——田第七等,赋第八等,杂出第七第九三等。　㉒璆(qiú)、铁、银、镂、砮、磬——璆:一种可以制磬的美玉。镂:一种可以刻镂的坚硬金属。　熊、罴、狐、狸、织皮——罴:熊的一种,又称“马熊”。织皮:即后世所说的“罽(jì)”,产于边疆少数民族的一种刺绣品。
㉓西倾因桓是来——指进贡的路线,由西倾山顺着桓水前来。西倾:山名,在今青海东部和甘肃西南边境。桓:水名,又称“白水”,即今白龙江,源自甘、川边境岷山北侧,东南流至文县东与白水江汇合,东南流入今嘉陵江。　浮于潜,逾于沔(miǎn),入于渭,乱于河——经由汉水、沔水,翻过一段陆地进入渭水,再进入黄河。乱:横渡,这里指汇入。
㉔黑水、西河惟雍州——黑水与西河之间是雍州。西河:指今西部地区南北流向的黄河。　㉕弱水既西——弱水流向西方。弱水发源于今甘肃山丹焉支山西麓,西北流至张掖,继而西北流经今高台县,又经合黎峡口折而向北流,经酒泉东的金塔县东北,最后流入居延海。　泾属渭汭——意即泾水流入渭水。属:连属。汭:两水的会口处。　㉖漆、

沮——二水名,漆水出自今铜川东北境,南流至市东至耀州区,与沮水汇合,乃称漆沮水,再南经富平东南、临潼东北入渭水。 沣水所同——沣水:又作“丰水”“酆水”,源于今陕西西安长安区西南秦岭北麓,向北流入渭水。同:汇合。 ⑰荆、岐已旅——荆:荆山,在今陕西富平西南,又称“北条荆山”。岐:山名,在今陕西岐山县东北。旅:治理。 终南、敦物——二山名。终南:位于陕西境内秦岭山脉中段。敦物:在今陕西武功东南。 鸟鼠——山名,又名“青雀山”,在今甘肃渭源西南。 ⑱原隰(xí)——平原湿地,这里指豳(bīn)地,在今陕西旬邑西。 都野——泽名,又名“休屠泽”,在今甘肃民勤东北西渠、东湖镇一带。 ⑲三危既度——三危:山名,在今甘肃敦煌东南。度:治理。 三苗大序——住在三危山的苗人秩序良好。三苗:古代南方民族名,原住在今湖南、江西境内,后被舜西迁于三危山。 ⑳黄壤——辛树帜认为:多为淡栗钙土,系发育于原生黄土,或即所称黄壤。 ㉑田上上,赋中下——田第一等,赋第六等。 ㉒璆、琳、琅玕——璆:美玉。琳:美石。琅玕:一种似玉的美石。 ㉓浮于积石——从积石山入黄河而行水路。积石:山名,在今青海东南部,巴颜喀拉山北侧,并与之平行,延伸至甘肃南部边境。 龙门西河——龙门:山名,在今山西河津西北及陕西韩城北。西河:指西部地区南北流向的黄河。 渭汭——泾水入渭之口,在今陕西西安高陵区南。 ㉔织皮昆仑、析支、渠搜——意谓昆仑、析支、渠搜三处的夷民向朝廷贡献织皮。昆仑:当时为传说中的山名,也是民族名,当在今青海境内。析支:山名,也是民族名,当在今青海境内。渠搜:山名,也是民族名,当在今青海境内。 西戎即序——西戎地区整顿就绪。西戎:古代对西北少数民族的总称。即:就。 ㉕道九山——巡行天下大山。道:《禹贡》作“导”,巡行。 ㉖汧(qiān)——在今陕西陇县西南,为汧水所出。 荆山——即北条荆山。 壶口、雷首——二山名。壶口山在今山西吉县西、陕西宜川东北。雷首山在今山西永济蒲州镇南。 太岳——即霍山,在今山西霍州东南。 ㉗砥柱、析城——二山名。砥柱:也作“底柱”,在今河南三门峡北黄河中,因不利行船,新中国成立后将其炸掉,在其地建成三门峡水电站。析城:山名,在今山西阳城西南。 王屋——山名,在今山西垣曲和河南济源间。 ⑧⑧太行、常山——二山名。太行山:南起今河南济源,北至河北井陉、获鹿,在今河南、山西、河北三省交界处。常山:也称恒山,在今河北曲阳西北,古称“北岳”。 碣石——山名,在今河北昌黎西北。 ⑧⑨朱圉(yǔ)——山名,在今甘肃甘谷西南。 太华——即华山,在今陕西华阴南,“五岳”中的“西岳”。 ⑨⓪熊耳、外方、桐柏——皆山名。熊耳山:在今河南卢氏县东。外方山:在今河南西部。桐柏山:在今河南、湖北边境地区。 负尾——山名,《禹贡》作“陪尾”,在今湖北安陆北。 ⑨①荆山——即南条荆山。 ⑨②内方——山名,今称“章山”,又名“马良山”或“马仙山”,在今湖北钟祥西南。 大别——即今河南、湖北、安徽三省交界处之大别山。 ⑨③汶山——即岷山,在今四川中北部,绵延川、甘两省边境。 衡山——在今湖南衡阳南岳区和衡山县等地境内,“五岳”中的“南岳”。 敷浅原——指庐山南麓傅阳山(在今江西德安)的高平之地。 ⑨④道九川——巡行各条河流。也有人以为指疏浚。 ⑨⑤弱水至于合黎——合黎:山名,在今甘肃河西走廊中部和内蒙古西部边境。 余波入于流沙——余波:指水的下游。流沙:指西北沙漠地区。 ⑨⑥南海——泛指中国以南的海。 ⑨⑦华阴——华山北面,今陕西华阴一带。 盟津——《禹贡》作“孟津”,黄河渡口名,在今河南洛阳孟津区东、孟州西南。 雒汭——雒水入黄河处,在今河南巩义东北。 大邳(pī)——山名,在今河南浚县东南。 降水——古水名,又作“绛水”“洚水”,漳水的别称。源自今山西长治屯留区,东流至今河北曲周南入古黄河。 大陆——即大陆泽,旧址在今河北巨鹿、隆尧、任泽之间。 北播为九河——播:分散。九河:指黄河下游分成许多河道。九:泛指多。 同为逆河——因有海潮倒灌而得名。 入于海——皆入于今天津附近的渤海。 ⑨⑧嶓冢道瀁——瀁水从嶓冢山流出。瀁水:也写作“漾水”,旧称为汉水的上游。其实瀁水连通的是西汉水,南流为嘉陵江,与东流的汉水不是一个水系。 苍浪——指今湖北丹江口至襄阳间的汉水。 三澨(shì)——汉水边上的三处大堤:一在襄阳北,即大堤;一在樊城南,一在三洲口东,皆襄阳地。 东为北江,入于海——指汉水又从长江中分出,因其在长江北面,故称“北江”。刘起釪认为:把汉水和江水说成平行入海的二水,这是《禹贡》作者不了解长江下游情况,凭远道风闻的说法写成的。⑲汶山道江——江水从岷山流出。江:《禹贡》的作者误以为此水即长江,实乃今之岷江。 沱——水名,即今之沱江,流经成都东北,至宜宾汇入长江。 醴——通"澧",水名,在湖南西北部。 东陵——在今安徽贵池、青阳等市县间,以九华山为主体的沿江丘陵地带。 ⑩东迤(yǐ)——向东方斜行。 北会于汇——"汇"为"淮"之假借字,江、淮势均力敌,故云"会"。 东为中江,入于海——中江:指今之长江,因北有"汉水",南有"彭蠡",故称。 ⑪沇(yǎn)水——源出今河南济源王屋山,至温县称"济水",至武陟入黄河。 泆(yì)为荥——济水泛滥,在当地形成了古荥泽。古荥泽在今河南郑州西北古荥镇北。泆:通"溢"。 东出陶丘北——主语是济水。东出:向东经过。陶丘:地名,在今山东菏泽定陶区西南。 ⑫九州攸同——九州的山川都已得到治理。攸同:相同。"攸"字是语助词,没有意义。 四奥既居——四方的土地都已能让百姓居住。奥:可居住的地方。 刊旅——砍削树木,做出标志,以利人通行。 涤原——疏通水源。原:本作"源"。 既陂(bēi)——已经为之筑好堤防。陂:堤防,此处用作动词。 四海会同——即天下统一之意。 ⑬六府甚修——征收各种赋税的官署都已齐备。六府:指司土、司木、司水、司草、司器、司货。修:治理。众土交正——各方的土地都已按规定向天子贡纳赋税。交:俱。正:通"征"。 致慎财赋——谨慎地征收财赋。 咸则三壤成赋——根据不同土壤确定应交赋税的准则。咸:皆。则:准则,这里用作动词。三壤:土壤的不同等级。 赐土、姓——天子分封诸侯,赐之土,赐之姓。 ⑭祗台(yí)德先,不距朕行——各方诸侯须把恭敬我的德行放在首位,不许违背我的行事。祗:恭敬。台:我,天子自称。距:违。朕:我。 ⑮天子之国以外五百里甸服——由天子的京城向外辐射,在半径五百里范围内称作"甸服"。甸:郊外,此处指天子的直辖领地。 ⑯百里赋纳总——半径五百里的甸服又按离京城远近分成五个不同的纳税圈,第一个百里圈是交纳全禾。总:指全禾,带着禾茎的谷穗。 二百里纳铚(zhì)——第二个纳税圈是只交纳禾穗。铚:古代的一种短镰刀,此处指用镰刀割下的禾穗。 三百里纳秸服——第三个纳税圈交剪去芒尖的禾穗。秸:去了芒的禾穗。“服”字疑衍。　四百里粟——第四个纳税圈交谷子。　五百里米——第五个纳税圈交舂好的米。⑩⑦甸服外五百里侯服——从天子京城向外辐射的第二个五百里称作“侯服”,是各个诸侯国所在的区域。侯:诸侯。或说斥候,为天子防范盗贼。　⑩⑧百里采——在“侯服”的五百里内分成三个义务圈,第一个义务圈替天子服各种差役。　二百里任国——“侯服”第二个义务圈的职责是“任国”,具体含义不明,也应是服徭役一类。　三百里诸侯——“侯服”第三个义务圈的职责是“诸侯”,具体含义不明。有人将“诸侯”解释为“诸候”,未必合理。　⑩⑨侯服外五百里绥(suí)服——从天子京城向外辐射的第三个五百里称“绥服”,是替天子做安抚之事。绥:安抚。　⑪⓪三百里揆(kuí)文教——在“绥服”的五百里内分两个服务圈,靠里面三百里的第一个服务圈是帮着天子向周边民族发布文教。揆:度,相其可行而行之。　二百里奋武卫——“绥服”靠外面二百里的第二个服务圈的职务是奋扬武威,保卫天子。　⑪①绥服外五百里要服——从天子京城向外辐射的第四个五百里称“要服”,也就是与天子有约定上的服从义务。要:约,约定。　⑪②三百里夷——“要服”分两个层次,靠里面的三百里称作“夷”,意即奉行天子的平常之法。　二百里蔡——靠外面的二百里称作“蔡”,意即只奉行天子的刑法。　⑪③要服外五百里荒服——从天子京城向外辐射的第五个五百里称作“荒服”。　⑪④三百里蛮——“荒服”五百里也分两个层次,靠里的三百里称作“蛮”。　二百里流——“荒服”靠外的二百里称作“流”。　⑪⑤东渐于海——向东到海边。渐:至。　西被于流沙——向西到大沙漠。被:加,这里是到达的意思。　朔、南暨——疑文字有脱讹,应作“北至朔方,南暨某某”。朔:北方。暨:及。　声教讫(qì)于四海——声威教化遍布天下。讫:尽。　⑪⑥于是帝锡禹玄圭,以告成功于天下——玄圭:黑色玉圭。张照认为:“下”字当衍,应作“以告成功于天”。按:自“冀州:既载壶口”至此,录自汉代今文本《尚书·禹贡》全文,文字稍有出入。　⑪⑦天下于是太平治——“太”字似应作“大”。　⑪⑧皋陶——舜的大臣,掌管刑法诉讼。　士——古代审理刑狱的官。　⑪⑨信其道德,谋明辅和——诚实地施行德政,就能决策英明、群臣同心协力。道：施行，履行。 ⑫0慎其身修，思长——谨慎地修身，长远地考虑。 敦序九族，众明高翼，近可远在已——以宽厚的态度对待同族人，使众贤人做你的辅佐大臣，德政逐步由近及远。敦：敦厚。明：指贤明的人。 ⑫1皆若是——如果都能做到这些。 惟帝其难之——连帝尧也会感到困难的。 ⑫2亦行有九德——人应该具备九种德行。亦：发语词。 亦言其有德——现在就谈谈这九种德行。 ⑫3始事事——言其人有德，必言其所行事，因事以为验。 宽而栗——宽和又能庄严。栗：庄敬，严肃。 柔而立——和柔又有主见。立：指有独立见解，敢于坚持。 愿而共——随和又能庄重。愿：随和。共：通"恭"，庄重，敬肃。 治而敬——有治国之才又能慎重。 扰而毅——待人和顺而又内心坚定。扰：柔顺。毅：有韧性。 直而温——正直而又温和。 简而廉——不拘小节而又有棱角。廉：有操守，不苟且。 刚而实——刚正而又扎实。 强而义——坚强而又符合道义。以上九项即所谓"九德"。 章其有常，吉哉——以上九项倘能做得好，又能长久坚持，那就好极了。章：明显。常：指持之以恒。 ⑫4日宣三德——如能每天做到三项。宣：显示，表现。三德："九德"之中的三条。 蚤夜翊(yì)明有家——就能把他的家族搞得很好。蚤夜：意同"夙夜"，早晚，整天。翊明：使其彰明。家：卿大夫的家族，包括封地、奴隶、军队等。 ⑫5日严振敬六德——每天倘能做好"九德"中的六条。严：敬。 亮采有国——那就可以当好一个诸侯，管好一个国家了。 ⑫6翕(xī)受普施，九德咸事——翕受：广泛吸收采纳。普施：普遍推行。九德咸事：九条全部做好。事：做，做好。 俊乂(yì)在官，百吏肃谨——英才汇聚朝廷，百官尽心国事。俊乂：才德出众者。肃谨：恭敬谨慎。 ⑫7毋教邪淫奇谋——意即不让邪淫和搞阴谋的人得逞。 ⑫8天讨有罪——上帝讨伐有罪的人。 五刑五用哉——《集解》引孔安国曰："言用五刑必当。"意即该用什么刑就用什么刑。 ⑫9吾言底(zhǐ)可行乎——我的话可以得到施行吗？底：致，达。 ⑬0女言致可绩行——你的话可以得到施行，并会获得功效。女：通"汝"。绩：成绩，功效。 ⑬1余未有知，思赞道哉——我没有什么知识，我只是思考着如何有助于治国之道。赞：助。 ⑬2女亦昌言——你也说说你的好意见。昌言：美言。 ⑬③予思日孳孳——我每天所想的就是好好干。孳孳：通“孜孜”，不懈怠。 ⑬④下民皆服于水——老百姓都沉没在水里。服：败，指陷落。 ⑬⑤与益予众庶稻鲜食——我同伯益一起给百姓们稻谷与新鲜的食物。 ⑬⑥以决九川致四海——以：应作“予”，我。 浚畎浍（quǎn kuài）致之川——疏通田间沟渠，把农田里的积水都引入河道。畎浍：田间沟渠。 ⑬⑦徙居——帮助黎民搬迁到易于谋生之地。 ⑬⑧慎乃在位——谨慎地对待你的职位。 安尔止——静居你的位置。 ⑬⑨辅德，天下大应——用有德之人做你的辅佐，天下人就会响应。 ⑭⓪清意以昭待上帝命，天其重命用休——以清醒的头脑明白地等待接受上帝的命令，上帝就会一再地嘉奖你。昭：明白。重：重复，再三。休：美，嘉奖。 ⑭①予欲左右有民，女辅之——我想保护黎民百姓，你们要帮着我。 ⑭②余欲观古人之象——我打算观察古人服装的图饰。象：这里指衣服上的图饰。 ⑭③日月星辰，作文绣服色——意谓观察古人是怎样把日、月、星、辰的图形绣在丝织品上，以制成各种颜色的服装。 女明之——你们告诉我。 ⑭④来始滑——三字难以理解，有人认为当作“七始咏”。 出入五言——出入：指对外宣布与对内禀报。五言：五方言语，意指各地群众的意见。 女听——意即你们要听清楚。“女听”下应有“之”字，与“女辅之”“女明之”句法相同。 ⑭⑤予即辟，女匡拂予——如果我有过失，你们就帮我纠正。辟：邪，过失。匡拂：纠正，辅助。拂：通“弼”。 ⑭⑥女无面谀，退而谤予——你们不要当面讨好我，背地里诽谤我。 ⑭⑦敬四辅臣——对身边的辅政诸臣要恭敬。 ⑭⑧诸众谗嬖（bì）臣，君德诚施皆清矣——意谓只要你的德性真正提高，那些奸谗小人就自然无法向你靠近了。谗嬖臣：靠进谗言邀宠的奸邪之臣。 ⑭⑨帝即不时，布同善恶则毋功——你如果不是这样，而是不分善恶，同时进用好人与坏人，那就不能取得政绩。不时：不如此。布同：混同。 ⑮⓪毋若丹朱傲——不要像丹朱那样生性傲慢。丹朱：尧的儿子。 维慢游是好——只知道懒惰遨游而不务正业。慢：懒惰。 毋水行舟——在陆地上也要行船游乐。 朋淫于家——成群结伙在其封地上淫乐。 用绝其世——因而招致了他整个家族的灭亡。 予不能顺是——我不能迁就他的这种恶劣行为。 ⑮①予娶涂山,辛壬癸甲,生启,予不子——娶涂山:娶涂山氏之女为妻。涂山所在之地,有会稽、渝州、濠州、当涂等多种说法,难以确考。辛壬癸甲:意即结婚四天后禹即离家治水。生启,予不子:后来涂山氏生了儿子启,我也没有办法回家照看他。 ⑮辅成五服——终于使得五服就序。五服:指前文所说的甸服、侯服、绥服、要服、荒服五类地区。 至于五千里——统五服以算天子之国,半径为二千五百里,直径则纵横皆五千里。 州十二师——意思不清,或曰天下九州,每州设十二师,以佐州牧行政。 外薄四海——意即直到九州各方的尽头。薄:迫,挨近。 咸建五长——每五个诸侯国立一位贤者为长。也有说即建立公、侯、伯、子、男五类诸侯。 各道有功——各自领导其地区的黎民百姓完成各种事业。 ⑮苗顽不即功,帝其念哉——现在只有愚顽的三苗不奉王命,不完成他们的任务,请您考虑。 ⑮道吾德,乃女功序之也——你将我的道德宣布于天下,这些成绩都是靠你的努力取得的。 ⑮令民皆则禹——命令民众都效法禹。则:效法。 ⑮于是夔(kuí)行乐——当夔演奏音乐的时候。夔:尧时的大臣,舜即位后,任乐正。行:演奏。 祖考至——意谓由于祭祀时演奏夔制作的音乐,因而使祖先的亡灵都来歆享。祖考:指祖父和父亲的灵魂。 群后相让——在夔所制作的音乐的陶冶下,各地诸侯都变得讲究礼让。群后:指各地区的诸侯。让:揖让。 鸟兽翔舞——鸟兽也跟着音乐的节奏翩然起舞。 《箫韶》九成,凤皇来仪——当反复演奏《箫韶》这一舞曲的时候,竟然凤凰也降临了。《箫韶》:舜时乐曲名。九成:指乐曲的反复变奏。来仪:来临、来至。仪:有仪容的样子。 率舞——相率起舞。 信谐——忠信而相互和睦。 ⑮陟天之命,维时维幾——敬奉上天的命令,只在于顺应时势,只在于谨微慎行。幾:细微,萌芽状态。 ⑮股肱喜哉,元首起哉,百工熙哉——股肱:指诸大臣。元首:天子。起:兴起。百工:百官。熙:广大和顺的样子。 ⑮拜手——古代男子的跪拜礼,双膝下跪,两手拱合,俯首至手。 稽(qǐ)首——古代一种隆重的跪拜礼,双膝下跪,叩头至地。 扬言——大声进言。 ⑯率为兴事,慎乃宪,敬哉——天子处处作为臣民的表率,百事就振兴起来,谨慎地对待你立下的法度,对于法度可要恭敬啊!率:表率。乃:你的。宪:法度。

⑯庶事康哉——诸事便会安宁啊！ ⑯丛脞(cuǒ)——谓细碎无大略。 惰——懈怠。 堕——通“隳”，毁灭。 ⑯往钦哉——谓大家都兢兢业业地工作吧！按：自“皋陶述其谋曰”至此，录自今文《尚书·皋陶谟》，几乎是全文都录入了。 ⑯于是天下皆宗禹之明度数声乐——明：昌明，阐明。度数：有关度量衡的规定。声乐：音声，乐律。为山川神主——为祭祀山川之神的主持人，意即拥护其为国家元首，因为只有国家元首才有资格主持这种祭祀。

帝舜荐禹于天，为嗣。十七年而帝舜崩。三年丧毕，禹辞辟舜之子商均于阳城[①]。天下诸侯皆去商均而朝禹。禹于是遂即天子位，南面朝天下。国号曰夏后，姓姒氏。

帝禹立而举皋陶荐之，且授政焉，而皋陶卒。[②]封皋陶之后于英、六，或在许。[③]而后举益，任之政。

十年，帝禹东巡狩，至于会稽而崩。以天下授益。三年之丧毕，益让帝禹之子启，而辟居箕山之阳[④]。禹子启贤，天下属意焉。及禹崩，虽授益，益之佐禹日浅，天下未洽。故诸侯皆去益而朝启，曰：“吾君帝禹之子也。”于是启遂即天子之位，是为夏后帝启。

夏后帝启，禹之子，其母涂山氏之女也。

有扈氏[⑤]不服，启伐之，大战于甘[⑥]。将战，作《甘誓》，乃召六卿申之[⑦]。启曰：“嗟！六事之人[⑧]，予誓告女：有扈氏威侮五行，怠弃三正，天用剿绝其命。[⑨]今予维共行天之罚[⑩]。左不攻于左，右不攻于右，女不共命。[⑪]御非其马之政[⑫]，女不共命。用命，赏于祖；不用命，僇于社，予则帑僇女。[⑬]”遂灭有扈氏。天下咸朝。

夏后帝启崩，子帝太康立。帝太康失国，昆弟五人，须于雒汭，作《五子之歌》。[⑭]

太康崩，弟中康立，是为帝中康。帝中康时，羲、和湎淫，废时乱日。[15]胤往征之,作《胤征》。[16]

中康崩,子帝相立。帝相崩,子帝少康立。帝少康崩,子帝予立。帝予崩,子帝槐立。帝槐崩,子帝芒立。帝芒崩,子帝泄立。帝泄崩,子帝不降立。帝不降崩,弟帝扃立。帝扃崩,子帝廑立。帝廑崩,立帝不降之子孔甲,是为帝孔甲。帝孔甲立,好方鬼神[17],事淫乱。夏后氏德衰,诸侯畔之。天降龙二,有雌雄,孔甲不能食[18],未得豢龙氏[19]。陶唐既衰,其后有刘累,学扰龙于豢龙氏,以事孔甲。[20]孔甲赐之姓曰御龙氏,受豕韦之后。[21]龙一雌死,以食夏后[22]。夏后使求,惧而迁去[23]。

孔甲崩,子帝皋立。帝皋崩,子帝发立。帝发崩,子帝履癸立,是为桀。[24]帝桀之时,自孔甲以来而诸侯多畔夏,桀不务德而武伤[25]百姓,百姓弗堪。乃召汤而囚之夏台[26],已而释之。汤修德,诸侯皆归汤,汤遂率兵以伐夏桀。桀走鸣条,遂放而死。[27]桀谓人曰:"吾悔不遂杀汤于夏台,使至此。"汤乃践天子位,代夏朝天下。汤封夏之后,至周封于杞也[28]。

(以上为第二段,排列夏朝世系,勾勒夏史轮廓。)

①禹辞辟舜之子商均于阳城——辞辟:推辞,躲避。阳城:古城名,在今河南登封东南告成镇。 ②举皋陶荐之——谓荐之于天,立以为继承人。 且授政焉——正要把政权交给他。且:将。 ③封皋陶之后于英、六——英:其地不详,据《正义》,即蓼(liǎo),在今河南漯河。六:古地名,在今安徽六安。 或在许——许:古国名,在今河南许昌东。 ④而辟居箕山之阳——箕山:箕山山脉属秦岭的一支。位于今河南西北部。 ⑤有扈氏——上古部落,姒姓。其活动地区在今陕西西安鄠邑区,一说在今河南原阳。 ⑥大战于甘——甘:古地名,在今陕西西安鄠邑区,一说在今河南原阳。 ⑦乃召六卿申之——六卿:指六军的将领。申:告诫。 ⑧六事之人——指六军的全体将士。郑玄云:"变'六卿'言'六事之人'者,言军吏,下及士卒也。" ⑨予誓告女——我以誓词告诫你们。 威侮五行——威侮:暴逆。五行:五星的运行。 怠弃三正——怠弃:怠慢,抛弃。三正:朝廷的主要大臣。正:

官长。　天用剿绝其命——用：因此。剿绝：断绝。　⑩共行天之罚——意即奉天命而讨伐之。共行：恭敬地奉天命而行。共：通“恭”。　⑪左不攻于左——车左的士兵若不努力攻击敌方车左的士兵。左：车左。右：车右。古代一辆战车上有三个人，中间是驭手，主管驾车；右侧的武士，主管射箭；左侧的武士，执戈矛杀敌。　女不共命——你们就是不执行我的命令。共：奉行，执行。　⑫御非其马之政——赶车的士兵如果没有完成好赶车的任务。御：驾车者。政：此指驾驭车马之事。　⑬用命，赏于祖——凡认真执行命令的，在祖先灵前受奖赏。不用命，僇（lù）于社——不服从命令的，在社主前处死。僇：通“戮”，指处死，有时也指侮辱。　帑僇女——将你本人杀死，将你的妻、子降为奴隶。　⑭帝太康失国——《集解》引孔安国曰：“盘于游田，不恤民事，为羿所逐，不得反国。”　须于雒汭（ruì）——须：等待。雒汭：雒水（今洛河）入古黄河处。在今河南巩义东北。　《五子之歌》——存于古文《尚书》中。《集解》引孔安国曰：“太康五弟与其母待太康于洛水之北，怨其不反，故作歌。”　⑮羲、和——原为神话中的人物，此处演变为仲康时的大臣，掌天文历法。　湎淫——沉湎于酒。淫：过分，无节制。　废时乱日——扰乱了四时节令。⑯胤往征之——胤：中康的大臣。　《胤征》——古文《尚书》中的篇名，是胤出征讨伐羲和前的誓师词。　⑰好方鬼神——喜好模仿鬼神。方：此指仿效。　⑱不能食——无法饲养。食：后作“饲”，喂食。　⑲未得豢（huàn）龙氏——找不到会饲养龙的人。豢：饲养。　⑳陶唐——古帝名，即唐尧。　其后有刘累——《正义》引《括地志》曰：“刘累故城在洛州缑氏县南五十五里，乃刘累之故地也。”　学扰龙于豢龙氏——扰：驯养。豢龙氏：传说董父服事帝舜，善于养龙，舜赐董父姓曰董、氏曰豢龙。　㉑御龙氏——驾驭龙的人。　受豕韦之后——取代豕韦之后。受：代，以刘累代彭姓之豕韦。　㉒以食夏后——分龙肉给孔甲吃。　㉓夏后使求，惧而迁去——意谓孔甲吃了还想吃，刘累没法再弄到，于是逃跑了。㉔帝履癸——即夏桀，名履癸，帝发之子。一说为帝发之弟，是中国历史上与纣齐名的暴君。　是为桀——《谥法》曰：“贼人多杀曰‘桀’。”　㉕武伤——残暴地伤害。　㉖乃召汤而囚之夏台——夏台：一名钧台，监狱名，在今河南禹州南。 ㉗鸣条——古地名，在今山西运城安邑镇北；一说在今河南封丘东。 遂放而死——放：流放。有关汤伐夏桀之事，参见《殷本纪》。 ㉘至周封于杞也——杞：即今河南杞县。周灭商建国后，封禹后东楼公于杞的详情见《陈杞世家》。

太史公曰：禹为姒姓，其后分封，用国为姓①，故有夏后氏、有扈氏、有男氏、斟寻氏、彤城氏、褒氏、费氏、杞氏、缯氏、辛氏、冥氏、斟戈氏。孔子正夏时②，学者多传《夏小正》③云。自虞、夏时，贡赋备矣。或言禹会诸侯江南，计功而崩，因葬焉，命曰会稽④。会稽者，会计也。

（以上为第三段，补充介绍有关夏史之传说。）

①用国为姓——梁玉绳曰："'姓'当作'氏'。" ②孔子正夏时——孔子尊崇夏朝的历法。《论语·卫灵公》记孔子"行夏之时，乘殷之辂，服周之冕"。 ③《夏小正》——《大戴礼记》中的篇目名。是一篇按夏朝历法记载物候、气象、星象等事的文章。传说为夏代作品，实际为战国时人所作。 ④因葬焉，命曰会稽——因禹会诸侯计功而死于此山，因称此山曰"会稽山"。会稽山在今浙江中部绍兴、嵊(shèng)州、诸暨、东阳等市县间。

［**简评**］ 本篇是研究夏史不可或缺的重要材料。夏初历史的记述主要以《尚书》中的《禹贡》《皋陶谟》《甘誓》为依据，这一部分占了全文的绝大篇幅。司马迁特别致力于挖掘史料以充分描述大禹的功德，将一个吃苦在前，享受在后的劳动英雄一样的帝王形象，矗立在后世读者面前，使后人万世景仰。至于夏朝历代的风云演变，其详情大多已被无情的时光所掩埋，这使得司马迁不得不作粗线条的勾勒。他下笔十分谨慎，所排列的帝王世系基本上是可信的。"少康中兴"的历史后世流传甚广，大概因最早提及该事的《左传》前后所记并不统一，故太史公未在本篇加以叙述，仅在《吴太伯世家》中借伍子胥之口言及之。

［**集评**］《太史公自序》："维禹之功，九州攸同，光唐虞际，德流苗裔；夏桀淫骄，乃放鸣条。作《夏本纪》第二。"

王国维曰："《史记》所述商一代世系，以卜辞证之，虽不免小有舛驳，而大致不误。可知《史记》所据之《世本》全是实录。而由殷周世系之确实，因之推想夏后氏世系之确实，此又当然之事也。"(《古史新证》)

郭沫若曰："夏代的材料非常缺乏，除掉一些半神话式的传说，如夏禹治洪水，夏禹家天下之外，《史记·夏本纪》里面虽然列举出了夏的世代，但非常简略，而且还没有得到任何地下发掘的物证。那究竟是不是真正夏代的世系，或者是夏民族的后人杞人之类所依托，或者只与殷代世系相平行而略有先后，不必便是相为承继的，在今天都还无法断定。《尚书》里面的所谓《夏书·禹贡》只是儒家托古改制的文字，大抵依托于战国初年，在今天已约略成为定论了。地下发掘物，可以断定其属于夏代或夏民族的物品，在今天严格的说来，还一件也没有。我们根据周初的记载'唯殷先人有册有典'(《周书·多士》)，可以知道夏代先人无册无典。典册就是记录，夏代既无记录，则夏民族是否已经发明文字，还是一个问题。故在周初的记载里面，提到夏、殷两代的往事时大有详略的不同，夏代只空洞地说到一些史影，殷代便举出了不少具体的事实。根据这些情况看来，夏民族的统治是存在过的，但它的文明程度不会太高，当时的生产情形，顶多只能达到奴隶制的初期阶段。关于夏代的情形，我们今天还不能够多说，且等待日后从地底下能有丰富的资料出现。"(《奴隶制时代》)

杨向奎曰："夏代在中叶以前之活动中心实在今山东、河北、河南三省之间，而以山东为主要地区，盖与东夷，尤其是殷商前期交错相处，有斗争，有对峙，而终于融为一体，构成后来之华夏民族,蕴育着灿烂的华夏文明,夷之贡献绝不输于夏。但论夏在东方亦限于夏代中叶前,至于晚夏,则政治中心西迁,固有明文,不容漠视,而坚持夏始终居西者,亦以局部当全体,以晚夏代初夏耳。夏自帝杼之后,所见历史事实较少,居处不详,但至晚夏,则明文记载,政治中心不在山东,而在今河南巩、洛,以至河东一带。”(《宗周社会与礼乐文明》)

李学勤曰:“我们曾经根据殷代的亲族制度推论商族的社会发展,指出商族在示壬以前曾经过普那路亚制,从示壬以后才进到专一婚制。王亥和上甲时代的商族是一个很弱小的部族,附属于河伯,而远不及有易的强大。很明显的,由王亥、上甲、以至于示壬的时代,一跃而为郑州古城所显示的商初社会,大乙时代的力量足以灭夏而咸有九州,这里面有着跳跃的发展。我们认为这只能是接受了另一族的更高文化影响的结果。由文献考证,这个影响商族的族应即夏族。目前在郑州我们可能发现了夏代的文化遗址,夏代夏族的文化还有待考古工作的进一步开展,但由郑州的遗址和古代文献,我们已可肯定:无论是先进的夏族还是后起的商族,都已在夏代建立了奴隶占有制的生产方式。夏代约始于公元前第三千纪后期,所以中国阶级社会、国家的起源应与两河区域的苏美尔、阿卡德古国一样的古老,一样的悠久。”(《近年考古发现与中国早期奴隶制社会》)

又曰:“《史记》于《五帝本纪》之后,即继以《夏本纪》《殷本纪》。历代史籍,都不怀疑夏朝的存在。晚清开始,疑古学风兴起,有学者就此质疑,但很多著作还是相信历史上曾有夏代。这主要是因为殷墟甲骨文的发现,证明《史记·殷本纪》中商代世系的记述基本是真实的,从而推想《夏本纪》也不会全属杜撰。……夏代的历史存在是否能以证实商代一样的途径解决,我认为是不一定的。……我们不能把希望单纯寄托在文字的发现上。”(《失落的文明·夏代的探索》)

夏王朝世系表(前 2070—前 1600 年)

禹—启(禹子)—太康(启子)—仲康(太康弟)—相(仲康子)—少康(相子)—予(少康子)—槐(予子)—芒(槐子)—泄(芒子)—不降(泄子)—扃(不降弟)—廑(扃子)—孔甲(不降子)—皋(孔甲子)—发(皋子)—癸(桀,发子,一说发弟) 被商汤所灭

殷本纪第三

殷契，母曰简狄，有娀氏之女，为帝喾次妃。①三人行浴，见玄鸟堕其卵，简狄取吞之，因孕生契②。契长而佐禹治水有功③。帝舜乃命契曰："百姓不亲，五品不训。④汝为司徒而敬敷五教，五教在宽。⑤"封于商，赐姓子氏。⑥契兴于唐、虞、大禹之际，功业著于百姓，百姓以平。⑦

（以上为第一段，写殷朝始祖契的种种传说。）

①殷契——舜臣，商朝的始祖。　有娀（sōng）氏——古代部落名，在今山西运城蒲州镇。　帝喾（kù）——号高辛氏，黄帝的曾孙。　②见玄鸟堕其卵，简狄取吞之，因孕生契——《诗经·商颂·玄鸟》："天命玄鸟，降而生商。"玄鸟：即燕子。　③佐禹治水有功——据《夏本纪》，和禹一同治水的是"益"与"后稷"，未言有"契"。　④百姓——百官，当时各部族的首领。　五品——也称"五常"，家庭中的伦常关系，即父义、母慈、兄友、弟恭、子孝。　不训——不顺，关系混乱。训：通"顺"。　⑤司徒——古代的"三公"之一，主管民政，其中包括对百姓的教育、教化。　敬敷五教——认真地对百姓们进行"五常"教育。敷：布，施行。五教："五常"之教。　在宽——以宽厚为本。按：以上舜命契语见《尚书·尧典》。　⑥封于商——旧说指今之陕西商洛商州区，现代考古学家多认为在今河南商丘西南。　赐姓子

氏——即赐姓“子”。 ⑦唐、虞——唐、尧、虞舜。《夏商周年表》将夏朝的开始定在公元前2070年,若大禹果然是受禅于舜,舜是受禅于尧,则尧、舜的活动应在公元前2100年略前。 百姓以平——百姓们生活得都很安定。

契卒,子昭明立。昭明卒,子相土立。相土卒,子昌若立。昌若卒,子曹圉立。曹圉卒,子冥立。冥卒,子振立。振卒,子微立。微卒,子报丁立。报丁卒,子报乙立,报乙卒,子报丙立[①]。报丙卒,子主壬立。主壬卒,子主癸立[②]。主癸卒,子天乙立,是为成汤。

成汤[③],自契至汤八迁。汤始居亳,从先王居[④],作《帝诰》。

汤征诸侯[⑤]。葛伯[⑥]不祀,汤始伐之。汤曰:“予有言:人视水见形,视民知治不。[⑦]”伊尹曰:“明哉! 言能听,道乃进。君国子民,为善者皆在王官。[⑧]勉哉,勉哉!”汤曰:“汝不能敬命,予大罚殛之,无有攸赦。”作《汤征》。

伊尹名阿衡[⑨]。阿衡欲奸汤而无由,乃为有莘氏媵臣,负鼎俎,以滋味说汤,致于王道。[⑩]或曰,伊尹处士,汤使人聘迎之,五反,然后肯往从汤,言素王及九主之事。[⑪]汤举任以国政。伊尹去汤适夏[⑫]。既丑有夏,复归于亳[⑬]。入自北门,遇女鸠、女房,作《女鸠》《女房》。[⑭]

汤出,见野张网四面,祝曰:“自天下四方皆入吾网。”汤曰:“嘻,尽之矣!”乃去其三面,祝曰:“欲左,左。欲右,右。不用命,乃入吾网。”诸侯闻之,曰:“汤德至矣,及禽兽。”

当是时,夏桀为虐政淫荒,而诸侯昆吾氏为乱。汤乃兴师率诸侯,伊尹从汤,汤自把钺[⑮]以伐昆吾,遂伐桀。汤曰:“格女众庶,来,女悉听朕言。[⑯]匪台小子,敢行举乱[⑰],有夏多罪,予维闻女众言,夏氏有罪。[⑱]予畏上帝,不敢不正[⑲]。今夏多罪,天命殛之。今女有众,女曰:‘我君不恤我众,舍我啬事而割政。[⑳]’女其曰:

‘有罪,其奈何[21]?’夏王率止众力,率夺夏国[22]。有众率怠不和[23],曰:‘是日何时丧?予与女皆亡[24]!’夏德若兹,今朕必往[25]。尔尚及予一人致天之罚,予其大理女。[26]女毋不信,朕不食言。女不从誓言,予则帑僇女,[27]无有攸赦。”以告令师[28],作《汤誓》。于是汤曰:“吾甚武。”号曰“武王”[29]。

桀败于有娀之虚,桀奔于鸣条[30],夏师败绩。汤遂伐三朡,俘厥宝玉,[31]义伯、仲伯作《典宝》。[32]汤既胜夏,欲迁其社,不可,[33]作《夏社》。伊尹报[34]。于是诸侯毕服,汤乃践天子位,平定海内。

汤归至于泰卷陶,中𤳹作诰。[35]既绌夏命,还亳,作《汤诰》[36]:“维三月,王自至于东郊。[37]告诸侯群后[38]:‘毋不有功于民,勤力乃事。[39]予乃大罚殛女,毋予怨。[40]’曰:‘古禹、皋陶久劳于外,其有功乎民,民乃有安。东为江,北为济,西为河,南为淮,四渎已修,[41]万民乃有居。后稷降播,农殖百谷。[42]三公咸有功于民,故后有立。[43]昔蚩尤与其大夫作乱百姓,帝乃弗予,有状。[44]先王言不可不勉。[45]’曰:‘不道,毋之在国[46],女毋我怨。’”以令诸侯。伊尹作《咸有一德》,咎单作《明居》。[47]

汤乃改正朔,易服色,上白,朝会以昼。[48]

(以上为第二段,写由契至汤的商朝先公世系,以及商汤灭夏与其治理商国的情形。)

①“报丁卒”四句——严一萍《殷商史记》认为:报乙者,微之子,报丙者,报乙之子,报丁者,报丙之子。《殷本纪》序其世次曰:“微卒,子报丁立。报丁卒,子报乙立。报乙卒,子报丙立。”核诸卜辞,先后错乱。 ②“主壬卒”二句——严一萍认为:主壬者,报丁之子。主癸者,主壬之子。《殷本纪》曰“报丙卒,子主壬立”误,契文作“报丁”是。 ③成汤——按:句首“成汤”二字,乃另起一段,以之领起下述成汤事迹。《赵世家》中叙“赵夙”“赵朔”事,亦先用二字提起,与此同。 ④汤始居亳(bó),从先王居——亳:也作“薄”,王国维认为在今山东曹县南二十余里。据《夏商周断代工程报告》:郑州商城和偃师商城基本同时或略有先后,是商代最早的两处具有都邑规模的遗址,推断其分别为汤所

居之亳,和汤灭夏后在下洛之阳所建之"西亳"。 ⑤汤征诸侯——按:四字亦段首提点语,领起下述之事。意即为夏朝的一方诸侯之长,受夏朝之命而得专征伐。 ⑥葛伯——葛国诸侯。葛国在今河南宁陵北,离汤的旧都南亳不远。 不祀——不祭祀宗庙与山川鬼神,即不守礼法。 ⑦予有言——我曾经这样说。 人视水见形——人从水里可以照见自己的形象。 视民知治不——观察一下百姓们的反应,就可以知道国家太平不太平。不:同"否"。 ⑧君国子民——治理国家,管理黎民。"君""子"皆用作动词。 王官——国家的官吏。 ⑨伊尹名阿衡——郑笺:"阿,倚;衡,平也。伊尹,汤所依倚而取平也,故以为官名。"按:伊尹名"挚","尹"或是官名。 ⑩奸汤——求见汤。奸:通"干",求见。 有莘(shēn)氏——当时的诸侯,实即部落名,汤妃的母家,其地在今山东曹县西北。 媵(yìng)臣——陪嫁的奴隶。 负鼎俎——谓背着烹调用具。 以滋味说汤——用做菜的道理向汤讲述治理国家的学问。 致于王道——协助汤实现了王道政治。 ⑪素王——古代君王以朴素治天下,故曰"素王"。 九主——《索隐》曰:"九主者,三皇、五帝及夏禹也。" ⑫去汤适夏——离开商汤到夏都去。当时夏朝的君主是桀,国都在今河南登封东南。 ⑬既丑有夏,复归于亳——谓丑恶其政,不能用贤,故退还。 ⑭入自北门——自北门而入。 女鸠、女房——汤之二臣名。孔颖达曰:"伊尹与之言,知是贤臣也。" 《女鸠》《女房》——《尚书》中的篇目名,原文已佚。 ⑮把钺(yuè)——手持大斧,这是最高军事领袖的威仪,后来武王伐纣时也是"左杖黄钺,右秉白旄"。钺:一种形似大斧的青铜器,以诛不用命者。 ⑯格女众庶——犹言"你们这些人都过来"。格:来。女:通"汝"。 来,女悉听朕言——你们全来听我讲。 ⑰匪台(yí)小子,敢行举乱——意谓"并不是我汤某人敢于举兵造反"。匪:通"非"。台:我。 ⑱有夏——即称夏朝,"有"字常用作朝代或民族称呼的词头。

予维闻女众言,夏氏有罪——我是听到你们大家都说,当今夏朝的君主是有罪的。维:助词,无义。 ⑲予畏上帝,不敢不正——我是害怕上帝的怪罪,才不敢不起来讨伐。正:通"征"。 ⑳我君不恤我众——我们的国君(夏桀)根本不关心我们。恤:关心,体恤。 舍我啬(sè)事而割政——不让我们从事农业生产,妨害我们的正常活动。割:害。 ㉑有罪,其奈何——夏王有罪,我们又能对他怎么样呢? ㉒夏王率止众力,率夺夏国——《集解》引孔安国曰:“桀之君臣相率遏止众力,使不得事农,相率割剥夏之邑居。”“率”字是语助词,下句“率”字同此。 ㉓有众率怠不和——众人都对夏王怠慢,不亲附。 ㉔是日何时丧?予与女皆亡——这个“太阳”何时才死呀,我们情愿陪着你一块死!此为诅咒语。皆:一道,后作“偕”。 ㉕今朕必往——谓自己必往讨之。 ㉖尔尚及予一人致天之罚——如果你们能和我一道按照天意去讨伐夏桀。尚:表示劝勉、祈使等的语气词。予一人:帝王用以称自己,意同“孤”“寡人”。 予其大理女——我将厚厚地赏赐你们。理:此处通“赉”,即赏赐。 ㉗誓言——即汤所发表的这篇文告。 帑(nú)僇女——将你和你的妻子儿女一起严厉惩罚。帑:通“孥”,妻子儿女。僇:杀,惩罚。 ㉘以告令师——用这篇文告命令全军。 ㉙号曰“武王”——王国维曾认为周代谥号皆生前之称,非死后之追加,陈直谓商代汤自号武王,亦其显例。 ㉚有娀之虚——有娀氏居住过的地方,今山西运城蒲州镇。虚:“墟”的本字。 桀奔于鸣条——夏朝遂从此灭亡。据《夏商周年表》,此时为公元前1600年,夏朝先后历时约四百七十年。鸣条:古邑名,在今河南封丘东,也有说在今山西运城安邑镇北。 ㉛三葼(zōng)——当时的诸侯国名,其地约当今之山东菏泽定陶区北。 俘厥宝玉——桀战败后载其珍宝往逃三葼,汤尾追之,遂伐三葼而获取其珍宝。俘:获取。 ㉜义伯、仲伯——汤之二臣名。 《典宝》——《尚书》篇目名,原文已佚。 ㉝欲迁其社——想改换夏朝所祭祀的土地之神。按:此“社”即后代王朝的所谓“社稷”。 不可——改换不了。夏朝祭祀的土神是共工之子勾龙,因此人曾治水有功,故受后人祭祀。商汤即位后,想换一名古人作为土神祭祀,但找不出更合适的人选,于是只好仍祭祀勾龙。 ㉞伊尹报——向汤报告各方面的情况。 ㉟汤归至于泰卷陶——《尚书》作“汤归自夏,至于大坰”,无“陶”字。“泰卷”即“大坰”,具体方位不详,应距定陶不远。 中𦉪——也写作“仲虺(huī)”,汤的左相。仲虺所作之诰即今伪古文《尚书》中的《仲虺之诰》。 ㊱既绌夏命——结束了夏王朝的统治。命:天命,奉“天命”以统治国家。《汤诰》——《尚书》篇目名,今伪古文《尚书》中有此篇目。㊲维三月——“维”字发语词,无义。王自至于东郊——似应依《册府元龟》作“王至自东郊”,即由东郊至于亳。㊳群后——各位国君。后:其义同“君”。㊴毋不有功于民——意即要为黎民做点贡献。勤力乃事——勤勤恳恳地做好你们的工作。㊵予乃大罚殛(jí)女——我要重重地惩罚你们。句首应增“不者”字样读。毋予怨——到那时别再怨恨我。㊶东为江,北为济,西为河,南为淮——陈仁锡认为:当言“东为淮,南为江”,传写之误。四渎——即上述济水、淮水、黄河、长江四条大河。㊷后稷——周朝的祖先,名弃,相传为我国农业种植的发明者。降播——奉天命降生,以教人播种。农殖百谷——勤勉努力地种植各种谷物。《广雅·释诂》:“农,勉也。”㊸三公——指禹、皋陶、后稷。后有立——后代得以分封立国。按:禹得以受禅为帝王;皋陶封于英、六;后稷封于有邰(tái)。㊹蚩尤——黄帝时代的诸侯名,以好战、作乱闻名。帝乃弗予——《索隐》曰:“帝,天也。谓蚩尤作乱,上天乃不佑之。”予:通“与”,肯定,赞许。有状——意即“有证据”“证据确凿”。㊺先王——指黄帝、尧、舜等。不可不勉——指从禹、皋陶、后稷与蚩尤的正、反两面中吸取教训。勉:激励,严格要求。㊻不道,毋之在国——无道的君主,不能让他君临国家。毋之:毋使。㊼《咸有一德》——《尚书》篇目名,今伪古文《尚书》中有此篇。孔安国曰:“言君臣皆有纯一之德,以戒太甲。”咎单——《集解》引马融曰:“咎单,汤司空也。”《明居》——《尚书》篇目名,原文已佚。㊽改正朔——即改用新历法。正朔:一年中第一个月的第一天。夏朝是以正月(建寅月)为岁首,商朝是以十二月(建丑月)为岁首。易服色,上白——确认新的被整个国家视为高贵、庄严的颜色,如夏尚黑,商尚白等,而这种尊贵的颜色就体现在帝王的冠服、车马、仪仗,以及祭祀所用牲畜的毛色上。上白:以白色为上。朝会以昼——群臣朝见帝王谋议国事的时间在白天。

汤崩,太子太丁未立而卒,于是乃立太丁之弟外丙,是为帝外丙。帝外丙即位三年，崩，立外丙之弟中壬，是为帝中壬。帝中壬即位四年，崩，伊尹乃立太丁之子太甲。太甲，成汤适[①]长孙也，是为帝太甲。帝太甲元年，伊尹作《伊训》，作《肆命》，作《徂后》。[②]

帝太甲既立三年，不明，暴虐，不遵汤法，乱德，于是伊尹放之于桐宫。[③]三年，伊尹摄行政当国，以朝诸侯。[④]

帝太甲居桐宫三年，悔过自责，反善，于是伊尹乃迎帝太甲而授之政。帝太甲修德，诸侯咸归殷，百姓以宁。伊尹嘉之，乃作《太甲训》三篇，褒帝太甲，称太宗。[⑤]

（以上为第三段，写汤至太甲的商朝世系，与太甲在伊尹教育下提高君德的情形。）

①适——通"嫡"。 ②《伊训》——《尚书》篇名，孔安国曰："傅作训以教道太甲。"今伪古文《尚书》有其文。 《肆命》——《尚书》篇名，孔安国曰："陈天命以戒太甲，亡。"今原文已佚。 《徂后》——《尚书》篇名，孔安国曰："陈往古明君以戒，亡。"今原文已佚。 ③放——放逐，使之离开朝廷，到某地反省。 桐宫——《夏商周断代工程报告》载：以郑州商城为成汤所居之亳的学者，认为（偃师商城）是商初的陪都、太甲的桐宫，或商灭夏后在此所建立的一座军事重镇。 ④三年——按：二字疑衍，下文云"帝太甲居桐宫三年"，则此处二字应削。 摄行政——代帝王行使权力。 朝诸侯——接受诸侯的朝见。 ⑤《太甲训》——《尚书》篇名，今伪古文《尚书》有上、中、下三篇。 褒帝太甲，称太宗——古代开国帝王之庙号可称为"高祖"或"太祖"，其继世帝王有圣德著于世者可称为"太宗"。

太宗崩，子沃丁立。帝沃丁之时，伊尹卒。既葬伊尹于亳，咎单遂训伊尹事，作《沃丁》。

沃丁崩，弟太庚立，是为帝太庚。帝太庚崩，子帝小甲立。帝小甲崩，弟雍己立，是为帝雍己。殷道衰，诸侯或不至。

（以上为第四段，写帝太甲至雍己的商朝世系，商朝渐衰，诸侯不朝。)

帝雍己崩,弟太戊立,是为帝太戊。帝太戊立伊陟[1]为相。亳有祥桑榖共生于朝,一暮大拱。[2]帝太戊惧,问伊陟。伊陟曰:"臣闻妖不胜德,帝之政其有阙与[3]?帝其修德。"太戊从之,而祥桑枯死而去。伊陟赞言于巫咸。巫咸治王家有成,作《咸艾》,作《太戊》。[4]帝太戊赞伊陟于庙,言弗臣,伊陟让,作《原命》。[5]殷复兴,诸侯归之,故称中宗[6]。

(以上为第五段,写帝太戊时君臣团结,不信妖祥,中兴商朝的事迹。)

①伊陟(zhì)——伊尹的后代。 ②祥桑榖(gǔ)共生——祥:指自然界的怪异现象。桑榖共生:一棵桑树和一棵榖树长在一起。榖:即楮(chǔ)树,树皮可以造纸。 一暮大拱——一夜之间就长得有两手相围那么粗了。 ③帝之政其有阙与——莫非您处理政事有什么不周到的地方吗?其:表示推断。 ④赞言——称道。赞:告,称道。 巫咸——巫者名咸,太戊时的大臣。 治王家有成——管理商朝帝王的家庭事务,管得很好。 作《咸艾》,作《太戊》——主语皆伊陟。《咸艾》:《尚书》篇名,原文已佚,内容应是讲巫咸管理王家的事情。艾:通"乂(yì)",治理。《太戊》:《尚书》篇名,原文已佚。按:以上有关太戊的文字,见于伪古文《尚书》之《咸有一德》。 ⑤赞伊陟于庙——祭祀宗庙时将伊陟的功德报告给先王。 言弗臣——说今后将不把伊陟再当臣子对待。 伊陟让——伊陟推辞不敢当。 《原命》——《尚书》篇名,原文已佚。原:再。按:以上太戊赞伊陟于庙,并言弗臣事,今本《尚书》无。 ⑥称中宗——使国家中兴之君,庙号可称"中宗"。《尚书·无逸》曾称中宗"享国七十有五年"。

中宗崩,子帝中丁立。帝中丁迁于隞[1]。河亶甲居相。[2]祖乙迁于邢[3]。帝中丁崩,弟外壬立,是为帝外壬。仲丁书阙不具[4]。帝外壬崩,弟河亶甲立,是为帝河亶甲。河亶甲时,殷复衰。

河亶甲崩，子帝祖乙立。帝祖乙立，殷复兴。巫贤任职。

祖乙崩，子帝祖辛立。帝祖辛崩，弟沃甲立，是为帝沃甲。帝沃甲崩，立沃甲兄祖辛之子祖丁，是为帝祖丁。帝祖丁崩，立弟沃甲之子南庚，是为帝南庚。帝南庚崩，立帝祖丁之子阳甲，是为帝阳甲。帝阳甲之时，殷衰。

自中丁以来，废適而更立诸弟子，弟子或争相代立，比九世乱，[⑤]于是诸侯莫朝。

（以上为第六段，写中丁至阳甲的商朝世系以及殷朝此时期的兴衰情况。）

①中丁迁于隞(áo)——隞：也作“嚣”“敖”，旧说在今河南荥阳东北敖山；近年来经考古发掘研究，许多学者认为即今郑州之商城遗址。②河亶(dǎn)甲——太戊之子，外壬之弟，名“整”。 居相——相：在今河南内黄东南。 ③邢——今河北邢台西南有商城遗址。 ④仲丁——按：“仲丁”即“中丁”。 ⑤废適而更立诸弟子，弟子或争相代立——按：前句中“弟子”疑应作“弟”，“子”字涉下文而衍。盖谓由于传位于“弟”，而引起“弟”与“子”之相争。 比——接连。

帝阳甲崩，弟盘庚立，是为帝盘庚。帝盘庚之时，殷已都河北，盘庚渡河南，复居成汤之故居，[①]乃五迁，无定处。殷民咨胥皆怨[②]，不欲徙。盘庚乃告谕诸侯大臣曰：“昔高后成汤与尔之先祖俱定天下，法则可修。[③]舍而弗勉[④]，何以成德！”乃遂涉河南，治亳[⑤]，行汤之政，然后百姓由宁，殷道复兴。诸侯来朝，以其遵成汤之德也。

（以上为第七段，写盘庚迁都，推行德政，使商再次复兴。）

①渡河南——渡黄河南来。 成汤之故居——即西亳（今河南洛阳偃师区西）。按：阎若璩、梁玉绳从《史记》说，认为盘庚是由河北迁居西亳，今之历史学家皆不取此说。 ②咨胥皆怨——皆叹息、埋怨。咨：叹息声。胥：皆。 ③高后——伟大的先王。 俱定天下——一道平定天下。 法则可修——他们制定的章程，我们是可以继续奉行的。

修:循,照办。 ④舍而弗勉——舍弃先王的典章而不努力奋斗。 ⑤乃遂涉河南,治亳——治亳:以亳为都城。按:史公谓盘庚此迁,乃自河北迁往河南,并居于"西亳";而据《竹书纪年》,乃谓盘庚是由黄河东南的奄(今山东曲阜)迁往黄河以北的殷墟(今河南安阳小屯村及其周围)。现代历史家多从后说。

帝盘庚崩,弟小辛立,是为帝小辛。帝小辛立,殷复衰。百姓思盘庚,乃作《盘庚》三篇。帝小辛崩,弟小乙立,是为帝小乙。

帝小乙崩,子帝武丁立。帝武丁即位,思复兴殷,而未得其佐。三年不言,政事决定于冢宰,以观国风。①武丁夜梦得圣人,名曰说②。以梦所见视群臣百吏,皆非也。于是乃使百工营求之野,得说于傅险中。③是时说为胥靡,筑于傅险。④见于武丁⑤,武丁曰是也。得而与之语,果圣人,举以为相,殷国大治。故遂以傅险姓之⑥,号曰傅说。

帝武丁祭成汤,明日,有飞雉登鼎耳而呴,⑦武丁惧。祖己⑧曰:"王勿忧,先修政事。"祖己乃训王曰:"唯天监下,典厥义,降年有永有不永,非天夭民,中绝其命。⑨民有不若德,不听罪,天既附命正厥德,乃曰其奈何。⑩呜呼!王嗣敬民,罔非天继,常祀毋礼于弃道。⑪"武丁修政行德,天下咸欢,殷道复兴。

(以上为第八段,写帝小辛至帝武丁的商朝世系,以及武丁在傅说、祖己辅佐下复兴商朝的情形。)

①冢宰——太宰,即后来之宰相。 以观国风——亲自考察国家的风气、民情。 ②名曰说——名字叫"说"。说:"悦"的古字。 ③百工——即"百官"。 营求——即寻求。 傅险——地名,在今山西平陆东。 ④胥靡——即后世之苦役犯。 筑——修路。 ⑤见于武丁——谓寻得傅说之"百工",将傅说荐之于武丁。 ⑥以傅险姓之——以"傅险"的"傅"字作为这位贤人的姓。 ⑦雉(zhì)——野鸡。 呴(gòu)——野鸡鸣叫声。 ⑧祖己——当时的贤臣。 ⑨唯天监下——唯:发语词。天监下:即"天监下民",老天爷在看着下面的

帝王。　典厥义——看着帝王的一言一行是否合乎正义。典：主管。　降年有永有不永——上天赋予帝王们的寿命有的长、有的短。永：长。　非天夭民，中绝其命——并不是上天特别减少某个帝王的寿命，半道上把他灭绝了。　⑩民有不若德，不听罪——有的帝王不按道德行事，有罪过不想改正。不若：不顺。不听：不服。　天既附命正厥德——附命：《尚书》作“孚命”。孚：信，果真。果真根据帝王的实际品德决定他寿命的长短。　乃曰其奈何——旧注以为此祖己对武丁语，意谓“那我们该怎么办呢”，与后文相连，乃自问自答。　⑪嗣敬民——您就只管尽心尽力地为百姓们做好工作。嗣：《尚书》作“司”，管。敬：认真对待。　罔非天继——《尚书》作“罔非天胤”，任何一位神灵，都是上天的后代。罔非：没有一个不是。　常祀毋礼于弃道——在经常祭祀的时候，不要失礼，不要背道。按：以上祖己借雉鸣鼎耳以教导武丁事，采自《尚书·高宗肜日》。谓武丁祭成汤，有飞雉升鼎耳而雊，祖己训诸王，作《高宗肜日》《高宗之训》。

帝武丁崩，子帝祖庚立。祖己嘉武丁之以祥雉为德，立其庙为高宗，遂作《高宗肜日》及《训》。

帝祖庚崩，弟祖甲立，是为帝甲。帝甲淫乱，殷复衰。

帝甲崩，子帝廪辛立。帝廪辛崩，弟庚丁立，是为帝庚丁。帝庚丁崩，子帝武乙立。殷复去亳，徙河北[①]。

帝武乙无道，为偶人[②]，谓之天神。与之博，令人为行。[③]天神不胜，乃僇辱[④]之。为革囊，盛血，卬[⑤]而射之，命曰“射天”。武乙猎于河、渭之间，暴雷，武乙震死。子帝太丁立。帝太丁崩，子帝乙立。帝乙立，殷益衰。

（以上为第九段，写武丁至帝乙的商朝世系，其中帝甲淫乱，武乙荒唐，使商朝更加衰败。）

①殷复去亳，徙河北——《竹书纪年》与今之研究者皆认为自盘庚徙殷至纣之灭，更不徙都。《史记》前云盘庚迁亳，现又云武乙“去亳，徙河北”，皆误。　②偶人——即木偶、土偶之类。　③与之博——与

“天神”的偶人对博。博：古代的一种赌博游戏，类似于今天的掷骰子。令人为行——让人代替“天神”投掷。 ④僇辱——侮辱。 ⑤卬（yǎng）——“仰”的古字。

帝乙长子曰微子启，启母贱，不得嗣。少子辛，辛母正后，辛为嗣。帝乙崩，子辛立，是为帝辛，天下谓之纣[①]。

帝纣资辨捷疾，闻见甚敏；[②]材力过人，手格猛兽；知足以距谏，言足以饰非；矜人臣以能，高天下以声，[③]以为皆出己之下。好酒淫乐，嬖于妇人。爱妲己，妲己之言是从。于是使师涓作新淫声，北里之舞，靡靡之乐。厚赋税以实鹿台之钱，而盈钜桥之粟。[④]益收狗马奇物，充仞宫室。益广沙丘[⑤]苑台，多取野兽蜚鸟置其中。慢于鬼神。大冣乐戏于沙丘，[⑥]以酒为池，县[⑦]肉为林，使男女倮[⑧]相逐其间，为长夜之饮。

百姓怨望而诸侯有畔者，[⑨]于是纣乃重刑辟[⑩]，有炮格之法。以西伯昌、九侯、鄂侯为三公。[⑪]九侯有好女[⑫]，入之纣。九侯女不憙淫，纣怒，杀之，而醢九侯。[⑬]鄂侯争之强，辨之疾，并脯鄂侯。[⑭]西伯昌闻之，窃叹。崇侯虎知之，以告纣，纣囚西伯羑里。[⑮]西伯之臣闳夭[⑯]之徒，求美女奇物善马以献纣，纣乃赦西伯。西伯出而献洛西[⑰]之地，以请除炮格之刑。纣乃许之，赐弓矢斧钺，使得征伐，为西伯。而用费中为政。费中善谀，好利，殷人弗亲。纣又用恶来。恶来善毁谗，诸侯以此益疏。

西伯归，乃阴修德行善，诸侯多叛纣而往归西伯。西伯滋大，纣由是稍失权重。王子比干谏，弗听。商容[⑱]贤者，百姓爱之，纣废之。及西伯伐饥国[⑲]，灭之，纣之臣祖伊闻之而咎周[⑳]，恐，奔告纣曰：“天既讫我殷命[㉑]，假人元龟，无敢知吉，[㉒]非先王不相[㉓]我后人，维王淫虐用自绝[㉔]，故天弃我，不有安食[㉕]，不虞知天性，不迪率典。[㉖]今我民罔不欲丧[㉗]，曰：‘天曷不降威，大命胡不至？[㉘]’今王其奈何[㉙]？”纣曰：“我生不有命在天乎[㉚]！”祖伊反[㉛]，曰:“纣不可谏矣。”西伯既卒,周武王之东伐,至盟津[32],诸侯叛殷会周者八百。诸侯皆曰:“纣可伐矣。”武王曰:“尔未知天命。”乃复归。

纣愈淫乱不止。微子数谏不听,乃与大师、少师谋,遂去。比干曰:“为人臣者,不得不以死争。”乃强谏纣。纣怒曰:“吾闻圣人心有七窍。”剖比干,观其心。箕子[33]惧,乃详狂为奴,纣又囚之。殷之大师、少师乃持其祭乐器奔周。周武王于是遂率诸侯伐纣,纣亦发兵距之牧野[34]。甲子日,纣兵败。纣走,入登鹿台,衣其宝玉衣,赴火而死。周武王遂斩纣头,县之大白旗。杀妲己。释箕子之囚,封比干之墓,表商容之闾。[35]封纣子武庚禄父,以续殷祀[36],令修行盘庚之政。殷民大说。于是周武王为天子。其后世贬帝号,号为王。而封殷后为诸侯,属周。

周武王崩,武庚与管叔、蔡叔作乱[37],成王命周公诛之,而立微子于宋,以续殷后[38]焉。

(以上为第十段,写殷纣王荒淫残暴,被周武王所灭。)

①天下谓之纣——《谥法》曰:“残义损善曰纣。”纣有二名,一曰“辛”,以生日名;又曰“受”,别立嘉名。据《夏商周年表》,纣继位为帝之年为公元前1075年。 ②资辨捷疾——资质好,分辨事物的能力强。资:素质。辨:分辨。 闻见甚敏——接受能力强,反应快。③矜人臣以能——喜欢在群臣面前夸示自己的才干。 高天下以声——让自己的名声高于普天下的任何人。 ④实——充满。 鹿台——其遗址在今河南鹤壁淇滨区钜桥镇。 钜桥——谭其骧认为在今河北曲周东北。钱穆认为在今河南浚县西。 ⑤沙丘——地名,在今河北广宗大平台、前后平台一带。 ⑥大冣(jù)——大规模地聚集。冣:同“聚”。 乐戏——乐工与杂技人员。 ⑦县——同“悬”。⑧倮——同“裸”。 ⑨怨望——怨恨。望:这里也是“怨恨”的意思。 畔——通“叛”。 ⑩刑辟——刑法。辟:法。 ⑪西伯昌——姬昌,即日后之周文王,纣时为西方诸侯之首领。伯:通“霸”。 九侯——纣时的诸侯名,也写作“鬼侯”,读音相近。 鄂侯——纣时的

诸侯。 三公——朝廷里的三个最高长官，周时称司徒、司马、司空。 ⑫好女——美女。 ⑬憙——同“喜”。 醢（hǎi）——肉酱，这里用作动词。剁成肉酱。 ⑭争之强——坚决地劝阻。 辨之疾——极力为九侯辩解。辨：通“辩”。 脯（fǔ）——肉干，这里用作动词。做成肉干。 ⑮崇侯虎——崇国的诸侯名虎。 羑（yǒu）里——地名，在今河南汤阴北。 ⑯闳夭——西周初期的佐命大臣。 ⑰洛西——洛水之西，即今陕西之白水、铜川地区。 ⑱商容——纣王时代的贤臣。 ⑲饥国——《周纪》作“耆”，《宋世家》作“阢”。按：《周本纪》记西伯归周后，有“伐犬戎”“伐密须”“败耆国”等一系列活动。有曰“耆”即“黎”，在今山西长治西北。 ⑳纣之臣祖伊闻之而咎周——祖伊：祖己的后代。咎周：责怪周国肆意征讨他国。咎：谴责。 ㉑天既讫（qì）我殷命——老天爷既然要结束我们殷朝的年命。讫：终止，尽。 ㉒假人——《尚书》作“格人”，孔安国解释为“至人”，意即能认清客观形势的人。 元龟——大龟，此处指用龟甲占卜。 无敢知吉——都不认为我们商朝还有什么吉利可言。主语即“假人”和“元龟”。 ㉓相——助，保佑。 ㉔维王淫虐用自绝——就是因为商王你的荒淫无道把你自己葬送了。维：发语词，在这里也有“因为”的意思。用：因，以。 ㉕不有安食——商朝的宗庙不能再平安地享受祭祀。 ㉖不虞知天性——商王犹不思虑体察上天的意旨。虞：虑。 不迪率典——不遵循先王的纲常旧典行事。迪：行。率：遵循。 ㉗罔不欲丧——没有一个不盼着商朝灭亡的。 ㉘天曷（hé）不降威——老天爷何不显示威灵？曷：何，何不。 大命胡不至——商王的死期为何还不到来？大命：老天爷让商王死的命令。胡：何。 ㉙今王其奈何——面对这种局面，大王你将怎么办呢？ ㉚我生不有命在天乎——孔安国曰：“我生有寿命在天，民之所言岂能害我？” ㉛祖伊反——祖伊从纣王处回来。反：同“返”。 ㉜盟津——也作“孟津”，黄河渡口名，在今河南洛阳孟津区东、孟州西南之间。 ㉝箕（jī）子——商朝贵族，有人说是纣王之叔，封地在箕（今山西晋中太谷区东北）。 ㉞牧野——地名，在当时纣都朝歌（今河南淇县）西南。 ㉟封比干之墓——为其坟墓加土。 表商容之闾（lǘ）——在商容所住的里门上挂匾额予以表彰。　㊱封纣子武庚禄父，以续殷祀——令武庚禄父仍居朝歌，以主殷之祭祀。　㊲武庚与管叔、蔡叔作乱——武王死后，成王年幼，周公摄政当国，管叔与蔡叔散布流言，声称周公图谋篡位，遂与武庚禄父共同作乱。管叔名鲜，蔡叔名度，皆武王之弟，“管”“蔡”是他们的封国名。　㊳立微子于宋，以续殷后——周公灭武庚后，更立武王之弟康叔姬封为卫国诸侯，国都朝歌；立微子于宋，国都商丘（在今河南商丘南）。

太史公曰：余以《颂》次契之事，自成汤以来，采于《书》《诗》。[1]契为子姓，其后分封，以国为姓[2]，有殷氏、来氏、宋氏、空桐氏、稚氏、北殷氏、目夷氏。孔子曰：殷路车为善[3]，而色尚白[4]。

（以上为第十一段，是作者的论赞，说明了他写作本文的依据，以及商代后世的情形。）

①以《颂》次契之事——有关商朝始祖契的事情是根据《诗经·商颂》中的《玄鸟》《长发》写成的。次：列，编排。　《书》《诗》——即《尚书》《诗经》。　②以国为姓——梁玉绳曰：“‘姓’字误，当作‘氏’。”按：梁氏说是，然在《史记》中已“姓”“氏”不分。　③殷路车为善——《论语·卫灵公》：“颜渊问为邦，子曰：‘行夏之时，乘殷之辂，服周之冕。’”路车：帝王乘坐的车驾。路：也作“辂”。④色尚白——以白色为贵。

［**简评**］　《殷本纪》与《夏本纪》一样，都是因为可参考的资料缺少因而只能略陈梗概的篇章，但是本篇所谱列的商朝历代帝王的世系是相当清晰且大体准确的。如果说在清代和清代以前人们对《殷本纪》所叙述的史实还是“姑妄听之”的话，那么自从1926年王国维的《古史新证》发表后，则《殷本纪》所谱列的商朝历代帝王的世系基本上已为殷墟所出土的甲骨文所证实。这对于我国上古史的研究与对于《殷本纪》《夏本纪》的看法，都是一种重大的突破与改变。近数十年我国历史学界更组织专家集中力量对夏、商、周进行了大规模的考古研究，于2000年发表了

《夏商周年表》，对商王朝建国与灭亡的时间，以及商朝前期历代帝王的世系与后期历代帝王的在位年限，都作了相当明确的考订。这项工程不仅使人们对商朝历史有了更进一步的认识，同时也无形中更进一步肯定了《史记·殷本纪》的科学价值，这是令《史记》研究者们欢欣鼓舞的。据《夏商周年表》，商朝自成汤至殷纣共三十一王，与《殷本纪》所谱列的顺序相同；商朝的统治年限为前1600—前1046，共历时554年。

《殷本纪》的叙事，总体说来比较简单，但作者对商朝开国帝王成汤与商朝亡国帝王殷纣的描写还是相当清晰的。此外对太甲的悔过返善，对太戊的不信妖而修德，对武丁的虚心访求并破格任用贤才，都进行了热情歌颂。整篇作品突出地表现了司马迁对理想“君道”与对德政、仁政的追求与向往。

［**集评**］《太史公自序》：“维契作商，爰及成汤；太甲居桐，德盛阿衡；武丁得说，乃称高宗；帝辛湛湎，诸侯不享。作《殷本纪》第三。”

柯维骐曰：“汤初以商为国号，及盘庚迁于殷，故号曰殷。然亦兼称商……《荡》之诗曰‘咨汝殷商’，《大明》之诗曰‘殷商之旅’，商号固未尝改也。”（《史记考要》）

王国维曰：“《史记》所述商一代世系，以卜辞证之，虽不免小有舛驳，而大致不误。可知《史记》所据之《世本》全是实录。而由殷周世系之确实，因之推想夏后氏世系之确实，此又当然之事也。又虽谬悠缘饰之书如《山海经》《楚辞·天问》，成于后世之书如《晏子春秋》《墨子》《吕氏春秋》，晚出之书如《竹书纪年》，其所言古事亦有一部分之确实性。然则经典所记上古之事，今日虽有未得二重证明者，固未可以完全抹杀也。”（《古史新证》）

钱穆曰：“商民族亦在东方，初似服属于夏人势力之下，继则起而革命，遂代夏为当时之王朝而称商代。若以虞夏时代为中国上古史之第一期，则殷商可谓中国上古史之第二期。”“关于殷商一代新发现的直接史料，其主要者为殷墟甲骨文字。其发现在清光绪戊戌、己亥间，出于河南安阳西北五里之小屯。……此等甲骨大体乃殷代帝王用以命卜之辞，刻于龟甲及牛骨之上者。殷商一代年历，应在五百年左右。最要者，《史记》所记载，乃为最近新发见之殷墟甲骨文字所证实。且所证者均在成汤之前，因此《史记》所载夏代古史，亦同样提高其可信之地位。至成汤以下之世系大略，《史记》与卜辞亦可相证。”（《国史大纲》）

范文澜曰：“商经济发展比夏快，力量比夏强，在一定条件下，发生所谓商汤革命。这个革命是私有制度进一步的完成，与夏朝的发展方向，并没有什么根本的不同，因而历史没有留下像商周间那样剧烈斗争的遗痕。”“自契至汤凡十四代，迁居八次。汤祖先有的用天象作名号，如昭明、昌若、冥、恒；有的用日干作名号，如上甲、报乙、报丁。夏帝胤甲等用日干为名号，在商君上甲以后，想见商人的历法比夏人进步，也就是农业知识比夏人较高。”（《中国通史简编》）

安金槐曰：“根据文献记载和前人考证，商王朝统治时期的国都地点，从成汤建都于‘亳’，到盘庚迁都于‘殷’，曾有过五次迁都。即仲丁由‘亳’迁都于‘隞’（有称‘嚣’，一般认为在现今郑州市境内），河亶甲由‘隞’迁于‘相’（一般认为在现今河南省内黄县境内）。祖乙又迁于‘耿’，有称‘邢’（一般认为在现今河南省武陟县或温县境内）。南庚迁奄（一般认为在现今山东省曲阜一带）。盘庚迁殷（即现今河南安阳‘殷墟’）。……说明商王朝的都城遗址所在地点及其统治中心，不出黄河中下游地区的现今河南省中北部和山东省西南部一带。关于商王朝的活动区域和统治范围，以及商代文化的影响区域，根据考古调查与发掘的材料获知，除黄河中下游地区的河南、山西、陕西和山东西南部与河北南部商代文化遗址分布较多外，在长江流域的湖北、湖南、江西、安徽、江苏、河北北部、山东半岛、北京和辽宁等地，也都发现有商代或相当于商代时期的文化遗址与遗物。”（《中国考古》）

毛泽东曰：“纣王是个很有本事、能文能武的人。他经营东南，把东夷和中原的统一巩固起来，在历史上是有功的。纣王伐徐州之夷，打了胜仗，但损失很大，俘虏太多，消化不了，周武王乘虚进攻，大批俘虏倒戈，结果使商朝亡了国。”（《毛泽东读书笔记解析》）

商王朝世系表

盘庚迁殷前（前1600—前1300年）　汤（天乙）—太丁（汤子）—外丙（太丁弟）—中壬（外丙弟）—太甲（太丁子）—沃丁（太甲子）—太庚（沃丁弟）—小甲（太庚子）—雍己（小甲弟）—太戊（雍己弟）—中丁（太戊子）—外壬（中丁弟）—河亶甲（外壬弟）—祖乙（河亶甲子）—祖辛（祖乙子）—沃甲（祖辛弟）—祖丁（祖辛子）—南庚（沃甲子）—阳甲（祖丁子）—盘庚（阳甲弟）

盘庚迁殷后（前1300—前1046年）　盘庚—小辛（盘庚弟）—小乙（小辛弟）—武丁（小乙子）—祖庚（武丁子）—祖甲（祖庚弟）—廪辛（祖甲子）—康丁（廪辛弟）—武乙（前1147—前1113年在位）—文丁（武乙子）—帝乙（文丁子）—帝辛（纣）（帝乙子，前1075—前1046年在位）被周武王所灭（依《竹书纪年》推测，武王灭商之年在前1023年。《夏商周断代工程》推定为前1046年。）

周本纪第四

周后稷，名弃，其母有邰氏女，曰姜原。[①]姜原为帝喾元妃[②]。姜原出野，见巨人迹，心忻然说，欲践之，践之而身动如孕者，居期而生子。[③]以为不祥，弃之隘巷，马牛过者皆辟不践；徙置之林中，适会山林多人；迁之，而弃渠中冰上，飞鸟以其翼覆荐之。姜原以为神，遂收养长之。初欲弃之，因名曰“弃”。

弃为儿时，屹如巨人之志[④]。其游戏，好种树[⑤]麻、菽，麻、菽美。及为成人，遂好耕农，相地之宜，宜谷者稼穑焉，民皆法则之。[⑥]帝尧闻之，举弃为农师，天下得其利，有功。帝舜曰：“弃，黎民始饥，尔后稷播时百谷。[⑦]”封弃于邰，号曰“后稷”，别姓姬氏[⑧]。后稷之兴，在陶唐、虞、夏之际，皆有令德。[⑨]

后稷卒，子不窋[⑩]立。不窋末年，夏后氏政衰，去稷不务，不窋以失其官而奔戎狄之间。[⑪]不窋卒，子鞠立。鞠卒，子公刘立。公刘虽在戎狄之间，复修后稷之业，务耕种，行地宜，自漆、沮度渭，取材用，[⑫]行者有资，居者有畜积，民赖其庆[⑬]。百姓怀之，多徙而保归焉[⑭]。周道之兴自此始，故诗人歌乐思其德。公刘卒，子庆节立，国于豳[⑮]。

庆节卒，子皇仆立。皇仆卒，子差弗立。差弗卒，子毁隃立。

毁隃卒,子公非立。公非卒,子高圉立。高圉卒,子亚圉立。亚圉卒,子公叔祖类立。公叔祖类卒,子古公亶父[16]立。古公亶父复修后稷、公刘之业,积德行义,国人皆戴之。薰育[17]戎狄攻之,欲得财物,予之。已复攻,欲得地与民。民皆怒,欲战。古公曰:"有民立君,将以利之。今戎狄所为攻战,以吾地与民。民之在我,与其在彼何异?民欲以我故战,杀人父子而君之[18],予不忍为。"乃与私属遂去豳,度漆、沮,逾梁山,止于岐下。[19]豳人举国扶老携弱,尽复归古公于岐下。及他旁国闻古公仁,亦多归之。于是古公乃贬戎狄之俗,而营筑城郭室屋,而邑别居之,作五官有司。[20]民皆歌乐之,颂其德。

古公有长子曰太伯,次曰虞仲。[21]太姜生少子季历,季历娶太任,皆贤妇人。[22]生昌,有圣瑞。[23]古公曰:"我世当有兴者,其在昌乎?"长子太伯、虞仲知古公欲立季历以传昌,乃二人亡如荆蛮,文身断发,以让季历。[24]

古公卒,季历立,是为公季[25]。公季修古公遗道,笃于行义,诸侯顺之。

公季卒,子昌立,是为西伯[26]。西伯曰文王,遵后稷、公刘之业,则古公、公季之法,[27]笃仁,敬老,慈少。礼下贤者,日中不暇食以待士,士以此多归之。伯夷、叔齐在孤竹,闻西伯善养老,盍往归之。[28]太颠、闳夭、散宜生、鬻子、辛甲大夫之徒皆往归之。[29]

崇侯虎谮西伯于殷纣曰:"西伯积善累德,诸侯皆向之,将不利于帝。"帝纣乃囚西伯于羑里。闳夭之徒患之,乃求有莘氏美女,骊戎之文马,有熊九驷,他奇怪物,因殷嬖臣费仲而献之纣。[30]纣大说,曰:"此一物[31]足以释西伯,况其多乎!"乃赦西伯,赐之弓矢斧钺,使西伯得征伐。曰:"谮西伯者,崇侯虎也。"西伯乃献洛西之地,以请纣去炮格之刑。[32]纣许之。

西伯阴行善,诸侯皆来决平。[33]于是虞、芮之人有狱不能决,[34]乃如周。入界,耕者皆让畔,民俗皆让长。虞、芮之人未见西伯,皆惭,相谓曰:“吾所争,周人所耻,何往为?只取辱耳。”遂还,俱让而去。诸侯闻之,曰“西伯盖受命之君”。

明年,伐犬戎[35]。明年,伐密须[36]。明年,败耆[37]国。殷之祖伊[38]闻之,惧,以告帝纣。纣曰:“不有天命乎?是何能为!”明年,伐邘[39]。明年,伐崇侯虎,而作丰邑[40],自岐下而徙都丰。明年,西伯崩,太子发立,是为武王。

西伯盖即位五十年。其囚羑里,盖[41]益《易》之八卦为六十四卦。诗人道西伯,盖受命之年称王而断虞、芮之讼[42]。后十年而崩,谥为“文王”。[43]改法度,制正朔[44]矣。追尊古公为“太王”,公季为“王季”:盖王瑞自太王兴[45]。

(以上为第一段,写周族先世的发展历史,与文王为灭商奠定基础的情形。)

①后稷——主管农事的官名。后:主管。稷:一种古老的粮食作物,五谷之长。此处乃指弃,弃在尧、舜时主管农业。　有邰(tái)氏——古氏族名。邰:古邑名,又作“斄”,在今陕西武功西。　姜原——又作“姜嫄”。　②元妃——正妻。按:上述后稷之母姜原,采自《大戴记·帝系》。　③忻然说——忻:同“欣”。说:“悦”的古字。　居期——及期,指足月。　④屹(yì)如巨人之志——后稷壮健勇敢,有像大人物一样的志向。屹:指高大耸立貌。　⑤种树——动词连用,即栽种。　⑥耕农——动词连用,意即“耕种”。　相地之宜——观察土地适宜种植什么。相:观察,审视。　稼穑(sè)——耕种和收获,泛指农业生产。　法则——亦动词连用,意即“效法”,以之为准则。　⑦黎民始饥——《古文尚书》作“阻饥”,意即为饥饿所困。　播时百谷——种植了这些谷物。时:是,此。　⑧别姓姬氏——意谓周族自后稷起另以“姬”为姓。　⑨陶唐、虞、夏之际——陶唐:帝尧的国号,帝尧初都于陶,后徙于唐,故称“陶唐氏”。虞:舜的国号。夏:禹的国号。　皆有令德——谓后稷在尧、舜、禹三朝之际皆有美德。令德:美德。　⑩不窋(zhú)——按:“不窋”距后稷年代久远,不可能是后稷之子。　⑪夏后氏——即指夏朝。　去稷不务——谓废去主农之官,整个国

家不从事农业。稷:指主农之官。　戎狄——古代对西方诸少数民族的泛称,此处盖谓不窋遂逃往西北今甘肃庆阳一带。　⑫行地宜——巡视自己的领土看适合种植什么。行:巡视。　自漆、沮(jū)度渭,取材用——漆、沮:二水名。漆水:史念海认为即今横水河。沮水在今陕西彬州、岐山一带,当今何水无考。度:通"渡"。渭:即今渭河。⑬民赖其庆——百姓得享其福。庆:福。　⑭多徙而保归焉——很多人迁徙过来,归附于他。保归:归而依之。保:托靠。　⑮子庆节立,国于豳(bīn)——豳:古邑名,在今陕西旬邑西。按:《诗》"笃公刘,于豳斯馆",则公刘时已迁豳,不至庆节也。　⑯古公亶父(dǎn fǔ)——周文王的祖父,后被周武王追尊为"太王"。　⑰薰育——又作"獯鬻""荤粥",古代北方的少数民族名。　⑱杀人父子而君之——意谓为了做人家的君长而让大人孩子去送命。　⑲逾梁山——逾:翻越。梁山:在今陕西岐山、扶风两县的北部。　岐下——岐山脚下,指岐山以南的周原,其地在今陕西岐山、扶风的北部。　⑳贬——废除,改掉。　邑别居之——徐广曰:"分别而为邑落也。"　五官——指司徒、司马、司空、司士、司寇。　㉑太伯——即"吴太伯",周文王的大伯父,吴国的始祖。　虞仲——名仲雍,继吴太伯为吴君。　㉒太姜——古公亶父之妃,生太伯、仲雍、季历。　季历娶太任——季历:周文王之父,后被周武王追尊为王季。太任:季历之妃,周文王之母。　皆贤妇人——有关太任的事情见刘向《古列女传》。　㉓昌——即周文王。商纣时为西伯,武王灭商后谥文王。　有圣瑞——有圣人的征象。　㉔亡如荆蛮——亡如:逃向,逃到。荆蛮:古代中原地区对江南楚地民族的泛称。《正义》曰:"太伯奔吴,所居城在苏州北五十里常州无锡县界梅里村,其城及冢见存。"　文身断发——古代荆楚一带的习俗,身刺花纹,剪短头发,认为可避水中鳄鱼。　㉕公季——周族后代对季历的尊称,亦如称其他先人为"公刘""公亶父"然。至武王灭殷后更尊之曰"王季"。

㉖是为西伯——姬昌于殷末时为"三公",并被殷纣封为"西伯"。㉗西伯曰文王——西伯就是人们所说的"周文王"。　则——效法,遵行。　㉘伯夷、叔齐——商末孤竹君之二子。　孤竹——古国名,在今河北卢龙东南。　闻西伯善养老,盍往归之——善养老:意即好招纳贤

人。盍往归之:梁玉绳曰:"'盍'字当衍。" ㉙太颠、闳夭、散宜生——均为周文王大臣。太:一作"泰"。 鬻(yù)子——殷末时人,楚国始祖,芈姓,名熊,《楚世家》中有"鬻熊子事文王"之语。 辛甲——殷纣之臣,屡谏而不听,遂投周。 ㉚有莘(shēn)氏——古国名,在今陕西合阳东南。 骊戎——古部族名,在今陕西西安临潼区一带。 文马——毛色有斑纹的马。 有熊——古国名,在今河南新郑。 九驷——马三十六匹。古称四匹为一驷。 嬖(bì)臣——男宠。 ㉛此一物——指有莘氏之美女。 ㉜洛西之地——指今陕西洛水以西的周国土地。 炮烙之刑——炮烙,本为烤肉的工具,用铜制成,殷纣王仿制改为刑具,使犯人步行其上,足烂堕火而死。 ㉝阴行善——按:史公称文王、太公等"阴谋修德",正以见其深知政治斗争内幕,而不似迂腐书生对"圣人"之一味恭维。 决平——裁决争端。 ㉞虞、芮(ruì)——古国名,虞国在今山西平陆北,芮国在今陕西大荔之朝邑镇南。 有狱——有官司。狱:诉讼,争端。 ㉟犬戎——古部族名,殷周时活动于今陕西彬州、岐山一带。 ㊱密须——古国名,姞姓,在今甘肃灵台西。 ㊲耆——古国名,也作"黎",在今山西长治西北。 ㊳祖伊——殷纣王的贤臣。 ㊴邘(yú)——古国名,在今河南沁阳西北邘台村。 ㊵丰邑——文王时的国都名,在今陕西长安区西北沣河西岸。 ㊶盖——大概,疑似之词,此段前后连用四"盖"字,皆疑以传疑语。 ㊷诗人道西伯,盖受命之年称王而断虞、芮之讼——司马迁的意思是:《诗经》的作者称颂西伯,说他是从断虞芮之讼的那一年起"受命称王"。 ㊸后十年而崩——"后十年"乃"后七年"之讹。 谥为"文王"——按:王国维、陈直等认为周代诸王皆生前所自称,与史公所谓死后之"谥"者不同,今学界之认识尚未统一。 ㊹制正朔——制定周朝的历法。按:此所谓"改法度,制正朔"与下句"追尊古公为'太王',公季为'王季'",皆武王灭商以后事,而非文王始崩、武王初即位之时。 ㊺盖王瑞自太王兴——王瑞:称王的吉兆。古人称周之"王瑞"所以自"太王"始者,其一是太王迁岐后,归之者多,周族始大;其二是太王预定姬昌为隔代接班人,此对周国之兴亦关系重大。

武王即位，太公望为师，周公旦为辅，[①]召公、毕公之徒左右王，[②]师修文王绪业。

九年，武王上祭于毕。[③]东观兵[④]，至于盟津。为文王木主，载以车中军。[⑤]武王自称太子发，言奉文王以伐[⑥]，不敢自专。乃告司马、司徒、司空、诸节[⑦]："齐栗，信哉[⑧]！予无知，以先祖有德，臣小子受先功，毕立赏罚，以定其功。[⑨]"遂兴师。师尚父号曰："总尔众庶，与尔舟楫[⑩]，后至者斩！"武王渡河，中流，白鱼跃入王舟中，武王俯取以祭。既渡，有火自上复于下，至于王屋，流为乌，其色赤，其声魄云。[⑪]是时，诸侯不期而会盟津者八百诸侯[⑫]。诸侯皆曰："纣可伐矣。"武王曰："女[⑬]未知天命，未可也。"乃还师归。

居二年，闻纣昏乱暴虐滋甚，杀王子比干，囚箕子。太师疵、少师强抱其乐器而奔周[⑭]。于是武王遍告诸侯曰："殷有重罪，不可以不毕伐[⑮]。"乃遵文王，遂率戎车三百乘，虎贲三千人，[⑯]甲士四万五千人，以东伐纣。十一年十二月戊午，师毕渡盟津，诸侯咸会。曰："孳孳无怠[⑰]！"武王乃作《太誓》，告于众庶：[⑱]"今殷王纣乃用其妇人之言，自绝于天，毁坏其三正，离逷其王父母弟；[⑲]乃断弃其先祖之乐，乃为淫声，用变乱正声，怡说妇人。故今予发维共行天罚[⑳]。勉哉夫子，不可再，不可三！[㉑]"

二月甲子昧爽，武王朝至于商郊牧野，乃誓。[㉒]武王左杖黄钺，右秉白旄，以麾。[㉓]曰："远矣，西土之人[㉔]！"武王曰："嗟！我有国冢君，司徒、司马、司空，亚旅、师氏，千夫长、百夫长，及庸、蜀、羌、髳、微、纑、彭、濮人，[㉕]称尔戈，比尔干，立尔矛，予其誓[㉖]。"王曰："古人有言：'牝鸡无晨。牝鸡之晨，惟家之索。[㉗]'今殷王纣维妇人言是用，自弃其先祖肆祀不答[㉘]；昏弃其家国，遗其王父母弟不用，乃维四方之多罪逋逃，是崇是长，是信是使。[㉙]俾暴虐于百姓，以奸轨于商国。[㉚]今予发维共行天之罚。今日之事，不过六步七步，乃止齐焉[㉛]，夫子勉哉！不过于四伐五伐六伐七伐，乃止齐焉[32],勉哉夫子!尚桓桓,如虎如罴,如豺如离,[33]于商郊,不御克奔,以役西土,[34]勉哉夫子!尔所不勉,其于尔身有戮![35]"誓已,诸侯兵会者车四千乘,陈师牧野。

帝纣闻武王来,亦发兵七十万人距武王[36]。武王使师尚父与百夫致师,以大卒驰帝纣师。[37]纣师虽众,皆无战之心,心欲武王亟入。纣师皆倒兵以战,以开武王。[38]武王驰之,纣兵皆崩畔纣[39]。纣走,反,入登于鹿台之上,蒙衣其珠玉,自燔于火而死。武王持大白旗以麾诸侯,诸侯毕拜武王,武王乃揖诸侯,诸侯毕从。武王至商国,商国百姓咸待于郊。于是武王使群臣告语商百姓曰:"上天降休[40]!"商人皆再拜稽首,武王亦答拜。遂入,至纣死所。武王自射之,三发而后下车,以轻剑[41]击之,以黄钺斩纣头,县大白之旗。已而至纣之嬖妾二女,二女皆经自杀。[42]武王又射三发,击以剑,斩以玄钺[43],县其头小白之旗。武王已乃出复军[44]。

其明日,除道,修社及商纣宫。[45]及期,百夫荷罕旗以先驱[46]。武王弟叔振铎奉陈常车,周公旦把大钺,毕公把小钺,以夹武王。[47]散宜生、太颠、闳夭皆执剑以卫武王。既入,立于社南大卒[48]之左,左右毕从。毛叔郑奉明水,卫康叔封布兹。[49]召公奭赞采,师尚父牵牲。[50]尹佚策祝[51]曰:"殷之末孙季纣,殄废先王明德,侮蔑神祇不祀,昏暴商邑百姓,其章显闻于天皇上帝。[52]"于是武王再拜稽首,曰:"膺更大命,革殷,受天明命。"[53]武王又再拜稽首,乃出。

封商纣子禄父殷之余民[54]。武王为殷初定未集,乃使其弟管叔鲜、蔡叔度相禄父治殷。已而命召公释箕子之囚。命毕公释百姓之囚。表商容之闾[55]。命南宫括散鹿台之财,发钜桥之粟,以振贫弱萌隶。[56]命南宫括、史佚展九鼎保玉[57]。命闳夭封比干之墓,命宗祝享祠于军。[58]乃罢兵西归。行狩,记政事,作《武成》。封诸侯,班赐宗彝[59],作《分殷之器物》。武王追思先圣王,乃褒封神农之后于焦,黄帝之后于祝,帝尧之后于蓟,帝舜之后于陈,大禹之后于杞。[60]于是封功臣谋士，而师尚父为首封。封尚父于营丘[61]，曰齐。封弟周公旦于曲阜[62]，曰鲁。封召公奭于燕，封弟叔鲜于管，弟叔度于蔡。[63]余各以次受封。

武王征九牧之君，登豳之阜，以望商邑。[64]武王至于周[65]，自夜不寐。周公旦即王所，曰："曷为不寐？"王曰："告女：维天不飨殷，自发未生于今六十年，麋鹿在牧，蜚鸿满野。[66]天不享殷，乃今有成[67]。维天建殷，其登名民三百六十夫，不显亦不宾灭[68]，以至今。我未定天保[69]，何暇寐！"王曰："定天保，依天室，悉求夫恶，贬从殷王受。[70]日夜劳来定我西土，我维显服，及德方明。[71]自雒汭延于伊汭，居易毋固，其有夏之居。[72]我南望三涂，北望岳鄙，顾詹有河，粤詹雒、伊，毋远天室。[73]"营周居于雒邑[74]而后去。纵马于华山之阳，放牛于桃林之虚。[75]偃干戈，振兵释旅，[76]示天下不复用也。

武王已克殷，后二年，问箕子殷所以亡。箕子不忍言殷恶，以存亡国宜告。[77]武王亦丑，故问以天道。[78]

武王病。天下未集，群公惧，穆卜[79]。周公乃祓斋，自为质，欲代武王，武王有瘳。[80]后而崩，太子诵代立，是为成王[81]。

（以上为第二段，写武王灭商、建立周王朝的过程。）

①太公望为师——太公望：即吕尚。师：官名，又称太师，帝王的辅弼大臣。　周公旦——武王之弟，周文王的第四子，名旦。　②召（shào）公——名奭，周文王的庶子，食邑于召（今陕西岐山西南），故称召公。　毕公——名高，周文王的庶子，因食邑于毕（今陕西咸阳东北），故称毕公。　左右——左："佐"的古字；右：亦作"佑"。辅佐。③九年——武王即位之第九年，有人谓此指"文王受命"之第九年者，似不足取。　武王上祭于毕——指往祭文王墓。毕：在今陕西咸阳东北。　④观兵——显示武力，即今之所谓"阅兵示威"。　⑤木主——灵牌。　载以车中军——语略不顺，泷川资言引桃源说作"载以居中军"，比较明畅。《伯夷列传》亦有"武王载木主，号为文王，东伐纣"之语。　⑥武王自称太子发，言奉文王以伐——正因此，后人遂称周朝的

开国之君为文王与武王二人。 ⑦司马——官名,掌军政。 司徒——官名,掌土地和役徒。 司空——官名,掌工程营建。 诸节——指接受任命的各种官员。《集解》引马融曰:“诸受符节有司也。” ⑧齐栗,信哉——意即大家都要迅捷恭敬,切实努力。齐栗:迅捷,戒惧。 ⑨小子受先功——意即我承受了先人的功业。小子:谦辞,指自己。 毕立赏罚,以定其功——意谓我已确立了各种赏罚制度,以确保功业的建立。 ⑩总尔众庶,与尔舟楫——集合起你们的民众,整理好你们的船只。总:集合。 ⑪复——通“覆”,覆盖。 王屋——指武王所居之屋。 流为乌——变为乌鸦。 其声魄云——盖如今之所谓“叭的一声”。 ⑫诸侯不期而会盟津者八百诸侯——按:句子不顺,前后两“诸侯”应删其一。 ⑬女——通“汝”。 ⑭太师疵(cī)、少师强抱其乐器而奔周——太师:官名,乐工之长。少师:官名,乐官太师之佐。 ⑮毕伐——迅速讨伐。毕:迅速。 ⑯乃遵文王——意谓遵照文王遗命,与前文之“言奉文王以伐,不敢自专”义同。 戎车——兵车。 虎贲(bēn)——《集解》引孔安国曰:“虎贲,勇士称也,若虎贲(兽),言其猛也。”贲:同“奔”。 ⑰孳孳无怠——勤勉努力,不要懈怠。孳孳:通“孜孜”,勤勉的样子。 ⑱《太誓》——即《泰誓》,周武王伐纣前大会诸侯的誓师词。古文《尚书》有《泰誓》上、中、下三篇。 告于众庶——按:司马迁以下所录武王誓词,本于汉代流传的今文《泰誓》。 ⑲三正——或指建子、建丑、建寅三种历法,或指天、地、人之正道,刘起釪认为是指商朝的主要大臣。 离逷(tì)其王父母弟——离逷:同“离逖”,疏远。王父母弟:同出自一个祖父母的兄弟。 ⑳维共行天罚——维:发语词。共行:恭敬地执行。共:通“恭”。 ㉑勉哉夫子——努力呀,各位壮士。夫子:男子汉,壮士。 不可再,不可三——意谓不可能有第二次,更不可能有第三次。 ㉒二月甲子昧爽——武王十一年周历二月的甲子日黎明。昧爽:黎明。 牧野——地名,在殷都朝歌(今河南淇县)西南。 ㉓左杖黄钺,右秉白旄——左手杖钺,示有事于诛;右手把旄,示有事于教令。杖:持。黄钺:以黄金装饰的斧形兵器。秉:握。旄:装饰以旄牛尾的旗。 麾——通“挥”,指挥,号召。 ㉔远矣,西土之人——辛苦啦,远道而来的西方的人们。 ㉕有国冢君——友邦的君长们。有:通“友”。冢君:大君。即指下述“庸”“蜀”等八个西方古代部落的首领。 亚旅、师氏——皆高级军官名。 千夫长、百夫长——皆中下级军官名。 庸、蜀、羌、髳(máo)、微、纑、彭、濮人——皆为当时的西方部族,“庸”约在今湖北竹山县西南。“蜀”约在今四川成都一带。“羌”约在今甘肃庆阳西北。“髳”,郭沫若认为在今重庆一带。“微”约在今山西长治路城区东北。“纑”约在今湖北宜城西南。“彭”约在今湖北房县、谷城之间。“濮”约在今湖北房县西南。 ㉖称尔戈——举起你们的长戈。称:举。 比尔干——排列好你们的盾牌。比:排列。干:盾牌。 予其誓——你们听我宣誓。其:将。 ㉗牝(pìn)鸡无晨——母鸡没有在黎明时啼叫的。 牝鸡之晨,惟家之索——过去迷信的说法,如果哪家的母鸡在黎明时啼叫,那么这家就要灭绝了。索:尽,完结。 ㉘自弃其先祖肆祀不答——肆祀:祭祀。答:报谢。 ㉙遗其王父母弟不用——遗弃同出自一个祖父母的兄弟而不加进用。 四方之多罪逋(bū)逃——从四方诸侯国逃亡到商国的罪人。逋:逃亡。 是崇是长,是信是使——推崇他们、尊敬他们,信任他们、任用他们。长:尊敬。使:任用。 ㉚俾——使,让。 奸轨——亦作“奸宄”,外来为奸,内乱为宄。 ㉛今日之事,不过六步七步,乃止齐焉——意谓今日战场出击不要超过六步、七步就停下来,把队伍整顿一下再继续推进。止齐:暂止而取齐。 ㉜不过于四伐五伐六伐七伐,乃止齐焉——伐:击刺。王炎认为:“六步七步”,足法也;“六伐七伐”,手法也。使“止齐”者,使三军之手足如一人。然上“止齐”戒其轻进;下“止齐”戒其贪杀。 ㉝尚桓桓——意即希望大家都勇往直前。尚:希望。桓桓:威武貌。 离——“螭(chī)”的古字。传说中的一种蛟龙。 ㉞不御克奔——不要迎击那些前来投降的殷国士兵。御:抵挡,迎击。 以役西土——让他们给我们西方人服劳役。 ㉟不勉——不努力,不尽心。 其于尔身有戮——意即你就会被处死。戮:诛杀。按:以上见《尚书·牧誓》,是周武王在牧野与纣军决战前的誓师词。 ㊱亦发兵七十万人距武王——陈直认为:殷墟甲骨文记载商代用兵,至多一万余人,本文之殷纣发兵七十万人,与实际不符合。距:通“拒”,抵御。 ㊲致师——即今所谓挑战。　以大卒驰帝纣师——大卒:指武王的嫡系部队。张家英认为主要指虎贲而言。驰:以战车冲击。　㊳倒兵——犹言"倒戈"。　以开武王——为周武王开路。　㊴崩畔纣——四散奔逃,背叛纣王。畔:通"叛"。　㊵降休——降下福祥。休:吉祥。　㊶轻剑——此指佩剑。　㊷嬖妾——宠妃,指妲己等。　经——自缢。㊸玄钺——黑色大斧,用铁所铸。　㊹已乃出复军——已:指办完上述诸事。复军:返回军中。按:以上武王破纣过程及斩纣与妲己头事,见《逸周书·克殷解》。　㊺除道——清扫道路。　修社——修缮祭祀土神的地方。古者帝王有社,以祭祀全国的土神,各乡邑亦有社,以祭祀区域性的土神。武王"修社及商纣宫",盖即拆除商朝之旧社,重立周朝之新社。　㊻荷罕旗以先驱——打着旌旗为武王在前开道。荷:扛,打着。罕旗:即云罕旗。先驱:仪仗队的一部分,负责在前面开路。

㊼叔振铎奉陈常车——叔振铎:武王之弟。陈常车:摆列开插着太常旗的仪仗车。太常旗指画有日月形象的旗,象征王者的地位与威严。

毕公——名高,武王之弟。按:此处之"毕公"应作"召公"。夹——左右陪侍,兼有护卫之意。　㊽社南大卒——盖战场破纣军之武王嫡系部队,今又充当仪卫,列于社南。　㊾毛叔郑奉明水——毛叔郑:武王之弟,名郑,以佐武王灭商功封之在毛(在今陕西岐山、扶风一带。后东迁至河南宜阳境)。奉:捧。明水:古代祭祀所用的净水,亦称"玄酒"。　卫康叔封布兹——卫康叔封:武王之弟,名封,始封于康,又封于卫,故称。布兹:铺草席于地。　㊿赞采——帮助武王献上供品。也有说是为武王赞礼。　牵牲——牵着祭祀用的牲畜。　(51)尹佚策祝——尹佚:又称"史佚",西周初期的史官、天文家、星占家。策祝:诵读策书上的祭神文字。　(52)侮蔑——轻慢。　神祇(qí)——天神曰神,地神曰祇。　章显——明显,谓其罪行显著。　(53)曰:"膺更大命,革殷,受天明命。"——按:此"曰"字的主语是"史佚",不是"武王"。膺更大命:意即秉承天命。膺更:意即承受。大命:天命。革殷:上天改变了对殷朝的眷顾。有人解为革除殷朝政权。　(54)封商纣子禄父殷之余民——把殷族的百姓封给纣王的儿子禄父管辖。禄父:名武庚,字禄父,纣王之子。武王灭商后,封之为诸侯,仍都朝歌,管辖殷之遗民。

⑤⑤表商容之闾(lǘ)——表:在商容所住的里巷口上立木桩或挂横匾以表彰之。商容:商代贤人。　⑤⑥南宫括——周初大臣,又作"南宫适"。　钜桥——古粮仓名,故址在今河北曲周东北。　以振贫弱萌隶——振:"赈"的本字。救济。萌隶:泛称平民。萌:通"氓",民。　⑤⑦展九鼎保玉——展:展示,令众人观看。九鼎:传说为大禹用各州所贡的铜所铸成,上有该州的地形、物产等,后世奉为传国宝器。保玉:即"宝玉"。有人以为应作"迁九鼎宝玉",盖谓将其由殷迁至周。　⑤⑧封比干之墓——给比干的坟墓培土增修,表示尊敬。　命宗祝享祠于军——在军中祭祀战神,以答谢其在灭商战争中所给予的保佑。宗祝:官名,掌祭祀祈祷。享祠:即祭祀。　⑤⑨班赐宗彝(yí)——把商朝宗庙里的祭祀用器分发给各受封的诸侯。　⑥⓪褒封神农之后于焦——褒封:褒奖封赏。神农:据《五帝本纪》,是先于黄帝的远古帝王名,与后代所说"即炎帝"者不同。焦:古地名,在今河南三门峡陕州区南。　祝——祝其,一名夹谷,在今山东莱芜南,一说在今山东淄博淄川区西南。　蓟(jì)——在今北京城西南隅。　陈——国都在今河南周口淮阳区。　杞——国都开始在今河南杞县,后迁至今山东安丘东北。　⑥①营丘——古邑名,在今山东淄博临淄区北。　⑥②曲阜——即今山东曲阜,在山东南部。周公受封于鲁,而赴鲁上任者乃其子伯禽。　⑥③封召公奭(shì)于燕——召公受封之燕,在今河北北部和辽宁西端,建都蓟(在今北京城西南隅)。　封弟叔鲜于管——管:在今河南郑州。　弟叔度于蔡——蔡:今河南上蔡西南。　⑥④征九牧之君——征:召集。九牧之君:九州之长。　豳之阜——"豳"字应作"汾",在今河南襄城东北。阜:高丘。　⑥⑤武王至于周——周:镐京,在今陕西西安长安区西北。　⑥⑥不飨(xiǎng)殷——不享用殷的祭祀,意即抛弃了殷。　于今六十年——谓自武王出生到现在已六十年,意即武王年六十岁。　麋鹿在牧,蜚鸿满野——按:此二句既言天灾,又喻人祸。牧:远郊。蜚:通"飞"。　⑥⑦天不享殷,乃今有成——上天不享殷祀,故我周乃有今日之成功。　⑥⑧维天建殷,其登名民三百六十夫,不显亦不宾灭——《索隐》曰:"言天初建殷国,亦登进名贤之人三百六十夫,既无非大贤,未能兴化致理,故殷家不大光昭,亦不即摈灭,以至于今也。"登:进,任

用。名民:贤人。显:显扬。宾:通“摈”,排斥,遗弃。 ⑲天保——上天的保佑。 ⑳依天室——意即归顺周王朝。天室:上天所眷顾之宗庙。 悉求夫恶,贬从殷王受——《索隐》曰:“言今悉求取夫恶人不知天命不顺周家者,咸贬责之,与纣同罪,故曰‘贬从殷王受’。”恶:指恶人。殷王受:纣王名受。 ㉑劳来——慰劳,招纳。来:亦作“徕”。 我维显服,及德方明——我只有办事明智,才能使德教大显于世。显:明,明智。服:做,办事。 ㉒雒汭(ruì)——雒水入黄河处,在今河南巩义东北。 伊汭——伊水入雒水处,伊水在河南洛阳偃师区南入雒水。 居易毋固——居于平坦之地,不求有险固的屏障。易:平坦。 其有夏之居——这就是当年夏朝居住的地方。相传禹曾都于阳城(今河南登封东南之告成镇),与伊、雒邻近,故云。 ㉓三涂——山名,在今河南嵩县西南,伊河北岸。 岳鄙——接近太行山的边鄙城邑。岳:山岳,指太行山。 顾詹有河——顾詹:回视,环视。詹:通“瞻”。有河:即黄河。 粤詹雒、伊——粤:语助词。雒、伊:雒水、伊水。 毋远天室——意即就在这一带建立周朝的都城。毋远:不要远离此地。 ㉔营周居于雒邑——在雒邑兴建了周朝的都城,即通常所说的“成周”,在今河南洛阳白马寺之东汉魏雒阳故城附近。按:以上武王与周公所言欲建都于伊、雒之间事,采《逸周书·度邑解》。 ㉕华山之阳——华山的南面。 桃林之虚——约当今河南灵宝以西,陕西潼关县以东地区。“桃林”又名“桃林塞”“桃原”。虚:“墟”的本字。荒野。 ㉖偃干戈——把兵器收藏起来。偃:放倒,收起。 振兵释旅——意即将得胜回来的军队解散。 ㉗殷恶——殷朝统治者的罪恶、过错。 以存亡国宜告——将如何使已亡的殷国得以继续存在所应做的事情告诉武王。存亡国:使亡国复存。 ㉘亦丑——也以面对箕子谈论殷朝的过错为难堪。张家英认为是指武王听了箕子委婉劝告后的惭愧心理。 故问以天道——问敬天保民之道。按:《尚书》中有《洪范》,相传即箕子为回答武王此问而作。 ㉙穆卜——恭敬地占卜。 ㉚乃祓(fú)斋——祓:古时一种除灾求福的祭祀。斋:古人在祭祀时所做的一系列虔敬活动,如沐浴、独居等。 自为质,欲代武王——明誓要以己身代替武王死,以换得武王活着。 武王有瘳(chōu)——武王的病情有所好转。瘳：病愈。 ⑧1后而崩，太子诵代立，是为成王——据《夏商周年表》，武王灭殷后在位四年(前 1046—前 1043)。成王：武王之子，名诵，于公元前 1042—前 1021 年在位。

成王少，周初定天下，周公恐诸侯畔周，公乃摄行政当国。管叔、蔡叔群弟疑周公，与武庚作乱，畔周。周公奉成王命，伐诛武庚、管叔，放蔡叔。以微子开[①]代殷后，国于宋。颇收殷余民，以封武王少弟封为卫康叔[②]。晋唐叔得嘉谷，献之成王，成王以归周公于兵所。[③]周公受禾东土，鲁天子之命[④]。初，管、蔡畔周，周公讨之，三年而毕定，故初作《大诰》，次作《微子之命》，次《归禾》，次《嘉禾》，次《康诰》《酒诰》《梓材》，其事在周公之篇。周公行政七年，成王长，周公反政成王，北面就群臣之位。

成王在丰，使召公复营雒邑，如武王之意。周公复卜申视，卒营筑，居九鼎焉。[⑤]曰："此天下之中，四方入贡道里均。"作《召诰》《雒诰》。成王既迁殷遗民，周公以王命告，作《多士》《无佚》。召公为保，周公为师，东伐淮夷，残奄，迁其君薄姑。[⑥]成王自奄归，在宗周，作《多方》[⑦]。既绌殷命，袭淮夷，归在丰，作《周官》[⑧]。兴正礼乐，度制于是改，而民和睦，颂声兴。成王既伐东夷，息慎来贺，王赐荣伯，作《贿息慎之命》[⑨]。

成王将崩，惧太子钊之不任，乃命召公、毕公率诸侯以相太子而立之。成王既崩，二公率诸侯，以太子钊见于先王庙，申告以文王、武王之所以为王业之不易，务在节俭，毋多欲，以笃信临之，作《顾命》。太子钊遂立，是为康王。康王即位，遍告诸侯，宣告以文武之业以申之，作《康诰》。故成康之际，天下安宁，刑错[⑩]四十余年不用。康王命作策毕公分居里，成周郊，作《毕命》。[⑪]

康王卒，子昭王瑕立。昭王之时，王道微缺[⑫]。昭王南巡狩不返，卒于江上[⑬]。其卒不赴告，讳之也。[⑭]立昭王子满，是为穆王。穆王即位，春秋[⑮]已五十矣。王道衰微，穆王闵文、武之道缺，乃命伯臩申诫太仆国之政，作《臩命》，复宁。[16]

穆王将征犬戎，祭公谋父[17]谏曰："不可。先王耀德不观兵[18]。夫兵戢而时动，动则威，观则玩，玩则无震。[19]是故周文公之颂曰：'载戢干戈，载橐弓矢，我求懿德，肆于时夏，允王保之。'[20]先王之于民也，茂正其德而厚其性，阜其财求而利其器用，明利害之乡。[21]以文修之，使之务利而辟害，怀德而畏威，故能保世以滋大。[22]昔我先王世后稷以服事虞、夏。及夏之衰也，弃稷不务，我先王不窋用失其官，而自窜于戎狄之间。不敢怠业，时序其德，遵修其绪，修其训典，朝夕恪勤，守以敦笃，奉以忠信。奕世载德，不忝前人[23]。至于文王、武王，昭前之光明而加之以慈和，事神保民，无不欣喜。商王帝辛大恶于民，庶民不忍，欣载武王，以致戎于商牧。[24]是故先王非务武也，勤恤民隐而除其害也。夫先王之制，邦内甸服，邦外侯服，侯卫宾服，夷蛮要服，戎翟荒服。[25]甸服者祭，侯服者祀，宾服者享，要服者贡，荒服者王。[26]日祭，月祀，时享，岁贡，终王。先王之顺祀也，有不祭则修意，有不祀则修言，有不享则修文，有不贡则修名，有不王则修德，序成而有不至则修刑。[27]于是有刑不祭，伐不祀，征不享，让不贡，告不王。[28]于是有刑罚之辟，有攻伐之兵，有征讨之备，有威让之命，有文告之辞。[29]布令陈辞而有不至，则增修于德，无勤民于远。[30]是以近无不听，远无不服。今自大毕、伯士之终也，犬戎氏以其职来王。[31]天子曰'予必以不享征之，且观之兵'[32]，无乃废先王之训，而王几顿乎[33]？吾闻犬戎树敦，率旧德而守终纯固，[34]其有以御我矣。"王遂征之，得四白狼四白鹿以归。自是荒服者不至。

诸侯有不睦者，甫侯言于王，作修刑辟[35]。王曰："吁，来！有国有土，告汝祥刑。[36]在今尔安百姓，何择非其人[37]，何敬非其刑，何居非其宜与[38]？两造具备，师听五辞[39]。五辞简信，正于五刑[40]。五刑不简，正于五罚[41]。五罚不服，正于五过[42]。五过之疵，官狱内狱，阅实其罪，惟钧其过。[43]五刑之疑有赦，五罚之疑有赦，其审克之。[44]简信有众，惟讯有稽[45]。无简不疑，共严天威[46]。黥辟疑赦，其罚百率，阅实其罪。[47]劓辟疑赦，其罚倍洒[48]，阅实其罪。膑辟疑赦，其罚倍差，[49]阅实其罪。宫辟疑赦，其罚五百率，[50]阅实其罪。大辟[51]疑赦，其罚千率，阅实其罪。墨罚之属千，劓罚之属千，膑罚之属五百，宫罚之属三百，大辟之罚其属二百：五刑之属三千。[52]"命曰《甫刑》。

穆王立五十五年，崩，子共王繄扈立。共王游于泾上，密康公从，有三女奔之。[53]其母曰："必致之王[54]。夫兽三为群，人三为众，女三为粲[55]。王田不取群，公行不下众，王御不参一族。[56]夫粲，美之物也。众以美物归女，而何德以堪之？[57]王犹不堪，况尔之小丑[58]乎！小丑备物，终必亡。"康公不献。一年，共王灭密。共王崩，子懿王艱立。懿王之时，王室遂衰，诗人作刺[59]。

懿王崩，共王弟辟方立，是为孝王。孝王崩，诸侯复立懿王太子燮，是为夷王。

夷王崩，子厉王胡立。厉王即位三十年，好利，近荣夷公[60]。大夫芮良夫谏厉王曰："王室其将卑乎？夫荣公好专利[61]而不知大难。夫利，百物之所生也，天地之所载也[62]，而有专之，其害多矣。天地百物皆将取焉，何可专也？所怒甚多，而不备大难。以是教王，王其能久乎？夫王人者，将导利而布之上下者也。使神人百物无不得极，犹日怵惕惧怨之来也。[63]故《颂》曰：'思文后稷，克配彼天，立我蒸民，莫匪尔极[64]。'《大雅》曰：'陈锡载周[65]'，是[66]不布利而惧难乎，故能载周以至于今。今王学专利，其可乎？匹夫专利，犹谓之盗，王而行之，其归鲜矣。荣公若用，周必败也。"厉王不听，卒以荣公为卿士，用事。

王行暴虐侈傲，国人谤王。召公谏曰："民不堪命矣。"王怒，得卫巫，使监谤者，以告，则杀之。其谤鲜矣，诸侯不朝。三十四年，王益严，国人莫敢言，道路以目。厉王喜，告召公曰："吾能弭谤矣，乃不敢言。"召公曰："是鄣之也。防民之口，甚于防水。水壅而溃，伤人必多，民亦如之。是故为水者决之使导，为民者宣之使言。故天子听政，使公卿至于列士献诗，瞽献曲，史献书，[67]师箴，瞍赋，矇诵，[68]百工谏，庶人传语，近臣尽规，亲戚补察，[69]瞽史教诲，耆艾修之[70]，而后王斟酌焉，是以事行而不悖。民之有口也，犹土之有山川也，财用于是乎出；犹其有原隰衍沃[71]也，衣食于是乎生。口之宣言也，善败于是乎兴[72]。行善而备败，所以产财用衣食者也。夫民虑之于心而宣之于口，成而行之[73]。若壅其口，其与能几何[74]？"王不听。于是国莫敢出言，三年，乃相与畔，袭厉王。厉王出奔于彘[75]。

厉王太子静匿召公之家，国人闻之，乃围之。召公曰："昔吾骤谏[76]王，王不从，以及此难也。今杀王太子，王其以我为仇而怼怒[77]乎？夫事君者，险而不仇怼，怨而不怒，[78]况事王乎！"乃以其子代王太子，太子竟得脱。

召公、周公二相行政，号曰"共和"[79]。共和十四年，厉王死于彘。太子静长于召公家，二相乃共立之为王，是为宣王。宣王即位，二相辅之，修政，法文、武、成、康之遗风，诸侯复宗周。十二年，鲁武公来朝[80]。

宣王不修籍于千亩[81]，虢文公[82]谏曰不可，王弗听。三十九年，战于千亩，王师败绩于姜氏之戎[83]。

宣王既亡南国之师，乃料民于太原。[84]仲山甫[85]谏曰："民不可料也。"宣王不听，卒料民。

四十六年，宣王崩，子幽王宫湦立。幽王二年，西周三川皆震[86]。伯阳甫曰："周将亡矣。夫天地之气，不失其序；若过其序，民乱之也[87]。阳伏而不能出，阴迫而不能蒸[88]，于是有地震。今三川实震，是阳失其所而填阴也[89]。阳失而在阴，原必塞；[90]原塞，国必亡。夫水土演而民用[91]也。土无所演，民乏财用，不亡何待！昔伊、雒竭而夏亡，河竭而商亡。今周德若二代之季矣，其川原又塞，塞必竭。夫国必依山川，山崩川竭，亡国之征也。川竭必山崩。若国亡不过十年,数之纪[92]也。天之所弃,不过其纪。”是岁也,三川竭,岐山崩。

三年,幽王嬖爱褒姒。褒姒生子伯服,幽王欲废太子。太子母,申侯女,而为后。后幽王得褒姒,爱之,欲废申后,并去太子宜臼,以褒姒为后,以伯服为太子。周太史伯阳读史记[93]曰:“周亡矣。”昔自夏后氏之衰也,有二神龙止于夏帝庭而言曰:“余,褒之二君。”夏帝卜杀之与去之与止之[94],莫吉。卜请其漦[95]而藏之,乃吉。于是布币而策告之,龙亡而漦在,椟而去之。[96]夏亡,传此器殷。殷亡,又传此器周。比三代,莫敢发之。至厉王之末,发而观之。漦流于庭,不可除。厉王使妇人裸而噪之。漦化为玄鼋[97],以入王后宫。后宫之童妾既龀而遭之,既笄而孕,[98]无夫而生子,惧而弃之。宣王之时童女谣曰:“檿弧箕服,实亡周国。[99]”于是宣王闻之,有夫妇卖是器者,宣王使执而戮之。逃于道,而见乡者后宫童妾所弃妖子出于路者,闻其夜啼,哀而收之,夫妇遂亡,奔于褒。褒人有罪,请入童妾所弃女子者于王以赎罪。弃女子出于褒,是为“褒姒”。当幽王三年,王之后宫,见而爱之,生子伯服,竟废申后及太子,以褒姒为后,伯服为太子。太史伯阳曰:“祸成矣,无可奈何!”

褒姒不好笑,幽王欲其笑万方,故不笑[100]。幽王为熢燧大鼓,有寇至则举熢火。[101]诸侯悉至,至而无寇,褒姒乃大笑。幽王说之,为数举熢火。其后不信,诸侯益亦不至。

幽王以虢石父为卿,用事,国人皆怨。石父为人佞巧善谀好利,王用之;又废申后,去太子也。申侯怒,与缯、西夷犬戎攻幽王[102]。幽王举熢火征兵,兵莫至,遂杀幽王骊山下,虏褒姒,尽取周赂[103]而去。于是诸侯乃即申侯而共立故幽王太子宜臼,是为平王,以奉周祀。

(以上为第三段,写成王以下的西周历史。)

①微子开——纣之庶兄,名启,汉人避景帝讳称之为“开”。因有

贤行,被周公封于宋(国都在今河南商丘南),以续殷后。 ②颇收殷余民,以封武王少弟封为卫康叔——按:周公平定武庚与管蔡之乱后,封康叔于卫地(都朝歌),使之治理殷朝余民。 ③晋唐叔——名虞,成王之弟。成王封之于唐(今山西翼城西),故称“唐叔”,是晋国的始祖。 嘉谷——奇特的谷穗,被视为祥瑞。 以归周公于兵所——归:通“馈”,赠送。兵所:驻兵之处。盖周公当时东征管、蔡尚未归。 ④鲁天子之命——以周天子的名义。鲁:此指称说,凭借。 ⑤复卜申视——再次占卜、视察。 居九鼎焉——意即将九鼎安放在成周。 ⑥召公为保,周公为师——保:即太保,负责护持与辅导幼主。师:即太师,教育、辅导王者执政。 淮夷——古族名,分布在今淮河中下游一带。 残奄——摧毁奄族部落。奄:古国名,在今山东曲阜。 薄姑——古国名,在今山东博兴东南。 ⑦成王自奄归,在宗周,作《多方》——宗周:即镐京。《多方》存于今文《尚书》中,是周公代替成王向不服统治的诸侯国发布的诰令。 ⑧既绌殷命,袭淮夷,归在丰,作《周官》——绌:通“黜”,废除。殷命:殷朝的国运。《周官》:见于古文《尚书》,是成王即位后宣布官制的诰令。 ⑨成王既伐东夷,息慎来贺,王赐荣伯作《贿息慎之命》——东夷:泛指东方的各部族,如淮夷、奄等。息慎:即肃慎,古代东北方的少数民族。赐:犹言“使”。荣伯:周大夫。《贿息慎之命》:《尚书》篇名,已亡佚。 ⑩错——搁置,不劳使用。 ⑪康王命作策毕公分居里,成周郊——按:语略生涩。《尚书·毕命》序作“康王命作册毕,分居里,成周郊”,大意谓康王命人作册书以告毕公,让毕公根据殷民之善恶划分他们的居住区域,使成周郊区安定下来。成:安定。 作《毕命》——《毕命》见于古文《尚书》,记录了毕公受康王册命治理成周的事情。 ⑫王道微缺——国家政治衰落不振。 ⑬昭王南巡狩不返,卒于江上——相传昭王在渡汉水时,中途船坏,被水淹死。按:1976年出土于陕西扶风的西周青铜器“墙盘”铭文记载有昭王讨伐楚荆内容,可知“南巡狩”只是一种饰词,实际是一次伐楚的战争。 ⑭其卒不赴告——昭王之死,没向各诸侯国发出讣告。赴告:即讣告,报丧。 讳之也——因为是一件丢面子的事情,故而不愿张扬。 ⑮春秋——指年龄。 ⑯乃命伯臩(jiǒng)申诫太仆国之政——按:语略生涩。大意谓穆王命伯臩为太仆正,并申诫其应尽心王事云云。伯臩:也作“伯冏”,穆王时任太仆正,即后世之“太仆”,掌王车及众仆。《臩命》——见于古文《尚书》中,是周穆王命伯臩担任太仆正的册书。 ⑰祭(zhài)公谋父——周王的卿士,字谋父,封于祭(西周时在王畿之内,东迁后在今河南郑州东北)。 ⑱耀德不观兵——显示自己的德行,而不靠炫耀兵力。观:示,夸耀。 ⑲兵戢(jí)而时动——武力要收藏起来,只能在必要的时候偶尔用一下。戢:敛,收起。 观则玩——老是炫耀,人家就不在乎了。玩:轻视,习以为常。 玩则无震——让人家轻视,自己也就没有威严了。震:威严。 ⑳周文公之颂——即《诗经·周颂·时迈》,该诗写武王灭商后祭祀四方山川,偃武修文之事,相传是周公所作。周文公:即周公,“文”是谥。

载戢干戈,载櫜(gāo)弓矢,我求懿德,肆于时夏,允王保之——意谓把干戈收藏起来,把弓箭装在囊里,让美好的德行发扬光大,遍布全国的每个角落,帝王定将永远保有天下。载:语词,无义。櫜:装弓矢的袋子,此处用作动词,意即收藏。懿德:美德。肆:散布,传播。时:是,此。夏:华夏,指中国。允:信,肯定。 ㉑茂正其德而厚其性——茂正:勉之使正。茂:通“懋”,劝勉。厚其性:提高其生活质量。 阜其财求而利其器用——阜:丰,增殖。求:此指财物。器用:工具。 明利害之乡——使之明白“利”与“害”之不同途。乡:通“向”,方向。 ㉒以文修之——意即使其明白礼法。文:礼法。 务利而辟害——辟:通“避”。 保世以滋大——保有天下并使其日益兴盛强大。滋:益,更加。 ㉓奕世载德,不忝(tiǎn)前人——奕世:累世,谓不窋以下的历代先人。载德:同“戴德”,亦即奉行道德。不忝:不辱没。前人:指后稷。 ㉔不忍——不能忍受。 欣载——爱戴,拥戴。载:通“戴”。

致戎于商牧——在商郊牧野对纣王进行了军事讨伐。 ㉕甸服、侯服、宾服、要服、荒服——见《夏本纪》注。 ㉖甸服者祭——谓天子与近畿的王族子孙日祭其父祖。 侯服者祀——谓“侯服”区域里的诸侯要每月一次进京随祭周朝的先王。 宾服者享——谓“宾服”区域里的诸侯要每个季度一次进京随祭周朝先王。 要服者贡——谓“要服”区域里的蛮夷之族要每年进京一次随祭周朝的先王。 荒服者王——谓“荒服”区域里的戎狄之族要在周朝的每个君王去世时进京参加葬礼。 ㉗有不祭则修意——近畿王族有不参加“日祭”的，天子亟须反省自己的思想意念。 有不祀则修言——如有诸侯不参加“月祭”，天子亟须检查自己的号令与言论。 有不享则修文——如有诸侯不参加“时享”，天子亟须整顿政令教化。 有不贡则修名——如有蛮夷不按年进贡，天子亟须进一步端正名分。 有不王则修德——如有夷狄不来参加周王的丧礼，则新天子亟须注意自己的道德修养。序成而有不至则修刑——谓以上五者次序已成，再有不至则用刑罚。 ㉘刑不祭——对不“日祭”者处以刑罚。 伐不祀——对不“月祀”者进行讨伐。 征不享——对不“岁享”者进行征讨。 让不贡——对不按年进贡者提出谴责。 告不王——对不“终王”者提出警告。 ㉙刑罚之辟——指有关刑罚的法规。辟：法令，条例。 威让之命——警告、谴责的命令。 文告之辞——讲清道理、示以利害的告谕文辞。 ㉚增修于德——还是要天子自己先修德以感化之。 无勤民于远——不能轻易地调用民力，远征他方。勤：动用。 ㉛大毕、伯士——皆犬戎之君。 以其职来王——按照旧有的职分来行“终王”之礼。 ㉜予必以不享征之——我要因为其没有按季度进京随祭而讨伐他。 观之兵——向他显示武力。 ㉝而王几顿乎——您就将被闹得疲惫不堪。几：语词，用法如“其”，表示推测。顿：疲劳。 ㉞犬戎树敦——犬戎的君主名树敦。 率旧德而守终纯固——谓犬戎之首领“树敦”既能循其先人之旧德，自己又有纯固之性。 ㉟甫侯言于王，作修刑辟——甫侯：周穆王的大臣。刑辟：刑法，这里即指《甫刑》，又称《吕刑》，存于今文《尚书》中。 ㊱有国有土——有国：指诸侯。有土：指王畿内有采地的封君。 告汝祥刑——告诉你审慎的用刑之道。祥：通“详”，审慎。 ㊲在今尔安百姓，何择非其人——如今你们要安定百姓，选择谁呢？难道不是能胜其任的人吗？ ㊳何敬非其刑，何居非其宜与——谨慎地对待什么，难道不正是刑法吗？要考虑的是什么呢，难道不就是判案公正适宜吗？ ㊴两造具备，师听五辞——两造：诉讼的双方。师：士师，法官。听五辞：《正义》引《汉书·刑法志》：“《周礼》云‘辞不直则言繁，目不直则视眇，耳不直则对答惑，色不直则貌赧，气不直则数喘也’。” ㊵五辞简信，正于五刑——简：检查核对。信：确实如此。正：治。五刑：指墨、劓、膑、宫、大辟。 ㊶五刑不简，正于五罚——凡不够上述“五刑”者则处以五等不同的罚金。不简：经简核而不够。 ㊷五罚不服，正于五过——凡不够判为“五罚”的，则断为五种过失。 ㊸五过之疵（cī），官狱内狱——按：词语生涩，“五过之疵”大意谓处置“五过”容易产生的弊病；所谓“官狱、内狱”大体指有官方说情、有女人说情的案件。 阅实其罪，惟钧其过——法官若犯了上述过错，经过查实，与犯人同罪。 ㊹五刑之疑有赦——按照“五刑”定罪觉得有疑问的，则从轻按“五罚”处置。 五罚之疑有赦——按照“五罚”处置觉得有疑问的，则从轻按“五过”处理。 其审克之——克：应依《汉书·刑法志》作“核”，即仔细核实。 ㊺简信有众，惟讯有稽——要跟民众核实验证，讯问审理时要有共同办案的人。 ㊻无简不疑，共严天威——没有核实取证，不要定案，要严敬天威，不要轻易判决。 ㊼黥（qíng）辟疑赦，其罚百率——如果觉得判以黥刑有疑问，那就罚他六百两（铜）。黥辟：墨刑，刺刻面额，染以黑色。率：通“锊”，即“锾”，古代重量单位，即六两。 阅实其罪——要将其罪证检查核对清楚。 ㊽劓（yì）辟疑赦，其罚倍洒——如果觉得判劓刑有疑问，那就罚他一千二百两（黄铁）。劓辟：割掉鼻子的刑罚。倍洒：意即“加倍”，黥刑罚金的两倍。 ㊾膑辟——即膑刑，剁去双脚。 倍差——意即劓刑的一倍多，不到两倍，即一千八百两（铜）。 ㊿宫辟——阉割生殖器的刑罚。 五百率——即“五百锾”，相当于三千两。 51大辟——杀头。 52墨罚之属千——有关墨刑之类的条款有一千条。属：类。 五刑之属三千——五种刑罚的条文共三千条。按：以上叙穆王宣布刑法事，见今文《尚书·吕刑》。 53泾上——泾水之滨。泾河自今宁夏流来，在陕西西安高陵区汇入渭河。 密康公——密国之君，姬姓，在今甘肃灵台西南百里镇。 有三女奔之——有三个女子投奔密康公。 54必致之王——必须把这三个女子送给周共王。 55粲——美，意即尤物荟萃。 56王田不取群——天子打猎不将一群全部获取。 公行不下众——不使众人下车以礼诸侯一人。 王御不参一族——天子娶嫔妃，不能娶同一家族的三个女子。御：使唤。

㊾众以美物归女——归:给。女:通"汝",你。　而何德以堪——而:尔,你。堪:可,承受。　㊿小丑——小辈,微贱之辈。丑:类,辈。　59作刺:写诗进行讽刺。　60荣夷公——周厉王的卿士,食采邑于荣(今陕西西安鄠邑区西)。　61专利——独享山林川泽之利。　62天地之所载也——意谓利是天地自然生成的。载:生,成。　63无不得极——都得到了应得的一份。极:中,公平。　怵惕(chù tì)惧怨之来——担心遭到众人的怨恨。怵惕:担心。　64思文后稷,克配彼天,立我蒸民,莫匪尔极——见于《诗经·周颂·思文》。朱熹曰:"言后稷之德真可配天,盖使我烝民得以粒食者,莫非其德之至也。"思:发语词。文:有文德。立:此处指谷粒。蒸:通"烝",众。极:指德高至极。

65陈锡载周——见《诗经·大雅·文王》,谓施恩布利以发展周邦。陈:布,布利。锡:赐,施恩。载:此处通"栽",殖。　66是——岂不是。

67公卿至于列士献诗——公卿:相当于后世的三公九卿,指朝廷上的高级官吏。列士:古代低级官吏。献诗:到民间采诗或自己作诗献给天子以反映对朝政的意见。　瞽(gǔ)献曲——瞽:盲人,此指乐官,古代乐官多以盲人充任。献曲:通过演唱乐曲以表达自己对政事的意见。

史献书——史:太史,君王身边的文秘人员。献书:通过上书表达自己对政事的意见。　68师箴(zhēn)——乐师进献箴言。师:管理音乐的官员。箴:一种寓有劝诫意义的韵文。　瞍(sǒu)赋——瞍者献赋。无眸子的盲者称瞍。赋:不歌而诵谓之赋。　矇诵——矇者进诵。有眸子而看不见称矇。诵:诵读。　69百工——管理各种工匠的小吏。

庶人传语——庶人卑贱,不得上言,乃在街巷相传语。庶人:平民。

近臣——帝王身边的侍从人员。　尽规——尽力规谏。　亲戚——指与国君同宗的大臣。　补察——补救君王的过失。　70耆(qí)艾——元老,师、傅之类的老臣。六十岁的人称耆,五十岁的人称艾。

修之——归纳、总结前述诸人的意见。　71原隰(xí)衍沃——原:宽阔平坦的土地。隰:低下而潮湿的土地。衍:低下而平坦的土地。沃:有河流灌溉的土地。　72口之宣言也,善败于是乎兴——能让人们尽情说话,国家政事的好坏才能充分显示。　73成而行之——考虑成熟后采纳推行。　74其与能几何——意即不可能再维持多久,"与"字无义。或谓“与”的意思是“助”，能有几个人相助，盖谓将彻底成为“独夫”，亦将难以为继。 ⑮彘（zhì）——古邑名，在今山西霍州。 ⑯骤谏——屡次进谏。骤：屡次，多次。 ⑰仇而怼（duì）怒——当作仇敌而发泄怨恨。仇：仇敌，对头。怼：怨恨。 ⑱事君——侍奉君长。“君”指诸侯与其他有土封君。 险而不仇怼——按：《国语》作“险而不怼”，意谓即使自己身处危险之中，也不对自己的君长心怀怨恨。怨而不怒——即使心有埋怨，也不能对自己的君长动怒。 ⑲召公、周公二相行政，号曰“共和”——共和：史公的意思是周公与召公共同协商执政。而梁玉绳、郭沫若等皆主“共和”为“共伯”名“和”者代行天子之政，今之历史家多有从此说。 ⑳鲁武公来朝——鲁武公：鲁国国君，前825—前816年在位。按：史公所以特别书“鲁武公来朝”一句，盖因周宣王于武公此行中干预鲁政，使武公废长立幼，造成了日后鲁国政权动荡。 ㉑宣王不修籍于千亩——修：循，继续奉行。千亩：原是周天子的籍田，后来遂演化为地名，在今山西介休南。一说在今安泽北。相传天子籍田千亩、诸侯百亩。帝王于春耕前亲耕籍田，以示对农业的重视。 ㉒虢（guó）文公——周王之卿士，虢国（在今陕西宝鸡西）国君，周文王同母弟虢仲的后裔。 ㉓姜氏之戎——西戎的一支，传说为炎帝（姜姓）之后。就作者的意思看，似乎说宣王此败乃是其不籍千亩的报应，史公照录，以此谴责宣王之不守旧礼。 ㉔南国之师——指从江汉之间的诸侯国征调来的军队。 料民——调查人口数量。 太原——古地区名，指今山西五台山和管涔山以南、霍山以北地区。 ㉕仲山甫——周王卿士，食采邑于樊（今陕西西安南）又称“樊穆仲”“樊仲”。 ㉖西周三川皆震——西周：谓镐京。三川：指泾水、渭水、雒水，皆在今陕西中部地区，当时西周王朝的京畿地带。震：地震。 ㉗若过其序，民乱之也——阴阳二气如果乱了次序，那就是有人扰乱了它们，即指王者无道。 ㉘阳伏而不能出，阴迫而不能蒸——阳气滞伏在下面不能出来，阴气压迫使它不能升腾。蒸：升，升腾。
㉙是阳失其所而填阴也——意即阳气为阴气所镇。填：通“镇”。
㉚阳失而在阴——阳气失位而居于阴气的位置。 原——“源”的古字，水源。 ㉛水土演而民用——水土滋润万物生长，民众才能得到财

利。韦昭注:“水土气通为演,演犹润也。演则生物,民得用之。” ⑫纪——终极,周期。 ⑬史记——泛称历史书。 ⑭卜杀之与去之与止之——卜:占卜,以求神示。杀之:将二龙杀死。去之:将二龙赶走。止之:将二龙捉起来。 ⑮龙漦(lí)——指龙的口水。 ⑯布币而策告之——布币:摆上供品。币:礼品,供品。策告:宣读册文向龙祷告。 椟(dú)而去之——将龙的口水装在匣子里,将此匣子封藏起来。去:藏。 ⑰玄鼋(yuán)——黑色蜥蜴。鼋:通“蚖”,即蜥蜴。 ⑱童妾既龀(chèn)而遭之——童妾:小婢女。既龀:刚到换牙的年龄,通常为七岁左右。遭之:踩到了玄鼋爬过的地方。 既笄(jī)而孕——到十五岁时这个孩子就自行怀孕了。古时女子十五岁行笄礼,表示已经成年。笄:簪子,用以挽发。 ⑲檿(yǎn)弧箕服——山桑木制的弓,与箕木制的箭袋。山桑曰“檿”。弧:弓。箕:木名。服:箭袋。 实——是,乃。 ⑳欲其笑万方,故不笑——万方:犹今所谓“千方百计”。故:就是。 ㉑熢燧大鼓——都是古代边境报警的用具,在这里用作动词,意即点燃烽燧,擂鼓告急。熢:同“烽”。 有寇至则举熢火——按:此句为夹注句,解释幽王“熢燧大鼓”的目的。下文“诸侯悉至”实则承“熢燧大鼓”句。 ㉒与缯、西夷犬戎攻幽王——缯:诸侯国名,在今河南方城一带。西夷犬戎:少数民族名,当时活动于今陕西彬州、岐山县一带。 ㉓周赂——周国的财宝。

平王立,东迁于雒邑[①],辟戎寇。平王之时,周室衰微,诸侯强并弱,齐、楚、秦、晋始大,政由方伯[②]。

四十九年,鲁隐公即位。[③]

五十一年,平王崩,太子泄父蚤死,立其子林,是为桓王。桓王,平王孙也。

桓王三年,郑庄公朝,桓王不礼。五年,郑怨,与鲁易许田[④]。许田,天子之用事太山田也[⑤]。八年,鲁杀隐公,立桓公。十三年,伐郑,郑射伤桓王,桓王去归。

二十三年,桓王崩,子庄王佗立。庄王四年,周公黑肩欲杀庄王而立王子克。[6]辛伯告王，王杀周公，王子克奔燕。[7]

十五年，庄王崩，子釐王胡齐立。釐王三年，齐桓公始霸。

五年，釐王崩，子惠王阆立。惠王二年，初，庄王嬖姬姚，生子颓，颓有宠。[8]及惠王即位，夺其大臣园以为囿，故大夫边伯等五人作乱，谋召燕、卫师，伐惠王。[9]惠王奔温[10]，已居郑之栎。立釐王弟颓为王。乐及遍舞，郑、虢君怒。[11]四年，郑与虢君伐杀王颓，复入惠王。惠王十年，赐齐桓公为伯[12]。

二十五年，惠王崩，子襄王郑立。襄王母蚤死，后母曰惠后。惠后生叔带，有宠于惠王，襄王畏之。三年，叔带与戎、翟谋伐襄王，襄王欲诛叔带，叔带奔齐。齐桓公使管仲平戎于周，使隰朋平戎于晋。[13]王以上卿[14]礼管仲。管仲辞曰："臣贱有司也，有天子之二守国、高在。[15]若节春秋来承王命，何以礼焉，陪臣敢辞。[16]"王曰："舅氏，余嘉乃勋，毋逆朕命。[17]"管仲卒受下卿之礼而还。九年，齐桓公卒。十二年，叔带复归于周。

十三年，郑伐滑[18]，王使游孙、伯服请滑[19]，郑人囚之。郑文公怨惠王之入不与厉公爵，又怨襄王之与卫滑，故囚伯服。[20]王怒，将以翟伐郑。富辰谏曰："凡我周之东徙，晋、郑焉依。子颓之乱，又郑之由定，今以小怨弃之！"[21]王不听。十五年，王降翟师以伐郑[22]。王德翟人，将以其女为后。富辰谏曰："平、桓、庄、惠皆受郑劳，王弃亲亲翟，不可从。"王不听。十六年，王绌翟后，翟人来诛，杀谭伯。[23]富辰曰："吾数谏不从，如是不出，王以我为怼乎？[24]"乃以其属死之[25]。

初，惠后欲立王子带，故以党开翟人，翟人遂入周。[26]襄王出奔郑，郑居王于氾[27]。子带立为王，取襄王所绌翟后与居温[28]。十七年，襄王告急于晋，晋文公纳王而诛叔带。襄王乃赐晋文公珪鬯弓矢，为伯，以河内地与晋。[29]二十年，晋文公召襄王，襄王会之河阳、践土，诸侯毕贺，书讳曰"天王狩于河阳"[30]。

二十四年，晋文公卒。

三十一年,秦穆公卒。

三十二年,襄王崩,子顷王壬臣立。顷王六年,崩,子匡王班立。匡王六年,崩,弟瑜立,是为定王。

定王元年,楚庄王伐陆浑之戎[31]。次雒,使人问九鼎。[32]王使王孙满应设以辞,楚兵乃去。[33]十年,楚庄王围郑,郑伯降,已而复之[34]。十六年,楚庄王卒。

二十一年,定王崩,子简王夷立。简王十三年,晋杀其君厉公,迎子周于周,立为悼公。

十四年,简王崩,子灵王泄心立。灵王二十四年,齐崔杼弑其君庄公。二十七年,灵王崩,子景王贵立。景王十八年,后、太子圣而蚤卒[35]。二十年,景王爱子朝,欲立之,会崩[36],子丐之党与争立,国人立长子猛为王。[37]子朝攻杀猛,猛为悼王[38]。晋人攻子朝而立丐,是为敬王[39]。

敬王元年,晋人入敬王,子朝自立,敬王不得入,居泽。[40]四年,晋率诸侯入敬王于周,子朝为臣[41]。诸侯城周[42]。十六年,子朝之徒复作乱,敬王奔于晋。十七年,晋定公遂入敬王于周。

三十九年,齐田常杀其君简公。

四十一年,楚灭陈。孔子卒。四十二年,敬王崩,子元王仁立[43]。

(以上为第四段,写春秋时代的周国史实。)

①东迁于雒邑——《正义》曰:“即王城也。”周之“王城”在今河南洛阳王城公园一带。 ②方伯——一方诸侯之长。 ③四十九年——前722年。 鲁隐公——鲁国国君,名息姑,前722—前712年在位。史公所谓孔子所作《春秋》之记事即始于此年。 ④郑怨,与鲁易许田——谓郑以“祊”换取鲁之“许田”。许田:在今河南许昌东北,是当年周成王赐予周公的一块领地,作为鲁国诸侯到雒阳朝见周王时的汤沐邑。祊:即“邴”,古邑名,在今山东费县东南,地近泰山,是当年周宣王赐给郑桓公的一块领地,使其作为郑国诸侯陪同天子祭祀泰山时的汤沐邑。由于长期以来天子不祭泰山,诸侯也很少进京朝王,故两国将

其彼此交换，以求挨近本国便于管理。 ⑤许田，天子之用事太山田——祊是郑祀泰山之田，许是鲁朝京师之汤沐邑，此云“许田，天子之用事太山田”，误。用事：这里指祭祀。 ⑥庄王四年——“四年”应作“三年”，公元前694年。 周公黑肩欲杀庄王而立王子克——周公黑肩：即周桓公，名黑肩，周王室卿士。王子克：庄王之弟，名克，字子仪。 ⑦辛伯——周朝大夫。 王子克奔燕——此即所谓“南燕”，在今河南延津东北，开国君主伯儵相传为黄帝后裔。 ⑧惠王二年——前675年。 嬖姬姚——宠姬姓姚者。 颓——即历史所称“王子颓”，釐（xī）王之弟，惠王之叔。 ⑨夺其大臣园以为囿——夺其大臣“蔿（wěi）国”之园以为囿。囿：畜养禽兽以供田猎娱乐之所。 边伯等五人作乱——据《左传》，此五人为蔿国、边伯、石速、詹父、子禽祝跪。 谋召燕、卫师——燕：即前文所说之南燕。卫：康叔姬封之封国，初都朝歌（今河南淇县），春秋初迁都楚丘（今河南滑县东）。 ⑩惠王奔温——据《左传》，乃王子颓初作乱失败而奔温（今河南温县西南）。 ⑪乐及遍舞——王子颓宴享五大夫时，遍舞黄帝、尧、舜、禹、汤、周武王六代之乐。 郑、虢（guó）君怒——郑厉公与虢公丑怒王子颓这种“乐祸”表现。 ⑫赐齐桓公为伯——据《左传·庄公二十七年》，有“王使召公寥赐齐侯命”语，史公将之理解为任命桓公为方伯。 ⑬使管仲平戎于周——管仲：齐桓公的重要辅臣，尊称“仲父”。平戎于周：调停周襄王与伐周诸戎的关系，齐桓公于此有袒护王子带之意。 使隰（xí）朋平戎于晋——隰朋：齐桓公的重要辅臣，朋氏鼻祖。平戎于晋：当王子带勾结诸戎伐襄王时，秦、晋曾出兵伐戎救周，故齐国亦需调停诸戎与秦、晋的关系。 ⑭上卿——大臣的最高爵位名。当时天子及诸侯国皆有卿，分上、中、下三等。 ⑮臣贱有司也——我是齐国执政官员中的微贱者。 有天子之二守国、高在——二守：敬辞，犹言“您所派出的两位代管人”。当时齐国最显贵的大臣是国氏、高氏，其名不详，他们是周天子亲命的“上卿”。 ⑯若节春秋来承王命，何以礼焉——意谓如果国、高二卿于春秋两季来京朝聘、接受王命，那时您还有什么更高的礼数来接待他们呢？ 陪臣敢辞——我还是得拒绝接受您的好意。陪臣：诸侯国的卿大夫对天子的自称。 ⑰舅氏——敬称甥舅之国派来的使者。周初时齐太公女始为周武王后，此后齐国与周国又世代通婚，故如此相称。　余嘉乃勋——嘉：赞许。乃：你，你的。　⑱郑伐滑——滑：古国名，姬姓，初建都于滑(今河南睢县西北)，后迁都于费(今河南洛阳偃师区西南)，又称“费滑”。　⑲请滑——请求郑国不要伐滑。　⑳怨惠王之入不与厉公爵——当年周惠王被王子颓等逐出，是靠着郑厉公与虢公讨杀王子颓才得以复位的，但复位后惠王给了虢公一只爵，而没有给郑厉公赏赐，故其子至今怨之。　怨襄王之与卫滑——滑国近郑，世世服从，后来叛郑，郑师伐之；卫上诉于王，王将滑国给了卫国。　囚伯服——应是囚伯服与游孙二人。　㉑富辰——周大夫。盖以知书达礼、有远见闻名于时者，之前劝说襄王召王子带回国者亦此人。　周之东徙，晋、郑焉依——周平王当年之所以能顺利东迁，主要是靠了晋、郑两国的援助。焉：犹“是”。“晋郑焉依”犹言“晋郑是依”。　㉒王降翟师以伐郑——降：派下。据《左传》，此次狄之伐郑，攻取了郑之栎邑(在今河南禹州)。　㉓绌翟后——将翟女之为后者废黜。绌：通“黜”，贬废。　诛——讨。　杀谭伯——据《国语》韦昭注，“谭伯”即周大夫“原伯毛”。　㉔如是不出——在这种情况下，如果我再不挺身出战。　怼——怨恨。　㉕乃以其属死之——乃率其部属战死于军前。　㉖以党开翟人——使其党羽迎接翟人。党：党羽，指颓叔、桃子等人。开：迎接，接纳，指为内应。　翟人遂入周——翟军遂攻入王城。　㉗汜——郑邑名，在今河南襄城南。　㉘温——周邑名，在今河南温县西南。　㉙襄王乃赐晋文公珪鬯(chàng)弓矢——据《左传》，襄王“赐晋文公珪鬯弓矢，为伯”，在襄王二十年，此书于襄王十七年，误。　以河内地与晋——将原属周国的今河南黄河以北地区给了晋国。　㉚晋文公召襄王，襄王会之河阳、践土，诸侯毕贺，书讳曰“天王狩于河阳”——按：此年四月晋文公败楚成王于城濮，晋文公乘胜召集诸侯会盟于践土(今河南原阳西南)，为了提高自己的身价，晋文公叫周襄王也来参加会议。以臣召君是不合礼法的，为了给周天子保全体面，故而《春秋》作者写作“天王狩于河阳”。河阳：邑名，也是地区名，在今河南孟州西，在当时践土以西的黄河北岸。　㉛陆浑之戎——当时的少数民族名，本居瓜州(今甘肃敦煌境)，秦、晋诱而迁之于今河南伊河流域。　㉜次雒——驻扎于雒水岸边。　使人问九鼎——“九鼎”相传是夏禹所铸，殷、周以来被视为传国之宝。今楚庄王向周人打听“九鼎”，显然有夺取周朝天下之意。　㉝王孙满——周大夫，以有识见并娴于辞令著称。　应设以辞，楚兵乃去——王孙满大意谓治国“在德不在鼎”，如今“周德虽衰，天命未改，鼎之轻重，未可问也”。　㉞已而复之——楚破郑后，诸臣皆劝庄王楚灭之。庄王见郑伯之对答有礼有节，以其为“能下人”“能信用其民”，故而将其赦免，郑亦遂离晋附楚。　㉟后、太子圣而蚤卒——“圣而”二字应依《左传》作“寿”，盖谓周景王之后与太子寿皆早死。蚤：通“早”。　㊱二十年，景王爱子朝，欲立之，会崩——“二十”下脱“五”字。周景王二十五年：即前520年。子朝：景王之长庶子。会崩：谓子朝未及立为太子，景王即死。　㊲子匄之党与争立——梁玉绳曰：“王子朝之党与王子猛争立，非子匄争立也。”子匄：即日后之周敬王。党与：朋辈。　国人立长子猛为王——梁玉绳曰：“王猛次正，为太子寿之弟，故单穆公、刘文公立之。非‘长子’也，非‘国人’所立也。”　㊳子朝攻杀猛，猛为悼王——梁玉绳曰：“猛立七月而卒，虽未即位，周人谥曰‘悼王’。非子朝杀之也。”　㊴晋人攻子朝而立匄，是为敬王——梁玉绳曰：“匄，敬王名，各本讹丐或作丏，而匄乃猛之母弟，猛卒而后匄立，安得此时匄与朝争乎？《史》皆误。”　㊵子朝自立——时王子朝被尹氏拥立为王，占据王城，于是周朝二王并存。　敬王不得入，居泽——此所谓“泽”即《春秋》之“狄泉”，又作“翟泉”，在今河南洛阳东北汉魏故城内北隅。　㊶子朝为臣——按：《左传》于此谓“召伯盈逐王子朝，王子朝及召氏之族、毛伯得、尹氏固、南宫嚚(yín)奉周之典籍以奔楚”，且载有王子朝告四方诸侯以煽动天下事，史公乃云“子朝为臣”，不知何据。　㊷诸侯城周——据《左传》，敬王四年晋人以兵力送敬王入周，子朝逃往楚国后，晋人“使成公般戍周而还”，无“城周”事；而晋之率诸侯为周敬王筑城乃在敬王十年，详见《左传·昭公三十二年》。城：筑城。周：指成周，在今河南洛阳东郊白马寺东。　㊸子元王仁立——元王名仁。按：今我国历史划分“春秋”与“战国”之界线即以周元王元年(前476)为准。

元王八年，崩，子定王介立。[①]

定王十六年，三晋灭智伯[②]，分有其地。

二十八年，定王崩，长子去疾立，是为哀王。哀王立三月，弟叔袭杀哀王而自立，是为思王。思王立五月，少弟嵬攻杀思王而自立，是为考王。此三王皆定王之子。

考王十五年，崩，子威烈王午立。

考王封其弟于河南，是为桓公，以续周公之官职。[③]桓公卒，子威公代立。威公卒，子惠公代立，乃封其少子于巩以奉王，号东周惠公[④]。

威烈王二十三年，九鼎震[⑤]。命韩、魏、赵为诸侯[⑥]。

二十四年，崩，子安王骄立。是岁盗杀楚声王[⑦]。

安王立二十六年，崩，子烈王喜立。烈王二年，周太史儋见秦献公曰："始周与秦国合而别，别五百载复合，合十七岁而霸王者出焉。"

十年，烈王崩，弟扁立，是为显王。显王五年，贺秦献公，献公称伯。[⑧]九年，致文武胙于秦孝公[⑨]。二十五年，秦会诸侯于周。二十六年，周致伯于秦孝公[⑩]。三十三年，贺秦惠王。三十五年，致文武胙于秦惠王。四十四年，秦惠王称王。其后诸侯皆为王[⑪]。

四十八年，显王崩，子慎靓王定立。慎靓王立六年，崩，子赧王延立。王赧时东西周分治，王赧徙都西周。[⑫]

西周武公之共太子死，有五庶子，毋適立。[⑬]司马翦谓楚王曰："不如以地资公子咎，为请太子。"[⑭]左成曰："不可。周不听，是公之知困而交疏于周也。[⑮]不如请周君孰欲立，以微告翦，翦请令楚资之以地[⑯]。"果立公子咎为太子。

八年，秦攻宜阳，楚救之。[⑰]而楚以周为秦故，将伐之[⑱]。苏代为周说楚王曰："何以周为秦之祸也？[⑲]言周之为秦甚于楚者，欲令周入秦也，故谓‘周秦’也。[20]周知其不可解，必入于秦，此为秦取周之精者也[21]。为王计者，周于秦因善之，不于秦亦言善之，以疏之于秦[22]。周绝于秦，必入于郢矣[23]。”

秦借道两周之间，将以伐韩，周恐：借之，畏于韩；不借，畏于秦。史厌谓周君曰：“何不令人谓韩公叔曰[24]：‘秦之敢绝周而伐韩者，信东周也。[25]公何不与周地，发质使之楚？[26]’秦必疑楚不信周，是韩不伐也。[27]又谓秦曰：‘韩强与周地，将以疑周于秦也，周不敢不受。[28]’秦必无辞而令周不受，是受地于韩而听于秦。[29]”

秦召西周君，西周君恶往，故令人谓韩王曰[30]：“秦召西周君，将以使攻王之南阳也，王何不出兵于南阳？周君将以为辞于秦。[31]周君不入秦，秦必不敢逾河而攻南阳矣。”

东周与西周战，韩救西周。或为东周说韩王曰：“西周故天子之国，多名器重宝。[32]王案兵毋出，可以德东周，而西周之宝必可以尽矣[33]。”

王赧谓成君[34]。楚围雍氏[35]，韩征甲与粟于东周，东周君恐，召苏代而告之。代曰：“君何患于是。臣能使韩毋征甲与粟于周，又能为君得高都[36]。”周君曰：“子苟能，请以国听子。”代见韩相国曰：“楚围雍氏，期三月也，今五月不能拔，是楚病也。今相国乃征甲与粟于周，是告楚病也。”韩相国曰：“善。使者已行矣。”代曰：“何不与周高都？”韩相国大怒曰：“吾毋征甲与粟于周亦已多矣[37]，何故与周高都也？”代曰：“与周高都，是周折而入于韩[38]也，秦闻之必大怒，忿周，即不通周使，是以弊高都得完周也[39]。曷为不与？”相国曰：“善。”果与周高都。

三十四年，苏厉谓周君[40]曰：“秦破韩、魏，扑师武，北取赵蔺、离石者，皆白起也。[41]是善用兵，又有天命。今又将兵出塞攻梁，梁破则周危矣。[42]君何不令人说白起乎？曰‘楚有养由基者，善射者也。去柳叶百步而射之，百发而百中之。左右观者数千人，皆曰善射。有一夫立其旁，曰：“善，可教射矣。”养由基怒，释弓扼剑，曰："客安能教我射乎？"客曰："非吾能教子支左诎右[43]也。夫去柳叶百步而射之，百发而百中之，不以善息[44]，少焉气衰力倦，弓拨矢钩，一发不中者，百发尽息。[45]"今破韩、魏，扑师武，北取赵蔺、离石者，公之功多矣。今又将兵出塞，过两周，倍韩，攻梁，[46]一举不得，前功尽弃。公不如称病而无出'。"

四十二年，秦破华阳约[47]。马犯谓周君曰："请令梁城周。"[48]乃谓梁王曰："周王病若死，则犯必死矣[49]。犯请以九鼎自入于王，王受九鼎而图犯[50]。"梁王曰："善。"遂与之卒，言戍周[51]。因谓秦王曰："梁非戍周也，将伐周也，王试出兵境以观之。"[52]秦果出兵。又谓梁王曰："周王病甚矣，犯请后可而复之[53]。今王使卒之周，诸侯皆生心，后举事且不信。[54]不若令卒为周城，以匿事端[55]。"梁王曰："善。"遂使城周。

四十五年，周君之秦，客谓周冣曰[56]："公不若誉秦王之孝，因以应为太后养地[57]，秦王必喜，是公有秦交。交善，周君必以为公功。交恶，劝周君入秦者必有罪矣[58]。"

秦攻周[59]，而周冣谓秦王曰："为王计者不攻周。攻周，实不足以利，声畏天下[60]。天下以声畏秦，必东合于齐，兵弊于周，合天下于齐，则秦不王矣。天下欲弊秦，劝王攻周。秦与天下弊，则令不行矣。[61]"

五十八年，三晋距秦[62]。周令其相国之秦[63]，以秦之轻也，还其行[64]。客谓相国曰："秦之轻重未可知也，秦欲知三国之情。[65]公不如急见秦王，曰'请为王听东方之变[66]'，秦王必重公。重公，是秦重周，周以取秦也[67]；齐重，则固有周聚以收齐；[68]是周常不失重国之交也。"秦信周，发兵攻三晋。

五十九年，秦取韩阳城、负黍[69]。西周恐，倍秦，与诸侯约从，[70]将天下锐师出伊阙攻秦，令秦无得通阳城[71]。秦昭王怒，使将军摎[72]攻西周。西周君奔秦，顿首受罪，尽献其邑三十六，口三万。秦受其献，归其君于周。

周君、王赧卒，周民遂东亡。[73]秦取九鼎宝器，而迁西周公于𢠸狐。[74]后七岁，秦庄襄王灭东西周。东西周皆入于秦，周既不祀[75]。

（以上为第五段，写战国时代的周国历史。）

①元王八年，崩——“八年”应作“七年”。周元王七年，即前470年。　子定王介立——定王名介，前468—前441年在位。梁玉绳认为周王朝不应有两“定王”，此“定王”应作“贞定王”。　②三晋灭智伯——三晋：指晋国的韩、赵、魏三家。智伯：名“荀瑶”，晋国四卿之一。　③考王封其弟于河南，是为桓公——当时周考王都于成周，而封其弟桓公于王城，王城在成周之西，故号“西周桓公”。桓公：名揭，考王之弟，威烈王之叔。　以续周公之官职——意谓自西周初年以来由周公姬旦之子孙世袭下来的“周公”爵位、俸禄由此断绝，改由考王之弟桓公世袭。　④乃封其少子于巩以奉王，号东周惠公——巩：周邑名，在今河南巩义西南。以奉王：以供养当时已完全成为傀儡的周威烈王。雒阳（即成周）为周天子所居，因此东周惠公以“奉王”为名，雒阳也就属东周了。按：此东周之立，在周显王二年（前367）。　⑤九鼎震——九鼎因地震而发生颤动。　⑥命韩、魏、赵为诸侯——韩、魏、赵三家虽在事实上已独立多年，但直到此时周威烈王才正式策命三家为诸侯。　⑦盗杀楚声王——楚声王，名当，简王之子，前407—前402年在位。按：史公书此事不知何意。　⑧贺秦献公——据《秦本纪》，此年秦“与晋战于石门，斩首六万，天子贺以黼黻”。　献公称伯——伯：方伯，一方诸侯之霸主。按：《秦本纪》与《六国年表》均未言献公称伯事。　⑨致文武胙（zuò）于秦孝公——文武胙：周天子祭祀祖先文王、武王的祭肉，将此祭肉分赐何人即表示对此人的特殊崇敬，分赐诸侯则表示尊其为诸侯霸主。秦孝公：名渠梁，献公之子，前361—前338年在位。孝公用商鞅实行变法，使秦国迅速强盛。　⑩周致伯于秦孝公——周天子正式策命秦孝公为霸主。　⑪其后诸侯皆为王——按：各国诸侯称王并非皆在秦惠王后。梁玉绳曰：“其时称王者，燕、秦、楚、齐、赵、魏、韩七国，宋、中山二小国亦称之。凡兹九国，惟楚僭王远在春秋之前……其余八国，齐最先，宋次之，魏次之，秦次之，燕、韩、中山次

之,赵最后。" ⑫王赧时东西周分治——按:东、西周分治始于周显王二年。杨宽概述周分裂为东、西周之情形认为:韩国企图乘魏国内乱,把魏分为二,没有成功;接着又和赵国一起乘西周内乱,把周分裂为两小国。周考王把他的弟弟揭分封在河南,即西周桓公,形成一个西周小国。西周桓公去世,其子威公代立。公元前367年,西周威公去世,少子公子根和太子公子朝争立,发生内乱,韩、赵两国帮助公子根在巩(在今河南巩义西南)独立,以奉王(周显王)为名,雒阳因此也属于东周。这样周就分裂为西周和东周两个小国。原来周的领土很小,为韩国所包围,这时又分裂为两个小国,力量更弱了。 王赧(nǎn)徙都西周——《正义》曰:"敬王徙王城东从成周,十世至王赧,徙成周西从王城,西周武公居焉。" ⑬西周武公——当曰"东周武公"。 共太子——其名不详。 毋適立——无嫡子可立。適:通"嫡"。 ⑭司马翦——楚臣,司马是官名,其人名翦。 以地资公子咎,为请太子——赞助公子咎一块地盘,请求东周武公立公子咎为太子。资:资助。公子咎:当为东周武公的五庶子之一,其人必为亲楚派。 ⑮左成曰——《战国策》作"左成谓司马翦曰",人物关系较此明晰,盖本段之宗旨即左成为司马翦进行谋划。左成:亦楚臣。 周不听,是公之知困而交疏于周也——听:从,许。知困:智穷。知:"智"的古字。 ⑯不如请周君孰欲立,以微告翦,翦请令楚资之以地——按:史公此数语人物关系不明,《战国策》原文作:"不如谓周君曰:'孰欲立也,微告翦,翦令楚王资之以地。'"盖楚王将派司马翦出使于周,左成乃为司马翦如此谋划。孰欲立:欲立谁。微:暗暗示意。 ⑰秦攻宜阳——宜阳:韩县名,在今河南宜阳西,为韩国的西部重镇。秦武王于其三年(前308)命甘茂攻宜阳,至其四年拔之。 楚救之——据《战国策》,秦攻宜阳时楚曾派景翠率兵助韩,而景翠乃听东周君之言,按兵不动。 ⑱楚以周为秦故,将伐之——《索隐》曰:"宜阳,韩地,秦攻而楚救之,周为韩出兵,而楚疑周为秦,因加兵伐周。" ⑲苏代——战国时东周雒阳(今河南洛阳东)乘轩里人,当时的著名策士,司马迁以为是苏秦之弟,其实应是苏秦之兄。 何以周为秦之祸也——按:语略不顺,大意谓楚国是怎么认定周帮助了秦,从而招致周被楚讨伐这种祸害的呢? ⑳言周之为秦甚于楚者，欲令周入秦也——说周国之亲秦胜于亲楚的人，其用意是想让周国彻底归附于秦。　故谓“周秦”也——“周秦”应作“周为秦”，中间脱“为”字。　㉑周知其不可解，必入于秦，此为秦取周之精者也——不可解：指楚国讨伐之祸不可免。为秦取周之精者：这是帮助秦国获得周国的最精彩的反间计。　㉒周于秦因善之，不于秦亦言善之，以疏之于秦——于秦：亲秦。于：犹“与”，联合，结党。亦言善之：即亦善之。“言”字语词，无义。以疏之于秦：只有这样才能使周国与秦国关系变得疏远。　㉓周绝于秦，必入于郢（yǐng）矣——待至周国一旦与秦绝交，那它就肯定倒向楚国了。郢：楚国都城，在今湖北荆州市荆州区西北。　㉔史厌——又作“史黡”，东周君身边的史官。　周君——此指东周君。　韩公叔——韩国的贵族名公叔，时为韩相。　㉕绝——穿越，越过。　信东周——相信东周不至于从背后袭击它。　㉖与周地——贿赂周，使周不借道给秦。　质——人质。　㉗秦必疑楚不信周——因楚接受韩之质使，将必救之；周亦接受韩之割地，周亦必将助韩。　韩不伐——韩国不再受秦之伐。　㉘韩强与周地，将以疑周于秦也，周不敢不受——韩国硬要割地给东周，其目的就是想使秦国怀疑东周，而我们则是不敢不接受韩国的赠地。　㉙无辞——没理由。　是受地于韩而听于秦——白得韩国的一份土地，又能不被秦国所怀疑、所怪罪。　㉚恶往——不愿去。恶：厌恶，不愿。　故令人谓韩王曰——故：故意。韩王：应依《东周策》作“魏王”。　㉛将以使攻王之南阳也，王何不出兵于南阳——南阳：地区名，指今河南济源至获嘉一带。因在太行山南，黄河之北，故名。出兵于南阳：表明韩国早有准备，且威胁着距其不远的周国的安全。　周君将以为辞于秦——西周君将以此为借口不去秦国。辞：托辞，借口。　㉜西周故天子之国——西周在王城，王城为敬王以前平王以后的历代周王的都城，故云。　名器重宝——指周天子的传国之物，如鼎、彝之类。　㉝西周之宝必可以尽矣——尽：倾其所有而得之。中井积德曰：“将救而不出兵，西周欲其速出也，故不惜重宝以赂韩也；若已出兵，则必不肯行赂也。”　㉞王赧谓成君——按：此句上下不连贯，似有脱漏。　㉟楚围雍氏——雍氏：韩县名，在今河南禹州东北。　㊱高都——韩县名，在今河南伊川东北。 ㊲亦已多矣——他们已经够幸运的了。多：美，幸。 ㊳折而入于韩——转而投靠韩国。 ㊴是以弊高都得完周也——用一个疲惫的高都换取一个完整的东周国。 ㊵苏厉谓周君——苏厉：战国时东周雒阳（今河南洛阳东）人，当时的著名策士，司马迁认为是苏秦、苏代之弟，其实可能是苏秦之兄。周君：指西周君。

㊶秦破韩、魏，扑师武——即所谓伊阙之战。是役秦将白起大破韩魏联军于伊阙（今河南洛阳南），斩首二十四万，虏韩将公孙喜。扑师武：破杀了魏将犀武。“师武”即“犀武”，古代读音相近。 蔺（lìn）、离石——皆赵县名。离石：在今山西吕梁离石区；蔺：又称“北蔺”，在今山西柳林西北孟门镇。 白起——郿（今陕西眉县东）人，昭王时的秦国名将，为秦之并吞六国有巨大功勋。 ㊷出塞攻梁——塞：即指伊阙。其地两山相对，望之若阙，伊水历其间，当时秦国驻兵于此。梁：即指魏国，当时魏都大梁（在今河南开封），故也称梁国。 梁破则周危矣——当时周地仅有雒阳、巩县周围的很小一片土地，处于韩、魏两国的包围之中，如果韩、魏被灭，周国自然也无法独存。 ㊸支左诎（qū）右——指射箭的姿势。左手握弓撑起，右手回屈钩弦。 ㊹不以善息——还不见好就收。息：止。 ㊺弓拨矢钩——谓弓箭出了毛病。拨：指弓身变形。钩：指箭杆弯曲。 百发尽息——使以前的百发百中成为泡影。 ㊻过两周——穿过东周、西周。 倍韩，攻梁——越过韩国去打梁国。倍：通“背”，此处指跨越。 ㊼秦破华阳约——华阳：韩县名，在今河南新郑北。约：厄，险塞。是年秦将白起击破魏军于华阳，走其将芒卯。 ㊽马犯——周臣。 周君——即西周君。 令梁城周——让梁国为我们的王城筑城。 ㊾周王病若死，则犯必死矣——意谓周王畏惧秦国进攻，若因此忧惧而死，则我马犯身为臣子亦必不能活命。 ㊿犯请以九鼎自入于王，王受九鼎而图犯——我准备把周国的九鼎进献给你，你为了得到九鼎则必须救我活命。图犯：设谋救我。

51遂与之卒，言戍周——中井积德曰：“宣言戍周，实以取鼎也，故下‘言’字。” 52因谓秦王——马犯转身又去向秦王进言。 出兵境——出兵到秦、周之间的边境。当时宜阳、伊阙皆为秦兵所占，边境离王城不远。 53周王病甚矣，犯请后可而复之——意谓周王现在正病得厉害，请允许我略等一下，待有合适机会我再向他报告给你九鼎的事。 ㊹诸侯皆生心——谓皆怀疑梁有取周的企图。生心：生疑心。后举事且不信——因为这一回梁没有证明其“戍周”的话是真的。

㊺不若令卒为周城，以匿事端——为周城：为周国筑城。以匿事端：以掩盖这次梁国欲得九鼎的不轨意图。 ㊻周君之秦——此“周君”应是“西周君”。 周冣（jù）——周之公子，乃陪同西周君一道入秦者。冣：又作“聚”“最”。 ㊼以应为太后养地——应：当作“原”，周邑，在今河南济源西北。周人为讨秦王欢心，故以己邑为秦太后“养地”，即所谓“汤沐邑”。 ㊽交恶，劝周君入秦者必有罪矣——中井积德曰：“劝周君入秦者，别人，其人获罪，则周冣之权重也。” ㊾秦攻周——《战国策》作“秦欲攻周”，有“欲”字明畅。 ㊿实不足以利，声畏天下——按：语略生涩。吴师道认为：周地狭，不足以利国，而有攻天子之恶名，见畏恶于天下。声：名声。畏：畏恶，令人害怕、憎恶。㉛与——为，言秦为天下所疲。 则令不行矣——就无法号令天下了。

㉜三晋距秦——“三晋”应作“三国”，指赵、魏、楚。距秦：合纵抗秦。距：通“拒”。 ㉝周令其相国之秦——此“周”指“东周”，其相国的名字不详，盖入秦向秦人讨好，怕让秦人怀疑东周亦站在了赵国一方。㉞以秦之轻也，还其行——轻：轻慢。“还”字应作“迟”。意谓周相怕受秦国的轻慢，故意走得很慢。 ㉟秦之轻重未可知也——意谓秦国到底对您是轻慢还是重视，现在还不能断定。 秦欲知三国之情——现在秦国首要是想弄清楚、魏、赵三国的真正意图。情：真实意图。㊱请为王听东方之变——我愿意为大王（秦王）探听东方诸国的变化。听：探伺。 ㊲周以取秦也——这样周国就已经维持了与秦国的友好关系。以：通“已”。取秦：获得了与秦国的友好相处。 ㊳齐重——如果有朝一日齐国占了上风。 则固有周聚以收齐——意谓如果需要向齐国讨好时就让周聚去办与齐国的联合。 ㊴阳城、负黍——皆韩县名，阳城在今河南登封东南之告城镇；负黍：在今河南登封西南。㊵倍秦——背离秦国。倍：通“背”。 与诸侯约从——意即与东方诸国联合。约从：协约合纵。从：“纵”的古字。 ㊶令秦无得通阳城——意即想切断阳城一带的秦军与西部秦军的联系。 ㊷将军摎

(jiū)——秦将,名摎,在灭周与最后消灭韩、魏的过程中有重要贡献。 ⑬周君、王赧卒——按:应作“周王赧卒”,“君”字衍文,“西周君”此时未卒,见下文。　周民遂东亡——周的百姓东逃至成周,以归东周君。　⑭秦取九鼎宝器——将周朝的九鼎宝器迁至秦都咸阳。　墠(dàn)狐——地名,在今河南汝州西北。　⑮周既不祀——意即周王朝的宗庙祭祀从此断绝。既:尽。按:周朝自武王建国至赧王凡传三十一世,共三十七王。若以武王伐纣为前1046年计算,周赧则周王朝前后共历七百九十七年。

太史公曰:学者皆称周伐纣,居洛邑,综其实不然①。武王营之,成王使召公卜居,居九鼎焉,而周复都丰、镐。②至犬戎败幽王,周乃东徙于雒邑。所谓“周公葬于毕”,毕在镐东南杜③中。秦灭周。汉兴九十有余载,天子将封泰山④,东巡狩至河南,求周苗裔,封其后嘉三十里地,号曰“周子南君”⑤,比列侯⑥,以奉其先祭祀。

(以上为第六段,是作者的论赞。考证了周王朝历代都城的变迁,并补充介绍了周朝后裔在汉代受封的情形。)

①综其实不然——考察其实际情况,发现不是这样的。　②武王营之——武王当年对雒邑进行过一些最初的经营。　成王使召公卜居,居九鼎焉——成王又让召公对雒邑进行了开发建设,并将殷朝的九鼎迁到了这里。　周复都丰、镐(hào)——成王以下的整个西周时代,仍是建都于丰、镐二京。按:西周其实是建都镐京,但因离丰不远,故将“丰”“镐”连称。　③杜——古邑名,在今陕西西安东南。　④将封泰山——将要到泰山顶上筑坛祭天。　⑤封其后嘉三十里地,号曰“周子南君”——嘉:人名。周子南君:封号名。“周”表其旧国;“子”为美称;“南”以其在河南也;“君”亦“孟尝君”“春申君”之例。　⑥比列侯——其享受的待遇与列侯相同。列侯:爵位名,其封地相当于一个县,上属郡守管辖。

［**简评**］　司马迁撰写周史可资利用的素材，远较夏史、殷史丰富。关于西周史，《诗经》《尚书》《逸周书》《国语》等文献均有详述，为太史公浓墨重彩地铺叙提供了充分条件。再加上战国以来还没有一种比较系统的西周历史，所以司马迁便尽力对西周部分作了比较详细的铺陈。司马迁以一个“德”字贯穿西周史的始终。周以有德而兴邦，又以失德而丧邦，其中蕴含着令人警省的教训。春秋时期的周史主要依据《左传》而作。当时政治舞台的主宰者已由天子转为诸侯中的霸主，太史公在撰写这一时期的历史时突出了王道衰微的内容。战国史料被秦始皇焚烧殆尽，供司马迁取材的只有歌颂纵横策士的《战国策》与诸子中涉及的一些材料。而《战国策》对于战国前期、中期的周国几乎没有多少描述；战国后期已经小得极其可怜的周国又分裂成东西两块，《战国策》中有关“东、西周”的材料本来不多，而且真实性还有问题，以至让司马迁连这两个小国诸侯的名字与世系都无法说清了。相比之下，倒是为周室效力的几个谋士的辞令给读者留下了较为深刻的印象。

［**集评**］　《太史公自序》：“维弃作稷，德盛西伯；武王牧野，实抚天下；幽厉昏乱，既丧酆镐；陵迟至赧，雒邑不祀。作《周本纪》第四。”

伊藤德男曰：“厉王暴虐，为国人所逐，出奔十四年，终死于彘，这不仅对周王室是重大事件，也是自黄帝以来中国历史上的重大事变。这是周王朝由盛到衰的转折点，是黄帝以来封建制度本身走向崩溃的第一步。据《周本纪》，‘宣王即位，二公辅之，修政，法文、武、成、康之遗风，诸侯复宗周’；《诗经·小雅》的《出车》《六月》等也都称颂周宣王的武功，似乎周宣王真有什么‘中兴’。但《国语》记载全异，如说鲁武公带着儿子括与戏入朝，宣王喜欢少子戏，使武公立为太子。不久戏即位是为懿公，鲁人杀懿公而立括子伯御。宣王伐之,复立懿公之弟,是为孝公。自此诸侯不亲周。另外,宣王还不藉千亩,后来千亩之战又败于姜戎等,宣王的行为直接影响了幽王的废灭。司马迁作《史记》更相信《国语》的材料,对周宣王有他自己的评价。即使他也部分的承认宣王'中兴',但在考虑自厉王出奔到幽王时西周灭亡这一历史过程时,他没有给宣王以很高的评价;相反倒是由于宣王的一再失误,导致了后来的危机。由于司马迁如此看待周宣王,所以他把厉王、宣王、幽王时代看作是从西周到东周,从兴盛期到衰颓期的过渡阶段。"(《从史记十表看司马迁的历史观》)

王国维曰:"中国政治与文化之变革,莫剧于殷周之际。……殷、周间之大变革,自其表言之,不过一姓一家之兴亡与都邑之转移;自其里言之,则旧制度废而新制度兴,旧文化废而新文化兴。……周人制度之大异于商者,一曰立子立嫡之制,由是而生宗法及丧服之制,并由是而有封建子弟之制,君天子、臣诸侯之制。二曰庙数之制。三曰同姓不婚之制。此数者,皆周之所以纲纪天下。其旨则在纳上下于道德,而合天子、诸侯、卿、大夫、士、庶民以成一道德之团体。……故知周之制度典礼,实皆为道德而设。……周之制度典礼,乃道德之器械,而'尊尊''亲亲''贤贤''男女有别'四者之结体也。"(《观堂集林·殷周制度论》)

钱穆曰:"西周的封建,乃是一种侵略性的武装移民与军事占领,与后世统一政府只以封建制为一种政区与政权之分割者绝然不同。""除却错落散处的几十个城郭耕稼区域以外,同时还存有不少游牧部族纵横出没,只不侵犯到城郭诸邦的封疆以内,双方可以相安无事。""周人立国,是一个坐西朝东的形势。其国力的移动,大势可分两道。第一道由陕西出潼关,向河、洛,达东都,经营黄河下流。此武王伐殷、周公东征之一线。第二道由陕西出武关,向江、汉,经营南阳、南郡一带,以及淮域。此文王化行南国之一线。昭王南征不复,是周人势力东展在第二线上之

挫折。穆王西征,是周人势力东展在第一线上之扩大。”(《国史大纲》)

又曰:“春秋时期……可以称为‘霸政时期’。”“霸者标义大别有四:一尊王,二攘夷,三禁抑篡弑,四裁制兼并。”“自周室东迁,西周封建一统之重心顿失,诸侯如纲解纽,内外多事,亟亟不可终日。自有霸政,而封建残喘再得苟延。霸政可以说是变相的封建中心。其事创始于齐,赞助于宋,而完成于晋(其霸业之大者,为纳襄王、杀王子带、救宋、败楚城濮、召周天子盟于践土)。”“总观当时霸政,有二大要义:一则为诸夏耕稼民族之城市联盟,以抵抗北方游牧部落之侵略……二则诸夏和平结合以抵抗南方楚国帝国主义者之武力兼并……在此进展中,诸夏结合之团体亦遂逐次扩大,为中国逐次形成中央大一统郡县国家之酝酿。”(《国史大纲》)

又曰:“(战国时期)又可分为前、后两期。第一期是周代宗法封建国家之衰灭。最要的是齐、晋两国之君统篡易,维持春秋以来二百数十年封建文化之霸业,遂以中歇。”“(此期)前一段亦可说是越国的称霸期;后一段则是三晋分立,魏国渐盛期。第二期是新军国成立以后之相互斗争时期。此时期又可分为四期:第一期是梁惠王称霸时期,亦可说是梁、齐争强时期。……第二期是齐威、宣、滑三世继梁称霸期,亦可以说是齐、秦争强时(期)。……第三期为秦昭王继齐称强期,亦可说是秦、赵争强时期。……第四期为秦灭六国期。”(《国史大纲》)

张光直曰:“从考古材料上看,殷周文化各渊源于不同区域的龙山文化,而且在形成过程中互有影响,因此两个文化是属于同一个文化传统——中原文化——的,但殷文化形成较早,影响力较强,同时周文化也有他的地方性、区域性的特色。武王伐纣以后,西周文化继承了殷商文化的一绪,同时也将他们的固有文化加入了中原文化的主流。从殷墟卜辞上看,周人自成一个政治体，自武丁时代便在殷商的西方活动，与殷商的关系一直是比较密切的臣属关系，第五期帝乙帝辛的卜辞中还没有看到关于周人的记录，这是比较难解的。周人之成为殷商心腹大患应该是在这一个时代发生的。从周原新出土的甲文看，周人在武王伐纣之前已自称王，对殷商王朝而言是在祭仪上有臣属的关系。但同时甲文里亦富有征伐与开辟江汉的迹象。从文化上看，他们属于殷商的一系，但也有显著的区域特征。”（《中国青铜时代》）

周王朝世系表（前1046—前256年）

武王（文王子，前1046—前1043年）——成王（武王子，前1042—前1021年）——康王（成王子，前1020—前996年）——昭王（康王子，前995—前977年）——穆王（昭王子，前976—前922年）——共王（穆王子，前922—前900年）——懿王（共王子，前899—前892年）——孝王（共王弟，前891—前886年）——夷王（懿王子，前885—前878年）——厉王（夷王子，前877—前841年）——共和（前841—前828年）——宣王（厉王子，前827—前782年）——幽王（宣王子，前781—前771年）——平王（幽王子，前770—前720年）——桓王（平王孙，前719—前697年）——庄王（桓王子，前696—前682年）——釐王（庄王子，前681—前677年）——惠王（釐王子，前676—前652年）——襄王（惠王子，前651—前619年）——顷王（襄王子，前618—前613年）——匡王（顷王子，前612—前607年）——定王（匡王弟，前606—前586年）——简王（定王子，前585—前572年）——灵王（简王子，前571—前545年）——景王（灵王子，前544—前520年）——悼王（景王子）—敬王（悼王弟，前519—前477年）——元王（敬王子，前476—前469年）——定王（元王子，前468—前441年）—哀王（定王子）—思王（哀王弟）—考王（思王弟，前440—前426年）——威烈王（考王子，前425—前402年）——安王（威烈王子，前401—前376年）——烈王（安王子，前375—前369年）——显王（烈王弟，前368—前

321 年)——慎靓王(显王子,前 320—前 315 年)——赧王(慎靓王子,前 314—前 256 年)　赧王死,秦遂灭西周君

(其中“共王”“共和”当年改元,春秋、战国各有一“定王”。)

附:战国东、西周君世系表

西周　西周桓公—西周威公—西周惠公—西周武公—西周文公(前 256 年灭于秦)

东周　　　　　　　东周惠公—东周昭文君—东周武公—东周文君(前 249 年灭于秦)

秦本纪第五

秦之先，帝颛顼之苗裔孙，曰女修。[1]女修织，玄鸟陨卵，女修吞之，生子大业[2]。大业取少典之子[3]，曰女华。女华生大费，与禹平水土。已成，帝锡玄圭[4]。禹受曰："非予能成，亦大费为辅。"帝舜曰："咨尔费，赞禹功，其赐尔皂游。[5]尔后嗣将大出[6]。"乃妻之姚姓之玉女。[7]大费拜受，佐舜调驯鸟兽，鸟兽多驯服，是为柏翳[8]。舜赐姓嬴氏。

大费生子二人：一曰大廉，实鸟俗氏[9]；二曰若木，实费氏[10]。其玄孙曰费昌，子孙或在中国，或在夷狄。费昌当夏桀之时，去夏归商，为汤御，以败桀于鸣条。大廉玄孙曰孟戏、中衍，鸟身人言。帝太戊闻而卜之使御，吉，遂致使御而妻之。[11]自太戊以下，中衍之后，遂世有功，以佐殷国，故嬴姓多显，遂为诸侯。

其玄孙曰中潏，在西戎，保西垂。生蜚廉。蜚廉生恶来。恶来有力，蜚廉善走，父子俱以材力事殷纣。周武王之伐纣，并杀恶来。是时蜚廉为纣石北方，还，无所报，[12]为坛霍太山而报[13]，得石棺，铭曰："帝令处父不与殷乱，赐尔石棺以华氏。[14]"死，遂葬于霍太山。蜚廉复有子曰季胜。季胜生孟增。孟增幸于周成王，是为宅皋狼[15]。皋狼生衡父，衡父生造父。造父以善御幸于周缪王，得骥、温骊、骅駵、騄耳之驷[16]，西巡狩，乐而忘归。徐偃王作乱，造父为缪王御，长驱归周，一日千里以救乱。缪王以赵城封造父，造父族由此为赵氏。自蜚廉生季胜已下五世至造父，别居赵。赵衰其后也。[17]恶来革者，蜚廉子也，蚤死[18]，有子曰女防。女防生旁皋，旁皋生太几，太几生大骆，大骆生非子。以造父之宠，皆蒙赵城，姓赵氏[19]。

非子居犬丘，好马及畜，善养息之。[20]犬丘人言之周孝王，孝王召使主马于汧、渭之间，[21]马大蕃息。孝王欲以为大骆適嗣[22]。申侯之女为大骆妻，生子成为適。[23]申侯乃言孝王曰："昔我先郦山之女，为戎胥轩妻，生中潏，以亲故归周，保西垂，西垂以其故和睦。今我复与大骆妻，生適子成。申骆重婚，西戎皆服，所以为王，王其图之。[24]"于是孝王曰："昔伯翳为舜主畜，畜多息，故有土，赐姓嬴。今其后世亦为朕息马，朕其分土为附庸。"邑之秦[25]，使复续嬴氏祀，号曰秦嬴。亦不废申侯之女子为骆適者，以和西戎。[26]

秦嬴生秦侯。秦侯立十年，卒。生公伯。公伯立三年，卒。生秦仲。

秦仲立三年，周厉王无道，诸侯或叛之。西戎反王室，灭犬丘、大骆之族。[27]周宣王即位，乃以秦仲为大夫，诛西戎[28]。西戎杀秦仲。秦仲立二十三年，死于戎。有子五人，其长者曰庄公。周宣王乃召庄公昆弟五人，与兵七千人，使伐西戎，破之。于是复予秦仲后，及其先大骆地犬丘并有之，为西垂大夫。[29]

（以上为第一段，写嬴氏的遥远家世，至秦仲助周室抵御犬戎始受封为西垂大夫。）

①颛顼（zhuān xū）——黄帝之孙，号高阳氏，"五帝"之一。　苗裔孙——若干代以后的一名孙女。　女修——秦族的女祖先。　②玄鸟陨卵，女修吞之，生子大业——玄鸟：指燕子。大业：即"皋陶"，舜时主刑罚的官。　③少典之子——意即"少典氏之女"。"少典"相传是

黄帝之父,距大业相去甚远,传说之言无须深究。 ④帝锡玄圭——舜赐给禹一块黑色玉圭。锡:赐予。 ⑤咨——感叹词。 赞禹功——协助大禹完成平治水土的工程。赞:佐助。 皂游——黑色的旌旗。皂:黑色。游:旗上的垂饰。 ⑥大出——大为繁盛。 ⑦姚姓——舜的家族。 玉女——美好的女子。 ⑧柏翳——即"伯益",也单称"益",古代嬴姓各族的祖先,东夷族领袖。有关伯益为舜驯养鸟兽事,见《五帝本纪》。 ⑨实鸟俗氏——也就是"鸟俗氏"的祖先。实:即,是。 ⑩二曰若木,实费氏——其兄大廉另名为"鸟俗氏",其弟若木则继其父以"费"为氏。 ⑪帝太戊——商朝中期的帝王,太庚之子,雍己之弟。 遂致使御——语略不顺,"致"字似应删。 妻之——谓以己之女妻之。 ⑫为纣石北方——"石"字应作"使",出使。 还,无所报——待至出使归来,殷纣已死,恶来找不到复命的人了。 ⑬为坛霍太山而报——在霍太山修了一个土坛,坛上摆了殷纣王的灵位,对着殷纣王的灵位汇报出使情况。霍太山:在今山西霍州东南。 ⑭处父——蜚廉的字。 不与殷乱——不在殷朝的亡国之乱中身死。 以华氏——以此表彰你的家族。 ⑮宅皋狼——孟增之号,以其居皋狼而称之。 ⑯得骥、温骊、骅駵(liú)、騄耳之驷——按:句首似应重出"周穆王"三字。骥、温骊、骅駵、騄耳:皆良马名。駵:赤身黑鬣的马,后作"骝"。驷:四匹马。古代一车四马称为"乘",也称为"驷"。

⑰别居赵——谓离开蜚廉后代的族众聚居之地,而另居于赵城。 赵衰(cuī)其后也——赵衰就是造父的后代。赵衰:晋文公的佐命大臣,赵氏家族自赵衰开始执掌晋政。 ⑱恶来革者,蜚廉子也,蚤死——恶来革:视文意,应是"恶来"的弟兄。蚤:通"早"。 ⑲皆蒙赵城,姓赵氏——意谓"非子"与"造父"原非一系,也因赵氏荣宠而冒姓"赵"。按:此段叙秦国贵族与赵国贵族同祖,皆蜚廉之后,蜚廉之子"季胜"为赵氏之祖;蜚廉之子"恶来革"为秦氏之祖。 ⑳犬丘——即上文之所谓"西垂",在甘肃天水西南。 善养息之——善于喂养、繁殖马匹与各种动物。息:生,繁殖。 ㉑主马——主管养马、驯马。 汧(qiān)、渭之间——即今陕西宝鸡一带。汧水源于今甘肃张家川回族自治县东北,东南流经陇县,至今宝鸡陈仓区西入渭水。渭水源于今甘肃渭源,

东流经今宝鸡、西安,东入黄河。 ㉒欲以为大骆适嗣——欲立非子为其父大骆的继承人。适:通“嫡”。非子不是嫡长子,本来不能成为其父的继承人,但因养马功大,故周孝王欲使其父立以为“嫡嗣”。㉓申侯——申国(在今河南南阳东南)的诸侯。 为大骆妻——为大骆之正妻。 生子成为适——申女之所生者名成,为大骆之太子,明非子只是大骆的庶子,非申女所生。 ㉔重婚——再次通婚。 所以为王——意谓我们之所以这么做,都是为了您。 王其图之——请您好好考虑。 ㉕邑之秦——在秦建立都邑。秦:在今甘肃张家川回族自治县东,这里已经发现了大量的秦墓,出土了大量文物。 ㉖申侯之女子——申侯女所生之子,即名曰“成”者。 以和西戎——即通过此名“成”者之部族首领以团结、笼络西方的诸戎族。 ㉗西戎——也称“犬戎”,西周初期居住在今陕、甘、宁交界地区,以后不断东下、南下,与周人、秦人错杂而居。 灭犬丘、大骆之族——按:史家于此注明“恶来革”一系至此仅存“非子”之一族,即“秦嬴氏”。 ㉘诛西戎——讨伐西戎。诛:讨,讨伐。 ㉙于是复予秦仲后,及其先大骆地犬丘并有之——语略不顺,意即将秦嬴与大骆两个家族的旧有地盘全都给了秦庄公。 西垂大夫——西垂地区的行政长官。盖大骆嫡子“成”的后代被西戎所灭,西垂也被西戎所占。今庄公破西戎,收复西垂,遂重以西垂为秦之都城。西垂:殷、周时对今甘肃东南部一带的泛称。

庄公居其故西犬丘[①],生子三人,其长男世父。世父曰:“戎杀我大父仲,我非杀戎王则不敢入邑。[②]”遂将击戎,让其弟襄公[③],襄公为太子。庄公立四十四年,卒,太子襄公代立。襄公元年,以女弟缪嬴为丰王[④]妻。襄公二年,戎围犬丘,世父击之,为戎人所虏[⑤]。岁余,复归世父。七年春,周幽王用褒姒废太子,立褒姒子为適,数欺诸侯[⑥],诸侯叛之。西戎犬戎与申侯伐周,杀幽王郦山下。而秦襄公将兵救周,战甚力,有功。周避犬戎难,东徙雒邑,襄公以兵送周平王。平王封襄公为诸侯,赐之岐以西[⑦]之地。曰:“戎无道,侵夺我岐、丰之地[⑧],秦能攻逐戎,即有其地。”与誓，封爵之。[9]襄公于是始国[10]，与诸侯通使聘享之礼，乃用骍驹、黄牛、羝羊各三，祠上帝西畤。[11]十二年，伐戎而至岐，卒。生文公。

文公元年，居西垂宫[12]。三年，文公以兵七百人东猎。四年，至汧渭之会[13]，曰：“昔周邑我先秦嬴于此[14]，后卒获为诸侯。”乃卜居之，占曰吉，即营邑之。十年，初为鄜畤，用三牢。[15]十三年，初有史以纪事，民多化者。十六年，文公以兵伐戎，戎败走。于是文公遂收周余民有之，地至岐，岐以东献之周。十九年，得陈宝[16]。二十年，法初有三族之罪[17]。二十七年，伐南山大梓，丰大特[18]。四十八年，文公太子卒，赐谥为竫公。竫公之长子为太子，是文公孙也。五十年，文公卒，葬西山[19]。竫公子立，是为宁公[20]。

宁公二年，公徙居平阳。[21]遣兵伐荡社[22]。三年，与亳战，亳王奔戎，遂灭荡社。四年，鲁公子翚弑其君隐公。十二年，伐荡氏，取之[23]。宁公生十岁立，立十二年卒，葬西山[24]。生子三人，长男武公为太子。武公弟德公，同母，鲁姬子[25]。生出子[26]。宁公卒，大庶长弗忌、威垒、三父废太子而立出子为君。[27]出子六年，三父等复共令人贼杀出子。出子生五岁立，立六年卒。三父等乃复立故太子武公。

武公元年，伐彭戏氏[28]，至于华山下，居平阳封宫。三年，诛三父等而夷三族，以其杀出子也。郑高渠眯杀其君昭公。十年，伐邽、冀戎[29]，初县之。十一年，初县杜、郑[30]。灭小虢[31]。

十三年，齐人管至父、连称等杀其君襄公而立公孙无知。晋灭霍、魏、耿[32]。齐雍廪杀无知、管至父等而立齐桓公。齐、晋为强国。

十九年，晋曲沃始为晋侯[33]。齐桓公伯于鄄[34]。

二十年，武公卒，葬雍平阳。初以人从死，从死者六十六人。有子一人，名曰白，白不立，封平阳[35]。立其弟德公。

德公元年，初居雍城大郑宫。以牺三百牢祠鄜畤。[36]卜居雍，

“后子孙饮马于河”[37]。梁伯、芮伯来朝。[38]二年，初伏，以狗御蛊[39]。德公生三十三岁而立，立二年卒。生子三人：长子宣公，中子成公，少子穆公。长子宣公立。

宣公元年，卫、燕伐周，出惠王，立王子颓。三年，郑伯、虢叔杀子颓而入惠王。四年，作密畤[40]。与晋战河阳，胜之[41]。十二年，宣公卒。生子九人，莫立，立其弟成公。

成公元年，梁伯、芮伯来朝。齐桓公伐山戎，次于孤竹[42]。

成公立四年卒。子七人，莫立，立其弟缪公[43]。

（以上为第二段，写春秋前期秦国日益壮大，逐渐成为诸侯大国的过程。）

①西犬丘——即前文之“犬丘”或“西垂”，因其东部（今陕西兴平东南）亦称“犬丘”，故称“西垂”为“西犬丘”。 ②大父——祖父。不敢入邑——意即不进入西垂城。 ③让其弟襄公——让其弟（未来的“秦襄公”）做了父亲的法定继承人。 ④丰王——周广业曰：“‘丰王’疑是戎王之号，荐居岐、丰，因称‘丰王’……秦襄以女弟妻戎王，即郑武公妻胡之计耳。” ⑤世父击之，为戎人所虏——秦襄公即位之第二年，将秦都东迁至汧（今陕西陇县南），旧都西垂之防守相对薄弱，故被戎人所破。 ⑥数欺诸侯——即所谓“烽火戏诸侯”，详情见《周本纪》。 ⑦岐以西——岐山以西，即今之陕西西部和与之邻近的甘肃、宁夏等部分地区。岐山：在今陕西岐山县东北。 ⑧岐、丰之地——岐邑、丰邑等一带地区。岐邑在岐山之南，是周代先祖古公亶父迁居经营的地方，周民族的重要发祥地。丰：丰邑，周文王建都的地方，在今陕西西安长安区西北沣河西岸，在当时镐京的西南方。 ⑨与誓——与之宣誓订盟。 封爵之——划与封地，赐予爵位。 ⑩始国——开始建立国家。 ⑪羝（dī）羊——公羊。 祠上帝西畤（zhì）——在西畤祭祀上帝。这在古代被认为是一种僭越的行为，因为按规定只有周天子才能祭天。西畤：祭天的坛台名，因其修筑在西垂境内，故称“西畤”。 ⑫居西垂宫——仍以先人所居的西垂旧宫为宫廷。按：此处所以要特别再说一遍秦文公“居西垂宫”，是因为秦襄公二年（前776）已将秦

国都城东迁到“汧”;后来秦襄公在进攻岐山时失利战死,故秦文公即位后只好又退回到旧都西垂。 ⑬汧渭之会——汧、渭二水的汇流之处,在今陕西宝鸡陈仓区。 ⑭昔周邑我先秦嬴于此——当初周孝王封我们的祖先秦嬴(即非子)于秦邑,就是因为他在这里为周天子养马有功。邑:用作动词。于:犹“以”,因为。 ⑮初为鄜(fū)畤——又兴建一座名叫“鄜畤”的祭天坛台,在今陕西宝鸡凤翔区西南。 用三牢——用“三牢”的祭品祭祀上帝。古称牛、羊、猪各一头叫一“太牢”。 ⑯陈宝——民间祭祀的小神名,即所谓“宝鸡”。陈宝祠在当时的陈仓城中(今陕西宝鸡东)。 ⑰三族之罪——即所谓灭三族。三族:有说指父母、兄弟、妻子;有说指父族、母族、妻族。 ⑱南山大梓(zǐ),丰大特——南山中的大怪树,丰水中的大公牛。 ⑲西山——即今天水西南礼县的大堡子山,今文公墓犹存。 ⑳是为宁公——“宁公”应作“宪公”,前715—前704年在位。 ㉑宁公二年——应作“宪公二年”,周桓王六年,即前714年。 平阳——秦国的新都名,也称“西新邑”,在今陕西宝鸡陈仓区东。 ㉒荡社——也称“荡氏”“荡杜”,在今陕西西安东南,当时为戎人所据。 ㉓伐荡氏,取之——按:前文云“灭荡社”,此又云“伐荡氏,取之”,则似前灭其都城,今又取其余地。 ㉔葬西山——按:秦宪公之墓应在古雍都(今陕西宝鸡凤翔区西南)城南的三畤原上。 ㉕武公弟德公,同母,鲁姬子——谓武公与德公同母,皆鲁姬所生。 ㉖生出子——“生”前应增“王姬”二字读。出子:又作“出公”。 ㉗大庶长弗忌——大庶长名曰“弗忌”。大庶长:秦爵二十级的第十八级,地位甚高。 威垒、三父——任威垒之官者名曰“三父”。威垒:《秦始皇本纪》作“威累”,官名,当与汉代中垒校尉相似。 立出子为君——立幼子便于权臣控制。 ㉘彭戏氏——居于彭衙(今陕西白水东北)的戎族名。 ㉙邽(guī)、冀戎——邽邑、冀邑的戎人。邽:在今甘肃天水。冀:在今甘肃甘谷。 初县之——初次在邽、冀二邑设县。 ㉚初县杜、郑——杜:即前文之“荡社”,在今陕西西安东南。郑:在今陕西渭南华州区东,西周灭亡前曾是郑国的都城。 ㉛小虢——羌之别种,其地在今陕西宝鸡陈仓区西。 ㉜晋灭霍、魏、耿——晋是西周初期建立的诸侯国,春秋时期的晋国是以今山西侯马一带为中心。霍、魏、耿也都是西周以来受封的姬姓小国,霍在今山西霍州西南,魏在今山西芮城北,耿在今山西河津东南汾水南岸。晋灭三国乃晋献公十六年事。 ㉝晋曲沃始为晋侯——曲沃武公是晋穆侯的曾孙,其祖成师被晋国封于曲沃。曲沃势大,连续弑晋侯。至曲沃武公遂灭晋,并贿赂周釐(xī)王,周釐王遂封之为晋君,列于诸侯。 ㉞齐桓公伯于鄄(juàn)——桓公七年(前679),诸侯会桓公于鄄,桓公始伯。鄄:齐邑名,在今山东鄄城北旧城镇。伯:指被周天子封为"方伯",意即一方诸侯之长。 ㉟封平阳——封之于都城平阳,使其为秦国国内的小封君;而新君德公乃另迁于秦国之新都雍城。 ㊱牺——牺牲,宰杀充当供品的牛、羊、猪等。 祠鄜畤——祠:祭祀。鄜畤:在雍州城南的"三畤原"上。 ㊲卜居雍,"后子孙饮马于河"——此补叙秦德公迁都于雍的原因。卜居雍:占卜迁都雍城是否吉利。"后子孙饮马于河":这是占卜得到的卦语,意思是秦国的后代子孙将把秦国的势力一直向东扩展到黄河边。 ㊳梁伯——梁国的君主,梁国的都城在今陕西韩城南。 芮伯——芮国的君主。芮国的都城在今陕西大荔朝邑镇南。 ㊴以狗御蛊(gǔ)——蛊:毒热之气。俗说狗善守门,故杀狗于四门以抵挡毒热之气。 ㊵作密畤——又修建了一座名叫"密畤"的祭天坛台。密畤也在当时雍州城南的三畤原上。 ㊶与晋战河阳,胜之——河阳:也称"孟津""盟津",在今河南孟州西。 ㊷次于孤竹——扎营于孤竹。次:住宿,驻扎。孤竹:原为小国名,后为燕县,在今河北卢龙东南,曾被戎人所占。 ㊸缪公——即秦穆公。缪:通"穆"。

缪公任好元年,自将伐茅津,胜之。[①]四年,迎妇于晋,晋太子申生姊也。其岁,齐桓公伐楚,至邵陵[②]。

五年,晋献公灭虞、虢[③],虏虞君与其大夫百里傒,以璧马赂于虞故也。既虏百里傒,以为秦缪公夫人媵[④]于秦。百里傒亡秦走宛,楚鄙人执之。[⑤]缪公闻百里傒贤,欲重赎之,恐楚人不与,乃使人谓楚曰:"吾媵臣百里傒在焉,请以五羖羊皮赎之。[⑥]"楚人遂许与之。当是时,百里傒年已七十余。缪公释其囚,与语国事。谢曰:“臣亡国之臣,何足问!”缪公曰:“虞君不用子,故亡,非子罪也。”固问,语三日,缪公大说,授之国政,号曰五羖大夫。百里傒让曰:“臣不及臣友蹇叔,蹇叔贤而世莫知。臣常游困于齐而乞食铚人,蹇叔收臣。[⑦]臣因而欲事齐君无知,蹇叔止臣,臣得脱齐难,遂之周。[⑧]周王子颓好牛,臣以养牛干之。及颓欲用臣,蹇叔止臣,臣去,得不诛[⑨]。事虞君,蹇叔止臣。臣知虞君不用臣,臣诚私利禄爵,且留。[⑩]再用其言,得脱,一不用,及虞君难。[⑪]是以知其贤。”于是缪公使人厚币迎蹇叔,以为上大夫。[⑫]

秋,缪公自将伐晋,战于河曲[⑬]。晋骊姬作乱,太子申生死新城,重耳、夷吾出奔。[⑭]

九年,齐桓公会诸侯于葵丘[⑮]。

晋献公卒。立骊姬子奚齐,其臣里克杀奚齐。荀息立卓子,克又杀卓子及荀息[⑯]。夷吾使人请秦,求入晋[⑰]。于是缪公许之,使百里傒将兵送夷吾。夷吾谓曰:“诚得立,请割晋之河西八城与秦。”及至,已立,而使丕郑谢秦,[⑱]背约不与河西城,而杀里克。丕郑闻之,恐,因与缪公谋曰:“晋人不欲夷吾,实欲重耳。今背秦约而杀里克,皆吕甥、郤芮之计也。[⑲]愿君以利[⑳]急召吕、郤,吕、郤至,则更入重耳,便。”缪公许之,使人与丕郑归,召吕、郤。吕、郤等疑丕郑有间[㉑],乃言夷吾杀丕郑。丕郑子丕豹奔秦,说缪公曰:“晋君无道,百姓不亲,可伐也。”缪公曰:“百姓苟不便,何故能诛其大臣?[㉒]能诛其大臣,此其调也[㉓]。”不听,而阴用豹[㉔]。

十二年,齐管仲、隰朋死[㉕]。

晋旱,来请粟[㉖]。丕豹说缪公勿与,因其饥而伐之。缪公问公孙支[㉗],支曰:“饥穰更事[㉘]耳,不可不与。”问百里傒,傒曰:“夷吾得罪于君,其百姓何罪?”于是用百里傒、公孙支言,卒与之粟。以船漕车转,自雍相望至绛。[㉙]

十四年,秦饥,请粟于晋。晋君谋之群臣。虢射[㉚]曰:“因其饥伐之,可有大功。"晋君从之。十五年,兴兵将攻秦。缪公发兵,使丕豹将,自往击之。九月壬戌,与晋惠公夷吾合战于韩[31]地。晋君弃其军,与秦争利,还而马鷙。[32]缪公与麾下驰追之,不能得晋君,反为晋军所围。晋击缪公,缪公伤。于是岐下食善马者三百人驰冒晋军,[33]晋军解围,遂脱缪公,而反生得晋君。初,缪公亡善马[34],岐下野人共得而食之者三百余人,吏逐[35]得,欲法之。缪公曰:"君子不以畜产害人。吾闻食善马肉不饮酒,伤人。"乃皆赐酒而赦之。三百人者闻秦击晋,皆求从,从而见缪公窘,亦皆推锋争死,以报食马之德。[36]于是缪公虏晋君以归,令于国:"齐宿,吾将以晋君祠上帝。[37]"周天子闻之,曰"晋我同姓",为请晋君。夷吾姊亦为缪公夫人,夫人闻之,乃衰绖跣,[38]曰:"妾兄弟不能相救,以辱君命。[39]"缪公曰:"我得晋君以为功,今天子为请,夫人是忧。"乃与晋君盟,许归之。更舍上舍,而馈之七牢。[40]十一月,归晋君夷吾,夷吾献其河西地,使太子圉为质于秦。秦妻子圉以宗女。是时秦地东至河。

十八年,齐桓公卒。二十年,秦灭梁、芮。

二十二年,晋公子圉闻晋君病,曰:"梁,我母家也[41],而秦灭之。我兄弟多,即君百岁后,秦必留我,而晋轻,亦更立他子。[42]"子圉乃亡归晋。二十三年,晋惠公卒,子圉立为君。秦怨圉亡去,乃迎晋公子重耳于楚,而妻以故子圉妻。重耳初谢,后乃受。缪公益礼厚遇之。二十四年春,秦使人告晋大臣,欲入重耳。晋许之,于是使人送重耳。二月,重耳立为晋君,是为文公。文公使人杀子圉。子圉是为怀公。

其秋,周襄王弟带以翟伐王[43],王出居郑。二十五年,周王使人告难于晋、秦。秦缪公将兵助晋文公入襄王,杀王弟带。二十八年,晋文公败楚于城濮[44]。三十年,缪公助晋文公围郑。[45]郑使人言缪公曰:"亡郑厚晋,于晋而得矣,而秦未有利。晋之强,秦之忧也。"缪公乃罢兵归。晋亦罢。三十二年冬,晋文公卒。

郑人有卖郑于秦曰："我主其城门，郑可袭也。"缪公问蹇叔、百里傒，对曰："径数国千里而袭人，希有得利者。[46]且人卖郑，庸知我国人不有以我情告郑者乎？不可。"缪公曰："子不知也，吾已决矣。"遂发兵，使百里傒子孟明视、蹇叔子西乞术及白乙丙将兵。行日，百里傒、蹇叔二人哭之。缪公闻，怒曰："孤发兵而子沮哭吾军，何也？"二老曰："臣非敢沮君军。军行，臣子与往；臣老，迟还[47]恐不相见，故哭耳。"二老退，谓其子曰："汝军即败，必于殽阨矣。[48]"三十三年春，秦兵遂东，更晋地，过周北门。[49]周王孙满曰："秦师无礼，不败何待！"兵至滑[50]，郑贩卖贾人弦高，持十二牛将卖之周。见秦兵，恐死虏，因献其牛[51]，曰："闻大国将诛郑，郑君谨修守御备，使臣以牛十二劳军士。"秦三将军相谓曰："将袭郑，郑今已觉之，往无及已。"灭滑。滑，晋之边邑也。

当是时，晋文公丧尚未葬。太子襄公怒曰："秦侮我孤，因丧破我滑！"遂墨衰绖，发兵遮秦兵于殽[52]，击之，大破秦军，无一人得脱者，虏秦三将以归。文公夫人，秦女也，为秦三囚将请曰："缪公之怨此三人入于骨髓，愿令此三人归，令我君得自快[53]烹之。"晋君许之，归秦三将。三将至，缪公素服郊迎，向三人哭曰："孤以不用百里傒、蹇叔言以辱三子，三子何罪乎？子其悉心雪耻，毋怠。"遂复三人官秩如故，愈益厚之。

三十四年，楚太子商臣弑其父成王代立。

缪公于是复使孟明视等将兵伐晋，战于彭衙。秦不利，引兵归。

戎王使由余于秦。由余，其先晋人也，亡入戎，能晋言。闻缪公贤，故使由余观秦。秦缪公示以宫室、积聚。由余曰："使鬼为之，则劳神矣。使人为之，亦苦民矣。"缪公怪之，问曰："中国以《诗》《书》《礼》《乐》、法度为政，然尚时乱；今戎夷无此，何以为治，不亦难乎！"由余笑曰："此乃中国所以乱也。夫自上圣黄帝作为礼乐法度，身以先之，仅以小治。及其后世，日以骄淫。

阻法度之威，以责督于下，[54]下罢极则以仁义怨望于上，[55]上下交争怨而相篡弑，至于灭宗，皆以此类也。夫戎夷不然。上含淳德以遇其下，下怀忠信以事其上，一国之政犹一身之治，不知所以治，此真圣人之治也。”于是缪公退而问内史廖曰：“孤闻邻国有圣人，敌国之忧也。今由余贤，寡人之害，将奈之何？”内史廖曰：“戎王处辟匿，未闻中国之声。[56]君试遗其女乐，以夺其志；为由余请，以疏其间；[57]留而莫遣，以失其期。[58]戎王怪之，必疑由余。君臣有间，乃可虏也。[59]且戎王好乐，必怠于政。”缪公曰：“善。”因与由余曲席而坐，传器而食，问其地形与其兵势尽察，[60]而后令内史廖以女乐二八[61]遗戎王。戎王受而说之，终年不还[62]。于是秦乃归由余。由余数谏不听，缪公又数使人间要由余，由余遂去，降秦。[63]缪公以客礼礼之，问伐戎之形。

三十六年，缪公复益厚孟明等，使将兵伐晋，渡河焚船，大败晋人，取王官及鄗，[64]以报殽之役。晋人皆城守不敢出。于是缪公乃自茅津渡河，封殽中尸[65]，为发丧，哭之三日。乃誓于军曰：“嗟士卒！听无哗，余誓告汝。古之人谋黄发番番[66]，则无所过。以申思不用蹇叔、百里傒之谋，故作此誓，令后世以记余过。[67]”君子闻之，皆为垂涕，曰：“嗟乎！秦缪公之与人周也，卒得孟明之庆。[68]”

三十七年，秦用由余谋伐戎王，益国十二，开地千里，遂霸西戎。天子使召公过贺缪公以金鼓。[69]三十九年，缪公卒，葬雍。从死者百七十七人，秦之良臣子舆氏三人名曰奄息、仲行、鍼虎，亦在从死之中。秦人哀之，为作歌《黄鸟》之诗。君子曰：“秦缪公广地益国，东服强晋，西霸戎夷，然不为诸侯盟主，亦宜哉。死而弃民[70]，收其良臣而从死。且先王崩，尚犹遗德垂法[71]，况夺之善人良臣百姓所哀者乎？是以知秦不能复东征也[72]。”缪公子四十人，其太子罃代立，是为康公。

（以上为第三段，写春秋时代缪公在位时的秦国最强期。）

①缪公任好元年——前659年。 自将伐茅津——自将:自己统兵。茅津:黄河渡口名,在今山西平陆西南,当时这一带为戎人所占据。 ②邵陵:也作“召陵”,在今河南漯河郾城区东南。 ③晋献公灭虞、虢——虞、虢是两个姬姓小国,虞在今山西平陆北,虢在今河南荥阳东北。晋献公以璧、马贿赂虞君,请求通过虞国向南袭击虢国,虞臣宫之奇以“唇亡齿寒”为喻劝阻虞君,虞君不听,结果晋军先是灭了虢国,回师的路上顺便又灭掉了虞国。 ④秦缪公夫人媵(yìng)——秦缪公夫人出嫁时的陪嫁奴隶。 ⑤亡秦走宛——在去秦国的途中百里傒逃跑,往南逃到了楚国北部的宛县(在今河南南阳)。 楚鄙人执之——被楚国北部的村野之人捉住了。执:拘捕。 ⑥在焉——犹言“跑到你们这里来了”。 五羖(gǔ)羊皮——五张黑羊皮。羖:黑色公羊。 ⑦常游困于齐——常:通“尝”,曾经。游:游方,游学,到处奔走找官做。 乞食銍人——在銍邑向人乞食。銍:同“铚”,在沛县(今属江苏)。 收——收留,收养。 ⑧得脱齐难——指未卷入公子无知、连称、管至父等叛乱集团,故未被桓公所惩治。 遂之周——辗转到了周都雒阳(今河南洛阳东北)。 ⑨得不诛——因未卷入王子颓的叛乱,未被郑厉公与虢叔所诛。 ⑩私利禄爵——内心贪图虞国的爵禄。利:贪图。 且留——暂时留了下来。 ⑪再用其言——两次听取了他的意见。再:两次。 一不用——就是这一次没有听他的话。 及虞君难——陷入了虞君的灾难。 ⑫厚币——厚礼,通常用璧、帛等。 上大夫——地位仅次于卿。 ⑬秋,缪公自将伐晋,战于河曲——按:《晋世家》与《十二诸侯年表》皆无其事,梁玉绳以此十一字为衍文,应是。 ⑭晋骊姬作乱——晋献公晚年宠爱骊姬,骊姬为了让自己所生的儿子奚齐成为晋献公的接班人,而陷害太子申生,申生被逼自杀。详见《国语·晋语》《左传·僖公四年》与《晋世家》。 新城——指曲沃,新为太子之城,在今山西闻喜东北。 重耳、夷吾出奔——重耳即日后之晋文公,夷吾即日后之晋惠公,二人皆太子申生的异母弟。骊姬害死申生后,又唆使献公杀重耳、夷吾等,重耳、夷吾逃往国外。 ⑮会诸侯于葵丘——这是齐桓公称霸以来最为风光的时刻。葵丘:宋邑名,在今河南民权东北,今其地尚有盟台遗址。 ⑯荀息立卓子,克又杀卓

子及荀息——荀息是晋献公的心腹谋臣，献公临死前向荀息托孤，故献公死后，荀息先立了奚齐；奚齐被里克所杀后，荀息又立了奚齐之弟卓子，结果荀息与卓子又都被里克所杀。 ⑰求入晋——求秦穆公派兵佐之入晋为君。 ⑱及至——谓回到晋国都城绛县（也称“翼”，在今山西翼城东南）。 已立——即位为晋国国君，即历史上所称的晋惠公。 丕郑——晋大臣，与里克同为重耳一派。 谢秦——告知夷吾为晋君事。 ⑲吕甥——也称“瑕甥”“阴饴甥”，晋国大臣，惠公一派。郤（xì）芮——也称“冀芮”，晋国大臣，惠公一派。 ⑳以利——谓以利益诱惑。 ㉑有间——有离间挑拨之言。间：嫌隙。 ㉒不便——不以之为便，即不喜欢、不拥护。 诛其大臣——指杀里克。㉓此其调也——由此看来，其内部还是协调统一的。调：和谐，指内部团结。 ㉔不听，而阴用豹——此六字写穆公心理绝妙。 ㉕管仲、隰朋死——按：此三年以后事，史公误书。隰（xí）朋：齐桓公的贤臣。㉖晋旱，来请粟——按：此句上失书“十三年”（前 647）。 ㉗公孙支——也作“公孙枝”，姓嬴，字子桑，初游晋，后归秦。 ㉘饥穰（ráng）更事——荒年和丰收年是交替出现的，意谓哪个国家能保证不闹饥荒呢？饥：荒年。穰：丰收。更：交替。 ㉙船漕车转——水路、陆路同时并运。漕：水路运输。 自雍相望至绛——雍：秦国都城。相望：前后相互看得见，极言其出动的车船之多。绛：晋国都城。《左传》称秦国此举为“泛舟之役”。 ㉚虢射——晋大夫，惠公之舅。㉛韩——也称“韩原”，晋地名，一说在今陕西韩城西南，一说在今山西芮城。 ㉜弃其军——谓远离其军而独自深入。 还而马鷙（zhì）——马被绊住了腿，只在那里盘旋。还：通“旋”。 ㉝岐下——岐山（在今陕西岐山县东北）之下。 驰冒——奔驰冲击。 ㉞亡善马——丢失了好马。 ㉟逐——追捕。 ㊱窘——困，被人所困。推锋——挺刃而前。 食马——以马肉给人吃。食：后作“饲”。㊲齐宿——斋戒并独宿，祭祀前的虔敬行为。齐：通“斋”。 以晋君祠上帝——以晋君作为祭祀上帝的供品。 ㊳夷吾姊——即前文之“申生姊”，惠公的同父异母姊。 亦为缪公夫人——“亦”字用得无理，似应删。 衰绖（cuī dié）跣（xiǎn）——做出一副办丧事的样子。

衰:麻布做的丧服;绖:头上系的孝布或腰里系的麻绳。跣:光着脚。㊴兄弟不能相救——“救”字似应作“教”,即平素对他没有教导,致使他做了很多对不起你的事。兄:穆公夫人自指。　以辱君命——以至劳你今天下这样的命令。　㊵舍上舍——使其住在上等客馆。　馈之七牢——以七牢的规格向其供应饮食。“七牢”是招待诸侯的礼节。

㊶梁,我母家也——子圉(yǔ)之母乃梁国国君之女,故云。　㊷即君百岁后——即:若。君:指晋惠公。百岁:婉言尊者之死。　秦必留我——扣留晋之储君以要挟晋国。　而晋轻,亦更立他子——轻:易,不难。更立他子:废掉子圉,改立晋惠公的其他儿子,因子圉之母家国小且又被秦所灭。　㊸周襄王弟带以翟伐王——周襄王之弟王子带受其父惠王宠爱,惠王死后,王子带于襄王三年(前649)曾发动过一次叛乱,失败后被齐桓公所包庇。襄王十六年,王子带又勾结翟人二次作乱,攻破京城,周襄王逃到郑国。　㊹败楚于城濮——是役,齐、秦诸国都站在了晋国一方,是春秋时期晋、楚之间的一次重大战役。城濮:卫邑名,在今山东鄄城西南临濮镇。　㊺三十年——公元前630年。缪公助晋文公围郑——晋文公当年在国外流浪经过郑国时,郑文公曾对文公无礼,此事在城濮之战时本已解决,但晋文公仍耿耿于怀,于此年又寻衅围郑。至于秦穆公也参与此举,则是为了寻找机会向东方发展。　㊻径数国——越过好几个国家,从秦至郑,中间要经过晋国的南部和周、滑等国。径:横越,穿过。　希——少。　㊼迟(zhì)还——待其还时。迟:至,比及。　㊽即——若,假如。　必于殽阨——必然是在殽山的险要之处。殽山:即崤山,在今河南西部,秦岭东段支脉。㊾更——经,经过。　周北门——周都雒阳的北门。　㊿滑——姬姓小国,其都城也称“费”,在今河南洛阳偃师区西南。　51见秦兵,恐死虏,因献其牛——据《左传》,弦高此举乃主动为国解难,为郑国商人之极具爱国心者,今史公谓之“恐死虏”云云,大失《左氏》本旨。　52墨衰绖——将孝服用墨染黑。穿丧服不宜从军,不穿丧服又太违礼,故如此变通。　遮——拦截,截击。　53自快——犹今所谓“解恨”。54阻——倚仗,仗恃。　责督——犹言督责,督促,要求。　55罢极——疲惫到极点。罢:通“疲”。或曰,“疲”“极”二字同义,都是疲

惫、困乏的意思。 以仁义怨望于上——怨恨统治者不仁不义。望:怨恨。 ㊻辟匿——偏僻,闭塞。辟:通“僻”。 声——音乐。 ㊼为由余请——为由余向戎王请官请禄。 以疏其间——以扩大他们君臣之间的隔阂。 ㊽留而莫遣——留住由余,不让他回去。 以失其期——超过了回国复命的期限。 ㊾间——空隙,隔阂。 乃可虏也——“虏”字似应作“虑”,打他的主意。 ㊿曲席而坐——意即大家围坐一起,不分君臣。 传器而食——同一个器皿里的饭菜,你吃了我吃,极言其不分彼此之状。 尽察——都了解得清清楚楚。 ⑥①女乐二八——十六个歌舞伎的乐队。古代帝王有所谓“八佾(yì)舞于庭”,一佾为一列八人。“二八”即“二佾”。 ⑥②终年不还——“不还”似应作“不迁”,即沉迷不变。 ⑥③间要——暗中邀请。 遂去,降秦——遂离开戎王,归顺秦国。 ⑥④渡河焚船——以示有进无退。 取王官及鄗(hào)——王官:晋邑名,在今山西闻喜南。鄗:《左传》作“郊”,在今河北柏乡县北。 ⑥⑤封殽中尸——堆土掩埋前次阵亡在崤山的尸体。 ⑥⑥谋黄发番番——“谋”后应有“于”字,意即有事应同白发老人商量。番番:同“皤皤(pó)”,形容头发之白。 ⑥⑦申思——申明,表明。 故作此誓——即作《秦誓》,文见《尚书》。 令后世以记余过——梁玉绳曰:“以《左传》考之,《誓》当作于僖三十三年夏秦伯素服郊次乡师而哭之日,不作于文三年夏封殽尸将霸西戎之时。” ⑥⑧与人周——用人的原则周备。与:通“举”,选拔,任用。 卒得孟明之庆——最后终于享了孟明的福。庆:福。 ⑥⑨天子——周襄王,名郑,前652—前619年在位。 召公过——召公姬奭的后代,名“过”。 金鼓——古代用作指挥军队进退的号令。金:指錞、镯、铙、铎等铜制乐器。 ⑦⓪弃民——不爱民命,与“爱民”对应为互文。 ⑦①遗德垂法——指帝王临死前通常会宣布一些好的政策与诏令等。 ⑦②是以知秦不能复东征也——梁玉绳曰:“《日知录》曰:‘秦至孝公而天子致伯,诸侯毕贺;其后始皇遂并天下。’《左氏》此言不验,史公何以并录之乎?”

康公元年。往岁缪公之卒,晋襄公亦卒;襄公之弟名雍,秦出也[1],在秦。晋赵盾[2]欲立之,使随会来迎雍,秦以兵送至令狐。[3]晋立襄公子而反击秦师,秦师败,随会来奔。[4]二年,秦伐晋,取武城[5],报令狐之役。四年,晋伐秦,取少梁[6]。六年,秦伐晋,取羁马[7]。战于河曲,大败晋军。晋人患随会在秦为乱,乃使魏雠余详反,合谋会,诈而得会,会遂归晋。[8]康公立十二年卒,子共公立。

共公二年,晋赵穿[9]弑其君灵公。三年,楚庄王强,北兵至雒,问周鼎。共公立五年卒,子桓公立。

桓公三年,晋败我一将。十年,楚庄王服郑[10],北败晋兵于河上。当是之时,楚霸,为会盟合诸侯。二十四年,晋厉公初立,与秦桓公夹河而盟[11]。归而秦倍盟,与翟合谋击晋。二十六年,晋率诸侯伐秦,秦军败走,追至泾而还[12]。桓公立二十七年卒,子景公立。

景公四年,晋栾书[13]弑其君厉公。十五年,救郑,败晋兵于栎[14]。是时晋悼公为盟主。十八年,晋悼公强,数会诸侯,率以伐秦,败秦军。秦军走,晋兵追之,遂渡泾,至棫林而还。二十七年,景公如晋,与平公盟,已而背之。三十六年,楚公子围弑其君而自立,是为灵王。景公母弟后子鍼有宠,景公母弟富,[15]或谮之,恐诛,乃奔晋,车重千乘[16]。晋平公曰:"后子富如此,何以自亡[17]?"对曰:"秦公无道,畏诛,欲待其后世乃归。"三十九年,楚灵王强,会诸侯于申[18],为盟主,杀齐庆封[19]。景公立四十年卒,子哀公立。后子复来归秦。

哀公八年,楚公子弃疾弑灵王而自立,是为平王。十年,楚平王来求秦女为太子建妻。至国,女好而自娶之。十五年,楚平王欲诛建,建亡;伍子胥奔吴[20]。晋公室卑而六卿强,欲内相攻,是以久秦晋不相攻。三十一年,吴王阖庐与伍子胥伐楚,楚王亡奔随,吴遂入郢。[21]楚大夫申包胥来告急,七日不食,日夜哭泣。于是秦乃发五百乘救楚,败吴师。吴师归,楚昭王乃得复入郢。

哀公立三十六年卒。太子夷公，夷公蚤死，不得立，立夷公子，是为惠公。

惠公元年，孔子行鲁相事[22]。五年，晋卿中行、范氏反晋，晋使智氏、赵简子攻之，范、中行氏亡奔齐。惠公立十年卒，子悼公立。

悼公二年，齐臣田乞弑其君孺子，立其兄阳生，是为悼公。六年，吴败齐师。齐人弑悼公，立其子简公。九年，晋定公与吴王夫差盟，争长于黄池，[23]卒先吴[24]。吴强，陵中国[25]。十二年，齐田常弑简公，立其弟平公，常相之。十三年，楚灭陈。秦悼公立十四年卒，子厉共公立。孔子以悼公十二年卒。

厉共公二年，蜀人来赂。[26]十六年，堑河旁[27]。以兵二万伐大荔，取其王城。[28]二十一年，初县频阳[29]。晋取武成[30]。二十四年，晋乱，杀智伯，分其国与赵、韩、魏[31]。二十五年，智开[32]与邑人来奔。三十三年，伐义渠[33]，虏其王。三十四年，日食。厉共公卒，子躁公立。

躁公二年，南郑[34]反。十三年，义渠来伐，至渭南。十四年，躁公卒，立其弟怀公。

怀公四年，庶长鼂[35]与大臣围怀公，怀公自杀。怀公太子曰昭子，蚤死，大臣乃立太子昭子之子，是为灵公。灵公，怀公孙也。

灵公六年，晋城少梁[36]，秦击之。十三年，城籍姑[37]。灵公卒，子献公不得立，立灵公季父悼子，是为简公。简公，昭子之弟而怀公子也。

简公六年，令吏初带剑[38]。堑洛，城重泉。[39]十六年卒，子惠公立。

惠公十二年，子出子生。十三年，伐蜀，取南郑。惠公卒，出子立。

出子二年，庶长改迎灵公之子献公于河西而立之。[40]杀出子及其母，沈之渊旁。秦以往者数易君，君臣乖乱，故晋复强[41]，夺秦河西地。

献公元年，止从死[42]。二年，城栎阳[43]。四年正月庚寅，孝公生。十一年，周太史儋见献公曰："周故与秦国合而别，别五百岁复合，合七十七岁而霸王出。"十六年，桃冬花。十八年，雨金栎阳[44]。二十一年，与晋战于石门，斩首六万，天子贺以黼黻。[45]二十三年，与魏晋战少梁，虏其将公孙痤。二十四年，献公卒，子孝公立，年已二十一岁矣。

（以上为第四段，写春秋中期以后直至战国前期的秦国中衰。）

①秦出也——史公认为晋公子雍是秦女所生。 ②赵盾——赵衰之子，晋国襄公、灵公时代的权臣。襄公死后，太子夷皋年幼，赵盾欲立年长者为君，故看中了襄公之弟公子雍。 ③随会——也称"士会"，春秋中期的晋国名臣。 令狐——晋邑名，在今山西临猗西。 ④晋立襄公子而反击秦师——赵盾欲立公子雍的消息传出后，太子夷皋的母亲坚决反对，赵盾无奈，只好又立了太子夷皋，是为灵公。但这时秦兵已送公子雍入境，赵盾只好又派兵将秦兵击退。 随会来奔——由于赵盾的出尔反尔，随会无法回国，只好暂时留在了秦国。 ⑤武城——晋邑名，在今陕西渭南华州区东。 ⑥晋伐秦，取少梁——"少梁"在今陕西韩城南，地处黄河之西岸。此地原本属晋，晋惠公将"河西"之地献与秦国，从此少梁属秦。今晋国又以武力将其夺回。 ⑦羁马——晋邑名，在今山西永济西南。 ⑧详反——假装反晋降秦。详：通"佯"。 合谋会——与随会通谋。 诈而得会——晋令魏雠（chóu）余假装降秦，魏雠余与随会暗通消息，秦穆公率军至黄河西岸受降，魏雠余要求秦方派人出来会谈，秦派随会出，魏雠余遂趁机劫随会回晋。 ⑨赵穿——赵盾的异母弟，时为晋卿。 ⑩楚庄王服郑——楚庄王为争霸中原，趁晋国连年内乱，出兵伐郑，郑襄公举国降楚。 ⑪与秦桓公夹河而盟——据《左传》，秦、晋两国约定将在黄河以东的晋地令狐会盟，中途秦桓公变卦，不肯过河，晋国只好派郤犨（xì chōu）往盟秦桓公于河西，秦国派史颗往盟晋厉公于河东。 ⑫追至

泾而还——据《左传》,诸侯军败秦军于麻隧后,"师遂济泾,及侯丽(今陕西礼泉东)而还"。泾:泾水。 ⑬栾(luán)书——晋国的权臣。⑭栎(lì)——晋邑名,在今山西南部、黄河北岸。 ⑮母弟——胞弟,极言其血缘之近。 后子鍼——名"鍼","后子"是氏。 有宠——曾受其父桓公之宠。 景公母弟富——与上句重复,"景公母弟"四字应删。 ⑯车重千乘——拉家财的车子有上千辆。重:辎重,指家财。⑰自亡——自落得逃亡在外。 ⑱会诸侯于申——申:原是小诸侯国,在今河南南阳东南,后被楚所灭。 ⑲杀齐庆封——讨伐齐国叛臣,以表现其霸主姿态。庆封:齐国庄公、景公时代的权臣,崔杼(zhù)的同党。崔杼弑庄公后,庆封利用崔杼家族的内部矛盾,将崔氏消灭。其他大族又利用庆封与其子的矛盾,将庆封逐出国外。庆封逃到吴国,吴王将其封在朱方(今江苏镇江丹徒区)。楚灵王率诸侯伐吴,将其诛灭。

⑳伍子胥奔吴——伍子胥之父伍奢时为太子傅,为太子建辩冤,痛斥费无忌之奸,费无忌怂恿楚平王杀伍奢,并捉拿其子伍子胥,伍子胥先逃入郑,后逃入吴国。 ㉑亡奔随——随是姬姓小国,国都在今湖北随州,当时已为楚国附庸。 吴遂入郢——吴军遂攻入了楚国的郢都(今湖北荆州市荆州区西北)。 ㉒孔子行鲁相事——史公认为孔子是代行鲁国宰相的职权。行:代理。按:《左传·定公十年》:"公会齐侯于祝其,实夹谷,孔丘相。"今人多谓此行孔子乃为"傧相";至定公十四年,《史》文又称孔丘"由大司寇行摄相事",今人对此仍看法不一。

㉓争长——争当诸侯之长。 黄池——宋邑名,在今河南封丘西南。

㉔卒先吴——争到最后,还是让吴国先歃血,即让吴王夫差为尊。按:黄池之盟,吴、晋争长的结果,各处记载不一,《史记》各篇亦自相矛盾。 ㉕吴强,陵中国——陵:侵陵。中国:指齐、鲁等华夏诸国。按:此语不宜置于此处,因此时越已破吴,吴图存尚不暇,何能复陵中国?"吴强,陵中国"事,应在黄池之盟前。 ㉖厉共公二年——前475年。

蜀人来赂——蜀:古国名,国都在今四川成都郫都区。赂:赠送财物。这是蜀与内地国家发生联系的最早的记载。 ㉗壍(qiàn)河旁——在黄河西岸挖沟,建立防守工事。壍:同"堑"。 ㉘大荔——戎族部落名。 王城——大荔部落的都城,在今陕西大荔东。 ㉙初县频阳——第一次在频阳设县。频阳：秦邑名，在今陕西富平东北。 ㉚晋取武成——“武成”即前文之所谓“武城”，在今陕西渭南华州区东，原属晋，前被秦国攻占。 ㉛杀智伯，分其国与赵、韩、魏——晋国自范氏、中行氏被驱逐、消灭后，国家由智氏、赵氏、魏氏、韩氏四家把持，智氏最强。智氏向赵氏勒索土地，赵氏不给，智氏胁迫魏氏、韩氏与之共同伐赵，结果赵氏与魏、韩两家联合，共同灭掉了智氏，三家瓜分其地。智伯：也作“知伯”，名荀瑶，智氏家族的领袖。 ㉜智开——智伯之族人。 ㉝义渠——戎族部落名，其都城在今甘肃庆阳西南。 ㉞南郑——秦邑名，在今陕西汉中。 ㉟庶长晁（cháo）——庶长名晁，史失其姓。庶长：此应指大庶长，秦爵二十级中的第十八级，地位甚高。 ㊱晋城少梁——按：此所谓“晋”即魏。少梁：魏邑名，在今陕西韩城南。 ㊲籍姑——秦邑名，在今陕西韩城北。 ㊳令吏初带剑——可知在此以前普通官吏不准佩剑。 ㊴壍洛——在洛水旁边挖沟，修筑防守工事。 城重泉——在重泉邑筑城。重泉：秦邑名，在今陕西蒲城东南，临近洛水。此处指北洛水，即今陕西洛河。 ㊵庶长改——大庶长名改，史失其姓。 迎灵公之子献公于河西而立之——河西：魏国之河西地。献公：名师隰，前384—前362年在位。 ㊶晋复强——此“晋”主要指魏国，也可以同时兼指韩、赵两国。 ㊷止从死——禁止以人殉葬。 ㊸城栎（yuè）阳——修建栎阳城。栎阳：秦县名，在今陕西西安阎良区武屯街道。秦都自此乃迁至栎阳。 ㊹雨金栎阳——栎阳的上空降下金粒。 ㊺石门——魏国山名，在今山西运城西南。 天子贺以黼黻（fǔ fú）——周显王赠黼黻给秦献公，向其祝捷。黼黻：此处指帝王穿的一种特制礼服。

孝公元年，河山以东强国六，[①]与齐威、楚宣、魏惠、燕悼、韩哀、赵成侯并。淮、泗之间小国十余[②]。楚、魏与秦接界。魏筑长城，自郑滨洛以北，有上郡。[③]楚自汉中，南有巴、黔中[④]。周室微，诸侯力政，争相并。[⑤]秦僻在雍州，不与中国诸侯之会盟，夷翟遇之。[⑥]孝公于是布惠，振孤寡，[⑦]招战士，明功赏。下令国中曰：“昔我缪公自岐雍之间，修德行武，东平晋乱，以河为界，[8]西霸戎翟，广地千里，天子致伯，诸侯毕贺，[9]为后世开业，甚光美。会往者厉、躁、简公、出子之不宁，国家内忧，未遑外事，三晋攻夺我先君河西地，诸侯卑秦，[10]丑莫大焉。献公即位，镇抚边境，徙治栎阳，且欲东伐，复缪公之故地，修缪公之政令。寡人思念先君之意，常痛于心。宾客群臣有能出奇计强秦者，吾且尊官，与之分土[11]。”于是乃出兵东围陕城，西斩戎之獂王。[12]

卫鞅闻是令下，西入秦，因景监求见孝公。[13]

二年，天子致胙[14]。

三年，卫鞅说孝公变法修刑，内务耕稼，外劝战死[15]之赏罚，孝公善之。甘龙、杜挚等弗然，相与争之。[16]卒用鞅法，百姓苦之；[17]居三年，百姓便之。乃拜鞅为左庶长[18]。其事在《商君》语中[19]。

七年，与魏惠王会杜平[20]。八年，与魏战元里[21]，有功。十年，卫鞅为大良造，将兵围魏安邑，降之。[22]十二年，作为咸阳，筑冀阙，秦徙都之。[23]并诸小乡、聚、集为大县，县一令，四十一县。为田开阡陌，东地渡洛。[24]十四年，初为赋[25]。十九年，天子致伯。二十年，诸侯毕贺。秦使公子少官率师会诸侯逢泽，朝天子。[26]

二十一年，齐败魏马陵。

二十二年，卫鞅击魏，虏魏公子卬。封鞅为列侯，号商君。

二十四年，与晋战雁门，虏其将魏错。

孝公卒，子惠文君立。是岁，诛卫鞅。鞅之初为秦施法[27]，法不行，太子犯禁。鞅曰：“法之不行，自于贵戚。君必欲行法，先于太子。太子不可黥，黥其傅师。[28]”于是法大用，秦人治。及孝公卒，太子立，宗室多怨鞅，鞅亡，因以为反，而卒车裂以徇秦国。[29]

惠文君元年，楚、韩、赵、蜀人来朝。二年，天子贺。三年，王冠[30]。四年，天子致文武胙。[31]齐、魏为王。

五年，阴晋人犀首[32]为大良造。六年，魏纳阴晋[33]，阴晋更名宁秦。七年，公子卬与魏战，虏其将龙贾，斩首八万。八年，魏纳河西地。九年，渡河，取汾阴、皮氏[34]。与魏王会应，围焦，降之。[35]十年，张仪相秦。魏纳上郡十五县。十一年，县义渠[36]。归魏焦、曲沃。义渠君为臣[37]。更名少梁曰夏阳。十二年，初腊[38]。十三年四月戊午，秦君为王[39]，韩亦为王。使张仪伐取陕，出其人与魏。[40]

十四年，更为元年。二年，张仪与齐、楚大臣会齧桑[41]。三年，韩、魏太子来朝。张仪相魏[42]。五年，王游至北河[43]。七年，乐池相秦[44]。韩、赵、魏、燕、齐帅匈奴共攻秦。秦使庶长疾与战修鱼[45]，虏其将申差，败赵公子渴、韩太子奂，斩首八万二千。八年，张仪复相秦[46]。九年，司马错伐蜀，灭之[47]。伐取赵中都、西阳[48]。十年，韩太子苍来质。伐取韩石章。伐败赵将泥。伐取义渠二十五城。十一年，樗里疾攻魏焦，降之。败韩岸门，斩首万，其将犀首走[49]。公子通封于蜀。燕君让其臣子之[50]。十二年，王与梁王会临晋[51]。庶长疾攻赵，虏赵将庄[52]。张仪相楚[53]。十三年，庶长章击楚于丹阳[54]，虏其将屈匄，斩首八万；又攻楚汉中，取地六百里，置汉中郡。楚围雍氏[55]，秦使庶长疾助韩而东攻齐，到满助魏攻燕。[56]十四年，伐楚，取召陵。丹、犁臣，蜀相壮杀蜀侯来降。[57]

惠王卒，子武王立。韩、魏、齐、楚、越皆宾从[58]。

武王元年，与魏惠王会临晋。诛蜀相壮。张仪、魏章皆东出之魏[59]。伐义渠、丹、犁[60]。二年，初置丞相，樗里疾、甘茂为左右丞相。张仪死于魏。三年，与韩襄王会临晋外。南公揭卒，樗里疾相韩[61]。武王谓甘茂曰："寡人欲容车通三川，窥周室，死不恨矣。[62]"其秋，使甘茂、庶长封伐宜阳[63]。四年，拔宜阳，斩首六万。涉河，城武遂[64]。魏太子来朝。武王有力好戏，力士任鄙、乌获、孟说皆至大官。王与孟说举鼎，绝膑[65]。八月，武王死。族孟说。武王取魏女为后，无子。立异母弟，是为昭襄王。昭襄母楚人，姓芈氏，号宣太后。武王死时，昭襄王为质于燕，燕人送归，得立。

（以上为第五段，写孝公变法后秦又逐渐强起。）

①河山以东——黄河、崤山以东。 强国六——指齐、楚、魏、燕、韩、赵。 ②淮、泗之间小国十余——盖谓鲁、宋、邾、滕、薛等国。淮、泗：二水名。淮水源于今河南桐柏山，东流经今安徽、江苏入洪泽湖。泗水源于今山东泗水县东，流经今山东曲阜、江苏徐州，东南流，汇入淮水。 ③魏筑长城，自郑滨洛以北——魏与秦国之间的长城是南起华阴（今陕西华阴），沿洛水北行，至黄龙县东折，至黄河边上的少梁（今陕西韩城南）。 有上郡——魏国还占有北部的上郡（秦治肤施，在今陕西榆林东南）。 ④楚自汉中，南有巴、黔中——楚国除其本土外，西北有汉中（约当今陕西秦岭以南，留坝、勉县以东，乾佑河流域以西和湖北十堰郧阳区、保康以西，粉青河、珍珠岭以北地），西南有巴郡（今四川旺苍、西充，重庆永川区、綦江区以东地区）、黔中（今重庆乌江流域和涪陵以下，湖北宜昌以上的长江沿岸地区）。按："巴"字或应作"巫"，巴地属秦，从未属楚。 ⑤力政——武力征伐。政：此处通"征"。 争相并——争着相互吞并。 ⑥雍州——古"九州"之一，约当今陕西、甘肃二省和青海东部地区。 中国诸侯——中原地区的各国君主。 夷翟（dí）遇之——被中原诸国视为夷狄。翟：通"狄"。遇：对待。此指春秋后期、战国前期秦国衰落时期的情景。 ⑦布惠——对百姓施恩惠。 振——"赈"的本字，救济。 ⑧自岐雍之间——从岐山、雍县一带兴起。 以河为界——以黄河作为秦晋两国的分界线。 ⑨天子致伯——周天子将霸主的称号送给秦缪公，即上文"使召公过贺缪公以金鼓"云云。伯：方伯，一方诸侯之长。 毕贺——皆来朝贺。 ⑩三晋——指韩、赵、魏三国，这里主要指魏。诸侯卑秦——各国都瞧不起秦国。 ⑪与之分土——即裂地封之为侯。 ⑫陕城——在今三门峡陕州区，当时属魏。 獂（huán）王——戎族的部落首领，其地在今甘肃陇西东南渭河东岸。 ⑬卫鞅——即商鞅，原是卫国人，公孙氏，名鞅，故称"卫鞅"，后因变法有功，秦国封之于商（今陕西丹凤西北），故也称"商鞅"。 因景监——通过景监的引见。景监：秦孝公宠用的宦官。 ⑭天子致胙（zuò）——周显王送给秦孝公祭祀用过的肉，这是周天子对诸侯霸主的一种特殊礼遇。胙：

祭肉。 ⑮劝战死——鼓励勇敢作战，不怕牺牲。劝：勉励，奖励。⑯甘龙、杜挚——皆秦国大夫。 弗然——不以商鞅的主张为然。相与争之——争相站出来反对商鞅。 ⑰卒用鞅法——句首应增“孝公”二字。 百姓苦之——《商君列传》写商鞅变法时有“秦民之国都言初令之不便者以千数”，又有“宗室贵戚多怨望者”云云。 ⑱乃拜鞅为左庶长——据《商君列传》，乃商鞅说服秦孝公决心变法后，秦孝公任其为左庶长。左庶长：秦爵二十级的第十级；至变法取得成效后，乃“以鞅为大良造”。 ⑲其事在《商君》语中——犹言“有关此事的详细叙述，在《商君列传》中”。 ⑳杜平——魏县名，在今陕西澄城。㉑元里——魏县名，在今陕西澄城南。 ㉒大良造——亦称“大上造”，秦爵二十级的第十六级。 围魏安邑，降之——安邑是魏国的旧都，在今山西夏县西北。 ㉓作为咸阳——在咸阳（今陕西咸阳东北窑店镇附近）建筑城邑。作为：动词连用。 筑冀阙——建造宫殿前门，这里指建造宫殿。冀阙：也叫“象魏”“魏阙”，王宫门前的双阙。秦徙都之——秦国至此又由栎阳迁都于咸阳。 ㉔为田开阡陌——杨宽认为：“开阡陌封疆”，就是废除井田制，把原来“百步为亩”的“阡陌”和每一顷田的“封疆”统统破除，开拓为二百四十步为一亩，重新设置“阡陌”和“封疆”。阡陌：田间的界路。 东地渡洛——把秦国的地盘扩展到了洛水以东，亦即突破了魏国的长城。 ㉕初为赋——杨宽认为这是开始按户按人口征收军赋，此为汉代“算赋”的起源。 ㉖公子少官——其人不详，仅此一见。 逢泽——古薮泽名，在今河南开封东南，当时属魏。 朝天子——到王城（今河南洛阳王城公园一带）朝见周显王。 ㉗施法——实行变法。 ㉘黥（qíng）——在脸上刺字，古代刑法的一种。 黥其傅师——《商君列传》作“刑其傅公子虔，黥其师公孙贾”。傅师：帝王或太子的辅导官。 ㉙亡——潜逃。 因以为反——于是就说他造反。 徇——巡行示众。 ㉚王冠——惠文王行加冠礼。 ㉛四年——前334年。 文武胙——祭祀文、武王用过的祭肉。 ㉜犀首——名公孙衍，重要的纵横家，“犀首”是其号，也有人说是官名。 ㉝魏纳阴晋——魏国将阴晋（在今陕西华阴东）割给秦国。 ㉞汾阴、皮氏——皆魏县名。汾阴在今山西万荣荣河镇西南庙前村北古城,皮氏在今山西河津西。 ㉟应——魏县名,在今河南鲁山县东。 围焦,降之——焦:魏县名,在今河南三门峡陕州区西。㊱县义渠——梁玉绳以为“县义渠”三字为衍文,应是,此时秦不可能“县义渠”。 ㊲义渠君为臣——义渠部落的少数民族君长向秦国称臣。义渠是西戎的一支,分布在岐山、梁山、泾水、漆水之北。春秋时势力强大,首领自称为王。与秦时和时战。周赧王四十五年(前270)为秦所并。 ㊳初腊——初次在腊月举行祭祀祖先的活动。 ㊴秦君为王——按:有本作“魏君为王”,梁玉绳曰:“魏惠称王在惠文四年,此纪已书之……盖是年秦惠称王,故书月书日以别之,‘魏’字乃‘秦’字之误。”按:梁说是,《六国年表》于是年书“君为王”,明年遂改称“元年”。 ㊵陕——魏县名,在今河南三门峡陕州区西南。 出其人与魏——将陕县的居民通通逐出,只取其地。 ㊶齧(niè)桑——古邑名,在今江苏沛县西南。 ㊷张仪相魏——指张仪到魏国为秦做奸细。 ㊸北河——清以前黄河自今内蒙古磴口以下分为南北二支,北支约当今乌加河,时为黄河正流,对南支而言,称为北河。 ㊹乐池相秦——乐池:赵人,与乐毅同族。杨宽认为:秦为了争取赵的合作,一度以赵武灵王的大臣乐池为相。 ㊺庶长疾——即樗(chū)里子,名疾,秦惠文王的异母弟。此时樗里子为“右更”,非为“庶长”。右更:秦爵二十级的第十四级。 修鱼——韩县名,在今河南原阳西南。 ㊻张仪复相秦——时东方诸国被秦打败,张仪已说魏亲秦,遂返秦为相。 ㊼司马错伐蜀,灭之——司马错:秦国名将。蜀:古国名,都城在今成都郫都区。 ㊽伐取赵中都、西阳——应依《赵世家》作“西都、中阳”。西都:周武王都镐,至成王时营雒邑为东都,因称镐京为“西都”。中阳:在今山西中阳县。 ㊾败韩岸门,斩首万,其将犀首走——岸门:韩邑名,在今河南许昌西北。梁玉绳曰:“‘其将犀首走’五字当在‘降之’句下。” ㊿让其臣子之——子之是燕王哙的宰相,劝说燕王哙搞禅王位于自己的把戏,结果燕王哙中计,王位被子之攫取,造成燕国大乱。 51临晋——魏县名,在今陕西大荔东朝邑镇西南。 52虏赵将庄——赵将名庄。 53张仪相楚——张仪到楚国为秦做奸细。 54庶长章——大庶长魏章,秦国名将。 丹阳——丹水之阳,楚地名,约当今河南、陕西两省间的丹江以北地区。 ⑤楚围雍氏——雍氏：韩邑名，在今河南禹州东北。楚恨韩之助秦破楚于丹阳，故出兵围韩雍氏。韩使张翠求救于秦，秦出兵救韩，雍氏围解，事见《战国策·韩策二》与《韩世家》。而《韩世家》将有关文字错简于韩宣惠王十二年下，致使上下不相连属。 ⑯助韩而东攻齐——按："韩"字应作"魏"。 到满——秦将姓到名满者。 ⑰丹、犁臣——丹、犁两部落对秦称臣。白寿彝《中国通史》认为"丹犁"是一个少数民族的名称，当时居住在今四川汉源一带。 蜀相壮杀蜀侯来降——按：据下文"诛蜀相壮"语，知此人乃杀公子通叛秦者，不然，公子通自可平之，无须秦另派兵诛讨。 ⑱宾从——如宾之从主，即臣服。 ⑲张仪、魏章皆东出之魏——张仪是惠文王时的功臣，武王即位后，群臣攻击张仪，张仪无法在秦容身，只好离秦去魏。魏章在惠文王时与张仪是搭档，故与张仪同时被逐。 ⑳伐义渠、丹、犁——三少数民族部落前已归顺于秦，今又反叛，故伐之。 ㉑樗里疾相韩——梁玉绳曰："疾无相韩事，时疾以右丞相出使于周，见本传，疑'相韩'二字是'使周'之误。" ㉒欲容车通三川，窥周室——意谓希望能打开一条过得去一辆车子的小道，让我到周都雒阳去看一看。曰"容车"、曰"窥"，都是一种故作"谦谨"的说法，其本意即要夺取三川。容车：仅容一辆车子，极言其道路之窄狭。三川：指治雒阳（在今洛阳东），因其地有黄河、伊水、雒水而得名。 死不恨矣——死而无憾。恨：憾。 ㉓使甘茂、庶长封伐宜阳——庶长封：庶长名封，史失其姓，事迹不详。宜阳：韩县名，曾为韩国都城，在今河南宜阳西。 ㉔涉河，城武遂——向北打过黄河，在武遂筑城而守。武遂：韩县名，在今山西临汾西南，一说当在今山西垣曲东南。 ㉕王与孟说举鼎，绝膑——武王在甘茂攻拔宜阳后亲至周，在周戏举鼎而致绝膑。绝膑：砸断了小腿。

昭襄王元年，严君疾为相。甘茂出之魏。[①]二年，彗星见。庶长壮与大臣、诸侯公子为逆，皆诛，及惠文后皆不得良死。[②]悼武王后出归魏[③]。三年，王冠，与楚王会黄棘，与楚上庸。[④]四年，取蒲阪[5]。彗星见。五年,魏王来朝应亭[6],复与魏蒲阪。六年,蜀侯辉反,司马错定蜀[7]。庶长奂伐楚,斩首二万。泾阳君[8]质于齐。日食,昼晦[9]。七年,拔新城[10]。樗里子卒。八年,使将军芈戎攻楚,取新市。[11]齐使章子,魏使公孙喜,韩使暴鸢共攻楚方城,取唐昧[12]。赵破中山[13],其君亡,竟死齐。魏公子劲、韩公子长为诸侯[14]。九年,孟尝君薛文来相秦[15]。奂攻楚,取八城,杀其将景快。十年,楚怀王入朝秦,秦留之。薛文以金受免[16]。楼缓为丞相[17]。十一年,齐、韩、魏、赵、宋、中山五国共攻秦,至盐氏而还[18]。秦与韩、魏河北及封陵以和[19]。彗星见。楚怀王走之赵,赵不受,还之秦,即死,归葬。十二年,楼缓免,穰侯魏冉为相[20]。予楚粟五万石[21]。

十三年,向寿伐韩,取武始。[22]左更白起攻新城。[23]五大夫礼出亡奔魏。[24]任鄙为汉中守。十四年,左更白起攻韩、魏于伊阙,斩首二十四万,虏公孙喜,拔五城。[25]十五年,大良造白起攻魏,取垣[26],复予之;攻楚,取宛[27]。十六年,左更错取轵及邓。[28]冉免[29]。封公子市宛、公子悝邓、魏冉陶,为诸侯。十七年,城阳君入朝,及东周君来朝。[30]秦以垣为蒲阪、皮氏[31]。王之宜阳[32]。十八年,错攻垣、河雍,决桥取之。[33]十九年,王为西帝,齐为东帝,皆复去之。[34]吕礼来自归[35]。齐破宋,宋王在魏,死温[36]。任鄙卒。二十年,王之汉中,又之上郡、北河。二十一年,错攻魏河内。魏献安邑,秦出其人,募徙河东赐爵[37],赦罪人迁之。泾阳君封宛[38]。二十二年,蒙武[39]伐齐。河东为九县[40]。与楚王会宛,与赵王会中阳[41]。二十三年,尉斯离与三晋、燕伐齐,破之济西。[42]王与魏王会宜阳,与韩王会新城。二十四年,与楚王会鄢,又会穰。[43]秦取魏安城,至大梁。[44]燕、赵救之,秦军去。魏冉免相。二十五年,拔赵二城。与韩王会新城,与魏王会新明邑。二十六年,赦罪人迁之穰。侯冉复相。二十七年,错攻楚。赦罪人迁之南阳。白起攻赵,取代光狼城[45]。又使司马错发陇西,因蜀攻楚黔中,拔之。[46]二十八年,大良造白起攻楚,取鄢、邓,赦罪人迁之。二十九年,大良造白起攻楚,取郢为南郡,楚王走。周君来[47]。王与楚王会襄陵[48]。白起为武安君。三十年,蜀守若伐楚,取巫郡,及江南为黔中郡。[49]三十一年,白起伐魏,取两城。楚人反我江南[50]。三十二年,相穰侯攻魏,至大梁,破暴鸢,斩首四万,鸢走,魏入三县请和。三十三年,客卿胡伤攻魏卷、蔡阳、长社,取之[51]。击芒卯华阳,破之,斩首十五万。魏入南阳以和。三十四年,秦与魏、韩、上庸地为一郡,南阳免臣迁居之[52]。三十五年,佐韩、魏、楚伐燕。初置南阳郡。三十六年,客卿灶攻齐,取刚、寿,予穰侯。[53]三十八年,中更胡伤攻赵阏与,不能取[54]。四十年,悼太子死魏,归葬芷阳。[55]四十一年夏,攻魏,取邢丘、怀[56]。四十二年,安国君[57]为太子。十月,宣太后薨,葬芷阳郦山。[58]九月,穰侯出之陶[59]。四十三年,武安君白起攻韩,拔九城,斩首五万。四十四年,攻韩南阳,取之[60]。四十五年,五大夫贲攻韩,取十城。叶阳君悝出之国,[61]未至而死。四十七年,秦攻韩上党,上党降赵,秦因攻赵,赵发兵击秦,相距。秦使武安君白起击,大破赵于长平,四十余万尽杀之。四十八年十月,韩献垣雍[62]。秦军分为三军[63]。武安君归[64]。王龁将伐赵武安、皮牢[65],拔之。司马梗北定太原[66],尽有韩上党。正月,兵罢,复守上党。其十月,五大夫陵[67]攻赵邯郸。四十九年正月,益发卒佐陵。陵战不善,免,王龁代将。其十月,将军张唐攻魏,为蔡尉捐弗守,还斩之。[68]五十年十月,武安君白起有罪,为士伍,迁阴密。[69]张唐攻郑,拔之[70]。十二月,益发卒军汾城旁[71]。武安君白起有罪,死[72]。龁攻邯郸,不拔,去,还奔汾军。二月余攻晋军,斩首六千,晋楚流死河二万人。[73]攻汾城,即从唐拔宁新中。[74]宁新中更名安阳。初作河桥[75]。

五十一年,将军摎攻韩,取阳城、负黍,斩首四万。[76]攻赵,取二十余县,首虏[77]九万。西周君背秦,与诸侯约从,将天下锐兵出伊阙攻秦,令秦毋得通阳城。[78]于是秦使将军摎攻西周。西周君走来自归，顿首受罪，尽献其邑三十六城，口三万。秦王受献，归其君于周。五十二年，周民东亡，其器九鼎入秦。周初亡[79]。

五十三年，天下来宾[80]。魏后，秦使摎伐魏，取吴城。[81]韩王入朝，魏委国听令。五十四年，王郊见上帝于雍[82]。五十六年秋，昭襄王卒，子孝文王立。尊唐八子为唐太后，而合其葬于先王。[83]韩王衰绖入吊祠，诸侯皆使其将相来吊祠，视丧事。

孝文王元年，赦罪人，修先王功臣，褒厚亲戚，驰苑囿。[84]孝文王除丧，十月己亥即位，三日辛丑卒，子庄襄王立。

庄襄王元年，大赦罪人，修先王功臣，施德厚骨肉而布惠于民。东周君与诸侯谋秦，秦使相国吕不韦诛之，尽入其国。秦不绝其祀，以阳人地赐周君，奉其祭祀。[85]使蒙骜伐韩，韩献成皋、巩。[86]秦界至大梁，初置三川郡[87]。二年，使蒙骜攻赵，定太原。三年，蒙骜攻魏高都、汲，[88]拔之。攻赵榆次、新城、狼孟，[89]取三十七城。四月日食。四年，王龁攻上党，初置太原郡。[90]魏将无忌率五国兵击秦，秦却于河外。[91]蒙骜败，解而去。五月丙午，庄襄王卒，子政立，是为秦始皇帝。

秦王政立二十六年，初并天下为三十六郡，号为始皇帝。始皇帝立十一年而崩，子胡亥立，是为二世皇帝。三年，诸侯并起叛秦，赵高杀二世，立子婴。子婴立月余，诸侯诛之，遂灭秦。其语在《始皇本纪》中。

（以上为第六段，写秦昭王壮大秦国，为秦始皇的统一铺平道路。）

①昭襄王元年——前306年。　严君疾——即樗里疾，因破楚取汉中之功被封于严道（今四川荥经），故称“严君”。　甘茂出之魏——梁玉绳曰：“按传，茂奔齐，复至楚，而终于魏，此言‘茂出之魏’，恐是‘齐’之误。”　②庶长壮——即公子壮，也称“季君”，昭王的兄弟，当时任大庶长。　诸侯公子——“侯”字衍文。“诸公子”即昭王的各个弟兄。　惠文后——惠文王的夫人，武王的生母。昭王在其母、其舅的协助下夺得王位，而诸兄弟不服，故群起为乱。　③悼武王后出归魏——悼武王后原魏女，今亦被逐，令其归魏。　④王冠——秦昭王行加冠

礼,时二十二岁。　黄棘——楚邑名,在今河南新野东北。　上庸——楚邑名,在今湖北竹山西南。　⑤取蒲阪——蒲阪:魏邑名,在今山西永济西南蒲州镇。　⑥魏王来朝应亭——“应亭”应作“临晋”,此次朝秦于临晋者为魏襄王与韩太子婴。　⑦蜀侯煇(yùn)反,司马错定蜀——“煇”字应作“恽”,即公子恽,武王的同母弟。公子通被杀后,公子恽继封为蜀侯。昭王六年(前301),恽祭山川,献馈于王,后母(即宣太后)加毒以进,王大怒,遣司马错赐恽剑,使自裁。《纪》《表》所以言“反”者,乃仍秦史诬词,非其实。　⑧泾阳君——即公子市(有版本作“公子市”),秦昭王的胞弟,因其封地在泾阳(今陕西泾阳西北),故称泾阳君。　⑨昼晦——白天黑暗如夜。“泾阳君质于齐”与“日蚀,昼晦”皆七年事,此一并误入六年。　⑩拔新城——“新城”上当有“楚”字。新城:后改称“襄城”,即今河南襄城,当时属楚。　⑪芈(mǐ)戎攻楚——芈戎:宣太后的同父弟,在秦被封为华阳君。　新市——楚邑名,在今湖北京山东北。　⑫齐使章子,魏使公孙喜,韩使暴(pù)鸢共攻楚方城,取唐眛——按:此即前文六年所说“庶长奂伐楚,斩首二万”事。方城:楚长城,其东段筑于春秋时代,其西段为顷襄王时所建。唐眛:楚将,率军抵御齐、魏、韩联军,双方相持半年,后齐军乘夜袭击,楚军大败,唐眛被杀,楚失宛、叶以北之地。　⑬赵破中山——中山:战国初期鲜虞人建立的国家,开始都于顾(今河北定州),前406年被魏文侯所灭;后又再起,都于灵寿(今河北灵寿西北),今又被赵国所灭。

⑭魏公子劲、韩公子长为诸侯——《魏世家》《韩世家》《六国年表》均不载,据文意可能是秦国为了分裂韩、魏,树立自己的亲信,而强令韩、魏承认之。　⑮孟尝君薛文来相秦——《孟尝君列传》系之于秦昭王八年,叙其过程非常详细。薛文:即田文,因其封地在薛,故亦可称“薛文”。　⑯薛文以金受免——梁玉绳曰:“余考《孟尝传》,‘秦昭王以为相,人或说昭王曰:“孟尝君相秦,必先齐而后秦,秦其危矣。”于是昭王乃止,囚孟尝君’。疑‘金受’即说昭王之人,不知是否。又,文之免相在九年,此亦误,在十年也。”　⑰楼缓——本赵人,曾反复仕于赵、秦。

⑱齐、韩、魏、赵、宋、中山五国共攻秦,至盐氏而还——按:《六国年表》于秦昭王九年载此事甚明晰,只齐、韩、魏三国,攻秦于函谷关,无

赵、宋、中山事。且统加之即“六国”，亦非“五国”。盐氏：魏邑名，在今山西运城。 ⑲秦与韩、魏河北及封陵以和——据《韩世家》，秦予韩者为“河外及武遂”；据《魏世家》秦予魏者为“河外及封陵”。河外：此指与武遂、封陵邻近的黄河以南地区。封陵：在今山西芮城西南，地处黄河北岸。武遂：今山西临汾西南，一说当在今山西垣曲东南，亦在黄河北岸。 ⑳穰（ráng）侯魏冉为相——魏冉是秦昭王之舅，宣太后之同母异父弟。因与其姊佐立秦昭王，并对发展秦国有大功，被封于穰（今河南邓州），故称穰侯。穰侯在秦前后五次为相，此其第二次。㉑予楚粟五万石——秦昭王十一年楚怀王被囚死于秦，各国都讨厌秦国，秦为了与楚国改善关系，故有此举。 ㉒向寿——宣太后的亲戚，自幼与秦昭王一起长大，后成为秦国将领。 武始——韩县名，在今河北邯郸西南。 ㉓左更——秦爵二十级的第十二级。 白起——昭王时代的秦国名将。据《白起王翦列传》，是年白起为左庶长（秦爵二十级的第十级），次年方为左更。 新城——韩地名，在今河南伊川西南。 ㉔五大夫礼——吕礼，时为五大夫。五大夫：秦爵二十级的第九级。 出亡奔魏——吕礼本齐人，仕于秦，与穰侯不和。穰侯为相后，欲杀之，故吕礼出奔魏，又由魏入齐，后为齐相。 ㉕伊阙——险塞名，即今“龙门”，在今河南洛阳南，两山对立如阙门，伊水穿流其间。 公孙喜——韩将名。 ㉖垣——魏县名，在今山西垣曲东南王茅镇。㉗宛——楚县名，在今河南南阳。 ㉘左更错——左更司马错。 轵（zhǐ）——魏邑名，在今河南济源南。 邓——魏邑名，在今济源南的黄河边上，当时的轵邑西南。 ㉙冉免——魏冉免相。 ㉚城阳君——也作“成阳君”，疑即前文之“公子长”，倘果是，则更可知前之立其为诸侯乃秦之谋。 东周君——周国东部的小诸侯。周国至显王（前368—前321年在位）时，其所仅有的雒阳周围的几个县又逐渐落入手下两个贵族之手，居西部的叫“西周君”，都于王城（今河南洛阳王城公园一带）；居东部的叫“东周君”，都于巩县（今河南巩义西南），周天子完全成为傀儡。 ㉛秦以垣为蒲阪、皮氏——“为”字应作“易”，交换，求其邻近易管。 ㉜王之宜阳——秦昭王到宜阳（今河南宜阳西）视察。 ㉝错攻垣、河雍——司马错重又夺取了垣县与河雍。河雍:即宜阳城,原属韩,于武王时已被秦国攻占,此处仍提“河雍”,当指河雍周围仍被魏国攻占的其他地盘。 决桥——拆断黄河上的桥梁。㉞王为西帝,齐为东帝——春秋时代只有周天子称王,各诸侯只能称“公”或称“侯”;战国中期以后,各国诸侯都已相继称“王”,于是齐、秦两大国遂又不甘心与诸国并列,而另谋称“帝”,秦为“西帝”,齐为“东帝”。 皆复去之——秦、齐称“帝”后,当时正在齐国的苏秦劝齐湣(mǐn)王取消帝号,以讨好诸侯,孤立秦国。于是齐湣王取消帝号,秦国见此情景也只好恢复称“王”。 ㉟吕礼来自归——吕礼由齐国回到秦国。 ㊱齐破宋,宋王在魏,死温——据《宋世家》,宋国的末代国君宋王偃残虐异常,人称之“桀宋”。秦昭王二十一年,齐、楚、魏三国伐灭宋而瓜分其地,宋王偃先被迁于魏国之温(今河南温县西南),不久被杀。 ㊲募徙河东赐爵——招募秦民,凡愿搬迁至今山西安邑一带者,赐予爵级。河东:本魏郡,后为秦郡,即今山西省西南部,因其地处黄河以东,故云。治安邑(今山西夏县西北)。 ㊳泾阳君封宛——梁玉绳曰:“泾阳、高陵二公子已于十六年同封,此误重出。” ㊴蒙武——秦将名,蒙骜之子。 ㊵河东为九县——梁玉绳认为:“河东”上疑有脱字。按:意即设所取河东之地为九个县。 ㊶与赵王会中阳——与赵惠文王会见于中阳。中阳:赵县名,在今山西中阳。 ㊷尉斯离——秦国的都尉名斯离,其人事迹不详。 与三晋、燕伐齐,破之济西——此即以燕将乐毅为统帅的五国伐齐之役。三晋:即韩、赵、魏三国。济西:当时的济水以西,约当今山东聊城一带。 ㊸鄢——楚邑名,在今湖北宜城南。 穰——古邑名,在今河南邓州,原属楚,现已被秦所占。 ㊹安城——魏县名,在今河南原阳西南。 至大梁——秦军一直攻到大梁城下。 ㊺取代光狼城——“代”字疑衍。光狼城:赵邑名,在今山西高平西。 ㊻发陇西——调发陇西一带的兵员。陇西:秦郡名,郡治狄道,在今甘肃临洮。 因蜀攻楚黔中,拔之——借助蜀郡的地形与人力物力,攻取了楚国的黔中郡,约当今重庆乌江流域和涪陵以下、湖北宜昌以上的长江沿岸地区。 ㊼周君来——《周本纪》《六国年表》皆不载,不知为“东周君”还是“西周君”。 ㊽襄陵——魏县名,在今河南睢县。 ㊾三十年——公元前 277 年。 蜀守若——

秦国的蜀郡郡守名若。　取巫郡，及江南为黔中郡——将新取得的巫郡与前所取得的江南地区合在一起，设黔中郡。　⑤⓪楚人反我江南——秦黔中郡的江南地区爆发反秦事件。　⑤①客卿胡伤攻魏卷、蔡阳、长社，取之——客卿：他国人来此国尚未正式任职，而享受卿级待遇的高等参谋人员。卷：魏县名，在今河南原阳西南。蔡阳：魏县名，在今河南上蔡西南。长社：魏县名，在今河南长葛东。　⑤②秦与魏、韩、上庸地为一郡，南阳免臣迁居之——语句不顺。杨宽认为：魏被迫献南阳给秦，秦把所占韩、魏的南阳和楚的上庸地合建为郡。免臣：免罪之臣，意即"赦罪臣迁居南阳"。　⑤③客卿灶——客卿名灶，史失其姓。　取刚、寿——刚：齐邑名，在今山东宁阳东北；寿：在今山东东平西南。⑤④中更胡伤攻赵阏（yù）与，不能取——按：此即赵国名将赵奢大破秦军之"阏与之战"。中更：秦爵二十级之第十三级。阏与：赵邑名，在今山西和顺。　⑤⑤悼太子死魏——昭王太子，谥曰"悼"，在魏为人质而死。　芷阳——秦县名，在今陕西西安东北，当时咸阳之东南。　⑤⑥取邢丘、怀——邢丘：魏县名，在今河南温县东。怀：魏县名，在今河南武陟西南，距邢丘不远。　⑤⑦安国君——昭王之子，名柱，即日后之孝文王。　⑤⑧十月——乃"七月"之讹。　葬芷阳郦山——"郦山"二字似应删，盖郦山在今西安临潼区东南，不在芷阳境内。郦山：亦称骊山，秦岭支峰。因山形似骊马，呈青色而得名。　⑤⑨穰侯出之陶——穰侯功大权重，使昭王受到威胁，至范雎入秦，对昭王开说，穰侯与华阳君、高陵君、泾阳君皆被遣出京城，各去自己的封地。穰侯有封地在陶，故遣使之陶（在今山东菏泽定陶区西北）。　⑥⓪攻韩南阳，取之——此"南阳"乃指太行山之阳，约当今河南济源至获嘉一带。　⑥①叶阳君悝（kuī）——即高陵君公子悝，秦昭王的胞弟。　出之国——离开京城，出函谷关到自己的封地邓县（今河南孟州）去。前已云"封公子悝于邓，为诸侯"。　⑥②垣雍——韩县名，在今河南原阳西北。　⑥③秦军分为三军——《白起王翦列传》作"分为二军"，即下文所云王龁与司马梗各领一军。　⑥④武安君归——长平之战后，秦相范雎嫉白起功大，说秦王答应韩国求和，故韩献垣雍。次年，秦复攻邯郸，白起恼怒，称病不行。　⑥⑤皮牢——赵县名，在今山西翼城东北。　⑥⑥太原——赵郡名，郡治晋阳,在今山西太原西南古城营。 ㊲五大夫陵——王陵,时为五大夫。因白起称病不行,秦王遂派王陵为将。 ㊳张唐——秦将名,号张卿。 蔡尉捐弗守,还斩之——魏国的守将蔡尉因弃城逃跑,被魏王所杀。 ㊴为士伍——即被免去一切爵位,贬为普通士兵。古兵制五人为"伍",故称普通士兵为"士伍"。 迁阴密——发配到阴密监管。阴密:秦县名,在今甘肃灵台西南。 ㊵张唐攻郑,拔之——"郑"似应作"鄚"(mào),在今河北任丘北之鄚州镇,当时属赵。 ㊶军汾城旁——驻扎在汾城之侧,伺机以攻之。汾城:魏县名,在今山西襄汾西南。 ㊷武安君白起有罪,死——白起于长平之战后与范雎、秦王矛盾尖锐,终致被强加罪名发配阴密,中途又被赐死。 ㊸攻晋军——与救赵的魏军作战。 晋楚流死河二万人——谓魏、楚救赵之兵与秦军作战,死于河水中者甚众。按:此与《魏公子列传》所叙不合,疑此叙非实。 ㊹攻汾城——主语为秦将王龁。 宁新中——也称"新中",魏县名,在今河南安阳。 ㊺河桥——在今陕西大荔东大庆关与山西永济西南蒲州镇之间黄河上,桥西为临晋关,桥东即蒲坂关。 ㊻将军摎——秦将名,史失其姓,后官至丞相。 阳城——韩县名,在今河南登封东南告成镇。 负黍——韩邑名,在今河南登封西南。 ㊼首虏——斩敌之首与俘获敌人。 ㊽西周君——即西周武公。 约从——相约合纵。从:"纵"的古字。 令秦毋得通阳城——谓西周联合东方诸国由伊阙(今河南洛阳南)南出,袭击秦军之侧翼,欲断秦国与其新取阳城之联络。 ㊾初亡——初步灭亡,尚未彻底灭亡。 ㊿来宾——来朝,表示臣服。 [81]魏后——魏国的君主没有按时到达。 吴城——魏县名,也称"虞",即晋献公"假虞灭虢"之"虞",在今山西平陆北。 [82]王郊见上帝于雍——秦昭王在秦国旧都雍县的南郊举行祭天典礼,这是古代帝王所行的大典,诸侯是不能做的。 [83]唐八子——昭王之妃,孝文王的生母。八子:妃嫔的封号名。据《汉书·外戚传》,"后"以下有"夫人""美人""良人""八子""七子"等号。八子视千石,比中更。 合其葬于先王——将唐八子与昭王合葬在一起。 [84]修先王功臣——对昭王时代的功臣,该封赏而未封赏的通通予以补偿,如白起之类是也。修:推举,论列。 褒厚——褒奖、优待。 弛苑囿——将王家园林打开,准许百姓入内樵采或狩猎。 ㉟阳人——阳人聚,在今河南汝州西。 奉其祭祀——主持对周王朝先公先王的祭祀。 ㊱蒙骜——秦国名将,蒙恬的祖父。 韩献成皋、巩——梁玉绳曰:"《表》及《韩世家》皆言'秦拔取韩成皋、荥阳',此云韩'献'之,非也。又'巩'亦'荥阳'之误,'巩'为东周所居,韩安得有之?"成皋:韩邑名,在今河南荥阳汜水镇西。荥阳:韩县名,在今荥阳东北。 ㊲三川郡——秦郡名,郡治在今河南洛阳东,即当时的"雒邑"。 ㊳高都——魏县名,在今山西晋城。 汲——魏县名,在今河南卫辉西南。 ㊴榆次——赵县名,在今山西晋中西北。 新城——赵县名,在今山西朔州西南。 狼孟——赵县名,在今山西阳曲。 ㊵王龁(hé)攻上党——梁玉绳曰:"疑前所定者惟降赵之城市邑十七,今所攻者,并其余城而攻拔之。" 太原郡——秦郡名,郡治晋阳,在今太原西南古城营。 ㊶魏将无忌——即信陵君。 率五国兵击秦——五国:燕、赵、韩、楚、魏。 河外——在今河南西部的黄河以南。《魏公子列传》于此作"公子率五国之兵破秦军于河外,走蒙骜,遂乘胜逐秦军至函谷关"。

太史公曰:秦之先为嬴姓。其后分封,以国为姓,有徐氏、郯氏、莒氏、终黎氏、运奄氏、菟裘氏、将梁氏、黄氏、江氏、脩鱼氏、白冥氏、蜚廉氏、秦氏。然秦以其先造父封赵城,为赵氏[①]。

(以上为第七段,是作者的论赞,辨析了秦朝统治者的族系。)

①秦以其先造父封赵城,为赵氏——按:史公此语不合情理。造父被封于赵城,其子孙姓"赵"可也。然西垂一支,自非子已被赐姓"嬴",经累世后,曰"与赵同宗"可也,岂可又曰姓"赵"乎?至《秦始皇本纪》乃又云:"庄襄王为秦质子于赵……生始皇……及生,名为政,姓赵氏。"此又欲以生地相分,结果又回了大宗。世事无奇不有,原也不必深论,但关键秦始皇是否真的说自己姓"赵",恐史公亦无依据。

[**简评**] 《秦本纪》犹如《周本纪》的前半部,主要铺写秦始

皇以前秦国历代先祖的发家建国,以及他们为秦国奠定统一六国基础的过程。由于历史太长,事件太多,不能再和秦始皇的事迹连为一篇,所以作者将此篇定名为《秦本纪》。本篇追溯了秦朝统治者遥远的先祖,谱列了秦国历代诸侯的世系,比较详细地记载了春秋、战国时期秦国几代英主的文治武功。作品告诉读者,日后秦始皇的统一六国,是他历代先祖几百年来长期奋斗的结果。正如《秦楚之际月表序》所说:"秦起襄公,章于文、缪;献、孝之后,稍以蚕食六国,百有余载,至始皇乃能并冠带之伦,盖一统若斯之难也。"到始皇帝即位时,秦国的领土已经占有全国之大半,东方诸国之事秦,已经畏惧得有如国内之小侯,天时、地利、人和,一切都在等待秦始皇的最后一场收拾了,这是历史趋势之必然,是谁也阻止不了的,"盖若天所助焉"。作者于本文中用笔最多的无疑是秦穆公,秦穆公的品德与其用人方略,无疑都带有作者个人理想化的鲜明色彩,其善待盗食良马者一节,尤为《史记》中所多次显现之主题。秦孝公是战国中期秦国富强的关键人物,《史记》中有《商君列传》可以与此相互参看。惠文王、秦武王,尤其昭襄王,是为日后秦始皇统一六国奠定基础的重要人物,但史公只是谱列了在他们即位时期逐年发生的重大事件,而没有更多地写到他们自身的思想与行动,这是比较遗憾的。与这段历史紧密相关的作品有《张仪列传》《樗里子甘茂列传》《穰侯列传》《白起王翦列传》《范雎蔡泽列传》等,可以彼此参证。

[**集评**] 《太史公自序》:"维秦之先,伯翳佐禹;穆公思义,悼豪之旅;以人为殉,《诗》歌《黄鸟》;昭襄业帝,作《秦本纪》第五。"

归有光曰:"《秦本纪》与《始皇本纪》当合为一,如《周纪》始后稷也。以简帙多,始皇自为纪。"(《归方评点史记合笔》)

方苞曰:"《秦纪》多夸语,其世系事迹详于列国,而于他书无

征，盖秦史之旧也。”（《归方评点史记合笔》）

泷川资言曰：“《六国年表序》云‘太史公读《秦记》，至犬戎败幽王，周东徙洛邑，秦襄公始封为诸侯，作西畤用事上帝，僭端见矣’。又云‘《秦记》不载日月，其文略未具，然战国之权变亦有可颇采者’。盖此纪以《秦记》为经，以《左传》《国语》《国策》为纬，比诸吴、齐、鲁、晋诸世家，其事大备者为此也。”（《史记会注考证》）

马非百曰：“秦以西垂小国，乘周之乱，逐戎有岐丰之地。……垂及百年，至于穆公，遂灭梁、芮，筑垒为王城，以塞西来之路。……由是据丰、镐故都，蔚为强国，与中夏抗衡矣。总观穆公之力征经营……其始也，致全力于东进政策之推行。及东进受挫于晋，则改而从事于西进。西进既成，又转而南进，而穆公已衰老矣。然秦人异日统一之基，实自穆公建之，此不可不知者也。”（《秦集史》）

郭沫若曰：“使商鞅成了功的秦孝公，我们也不好忘记，他确实是一位法家所理想的君主。他能够在二十余年间让商君一人负责，放手做去，不加以干涉，真是难能可贵的事。……古时候的政治家要想成功，最难得的是这君臣的际遇。齐桓公之于管仲都远不如这秦孝公之于商鞅，至于后代的刘先帝之于诸葛亮，宋神宗之于王安石，更是大有愧色了。”（《十批判书》）

杨宽曰：“秦献公之所以能够取得政权，归根结蒂（底）是由于得到了前此‘不说自匿’的‘群贤’与‘郁怨非上’的‘百姓’的支持。（因此）秦献公开始进行政治改革。……由于这一系列的改革，秦国在兼并战争中开始转败为胜，这样就为此后秦孝公任用卫鞅变法打下了基础。”“秦国在秦昭王时，实际上已开始进行统一战争，既取得了东方各国的大块土地，又大量杀伤了各国的人力。……这就严重削弱了这些国家的战斗力，奠定了此后秦国取得统一战争胜利的基础。”（《战国史》）

洪迈曰："七国虎争天下，莫不招致四方游士，然六国所用相皆其宗族及国人……独秦不然，其始与之谋国开霸业者，(魏)卫人公孙鞅也。其他若楼缓赵人，张仪、魏冉、范雎皆魏人，蔡泽燕人，吕不韦韩人，李斯楚人，皆委国而听之不疑，卒之所以兼天下者，诸人之力也。"(《容斋随笔》)

秦国诸侯世系表

秦仲(前844—前822年)——庄公(秦仲子，前821—前778年)——襄公(庄公子，前777—前766年)——文公(襄公子，前765—前716年)——宪(宁)公(文公孙，前715—前704年)——出子(宁公子，前703—前698年)——武公(出子兄，前697—前678年)——德公(武公弟，前677—前676年)——宣公(德公子，前675—前664年)——成公(宣公弟，前663—前660年)——穆公(成公弟，前659—前621年)——康公(穆公子，前620—前609年)——共公(康公子，前608—前604年)——桓公(共公子，前603—前577年)——景公(桓公子，前576—前537年)——哀公(景公子，前536—前501年)——惠公(哀公孙，前500—前491年)——悼公(惠公子，前490—前477年)——厉共公(悼公子，前476—前443年)——躁公(厉共公子，前442—前429年)——怀公(躁公弟，前428—前425年)——灵公(怀公孙，前424—前415年)——简公(怀公子，前414—前400年)——惠公(简公子，前399—前387年)——出子(惠公子，前386—前385年)——献公(灵公子，前384—前362年)——孝公(献公子，前361—前338年)——惠文王(孝公子，前337—前311年)——武王(惠文王子，前310—前307年)——昭王(武王弟，前306—前251年)——孝文王(昭王子，前250年)——庄襄王(孝文王子，前249—前247年)——秦王政(庄襄王子，前246—前221年)　统一六国，开始改称皇帝(春秋，战国各有一"出子"、一"惠公"。)

秦始皇本纪第六

秦始皇帝者，秦庄襄王子也。庄襄王为秦质子于赵，见吕不韦姬，悦而取之，生始皇。以秦昭王四十八年正月生于邯郸。及生，名为政，姓赵氏。[①]年十三岁，庄襄王死，政代立为秦王。当是之时，秦地已并巴、蜀、汉中，越宛有郢，置南郡矣；[②]北收上郡以东，有河东、太原、上党郡；[③]东至荥阳，灭二周，置三川郡。[④]吕不韦为相，封十万户，号曰文信侯。招致宾客游士，欲以并天下。李斯为舍人，蒙骜、王齮、麃公等为将军。[⑤]王年少，初即位，委国事大臣。晋阳反[⑥]。

元年，将军蒙骜击定之。[⑦]二年，麃公将卒攻卷[⑧]，斩首三万。三年，蒙骜攻韩，取十三城。王齮死。十月，将军蒙骜攻魏氏畼、有诡[⑨]。岁大饥。四年，拔畼、有诡。三月，军罢。秦质子归自赵，赵太子出归国。十月庚寅[⑩]，蝗虫从东方来，蔽天。天下疫。百姓内粟千石，拜爵一级。[⑪]五年，将军骜攻魏，定酸枣、燕、虚、长平、雍丘、山阳城，皆拔之，取二十城，初置东郡。[⑫]冬雷。六年，韩、魏、赵、卫、楚共击秦，取寿陵。秦出兵，五国兵罢。拔卫，迫东郡，其君角率其支属徙居野王，阻其山以保魏之河内。[⑬]七年，彗星先出东方，见北方，五月见西方。将军骜死，以攻龙、孤、庆都,还兵攻汲。[14]彗星复见西方,十六日,夏太后死。八年,王弟长安君成蟜将军击赵,反,死屯留,[15]军吏皆斩死,迁其民于临洮[16]。将军壁死,卒屯留蒲鶮反,戮其尸[17]。河鱼大上,轻车重马东就食。[18]

嫪毐封为长信侯,予之山阳地,令毐居之。[19]宫室车马衣服苑囿驰猎恣毐[20],事无小大皆决于毐。又以河西太原郡[21]更为毐国。九年,彗星见,或竟天[22]。攻魏垣、蒲阳[23]。四月,上宿雍。[24]己酉,王冠,带剑[25]。长信侯毐作乱而觉,矫王御玺及太后玺以发县卒及卫卒、官骑、戎翟君公、舍人,将欲攻蕲年宫为乱。[26]王知之,令相国、昌平君、昌文君发卒攻毐,战咸阳,[27]斩首数百,皆拜爵,及宦者皆在战中,亦拜爵一级。毐等败走。即令国中:有生得毐,赐钱百万;杀之,五十万。尽得毐等。卫尉竭、内史肆、佐弋竭、中大夫令齐等二十人皆枭首,[28]车裂以徇[29],灭其宗。及其舍人,轻者为鬼薪[30]。及夺爵迁蜀四千余家,家房陵[31]。四月寒冻,有死者。杨端和攻衍氏。[32]彗星见西方,又见北方,从斗以南八十日。十年,相国吕不韦坐嫪毐免。桓齮[33]为将军。齐、赵来置酒[34]。齐人茅焦说秦王曰:“秦方以天下为事,而大王有迁母太后之名,恐诸侯闻之,由此倍秦也。”秦王乃迎太后于雍而入咸阳,复居甘泉宫。

大索,逐客[35],李斯上书说,乃止逐客令。李斯因说秦王,请先取韩以恐他国,于是使斯下韩[36]。韩王患之,与韩非谋弱秦。大梁人尉缭来,[37]说秦王曰:“以秦之强,诸侯譬如郡县之君,臣但恐诸侯合从,翕而出不意,此乃智伯、夫差、湣王之所以亡也。[38]愿大王毋爱财物,赂其豪臣,以乱其谋,不过亡三十万金,则诸侯可尽。”秦王从其计,见尉缭亢礼[39],衣服食饮与缭同。缭曰:“秦王为人,蜂准,长目,挚鸟膺,豺声。[40]少恩而虎狼心,居约易出人下,得志亦轻食人。[41]我布衣,然见我常身自下我;诚使秦王得志于天下,天下皆为虏矣。不可与久游。”乃亡去。秦王觉,固止,以为秦国尉。[42]卒用其计策，而李斯用事。

十一年，王翦、桓齮、杨端和攻邺，取九城，王翦攻阏与、橑杨，皆并为一军[43]。翦将十八日，军归斗食以下，什推二人从军[44]。取邺、安阳[45]，桓齮将。十二年，文信侯不韦死，窃葬[46]。其舍人临者，晋人也逐出之；秦人六百石以上夺爵，迁；[47]五百石以下不临迁，勿夺爵[48]。"自今以来，操国事不道如嫪毐、不韦者，籍其门，视此。[49]"秋，复[50]嫪毐舍人迁蜀者。当是之时，天下大旱，六月至八月，乃雨[51]。

十三年，桓齮攻赵平阳，杀赵将扈辄，斩首十万。王之河南[52]。正月[53]，彗星见东方。十月，桓齮攻赵。十四年，攻赵军于平阳，取宜安[54]，破之，杀其将军。桓齮定平阳、武城[55]。韩非使秦，秦用李斯谋，留非，非死云阳[56]。韩王请为臣。

十五年，大兴兵，一军至邺，一军至太原，取狼孟[57]。地动。十六年九月，发卒受地韩南阳假守腾[58]。初令男子书年[59]。魏献地于秦。秦置丽邑[60]。十七年，内史腾攻韩，得韩王安，尽纳其地，以其地为郡，命曰颍川。地动。华阳太后卒。民大饥。

十八年，大兴兵攻赵，王翦将上地，下井陉[61]，端和将河内，羌瘣伐赵，端和围邯郸城[62]。十九年，王翦、羌瘣尽定取赵地，东阳得赵王[63]。引兵欲攻燕，屯中山[64]。秦王之邯郸，诸尝与王生赵时母家有仇怨[65]，皆坑之。秦王还，从太原、上郡归。始皇帝母太后崩。赵公子嘉率其宗数百人之代，自立为代王，东与燕合兵，军上谷[66]。大饥。

二十年，燕太子丹患秦兵至国，恐，使荆轲刺秦王。秦王觉之，体解轲以徇，而使王翦、辛胜攻燕。燕、代发兵击秦军，秦军破燕易水之西。二十一年，王贲攻荆[67]。乃益发卒诣王翦军，遂破燕太子军，取燕蓟城，得太子丹之首。燕王东收辽东[68]而王之。王翦谢病老归。新郑反，昌平君徙于郢[69]。大雨雪，深二尺五寸。

二十二年，王贲攻魏，引河沟灌大梁，大梁城坏，其王请降，尽取其地。

二十三年,秦王复召王翦,强起之,使将击荆。取陈以南至平舆,虏荆王。秦王游,至郢陈[70]。荆将项燕立昌平君为荆王,反秦于淮南。二十四年,王翦、蒙武攻荆,破荆军,昌平君死,项燕遂自杀。

二十五年,大兴兵,使王贲将,攻燕辽东,得燕王喜。还攻代,虏代王嘉。王翦遂定荆江南地;降越君,置会稽郡。五月,天下大酺[71]。

二十六年,齐王建与其相后胜发兵守其西界,不通秦。[72]秦使将军王贲从燕南攻齐,得齐王建。

(以上为第一段,写秦始皇亲政以前的经历与其亲政后统一六国的过程。)

①及生,名为政——梁玉绳曰:"始皇以'正月'生,遂以'正'名之。惟其名'正',是以改'正月'为'端月'……《史记》古本是'正'字,不知何时尽改作'政'。" 姓赵氏——按:晋国赵氏之祖有曰"造父"者,被封赵城,其子孙皆姓"赵";秦氏之祖曰"秦嬴"者,其子孙皆姓"嬴"。造父之祖曰"季胜",秦嬴之祖曰"恶来革","季胜"与"恶来革"是兄弟,皆"蜚廉"之子。说"嬴氏"与"赵氏"同祖可也;说"嬴氏"子孙"姓赵",则绝对不可。"秦嬴"本名"非子",非子在未发达以前,与其父、祖皆曾冒姓"赵",然自非子发达起来被周天子"赐姓嬴"之后,其后代子孙如秦仲、秦襄公,以至始皇之父、祖皆已长期姓"嬴",忽于始皇又冒出曰"姓赵氏",实在无理。如曰"生于赵,故曰'赵政'",则虽有其因,亦定无其理。 ②宛——县名,在今河南南阳,原来属楚,后被秦占,为南阳郡的郡治所在地。 郢(yǐng)——原为楚国都城,于昭王二十九年(前278)被秦所占。 南郡——秦郡名,郡治江陵,在今湖北荆州市荆州区。 ③上郡——秦郡名,郡治肤施(今陕西榆林东南),这一带原来属魏。 河东——秦郡名,郡治安邑(今山西夏县西北),这一带原来属魏。 太原——秦郡名,郡治晋阳(今山西太原西南古城营),这一带原来属赵。 上党——秦郡名,治壶关(今山西长治北),西汉移治

长子(今山西长子西南),这一带原来分属韩、赵。 ④荥阳——县名,在今河南荥阳东北,原来属韩。 二周——即东周与西周。周天子到显王时已完全成为傀儡,其仅有的一小片地盘又由其属下的两个贵族分治,东周君都巩(今河南巩义西南),西周君都王城(今河南洛阳王城公园一带)。西周君于前256年被秦昭王所灭;东周君于前249年被秦庄襄王所灭。 三川郡——秦郡名,郡治雒阳(今洛阳东),这一带原来属于韩与二周。 ⑤舍人——依附于权贵门下寄食,而为之担当一定职事者。 蒙骜——秦将名,蒙恬的祖父。 王齮(yǐ)——似应作"王龁(hé)",秦将名。 麃(biāo)公——麃县县令,史失其姓名。 ⑥晋阳反——太原郡的首府晋阳发生反秦叛乱。晋阳:在今山西太原西南古城营。 ⑦元年——前246年。 击定之——谓讨平晋阳叛乱。 ⑧卷——魏县名,在今河南原阳西。杨宽《战国史表》载,始皇二年秦再度攻取魏的卷。 ⑨畼(chàng)、有诡——皆魏县名,方位不详。 ⑩十月庚寅——"十月"应作"七月"。"七月庚寅"即七月初三日。 ⑪内粟——向国家交纳粮食。内:"纳"的古字。 石(dàn)——重量单位,一石等于一百二十斤。 拜爵一级——即提升爵位一级。秦汉时代不仅官有爵级,普通士民亦有爵级。此爵级可以由战场立功而得,斩敌首一个升一级;也可以因国家有大庆,皇帝赐某些人爵一级;又可以向国家交钱交粮食,而买得若干级。士民用此爵级可以赎罪,可以充抵徭役,也可以卖钱。 ⑫五年——前242年。 酸枣、燕、虚、长平、雍丘、山阳城——皆魏县名。酸枣:在今河南延津西南。燕:在今河南延津东北。虚:在今河南延津东。长平:在今河南西华东北。雍丘:在今河南杞县。山阳城:在今河南焦作东。 初置东郡——东郡的郡治即下文所攻取之濮阳(今河南濮阳县西南)。所谓"初置",是已占有部分地区,尚未设定郡治,尚未组成政府机构之谓。 ⑬拔卫——攻取了卫国的都城。前629年,卫迁都帝丘(今濮阳县东南),前254年被魏所灭,后被秦迁到野王(今河南沁阳)。前209年为秦所灭。 迫东郡——"迫"字似应作"置"。秦之东郡即治濮阳。 其君角率其支属徙居野王——按:据《卫康叔世家》与《刺客列传》,被迫率其支属徙居野王的是"卫元君",卫君"角"之父。杨宽、张习孔、平势隆郎皆以《卫康叔世家》《刺客列传》为非,而依本文书本年为"卫君角元年"。野王:在今河南沁阳,原属韩,此时已被秦所占。 阻其山以保魏之河内——意即阻险以保野王之地。河内:当时习称今河南黄河以北地区。 ⑭将军骜死,以攻龙、孤、庆都——李笠认为:此语倒装,谓将军骜以攻龙、孤、庆都死也。庆都:在今河北唐县东。 汲——魏县名,在今河南卫辉西南。 ⑮长安君成蟜(jiǎo)——庄襄王之子,名成蟜,长安君是其封号。 将军——统兵。"将"字用作动词。 死屯留——在屯留举兵反秦而战死。屯留:县名,在今山西长治屯留区,原属赵,后被秦军占领。 ⑯迁其民于临洮(táo)——将屯留城里的百姓全部迁到临洮,因其助成蟜为乱。临洮:秦县名,在今甘肃岷县。 ⑰将军壁死,卒屯留蒲鶮(hú)反,戮其尸——数句错讹不可读。梁玉绳引许周生曰:"戮其尸,盖'蒲鶮'以屯留人,闻迁屯留民,惧祸及己,故因将军之死而反,反亦即死,故戮其尸也。"也有人以为是蒲鶮反后,戮"将军壁"之尸,因其迫迁屯留民。此外尚有他说,今不引。 ⑱河鱼大上——《索隐》曰:"谓河水溢,鱼大上平地。"《正义》曰:"始皇八年,黄河之鱼,西上入渭。渭,渭水也。" 轻车重马东就食——王骏图认为:是轻车重马东就食者,谓秦人因遭水患,禾稼淹没,皆轻车重马,挈其家口,东徙而就食也。轻车重马:车轻而马大,图其快捷。 ⑲嫪毐(lào ǎi)——庄襄王夫人的男宠,其事迹详见《吕不韦列传》,现代战国史家多以史公所言为不可信。 山阳地——指今河南的获嘉、沁阳一带,因其地处太行山之南,故云"山阳"。 令毐居之——意即以山阳给嫪毐为食邑,而嫪毐则仍住在京城把持朝政。 ⑳恣毐——随嫪毐之意,想怎么样就怎么样。 ㉑河西太原郡——秦之太原郡即今之山西五台山和管涔山以南、霍山以北地区,此所谓"以河西太原郡更为毒国"者,或即将太原郡之河西部分给予嫪毒作为领地。 ㉒竟天——从整个天空的这头到那头。 ㉓魏垣、蒲阳——魏国的垣与蒲阳二县。垣:也称"王垣",在今山西垣曲县东南王茅镇。 蒲阳:也称"蒲子",在今山西隰县。 ㉔上——指秦王。 宿雍——西巡住宿于雍(今陕西凤翔区西南)。雍是秦国战国中期以前的旧都,灵公时东迁泾阳,献公时迁栎阳,孝公时迁入咸阳。 ㉕王冠,带剑——秦王行加冠礼,并开始佩带宝剑。 ㉖县卒——雍县的士兵。 卫卒——秦王身边的警卫部队。 官骑——指驻扎在雍县的国家骑兵。 戎翟君公——西北地区少数民族的君长,意即让他们率领其所属部队前来。

舍人——指嫪毐自己家中的管事人员。 蕲(qí)年宫——秦国的离宫名,遗址在今陕西凤翔,是一座用于祭祀,祈求丰年的专用建筑。当时秦王居住于此。 ㉗相国——指吕不韦。 昌平君、昌文君——据文意,二人当系秦国贵族,与秦王关系至亲者。 战咸阳——嫪毐之叛乱乃发动于雍县,缘何曰"战咸阳"?或者嫪毐在雍战败,逃回京城,欲依太后及其党羽,故又将战火引入咸阳。 ㉘卫尉竭——卫尉名竭,史失其姓。卫尉:九卿之一,主管保卫宫廷。 内史肆——内史名肆,史失其姓。内史:后称京兆尹,国家首都的行政长官。 佐弋(yì)竭——佐弋名竭,史失其姓。佐弋:少府的属官,掌管皇家猎手,武帝时改称"佽(cì)飞"。 中大夫令齐——中大夫令名齐,史失其姓。中大夫令:郎中令的属官,统管帝王身边的侍从人员。 ㉙车裂以徇——车裂其躯,以其躯巡行示众。按:"车裂"下似脱"毐"字。 ㉚轻者为鬼薪——意谓受罚最轻者乃为鬼薪。应劭曰:"取薪给宗庙,为鬼薪也。"

㉛夺爵迁蜀四千余家,家房陵——既曰"迁蜀",又曰"家房陵",于理不顺。房陵:在今湖北房县,当时属汉中郡,与蜀郡隔着巴郡。又,崔适认为依下文"迎太后于雍"句,此"家房陵"下当有"迁太后于雍"五字。

㉜杨端和——秦将名。 衍氏——魏县名,在今河南郑州北。

㉝桓齮(yǐ)——秦将名,佐始皇统一六国有大功。 ㉞齐、赵来置酒——意谓齐、赵有使者来秦,秦王为之设酒筵招待。 ㉟大索,逐客——韩国为减轻秦国对东方的威胁,派水工郑国为秦修渠通水,目的是耗费其人力物力。后来秦王发现了韩国的阴谋,于是秦国老臣怂恿秦王下逐客令,凡是东方诸国来的人通通赶走。 ㊱下韩——威逼韩国投降。 ㊲大梁——在今河南开封,当时为魏国都城。 尉缭——魏国人,名缭,史失其姓,因其后来在秦国为国尉,遂称其为"尉缭"。

㊳合从——即"合纵",意即联合。当时称东方诸国间的联合曰"合从",称秦与东方某国的联合曰"连衡"。 翕(xī)而出不意——李笠认为:"翕"为"忽"之声误。出不意:谓出秦之不意,发动突然袭击。

智伯——名荀瑶,战国初期晋国智氏家族首领,因肆无忌惮地威逼勒索韩、魏、赵三家,被三家联合消灭。　夫差——春秋末期的吴国国君,打败越国后,骄纵自大,后被越王勾践所灭。　湣王——战国后期的齐国国君,自恃强盛,四处攻伐,后遭燕国攻击,兵败身死。　㊴亢(kàng)礼——行对等之礼,可见秦王当时之虚己下人。亢:通“抗”“伉”,相当,匹敌。　㊵蜂准——鼻子长得像蜂腰,中段塌陷。准:鼻。钱锺书认为“蜂准”喻鼻之尖削。　挚鸟膺——胸脯长得像猛禽,谓其向前突出。挚:通“鸷”;膺:胸。　㊶居约——不得志的时候。约:穷困。　易出人下——不难于居人之下,即礼贤下士。　轻食人——不把吃人当成一回事。轻:不难于。　㊷固止——执意挽留。　秦国尉——秦国的最高军事长官,犹如后世之太尉。　㊸王翦、桓齮、杨端和攻邺,取九城,王翦攻阏与(yù yǔ)、橑杨,皆并为一军——梁玉绳曰:“此所叙攻取之事,错杂不明。”王翦:秦国名将。邺:县名,在今河北临漳,此时属赵。阏与:赵县名,在今山西和顺。橑杨:赵县名,在今山西左权。皆并为一军:谓将攻邺与攻阏与、橑杨的军队全部编在一起,由王翦统领。　㊹军归斗食以下,什推二人从军——此王翦之整编、精简部队,将军中的小吏精简十分之八。《汉书·百官公卿表》颜师古注:“《汉官名秩簿》云:‘斗食,月俸十一斛……’一说,斗食者,岁俸不满百石,计日而食一斗二升。”　㊺取邺、安阳——“安阳”应作“橑杨”。　㊻窃葬——盖对“国葬”而言,即私家殡葬,非谓偷偷埋葬。　㊼临(lìn)——哭吊。　晋人也逐出之——凡来自韩、赵、魏的人一律驱逐出境。　六百石——指官俸六百石,约当县令一级。　夺爵,迁——剥夺其爵位,迁居蜀地。　㊽五百石以下不临迁,勿夺爵——按:“不临”二字疑衍,因数句开始即曰“其舍人临者”,至其“不临”者乃与此无涉。因衍此“不临”二字,遂使诸说歧异,龃龉难通。又,单是做吕不韦的“舍人”,俸禄不可能有“五百石”乃至“六百石以上”,此似指吕氏舍人出身的秦国各级官吏。　㊾自今以来——从此以后。　籍其门——籍没其门,皆为徒隶。　视此——公文语,意即以此为例,后皆照此办理。　㊿复——谓赦其罪,准许其返回原籍。　51六月至八月,乃雨——语略不顺,意谓自六月起一直干旱,直至八月始降雨。　52王之河南——秦王政至河南郡视察。河南:秦郡名,郡治雒阳(今洛阳东北)。　53正月——按:史公此处用了周朝历法,以十一月为岁首,所以此年叙述了许多事情后,才进入“正月”。　54宜安——赵县名,在今河北石家庄藁(gǎo)城区西南。　55武城——赵县名,在今山东武城西北,当时的平阳西。　56秦用李斯谋,留非,非死云阳——据《老子韩非列传》,秦王因喜爱韩非之文,召令入秦。入秦后,韩非为李斯、姚贾所忌,谮之于秦王,将韩非下狱,李斯以药鸩之。云阳:秦县名,在今陕西淳化西北。　57狼孟——赵县名,在今山西阳曲。　58受地韩南阳假守腾——南阳:秦郡名,郡治在今河南南阳。按:在此以前,秦国已经占有了南阳郡的大部分,现又将韩国的部分南阳地区归入。假守:代理郡守之职。假:借,代理。　59初令男子书年——开始把所有男人的名字、年龄,载入官府的簿记,以便于随时征调。　60置丽邑——丽邑:也写作“骊邑”,为修筑、管理秦始皇的陵墓而专设的一个县级行政单位,其旧址在今陕西西安临潼区东北。刘邦建国后,改称新丰。　61将上地,下井陉(xíng)——统领上郡之兵下攻井陉。“上地”似应作“上郡”,秦治肤施(今陕西榆林东南)。汉辖境约当今陕西北部及内蒙古乌审旗等地。井陉:山名,也是县名,在今河北井陉西北,当时属赵。　62端和将河内,羌瘣(huì)伐赵,端和围邯郸城——梁玉绳曰:“此必有错简缺文,盖三将攻赵,王翦将上地下井陉,杨端和将河内围邯郸城,羌瘣独缺,只存‘伐赵’二字而错出于‘端和将河内’句下也。‘围邯郸城’上又重出‘端和’二字。”河内:秦郡名,郡治怀县(今河南武陟西南)。羌瘣:秦将名。　63尽定取赵地,东阳得赵王——谓秦军全部占有了赵国的土地,并在东阳捉到了赵王迁。　64屯中山——军队驻扎在中山。中山:战国初期鲜虞人建立的小国名,起初都于顾(今河北定州),被魏文侯所灭。后又复国,都于灵寿(今河北平山东北),被赵国所灭。　65诸尝与王生赵时母家有仇怨——徐孚远认为:始皇父在赵,后以吕不韦画策得归,而秦皇母子尚留赵,赵人遇之不善,故有旧怨也。　66军上谷——驻扎在上谷。上谷:燕郡名,约当今河北张家口、小五台山以东,赤城、北京延庆区以西,及内长城和北京昌平区以北地区。　67王贲(bēn)攻荆——王贲:秦将名,王翦之子。荆:本来就是“楚”的别称,而秦人为庄襄王(子楚)避讳,故遂改称“荆”。当时楚国的国都寿春,在今安徽寿县。 ⑱东收辽东——逃到辽东收合余众。辽东:燕郡名,约当今辽宁大凌河以东地区。 ⑲新郑反,昌平君徙于郢——依文意当是昌平君受命驻守新郑,而韩国的旧势力发动叛乱,昌平君有失职之责,被迁到郢。昌平君:史不载其名,前曾佐秦王平定嫪毐之乱。 ⑳秦王游,至郢陈——郢陈:即指陈,盖楚国迁都何处,皆称其都曰“郢”。 ㉑大酺(pú)——聚会畅饮。中井积德曰:“平时群饮有禁,故有庆而后得群饮,是为酺,皆上命所赐。” ㉒齐王建——田氏齐国的末代国君,前264—前221年在位。 后胜——姓后,名胜。 不通秦——在此之前齐国一直被秦国的“远交近攻”政策所迷惑,对秦灭其他五国采取坐视不管态度。秦灭五国后,开始对齐国用兵,齐国此时才醒悟过来,与秦绝交。

秦王初并天下,令丞相、御史曰[①]:“异日韩王纳地效玺,请为藩臣,已而倍约,[②]与赵、魏合从畔秦,故兴兵诛之,[③]虏其王。寡人以为善[④],庶几息兵革。赵王使其相李牧[⑤]来约盟,故归其质子。已而倍盟,反我太原,故兴兵诛之,得其王。赵公子嘉乃自立为代王,故举兵击灭之。魏王始约服入秦[⑥],已而与韩、赵谋袭秦,秦兵吏诛,遂破之。荆王献青阳以西,已而畔约,击我南郡,[⑦]故发兵诛,得其王,遂定其荆地[⑧]。燕王昏乱,其太子丹乃阴令荆轲为贼,兵吏诛,灭其国。齐王用后胜计,绝秦使,欲为乱,兵吏诛,虏其王,平齐地。[⑨]寡人以眇眇[⑩]之身,兴兵诛暴乱,赖宗庙之灵,六王咸伏其辜,天下大定[⑪]。今名号不更,无以称成功,[⑫]传后世。其议帝号。”丞相绾、御史大夫劫、廷尉斯[⑬]等皆曰:“昔者五帝地方千里,其外侯服夷服,诸侯或朝或否,天子不能制[⑭]。今陛下兴义兵,诛残贼[⑮],平定天下,海内为郡县,法令由一统,自上古以来未尝有,五帝所不及。臣等谨与博士议曰:‘古有天皇,有地皇,有泰皇,泰皇最贵。’[⑯]臣等昧死上尊号,王为‘泰皇’。命为‘制’,令为‘诏’,天子自称曰‘朕’。[⑰]”王曰:“去‘泰’,著‘皇’,

采上古‘帝’位号，号曰‘皇帝’。他如议。[18]”制曰：“可。”[19]追尊庄襄王为太上皇[20]。制曰：“朕闻太古有号毋谥，中古有号，死而以行为谥。[21]如此，则子议父，臣议君也，甚无谓[22]，朕弗取焉。自今已来，除谥法。[23]朕为‘始皇帝’，后世以计数[24]，二世三世至于万世，传之无穷。”

始皇推终始五德之传[25]，以为周得火德，秦代周德，从所不胜[26]。方今水德之始，改年始，朝贺皆自十月朔。[27]衣服旄旌节旗，皆上黑。[28]数以六为纪，符、法冠皆六寸，而舆六尺，六尺为步，乘六马。[29]更名河曰德水，以为水德之始。[30]刚毅戾深，事皆决于法，刻削毋仁恩和义，然后合五德之数。[31]于是急法，久者不赦。[32]

丞相绾等言：“诸侯初破，燕、齐、荆地远，不为置王，毋以填之。[33]请立诸子，唯上幸许。[34]”始皇下其议于群臣，群臣皆以为便。廷尉李斯议曰：“周文武所封子弟同姓甚众，然后属疏远，相攻击如仇雠，诸侯更相诛伐，周天子弗能禁止。今海内赖陛下神灵一统，皆为郡县，诸子功臣以公赋税重赏赐之，甚足易制。天下无异意，则安宁之术也。置诸侯不便。”始皇曰：“天下共苦战斗不休，以有侯王。赖宗庙，天下初定，又复立国，是树兵也，而求其宁息，岂不难哉！廷尉议是。”

分天下以为三十六郡，郡置守、尉、监。更名民曰“黔首”。大酺。收天下兵，聚之咸阳，销以为钟鐻，金人十二，[35]重各千石，置廷宫中[36]。一法度衡石丈尺[37]，车同轨，书同文字。地东至海暨朝鲜，西至临洮、羌中，[38]南至北向户，北据河为塞，並阴山至辽东。[39]徙天下豪富于咸阳十二万户。诸庙及章台、上林皆在渭南。[40]秦每破诸侯，写放其宫室，作之咸阳北阪上。[41]南临渭，自雍门以东至泾、渭，殿屋复道周阁相属。所得诸侯美人钟鼓，以充入之。

二十七年，始皇巡陇西、北地，出鸡头山，过回中。[42]焉作信宫渭南，已更命信宫为极庙，象天极。[43]自极庙道通郦山，作甘泉前殿。筑甬道，自咸阳属之。[44]是岁，赐爵一级[45]。治驰道[46]。

（以上为第二段，写始皇帝统一中国后所实行的诸种新制度。）

①丞相——此时的秦丞相为王绾（wǎn）。　御史——此指御史大夫，掌监察、纠弹，位同副丞相。此时秦的御史大夫为冯劫。　②异日——昔日。　倍约——背叛盟约。倍：通“背”。　③与赵、魏合从畔秦——合从：即“合纵”。畔：通“叛”。　诛——讨，讨伐。　④以为善——以消灭诸侯国，改设郡县为善。　⑤李牧——赵国名将，曾大败秦军，后因赵王中秦反间计，被杀死。　⑥魏王始约服入秦——约好说服从秦国，并亲自到秦国来。　⑦青阳——在今湖南长沙。　击我南郡——楚反秦于南郡在楚王被虏后，非在楚王被虏之前，此与事实不合。　⑧遂定其荆地——“其”字涉上文而衍。　⑨按：以上缕述六国约降后又反秦事，皆强加罪名，以见秦之出师有名，灭六国合理。⑩眇眇——微小，卑小，这里是谦辞。　⑪六王咸伏其辜，天下大定——按：秦王于此文中将所有被消灭的诸侯，通通说成是“阴谋”反叛，甚至编无为有，完全是强盗逻辑。　⑫名号不更——指还像以往称“王”。　称成功——与所获得的巨大成功相称。　⑬廷尉斯——即李斯。廷尉：九卿之一，为全国最高司法长官。　⑭天子不能制——按：以上数句言分封制度之不良。　⑮残贼——残忍凶狠之敌。⑯博士——帝王身边的侍从人员，以知识渊博者为之，掌参谋、议论。　泰皇——即人皇。《索隐》曰：“‘天皇’‘地皇’之下即云‘泰皇’，当‘人皇’也。”　⑰昧死——冒着死罪上言，人臣对帝王说话时的敬畏之词，后世成为惯例。　命为“制”，令为“诏”——您下的命、令称为“制”和“诏”。　自称曰“朕”（zhèn）——《集解》引蔡邕曰：“朕，我也，古者上下共称之，贵贱不嫌……屈原曰‘朕皇考’。至秦然后天子独以为称，汉因而不改。”　⑱去“泰”，著“皇”——去掉“泰”字，留下“皇”字。　他如议——其他问题都按你们所说的办。　⑲制曰：“可”——前面的一大段文字是记载始皇与群臣讨论的过程，“可”才是皇帝下达的命令。按：从现有的标点本看，人们通常是作如此理解，但联系《三王世家》，窃以为从“令丞相、御史曰”至“他如议”，是由丞相、御史等共同起草的一个文件，其中记载了帝王与诸臣讨论该问题的过程；文件形成

后，交由帝王审批，此处“可”字即帝王最后在该文件上的批语，犹如清代皇帝朱批的“知道了”。 ⑳太上皇——胡三省曰：“‘太上’者，极尊之号也。” ㉑太古——犹言“远古”“上古”。 有号毋谥——只有生时的帝号，没有死后的谥号。 死而以行为谥——人死之后，其子弟群臣根据其生前的行为用一字或多字称之，如“文帝”之称“文”，“武帝”之称“武”。 ㉒无谓——没道理，没意义。 ㉓自今已来——从此以后。已：同“以”。 除谥法——取消死后加谥的做法。 ㉔以计数——以数字相称。计：算，这里指数字。 ㉕终始五德之传——将金、木、水、火、土五行的相生相克，周而复始，引用到历史朝代的相承相变，这种唯心的思想产生于战国末期，其代表人物即邹衍。 ㉖从所不胜——前一个朝代所不能战胜的那种“德（性）”，就是下一个朝代的“德”。秦人认为周朝是“火”德，能灭“火”的是“水”，因此秦朝是“水”德；能挡“水”的是“土”，所以汉朝人又认为汉是“土”德，依此类推。 ㉗方今水德之始——《封禅书》云：“秦文公获黑龙，以为水瑞，秦皇因自谓为水德也。” 改年始——依杨宽说，在此以前，秦历以建寅之月（今之正月）为岁首；若从“秦王政十三年”之记事方式看，则秦国在此以前乃用周历（以十一月为岁首）。现始皇改用颛顼历，以十月为岁首。 朝贺皆自十月朔——诸侯大臣朝拜皇帝都在十月初一日这天进行。朔：每个月的头一天。 ㉘衣服旄（máo）旌（jīng）节旗——衣服：指帝王在祭祀、朝会时所穿的礼服。旄：竿头上用牦牛尾作装饰的旗。旌：一种缀旄牛尾于竿头，下有五彩析羽的旗。节：帝王所派使者持的信物。旗：画有龙虎以及各种图案的旗帜。 皆上黑——都以黑色为贵。上：通“尚”，崇尚。阴阳五行家以五行与五方、五色相配，说秦既是水德，其方位则在北，其颜色则主黑，故秦朝的服饰、旄旗皆上黑。 ㉙数以六为纪——什么东西都以“六”为单位。 符——符节，皇帝使者的信物，以竹、金等为之。 法冠——祭祀、朝会等隆重场合所戴的礼帽。 舆六尺——车子两轮之间的距离（即车宽）为六尺。 步——长度单位。当时尺小，一尺约今之23.1厘米。 ㉚更名河曰德水——改称黄河为“德水”。 以为水德之始——作为体现秦朝为“水德”的开端。 ㉛戾深——暴戾，酷苛。 刻削——谓执法严酷。 毋仁恩和义——不讲究仁慈宽和。　合五德之数——意谓秦朝的行政、司法,一切都与“水德”相一致。　㉜急法——严酷执法。　久者不赦——意即对犯法者从不实行宽赦。　㉝不为置王——不在那里封建王侯。　毋以填之——无法维持那些地区的稳定。填:通“镇”,安定。　㉞请立诸子——意即请立始皇的儿子们为王。　唯上幸许——唯:表示祈请的发语词。幸:谦辞。　㉟兵——兵器,当时多为铜制,亦有少量为铁制者。　销以为钟鐻(jù),金人十二——将收来的六国兵器熔化而改铸成大钟、大鐻若干,并铸成铜人十二个。鐻:似夹钟,也是钟的一种。按:杨宽以为钟鐻与金人实为一体,金人是扛举钟鐻的架子。可供参考。　㊱置廷宫中——放置在宫廷中。廷宫:应作“宫廷”。　㊲一法度衡石丈尺——统一全国的法律制度和度量衡标准。一:统一、划一。衡石:“衡”是秤,“石”是重量单位。丈尺:长度单位。　㊳地东至海暨朝鲜——谓东方、东南方的边界直到海边,而东北方的边界则是直抵朝鲜。　临洮——在今甘肃岷县。　羌中——当时羌族居住的地区,相当于今青海、西藏及四川西北部、甘肃西南部,与上述的“临洮”相邻近。　㊴北向户——指今广东、广西南部地区,因其地处北回归线以南,门窗往往向北开。　北据河为塞,並阴山至辽东——此即令蒙恬筑长城事,此长城是在战国秦、赵、燕三国长城旧址上发展起来的,全长万余里。塞:城障。並(bàng):通“傍”,沿着。辽东:秦郡名,其辖区约当今辽宁大凌河以东地区。　㊵诸庙——秦国历代先王的祭庙。　章台——秦宫名,遗址在汉长安城内的未央宫前殿。　上林——即上林苑,秦朝的皇家猎场,在当时秦朝都城的咸阳城南,区域达数县之广。　渭南——渭水之南,渭水自甘肃流来,经今西安北,当时的咸阳城南,东流至今风陵渡汇入黄河。　㊶写放——模仿,仿照。放:通“仿”。　作——建造。　阪——山坡。　以上两句是说,秦朝每灭掉一个东方国家,就按被灭国家的宫殿模样在咸阳城北的山坡上仿建一座。　㊷二十七年——前 220 年。　陇西——秦郡名,郡治狄道(今甘肃临洮)。　北地——秦郡名,郡治义渠(今甘肃庆阳西南)。　鸡头山——在今甘肃平凉西。　回中——地区名,在今陕西陇县西北,其地有秦朝的离宫。　㊸焉作——焉:于是。作:建造。　信宫——秦始皇举行重大朝会活动的宫殿。　天极——中国古代天文学家把天空的星座分为五个区域,称作五宫,天极则是中宫的中心星座。　㊹甬道——两侧筑有夹墙的通道。　自咸阳属之——谓从咸阳皇宫通过甬道可越过渭水,直达甘泉前殿。属:连通。　㊺赐爵一级——给二十岁以上的成年男子每人增加爵一级。　㊻驰道——徐卫民认为:驰道就是驰骋车马的宽广道路,中央专供皇帝通行,列树标明,两旁任人行走。

二十八年,始皇东行郡县,上邹峄山,立石。①与鲁诸儒生议刻石颂秦德,议封禅望祭山川之事。②乃遂上泰山,立石,封,祠祀③。下,风雨暴至,休于树下,因封其树为五大夫④。禅梁父⑤。刻所立石,其辞曰:

皇帝临位,作制明法,臣下修饬。⑥二十有六年,初并天下,罔不宾服。亲巡远方黎民,登兹泰山,周览东极。从臣思迹,本原事业,祗诵功德。⑦治道运行,诸产得宜,皆有法式。⑧大义休明,垂于后世,顺承勿革。皇帝躬圣,既平天下,不懈于治。夙兴夜寐,建设长利,专隆教诲。⑨训经宣达,远近毕理,咸承圣志。⑩贵贱分明,男女礼顺,慎遵职事。昭隔内外,靡不清净,施于后嗣。⑪化及无穷,遵奉遗诏,永承重戒。

于是乃並勃海以东,过黄、腄,穷成山,登之罘,⑫立石颂秦德焉而去。

南登琅邪,大乐之,留三月。乃徙黔首三万户琅邪台下,复十二岁。⑬作琅邪台,立石刻,颂秦德,明得意。⑭曰:

维二十六年,皇帝作始。⑮端平法度,万物之纪。⑯以明人事,合同父子。⑰圣智仁义,显白道理⑱。东抚东土,以省卒士。⑲事已大毕,乃临于海。皇帝之功,勤劳本事⑳。上农除末㉑,黔首是富。普天之下,抟心揖志㉒。器械一量㉓,同书文字。日月所照,舟舆所载。㉔皆终其命,莫不得意。㉕应时动事,是维皇帝。㉖匡饬异俗,陵水经地。[27]忧恤黔首,朝夕不懈。除疑定法,咸知所辟。[28]方伯分职,诸治经易。[29]举错必当,莫不如画。[30]皇帝之明,临察四方。尊卑贵贱,不逾次行。奸邪不容,皆务贞良。细大尽力,莫敢怠荒。远迩辟隐,专务肃庄。[31]端直敦忠,事业有常。皇帝之德,存定四极[32]。诛乱除害,兴利致福。节事以时,诸产繁殖。[33]黔首安宁,不用兵革。六亲相保,终无寇贼。欢欣奉教,尽知法式。六合[34]之内,皇帝之土。西涉流沙,南尽北户。[35]东有东海,北过大夏[36]。人迹所至,无不臣者。功盖五帝,泽及牛马。莫不受德,各安其宇。

维秦王兼有天下[37],立名为皇帝,乃抚东土,至于琅邪。列侯武城侯王离、列侯通武侯王贲、伦侯建成侯赵亥、伦侯昌武侯成、[38]伦侯武信侯冯毋择、丞相隗林、丞相王绾、卿李斯、卿王戊、五大夫赵婴、五大夫杨樛从,与议于海上。曰:"古之帝者,地不过千里,诸侯各守其封域,或朝或否,相侵暴乱,残伐不止,犹刻金石,以自为纪。古之五帝、三王,知教不同,法度不明,假威鬼神,以欺远方,实不称名,故不久长。其身未殁,诸侯倍叛,法令不行。今皇帝并一海内,以为郡县,天下和平。昭明宗庙,体道行德,尊号大成。群臣相与诵皇帝功德,刻于金石,以为表经[39]。"

既已,齐人徐市等上书,[40]言海中有三神山,名曰蓬莱、方丈、瀛洲,仙人居之。请得[41]斋戒,与童男女求之。于是遣徐市发童男女数千人,入海求仙人。

始皇还,过彭城,斋戒祷祠,欲出周鼎泗水。[42]使千人没水求之,弗得。乃西南渡淮水,之衡山、南郡。[43]浮江,至湘山祠。[44]逢大风,几不得渡。上问博士曰:"湘君何神?"博士对曰:"闻之,尧女,舜之妻[45],而葬此。"于是始皇大怒,使刑徒三千人皆伐湘山树,赭其山[46]。上自南郡由武关[47]归。

二十九年,始皇东游。至阳武博狼沙中,为盗所惊。[48]求弗得,乃令天下大索十日。

登之罘,刻石。其辞曰:

维二十九年，时在中春，阳和方起。[49]皇帝东游，巡登之罘，临照于海[50]。从臣嘉观，原念休烈，追诵本始。[51]大圣作治，建定法度，显箸纲纪。[52]外教诸侯，光施文惠，明以义理。[53]六国回辟[54]，贪戾无厌，虐杀不已。皇帝哀众，遂发讨师，奋扬武德。义诛信行，威燀旁达，[55]莫不宾服。烹灭强暴，振救黔首，周定四极。[56]普施明法，经纬天下，永为仪则。[57]大矣哉！宇县之中，承顺圣意。群臣诵功，请刻于石，表垂于常式[58]。

其东观[59]曰：

维二十九年，皇帝春游，览省远方。逮于海隅，遂登之罘，昭临朝阳。[60]观望广丽，从臣咸念，原道至明。[61]圣法初兴，清理疆内，外诛暴强。武威旁畅，振动四极，[62]禽灭六王。阐并天下，甾害绝息，永偃戎兵。[63]皇帝明德，经理宇内，视听不怠[64]。作立大义，昭设备器，咸有章旗。[65]职臣遵分，各知所行，事无嫌疑。黔首改化，远迩同度，临古绝尤。[66]常职既定，后嗣循业，长承圣治。群臣嘉德，祗诵圣烈，请刻之罘。

旋，遂之琅邪，道上党入。[67]

三十年，无事。

三十一年十二月，更名腊曰“嘉平”[68]。赐黔首里六石米，二羊[69]。始皇为微行咸阳，与武士四人俱，夜出，逢盗兰池，见窘。[70]武士击杀盗，关中大索二十日。米石千六百[71]。

三十二年，始皇之碣石，使燕人卢生求羡门、高誓。[72]刻碣石门[73]。坏城郭，决通堤防[74]。其辞曰：

遂兴师旅，诛戮无道，为逆灭息。[75]武殄暴逆，文复无罪，庶心咸服。[76]惠论功劳，赏及牛马，恩肥土域。[77]皇帝奋威，德并诸侯，初一泰平[78]。堕坏城郭，决通川防，夷去险阻。地势既定，黎庶无繇，天下咸抚。[79]男乐其畴[80]，女修其业，事各有序。惠被诸产，久并来田，莫不安所。[81]群臣诵烈，请刻此石，垂著仪矩[82]。

因使韩终、侯公、石生求仙人不死之药[83]。始皇巡北边，从上郡人。[84]燕人卢生使入海还,以鬼神事,因奏录图书,曰“亡秦者胡也”。[85]始皇乃使将军蒙恬发兵三十万人北击胡,略取河南地。[86]

三十三年,发诸尝逋亡人、赘婿、贾人略取陆梁地,[87]为桂林、象郡、南海,以适遣戍。[88]西北斥逐匈奴。自榆中並河以东,属之阴山,[89]以为三十四县,城河上为塞[90]。又使蒙恬渡河取高阙、阳山、北假,筑亭障以逐戎人。[91]徙谪,实之初县,禁不得祠。[92]明星出西方[93]。三十四年,適治狱吏不直者,筑长城及南越地。[94]

(以上为第三段,写始皇帝之巡狩、求仙、伐匈奴、伐南越。)

①邹峄(yì)山——邹县的峄山,在今山东邹城东南。　立石——指立石刻写铭文。　②与鲁诸儒生议刻石颂秦德——“议”字疑衍。　封禅——在泰山顶筑台祭天曰“封”,在泰山下拓土祭地曰“禅”。　望祭——遥望而祭,古代祭祀的一种。　③封,祠祀——在泰山的峰顶加土筑坛,进行祭祀。　④五大夫——秦爵二十级中的第九级。　⑤禅梁父——在梁父山拓地而祭。梁父:泰山东南方的小山名,在今山东泰安东南,西连徂徕山。　⑥作制明法——创立制度,申明法令。　修饬(chì)——遵守奉行。　⑦思迹——回想秦国统一天下的历程。　本原事业——探求秦朝之所以能建立如此功业的根本原因。本原:皆用作动词,即追本溯源。　祗(zhī)——恭敬。　⑧治道——清平有序的治国之道。　诸产得宜——谓生物皆得以自然生长。　法式——章法,模式。　⑨夙兴夜寐——犹今所谓起早睡晚。　专隆教诲——指重视对黎民百姓的教化训导。　⑩训经——训育全国吏民的条款。　毕理——通通受到了治理。毕:尽,全部。　咸承圣志——完全按照皇帝的旨意行事。　⑪昭隔内外——即内外有别,指家庭男女而言。“昭隔”或作“昭融”,即朝廷内外一片光明,亦通。　施(yì)于后嗣——延续到后代子孙。施:延续。　⑫并勃海以东——沿着渤海边东行。並:通“傍”,沿着,依傍。　黄、腄——黄县在今山东龙口,离蓬莱不远;腄县在今山东烟台福山区。　穷成山——直到成山的尽头。穷:尽,这里用作动词。成山:即今山东荣成东北端之成山角,凸出于大海中,形势极其壮观,今其地修筑有秦始皇与汉武帝的塑像。　之罘

(fú)——山名,在今山东烟台北的海边上。 ⑬琅邪台——有曰:盖海畔有山,形如台,在琅邪,故名“琅邪台”;也有说琅邪台乃越王勾践所筑。 复十二岁——让这些搬迁的人十二年不交赋税。复:免除赋税。 ⑭立石刻,颂秦德——“刻”字疑衍。 得意——愿望得以实现。 ⑮维二十六年——维:发语词,无义。二十六年:有通行本作“二十八年”,黄本、凌本、殿本皆作“二十六年”。作“二十六年”符合实际。 作始——开创新的纪元,即一切都从头来。 ⑯端平法度——端平:端正、公平,这里用作动词。 万物之纪——意谓使法度成为处理万事的准则、总纲。纪:纲领。 ⑰明人事——明确人伦关系。 合同父子——父子之间应齐心协力。合同:合力同心。 ⑱显白道理——将一切道理都对全国讲得明明白白。 ⑲抚——巡抚,安抚。 以省(xǐng)卒士——省:视察。卒士:犹言“士卒”,倒字以合韵。 ⑳勤劳本事——指关心农业发展。本:指农业。 ㉑上农除末——奖励农业,黜除工商业。末:末业,指手工业、商业。按:此政策自商鞅开始实行,遂历秦、汉,至清朝而不改,可为浩叹。 ㉒抟心揖志——即专心致志,把精力集中用在自己的本行职业上。《索隐》曰:“抟,古‘专’字。”揖:合,统一。 ㉓器械一量——指统一度量衡。一量:指统一标准。 ㉔日月所照——指普天下的一切地方。 舟舆所载——指南方、北方的一切人。 ㉕皆终其命——都能享尽其天年,没有横祸飞灾。 莫不得意——都过得心满意足。 ㉖应时动事——按照时势之所宜,而采取相应的行动措施。 是维皇帝——这就是皇帝的职责。 ㉗匡饬——整顿。匡:纠正。 陵水经地——指到处跋涉奔走。 ㉘除疑——废除令人产生疑惑的法令。 咸知所辟——让所有的人都知道哪些事是不能做的。辟:通“避”。 ㉙方伯——商、周时代指一方的诸侯之长,这里指各郡的郡守。 分职——犹今所谓“各负其责”。 诸治经易——各种问题都处置得简捷明白。经易:简捷。 ㉚举错——指官府的各种行动、措施。 画——整齐划一。 ㉛远迩辟隐——指全国的所有黎民百姓,不论是远方的、近处的,还是隐避于山林沼泽的。 专务肃庄——都追求行为和品性的严肃庄重。 ㉜存定四极——安定四方。 ㉝节事以时——减少扰民的活动,非干不可的也要不误民时。 诸产——指各种动植物。 ㉞六合——指天地之间,四方之内。 ㉟流沙——古代用以称西域地区的沙漠之地。 北户——即上文所说的“北向户”,在今海南与越南北部一带。 ㊱大夏——此盖谓北方或西北方的极远之地。就秦朝的疆域而言,其最北边在今内蒙古河套地区以北。 ㊲维秦王兼有天下——泷川资言引卢文弨(chāo)曰:“以下乃颂后之跋,虽末亦作韵语,究不可联颂为一篇。”张大可认为:自此以下的文字是说明琅邪刻石原因的序辞,刻于背面。 ㊳列侯——也称“彻侯”“通侯”,汉代列侯的封地略当一县,秦朝只是封号。 王离——王翦之孙,王贲之子,后于巨鹿之战中被项羽所虏。 伦侯——《索隐》曰:“爵卑于列侯,无封邑者。” 昌武侯成——名成,史失其姓。 ㊴以为表经——以作为后世的楷模。 ㊵既已——谓在琅邪立石刻铭已毕。 徐市(fú)——秦方士,也写作“徐福”。 ㊶请得——请让我,盖徐市向始皇请命。 ㊷彭城——即今江苏徐州。 欲出周鼎泗水——想从泗水中打捞周鼎。周鼎:即大禹所铸的九鼎,夏、殷、周以来,一直作为历代帝王的传国之宝。秦汉之际流言,有秦灭周前鼎飞入水之说。 泗水:源于今山东泗水县东,西流经今曲阜、济宁兖州区,南流经今徐州,再南流汇入淮水。 ㊸衡山——秦郡名,郡治邾县(今湖北黄冈西北)。 南郡——秦郡名,郡治江陵,在今湖北荆州市荆州区。 ㊹浮江——渡过长江。 湘山祠——也叫湘君祠,在今岳阳市西南洞庭湖的君山上。湘山:即君山。 ㊺尧女,舜之妻——按:依史公此文,则“湘君”乃谓尧之女;近人多认为湘君为湘水之男神。 ㊻赭(zhě)其山——指砍光其树,使山丘呈现一片红褐色。赭:红褐色。 ㊼武关——关塞名,在今陕西丹凤东南,是关中地区通往河南的交通要道。 ㊽阳武——秦县名,在今河南原阳东南。 博狼沙——也作“博浪沙”,在当时的阳武县西南,在今河南原阳东南。 为盗所惊——即被张良等所狙击。张良带刺客锤击秦始皇于博浪沙,误中副车事,见《留侯世家》。 ㊾中春——即“仲春”,阴历二月。 阳和——指阳和之气。 ㊿临照于海——像阳光一样照耀到了之罘一带的海面上。 ○51嘉观——望着眼前的美好景象。 原念休烈——回想着秦皇帝的辉煌功业。 追诵——追念,回想。 本始——秦国当年的情形。 ㊾大圣——指秦始皇。 作治——开创治体。 显箸纲纪——使国家的大纲大政异常明确。箸:同“著”,显明。 ㊿光施文惠——指对东方诸国普施恩惠。 明以义理——以义理教诲各国诸侯,以上三句言统一六国以前事。 ⑭回辟——邪恶。 ⑮义诛信行——正义的讨伐使皇帝的信义大行于世。 威燀(chǎn)旁达——赫赫兵威无往而不至。燀:光焰炽盛的样子。旁达:普及,无处不至。旁:义同“溥”,普遍。 ⑯振救——拯救。 周定——全面稳定。周:全面,彻底。 ⑰经纬——这里用作动词,即“治理”。 仪则——法则。 ⑱常式——永久的范例。 ⑲东观(guàn)——指东面的楼台。此文与后面之碣石铭文语气相似。 ⑳逮——及,到达。 昭临朝阳——远望着东升的太阳。 ㉑广丽——指辽阔壮丽的大海。 咸念——全都在思念,指思念皇帝的功德。 原道至明——寻思皇帝以往所奉行的大道,那是最正确、最英明的。 ㉒旁畅——犹言“普行”“遍及”,无所不通。 振动——即“震动”。振:通“震”。 ㉓阐并——开拓,吞并。阐:拓展。 菑(zāi)——同“灾”。 偃——放倒,收起。 ㉔视听不怠——如后文所谓“上至以衡石量书,日夜有呈,不中呈不得休息”即是。 ㉕作立大义——这里指明确等级。 昭设备器,咸有章旗——张大可认为:明确完备地设置了表示爵级的车马、服饰、印绶,而且各级官员都有表明自己职权的旗帜。章旗:表明职级的旗帜。吴书平认为“备器”主要指为统一度量衡而设置的标准器具。 ㉖改化——改变风习,改恶向善。 临古绝尤——意即旷古无二。 ㉗旋——紧跟着,很快。 道上党入——经上党西行入关。上党:秦郡名,郡治长子(今山西长子西南)。 ㉘更名腊曰“嘉平”——周朝以来,称阴历十二月为“腊月”,今则改称十二月为“嘉平”。 ㉙赐黔首里六石米,二羊——为改月号,对全国普遍赏赐,每条里巷赐给六石米、两只羊。里:里巷,古代居民编制的基层单位。 ㉚兰池——宫殿名,徐卫民认为在今咸阳宫遗址以东的杨家湾。 见窘——始皇被“盗”所困窘。 ㉛米石(dàn)千六百——每石米的价钱为一千六百文,盖言年景不好,粮价之贵。张大可认为:秦汉时丰年谷价每石一百至二百文。 ㉜碣石——山名,在今河北昌黎西北，东临大海。　卢生——当地的方士。　羡门、高誓——传说中“仙人”的名字。也有说此即《封禅书》中所说的“羡门高”，“誓”字为衍文。　⑬刻碣石门——在碣石山的山前岩壁上刻写铭文。顾炎武曰：“门自是石，不须立也。”　⑭坏城郭，决通堤防——坏城郭：拆掉旧时东方各国的城墙。决通堤防：意即疏通河道。梁玉绳认为“‘坏城郭’二语横插中间，与上下文意不贯，当为羡文，即《碣石铭》内‘堕坏城郭，决通川防’之辞而重出者”。其说应是。　⑮遂兴师旅——梁玉绳认为此上有缺文。　为逆——为逆者，此指旧时的东方诸国。　⑯殄（tiǎn）——灭。　文复无罪——文：指法令制度。复：通“覆”，掩护、保护。意谓国家有法令保护无罪者。　庶心——百姓之心。庶：庶民，百姓。　⑰赏及牛马——连牛马都受赏，极言获赏者之广。　恩肥土域——连全国的土地也都像蒙受恩赐而变得肥沃起来。以上三句是说平定六国之后的赏功。　⑱初一泰平——初一：首次统一。泰平：即“太平”。　⑲无繇——无徭役之苦。繇：通“徭”。　咸抚——通通受到了皇帝的抚慰。　⑳畴——垦殖的土地，这里指田间劳动。㉑被——通“披”，覆盖，普加。　久并来田——吴树平认为：“久”为久田者，即长期在秦国耕殖的农民；“来田”指从他乡迁移来的垦荒农民。张大可认为是久居外乡者又一齐回乡种地。二说供参考。　㉒仪矩——与前文所谓“仪则”“常式”“表经”等义同。　㉓韩终、侯公、石生——都是当地的方士，以造说“神仙”与“不死之药”骗人者。　㉔巡北边——沿着北部边境西行。　从上郡入——由上郡折回都城。上郡：秦郡名，郡治肤施（今陕西榆林东南）。　㉕使入海还——奉使到海上寻求“不死之药”回来。　以鬼神事——趁着向秦始皇汇报鬼神之事的机会。　奏录图书——奏：进上。录图书：即骗子们所编造的耸人听闻的“预言”。　亡秦者胡也——此必汉初讲说“谶纬”者之所造作。　㉖蒙恬——秦朝名将，蒙骜之孙，蒙武之子。　略——开辟，夺取。　河南地——指今内蒙古河套以南。　㉗逋（bū）亡人——逃避兵役、徭役，或因犯罪而逃跑者。逋：逃亡。　赘婿——倒插门的女婿。

陆梁地——指今五岭以南地区。《正义》曰：“岭南之人多处山陆，其性强梁，故曰‘陆梁’。”　㉘桂林——秦郡名，郡治在今广西桂平西南。

象郡——秦郡名,郡治临尘(今广西崇左)。 南海——秦郡名,郡治番禺(今广州)。 以適遣戍——派被发配的罪人前往戍守。適遣:被发配者。適:通“谪”。 ㊾榆中——约当今陕西东北部之神木、府谷,和与之相邻的内蒙古东胜地区。 并河以东——沿着黄河东下。 属之阴山——与阴山相连。属:连接。阴山:内蒙古西部的大山,西起黄河的后套以北,东行经包头市北,再向东直至呼和浩特市东北。 ⑨⓪城河上为塞——即沿着那一带的黄河修筑长城。 ⑨①高阙——关塞名,在今内蒙古杭锦后旗东北。 阳山——即今之“狼山”,因其地处黄河正流(今乌加河)之北(阳),故称“阳山”。在当时的高阙之北,属阴山最西的一段。有版本作“陶山”。 北假——地区名,约当今内蒙古河套以北、阴山以南夹山带河地区。 戎人——指匈奴人。 ⑨②徙谪——强制犯罪者搬迁。 实之初县——实:填充。初县:刚设立的县,因其人烟稀少,故从内地迁人来住。 禁不得祠——禁令要求这些地区的百姓不得祭祀。王叔岷认为:民间私祠,其为诅祝,未可知也,始皇阴忌,故禁不得祠耳。 ⑨③明星出西方——《集解》引皇甫谧云:“彗星见。”古人以为彗星出现是一种凶兆,故史家书之。 ⑨④適治狱吏不直者——流放那些断案不公正的官吏。適:通“谪”。 筑长城及南越地——或令其北筑长城,或令其南守蛮越。南越:即前所谓桂林、象郡、南海等地区。

始皇置酒咸阳宫,博士七十人前为寿。[①]仆射周青臣[②]进颂曰:“他时秦地不过千里,赖陛下神灵明圣,平定海内,放逐蛮夷,日月所照,莫不宾服。以诸侯为郡县,人人自安乐,无战争之患,传之万世。自上古不及陛下威德。”始皇悦。博士齐人淳于越进曰:“臣闻殷周之王千余岁,封子弟功臣,自为枝辅。[③]今陛下有海内,而子弟为匹夫,卒有田常、六卿之臣,无辅拂,[④]何以相救哉?事不师古而能长久者,非所闻也。今青臣又面谀以重陛下之过,非忠臣。”始皇下其议。丞相李斯曰:“五帝不相复,三代不相袭,各以治,非其相反,时变异也。今陛下创大业,建万世之功,固非愚儒所知。且越言乃三代之事,何足法也?异时诸侯并争,厚招游学。今天下已定,法令出一,百姓当家则力农工,士则学习法令辟禁。[5]今诸生不师今而学古,以非当世,惑乱黔首。丞相臣斯昧死言:古者天下散乱,莫之能一,是以诸侯并作,语皆道古以害今,饰虚言以乱实,人善其所私学,以非上之所建立[6]。今皇帝并有天下,别黑白而定一尊。私学而相与非法教,人闻令下,则各以其学议之。[7]入则心非,出则巷议,夸主以为名,异取以为高,[8]率群下以造谤。如此弗禁,则主势降乎上,党与成乎下。禁之便。臣请史官非《秦记》皆烧之。[9]非博士官所职,天下敢有藏《诗》《书》、百家语者,悉诣守、尉杂烧之。有敢偶语《诗》《书》者弃市。[10]以古非今者族[11]。吏见知不举者与同罪。令下三十日不烧,黥为城旦[12]。所不去者,医药卜筮种树之书。若欲有学法令,以吏为师。[13]"制曰:"可。"

三十五年,除道,道九原抵云阳,堑山堙谷,直通之。[14]于是始皇以为咸阳人多[15],先王之宫廷小。"吾闻周文王都丰,武王都镐,[16]丰镐之间,帝王之都也。"乃营作朝宫[17]渭南上林苑中。先作前殿阿房[18],东西五百步,南北五十丈,上可以坐万人,下可以建五丈旗。[19]周驰为阁道,自殿下直抵南山。[20]表南山之颠以为阙[21]。为复道,自阿房渡渭,属之咸阳,以象天极阁道绝汉抵营室也[22]。阿房宫未成;成,欲更择令名[23]名之。作宫阿房,故天下谓之"阿房宫"[24]。隐宫徒刑者七十余万人,乃分作阿房宫,或作丽山。[25]发北山石椁,乃写蜀、荆地材皆至。[26]关中计宫三百,关外四百余。[27]于是立石东海上朐界中,以为秦东门。[28]因徙三万家丽邑,五万家云阳,皆复不事十岁。[29]

卢生说始皇曰:"臣等求芝奇药仙者常弗遇,类物有害之者[30]。方中[31]:人主时为微行以辟恶鬼,恶鬼辟,真人至。人主所居而人臣知之,则害于神[32]。真人者,入水不濡,入火不爇,陵云气,与天地久长。今上治天下,未能恬倓[33]。愿上所居宫毋令人知,然后不死之药殆可得也。”于是始皇曰:“吾慕真人,自谓‘真人’,不称‘朕’。”乃令咸阳之旁二百里内宫观二百七十复道甬道相连,帷帐钟鼓美人充之,各案署,不移徙。[34]行所幸,有言其处者,罪死。始皇帝幸梁山宫,从山上见丞相车骑众,弗善也。[35]中人或告丞相,丞相后损车骑。始皇怒曰:“此中人泄吾语。”案问莫服。当是时,诏捕诸时在旁者,皆杀之。自是后莫知行之所在。听事,群臣受决事,悉于咸阳宫。

侯生、卢生相与谋曰:“始皇为人,天性刚戾自用,起诸侯,并天下,意得欲从,以为自古莫及己。专任狱吏,狱吏得亲幸。博士虽七十人,特备员弗用。丞相诸大臣皆受成事,倚辨于上。[36]上乐以刑杀为威,天下畏罪持禄[37],莫敢尽忠。上不闻过而日骄,下慑伏谩欺以取容。秦法,不得兼方,不验,辄死。[38]然候星气者至三百人,皆良士,畏忌讳谀,不敢端言其过。[39]天下之事无小大皆决于上,上至以衡石量书,日夜有呈,不中呈不得休息。[40]贪于权势至如此,未可为求仙药。”于是乃亡去。始皇闻亡,乃大怒曰:“吾前收天下书不中用者尽去之,悉召文学[41]方术士甚众,欲以兴太平。方士欲练以求奇药,今闻韩众去不报;[42]徐市等费以巨万计,终不得药,徒奸利相告日闻[43]。卢生等吾尊赐之甚厚,今乃诽谤我,以重吾不德[44]也。诸生在咸阳者,吾使人廉问,或为訞言以乱黔首。[45]”于是使御史悉案问诸生,诸生传相告引[46],乃自除犯禁者四百六十余人,皆坑之咸阳。[47]使天下知之,以惩后。益发谪徙边[48]。始皇长子扶苏谏曰:“天下初定,远方黔首未集,诸生皆诵法孔子,今上皆重法绳之,臣恐天下不安。唯上察之。”始皇怒,使扶苏北监蒙恬[49]于上郡。

(以上为第四段,写始皇之修陵墓、修阿房宫与“焚书坑儒”。)

①咸阳宫——秦都咸阳修筑最早的宫殿,重大的议事与朝会活动都在这里举行,其遗址即今考古工作者发现的一、二、三号宫殿遗址。为寿——敬酒祝人长寿。 ②仆射(yè)周青臣——仆射:官名,依

其所领职事为称号,意即其首长。秦时皇帝的侍卫、仆从皆有此称。周青臣为博士仆射,乃诸博士之长。 ③殷周之王(wàng)——指殷、周两代的统治年限。王:称王,君临国家。 自为枝辅——作为自己的支撑、辅助。古称诸侯为中央朝廷之“藩屏”。 ④匹夫——普通人,黎民百姓。 卒——后多作“猝”,突然。 田常、六卿——以喻臣僚中的作乱者。田常:也叫“陈恒”“田恒”,春秋后期的齐国贵族,曾发动政变杀了齐简公,为其子孙篡夺齐国政权奠定了基础。六卿:指春秋后期晋国的范氏、中行氏、知氏、韩氏、魏氏、赵氏六个大贵族。此六家相互兼并,最后由韩、赵、魏三家瓜分了晋国。 辅拂——辅佐者,指藩国诸侯。拂:通“弼”。 ⑤百姓——指黎民众庶。 当家——持家,主管家务。 法令辟禁——即指法令规章。辟禁:明确定出哪些是不许做的。辟:通“避”。 ⑥非上之所建立——诽谤其国君所实行的政策。以上数句言战国时代东方诸国所出现的“百家争鸣”的情景。 ⑦私学——此指持有各种不同学说的人。 各以其学议之——都以他们自己所学的那一套为标准来非议现时政治。 ⑧入则心非——在家独处时则心里诽谤。 出则巷议——出门见到人则相聚非议。 夸主以为名——在君主面前夸耀自己的主张以博取名声。 异取——《李斯列传》作“异趣”,意即故意和当今皇帝唱反调。 ⑨史官——为国家掌管图书文籍的官员。 《秦记》——秦国的历史书。 ⑩偶语——两个人聚在一起谈说。 弃市——斩之于街市。 ⑪族——杀光整个家族,古有灭“三族”“九族”之重刑。 ⑫黥为城旦——《集解》引如淳曰:“律说论决为髡钳,输边筑长城,昼日伺寇虏,夜暮筑长城。城旦,四岁也。” ⑬若欲有学法令——“欲有”当作“有欲”,“法令”二字似衍。

以吏为师——按:以上李斯的大段议论,亦见于《李斯列传》。 ⑭除道——开辟道路。除:整治。 道九原抵云阳——从九原起,直达云阳。九原:秦郡名,郡治九原在今内蒙古包头西。云阳:秦县名,在今陕西淳化西北,其地有秦朝的离宫。 堑山堙(yīn)谷——开山填谷。堑:挖沟,此处指开山。 直通之——不怕难修,只求路近,此即秦朝所谓“直道”。主持此役者为蒙恬,详见《蒙恬列传》。今陕西富县之张家湾乡、甘泉县之桥镇乡以及志丹县都留有秦时直道遗址,平均宽度为三十米,最宽处五十八米,最窄处十余米。 ⑮始皇以为咸阳人多——实指宫廷里的人多,与咸阳百姓无涉。 ⑯丰——文王时代的周国都城,旧址在今陕西西安长安区西北沣河西岸。 镐(hào)——武王及整个西周时代的都城,旧址在今陕西西安长安区西北。 ⑰朝宫——接受朝见之宫,下所谓“阿房”者盖即其一。 ⑱先作前殿阿房——首先建造“朝宫”的前殿于阿房。阿房:山阿之旁,丘陵之拐角处。今其地有“阿房村”,乃后代因阿房宫旧址所在而得名。 ⑲东西五百步——当时六尺为一步,一尺相当于今23.1厘米。 下可以建五丈旗——意谓第一层的厅堂高度有五丈多。建:竖起。 ⑳周驰为阁道——朝宫前殿的四周,都有阁道与其他远处的建筑相通。阁道:复道。上下有道,故名复道。 南山——终南山,在今陕西西安南。 ㉑表南山之颠以为阙——让终南山的山头给朝宫做宫前的双阙。表:竖立以为标志。阙:宫门前两侧的台观。 ㉒以象天极阁道绝汉抵营室——《索隐》曰:“谓为复道渡渭属咸阳,象天文阁道绝汉抵营室也。”天极:紫宫后十七星。阁道:星名,共六颗。绝汉:横过天河。营室:星宿名,与天极隔着天河。 ㉓令名——美好的名字。 ㉔作宫阿房,故天下谓之“阿房宫”——原本没有名字,因为它建在阿房,所以人们就称它“阿房宫”了。按:阿房宫遗址在今西安未央区之三桥镇南,面积约八平方公里。据新近考古发掘得知,阿房前殿已筑成台基,其木瓦结构尚未完成。其他复道、阁道云云,似乎只是一种设计而已,并未实际建成。 ㉕隐宫——应作“隐官”,收容受过刑罚而因立功被赦之罪人的机关。处在隐官之罪人,必须从事劳动,其性质与现在之劳动教养所大致相同。 丽山——也作“骊山”,在今陕西西安临潼区东南,此指秦始皇为自己预造陵墓的工地。秦始皇的陵墓在今临潼区东。 ㉖发北山石椁——采运北部诸山的石料。椁(guǒ):外棺。但此处的“椁”字疑是衍文。 写蜀、荆地材——调发今四川、湖北一带的木料。写:运输。 ㉗关中——《关中记》云:“东自函关,西至陇关,二关之间,谓之关中。” 关外——指函谷关以东,旧时的六国之地。 ㉘东海上朐(qú)——东海郡的朐县(今江苏连云港西南锦屏山侧)。也有谓“东海上”犹言“东海边”。 以为秦东门——按:秦时所立的“东门阙”在今连云港市西南海边。秦始皇“表南山之颠”以为其朝宫之“阙”,又“立石东海上朐界中,以为秦东门”。钟惺认为:如此举动,自是万古第一横汉。 ㉙因徙三万家丽邑——在丽山下建立城市,以使其坟墓周围不再冷清。 云阳——秦县名,在今陕西淳化西北,其西即甘泉山、甘泉宫之所在。在云阳建立城市,以使其生前游乐不感寂寞。 皆复不事——免征这些搬迁户的赋税,不让他们服各种徭役。 ㉚类物有害之者——类:像是。物:“鬼怪”“精灵”一类的东西。 ㉛方中——意谓“仙方”上的说法。 ㉜害于神——妨害神仙的降临。 ㉝恬倓——同“恬淡”,清心寡欲。 ㉞甬道——两侧筑有夹墙的通道,人行其中,外面不得见。 各案署,不移徙——意即各色人等(包括“美人”、侍卫)都是长期住在那里,不各处移动。不论皇帝出行至何处,各处备用的人、物都一应俱全。案署:各居各位。 ㉟丞相——指李斯。 弗善——不以为好。 ㊱受成事——接受既定的命令。 倚辨于上——任何事情都倚靠皇帝,都按着皇帝的指令办。辨:通“办”。 ㊲持禄——即今所谓“保官”,只求保住自己的官职、俸禄不丢失。 ㊳不得兼方——每人只允许专攻一种方技,指方士及医、巫、百工而言。 不验——意即一旦做得不好,说得不灵。 ㊴候星气——观测天文、气象以占断人世吉凶。候:观测。 不敢端言其过——意谓始皇的诸多作为不合“天意”,上天原已示有征象,而人们看到了不敢直说。 ㊵以衡石(shí)量书——用秤称出一定分量的上报文件。衡石:这里指秤。衡:秤杆。石:秤砣。 日夜有呈——每天都有一定的批阅量。呈:通“程”。 不中呈不得休息——完不成指标不睡觉。 ㊶文学——这里指各种知识学问。 ㊷方士欲练以求奇药——词语不顺。有曰“练”字应作“炼”者,而上下文意只言其“求”,未言其“炼”。“练以”二字疑衍。 韩众——即前文之“韩终”。 去不报——即一去无回。 ㊸徒奸利相告日闻——奸利:指骗子们玩弄手段,图谋私利。相告:指别人对这些骗子进行揭发举报。 ㊹重吾不德——加大我的罪名。 ㊺诸生——即上文之所谓“文学方术士”,包括具有各种知识的“博士”(其中包括儒生),也包括徐市、韩终一类的“方士”,而此次秦始皇发怒杀人,首先是由“方士”引起。后世说秦始皇“焚书坑儒”,并说被坑者即孔丘、孟轲所传下的儒家一派，与事实不全相符。　廉问——察问。胡三省曰：“廉，察也。”訞——同“妖”。　㊻传相告引——互相告发、牵引。传：传布。　㊼自除——自己挑出、圈定。主语为秦始皇。　皆坑之咸阳——按：坑儒谷在今西安市临潼区西南十公里之洪庆新村社区。　㊽益发谪徙边——更多地发配罪犯，令其全家搬迁边地。　㊾北监蒙恬——时蒙恬驻兵于上郡（郡治在今陕西榆林东南），始皇令扶苏前往为监军。

三十六年，荧惑守心。[①]有坠星下东郡，至地为石，[②]黔首或刻其石曰“始皇帝死而地分”。始皇闻之，遣御史逐问，莫服，尽取石旁居人诛之，因燔销其石。始皇不乐，使博士为《仙真人诗》，及行所游天下，传令乐人歌弦之。秋，使者从关东夜过华阴平舒道，有人持璧遮使者曰：“为吾遗滈池君。”[③]因言曰：“今年祖龙死[④]。”使者问其故，因忽不见，置其璧去。使者奉璧具以闻。始皇默然良久，曰：“山鬼固不过知一岁事也。”退言曰：“祖龙者，人之先也[⑤]。”使御府视璧，乃二十八年行渡江所沈璧也。[⑥]于是始皇卜之，卦得游徙[⑦]吉。迁北河、榆中三万家。拜爵一级。[⑧]

三十七年十月癸丑，始皇出游。左丞相斯从，右丞相去疾守。[⑨]少子胡亥爱慕请从[⑩]，上许之。十一月，行至云梦，望祀虞舜于九疑山。[⑪]浮江下，观籍柯，渡海渚。[⑫]过丹阳，至钱唐，临浙江，[⑬]水波恶，乃西百二十里从狭[⑭]中渡。上会稽，祭大禹，望于南海，而立石刻颂秦德。其文曰：

皇帝休烈，平一宇内，德惠修长。三十有七年，亲巡天下，周览远方。遂登会稽，宣省习俗，黔首斋庄。[⑮]群臣诵功，本原事迹，追首高明。[⑯]秦圣临国，始定刑名，显陈旧章。[⑰]初平法式，审别职任，以立恒常。[⑱]六王专倍，贪戾慠猛，率众自强。[⑲]暴虐恣行，负力而骄，数动甲兵。阴通间使，以事合从，行为辟方。[⑳]内饰诈谋，外来侵边，遂起祸殃。义威诛之，殄熄暴悖，乱贼灭亡。[㉑]圣德广密，六合之中，被泽无疆。皇帝并宇，兼听万事，远近毕清。[22]运理群物，考验事实，各载其名。[23]贵贱并通，善否陈前，靡有隐情。饰省宣义，有子而嫁，倍死不贞。[24]防隔内外，禁止淫泆，男女洁诚。[25]夫为寄豭，杀之无罪，男秉义程。[26]妻为逃嫁，子不得母，咸化廉清。[27]大治濯俗，天下承风，蒙被休经。[28]皆遵度轨，和安敦勉，莫不顺令。黔首修洁，人乐同则，嘉保太平。[29]后敬奉法，常治无极，舆舟不倾。[30]从臣诵烈，请刻此石，光垂休铭。[31]

还过吴，从江乘渡。[32]並海上[33]，北至琅邪。方士徐市等入海求神药，数岁不得，费多，恐谴，乃诈曰："蓬莱药可得，然常为大鲛鱼所苦，故不得至。愿请善射与俱，见则以连弩射之。"始皇梦与海神战，如人状。问占梦[34]，博士曰："水神不可见，以大鱼蛟龙为候[35]。今上祷祠备谨，而有此恶神，当除去，而善神可致。"乃令入海者赍捕巨鱼具，而自以连弩候大鱼出，射之。自琅邪北至荣成山，弗见。[36]至之罘，见巨鱼，射杀一鱼。遂並海西。

至平原津[37]而病。始皇恶言死，群臣莫敢言死事。上病益甚，乃为玺书赐公子扶苏曰："与丧会咸阳而葬。"[38]书已封，在中车府令赵高行符玺事所，未授使者。[39]七月丙寅，始皇崩于沙丘平台[40]。丞相斯为上崩在外，恐诸公子及天下有变，乃秘之，不发丧。棺载辒凉车中，故幸宦者参乘，所至上食。[41]百官奏事如故，宦者辄从辒凉车中可其奏事。独子胡亥、赵高及所幸宦者五六人知上死。赵高故尝教胡亥书及狱律令法事，胡亥私幸之[42]。高乃与公子胡亥、丞相斯阴谋破去始皇所封书赐公子扶苏者，而更诈为丞相斯受始皇遗诏沙丘，立子胡亥为太子。更为书赐公子扶苏、蒙恬，数以罪，其赐死。语具在《李斯传》中。行，遂从井陉抵九原[43]。会暑，上辒车臭，乃诏从官令车载一石鲍鱼，以乱其臭。[44]

行从直道至咸阳，发丧。太子胡亥袭位[45]，为二世皇帝。九月，葬始皇郦山[46]。始皇初即位，穿治郦山[47]；及并天下，天下徒送诣七十余万人，穿三泉，下铜而致椁，宫观百官奇器珍怪徙臧满之。[48]令匠作机弩矢，有所穿近者，辄射之。[49]以水银为百川江河大海，机相灌输[50]。上具天文，下具地理。[51]以人鱼膏为烛，度不灭者久之。[52]二世曰："先帝后宫非有子者，出焉不宜。[53]"皆令从死，死者甚众。葬既已下，或言"工匠为机，臧皆知之，臧重即泄，大事毕"[54]。已臧，闭中羡，下外羡门，尽闭工匠臧者，[55]无复出者。树草木以象山[56]。

（以上为第五段，写始皇帝死，沙丘宫政变。）

①三十六年——前211年。　荧惑守心——火星运行到了心宿的位置。荧惑：即今所说之火星。心：星名，二十八宿之一，为东方七宿的第五宿。古人认为"荧惑守心"是天下将有大变乱的征兆。　②东郡——秦郡名，郡治濮阳（今河南濮阳县西南）。　至地为石——即今所谓"陨石"。　③平舒——邑名，在今陕西华阴西北。　遮——拦路。　为吾遗（wèi）滈（hào）池君——帮我把这块璧带给滈池君。遗：致送。滈池君：滈池的水神。滈池：亦作"镐池"，在今陕西西安西丰镐村西北洼地一带，在昆明池北。　④今年祖龙死——"今年"应作"明年"。祖龙：指秦始皇。《集解》引苏林曰："祖，始也。龙，人君象，谓始皇也。"　⑤祖龙者，人之先也——顾炎武曰："谓称'祖'乃亡者之辞，无与我也，皆恶言，死之意。"按：始皇此时疑神疑鬼，已全无自信。⑥御府——皇家仓库，此指皇家仓库的主管。　行渡江所沈璧也——渡江之前为祭江神所投入江中之璧。沈：同"沉"。按：此与前文所谓"亡秦者胡也"性质相同，显为楚汉时人所捏造。　⑦游徙——自己出游与让百姓搬迁。　⑧迁北河、榆中三万家——把内地的百姓三万家迁到了北河、榆中。　拜爵一级——给搬迁的成年男子每人赐爵一级。⑨去疾——冯去疾。　守——在京留守。　⑩少子胡亥爱慕请从——按："慕"字可疑，似应删。《李斯列传》作"少子胡亥爱，请从"。爱：受秦始皇宠爱。又，此处所谓"少子"，乃始皇帝之第十八子。⑪云梦——当时的大泽名，在南郡华容（今湖北潜江西南）南。　望祀——遥望而祭。"望"是古代祭祀的一种。　九疑山——也作"九嶷

山""苍梧山",在今湖南宁远南,相传虞舜南巡,死而葬于此山。⑫浮江下——乘船沿长江而下。 籍柯——旧本皆无注,周予同认为应作"籍河";刘盼遂认为"籍"通"藉",即"布",如小孩的尿布称"藉子";辛志贤认为"藉河"即瀑布,指庐山瀑布。 海渚——"海"为"江"之误,"江渚"即采石矶,在今安徽马鞍山西南长江东岸。 ⑬丹阳——秦县名,在今马鞍山博望区西北丹阳镇。 钱唐——秦县名,在今浙江杭州西。 浙江——即今钱塘江。 ⑭狭——指江面窄的地方,指秦时之"余杭",在今杭州余杭区南、苕溪南岸。 ⑮宣省(xǐng)——抚问,视察。 斋庄——严肃,庄重。 ⑯本原事迹——追想秦朝自始以来的发展历程。本原:用作动词,即追本溯源。 追首——"首"字应作"道",即追述。 高明——指始皇的道德功业。⑰秦圣——指秦始皇。 显陈——犹言"光大"。 旧章——指秦国自古以来行之有效的规矩、章程。 ⑱初平法式——初次公平地实行了各种法律规章。 审别职任——精确地区分了各种官职的责任。以立恒常——给后代立下了永世不变的法则。 ⑲六王——昔日的六国之王。 专倍——专横而悖谬。倍:通"背",背理。 慠——同"傲"。 自强——自己逞强。 ⑳间使——暗中往来的使者。 合从——即"合纵",指东方各国间的联合反秦。从:"纵"的古字。 辟方——邪恶,放肆。"方"应读为"放",即《孟子》"放辟邪侈"之意。㉑殄(tiǎn)熄——消灭。殄:灭。 乱贼——指六国之王。 ㉒并宇——并吞天下为一统。 远近毕清——谓普天下一片清平。 ㉓运理——运筹,管理。 各载其名——使其各有各的名分。 ㉔饰省宣义——粉饰过失,虚扬正义。饰:文饰。省:通"眚",过失。 倍死——背叛死去的丈夫。 ㉕防隔内外——指约束妇女,不许外出,不许接触其他男人。 淫泆(yì)——即"淫佚",纵欲放荡。 洁诚——身洁而心诚。 ㉖寄豭(jiā)——借给别家做配种用的公猪,此指与别家女人私通的男人。 男秉义程——男人要遵守合理的章程。义:宜。㉗逃嫁——弃夫而逃嫁于人。 子不得母——儿子不要认她做母亲。 咸化廉清——都被化育得廉洁清正。 ㉘大治濯(zhuó)俗——谓社会得到了良好的治理,冲洗掉了旧有的一切恶俗。 蒙被休经——整个社会被美好的纲常教化所覆盖。被:通“披”。休经:美好的纲常。 ㉙人乐同则——人喜法则之划一。 嘉保——良好地保持。 ㉚后敬奉法——后世要恭敬地遵守这些已定的律令。 常治无极——国家长治久安,永远传承不尽。常治:即“长治”。无极:无尽。 舆舟不倾——比喻国家永无颠覆。 ㉛诵烈——歌颂美好的功业。 光垂休铭——让皇帝的光辉通过此铭文永垂于后世。 ㉜吴——秦县名,在今江苏苏州,其地当时为会稽郡的郡治。 江乘——秦县名,在今江苏句容北,地处长江边。 ㉝並海上——沿着东海边向北走。 ㉞占梦——主管占卜、详梦的人员。 ㉟以大鱼蛟龙为候——意谓海神是通过这些大鱼和蛟龙来表示它的意思。候:征候,征兆。 ㊱自琅邪北——自琅邪郡(郡治在今山东青岛琅琊镇)沿海边北行。 荣成山——即今山东荣成东北之成山角。 弗见——没有听到行于海上的人说遇到大鱼。 ㊲平原津——平原县西的黄河渡口名,当时的平原县在今山东平原西南,西靠当时北流的黄河。 ㊳玺书——皇帝给人的书信,上盖御玺,故称“玺书”。 与丧会咸阳而葬——意即让扶苏赶紧自上郡回咸阳,始皇的丧车亦将自东方回归咸阳。 ㊴在中车府令赵高行符玺事所——应作“在中车府令、行符玺事赵高所”。中车府令:官名,为皇帝主管车库。行符玺事:兼带着为皇帝管理符节印玺。赵高所:即“赵高处”。 未授使者——尚未交由使者发出。 ㊵沙丘平台——沙丘宫里的平台。沙丘宫是当年赵国的离宫,在今河北广宗西北,赵武灵王即死于此处。按:始皇死时年四十九岁,《集解》之所谓“年五十”者,盖古人习用虚岁。 ㊶棺载辒(wēn)凉车中——依当时的形势情理,似只能说将“始皇遗体”载于辒凉车中,而尚难得用棺。辒凉车:可调节温凉,可以睡卧的车子。 故幸宦者——旧日受宠爱的宦官。 参乘——站在车上主座的右侧,充当警卫、侍应。 所至上食——不论行进到哪里,都照常给始皇帝送饭食。 ㊷私幸之——私下与赵高关系亲密。 ㊸从井陉(xíng)抵九原——由井陉口北上,至九原郡。井陉:秦县名,在今河北井陉西北北陉。县西即井陉口,是河北与山西之间穿越太行山的交通要道。九原:秦郡名,郡治在今内蒙古包头西。 ㊹上辒车——装载始皇遗体的辒凉车。上:皇上。 令车载一石鲍鱼——让每辆随从的车子都装上一石咸鱼干。石:一百二十斤。鲍鱼:咸鱼干。　乱——混淆。　㊺太子胡亥袭位——按:胡亥非"太子",史公此称失当。　㊻郦山——前文作"丽山",也作"骊山"。㊼穿治郦山——指在郦山挖掘修陵。穿:开掘。　㊽天下徒送诣(yì)七十余万人——意谓全国各地遣送到郦山工地来的苦役多至七十万人。徒:苦役。诣:到,指到达郦山。　穿三泉——向下挖到三层泉水以下。据朱思红、王志友考察研究,认为其深度约在三十九米,因始皇陵四周的排水沟深度为39.4米。　下铜而致椁(guǒ)——朱思红、王志友认为"下铜"即以铜水浇灌地宫的石缝,以堵塞地下水渗入地宫。　宫观百官奇器珍怪徙臧满之——《正义》曰:"言冢内作宫观及百官位次,奇器珍怪,徙满冢中。"徙:运送。臧:通"藏"。　㊾机弩矢——有机关控制的弩箭,一触即发。　有所穿近者——有人挖墓走近。　㊿机相灌输——有机关控制,使之周回流动不停。　(51)上具天文——上有日月星斗。　下具地理——下有山脉河流。　(52)人鱼膏——人鱼熬成的油。人鱼:今之所谓鲵(ní),俗称娃娃鱼。　度(duó)不灭者久之——估计很长时间不会熄灭。　(53)后宫——指嫔妃与侍女。　非有子者——意即曾受始皇亲幸,而未生子嗣者。出——指放出宫廷。　(54)臧——通"藏",此指墓中随葬物品。　臧重即泄,大事毕——意谓陵墓中众多的珍藏信息倘若泄露出去,那就要坏大事了。臧重:意同"重藏",指陵墓中的众多珍藏。即:若。　(55)已臧——指随葬品皆已放入。　中羡(yán)——墓道里的中门。羡:通"埏",墓道。　下外羡门——将墓道的外闸门放了下来。　臧者——指向墓中搬运随葬品的人。　(56)树草木以象山——在墓顶堆上土,种上草木,看上去就像山丘一样。

二世皇帝元年,年二十一。①赵高为郎中令,任用事。②二世下诏,增始皇寝庙牺牲及山川百祀之礼。③令群臣议尊始皇庙④。群臣皆顿首言曰:"古者天子七庙,诸侯五,大夫三⑤,虽万世世不轶毁,今始皇为极庙⑥。四海之内皆献贡职,增牺牲,礼咸备,毋以加。[7]先王庙或在西雍，或在咸阳，天子仪当独奉酌祠始皇庙。[8]自襄公已下轶毁，所置凡七庙，群臣以礼进祠。[9]以尊始皇庙为帝者祖庙[10]。皇帝复自称'朕'。"

二世与赵高谋曰："朕年少，初即位，黔首未集附[11]。先帝巡行郡县，以示强，威服海内。今晏然不巡行，即见弱，毋以臣畜天下。"春，二世东行郡县，李斯从。到碣石，並海，南至会稽，而尽刻始皇所立刻石，石旁著大臣从者名，以章先帝成功盛德焉：

皇帝曰："金石刻，尽始皇帝所为也。今袭号，而金石刻辞不称'始皇帝'，其于久远也如后嗣为之者，不称成功盛德。"丞相臣斯、臣去疾、御史大夫臣德昧死言："臣请具刻诏书刻石，因明白矣。[12]臣昧死请。"制曰："可。"

遂至辽东而还。

于是二世乃遵用赵高，申法令。[13]乃阴与赵高谋曰："大臣不服，官吏尚强，及诸公子必与我争，为之奈何？"高曰："臣固愿言而未敢也。先帝之大臣，皆天下累世名贵人也，积功劳世以相传久矣。今高素小贱，陛下幸称举，令在上位，管中事。[14]大臣鞅鞅，特以貌从臣，[15]其心实不服。今上出，不因此时案郡县守尉有罪者诛之，上以振威天下，下以除去上生平所不可者。[16]今时不师文而决于武力，愿陛下遂从时毋疑，即群臣不及谋。[17]明主收举余民，贱者贵之，贫者富之，远者近之，则上下集而国安矣。[18]"二世曰："善。"乃行诛大臣及诸公子，以罪过连逮少近官三郎，无得立者，而六公子戮死于杜。[19]公子将闾昆弟三人囚于内宫，[20]议其罪独后。二世使使令将闾曰："公子不臣，罪当死，吏致法焉。[21]"将闾曰："阙廷之礼，吾未尝敢不从宾赞也；廊庙之位，吾未尝敢失节也；受命应对，吾未尝敢失辞也。何谓不臣？愿闻罪而死。"使者曰："臣不得与谋，奉书从事。"将闾乃仰天大呼天者三，曰："天乎！吾无罪！"昆弟三人皆流涕拔剑自杀。宗室振恐。群臣谏者以为诽谤，大吏持禄取容，黔首振恐。

四月，二世还至咸阳[22]，曰："先帝为咸阳朝廷小，故营阿房宫为室堂。未就，会上崩，罢其作者，复土郦山[23]。郦山事大毕，今释阿房宫弗就，则是章先帝举事过也。"复作阿房宫。外抚四夷，如始皇计。尽征其材士五万人为屯卫咸阳，令教射，狗马禽兽。当食者多，度不足，下调郡县转输菽粟刍藁，皆令自赍粮食，咸阳三百里内不得食其谷[24]。用法益刻深。

七月，戍卒陈胜等反故荆地，为"张楚"[25]。胜自立为楚王，居陈，遣诸将徇地。[26]山东郡县少年苦秦吏，皆杀其守尉令丞反，以应陈涉，相立为侯王，合从西乡，[27]名为"伐秦"，不可胜数也。谒者使东方来，以反者闻二世。二世怒，下吏[28]。后使者至，上问，对曰："群盗，郡守尉方逐捕，今尽得，不足忧。"上悦。武臣自立为赵王，魏咎为魏王，田儋为齐王。[29]沛公起沛。项梁举兵会稽郡。

二年冬，陈涉所遣周章等将西至戏[30]，兵数十万。二世大惊，与群臣谋曰："奈何？"少府章邯曰："盗已至，众强，今发近县不及矣。[31]郦山徒多，请赦之，授兵[32]以击之。"二世乃大赦天下，使章邯将，击破周章军而走，遂杀章曹阳[33]。二世益遣长史司马欣、董翳佐章邯击盗，杀陈胜城父，[34]破项梁定陶[35]，灭魏咎临济[36]。楚地盗名将已死，章邯乃北渡河，击赵王歇等于巨鹿。[37]

赵高说二世曰："先帝临制天下久，故群臣不敢为非，进邪说。今陛下富于春秋，初即位，奈何与公卿廷决事[38]？事即有误，示群臣短也。天子称'朕'，固不闻声[39]。"于是二世常居禁中，与高决诸事。其后公卿希得朝见，盗贼益多，而关中卒发东击盗者毋已。[40]右丞相去疾、左丞相斯、将军冯劫进谏曰："关东群盗并起，秦发兵诛击，所杀亡甚众，然犹不止。盗多，皆以戍漕转作事苦，赋税大也。请且止阿房宫作者，减省四边戍转。"二世曰："吾闻之韩子[41]曰：'尧舜采椽不刮，茅茨不翦，饭土熘，啜土形。[42]虽监门之养，不觳于此。[43]禹凿龙门，通大夏，决河亭水，放之海。[44]身自持筑臿，胫毋毛，臣虏之劳不烈于此矣。[45]'凡所为贵有天下者，得肆意极欲，主重明法，[46]下不敢为非，以制御海内矣。夫虞、夏之主，贵为天子，亲处穷苦之实，以徇百姓，尚何于法？[47]朕尊万乘，毋其实[48]，吾欲造千乘之驾，万乘之属，充吾号名。且先帝起诸侯，兼天下，天下已定，外攘四夷以安边竟，作宫室以章得意，而君观先帝功业有绪。[49]今朕即位二年之间，群盗并起，君不能禁，又欲罢先帝之所为，是上毋以报先帝，次不为朕尽忠力，何以在位？"下去疾、斯、劫吏，案责他罪。去疾、劫曰："将相不辱。"自杀。斯卒囚，就五刑[50]。

三年，章邯等将其卒围巨鹿，楚上将军项羽将楚卒往救巨鹿。冬，赵高为丞相，竟案李斯杀之。夏，章邯等战数却，二世使人让邯，邯恐，使长史欣请事。赵高弗见，又弗信。欣恐，亡去，高使人捕追不及。欣见邯曰："赵高用事于中，将军有功亦诛，无功亦诛。"项羽急击秦军，虏王离，邯等遂以兵降诸侯。八月己亥，赵高欲为乱，恐群臣不听，乃先设验，持鹿献于二世，曰："马也。"二世笑曰："丞相误邪？谓鹿为马。"问左右，左右或默，或言马以阿顺赵高，或言鹿，高因阴中诸言鹿者以法[51]。后群臣皆畏高。

高前数言"关东盗毋能为也"，及项羽虏秦将王离等巨鹿下而前，章邯等军数却，上书请益助，燕、赵、齐、楚、韩、魏皆立为王，自关以东，大氐尽畔秦吏应诸侯，诸侯咸率其众西乡。沛公将数万人已屠武关，使人私于高[52]，高恐二世怒，诛及其身，乃谢病不朝见。二世梦白虎啮其左骖马，杀之，心不乐，怪问占梦。卜曰："泾水为祟。"[53]二世乃斋于望夷宫，欲祠泾，沈四白马。使使责让高以盗贼事。高惧，乃阴与其婿咸阳令阎乐、其弟赵成谋曰："上不听谏，今事急，欲归祸于吾宗。吾欲易置上，更立公子婴。[54]子婴仁俭，百姓皆载其言[55]。"使郎中令为内应，诈为有大贼，令乐召吏发卒，追劫乐母置高舍。[56]遣乐将吏卒千余人至望夷宫殿门,缚卫令仆射,曰:“贼入此,何不止?”卫令曰:“周庐设卒甚谨,安得贼敢入宫?”乐遂斩卫令,直将吏入,行射[57],郎宦者大惊,或走或格,格者辄死,死者数十人。郎中令与乐俱入,射上幄坐帏[58]。二世怒,召左右,左右皆惶扰不斗。旁有宦者一人,侍不敢去。二世入内,谓曰:“公何不蚤告我?乃至于此!”宦者曰:“臣不敢言,故得全。使臣蚤言,皆已诛,安得至今?”阎乐前即二世数曰:“足下骄恣,诛杀无道,天下共畔足下,足下其自为计。”[59]二世曰:“丞相[60]可得见否?”乐曰:“不可。”二世曰:“吾愿得一郡为王。”弗许。又曰:“愿为万户侯。”弗许。曰:“愿与妻子为黔首,比诸公子。”阎乐曰:“臣受命于丞相,为天下诛足下,足下虽多言,臣不敢报。”麾其兵进。二世自杀。

阎乐归报赵高,赵高乃悉召诸大臣公子,告以诛二世之状。曰:“秦故王国[61],始皇君天下,故称帝。今六国复自立,秦地益小,乃以空名为帝,不可。宜为王如故,便。”立二世之兄子公子婴为秦王。以黔首葬二世杜南宜春苑中。[62]令子婴斋,当庙见,受王玺[63]。斋五日,子婴与其子二人谋曰:“丞相高杀二世望夷宫,恐群臣诛之,乃详以义立我[64]。我闻赵高乃与楚约,灭秦宗室而王关中。今使我斋见庙,此欲因庙中杀我。我称病不行,丞相必自来,来则杀之。”高使人请子婴数辈,子婴不行,高果自往,曰:“宗庙重事,王奈何不行?”子婴遂刺杀高于斋宫,三族高家以徇咸阳[65]。子婴为秦王四十六日,楚将沛公破秦军入武关,遂至霸上[66],使人约降子婴。子婴即系颈以组,白马素车,奉天子玺符,降轵道旁。[67]沛公遂入咸阳,封宫室府库,还军霸上。居月余,诸侯兵至,项籍为从长[68],杀子婴及秦诸公子宗族。遂屠咸阳,烧其宫室,虏其子女,收其珍宝货财,诸侯共分之[69]。灭秦之后,各分其地为三,名曰雍王、塞王、翟王,号曰“三秦”。[70]项羽为西楚霸王,主命分天下,王诸侯,[71]秦竟灭矣。后五年,天下定于汉。

(以上为第六段,写秦二世昏悖亡秦。)

①二世皇帝元年——前209年。 年二十一——据后文之秦代世系,则云“二世生十二年而立”,两处歧异。 ②郎中令——九卿之一,为郎中长官,掌宫廷戍卫,侍从皇帝左右。 任用事——受宠任,掌大权。 ③增始皇寝庙牺牲——增加祭祀始皇帝庙宇的供品数量。寝庙:凡庙宇有前后两层,前曰庙,供人祭祀;后曰寝,以象庙主生时之起居。牺牲:祭祀所用的供品,如牛、羊、猪等。 山川百祀之礼——指祭祀山川及各种神灵的规格。按:秦二世“增始皇寝庙牺牲及山川百祀之礼”,是为了以此讨好鬼神。 ④议尊始皇庙——商量如何对始皇庙表示更高的尊崇。 ⑤天子七庙,诸侯五,大夫三——《礼记·王制》:“天子七庙,三昭三穆,与太祖之庙而七;诸侯五庙,二昭二穆,与太祖之庙而五;大夫三庙,一昭一穆,与太祖之庙而三。”七庙:即享受祭祀的七辈祖先。中间是开国的太祖神主,两边是与现任皇帝亲缘最近的六代先人神主。开国太祖的受祭永远不变,其他六代受祭者,则随着皇帝的更替而依次改换。下述“五庙”“三庙”的意思与此相同。 ⑥虽万世世不轶毁,今始皇为极庙——按:两句先后颠倒。极庙:即群臣给始皇庙议出的尊号。万世世不轶毁:即永远享受祭祀。两“世”字似应删其一。轶毁:指撤除。 ⑦贡职——按职分进贡,此指给始皇庙进献供品。 礼咸备,毋以加——要让一切礼数都要周全,叫后代不可能再有所增加。 ⑧西雍——西方的雍县,在今陕西宝鸡凤翔区南,春秋以及战国前期的秦国都城。 天子仪当独奉酌祠始皇庙——意谓今后天子应守的礼仪是亲自捧酒祭祀始皇庙,其他祖庙都不用亲自去。王念孙认为:汉制以八月尝酎,盖本于秦制。酌:应作“酎”(zhòu),经过多次酿制的浓酒,用于祭祀,以示虔敬。 ⑨自襄公已下轶毁——襄公是秦国的开国之君,永远享受祭祀;他以下的历代君主由于年代久远,所以宗庙里就没有他们的灵牌了。 所置凡七庙——按:此庙所供之七主应是襄公为太祖,其余三昭三穆应是始皇之父庄襄王、祖孝文王、曾祖昭襄王,以及再往上的悼武王、惠文王、秦孝公。 群臣以礼进祠——意谓秦为诸侯时的七庙,由群臣祭祀,天子就不亲自去了。 ⑩以尊始皇庙为帝者祖庙——另立一个始皇庙,这是统一天下的帝王的始祖之庙。 ⑪集附——归心,顺服。 ⑫请具刻诏书刻石——请

允许把您的这份诏书也刻在山石上。李笠认为:第二个“刻”字疑“于”字之误。　因明白矣——这样就可以让后人分辨清楚了。　⑬遵用赵高——“遵”应作“尊”。　申法令——向全国申明法令,强调以法治国。　⑭称举——抬举。　中事——宫廷里的事务。赵高为郎中令,即宫廷总管。　⑮鞅鞅——心怀不满的样子。鞅:通“快”。　特以貌从臣——只不过是表面上对我服从而已。特:只。　⑯出——出巡。　不因此时案郡县守尉有罪者诛之——不:应作“何不”读。案:查办。郡县守尉:郡守、郡尉,县令、县尉。　生平所不可者——您一向认为那些不行,实际是不听您使唤、不为您所用的人。　⑰不师文而决于武力——不讲究仁义道德,一切全凭强权。　遂从时毋疑——赶紧根据形势采取措施,不要迟疑。　即群臣不及谋——即:则。不及谋:来不及想对策。　⑱收举——搜罗,提拔。　余民——指在过去不受提拔重用,而沉抑下僚之人。　贱者贵之,贫者富之,远者近之——卑贱者使其尊贵,贫穷者使其富有,疏远者使其亲近。按:这的确是古今一切阴谋集团收买死党的一套极其“有效”的手段。　上下集——上下都服服帖帖。　⑲行诛——边巡游,边诛杀。　连逮——牵连到,株连到。逮:及。　少近官三郎——指皇帝身边的侍卫人员。《索隐》曰:“少,小也。近,近侍之臣。三郎谓中郎、外郎、散郎也。”　无得立者——犹言无人幸免。　六公子戮死于杜——《李斯列传》作:“公子十二人僇死咸阳市,十公主矺死于杜。”杜:秦县名,在今西安东南,在当时阿房宫的南面。　⑳公子将闾——秦二世之兄。　昆弟三人——兄弟三个。昆弟:兄弟。　㉑不臣——不像做臣下的样子。　致法——行刑,进行惩治。　㉒二世还至咸阳——按:前文言“遂至辽东而还”,今乃曰“还至咸阳”,则诸公子被杀,皆二世于还京途中下令所为。　㉓罢其作者,复土郦山——先把阿房宫的工程停下来,调发那里的徒役工匠去郦山为始皇陵复土筑坟。复土:把当初挖出的土再堆回去。　㉔咸阳三百里内不得食其谷——方苞认为:此转输之人皆自赍粮,不得食咸阳三百里内谷也。　㉕为“张楚”——陈涉称王后,国号“张楚”,即张大楚国之意。　㉖陈——秦郡名,郡治陈县(今河南周口淮阳区)。　徇地——略地,带兵巡行以占取之。　㉗山东——崤山以东，泛指旧时东方六国之地。 合从西乡——意即联兵向西杀来。乡：通“向”。 ㉘下吏——交由法吏查办。 ㉙武臣自立为赵王——事在秦二世元年(前209)八月。武臣原是陈涉的将领，受陈涉之命率兵开拓河北，到邯郸后乃自立为赵王。 魏咎为魏王——事在秦二世元年九月。魏咎原是六国时魏王的后代，天下反秦后，魏人拥立魏咎为王，都临济。 田儋为齐王——事在秦二世元年九月。田儋是六国时齐王的后代，天下反秦后，齐人拥立田儋为齐王，都临菑。 ㉚陈涉所遣周章等将西至戏——周章：亦名周文，陈胜的部将。戏：水名，也是亭名，在今西安临潼区东戏河，离秦始皇陵不远。 ㉛少府——官名，九卿之一，掌山海池泽收入和皇室手工业制造，为皇帝的私府，职责是为皇帝理财。 众强——多而且强。 发近县——向周围的郡县调兵。 ㉜授兵——发给他们武器。 ㉝杀章曹阳——曹阳：亭名，在今河南灵宝东北。按：周章率领的西征军被章邯打败，退至曹阳，坚守数月，退至渑池，战败自杀。 ㉞益遣——增派。 长史——官名，丞相、大将的属官，为诸史之长。按：此所谓“长史司马欣、董翳”云者，乃使司马欣、董翳往任章邯长史，非在此以前已为长史。司马欣曾任栎阳狱掾，救过项梁。 杀陈胜城父——事在秦二世二年十二月。陈胜被章邯大破于陈县后，南逃至下城父，被其车夫所杀。下城父：在今安徽涡阳东南。 ㉟破项梁定陶——事在秦二世二年九月，时项梁因连胜轻敌，被章邯破杀于定陶。 ㊱灭魏咎临济——事在秦二世二年六月。临济：秦邑名，在今河南封丘东。 ㊲赵王歇——六国时赵王的后代。陈涉的将领武臣在邯郸称王不久，被其部将李良所杀。李良又欲杀陈馀、张耳，陈馀、张耳遂破杀李良，拥立赵歇为赵王。 巨鹿——秦郡名，郡治在今河北平乡县西南。 ㊳廷决事——当众处理事情。廷：朝廷，这里用作动词，当廷，当众。 ㊴固不闻声——应作“固闻声”，意即只能听其声，而不能见其面。 ㊵希——罕见，稀少。 毋已——指征调没完没了。 ㊶韩子——即韩非，战国末期的法家代表人物，著有《韩非子》。 ㊷采椽(chuán)不刮——采伐来用作椽子的木料，不用砍削修饰，就直接放上屋顶。 茅茨(cí)——苫屋顶用的茅草。“采椽不刮，茅茨不翦”皆极言其因陋就简，不在居住条件上多费工夫。 饭土熘

(liù),啜(chuò)土形——以陶制的粗碗吃饭,以陶制的粗杯喝汤。增:陶碗。啜:饮。形:通"铏",盛羹的瓦器。 ㊸监门之养——守门士卒的生活待遇。养:供养。 不觳(què)于此——不致薄劣到这种程度。觳:通"确",瘠薄。 ㊹龙门——在今山西河津西北和陕西韩城东北,相传古时此处阻隔不通,大禹凿通此山,黄河始得向南流下。 大夏——即今之山西西南部地区。 决河亭水——疏通河道,平治洪水。亭:平。也有谓"亭"通"停","河"字系衍文。 ㊺筑臿(chā)——筑:捣土的杵。臿:锹,一种掘土的农具。 胫毋毛——小腿上的汗毛都被磨光了,极言其劳苦之状。胫:小腿。 臣虏——奴隶。 烈——繁重。按:以上二世所引韩非语,见《韩非子·五蠹》。 ㊻所为——意同"所以"。 肆意极欲——即为所欲为,想怎么着就怎么着。 主重明法——主要是在于申明法令。"主重"二字连读,意即"强调""重在"。 ㊼亲处穷苦之实——亲自去干那些艰苦的劳动,亲自去过那种穷困的生活。 徇百姓——围着百姓转。徇:顺,以己从人。 尚何于法——还要法令干什么。 ㊽尊万乘,毋其实——意谓我徒有"万乘"之名,而无"万乘"之实。按:"万乘"原指兵车数目,春秋以前,只有周天子可以有万乘,此外,大的诸侯国也只能有千乘;现在秦二世乃用之于自己出入乘坐的车驾,故不满曰"毋其实"。 ㊾外攘四夷以安边竟——攘:排击,斥逐。竟:同"境"。 章——显示。 观——此谓看到过。 有绪——有条理,有次序。 ㊿斯卒囚,就五刑——李斯顺从地被囚禁,受遍了各种刑罚。五刑:本指黥、劓、刖、宫、大辟,此处泛指各种刑罚。 (51)阴中诸言鹿者以法——暗中对所有言鹿者强加罪名,予以惩治。 (52)使人私于高——派人与赵高私下通谋。 (53)卜曰——占卜之后的卦象说。 泾水为祟——泾水之神作怪。祟:鬼神作怪以害人。 (54)易置上——另换一个皇帝。 公子婴——身世不清,下文云是"二世兄子";《李斯列传》说是始皇之弟;《集解》引徐广说,认为是始皇之弟的儿子。中井积德曰:"子婴盖二世之兄也。" (55)皆载其言——都听从他的话。载:通"戴",奉行。 (56)郎中令——按:郎中令统领皇宫禁卫,必随二世于望夷宫,故使其为内应。 追劫乐母置高舍——怕阎乐中途变卦,不听使唤。 (57)行射——边前进,边开弓射箭。 ㉘射上幄坐帏——按:语词不顺,其意似谓"射上所坐之帷幄"。帏:义同"帷",床帐。 ㉙即二世数曰——即:就,走近。数:缕列其罪。 足下——不曰"陛下",曰"足下",轻侮之辞。 其自为计——请你自己拿主意,意即逼迫其自杀。 ㉚丞相——指赵高,意欲亲见赵高求情。 ㉛秦故王国——秦本来也是一个诸侯国,是和其他国家一样都是称"王"的。 ㉜以黔首——按一个平民百姓的礼数。 杜南——杜县以南。杜:秦县名,在今陕西西安东南。 宜春苑——秦朝的苑囿名,旧址在今陕西西安长安区东南的曲江池地区。 ㉝当庙见,受王玺——应当到祖庙(即始皇庙)拜祭始皇,会见群臣,而后接受秦王的印玺,宣告即位。 ㉞详以义立我——详:通"佯",假装。 ㉟三族高家以徇咸阳——三族:用作动词,灭赵高之三族。徇:谓载其尸体在咸阳巡行示众。 ㊱霸上——地名,在今陕西西安东,为古代咸阳、长安附近的军事要地,因其地处霸水西侧的高原上而得名。 ㊲系颈以组,白马素车——组:丝绦。按:"系颈以组,白马素车"是一种服罪、请罪的姿态,用之较早者为春秋时之郑襄公,而后有蜀主刘禅、吴主孙皓,于是成为国君向人投降的固定仪式。 奉天子玺符——奉:捧。玺符:印玺与符节。 轵(zhǐ)道——亭名,在今陕西西安东北,当时咸阳城之东南。 ㊳从长——意即诸侯盟主。 ㊴虏其子女,收其珍宝货财,诸侯共分之——《项羽本纪》谓"收其货宝妇女而东",未云与诸侯共分。 ㊵灭秦之后,各分其地为三——盖分秦关中之地为三,"各"字应删。 雍王——项羽以封降将章邯,都废丘(今陕西兴平东南)。 塞王——项羽以封降将司马欣,都栎阳(今西安阎良区武屯街道)。 翟王——项羽以封降将董翳,都高奴(今陕西延安东北延河北岸)。 三秦——因上述三国皆在秦国旧地,故统称之为"三秦"。 ㊶西楚——据《货殖列传》"夫自淮北沛、陈、汝南、南郡,此西楚也"的说法,其地约当今豫中和豫东、皖北和江苏西北部地区。 主命分天下,王诸侯——主持分割天下,以封各路诸侯为王。主命:做主,下令。

太史公曰:秦之先伯翳,尝有勋于唐虞之际,受土赐姓。及殷夏之间微散。[1]至周之衰,秦兴,邑于西垂[2]。自缪公以来,稍蚕食诸侯，竟成始皇[3]。始皇自以为功过五帝，地广三王，而羞与之侔[4]。善哉乎贾生推言之也[5]！曰：

秦并兼诸侯山东三十余郡，缮津关，[6]据险塞，修甲兵而守之。然陈涉以戍卒散乱之众数百，奋臂大呼，不用弓戟之兵，锄櫌白梃，望屋而食，[7]横行天下。秦人阻险不守，关梁不阖，长戟不刺，强弩不射。楚师深入，战于鸿门，曾无藩篱之艰。于是山东大扰，诸侯并起，豪俊相立。秦使章邯将而东征，章邯因以三军之众要市于外，以谋其上[8]。群臣之不信[9]，可见于此矣。子婴立，遂不寤[10]。藉使子婴有庸主之材，仅得中佐，山东虽乱，秦之地可全而有，宗庙之祀未当绝也。

秦地被山带河以为固，四塞之国也。[11]自缪公以来，至于秦王，二十余君，常为诸侯雄。岂世世贤哉？其势居然也[12]。且天下尝同心并力而攻秦矣。当此之世，贤智并列，良将行其师，贤相通其谋，然困于阻险而不能进，秦乃延入战而为之开关，百万之徒逃北而遂坏。[13]岂勇力智慧不足哉？形不利，势不便也。秦小邑并大城，守险塞而军，高垒毋战，关闭据阸，[14]荷戟而守之。诸侯起于匹夫，以利合，非有素王[15]之行也。其交未亲，其下未附，名为亡秦，其实利之也。彼见秦阻之难犯也，必退师。安土息民，以待其敝，收弱扶罢，以令大国之君，[16]不患不得意于海内。贵为天子，富有天下，而身为禽者，其救败非也。[17]

秦王足己不问，遂过而不变。[18]二世受之，因而不改，暴虐以重祸。子婴孤立无亲，危弱无辅。三主惑而终身不悟，亡，不亦宜乎？当此时也，世非无深虑知化之士也，然所以不敢尽忠拂过者，[19]秦俗多忌讳之禁，忠言未卒于口而身为戮没矣。故使天下之士，倾耳而听，重足而立，钳口而不言。[20]是以三主失道，忠臣不敢谏，智士不敢谋，天下已乱，奸不上闻，岂不哀哉！先王知雍蔽之伤国也，故置公卿大夫士，以饰法设刑[21]，而天下治。其强也，禁暴诛乱而天下服。其弱也，五伯[22]征而诸侯从。其削也，内守外附而社稷存。[23]故秦之盛也，繁法严刑而天下振；及其衰也，百姓怨望而海内畔矣。故周五序[24]得其道，而千余岁不绝。秦本末并失[25]，故不长久。由此观之，安危之统[26]相去远矣。野谚曰："前事之不忘，后事之师也。"是以君子为国，观之上古，验之当世，参以人事，察盛衰之理，审权势之宜，去就有序，变化有时，故旷日长久而社稷安矣。[27]

秦孝公据殽函之固，拥雍州之地，君臣固守而窥周室，有席卷天下，包举宇内，囊括四海之意，并吞八荒之心。当是时，商君佐之，内立法度，务耕织，修守战之备；外连衡而斗诸侯，于是秦人拱手而取西河之外[28]。

孝公既没，惠王、武王蒙故业，因遗册[29]，南兼汉中，西举巴、蜀，东割膏腴之地，收要害之郡。诸侯恐惧，会盟而谋弱秦，不爱珍器重宝肥美之地，以致天下之士，合从缔交，相与为一。当是时，齐有孟尝，赵有平原，楚有春申，魏有信陵。此四君者，皆明知而忠信，宽厚而爱人，尊贤重士，约从离衡，并韩、魏、燕、楚、齐、赵、宋、卫、中山之众。于是六国之士有宁越、徐尚、苏秦、杜赫之属为之谋，齐明、周冣、陈轸、昭滑、楼缓、翟景、苏厉、乐毅之徒通其意，吴起、孙膑、带佗、兒良、王廖、田忌、廉颇、赵奢之朋制其兵。常以十倍之地，百万之众，叩关而攻秦。秦人开关延敌，九国之师逡巡遁逃而不敢进。秦无亡矢遗镞之费，而天下诸侯已困矣。于是从散约解，争割地而奉秦。秦有余力而制其敝，追亡逐北，伏尸百万，流血漂卤。[30]因利乘便，宰割天下，分裂河山，强国请服，弱国入朝。延及孝文王、庄襄王，享国日浅，国家无事。

及至秦王，续六世之余烈，振长策而御宇内，吞二周而亡诸侯，履至尊而制六合，执棰拊以鞭笞天下，威振四海。南取百越之地，以为桂林、象郡，百越之君俯首系颈，委命下吏[31]。乃使蒙恬北筑长城而守藩篱，却匈奴七百余里，胡人不敢南下而牧马，士不敢弯弓而报怨。于是废先王之道，焚百家之言，以愚黔首。堕名城[32]，杀豪俊，收天下之兵聚之咸阳，销锋铸鐻，以为金人十二，以弱黔首之民。然后斩华为城，因河为津，[33]据亿丈之城，临不测之溪以为固。良将劲弩守要害之处，信臣精卒陈利兵而谁何。[34]天下以定，秦王之心，自以为关中之固，金城千里，子孙帝王万世之业也。

秦王既没，余威振于殊俗[35]。陈涉，瓮牖绳枢之子，甿隶之人，而迁徙之徒。[36]才能不及中人，非有仲尼、墨翟之贤，陶朱、猗顿[37]之富，蹑足行伍之间，而倔起什伯之中，[38]率罢散之卒，将数百之众，而转攻秦。斩木为兵，揭竿为旗，天下云集响应，赢粮而景从，[39]山东豪俊遂并起而亡秦族矣。

且夫天下非小弱也，雍州之地，殽函之固自若也。陈涉之位，非尊于齐、楚、燕、赵、韩、魏、宋、卫、中山之君；锄櫌棘矜，非铦于句戟长铩也；[40]適戍之众，非抗于九国之师；[41]深谋远虑，行军用兵之道，非及乡时[42]之士也。然而成败异变[43]，功业相反也。试使山东之国与陈涉度长絜大，比权量力，则不可同年而语矣。[44]然秦以区区之地，千乘之权，招八州而朝同列，百有余年矣。[45]然后以六合为家，殽函为宫[46]，一夫作难而七庙堕，[47]身死人手，为天下笑者，何也？仁义不施而攻守之势异也[48]。

秦并海内，兼诸侯，南面称帝，以养四海[49]，天下之士斐然乡风[50]，若是者何也？曰：近古之无王者久矣。周室卑微，五霸既殁，令不行于天下，是以诸侯力政[51]，强侵弱，众暴寡，兵革不休，士民罢敝。今秦南面而王天下，是上有天子也。既元元之民冀得安其性命，莫不虚心而仰上。当此之时，守威定功，安危之本在于此矣。[52]

秦王怀贪鄙之心，行自奋之智[53]，不信功臣，不亲士民，废王道，立私权，禁文书而酷刑法，先诈力而后仁义，以暴虐为天下始。夫并兼者高诈力，安定者贵顺权，[54]此言取与守不同术也。

秦离战国而王天下，其道不易，其政不改，是其所以取之守之者无异也。孤独而有之[55]，故其亡可立而待。借使秦王计上世之事，並殷周之迹，以制御其政，[56]后虽有淫骄之主而未有倾危之患也。故三王之建天下，名号显美，功业长久[57]。

今秦二世立，天下莫不引领而观其政。夫寒者利裋褐而饥者甘糟糠，天下之嗷嗷，[58]新主之资也。此言劳民之易为仁[59]也。乡使二世有庸主之行，而任忠贤，臣主一心而忧海内之患，缟素而正先帝之过，裂地分民以封功臣之后，建国立君以礼天下，[60]虚囹圄而免刑戮，除去收帑污秽之罪，[61]使各反其乡里，发仓廪，散财币，以振孤独穷困之士，轻赋少事，以佐百姓之急，约法省刑以持其后[62]，使天下之人皆得自新，更节修行，各慎其身，塞万民之望[63]，而以威德与天下，天下集矣。[64]即四海之内，皆欢然各自安乐其处，唯恐有变，虽有狡猾之民，无离上之心，则不轨之臣无以饰其智，而暴乱之奸止矣。二世不行此术，而重之以无道，坏宗庙与民，更始作阿房宫，[65]繁刑严诛，吏治刻深，赏罚不当，赋敛无度，天下多事，吏弗能纪[66]，百姓困穷而主弗收恤。然后奸伪并起，而上下相遁[67]，蒙罪者众，刑戮相望于道，而天下苦之。自君卿以下至于众庶，人怀自危之心，亲处穷苦之实，[68]咸不安其位，故易动也。是以陈涉不用汤武之贤，不藉公侯之尊，奋臂于大泽而天下响应者，其民危也。故先王见始终之变，知存亡之机，是以牧民之道，务在安之而已。天下虽有逆行之臣，必无响应之助矣。故曰“安民可与行义，而危民易与为非”，此之谓也。贵为天子，富有天下，身不免于戮杀者，正倾[69]非也。是二世之过也。

（以上为第七段，作者引用贾谊的《过秦论》作为自己的论赞。）

①殷夏之间——夏末殷初之际。　微散——衰微，离散。　②秦兴，邑于西垂——指秦襄公因助平王东迁，被平王封为诸侯，开始在西垂建立国家。西垂：也叫“西犬丘”，在今甘肃天水西南。自秦庄公为西垂大夫，后人因称西犬丘为西垂。　③竟成始皇——终于成就了始

皇统一天下的功业。 ④羞与之侔——不愿与之并列，指自称“皇帝”而言。侔：相等。 ⑤善哉乎贾生推言之也——犹言“关于这个问题，贾生说得好啊”。贾生推言：指写作《过秦论》。 ⑥山东三十余郡——在被兼并的东方六国的地盘上建立了三十多个郡（加上秦国本土共三十六郡）。 缮津关——修整渡口、关塞。 ⑦兵——兵器。 锄櫌（chú yōu）白梃（tǐng）——锄柄与白木棒。櫌：同“耰”，平土的农具。 望屋而食——自己不带粮食，打到哪里就吃到哪里。 ⑧章邯因以三军之众要市于外，以谋其上——要市：要挟，讨价还价。《索隐》曰：“此评失也，章邯之降由赵高用事，不信任军将。一则恐诛，二则楚兵既盛，王离见虏，遂降耳，非三军要市于外以求封明矣。” ⑨不信——不可信任。 ⑩遂不寤——仍不觉悟。遂：照旧，如前。 ⑪被山带河——谓其四周有群山与黄河的围护。 四塞——四周都有关塞、屏障。有说秦国东有函谷，西有散关，南有武关，北有萧关，故称“四塞”。 ⑫其势居然也——其所处形势造成了这种结果。 ⑬延入——引敌深入。 逃北——败北，败逃。北：背，败。 ⑭秦小邑并大城——以下是贾谊为子婴设想的防守之策。 高垒——高筑城堡。 据阨——守好险要之处。 ⑮素王——无位而有王德者。 ⑯收弱扶罢——收服其弱者，扶助其疲惫者。罢：通“疲”。此句谓对东方各派势力分别采取不同对策。 以令大国之君——收合众弱则足以制服某一强。 ⑰为禽——为人所擒。禽：通“擒”。 救败非也——挽救失败的方针政策不对。 ⑱秦王——此指秦始皇。 足己不问——满足于个人的才智而不集思广益。足己：自以为是。 遂过而不变——已经错了还按照错的路子往下走，不肯回头。遂：因循，照旧。 ⑲深虑知化——能深谋远虑，能预见形势变化。 拂过——纠正帝王的过失。拂：通“弼”，匡正，扶持。 ⑳倾耳而听——时刻防备一切风吹草动的样子。 重足而立——两脚叠在一起站着，形容极度戒惧小心。 钳口——闭上嘴。 ㉑饰法设刑——意即建立各种法令规章。饰：通“饬”，整治。 ㉒五伯——通“五霸”，通常指齐桓公、晋文公、楚庄王、吴王阖庐、越王句践。霸主通常挟天子以令诸侯，帮着天子维持秩序。 ㉓其削也——指天子自身的统治能力已经削弱的时候。 内守外附——对内能自守其土,外面也还有一些同盟者。附:归附。按:以上是贾谊用周王朝存在几百年的实际情况举例。 ㉔五序——指公、侯、伯、子、男五种爵级,这里指分封制。 ㉕本末并失——指既不实行仁政,又滥用刑罚。本:德治。末:刑罚。或谓"本"指分封制,"末"指严刑酷法。 ㉖安危之统——使国家安定或危亡的方略。统:纲领,方略。 ㉗有时——有本作"应时"。 而社稷安矣——以上为《过秦论下》,前半论子婴"救败"方略之失误,后半总论秦政之失。贾谊之总论秦政,后人多有褒美;其批评子婴一段,后人颇以为非。另有人认为《始皇本纪》之论赞原文即结束于此,后面之《过秦论上》与《过秦论中》皆后人所妄加。 ㉘取西河之外——攻取了原属魏国的黄河以西地区。 ㉙蒙故业,因遗册——继承了秦孝公的事业与政策。 ㉚追亡逐北——即追击败兵。 卤——盾牌。 ㉛委命下吏——把自己的性命交由秦始皇手下的官吏处置。 ㉜堕名城——拆掉东方诸国的城墙。堕:通"隳",毁坏。 ㉝斩华为城——砍削华山作为秦地的东城墙。 因河为津——他处引此文作"因河为池",用东面的黄河作为秦地的护城河。 ㉞信臣——可信任的大臣。 谁何——喝问、盘查行人。 ㉟殊俗——异俗之地,谓异国、异族。 ㊱瓮牖(yǒu)绳枢——以破缸做窗口,以绳子系门轴,极言其居室之贫。 甿(méng)隶——平民。甿:古指农民。 迁徙——充军,发配。 ㊲陶朱、猗顿——都是古代有名的大富翁。陶朱:陶朱公范蠡,春秋末期人,辅佐句践灭吴后,转而经商,成为巨富。猗顿:以放牧、制盐发家的大富翁。 ㊳蹑足——小步走,谨慎小心的样子。 倔起——同"崛起"。突然兴起。 什伯——同"什百",十人长、百人长,借指低层军官。 ㊴揭——举。 赢粮——自己带着粮食。 景从——像影子随着形体,时刻不离。景:"影"的本字。 ㊵棘矜(qín)——以棘木棒当矛使。矜:矛。 铦(xiān)——通"銛",锋利。 长铩(shā)——长矛。 ㊶适戍——被发配远戍边地。適:通"谪"。 抗——匹敌,相当。 ㊷乡时——昔日。乡:通"向"。 ㊸成败异变——即成败不同。"异""变"二字同义。 ㊹度长絜(xié)大——比一比谁长谁大。度、絜都是比量的意思。 不可同年而语——极言其差别之悬远。 ㊺千乘之权——

一个诸侯的威权。 招八州——意即将普天下的臣民都招拢过来。古代称中国有九州,秦国自居一州,故统称秦国以外的其他区域为"八州"。 朝同列——使与之同列的东方诸侯都来朝拜。 百有余年矣——从秦孝公变法强大,到秦始皇统一六国,共一百多年。 ㊻殽函为宫——意即将整个关中地区视为宫廷,而崤山、函谷关被视为其东面的宫门。殽:即崤山,在今河南三门峡东南,此山为秦晋间关隘,山路奇险。 ㊼一夫作难——指陈涉的首难反秦。 七庙——皇帝的宗庙,因其庙内供奉着七代先祖,故云。 堕——通"隳"。宗庙毁坏也就意味着王朝灭亡。 ㊽仁义不施而攻守之势异也——按:以上为《过秦论上》,批评了秦始皇统一后所实行政策的失误。 ㊾以养四海——即"以治四海"。 ㊿斐然乡风——归心顺从的样子。 51力政——即以武力征服。政:通"征"。 52守威定功——利用现有的威权,以稳定所获得的成功。 安危之本在于此矣——意即应该抓紧机遇改弦更张,实行仁政。 53自奋之智——即自以为是。 54并兼者高诈力——在吞并诸国的时候可以崇尚阴谋诡计。高:崇尚。 安定者贵顺权——在稳定国家秩序的时候,就得讲究顺应民心了。贵:重视,讲究。顺权:随形势而变换统治方略。 55孤独而有之——孤立无援地占有着一个国家。 56计上世之事——考虑前代的治国经验。 并——通"傍",依傍,仿效。 制御其政——统治、驾驭其国家政权。 57名号显美,功业长久——意谓夏、商、周三王之所以能如此,即在于明白攻取与守成之术是不同的。 58利裋褐(shù hè)——有粗布衣就很满意了。 嗷嗷——因饥寒而发出的怨苦哀号。 59劳民之易为仁——面对饥饿困苦的百姓容易给予好处,博得"仁者"的名声。劳民:饥饿困顿中的黎民百姓。 60缟素——丧者之服,王者服之以表示请罪,或吊慰黎民之意。 建国立君——指分封诸侯。 61虚囹圄(líng yǔ)——把监狱的人都放出去。 收帑——一人犯罪,妻子儿女都将受牵连而被没入为奴。帑:通"孥",妻子儿女。 污秽——高步瀛认为乃指前文《会稽刻石》中所说的"寄豭"之男与"逃夫"之女。 62以持其后——以继其后,即接着实行。 63塞万民之望——满足百姓们的愿望。 64与——相与,打交道,即"采取""实行"。 集——

安,太平。 ⑥⑤重之以无道——接着更为暴虐无道。重:更加。 坏宗庙与民——二世元年曾有将襄公以下秦之历代先君庙尽行“轶毁”事,贾谊语盖谓此。 更始作阿房宫——仍继续修建阿房宫。更始:重新开始。始皇死后,为修骊山陵墓曾有一段时间停止了修建阿房宫,后来又重新开始。俞樾认为“与民更始”四字当移至“二世不行此术”字下,其说甚好,于文字更顺。 ⑥⑥吏弗能纪——官吏们不能治理。纪:整顿,治理。 ⑥⑦相遁——相互欺骗、隐瞒。 ⑥⑧君卿——此处指“公卿”,即三公九卿。 自危——自感处于危险之中。 亲处穷苦之实——每个人都感到自己的处境艰难困苦。穷苦:指政治处境艰难。 ⑥⑨正倾——扶救倾危。正:匡扶。

襄公立,享国十二年,初为西畤[①]。葬西垂。生文公。

文公立,居西垂宫,五十年死,葬西垂。生静公。

静公不享国而死。生宪公。

宪公享国十二年,居西新邑。[②]死,葬衙[③]。生武公、德公、出子。

出子享国六年,居西陵[④]。庶长弗忌、威累、参父三人,率贼贼出子鄙衍,[⑤]葬衙。武公立。

武公享国二十年,居平阳封宫。葬宣阳聚[⑥]东南。三庶长伏其罪[⑦]。德公立。

德公享国二年,居雍大郑宫。生宣公、成公、缪公。葬阳[⑧]。初伏,以御蛊[⑨]。

宣公享国十二年,居阳宫[⑩]。葬阳。初志闰月[⑪]。

成公享国四年,居雍之宫。葬阳。齐伐山戎、孤竹。

缪公享国三十九年。天子致霸[⑫]。葬雍。缪公学著人[⑬]。生康公。

康公享国十二年,居雍高寝[⑭]。葬竘社[⑮]。生共公。

共公享国五年,居雍高寝。葬康公南[⑯]。生桓公。

桓公享国二十七年,居雍太寝[⑰]。葬义里丘[⑱]北。生景公。

景公享国四十年,居雍高寝。葬丘里[19]南。生毕公。

毕公享国三十六年。葬车里[20]北。生夷公。

夷公不享国。死,葬左宫[21]。生惠公。

惠公享国十年。葬车里康景[22]。生悼公。

悼公享国十五年。葬僖公西[23]。城雍[24]。生剌龚公。

剌龚公享国三十四年。葬入里[25]。生躁公、怀公。其十年,彗星见。

躁公享国十四年。居受寝[26]。葬悼公南。其元年,彗星见。

怀公从晋来,享国四年,葬栎圉氏。[27]生灵公[28]。诸臣围怀公,怀公自杀。

肃灵公,昭子子也,居泾阳。[29]享国十年。葬悼公西。生简公[30]。

简公从晋来。享国十五年。葬僖公西。生惠公。其七年,百姓初带剑[31]。

惠公享国十三年。葬陵圉[32]。生出公。

出公享国二年。出公自杀,葬雍。[33]

献公享国二十三年。葬嚣圉[34]。生孝公。

孝公享国二十四年。葬弟圉[35]。生惠文王。其十三年,始都咸阳。

惠文王享国二十七年。葬公陵[36]。生悼武王。

悼武王享国四年,葬永陵[37]。

昭襄王享国五十六年。葬茝阳[38]。生孝文王。

孝文王享国一年。葬寿陵[39]。生庄襄王。

庄襄王享国三年。葬芷阳[40]。生始皇帝。吕不韦相。

献公立七年,初行为市[41]。十年,为户籍相伍[42]。

孝公立十六年。时桃李冬华。

惠文王生十九年而立。立二年,初行钱,有新生婴儿曰“秦且王”。[43]

悼武王生十九年而立。立三年,渭水赤三日[44]。

昭襄王生十九年而立。立四年,初为田开阡陌[45]。

孝文王生五十三年而立。

庄襄王生三十二年而立。立二年,取太原地[46]。庄襄王元年,大赦,修先王功臣,施德厚骨肉,[47]布惠于民。东周与诸侯谋秦,秦使相国不韦诛之,尽入其国。秦不绝其祀,以阳人地赐周君,奉其祭祀。[48]

始皇享国三十七年。葬郦邑[49]。生二世皇帝。始皇生十三年而立。

二世皇帝享国三年,葬宜春。[50]赵高为丞相安武侯。二世生十二年而立[51]。

右秦襄公至二世,六百一十岁[52]。

(以上为第八段,是史公写《史记》时所参考的《秦记》,疑是后人附入。)

①初为西畤(zhì)——开始建造了西畤。西畤:祭祀西方天神的祭坛,因其地在西垂,故称西畤。西畤所供奉的是西方之神白帝少皞,秦国视为自己的先祖。 ②宪公——按:《秦本纪》与《十二诸侯年表》"宪公"皆作"宁公",现代的战国年表皆据出土的秦公钟改作"宪公"。 西新邑——现代考古学家认为应在今甘肃礼县大堡子山遗址。 ③衙——古邑名,《秦本纪》谓宁(宪)公葬"西山"。西山:也叫"秦陵山",在今陕西宝鸡西北。或当时宝鸡西北有地曰"衙"。 ④西陵——具体方位不详,按情理应距宝鸡不远。 ⑤庶长——《秦本纪》作"大庶长",秦爵名,为秦爵二十级的第十八级,地位甚高。 贼出子鄙衍——贼:刺杀。鄙衍:钱穆认为鄙衍当是地名,在平阳。 ⑥聚——村落名。 ⑦三庶长伏其罪——指被武公所诛,夷三族。 ⑧阳——即其都城平阳。 ⑨初伏,以御蛊(gǔ)——初次举行"入伏"的祭祀,以抵抗夏天的毒热。伏:即夏季的"三伏"。 ⑩阳宫——即前文之"平阳封宫"。 ⑪初志闰月——在历法上初次使用"闰月"。秦国此时使用何种历法,《史记》无明文。杨宽认为:秦初用周历,昭王

四十二年改用颛顼历。 ⑫致霸——任命其为“方伯”，承认其为诸侯霸主。 ⑬学著人——向门屏之侧的侍卫求教，以言其虚心好学之状。著：《索隐》曰：“‘著’即‘宁（zhù）’也，门屏之间曰宁。” ⑭高寝——宫名，在秦都雍城内。 ⑮竘（qǔ）社——具体方位不详，大体离今陕西宝鸡凤翔区不远。 ⑯葬康公南——葬共公于康公墓地竘社之南。 ⑰太寝——宫名，在雍城内。 ⑱义里丘——似应作“义丘里”，大体离今凤翔区不远。 ⑲丘里——似即上文之“义丘里”。今陕西宝鸡凤翔区南郊的三畤原已探明十余座秦公陵墓。其中一号“秦公大墓”可以推断墓主为秦景公。 ⑳车里——具体方位不详，大体离今凤翔区不远。 ㉑左宫——方位不详，应离今凤翔区不远。 ㉒葬车里康景——张文虎认为：上文“康公葬竘社”，“景公葬丘里南”，疑“车里”在康、景二墓间，脱“间”字。 ㉓葬僖公西——“僖公”应作“景公”。 ㉔城雍——增筑雍城。 ㉕入里——方位不详，应离凤翔区不远。 ㉖受寝——宫名，在雍城内。 ㉗怀公从晋来——怀公即位前，身在晋国。 栎圉（yuè yǔ）氏——“氏”字系衍文。栎圉：方位不详，亦应离凤翔区不远。 ㉘生灵公——梁玉绳曰：“怀公生灵公，必是‘生昭子’之误。《秦本纪》明言‘灵公，怀公孙……’下文固云‘灵公，昭子子也’。” ㉙肃灵公——《索隐》曰：“《纪年》及《系（世）本》无‘肃’字。” 居泾阳——灵公时秦国的都城自雍东迁到泾阳（今陕西泾阳西北）。 ㉚生简公——梁玉绳曰：“简公者，灵公之季父，怀公之子，厉共公之孙。此以简公为灵公所生，大误。”按：即《秦本纪》之所谓“悼子”。 ㉛百姓初带剑——带剑原是贵族的一种特权，至此百姓亦可佩带。 ㉜陵圉——方位不详，亦应离凤翔区之秦先祖墓地不远。 ㉝出公自杀——据《秦本纪》，出公与其母乃被秦之庶长所杀。 葬雍——亦葬于雍城之南的三畤原。 ㉞嚣圉——具体方位不详，但因献公已于其二年（前383）将秦之都城由泾阳迁至栎阳，因此其墓应在栎阳附近。 ㉟弟圉——徐卫民认为在当时的栎阳城东。 ㊱公陵——惠文王的陵墓，在当时的咸阳城西北。 ㊲永陵——悼武王的陵墓，徐卫民认为在当时咸阳的西北方，今咸阳北的周陵中学附近，就是以前讹传的周文王陵与周武王陵。 ㊳茝阳——应作“芷阳”，秦县名，在当时的咸阳城东南，今西安东北。 ㊴寿陵——孝文王的陵墓，在今西安临潼区东北，距芷阳不远。 ㊵葬芷阳——徐卫民认为：芷阳是一个大的墓葬区，埋葬着秦悼武王以后到秦始皇之前的昭襄王、孝文王、庄襄王、宣太后等著名人物。其中的一号陵园规模巨大，属于天子的级别，很可能这就是那个在位长达五十六年，为秦始皇统一六国奠定了绝好基础的秦昭王。 ㊶初行为市——开始在都城栎阳建立商贸市场。 ㊷为户籍相伍——建立户籍制度，把居民五家为一“伍”编排起来，使其相互监督。 ㊸初行钱——国家首次使用铜钱。 新生婴儿曰“秦且王”——有个刚出生的婴儿就会说“秦国即将称王”。 ㊹渭水赤三日——预示悼武王将死。 ㊺初为田开阡陌——标志秦国重视农业，并实行新的土地制度。阡陌：田间小路，也指地界。 ㊻取太原地——太原：赵郡名，郡治晋阳（今太原西南古城营），庄襄王二年秦国攻取之。 ㊼修先王功臣——先王时期的功臣未蒙奖赏或奖赏不够的，现在通通予以追赏。 施德厚骨肉——对嬴氏宗室也普遍地施加恩惠。德厚：犹言“德惠”。 ㊽阳人——村落名，在今河南汝州西。 奉其祭祀——继续祭祀周朝的祖先。 ㊾郦邑——为建造与看护始皇陵墓而设立的行政单位，级别相当于县。汉代改称新丰。 ㊿二世皇帝享国三年——前209—前207年。 宜春——即宜春苑，秦代宫苑名，故址在汉代长安的东南郊，今西安长安区东南曲江池。 (51)二世生十二年而立——按：“十二年”当作“二十年”，前文云“二世皇帝元年，年二十一”。 (52)秦襄公至二世，六百一十岁——《正义》曰：“《秦本纪》自襄公至二世，五百七十六年矣；《年表》自襄公至二世，五百六十一年，三说并不同。”又，以上所附，即司马迁之所谓《秦记》。《六国年表序》云：“秦既得意，烧天下《诗》《书》，诸侯史记尤甚，为其有所刺讥也……独有《秦记》，又不载日月，其文略不具。”这段引文指的正是这种情形。

孝明皇帝十七年十月十五日乙丑，曰[1]：“周历已移，仁不代母。[2]秦直其位，吕政残虐。[3]然以诸侯十三，并兼天下，极情纵欲，养育宗亲。[4]三十七年，兵无所不加，制作政令，施于后王。[5]盖得圣人之威，河神授图，据狼、狐，蹈参、伐，[6]佐政驱除，距之称始皇。[7]始皇既殁，胡亥极愚，郦山未毕，复作阿房，以遂前策。云'凡所为贵有天下者，肆意极欲，大臣至欲罢先君所为[8]'，诛斯、去疾，任用赵高。痛哉言乎[9]：'人头畜鸣[10]，不威不伐恶，不笃不虚亡[11]，距之不得留，残虐以促期，[12]虽居形便之国，犹不得存。'

"子婴度次得嗣[13]，冠玉冠，佩华绂，车黄屋，从百司，谒七庙。小人乘非位，莫不怳忽失守，偷安日日，独能长念却虑，父子作权，[14]近取于户牖之间，竟诛猾臣，为君讨贼。[15]高死之后，宾婚未得尽相劳，餐未及下咽，酒未及濡唇，楚兵已屠关中，真人翔霸上。[16]素车婴组，奉其符玺，以归帝者。郑伯茅旌鸾刀，严王退舍[17]。河决不可复壅，鱼烂不可复全[18]。贾谊、司马迁曰[19]：'向使婴有庸主之才，仅得中佐，山东虽乱，秦之地可全而有，宗庙之祀未当绝也。'秦之积衰，天下土崩瓦解，虽有周旦之材，无所复陈其巧，[20]而以责一日之孤，[21]误哉！俗传'秦始皇起罪恶，胡亥极'，得其理矣。复责小子，云'秦地可全'，所谓不通时变者也。纪季以酅，《春秋》不名[22]。吾读《秦纪》，至于子婴车裂赵高，未尝不健其决，怜其志。[23]婴死生之义备矣[24]。"

（以上为第九段，是后人所附入的班固对司马迁引贾谊《过秦论下》以评子婴的批驳。）

①孝明皇帝十七年——公元 74 年。孝明皇帝：东汉明帝刘庄，光武帝之子，公元 57—75 年在位。　十月十五日乙丑，曰——《索隐》曰："此已（以）下是汉孝明帝访班固评贾、马赞中论秦二世亡天下之得失，后人因取其说，附之此末。"《集解》引徐广曰："班固《典引》曰：'永平十七年诏问臣固："太史迁赞语中宁有非邪？"臣对贾谊言："子婴得中佐，秦未绝也。"此言非是臣素知之耳。'"按：据此则"曰"上应出"班固"二字，不然下文则似明帝所为。　②周历已移——周朝的统治年代已经过去。　仁不代母——《正义》曰："周，木德也；秦，水德也。五行之运：水生木，木生火，火生土，土生金，金生水。所生者为母，出者为子……秦称水是母代子，故言若有德之君相代，不母承其子。"按：此

“相生”说也,然尚有“相克”之说。 ③秦直其位——秦朝作为一代政权排在那里。直:通“值”。 吕政——指秦始皇。《吕不韦列传》说秦始皇是吕不韦的孕妾所生。 ④诸侯十三——始皇初为秦王时年十三。 养育宗亲——按:始皇统一六国后,对其“宗亲”有何特殊“养育”,史无明载。 ⑤兵无所不加——意即打遍天下,统一六国。 施(yì)——延续。 ⑥狼、狐——二星名,“狼”即“天狼星”,古人认为此星明亮则主侵伐。“狐”也作“弧”,古人认为此星主讨伐暴乱。 参、伐——二星名,主斩艾事。以上二句言始皇上应侵伐斩杀之星,故在人世大显武力之威灵。 ⑦佐政驱除——言上天帮着嬴政清除道路。 距之称始皇——一直到号称“始皇帝”。 ⑧大臣至欲罢先君所为——按:以上三句即隐括二世二年胡亥处死李斯、冯去疾等之前所发的大段高论。 ⑨痛哉言乎——后人有些话真是说得深刻痛切啊!即指下述评论。 ⑩人头畜鸣——《正义》曰:“言胡亥人身有头面,口能言语,不辨好恶,若六畜之鸣。” ⑪不威不伐恶,不笃不虚亡——上句指秦始皇,下句指秦二世。不笃:指罪恶不深。不虚亡:不会无故地灭亡。也有人断句为“不威不伐,恶不笃不虚亡”,二句皆指秦二世。不威不伐:没有威权就不能为所欲为。伐:矜夸。本段文字皆批评秦二世,似按后一种断句解释为好。 ⑫距之不得留——王叔岷认为犹作“遂至不得留”。 残虐以促期——残暴无道加速了自己的灭亡。 ⑬度次得嗣——按照次序得以继承王位。 ⑭独能长念却虑——按:句首应加“子婴”二字读。长念:做长远打算。却虑:排除疑虑。 作权——断然采取措施。权:权变,临时举措。 ⑮近取于户牖(yǒu)之间——极言其简便省事。牖:窗户。 猾臣——指赵高。 为君讨贼——为始皇和二世讨伐了叛逆。 ⑯宾婚——宾客,姻亲。 劳——慰劳。 楚兵——此指刘邦的军队。 真人——指刘邦。池田认为:真人,犹云“真天子”,与始皇称“真人”判然别矣。 ⑰郑伯茅旌鸾刀,严王退舍——《公羊传·宣公十二年》,楚庄王攻克郑国都城,郑襄公“肉袒,左执茅旌,右执鸾刀”以迎庄王,表示服罪,庄王为之“退舍七里”。何休注:“执宗庙器者,示以宗庙不血食,自归首。”严王:即“庄王”,汉人避明帝刘庄讳,改称“严王”。按:《左传》对此亦有详细叙述,此用以比喻子婴有礼节地迎降刘邦事。 ⑱“河决不可复壅”二句——以喻秦朝之败亡不可挽救。 ⑲贾谊、司马迁曰——泷川资言曰:“迁采谊之言,谊之言即迁之意,故云。” ⑳周旦——周公姬旦,武王之弟,古代称之为圣人,曾协助武王灭殷,又佐成王治国。 陈其巧——施展其能力。 ㉑责——要求。 一日之孤——指子婴。一曰:极言其执政之日短。 ㉒纪季以酅(xī),《春秋》不名——纪季把酅邑献给了齐国,而《春秋》却肯定他,不直称他的名字。纪季:春秋时纪国诸侯之弟,“季”是排行。酅:纪邑名,在今山东淄博临淄区东北。纪季与其兄分裂,先带着酅邑投降了齐国,成为齐国的附庸。后来齐国灭纪,纪国先人的祭祀在纪邑绝灭,而歪打正着的纪季却偶然地将其先人祭祀承续下来,因此受到《春秋》作者的肯定,而书之曰“纪季以酅入于齐”。事见《左传·庄公三年》,此以纪季比喻子婴。 ㉓《秦纪》——此指《秦始皇本纪》。 健其决——称赞他的果断。 怜其志——同情他的用心。 ㉔死生之义备矣——此言子婴之死生皆合于义,后人无可指责。按:以上是班固奉诏评论子婴的一段话。

［**简评**］《秦始皇本纪》前半部分写秦始皇统一六国的过程与其称帝后所建立、实行的一系列制度措施,司马迁对此尽管也有批评和不满,但大体上是肯定、赞扬的,这与《六国年表》所说的“秦取天下多暴,然世异变,成功大”观点一致;文章的气势亦高屋建瓴,与《商君列传》叙述商鞅变法的措施、功效两相辉映。至于两千多年来被历代书生所痛诋的“焚书坑儒”,本篇对其具体事实有十分清晰地叙述,史公似对此亦无过多恶感。作品的后半部分写始皇建阿房、修陵墓、巡游、求仙以及独裁、拒谏,陶醉于虚假的歌功颂德,自是应受批评的弊政,前人之述备矣。作者写始皇之死,写沙丘政变,皆用笔简洁,盖详情已见于《李斯列传》,两篇应彼此参看。史公是将始皇帝作为一个因缺少历史经验而招致失败的悲剧英雄来进行写作的,笔下有无限惋惜之情。写胡亥即位后不仅不改弦更张,反而变本加厉地倒行逆施,终至

三年亡秦,史公对胡亥、赵高、李斯这群败类自然是痛加鞭笞的。他突出地写了赵高杀二世与子婴杀赵高两个情节,前者令人感慨深思,后者令人心旷神怡。继始皇而立者,扶苏固可,即子婴,亦未尝不可。史公引贾谊的《过秦论》以代自己之论赞,《过秦论》里的确有许多好观点,但也有明显的谬论,班固所驳者仅是其一;至其责始皇不搞分封,乃又捡起已被李斯所驳的淳于越的"谬论",不亦过于落后了吗?但这里恰恰也表现了司马迁对此事的某种迷惘之情,读者可参照《汉兴以来诸侯王年表》所流露的情绪一并思考。

[**集评**] 《太史公自序》:"始皇既立,并兼六国;销锋铸鐻,维偃干革;尊号称帝,矜武任力;二世受运,子婴降虏。作《始皇本纪》第六。"

苏辙曰:"商周之初,虽封建功臣子弟,而上古诸侯棋布天下,植根深固,是以新故相维,势如犬牙,数世之后,皆为故国,不可复动。今秦已削平诸侯,荡然无复立锥之国,虽使并建子弟,而君民不亲,譬如措舟沧海之上,大风一作,漂卷而去,与秦之郡县何异?且独不见汉高、晋武之事乎?……古之圣人立法以御天下,必观其势,势之所去不可强反,今秦之郡县岂非势之自至也欤?然秦得其势而不免于灭亡,盖治天下在德不在势。诚能因势以立法,务德以扶势,未有不安且治者也。使秦既一天下,与民休息,宽繇赋,省刑罚,黜奢淫,崇俭约,选任忠良,放远法吏,而以郡县治之,虽与三代比隆可也。"(《古史》)

钱穆曰:"秦并六国,中国史第一次走上全国大一统的路。此不专因于秦国地势之险塞及其兵力之强盛,而最要的还是当时一般意向所促成。秦政府对统一事业,亦大有努力,举其要者,如废封建行郡县。收军器,堕城郭,决川防,夷险阻,以解消封建时代之武装。又建设首都,移东方豪家十二万户于咸阳,兴建筑。巡行郡邑，筑驰道。统整各地制度文化风俗。开拓边境，防御外寇。此皆为完成大一统的新局面所应有之努力。大体言之，秦代政治的后面，实有一个高远的理想，秦政不失为顺着时代的要求与趋势而为一种进步的政治。”（《国史大纲》）

又曰：“秦之富强，得东方游仕（士）之力为多，如商鞅、张仪、公孙衍、甘茂、范雎、蔡泽、吕不韦，皆东方人也，彼辈皆不抱狭义的国家观念。若使东方贵族机体不推翻，当国者尽如平原、信陵、屈原、韩非之徒，平民学者不出头，游仕（士）不发迹，一般民众皆受狭义的贵族政体之支配，则秦人力量便不够并吞东方。即以始皇一朝相臣言之，相国吕不韦、昌平君、昌文君、丞相王绾、隗林、李斯、去疾诸人，似乎全非秦之贵族。如吕不韦、昌平君、李斯则明属东方人；吕、李明是平民阶级。秦政府实一东西混合的政府，亦是一贵族与平民合组的政府。秦借东方人力得天下，自不能专以秦贵族统治。故始皇虽为天子，子弟下侪齐民为匹夫，更不封建。虽系始皇卓识，亦当时情势使然。”（《国史大纲》）

郭沫若曰：“秦始皇帝统一了中国之后，树立了不少的规模宏大的事业。如废封建为郡县，联结秦赵燕诸国的长城而为万里长城，凿灵渠（兴安运河）以沟通湘水与漓水使珠江水系与长江水系相联贯，中原文化因而更快地普及于珠江流域，统一历朔，统一度量衡，统一货币，特别是使已经有统一倾向的文字更由人为的大力而整齐划一，这些赫赫的文治武功，的确是空前未有的。”（《古代文字之辩证的发展》）

又曰：“以焚书而言，其用意在整齐思想，统一文字，在当时实有必要。然始皇所焚并不多，书多藏在官家，民间欲学书者可就官家学习，此犹今之图书馆也。其焚书最多者实为楚霸王，焚秦宫室，火三月不绝，即所谓‘阿房火’也。……何能归罪于始皇耶？”“又秦始皇收天下兵器，毁之以为钟鐻……不更有偃武修

文、卖刀买牛之意耶?”(《论秦始皇》)

毛泽东曰:“劝君少骂秦始皇,焚坑事业要商量。祖龙魂死秦犹在,孔学名高实秕糠。百代都行秦政法,《十批》不是好文章。熟读唐人《封建论》,莫从子厚返文王。”(《读〈封建论〉呈郭老》)

秦王朝世系表(前221—前206年)

始皇帝(前247—前210年,称帝在前221年)——秦二世(前209—前207年)——子婴(前206年)　子婴投降刘邦,被项羽所杀

项羽本纪第七

项籍者，下相[①]人也，字羽。初起时，年二十四。其季父[②]项梁，梁父即楚将项燕，为秦将王翦所戮者也。项氏世世为楚将，封于项[③]，故姓项氏。

项籍少时，学书不成，去；学剑，又不成，项梁怒之。籍曰："书足以记名姓而已，剑一人敌，不足学，学万人敌。"于是项梁乃教籍兵法，籍大喜，略知其意，又不肯竟学[④]。项梁尝有栎阳逮[⑤]，乃请蕲狱掾曹咎书抵栎阳狱掾司马欣，以故事得已[⑥]。项梁杀人，与籍避仇于吴[⑦]中，吴中贤士大夫皆出项梁下。每吴中有大繇[⑧]役及丧，项梁常为主办，阴以兵法部勒宾客及子弟，以是知其能。秦始皇帝游会稽，渡浙江，梁与籍俱观。籍曰："彼可取而代也。"梁掩其口，曰："毋妄言，族[⑨]矣！"梁以此奇籍。籍长八尺余，力能扛鼎，才气过人，虽吴中子弟皆已惮籍矣[⑩]。

（以上为第一段，写项羽叔侄起义前的生活经历。）

①下相——秦县名，县治在今江苏宿迁西南。 ②季父——小叔父。 ③项——秦县名，县治在今河南沈丘。 ④竟学——完成全部学业。竟：终了。 ⑤栎(yuè)阳逮——因罪被栎阳县逮捕。 ⑥"乃请蕲狱掾曹咎书"二句——意谓乃请曹咎给司马欣写了一封信，代为

说情,因而事情得以了结。蕲(qí):秦县名,县治在今安徽宿州南。狱掾(yuàn):主管监狱的吏属。掾:旧时对吏目的通称。 ⑦吴——秦县名,其县治在今江苏苏州。 ⑧繇——通"徭"。 ⑨族——灭族,全族都被杀光。 ⑩虽吴中子弟皆已惮(dàn)籍矣——惮:畏惧。当时会稽郡的郡治在吴县,这里是东南人物的荟萃之区。吴中的豪侠之士皆已畏惧项籍,则这个外乡人的气势才情可以想见。

秦二世元年七月,陈涉等起大泽[①]中。其九月,会稽守通[②]谓梁曰:"江西[③]皆反,此亦天亡秦之时也。吾闻先即制人,后则为人所制。吾欲发兵,使公及桓楚将。"是时桓楚亡[④]在泽中。梁曰:"桓楚亡,人莫知其处,独籍知之耳。"梁乃出,诫籍持剑居外待。梁复入,与守坐,曰:"请召籍,使受命召桓楚。"守曰:"诺。"梁召籍入。须臾,梁眴[⑤]籍曰:"可行矣!"于是籍遂拔剑斩守头。项梁持守头,佩其印绶。门下大惊,扰乱,籍所击杀数十百人。一府中皆慑伏[⑥],莫敢起。梁乃召故所知豪吏,谕以所为起大事,遂举吴中兵。使人收下县[⑦],得精兵八千人。梁部署吴中豪杰为校尉、候、司马。[⑧]有一人不得用,自言于梁。梁曰:"前时某丧,使公主某事,不能办,以此不任用公。"众乃皆伏[⑨]。于是梁为会稽守,籍为裨将,徇[⑩]下县。

广陵人召平于是为陈王徇广陵,[⑪]未能下。闻陈王败走,秦兵又且至,乃渡江矫陈王命[⑫],拜梁为楚王上柱国。[⑬]曰:"江东已定,急引兵西击秦。"项梁乃以八千人渡江而西。闻陈婴已下东阳[⑭],使使欲与连和俱西。陈婴者,故东阳令史[⑮],居县中,素信谨,称为长者。东阳少年杀其令,相聚数千人,欲置长,无适用,乃请陈婴。婴谢不能,遂强立婴为长,县中从者得二万人。少年欲立婴便为王,异军苍头特起[⑯]。陈婴母谓婴曰:"自我为汝家妇,未尝闻汝先古之有贵者。今暴得大名,不祥。不如有所属,事成犹得封侯,事败易以亡,非世所指名[⑰]也。"婴乃不敢为王。

谓其军吏曰:“项氏世世将家,有名于楚。今欲举大事,将非其人不可[18]。我倚名族,亡秦必矣。”于是众从其言,以兵属项梁。项梁渡淮,黥布、蒲将军亦以兵属焉。[19]凡六七万人,军下邳[20]。

当是时,秦嘉已立景驹为楚王[21],军彭城[22]东,欲距项梁。项梁谓军吏曰:“陈王先首事,战不利,未闻所在。今秦嘉倍[23]陈王而立景驹,逆无道。”乃进兵击秦嘉。秦嘉军败走,追之至胡陵[24]。嘉还战一日,嘉死,军降。景驹走死梁地[25]。项梁已并秦嘉军,军胡陵,将引军而西。章邯军至栗,[26]项梁使别将朱鸡石、余樊君与战。余樊君死,朱鸡石军败,亡走胡陵。项梁乃引兵入薛[27],诛鸡石。项梁前使项羽别攻襄城[28],襄城坚守不下。已拔,皆坑之[29]。还报项梁。项梁闻陈王定死,召诸别将会薛计事。此时沛公亦起沛[30],往焉。

居鄛[31]人范增,年七十,素居家,好奇计,往说项梁曰:“陈胜败固当。夫秦灭六国,楚最无罪。自怀王入秦不反[32],楚人怜之至今,故楚南公[33]曰‘楚虽三户,亡秦必楚也’。今陈胜首事,不立楚后而自立,其势不长。今君起江东,楚蜂午[34]之将皆争附君者,以君世世楚将,为能复立楚之后也。”于是项梁然其言,乃求楚怀王孙心[35]民间,为人牧羊,立以为楚怀王,从民所望也。陈婴为楚上柱国,封五县,与怀王都盱台[36]。项梁自号为武信君。

居数月,引兵攻亢父[37],与齐田荣、司马龙且军救东阿,[38]大破秦军于东阿。田荣即引兵归,逐其王假[39]。假亡走楚。假相田角亡走赵。角弟田间故齐将,居赵不敢归[40]。田荣立田儋子市为齐王。项梁已破东阿下军,遂追秦军。数使使趣齐兵[41],欲与俱西。田荣曰:楚杀田假,赵杀田角、田间,乃发兵。”项梁曰:“田假为与国[42]之王,穷来从我,不忍杀之。”赵亦不杀田角、田间以市[43]于齐。齐遂不肯发兵助楚。项梁使沛公及项羽别攻城阳[44],屠之。西破秦军濮阳[45]东,秦兵收入濮阳。沛公、项羽乃攻定陶[46]。定陶未下,去,西略地至雍丘,[47]大破秦军,斩李由[48]。还攻还黄,外黄[49]

未下。

项梁起东阿，西，比[50]至定陶，再破秦军，项羽等又斩李由，益轻秦，有骄色。宋义乃谏项梁曰："战胜而将骄卒惰者败。今卒少惰矣，秦兵日益，臣为君畏之。"项梁弗听。乃使宋义使于齐。道遇齐使者高陵君显，曰："公将见武信君乎？"曰："然。"曰："臣论武信君军必败。公徐行即免死，疾行则及祸。"秦果悉起兵益章邯，击楚军，大破之定陶，项梁死。沛公、项羽去外黄攻陈留[51]，陈留坚守，不能下。沛公、项羽相与谋曰："今项梁军破[52]，士卒恐。"乃与吕臣军俱引兵而东[53]。吕臣军彭城东，项羽军彭城西，沛公军砀[54]。

章邯已破项梁军，则以为楚地兵不足忧，乃渡河击赵，大破之。当此时，赵歇为王，陈餘为将[55]，张耳为相，皆走入巨鹿[56]城。章邯令王离、涉间围巨鹿，章邯军其南，筑甬道[57]而输之粟。陈餘为将，将卒数万人而军巨鹿之北，此所谓河北之军也。

楚兵已破于定陶，怀王恐，从盱台之彭城，并项羽、吕臣军自将之[58]。以吕臣为司徒[59]，以其父吕青为令尹[60]。以沛公为砀郡长[61]，封为武安侯，将砀郡兵。

初，宋义所遇齐使者高陵君显在楚军，见楚王曰："宋义论武信君之军必败，居数日，军果败。兵未战而先见败征，此可谓知兵矣。"王召宋义与计事而大说之，因置以为上将军；项羽为鲁公，为次将，范增为末将，救赵。诸别将皆属宋义，号为卿子冠军[62]。行至安阳[63]，留四十六日不进。项羽曰："吾闻秦军围赵王巨鹿，疾引兵渡河，楚击其外，赵应其内，破秦军必矣。"宋义曰："不然。夫搏牛之虻不可以破虮虱[64]。今秦攻赵，战胜则兵罢[65]，我承其敝；不胜，则我引兵鼓行而西，必举[66]秦矣。故不如先斗秦赵。夫被坚执锐，义不如公；坐而运策，公不如义。"因下令军中曰："猛如虎，很如羊[67]，贪如狼，强不可使者，皆斩之。"乃遣其子宋襄相齐[68]，身送之至无盐[69]，饮酒高会。天寒大雨，士卒冻饥。

项羽曰："将戮力而攻秦，久留不行。今岁饥民贫，士卒食芋菽，军无见粮[70]，乃饮酒高会，不引兵渡河因赵食[71]，与赵并力攻秦，乃曰'承其敝'。夫以秦之强，攻新造之赵[72]，其势必举赵。赵举而秦强，何敝之承！且国兵新破，王坐不安席，扫境内而专属于将军，国家安危，在此一举。今不恤士卒而徇其私，非社稷之臣。"项羽晨朝上将军宋义，即其帐中斩宋义头，出令军中曰："宋义与齐谋反楚，楚王阴令羽诛之。"当是时，诸将皆慑服，莫敢枝梧[73]。皆曰："首立楚者，将军家也。今将军诛乱。"乃相与共立羽为假上将军。使人追宋义子，及之齐，杀之。使桓楚报命于怀王。怀王因使项羽为上将军。当阳君[74]、蒲将军皆属项羽。

项羽已杀卿子冠军，威震楚国，名闻诸侯。乃遣当阳君、蒲将军将卒二万渡河[75]，救巨鹿。战少利[76]，陈餘复请兵。项羽乃悉引兵渡河，皆沈船，破釜甑，烧庐舍，持三日粮，以示士卒必死，无一还心。于是至则围王离，与秦军遇，九战，绝其甬道，大破之，杀苏角，虏王离。涉间不降楚，自烧杀。当是时，楚兵冠诸侯。诸侯军救巨鹿下者十余壁，莫敢纵兵。及楚击秦，诸将皆从壁上观。楚战士无不一以当十，楚兵呼声动天，诸侯军无不人人惴恐。于是已破秦军，项羽召见诸侯将，入辕门，无不膝行而前，莫敢仰视。项羽由是始为诸侯上将军，诸侯皆属焉。

章邯军棘原[77]，项羽军漳南，相持未战。秦军数却，二世使人让[78]章邯。章邯恐，使长史欣请事[79]。至咸阳，留司马门[80]三日，赵高不见，有不信之心。长史欣恐，还走其军，不敢出故道。赵高果使人追之，不及。欣至军，报曰："赵高用事于中，下无可为者。今战能胜，高必疾妒吾功；战不能胜，不免于死。愿将军孰计之[81]。"陈餘亦遗章邯书曰："白起为秦将，南征鄢郢，北坑马服，攻城略地，不可胜计，而竟赐死。蒙恬为秦将，北逐戎人，开榆中地数千里，竟斩阳周。何者？功多，秦不能尽封，因以法诛之。今将军为秦将三岁矣，所亡失以十万数，而诸侯并起滋益多。彼赵高素谀日久，今事急，亦恐二世诛之，故欲以法诛将军以塞责，使人更代将军以脱其祸。夫将军居外久，多内郤，有功亦诛，无功亦诛。且天之亡秦，无愚智皆知之。今将军内不能直谏，外为亡国将，孤特独立而欲常存，岂不哀哉！将军何不还兵与诸侯为从[82]，约共攻秦，分王其地，南面称孤，此孰与身伏鈇质[83]，妻子为僇乎？”章邯狐疑，阴使候始成[84]使项羽，欲约。约未成，项羽使蒲将军日夜引兵度三户[85]，军漳南[86]，与秦战，再破之。项羽悉引兵击秦军汙水[87]上，大破之。

章邯使人见项羽，欲约。项羽召军吏谋曰：“粮少，欲听其约。”军吏皆曰：“善。”项羽乃与期洹水南殷虚上。[88]已盟，章邯见项羽而流涕，为言赵高。项羽乃立章邯为雍王，置楚军中[89]。使长史欣为上将军，将秦军为前行。

到新安[90]。诸侯吏卒异时故繇使屯戍过秦中，[91]秦中吏卒遇之多无状，及秦军降诸侯，诸侯吏卒乘胜多奴虏使之，轻折辱秦吏卒。秦吏卒多窃言曰：“章将军等诈吾属降诸侯，今能入关破秦，大善；即不能，诸侯虏吾属而东，秦必尽诛吾父母妻子。”诸将微闻其计，以告项羽。项羽乃召黥布、蒲将军计曰：“秦吏卒尚众，其心不服，至关中不听，事必危，不如击杀之，而独与章邯、长史欣、都尉翳[92]入秦。”于是楚军夜击坑秦卒二十余万人新安城南。

（以上为第二段，写项羽自江东起义至最后灭秦的全过程。）

①大泽——乡名，当时属蕲县，在今安徽宿州东南。　②会稽守通——会稽郡的郡守殷通。秦时会稽郡的郡治在吴县（今苏州）。③江西——泛称长江下游北岸淮水以南的区域。　④亡——潜逃。⑤眴（shùn）——使眼色。　⑥慑（shè）伏——因畏惧而屈服。慑：恐惧，害怕。　⑦下县——指会稽郡的所属各县。　⑧部署——分派，任命。　校尉、候——皆军官名。古代军制，将军军营下分部，部设校尉；部下分曲，曲设军候。　司马——军中主管司法的官吏。　⑨伏——通“服”。　⑩徇——巡行下令，使之从己。　⑪于是——犹言“当是

时”。 广陵——秦县名,在今江苏扬州西北蜀冈上。 ⑫矫陈王命——诈称是传达陈涉的命令。矫:假托,诈称。 ⑬拜——封任。 上柱国——战国时楚官名,位同丞相。但后世多用为荣誉爵位,而无实权。 ⑭东阳——秦县名,今江苏盱眙(xū yí)东南有东阳城遗址。 ⑮令史——县令手下的小吏。《集解》引《汉仪注》云:“(县)令吏曰令史,(县)丞吏曰丞史。” ⑯异军苍头特起——意谓要建立一支与众不同的、不属于任何人统管的军队。苍头:旧注指一军皆着青巾。按:此说恐非,疑系当时人们对“无敌”“敢死”之兵的一种习惯称呼。《苏秦列传》云:“今窃闻大王之卒,武士二十万,苍头二十万,奋击二十万,厮徒十万。”“苍头”“奋击”皆系勇敢部队的称号。 ⑰世所指名——被社会上的人指说。 ⑱将非其人不可——恐怕是非他不行。将:推测之辞,意同“恐怕”“大概”。 ⑲黥布——亦名英布,项羽的猛将。后归刘邦,被封为淮南王,因“谋反”被杀。《史记》有传。 蒲将军——史失其名。 ⑳下邳(pī)——秦县名,在今江苏睢(suī)宁北。 ㉑秦嘉已立景驹为楚王——当时陈涉已被章邯打败,生死不明,故秦嘉另立景驹为楚王。景驹是战国时楚国的后代。 ㉒彭城——在今江苏徐州。 ㉓倍——通“背”,背叛。 ㉔胡陵——秦县名,在今山东鱼台东南。 ㉕梁地——指今河南东部一带。战国时这一带属于魏国,因魏国建都大梁,所以也称魏国为梁国,称魏地为梁地。 ㉖章邯(hán)——秦朝将领。 栗——秦县名,在今河南夏邑。 ㉗薛——秦县名,在今山东滕州南。 ㉘襄城——秦县名,在今河南襄城。 ㉙已拔,皆坑之——拔:攻破城池。坑:活埋。凌稚隆认为:羽初出,即以所拔者坑,太史公首次此,见羽之不足为也。 ㉚沛——秦县名,故城在今江苏沛县。 ㉛居鄛(cháo)——秦县名,在今安徽巢湖东北。 ㉜怀王入秦不反——楚怀王,名槐,前329—前299年在位。秦昭王诈设武关之会,邀怀王结盟。怀王至,昭王以兵拘之,向怀王要求割地,怀王不允,遂被幽禁,客死于秦。事见《楚世家》。 ㉝南公——犹言“南方老人”,姓、字不详。 ㉞蜂午——犹言“蜂拥而起”。午:纵横交错。 ㉟楚怀王孙心——楚怀王的孙子,名心。 ㊱盱台(xū yí)——同“盱眙”,秦县名,在今江苏盱眙东北。 ㊲亢(gāng)父——秦县名,在今山东济宁南。 ㊳田荣——战国时齐国诸侯的后裔，在反秦斗争中，与其从兄田儋等一同起事，先后在齐地称王。事见《田儋列传》。 司马龙且(jū)——龙且是楚怀王的将领，时为司马官。 东阿——秦县名，治今山东阳谷县东北之阿城镇。 ㊴逐其王假——田儋被杀后，田荣又败守东阿，这时齐人又立了战国时故齐王田建之弟田假为王，以田角为相，田间为将。田荣出东阿之围后，引兵回齐，驱逐了田假，另立了田儋之子田市为王。自为齐相。 ㊵居赵不敢归——时田间正往赵国求救，而国内田假被逐，遂留赵不敢返齐。 ㊶数使使趣(cù)齐兵——多次派人来催促齐国出兵，一道击秦。趣：催促。 ㊷与国——友好同盟之国。 ㊸市——做交易。 ㊹城阳——秦县名，也作"成阳"，在今山东菏泽东北。 ㊺濮阳——秦县名，县治在今河南濮阳县西南。 ㊻定陶——秦县名，县治在今山东菏泽定陶区西北。 ㊼略地——扩展、占领地盘。 雍丘——秦县名，在今河南杞县。 ㊽李由——秦丞相李斯之子，时为三川郡的郡守。 ㊾外黄——秦县名，县治在今河南民权西北。 ㊿比——及，等到。 51去外黄攻陈留——离开外黄，转攻陈留。陈留：秦县名，县治在今河南开封祥符区东南。 52今项梁军破——董份认为：项羽不宜自称季父之名，沛公于羽前亦必不名其季父，"项梁"字误也。陈仁锡认为："项梁"，当作"武信君"。梁玉绳曰："余谓《高纪》项羽曰'怀王者，吾家项梁所立'，与此同误。" 53乃与吕臣军俱引兵而东——按：句中"军"字疑为衍文，或"臣"字应作"将"，《高祖本纪》作"吕将军"。吕臣：原为陈涉侍从，陈涉兵败被杀后，吕臣收合残部，又曾一度攻克陈郡。后归项梁。事见《陈涉世家》。 54砀(dàng)——秦县名，在今河南永城东北。 55陈餘为将——梁玉绳曰："此'陈餘为将'四字，因下文有之而重出者，当衍去。" 56巨鹿——秦县名，在今河北平乡县西南。当时亦为巨鹿郡的郡治所在地。 57甬道——两侧筑有墙壁的通道，为防御敌人袭击抄掠也。 58并项羽、吕臣军自将之——按：由此可见怀王非一般徒有虚名之傀儡，而是确有一定的才气和实力；由此亦可认识异日项羽杀害怀王的后果非同一般。项羽与怀王的怨隙自此夺军始。 59司徒——掌管教化之官。 60令尹——战国时楚官名，位同丞相。

㉑砀郡长——即砀郡郡守。 ㉒卿子冠军——卿子是当时对男人的敬称,冠军犹言"最高统帅"。 ㉓安阳——古邑名,在今河南安阳西南。 ㉔搏牛之虻(méng)不可以破虮虱——师古曰:"以手击牛之背,可以杀其上虻,而不能破虱,喻今将兵方欲灭秦,不可尽力与章邯即战,或未能禽,徒费力也。"《索隐》曰:"言虻之搏牛,本不拟破其上之虮虱,以言志在大不在小也。"二说皆可通。 ㉕罢——通"疲"。 ㉖举——拔取,攻克。 ㉗很如羊——《金楼子·立言》引卞彬《禽兽决录》云:"羊淫而狠,猪卑而挛。"《说文》:"很,不听从也。"按:很者,犹今之所谓"执拗",不听招呼。与下文"强不可使"相应。 ㉘遣其子宋襄相齐——屠隆认为:楚不杀田假,齐不发兵助楚,两国固有隙者,义何遣子相之?此羽斩义声其罪曰"与齐谋反"者也。徐孚远认为:田荣与项梁有隙,梁死楚弱,宋义欲结援于齐,以子相之。 ㉙无盐——秦县名,在今山东东平东南。 ㉚见粮——当下要用的粮食。见:同"现"。 ㉛因赵食——就赵地取粮而食。 ㉜新造之赵——新建的赵国。反秦义军起后,首先取赵地而称王的是武臣。后武臣被叛将李良所杀,于是陈馀、张耳等乃另立战国时赵王的后代赵歇为王,所以称之曰"新造"。 ㉝枝梧——抗拒。 ㉞当阳君——即黥布。 ㉟渡河——此处指渡漳河。 ㊱少利——谓稍许有些胜利。《黥布列传》云:"项籍使布先涉渡河击秦,布数有利。" ㊲棘原——地名,当在今河北平乡县西南。 ㊳让——责备。 ㊴长史欣——即司马欣,前为栎阳狱掾者。长史:大将军或丞相的属官,如今之"秘书长""办公室主任"之类。 请事——请求对有关事情的指示。 ㊵司马门——宫廷的外门,以其有兵士护守,故云。 ㊶孰计之——好好地考虑这件事。孰:"熟"的古字。 ㊷还兵——回师西向。 从——"纵"的古字,合纵,联合。 ㊸身伏鈇(fū)质——指被杀。鈇:铡刀。质:砧板。 ㊹候始成——军候名始成者。军候是校尉属下的军官。 ㊺三户——即三户津,漳水上的渡口,在今河北磁县西南。 ㊻军漳南——中井积德曰:"前称羽'军漳南',此遣军'渡三户',则往在漳北也。此'漳南'当作'漳北'。"按:《汉书》亦作"漳南",同误。 ㊼汙水——在今河北临漳西南,源出河北武安西太行山,东南流向,在临漳西注入漳水。

⑱期——约定。 洹(huán)水——即今河南安阳北的安阳河。 殷虚——殷朝故都的废墟,在今安阳殷都区小屯村。 ⑲立章邯为雍王,置楚军中——此虽封邯雍王,而实夺其兵;司马欣与其有故,则由长史而立以为上将军,于此足见项羽之用人态度。雍:秦县名,在今陕西宝鸡凤翔区南。 ⑳新安——古邑名,故治在今渑池。 ㉑异时——昔日,指秦朝统治时期。 繇使屯戍——指被征调服徭役或屯守边地。 秦中——汉时人们对关中地区的习惯称呼。 ㉒都尉翳——即董翳。都尉:这里是军职名,其地位略低于将军。

行[①]略定秦地。函谷关[②]有兵守关,不得入。又闻沛公已破咸阳,项羽大怒,使当阳君等击关。项羽遂入,至于戏西[③]。沛公军霸上[④],未得与项羽相见。沛公左司马[⑤]曹无伤使人言于项羽曰:"沛公欲王关中,使子婴为相,珍宝尽有之。"项羽大怒,曰:"旦日飨士卒[⑥],为击破沛公军!"当是时,项羽兵四十万,在新丰鸿门,[⑦]沛公兵十万,在霸上。范增说项羽曰:"沛公居山东[⑧]时,贪于财货,好美姬。今入关,财物无所取,妇女无所幸,此其志不在小。吾令人望其气,皆为龙虎,成五采,此天子气也。急击勿失。"

楚左尹项伯者,[⑨]项羽季父也,素善留侯张良。张良是时从沛公,项伯乃夜驰之沛公军,私见张良,具告以事,欲呼张良与俱去。曰:"毋从俱死也。"张良曰:"臣为韩王送沛公[⑩],沛公今事有急,亡去不义,不可不语。"良乃入,具告沛公。沛公大惊,曰:"为之奈何?"张良曰:"谁为大王为此计者?"曰:"鲰生[⑪]说我曰:'距关,毋内诸侯[⑫],秦地可尽王也。'故听之。"良曰:"料大王士卒足以当项王乎?"沛公默然,曰:"固不如也,且为之奈何?"张良曰:"请往谓项伯,言沛公不敢背项王也。"沛公曰:"君安与项伯有故?"张良曰:"秦时与臣游,项伯杀人,臣活之。今事有急,故幸来告良。"沛公曰:"孰与君少长?"良曰:"长于臣。"沛公曰:"君为我呼入,吾得兄事之。"张良出,要项伯。项伯即入见沛公。

沛公奉卮酒为寿[13],约为婚姻[14],曰:“吾入关,秋豪不敢有所近,籍吏民[15],封府库,而待将军。所以遣将守关者,备他盗之出入与非常也。日夜望将军至,岂敢反乎!愿伯具言臣之不敢倍德也。”项伯许诺,谓沛公曰:“旦日不可不蚤[16]自来谢项王。”沛公曰:“诺。”于是项伯复夜去,至军中,具以沛公言报项王。因言曰:“沛公不先破关中,公岂敢入乎?今人有大功而击之,不义也,不如因善遇之。”项王许诺。

沛公旦日从百余骑来见项王,至鸿门,谢曰:“臣与将军戮力而攻秦,将军战河北,臣战河南,然不自意能先入关破秦,得复见将军于此。今者有小人之言,令将军与臣有郤。”项王曰:“此沛公左司马曹无伤言之;不然,籍何以至此。”项王即日因留沛公与饮。项王、项伯东向坐[17],亚父[18]南向坐。亚父者,范增也。沛公北向坐,张良西向侍。范增数目项王,举所佩玉玦[19]以示之者三,项王默然不应。范增起,出召项庄[20],谓曰:“君王为人不忍,若[21]入前为寿,寿毕,请以剑舞,因击沛公于坐,杀之。不者,若属皆且为所虏。”庄则入为寿。寿毕,曰:“君王与沛公饮,军中无以为乐,请以剑舞。”项王曰:“诺。”项庄拔剑起舞,项伯亦拔剑起舞,常以身翼蔽沛公,庄不得击。于是张良至军门,见樊哙[22]。樊哙曰:“今日之事何如?”良曰:“甚急。今者项庄拔剑舞,其意常在沛公也。”哙曰:“此迫矣,臣请入,与之同命[23]。”哙即带剑拥盾入军门。交戟之卫士[24]欲止不内,樊哙侧其盾以撞,卫士仆地,哙遂入,披帷[25]西向立,瞋目视项王,头发上指,目眦尽裂。项王按剑而跽[26]曰:“客何为者?”张良曰:“沛公之参乘[27]樊哙者也。”项王曰:“壮士!赐之卮酒!”则与斗卮[28]酒。哙拜谢,起,立而饮之。项王曰:“赐之彘肩。”则与一生彘肩[29]。樊哙覆其盾于地,加彘肩上,拔剑切而啖之。项王曰:“壮士,能复饮乎?”樊哙曰:“臣死且不避,卮酒安足辞!夫秦王有虎狼之心,杀人如不能举,刑人如恐不胜,[30]天下皆叛之。怀王与诸将约曰:‘先破秦入咸阳者王之。’今沛公先破秦入咸阳，毫毛不敢有所近，封闭宫室，还军霸上，以待大王来。故遣将守关者，备他盗出入与非常也。劳苦而功高如此，未有封侯之赏，而听细说，欲诛有功之人。此亡秦之续耳，窃为大王不取也。”项王未有以应，曰：“坐。”樊哙从良坐。坐须臾，沛公起如厕，因招樊哙出。

沛公已出，项王使都尉陈平[31]召沛公。沛公曰：“今者出，未辞也，为之奈何？”樊哙曰：“大行不顾细谨，大礼不辞小让。如今人方为刀俎，我为鱼肉，何辞为！”于是遂去。乃令张良留谢。良问曰：“大王来何操？”曰：“我持白璧一双，欲献项王；玉斗[32]一双，欲与亚父。会其怒，不敢献。公为我献之。”张良曰：“谨诺。”当是时，项王军在鸿门下，沛公军在霸上，相去四十里。沛公则置车骑[33]，脱身独骑，与樊哙、夏侯婴、靳强、纪信等四人持剑盾步走，从郦山下，道芷阳间行[34]。沛公谓张良曰：“从此道至吾军，不过二十里耳，度我至军中，公乃入。”沛公已去，间至军中。张良入谢，曰：“沛公不胜杯杓[35]，不能辞。谨使臣良奉白璧一双，再拜献大王足下；玉斗一双，再拜奉大将军足下。”项王曰：“沛公安在？”良曰：“闻大王有意督过之，脱身独去，已至军矣。”项王则受璧，置之坐上。亚父受玉斗，置之地，拔剑撞而破之，曰：“唉！竖子不足与谋[36]。夺项王天下者，必沛公也，吾属今为之虏矣！”沛公至军，立诛杀曹无伤。

居数日，项羽引兵西屠咸阳，杀秦降王子婴，烧秦宫室，火三月不灭；收其货宝妇女而东。人或说项王曰：“关中阻山河四塞[37]，地肥饶，可都以霸。”项王见秦宫室皆以烧残破，又心怀思欲东归，曰：“富贵不归故乡，如衣绣夜行，谁知之者！”说者曰：“人言楚人沐猴而冠[38]耳，果然！”项王闻之，烹说者。

项王使人致命[39]怀王。怀王曰：“如约[40]。”乃尊怀王为义帝[41]。项王欲自王，先王诸将相。谓曰：“天下初发难时，假立诸侯后以伐秦。然身被坚执锐首事，暴露于野三年，灭秦定天下者，皆将相诸君与籍之力也。义帝虽无功，故[42]当分其地而王之。”诸将皆曰：“善。”乃分天下，立诸将为侯王。项王、范增疑沛公之有天下，业已讲解，又恶负约，恐诸侯叛之，[43]乃阴谋曰：“巴、蜀道险，秦之迁人[44]皆居蜀。”乃曰：“巴、蜀亦关中地[45]也。”故立沛公为汉王，王巴、蜀、汉中，都南郑。而三分关中，王秦降将以距塞汉王。项王乃立章邯为雍王，王咸阳以西，都废丘[46]。长史欣者，故为栎阳狱掾，尝有德于项梁；都尉董翳者，本劝章邯降楚。故立司马欣为塞王，王咸阳以东至河，都栎阳；立董翳为翟王，王上郡[47]，都高奴[48]。徙魏王豹为西魏王，王河东[49]，都平阳[50]。瑕丘申阳[51]者，张耳嬖臣也，先下河南[52]，迎楚河上，故立申阳为河南王，都雒阳。韩王成因故都，都阳翟[53]。赵将司马卬定河内[54]，数有功，故立卬为殷王，王河内，都朝歌[55]。徙赵王歇为代王。赵相张耳素贤，又从入关，故立耳为常山王，王赵地，都襄国[56]。当阳君黥布为楚将，常冠军，故立布为九江王，都六[57]。鄱君吴芮率百越佐诸侯，[58]又从入关，故立芮为衡山王，都邾[59]。义帝柱国共敖将兵击南郡[60]，功多，因立敖为临江王，都江陵。徙燕王韩广为辽东王。燕将臧荼从楚救赵，因从入关，故立荼为燕王，都蓟[61]。徙齐王田市为胶东王。齐将田都从共救赵，因从入关，故立都为齐王，都临菑[62]。故秦所灭齐王建孙田安，项羽方渡河救赵，田安下济北数城，引其兵降项羽，故立安为济北王，都博阳[63]。田荣者，数负项梁，又不肯将兵从楚击秦，以故不封。成安君陈餘弃将印去，不从入关，然素闻其贤，有功于赵，闻其在南皮[64]，故因环封三县。番君[65]将梅鋗功多，故封十万户侯。项王自立为西楚霸王[66]，王九郡[67]，都彭城。

（以上为第三段，写项羽入关，并分封诸侯的全过程。）

①行——前进。 ②函谷关——在今河南灵宝东北王垛村，是东方入秦的要道。 ③戏西——戏水之西。戏水源出骊山，即今陕西西安临潼区东戏河。 ④霸上——因地处霸水西高原上得名，在今陕西

西安东。 ⑤左司马——主管军中法纪政务之官，当时可能设为左右二人。 ⑥旦日——犹言“明日”。 飨(xiǎng)——犒劳。 ⑦新丰——汉县名，秦时原名郦邑，在今陕西西安临潼区东北。 鸿门——在今临潼区东北鸿门堡村，当地称为项王营。 ⑧山东——崤山以东，泛指当时的六国之地。 ⑨左尹——职同左相。楚称丞相为令尹。项伯——名缠，因屡助刘邦有功，后被刘邦封为射阳侯，赐姓刘。⑩为韩王送沛公——张良是韩国的旧贵族，反秦义军起后，项梁立韩成为韩王，张良为韩国司徒。刘邦率军西下时，韩成留守阳翟(今河南禹州)，张良随刘邦入关。送：从。 ⑪鲰(zōu)生——犹言“一个无知的小人”。鲰：杂小鱼。有曰：鲰，姓也。鲰生，即一个姓鲰的人。 ⑫距关，毋内诸侯——挡住函谷关，不要让诸侯军进来。距：通“拒”。内：“纳”的古字。 ⑬奉卮酒为寿——举杯敬酒，祝其健康长寿。卮(zhī)：酒杯。寿：祝福长寿。 ⑭约为婚姻——约做儿女亲家。⑮籍吏民——登记所有人口。籍：登记。 ⑯蚤——通“早”。 ⑰东向坐——中井积德曰：“堂上之位，对堂下者，南向为贵；不对堂下者，唯东向为尊。” ⑱亚父——项羽对范增的敬称，言对其侍奉的礼数仅次于父亲。 ⑲玉玦——有缺口的玉环。“玦”与“决”谐音，范增举玦示项羽，是为了让他下决心杀刘邦。 ⑳项庄——项羽的堂兄弟。㉑若——尔，你。下文“若属”，犹言“尔等”。 ㉒樊哙(kuài)——沛人，吕后的妹夫，刘邦的开国功臣。《史记》有传。 ㉓与之同命——与项羽等拼命。同命：拼命。一说，指与刘邦同生死。 ㉔交戟之卫士——言卫士交戟，以阻其入也。 ㉕披帷——打开门帘。 ㉖跽(jì)——古人席地而坐，其姿势是两膝着地，臀部压在小腿上。如果臀部离开小腿，身子挺直，这就叫作长跪，也就是跽。按剑而跽是一种准备行动的警戒姿势。 ㉗参乘——《左传》中称为“右”，是与君主同车，站在君主右侧充当警卫的人。 ㉘斗卮——大酒杯。李笠认为：《汉书·樊哙传》“与”下无“斗”字，上云“赐之卮酒”，下云“卮酒安足辞”，此非泛言可知，“斗”盖衍字。 ㉙与一生彘肩——彘(zhì)肩：猪腿。按：前云“斗卮酒”，后云“生彘肩”，正史公为突出勇士性格所增饰。 ㉚杀人如不能举——如不能举：犹言“就像只怕不能完成任务似的”。举:克,完成。　刑人如恐不胜——如恐不胜:犹言“就像只恐不能胜任似的”。　㉛陈平——现时属项羽,后归刘邦,事迹详见《陈丞相世家》。　㉜玉斗——玉制酒器。　㉝置车骑——抛下来时所带的车骑不管。置:抛弃,留下。　㉞道芷阳间行——经由芷阳抄小路而走。芷阳:在今陕西西安东。　㉟不胜杯杓(sháo)——犹言“喝得过多,已经喝不了啦”。杓:舀酒的勺子。　㊱竖子不足与谋——泷川资言曰:“竖子,斥项庄辈,而暗讥羽也。若以为直斥项羽,则下文‘项王’二字不可解。”　㊲阻山河四塞——以山河为险阻,四面都有关塞屏障。《集解》引徐广曰:“东函谷,南武关,西散关,北萧关。”　㊳沐猴而冠——言猕猴纵使戴上人的帽子,也始终办不成人事。　㊴致命——禀命,请示。　㊵如约——按照原来的约定办,即“先入关者王之”。

㊶义帝——谢肇淛(zhè)认为:今人谓假父曰义父,假子曰义男义女,故项羽尊怀王为义帝,犹假帝也。　㊷故——本来,诚然。　㊸“疑沛公之有天下”四句——意谓担心刘邦会趁机取得天下,但是由于已经讲和了,(现在如果还对刘邦不好)那就要承担违背条约的罪名,怕诸侯们由此背叛自己。疑:疑心,担心。讲解:和解。恶:讨厌,不愿意。

㊹迁人——被迁谪流放的罪人。　㊺巴、蜀亦关中地——自东方而言,巴、蜀亦处于函谷关之西,且又自战国时属秦,故项羽等可以强辞曰“巴、蜀亦关中地”。　㊻废丘——在今陕西兴平东南。　㊼上郡——秦郡名,辖今陕西北部和所临近的内蒙古部分地区,郡治肤施(今陕西榆林东南)。　㊽高奴——在今陕西延安东北延河北岸。　㊾河东——秦郡名,辖今山西西南部地区,郡治安邑(今山西夏县西北)。

㊿平阳——在今山西临汾西南。　(51)瑕丘申阳——申阳是人名,曾任瑕丘县(在今山东济宁兖州区东北)令,故称。　(52)河南——汉郡名,秦时称三川郡,辖今河南黄河以南,灵宝以东的伊、洛流域和北汝河上游地区。　(53)阳翟(dí)——在今河南禹州。　(54)河内——楚汉之际的郡名,辖今河南黄河以北,京汉铁路(包括卫辉)以西地区。郡治怀县(今河南武陟西南)。　(55)朝歌——殷代故都,在今河南淇县。

(56)襄国——在今河北邢台西南。　(57)六——在今安徽六安。　(58)鄱(pó)君吴芮(ruì)——吴芮曾任鄱县(今江西鄱阳东)令,故称。　百越——过去居住在今广东、广西、福建，以及湖南、江西南部的少数民族，因其种类繁多，故统称“百越”。 ㉙郴（zhū）——在今湖北黄冈西北。 ㉚南郡——秦郡名，辖今湖北粉青河及襄阳以南，荆门、洪湖两市以西，长江和清江流域以北，西至重庆巫山。 ㉛蓟（jì）——在今北京西南。 ㉜临菑——亦作“临淄”，在今山东淄博东北齐都镇。 ㉝博阳——在今山东泰安东南的博县故城。 ㉞南皮——在今河北南皮东北。 ㉟番君——同前“鄱君”。 ㊱西楚霸王——旧称江陵（今湖北江陵）一带为南楚，吴县（今江苏苏州）一带为东楚，彭城（今江苏徐州）一带为西楚。项羽建都彭城，故称西楚霸王。所谓“霸王”，略同于春秋时期的霸主，即“诸侯盟主”。 ㊲九郡——九郡的具体说法不一，大致相当于战国时的魏国和楚国的部分地区，即今河南东部、山东西南部和所邻近的安徽、江苏两省的大部分地区。

汉之元年[①]四月，诸侯罢戏下[②]，各就国[③]。项王出之国，使人徙义帝，曰：“古之帝者地方千里，必居上游。”乃使使徙义帝长沙郴县[④]。趣义帝行。其群臣稍稍背叛之，乃阴令衡山、临江王击杀之江中[⑤]。韩王成无军功，项王不使之国，与俱至彭城，废以为侯，已又杀之。臧荼之国，因逐韩广之辽东，广弗听，荼击杀广无终[⑥]，并王其地。

田荣闻项羽徙齐王市胶东，而立齐将田都为齐王，乃大怒，不肯遣齐王之胶东，因以齐反，迎击田都。田都走楚。齐王市畏项王，乃亡之胶东就国。田荣怒，追击杀之即墨[⑦]。荣因自立为齐王，而西击杀济北王田安，并王三齐[⑧]。荣与彭越将军印，令反梁地。陈餘阴使张同、夏说说齐王田荣曰：“项羽为天下宰[⑨]，不平。今尽王故王于丑地，而王其群臣诸将善地，逐其故主赵王[⑩]，乃北居代，余以为不可。闻大王起兵，且不听不义，愿大王资[⑪]余兵，请以击常山[⑫]，以复赵王，请以国为捍蔽[⑬]。”齐王许之，因遣兵之赵。陈餘悉发三县兵，与齐并力击常山，大破之。张耳走归汉。陈餘迎故赵王歇于代，反之赵。赵王因立陈餘为代王。

是时,汉还定三秦。项羽闻汉王皆已并关中,且东[14],齐、赵叛之,大怒。乃以故吴令郑昌为韩王,以距汉。令萧公角[15]等击彭越。彭越败萧公角等。汉使张良徇韩,乃遗项王书曰:“汉王失职[16],欲得关中,如约即止,不敢东。”又以齐、梁[17]反书遗项王,曰:“齐欲与赵并灭楚。”楚以此故无西意,而北击齐。征兵九江王布。布称疾不往,使将将数千人行。项王由此怨布也。汉之二年冬,项羽遂北至城阳,田荣亦将兵会战。田荣不胜,走至平原[18],平原民杀之。遂北烧夷齐城郭室屋,皆坑田荣降卒,系虏其老弱妇女。徇齐至北海[19],多所残灭,齐人相聚而叛之。于是田荣弟田横收齐亡卒得数万人,反城阳。项王因留,连战未能下。

春[20],汉王部五诸侯兵[21],凡五十六万人,东伐楚。项王闻之,即令诸将击齐,而自以精兵三万人南从鲁出胡陵。[22]四月,汉皆已入彭城,收其货宝美人,日置酒高会。项王乃西从萧,晨击汉军而东,至彭城,日中,大破汉军。汉军皆走,相随入谷、泗水[23],杀汉卒十余万人。汉卒皆南走山,楚又追击至灵壁东睢水上。[24]汉军却,为楚所挤,多杀,汉卒十余万人皆入睢水,睢水为之不流。围汉王三匝。于是大风从西北而起,折木发屋,扬沙石,窈冥昼晦[25],逢迎楚军[26]。楚军大乱,坏散,而汉王乃得与数十骑遁去。欲过沛,收家室而西;楚亦使人追之沛,取汉王家;家皆亡,不与汉王相见。汉王道逢得孝惠、鲁元,[27]乃载行。楚骑追汉王,汉王急,推堕孝惠、鲁元车下,滕公[28]常下收载之。如是者三。曰:“虽急不可以驱,奈何弃之?”于是遂得脱。求太公、吕后,不相遇。审食其[29]从太公、吕后间行,求汉王,反遇楚军。楚军遂与归,报项王,项王常置军中。

是时吕后兄周吕侯为汉将兵居下邑,[30]汉王间往从之,稍稍收其士卒。至荥阳[31],诸败军皆会,萧何亦发关中老弱未傅[32]悉诣荥阳,复大振。楚起于彭城,常乘胜逐北,与汉战荥阳南京、索间,[33]汉败楚,楚以故不能过荥阳而西。

项王之救彭城，追汉王至荥阳，田横亦得收齐，立田荣子广为齐王。汉王之败彭城，诸侯皆复与楚而背汉。汉军荥阳，筑甬道属之河，以取敖仓粟。[34]汉之三年，项王数侵夺汉甬道，汉王食乏，恐，请和，割荥阳以西为汉。

项王欲听之。历阳侯范增曰："汉易与[35]耳，今释弗取，后必悔之。"项王乃与范增急围荥阳。汉王患之，乃用陈平计间项王。项王使者来，为太牢具[36]，举欲进之。见使者，详[37]惊愕曰："吾以为亚父使者，乃反项王使者。"更持去，以恶食食项王使者。使者归报项王，项王乃疑范增与汉有私，稍夺之权。范增大怒，曰："天下事大定矣，君王自为之。愿赐骸骨归卒伍[38]。"项王许之。行未至彭城，疽发背而死。

汉将纪信说汉王曰："事已急矣，请为王诳楚为王[39]，王可以间出[40]。"于是汉王夜出女子荥阳东门被甲二千人[41]，楚兵四面击之。纪信乘黄屋车[42]，傅左纛[43]，曰："城中食尽，汉王降。"楚军皆呼万岁。汉王亦与数十骑从城西门出，走成皋[44]。项王见纪信，问："汉王安在？"信曰："汉王已出矣。"项王烧杀纪信。

汉王使御史大夫周苛、枞公、魏豹守荥阳。[45]周苛、枞公谋曰："反国之王，难与守城。"乃共杀魏豹。楚下荥阳城，生得周苛。项王谓周苛曰："为我将，我以公为上将军，封三万户。"周苛骂曰："若不趣[46]降汉，汉今虏若，若非汉敌也。"项王怒，烹周苛，并杀枞公。

汉王之出荥阳，南走宛、叶，[47]得九江王布[48]，行收兵，复入保成皋。汉之四年，项王进兵围成皋。汉王逃，独与滕公出成皋北门，渡河走修武[49]，从张耳、韩信军[50]。诸将稍稍得出成皋，从汉王。楚遂拔成皋，欲西。汉使兵距之巩[51]，令其不得西。

是时，彭越渡河击楚东阿[52]，杀楚将军薛公。项王乃自东击彭越。汉王得淮阴侯兵，欲渡河南。郑忠说汉王[53]，乃止壁河内。使刘贾将兵佐彭越，烧楚积聚。项王东击破之，走彭越。汉王则引兵渡河,复取成皋,军广武[54],就敖仓食。项王已定东海来西[55],与汉俱临广武而军,相守数月。

当此时,彭越数反梁地,绝楚粮食,项王患之。为高俎,置太公其上,告汉王曰:“今不急下,吾烹太公。”汉王曰:“吾与项羽俱北面受命怀王,曰‘约为兄弟’,吾翁即若翁,必欲烹而翁,则幸分我一杯羹。”项王怒,欲杀之。项伯曰:“天下事未可知,且为天下者不顾家,虽杀之无益,只益祸耳。”项王从之。

楚、汉久相持未决,丁壮苦军旅,老弱罢转漕[56]。项王谓汉王曰:“天下匈匈[57]数岁者,徒以吾两人耳,愿与汉王挑战决雌雄,毋徒苦天下之民父子为也。”汉王笑谢曰:“吾宁斗智,不能斗力。”项王令壮士出挑战。汉有善骑射者楼烦[58],楚挑战三合,楼烦辄射杀之。项王大怒,乃自被甲持戟挑战。楼烦欲射之,项王瞋目叱之,楼烦目不敢视,手不敢发,遂走还入壁,不敢复出。汉王使人间问[59]之,乃项王也。汉王大惊。于是项王乃即汉王相与临广武间[60]而语。汉王数之[61],项王怒,欲一战。汉王不听,项王伏弩射中汉王。汉王伤,走入成皋。

项王闻淮阴侯已举河北,破齐、赵[62],且欲击楚,乃使龙且往击之。淮阴侯与战,骑将灌婴击之,大破楚军,杀龙且。韩信因自立为齐王。项王闻龙且军破,则恐,使盱台人武涉往说淮阴侯。淮阴侯弗听。是时,彭越复反,下梁地,绝楚粮。项王乃谓海春侯大司马曹咎等曰:“谨守成皋,则[63]汉欲挑战,慎勿与战,毋令得东而已。我十五日必诛彭越,定梁地,复从将军。”乃东,行击陈留、外黄。[64]

外黄不下。数日,已降,项王怒,悉令男子年十五已上诣城东,欲坑之。外黄令舍人儿[65]年十三,往说项王曰:“彭越强劫外黄,外黄恐,故且降,待大王。大王至,又皆坑之,百姓岂有归心?从此以东,梁地十余城皆恐,莫肯下矣。”项王然其言,乃赦外黄当坑者。东至睢阳[66],闻之皆争下项王。

汉果数挑楚军战，楚军不出。使人辱之，五六日，大司马怒，渡兵汜水[67]。士卒半渡，汉击之，大破楚军，尽得楚国货赂。大司马咎、长史翳、塞王欣皆自刭汜水上[68]。大司马咎者，故蕲狱掾，长史欣亦故栎阳狱吏，两人尝有德于项梁，是以项王信任之。当是时，项王在睢阳，闻海春侯军败，则引兵还。汉军方围钟离眜[69]于荥阳东，项王至，汉军畏楚，尽走险阻。

是时，汉兵盛食多，项王兵罢食绝。汉遣陆贾[70]说项王，请太公，项王弗听。汉王复使侯公往说项王，项王乃与汉约，中分天下，割鸿沟以西者为汉[71]，鸿沟而东者为楚。项王许之，即归汉王父母妻子。军皆呼万岁。汉王乃封侯公为平国君。匿弗肯复见。曰："此天下辩士，所居倾国[72]，故号为平国君。"项王已约，乃引兵解而东归。

汉欲西归，张良、陈平说曰："汉有天下太半[73]，而诸侯皆附之。楚兵罢食尽，此天亡楚之时也，不如因其机而遂取之。今释弗击，此所谓'养虎自遗患'也。"汉王听之。汉五年，汉王乃追项王至阳夏[74]南，止军，与淮阴侯韩信、建成侯彭越期会而击楚军。至固陵[75]，而信、越之兵不会。楚击汉军，大破之。汉王复入壁，深堑而自守。谓张子房曰："诸侯不从约，为之奈何？"对曰："楚兵且破，信、越未有分地，其不至固宜。君王能与共分天下，今可立致也。即不能，事未可知也。君王能自陈以东傅海[76]，尽与韩信；睢阳以北至穀城[77]，以与彭越：使各自为战，则楚易败也。"汉王曰："善。"于是乃发使者告韩信、彭越曰："并力击楚。楚破，自陈以东傅海与齐王，睢阳以北至穀城与彭相国[78]。"使者至，韩信、彭越皆报曰："请今进兵。"韩信乃从齐往，刘贾军从寿春并行，[79]屠城父[80]，至垓下[81]。大司马周殷叛楚，以舒屠六[82]，举九江兵，随刘贾、彭越皆会垓下，诣项王。

项王军壁垓下，兵少食尽，汉军及诸侯兵围之数重。夜闻汉军四面皆楚歌，项王乃大惊曰："汉皆已得楚乎？是何楚人之多也!”项王则夜起,饮帐中。有美人名虞,常幸从;骏马名骓,常骑之。于是项王乃悲歌慷慨,自为诗曰:“力拔山兮气盖世,时不利兮骓不逝。骓不逝兮可奈何,虞兮虞兮奈若何!”歌数阕,美人和之。项王泣数行下,左右皆泣,莫能仰视。

于是项王乃上马骑,麾下壮士骑从者八百余人,直夜[83]溃围南出,驰走。平明,汉军乃觉之,令骑将灌婴以五千骑追之。项王渡淮,骑能属者百余人耳。项王至阴陵[84],迷失道,问一田父,田父绐曰:“左。”左,乃陷大泽中。以故汉追及之。项王乃复引兵而东,至东城[85],乃有二十八骑。汉骑追者数千人。项王自度不得脱,谓其骑曰:“吾起兵至今八岁矣,身七十余战,所当者破,所击者服,未尝败北,遂霸有天下。然今卒困于此,此天之亡我,非战之罪也。今日固决死,愿为诸君快战[86],必三胜之[87],为诸君溃围,斩将,刈旗,令诸君知天亡我,非战之罪也。”乃分其骑以为四队,四向。汉军围之数重。项王谓其骑曰:“吾为公取彼一将。”令四面骑驰下,期山东为三处[88]。于是项王大呼驰下,汉军皆披靡,遂斩汉一将。是时,赤泉侯[89]为骑将,追项王,项王瞋目而叱之,赤泉侯人马俱惊,辟易数里。与其骑会为三处。汉军不知项王所在,乃分军为三,复围之。项王乃驰,复斩汉一都尉,杀数十百人,复聚其骑,亡其两骑耳。乃谓其骑曰:“何如?”骑皆伏曰:“如大王言。”

于是项王乃欲东渡乌江[90]。乌江亭长檥船[91]待,谓项王曰:“江东虽小,地方千里,众数十万人,亦足王也。愿大王急渡。今独臣有船,汉军至,无以渡。”项王笑曰:“天之亡我,我何渡为!且籍与江东子弟八千人渡江而西,今无一人还,纵江东父兄怜而王我,我何面目见之?纵彼不言,籍独不愧于心乎?”乃谓亭长曰:“吾知公长者。吾骑此马五岁,所当无敌,尝一日行千里,不忍杀之,以赐公。”乃令骑皆下马步行,持短兵接战。独籍所杀汉军数百人。项王身亦被十余创。顾见汉骑司马吕马童[92],曰:“若非吾故人乎?"马童面之[93],指王翳曰:"此项王也。"项王乃曰:"吾闻汉购我头千金,邑万户,吾为若德[94]。"乃自刎而死。王翳取其头,余骑相蹂践争项王,相杀者数十人。最其后,郎中骑杨喜、骑司马吕马童、郎中吕胜、杨武各得其一体。五人共会其体,皆是。故分其地为五[95]:封吕马童为中水侯,封王翳为杜衍侯,封杨喜为赤泉侯,封杨武为吴防侯,封吕胜为涅阳侯。

项王已死,楚地皆降汉,独鲁不下。汉乃引天下兵欲屠之,为其守礼义,为主死节,乃持项王头视鲁,鲁父兄乃降。始,楚怀王初封项籍为鲁公,及其死,鲁最后下,故以鲁公礼葬项王穀城。汉王为发哀,泣之而去。

诸项氏枝属,汉王皆不诛。乃封项伯为射阳侯。桃侯、平皋侯、玄武侯皆项氏,赐姓刘氏。

(以上为第四段,写项羽在楚汉战争中由强到弱,直至最后兵败自杀的全过程。)

①汉之元年——刘邦称汉王的第一年,公元前206年。 ②诸侯罢戏下——各路诸侯都从项羽的麾下解散而去。戏下:同"麾下"。麾是军队的指挥旗。一说,"戏下"指戏水之边。 ③就国——到自己的封地去。 ④郴(chēn)县——在今湖南郴州。当时属长沙郡。 ⑤乃阴令衡山、临江王击杀之江中——衡山王是吴芮,临江王是共敖。据《黥布列传》:项氏立怀王为义帝,徙都长沙,乃阴令九江王布等行击之。其八月,布使将击义帝,追杀之郴县。则杀义帝者主要是黥布,而且是杀于郴县,非杀于"江中"。 ⑥无终——秦县名,在今天津蓟州区。 ⑦即墨——秦县名,在今山东平度东南。 ⑧三齐——在齐地的三个国家,即齐、胶东、济北。 ⑨为天下宰——指主持分封诸侯的事情。宰:主持,主宰。 ⑩逐其故主赵王——梁玉绳曰:"赵王歇乃陈餘之故主也,'其'字当衍。" ⑪资——助,借给。 ⑫击常山——指迎击常山王张耳,不使其入赵地称王。 ⑬以国为捍蔽——以赵国为齐国的屏障。捍:捍卫。蔽:屏蔽。 ⑭且东——即行将出兵东下。 ⑮萧公角——曾任萧县令,其名为角,姓氏不详。钱大昕认为:春秋之

际，楚县令皆称公。楚汉之际，官名多沿楚制，故汉王起沛称沛公，楚有萧公、薛公、郯公、留公、柘公，汉有滕公、戚公，皆县令之称。 ⑯失职——没有得到应有的职位，即关中王。 ⑰齐、梁——泷川资言曰："当'齐赵'之误，下文'齐欲与赵并灭楚'可证。" ⑱平原——秦郡名，郡治在今山东平原县西南。 ⑲北海——即渤海，这里是指今山东潍坊、昌乐、寿光、昌邑等地区，因其北临渤海，故云。后来汉代在此设有北海郡。 ⑳春——汉之二年春也，因当时用秦历，以十月为岁首，故春在同一年的冬季之后。 ㉑部五诸侯兵——犹言"率天下之兵"。部：部署，统领。有曰"部应作劫"。劫：挟持。五诸侯兵：董教增认为：当据故七国，以其地言，不以其王言也。汉定三秦，即故秦地；项羽王楚，即故楚地；其余韩、赵、魏、齐、燕为五诸侯。劫五诸侯兵，犹后言引天下兵耳。故汉伐楚，可以言五诸侯；楚灭秦，亦可言五诸侯也。 ㉒鲁——秦县名，在今山东曲阜。 胡陵——秦县名，在今山东鱼台东南。 ㉓谷、泗水——二水名。泗水源于今山东泗水县东，流经曲阜、沛县，经彭城东，南流入淮水。谷水是泗水的支流，西从砀山、萧县流来，在彭城东北入泗水。 ㉔灵壁——古邑名，在今安徽宿州西北。 睢(suī)水——古代鸿沟的支派之一，自今河南开封东由鸿沟分出，东流至今宿迁南注入古代泗水。 ㉕窈冥(yǎo míng)昼晦——昏暗得有如黑夜。窈冥：幽暗的样子。屈原《九歌》："杳冥冥兮羌昼晦。"史公盖用其语。 ㉖逢迎楚军——指黑风沙石冲着楚军吹去。逢迎：冲着，迎着。按：对于当时流行的这种神化刘邦的异闻，史公姑妄言之。 ㉗孝惠——刘邦的嫡子，名盈，吕后所生。 鲁元——刘邦之女，孝惠之姊，嫁与张耳之子张敖，生子张偃，封为鲁王。于是遂为鲁太后，谥曰"元"。这里是史官用后来的称号追述当时的人物。 ㉘滕公——即夏侯婴，因其曾为滕县令，故云。夏侯婴是刘邦的太仆，为之赶车。 ㉙审食其(yì jī)——后为吕氏幸臣，封辟阳侯，官左丞相。 ㉚周吕侯——吕泽。刘邦即位后，大封功臣，吕泽被封为周吕侯。 下邑——秦县名，在今安徽砀山县。 ㉛荥(xíng)阳——古城名，在今河南荥阳东北。 ㉜未傅——未入丁壮册籍的人。傅：著录，登记。 ㉝京——秦县名，在今河南荥阳。 索——古城名，在今河南荥阳。 ㉞属之河——(从荥阳)通到黄河边上。属:连接。　敖仓——秦朝在今河南荥阳东北敖山上修筑的大粮仓,下临黄河。　㉟易与——容易对付。　㊱太牢具——牛、羊、猪三牲皆备的规格,为古代待客的最高礼仪。具:原指盛放食品的器具,后来即用以指食品。　㊲详——通“佯”,假装。　㊳归卒伍——犹言“归家为民”。周代军队编制是五人为一伍,百人为一卒。归卒伍,即回到基层的编制中去。　㊴请为王诳楚为王——按:此语难读,后“为王”二字疑衍,《高祖本纪》作“诈为汉王,诳楚”。　㊵间出——乘隙而出。　㊶夜出女子荥阳东门被甲二千人——谓令两千女子披甲,伪装成士兵出城。《陈丞相世家》作“陈平乃夜出女子二千人荥阳城东门”。　㊷黄屋车——以黄缯为篷盖的车,古代王者所乘。　㊸傅左纛(dào)——车左边骖马的头上插着牦牛尾制成的饰物。傅:插设。纛:以牦牛尾为之,状如拂尘。　㊹成皋——古邑名,在今河南荥阳汜水镇西。　㊺御史大夫——主管监察的最高长官,位同副丞相,秦汉时为国家的“三公”之一。周苛时为此职。　枞(cōng)公——史失其名,枞是姓。　魏豹——项羽分封时,魏豹被封为西魏王。刘邦东出伐楚,魏豹归附刘邦。刘邦败于彭城后,魏豹又绝河津反汉。汉二年八月,韩信破魏,虏魏豹。高祖赦之,今乃留之守荥阳。　㊻趣——速。　㊼宛——秦县名,在今河南南阳。　叶——秦县名,在今河南叶县南。　㊽得九江王布——刘邦彭城之败后,曾派说客随何劝黥布反楚归汉,黥布几经动摇后,至此乃单身来归。　㊾修武——古邑名,在今河南获嘉东。　㊿从张耳、韩信军——时张耳韩信已破赵,驻兵小修武,高祖乃诈称汉使者入壁夺其兵。事详见《淮阴侯列传》。从:往投。　(51)巩——秦县名,在今河南巩义西南。　(52)彭越渡河击楚东阿——梁玉绳曰:“《高纪》及《汉书》纪传,项王击彭越是三年五月,在楚拔荥阳及成皋之前,此书于拔成皋后,一误也;越渡睢水与项声、薛公战下邳,杀薛公,此不书项声,而又谓‘渡河击东阿’,二误也。”按:此处应从梁说,东阿距彭城甚远,攻击东阿对项羽威胁不大;下邳则靠近彭城,正兵法所谓“攻其必救”者。　(53)郑忠说汉王——郑忠是刘邦的郎中,他劝刘邦深沟高垒,暂时不与项羽作战;而派卢绾、刘贾等带兵入楚地,策应彭越多方击之,为使项王“备多力分”

也。事可参见《高祖本纪》。　⑭广武——古城名，在今河南荥阳东北广武山上。　⑮已定东海来西——稳定了东海郡的形势（指打败彭越）后，又回到西线来。东海：秦郡名，郡治郯县（今山东郯城北）。⑯罢转漕——疲弊劳乏于运送粮饷。车运曰转，船运曰漕。罢：通“疲”。　⑰匈匈——烦苦劳扰的样子。　⑱楼烦——指优秀射手。中井积德认为：楼烦本胡名，俗便骑射，故称善射者为楼烦。　⑲间问——暗中打听。　⑳广武间——即广武涧。　㉑汉王数之——汉王历数项羽十大罪状，见《高祖本纪》。　㉒破齐、赵——梁玉绳曰：“韩信破赵已逾年矣，非破齐一时事。此与《高纪》皆多一‘赵’字，《汉书》无。”　㉓则——若。　㉔行击——前进攻打。　陈留——秦县名，在今河南开封祥符区东南。　外黄——秦县名，在今河南民权西北。㉕外黄令舍人儿——外黄县令门客的孩子。舍人：依托于官僚贵族之家的士人，其地位高于一般仆从。　㉖睢阳——秦县名，在今河南商丘南。　㉗汜水——源于今河南巩义东南，北流经荥阳汜水镇西，注入黄河。　㉘大司马咎、长史翳、塞王欣皆自到汜水上——梁玉绳曰：“《高纪》及《汉书》纪传皆无‘翳塞王’三字，此后人妄增之。”　㉙钟离眛（mèi）——项羽的猛将。　㉚陆贾——刘邦的谋士，事迹见《郦生陆贾列传》。　㉛割鸿沟以西者为汉——鸿沟：战国时魏国开凿的沟通黄河与淮水的运河。北起今荥阳北，东经中牟、开封北，南流至淮阳东南入颍水（淮水的支流）。　㉜倾国——言其口舌之利足以坏人国家。倾：颠覆。　㉝太半——大半。《集解》引韦昭曰：“凡数三分有二为太半，一为少半。”　㉞阳夏——秦县名，在今河南太康。　㉟固陵——秦县名，在今河南太康南。　㊱自陈以东傅海——大体包括今河南东部，山东西南部，安徽、江苏两省的北部地区。傅海：直到海边。傅：贴近。　㊲睢阳以北至穀城——大体包括今河南东北部和山东西部一带。穀城：古邑名，亦作“谷城”，在今山东平阴西南东阿镇。　㊳彭相国——当初魏豹为魏王跟从刘邦伐楚时，刘邦曾封彭越为魏相国。㊴刘贾——刘邦的族人，后封荆王。　寿春——秦县名，在今安徽寿县。　并行——同时起行。　㊵屠城父——城父：古邑名，在今安徽亳州东南。按：刘贾从寿春向垓下进军，不经过城父，屠城父者乃黥布。

⑧1垓(gāi)下——古地名,在今安徽固镇东北、沱河南岸。 ⑧2以舒屠六——带领舒县(在今安徽庐江西南)之众北行,而屠灭了六县(在今安徽六安东北)。 ⑧3直夜——半夜。 ⑧4阴陵——秦县名,在今安徽定远西北。 ⑧5东城——秦县名,在今安徽定远东南。 ⑧6快战——痛痛快快地打一仗。一作"决战"。 ⑧7三胜之——连续打败他几次。三:用指多次。有人说"三胜之"即指下述的"溃围、斩将、刈旗",恐非。 ⑧8期山东为三处——约定好突围后在山东面的三个地点集合。期:约定。 ⑧9赤泉侯——杨喜因获项羽尸体被封为赤泉侯。 ⑨0东渡乌江——谓欲从乌江浦渡长江东去。乌江浦:渡口名,在今安徽和县东北之长江西岸。 ⑨1檥(yǐ)船——拢船靠岸。檥:同"舣",使船靠岸。 ⑨2汉骑司马吕马童——骑司马:骑兵中主管法纪之官。王伯祥认为:吕马童当系项王旧部反楚投汉者,故下以"故人"称之。 ⑨3面之——对面细看。面:向。 ⑨4吾为若德——犹言"我给你做点好事"。 ⑨5分其地为五——得项王者"邑万户",今乃五人共得一具尸体,故将万户之邑分为五份,以赏五人。

太史公曰:吾闻之周生①曰"舜目盖重瞳子",又闻项羽亦重瞳子。羽岂其苗裔②邪?何兴之暴也③!夫秦失其政,陈涉首难,豪杰蜂起,相与并争,不可胜数。然羽非有尺寸④,乘势起陇亩之中,三年,遂将五诸侯⑤灭秦,分裂天下,而封王侯,政由羽出,号为"霸王",位虽不终,近古以来未尝有也。及羽背关怀楚⑥,放逐义帝而自立,怨王侯叛己,难矣。自矜功伐⑦,奋其私智而不师古,谓霸王之业,欲以力征经营天下,五年卒亡其国,身死东城,尚不觉寤而不自责,过矣。乃引"天亡我,非用兵之罪也",岂不谬哉!

(以上为第五段,是作者的议论,比较全面客观地评价了项羽的功过。)

①周生——周先生,汉时学者,名字不详,应是司马迁的长辈。 ②苗裔——后代。 ③何兴之暴也——意谓:"(要不然,)为什么能兴

起得这么突然呢?”暴:突然。 ④非有尺寸——没有尺寸封地为根基。 ⑤五诸侯——指除楚以外的其他东方的各路义军,说已见前。 ⑥背关怀楚——谓舍关中形胜之地,而都彭城。按:项羽当时尚有“富贵不归故乡,如衣绣夜行”之想,此亦所谓“怀楚”也。 ⑦自矜功伐——夸耀自己的战功,如谓“身七十余战,所当者破,所击者服,未尝败北”之类。功伐:犹言“功勋”。

［**简评**］ 作者以饱满的热情歌颂了项羽在灭秦过程中所建立的丰功伟绩,充分肯定了他的历史作用;而对于项羽在楚汉战争中由于自身政治理想落后,政策方略错误,以及他个人性格上的种种缺点所导致的最终失败,则寄予了极大的惋惜和同情。作者交代全面,评价准确。后世有人仅取一端,或扬之为千古英雄,或抑之为桀纣再世,亦可谓偏颇之极。在文学艺术上,这是《史记》中最精彩的篇章之一,尤其对项羽形象的描写,非常生动传神,千载之下读之,仍觉凛凛有生气,历历如在目前。

［**集评**］ 《太史公自序》:“秦失其道,豪桀并扰;项梁业之,子羽接之;杀庆救赵,诸侯立之;诛婴背怀,天下非之。作《项羽本纪》第七。”

司马贞曰:“项羽崛起,争雄一朝,假号西楚,竟未践天子之位,而身首别离,斯亦不可称‘本纪’,宜降为‘世家’。”(《史记索隐》)

张照曰:“史法,天子则称‘本纪’者,盖祖述马迁之文,马迁之前,固无所为(谓)‘本纪’也。但马迁之意并非以‘本纪’为天子之服物采章,若黄屋左纛然,非天子不可用也,特以天下之权之所在,则其人系天下之本即谓之‘本纪’。若《秦本纪》,言秦未得天下之先,天下之势已在秦也;《吕后本纪》,吕后固亦未若武氏之篡也,而天下之势固在吕后,则亦曰‘本纪’也。后世史官以君为‘本纪’，臣为‘列传’，固亦无可议者，但是宗马迁之史法而小变之，固不得转据后以议前也，《索隐》之说谬矣。”（殿本《史记考证》）

凌稚隆曰：“项王非特暴虐人心不归，亦从来无统一天下之志迹，其既灭咸阳，而都彭城；既复彭城，而割荥阳；既割鸿沟，而思东归，殊欲按甲休兵，宛然图伯（霸）筹画耳。岂知高祖规模宏远，天下不归于一不止哉！”（《史记评林》）

毛泽东曰：“项王非政治家。汉王则为一位高明的政治家。”“项羽有三个错误，如鸿门宴不听范增的话，放跑了刘邦；鸿沟协定，他认真了；建都徐州，那时叫彭城。”“项羽在走投无路的时候，宁肯自杀，也不投降，很有气节，远比汪精卫、张国焘之类好，是值得学习的。”（《毛泽东圈注史传诗文集成》）

陈梧桐等曰：“楚汉战争是我国历史上第二次大规模的统一战争。它与秦始皇的统一战争具有显著不同的特点：前者是在一百多年的长期准备、艰苦奋斗、奠定了坚实基础上进行的，是‘奋六世之余烈，振长策而御宇内’，以强灭弱，水到渠成；后者则完全不同，项羽占有极大的优势，刘邦的势力非常弱小，战争全过程基本上都是以弱胜强，历经艰难曲折的道路，屡战屡败而最后取得胜利。（《中国军事通史》第五卷）

高祖本纪第八

高祖，沛丰邑中阳里人，[①]姓刘氏，字季[②]。父曰太公[③]，母曰刘媪。其先，刘媪尝息大泽之陂，梦与神遇。是时雷电晦冥，太公往视，则见蛟龙于其上。已而有身，遂产高祖。

高祖为人，隆准而龙颜，[④]美须髯，左股有七十二黑子[⑤]。仁而爱人，喜施，意豁如[⑥]也。常有大度，不事家人生产作业[⑦]。及壮，试为吏，为泗水亭长，[⑧]廷中吏无所不狎侮。[⑨]好酒及色。常从王媪、武负贳酒，[⑩]醉卧，武负、王媪见其上常有龙，怪之。高祖每酤留饮，酒雠数倍[⑪]。及见怪，岁竟[⑫]，此两家常折券弃责[⑬]。

高祖常繇咸阳，[⑭]纵观[⑮]，观秦皇帝，喟然太息曰："嗟乎，大丈夫当如此也！"

单父[⑯]人吕公善沛令，避仇从之客，因家沛焉。沛中豪桀吏闻令有重客，皆往贺。萧何为主吏[⑰]，主进[⑱]，令诸大夫[⑲]曰："进不满千钱，坐之堂下。"高祖为亭长，素易[⑳]诸吏，乃绐为谒曰[㉑]："贺钱万。"实不持一钱。谒入，吕公大惊，起，迎之门。吕公者，好相人，见高祖状貌，因重敬之，引入坐。萧何曰："刘季固多大言，少成事。"高祖因狎侮诸客，遂坐上坐，无所诎[㉒]。酒阑[㉓]，吕公因目固留高祖。高祖竟酒，后[㉔]。吕公曰："臣[㉕]少好相人，相人多矣，无如季相，愿季自爱。臣有息女[26]，愿为季箕帚妾[27]。”酒罢，吕媪怒吕公曰：“公始常欲奇[28]此女，与贵人。沛令善公，求之不与，何自妄许与刘季？”吕公曰：“此非儿女子所知也。”卒与刘季。吕公女乃吕后也，生孝惠帝、鲁元公主。

高祖为亭长时，常告归之田。[29]吕后与两子居田中耨，有一老父过请饮，吕后因餔之。老父相吕后曰：“夫人天下贵人。”令相两子，见孝惠，曰：“夫人所以贵者，乃此男也。”相鲁元，亦皆贵。老父已去，高祖适从旁舍来，吕后具言客有过，相我子母皆大贵。高祖问，曰：“未远。”乃追及，问老父。老父曰：“乡者夫人婴儿皆似君[30]，君相贵不可言。”高祖乃谢曰：“诚如父言，不敢忘德。”及高祖贵，遂不知老父处。

高祖为亭长，乃以竹皮为冠，令求盗之薛治之，[31]时时冠之，及贵常冠，所谓“刘氏冠”乃是也。

高祖以亭长为县送徒郦山，徒多道亡。自度比至皆亡之。到丰西泽中，止饮，夜乃解纵所送徒，曰：“公等皆去，吾亦从此逝矣！”徒中壮士愿从者十余人。高祖被酒[32]，夜径[33]泽中，令一人行前。行前者还报曰：“前有大蛇当径，愿还。”高祖醉，曰：“壮士行，何畏！”乃前，拔剑击斩蛇。蛇遂分为两，径开。行数里，醉，因卧。后人来至蛇所，有一老妪夜哭。人问何哭，妪曰：“人杀吾子，故哭之。”人曰：“妪子何为见杀？”妪曰：“吾子，白帝[34]子也，化为蛇，当道，今为赤帝[35]子斩之，故哭。”人乃以妪为不诚，欲告之[36]，妪因忽不见。后人至，高祖觉[37]。后人告高祖，高祖乃心独喜，自负。诸从者日益畏之。

秦始皇帝常曰“东南有天子气”，于是因东游以厌[38]之。高祖即自疑，亡匿，隐于芒、砀[39]山泽岩石之间。吕后与人俱求，常得之。高祖怪问之，吕后曰：“季所居上常有云气，故从往，常得季。”高祖心喜。沛中子弟或闻之，多欲附者矣。

（以上为第一段，写刘邦起义前的种种事迹与经历。）

①沛——秦县名,在今江苏沛县。 丰——当时是沛县的一个市镇,在今江苏丰县。 ②字季——《汉纪》云:“名邦,字季。”梁玉绳曰:“季乃是行,高祖长兄伯,次兄仲,亦行也。《史》以季为字,与《索隐》以季为名并非。”按:梁说诚是。③父曰太公——按:“太公”“刘媪(ǎo)”亦非人之名字,史公姑且如此称之耳。 ④隆准——高鼻梁。准:鼻梁。 龙颜——上额凸起状。颜:上额。 ⑤黑子——黑痣。 ⑥意豁如——性情阔达简易。董份认为:“意豁如也”四字,最善状高祖。⑦家人生产作业——一般平民百姓所从事的谋生职业。家人:平民百姓。 ⑧泗水——在今江苏沛县东。 亭长——古代基层吏役。县下设乡,乡下每十里设一亭。亭有亭长,主管该地面的民事争讼以及征丁征粮等。 ⑨廷中吏——县廷里的吏役。 狎(xiá)侮——戏弄耍笑。这句的意思是(刘邦好戏侮人),即使是县衙里的吏役,也没有一个不被他所戏侮的。 ⑩武负——姓武的老妇。当时俗称老大母为阿负。 贳(shì)——赊欠。 ⑪酒雠(chóu)数倍——雠:售,卖出。赵翼曰:“武负、王媪皆酒家,每值高祖酤饮,则人竞买之,其获利较倍于常也。宣帝少时从民间买饼,所从买家辄大雠,正与此相类。盖《高祖本纪》自泽陂遇神至芒砀云气,皆记高祖微时符瑞,而此特其一端耳。”⑫岁竟——年终。 ⑬折券弃责——毁掉欠据,免除债务。券:这里指赊欠的字据。责:“债”的古字。 ⑭常——通“尝”。 繇——通“徭”,服徭役。 ⑮纵观——通常皇帝车驾出行则禁观者,此时则纵民观,故曰纵观。 ⑯单父(shàn fǔ)——秦县名,在今山东单县。⑰主吏——即主吏掾,亦称功曹掾,主管人事考核等工作。 ⑱主进——为县令主管接收礼品。进:谓进献于主人,郭嵩焘认为:贺者纳钱以将意,萧何主进而献之。 ⑲诸大夫——指来贺的豪杰乡绅。赵翼曰:“盖秦制赐民爵,有大夫、官大夫、公大夫、五大夫、七大夫诸称……度其时,民之有此爵者,人即以其爵呼之。相沿日久,遂以为尊奉之呼。” ⑳易——轻视,不看在眼里。 ㉑绐(dài)——欺骗,诈说。谒——名片。这里的名片上兼写着进献的礼品价值。 ㉒无所诎(qū)——意谓一点客气不安的意思都没有。 ㉓阑——稀少。酒阑,谓饮者已退席许多,而座客稀疏。 ㉔竟酒,后——一直留到酒席罢

散，尚未走。 ㉕臣——张晏曰："古人相与语多自称臣，自卑下之道也，若今人相与言自称仆也。" ㉖息女——亲生女。息：生。 ㉗箕帚妾——打扫清洁的使女。这里是许以为妻的谦说。 ㉘奇——异，显而异之，使与他人不同。 ㉙告归——请假回家。 ㉚皆似君——言其富贵之相皆与君相似。 ㉛求盗——亭长手下的卒吏，主管逐捕盗贼。当时亭长下设有两卒，另一卒曰亭父，掌管开闭扫除等杂务。薛——秦县名，在今山东滕州南。 ㉜被酒——带着醉意。 ㉝径——小路，这里用为动词，即抄小路走。 ㉞白帝——古代传说中的五天帝之一，位于西方，其行（五行）为金。秦朝供祠白帝，自以为是白帝的子孙。 ㉟赤帝——亦五天帝之一，位于南方，其行为火。汉朝自称是赤帝的子孙。白帝子被赤帝子所杀，预示着秦朝将被汉所灭。杨循吉认为：斩蛇事，沛公自托以神灵其身，而骇天下之愚夫妇耳。㊱欲告之——想去告发她。告：有本作"苦"，意谓要整治她。也有本作"笞"，意谓要打她。作"苦"、作"笞"，其义皆较"告"字为优。㊲觉——睡醒。 ㊳厌——通"压"，此指震慑。 ㊴芒、砀——二山名，在今河南永城东北。芒山在北，砀山在南，其间相距八里。

秦二世元年[①]秋，陈胜等起蕲[②]，至陈[③]而王，号为"张楚"。诸郡县皆多杀其长吏以应陈涉。沛令恐，欲以沛应涉。掾、主吏[④]萧何、曹参乃曰："君为秦吏，今欲背之，率沛子弟，恐不听。愿君召诸亡在外者，可得数百人，因劫众[⑤]，众不敢不听。"乃令樊哙召刘季。刘季之众已数十百人矣。

于是樊哙从刘季来。沛令后悔，恐其有变，乃闭城城守，欲诛萧、曹。萧、曹恐，逾城保[⑥]刘季。刘季乃书帛射城上，谓沛父老曰："天下苦秦久矣。今父老虽为沛令守，诸侯并起，今[⑦]屠沛。沛今共诛令，择子弟可立者立之，以应诸侯，则家室完。不然，父子俱屠，无为[⑧]也。"父老乃率子弟共杀沛令，开城门迎刘季，欲以为沛令。刘季曰："天下方扰，诸侯并起，今置将不善，壹败涂地。吾非敢自爱，恐能薄，不能完父兄子弟。此大事，愿更相推择可者。”萧、曹等皆文吏，自爱，恐事不就，后秦种族其家[9]，尽让刘季。诸父老皆曰：“平生所闻刘季诸珍怪，当贵，且卜筮之，莫如刘季最吉。”于是刘季数让，众莫敢为，乃立季为沛公。祠黄帝，祭蚩尤[10]于沛庭，而衅鼓[11]，旗帜皆赤。由所杀蛇白帝子，杀者赤帝子，故上赤。于是少年豪吏如萧、曹、樊哙等皆为收沛子弟二三千人，攻胡陵、方与，[12]还守丰。

秦二世二年，陈涉之将周章军西至戏[13]而还。燕、赵、齐、魏皆自立为王。项氏起吴。秦泗川监[14]平将兵围丰，二日，出与战，破之。命雍齿守丰，引兵之薛。泗川守壮败于薛，走至戚[15]，沛公左司马得泗川守壮，杀之。沛公还军亢父[16]，至方与，周市来攻方与，未战。陈王使魏人周市略地，周市使人谓雍齿曰：“丰，故梁徙[17]也。今魏地已定者数十城，齿今下魏[18]，魏以齿为侯守丰。不下，且屠丰。”雍齿雅[19]不欲属沛公，及魏招之，即反为魏守丰。沛公引兵攻丰，不能取。沛公病，还之沛。沛公怨雍齿与丰子弟叛之。闻东阳甯君、秦嘉立景驹为假王，[20]在留[21]，乃往从之，欲请兵以攻丰。是时秦将章邯从陈[22]，别将司马尼[23]将兵北定楚地，屠相[24]，至砀[25]。东阳甯君、沛公引兵西，与战萧[26]西，不利。还收兵聚留，引兵攻砀，三日乃取砀。因收砀兵，得五六千人。攻下邑[27]，拔之。还军丰[28]。闻项梁在薛，从骑百余往见之。项梁益沛公卒五千人，五大夫将[29]十人。沛公还，引兵攻丰。

从项梁月余，项羽已拔襄城[30]还。项梁尽召别将居薛。闻陈王定死，因立楚后怀王孙心为楚王，治盱台[31]。项梁号武信君。居数月，北攻亢父，救东阿[32]，破秦军。齐军归，楚独追北[33]，使沛公、项羽别攻城阳[34]，屠之。军濮阳[35]之东，与秦军战，破之。

秦军复振，守濮阳，环水[36]。楚军去而攻定陶[37]，定陶未下。沛公与项羽西略地至雍丘[38]之下，与秦军战，大破之，斩李由[39]。还攻外黄[40]，外黄未下。

项梁再破秦军，有骄色。宋义谏，不听。秦益章邯兵，夜衔枚[41]击项梁，大破之定陶，项梁死。沛公与项羽方攻陈留[42]，闻项梁死，引兵与吕将军[43]俱东。吕臣军彭城东，项羽军彭城西，沛公军砀。

章邯已破项梁军，则以为楚地兵不足忧，乃渡河，北击赵，大破之。当是之时，赵歇为王，秦将王离围之巨鹿[44]城，此所谓河北之军也。

秦二世三年，楚怀王见项梁军破，恐，徙盱台，都彭城，并吕臣、项羽军自将之。以沛公为砀郡长，封为武安侯，将砀郡兵。封项羽为长安侯，号为鲁公。吕臣为司徒[45]，其父吕青为令尹[46]。

赵数请救，怀王乃以宋义为上将军，项羽为次将，范增为末将，北救赵。令沛公西略地入关。与诸将约，先入定关中者王之。

当是时，秦兵强，常乘胜逐北，诸将莫利先入关。独项羽怨秦破项梁军，奋，愿与沛公西入关。怀王诸老将皆曰："项羽为人僄悍猾贼。项羽尝攻襄城，襄城无遗类，皆坑之，诸所过无不残灭。且楚数进取，前陈王、项梁皆败。不如更遣长者扶义[47]而西，告谕秦父兄。秦父兄苦其主久矣，今诚得长者往，毋侵暴，宜可下。今项羽僄悍，今不可遣。独沛公素宽大长者，可遣。"卒不许项羽，而遣沛公西略地，收陈王、项梁散卒。乃道砀至成阳，与杠里秦军夹壁，[48]破秦二军。楚军出兵击王离，大破之。

沛公引兵西，遇彭越[49]昌邑，因与俱攻秦军，战不利。还至栗[50]，遇刚武侯[51]，夺其军，可四千余人，并之。与魏将皇欣、魏申徒[52]武蒲之军并攻昌邑，昌邑未拔。西过高阳[53]。郦食其[54]为监门，曰："诸将过此者多，吾视沛公大人长者。"乃求见说沛公。沛公方踞床[55]，使两女子洗足。郦生不拜，长揖，曰："足下必欲诛无道秦，不宜踞见长者。"于是沛公起，摄衣谢之，延上坐。食其说沛公袭陈留，得秦积粟。乃以郦食其为广野君，郦商[56]为将，将陈留兵，与偕攻开封，开封未拔。西与秦将杨熊战白马[57]，又战曲遇[58]东,大破之。杨熊走之荥阳[59],二世使使者斩以徇[60]。南攻颍阳[61],屠之。因张良遂略韩地轘辕[62]。

当是时,赵别将司马卬方欲渡河入关,沛公乃北攻平阴[63],绝河津[64]。南,战雒阳东,军不利。还至阳城[65],收军中马骑,与南阳守齮战犨[66]东,破之。略南阳郡[67],南阳守齮走,保城守宛。沛公引兵过而西。张良谏曰:"沛公虽欲急入关,秦兵尚众,距险[68]。今不下宛,宛从后击,强秦在前,此危道也。"于是沛公乃夜引兵从他道还,更旗帜[69],黎明,围宛城三匝。南阳守欲自刭。其舍人陈恢曰:"死未晚也[70]。"乃逾城见沛公,曰:"臣闻足下约,先入咸阳者王之。今足下留守宛。宛,大郡之都也,连城数十,人民众,积蓄多,吏人自以为降必死,故皆坚守乘城[71]。今足下尽日止攻[72],士死伤者必多;引兵去宛,宛必随足下后:足下前则失咸阳之约,后又有强宛之患。为足下计,莫若约降,封其守,因使止守,引其甲卒与之西。诸城未下者,闻声争开门而待,足下通行无所累。"沛公曰:"善。"乃以宛守为殷侯,封陈恢千户。引兵西,无不下者。至丹水[73],高武侯鳃、襄侯王陵降西陵。[74]还攻胡阳[75],遇番君[76]别将梅锖,与皆[77],降析、郦。[78]遣魏人甯昌使秦[79],使者未来。是时章邯已以军降项羽于赵矣。

初,项羽与宋义北救赵。及项羽杀宋义,代为上将军,诸将黥布皆属,破秦将王离军,降章邯,诸侯皆附。及赵高已杀二世,使人来,欲约分王关中。沛公以为诈,乃用张良计,使郦生、陆贾往说秦将,[80]啖以利[81],因袭攻武关[82],破之。又与秦军战于蓝田[83]南,益张疑兵旗帜,诸所过毋得掠卤[84]。秦人憙[85],秦军解[86],因大破之。又战其北,大破之。乘胜,遂破之。

汉元年十月[87],沛公兵遂先诸侯至霸上。秦王子婴素车白马,系颈以组[88],封皇帝玺、符、节,降轵道[89]旁。诸将或言诛秦王。沛公曰:"始怀王遣我,固以能宽容;且人已服降,又杀之,不祥。"乃以秦王属吏[90],遂西入咸阳。欲止宫休舍,樊哙、张良谏,乃封秦重宝财物府库，还军霸上。召诸县父老豪杰曰："父老苦秦苛法久矣，诽谤者族，偶语者弃市[91]。吾与诸侯约，先入关者王之，吾当王关中。与父老约法三章耳：杀人者死，伤人及盗抵罪。余悉除去秦法。诸吏人皆案堵如故[92]。凡吾所以来，为父老除害，非有所侵暴，无恐！且吾所以还军霸上，待诸侯至而定约束耳。"乃使人与秦吏行县乡邑，告谕之。秦人大喜，争持牛羊酒食献飨军士。沛公又让不受，曰："仓粟多，非乏，不欲费人。"人又益喜，唯恐沛公不为秦王。

（以上为第二段，写刘邦起义，到入关灭秦的过程。）

①秦二世元年——公元前209年。 ②蕲（qí）——秦县名，在今安徽宿州南。 ③陈——秦县名，在今河南周口淮阳区。 ④掾、主吏——掾：县令的属员，这里指曹参。曹参时为狱掾。主吏：指萧何。萧何、曹参后来皆为汉代开国功臣，并相继为丞相。 ⑤因劫众——借着那些逃亡者的力量来挟制县里的这些民众。劫：挟制。 ⑥保——往，依。 ⑦今——将。 ⑧无为——无谓，无意义，无价值。 ⑨种族其家——意指灭其家，绝其种。 ⑩蚩尤——古代传说中的部族首领，据说他"好五兵（戈、殳、戟、酋矛、夷矛）"，并发明以铜制造兵器。祠黄帝祭蚩尤，即祭祀战神的意思。 ⑪衅鼓——杀牲以血涂鼓。《司马法》曰："血于鼙（pí）鼓者，神戎器也。"衅：杀牲以血涂物。 ⑫胡陵——秦县名，故城在今山东鱼台东南。 方与——秦县名，在今山东鱼台。 ⑬戏——水名，源于骊山，流经今陕西西安临潼区东，入于渭水。 ⑭泗川监——泗川郡的监督官。秦时的泗川郡，至汉改称沛郡，郡治在相县（今安徽濉溪县西北）。秦时的郡里设守、尉、监三官，监由中央所派的御史充任。所谓平者，泗川监之名也。下有"守壮"，壮亦名。 ⑮戚——在今山东微山县。有本注为戚邑（今河南濮阳北）者，非是。 ⑯亢父（gāng fǔ）——古邑名，在今山东济宁南。 ⑰故梁徙——曾是梁国迁都过的地方。梁国即战国后期的魏国，因都于大梁（今河南开封），故称梁国。秦国攻克大梁后，魏国曾一度迁都于丰。 ⑱下魏——犹言"降魏"。 ⑲雅——平素，向来。 ⑳东

阳甯(nìng)君——东阳县(今江苏盱眙有东阳城遗址)的甯姓某人。景驹——战国时楚国王族的后裔。景:楚国王族的大姓。 假王——代行王者之权的人。当时陈涉已被章邯打败,被叛徒所杀,义军正群龙无首,故秦嘉等立景驹为假王。 ㉑留——秦县名,在今江苏沛县东南。 ㉒从陈——攻击陈郡。从:追击,攻击。 ㉓尸(yí)——同"夷"。 ㉔相——在今安徽濉溪县西北,当时为泗川郡的郡治。 ㉕砀——秦县名,亦郡名,其治所皆在今河南永城东北。 ㉖萧——秦县名,县治在今安徽萧县西北。 ㉗下邑——秦县名,县治在今安徽砀山县。 ㉘还军丰——有本作"还军攻丰"。《汉书》作"还击丰,不下"。《汉书》文意最明晰。 ㉙五大夫将——具有五大夫爵位的将领。五大夫是秦朝爵位的第九级。 ㉚襄城——秦县名,在今河南襄城。 ㉛治盱台——犹言"建都盱台"。盱台:秦县名,县治在今江苏盱眙东北。 ㉜救东阿——时齐地义军田荣等被秦将章邯围困于东阿,项梁等引兵救之,破走章邯。东阿:秦县名,县治在今山东阳谷东北。 ㉝追北——追击败走的秦军。北:背,败。 ㉞城阳——秦县名,县治在今山东菏泽东北。 ㉟濮阳——秦县名,县治在今河南濮阳县西南。当时亦为东郡的郡治所在地。 ㊱环水——谓以水环城为固也。 ㊲定陶——秦县名,县治在今山东菏泽定陶区西北。 ㊳雍丘——秦县名,在今河南杞县。 ㊴李由——秦丞相李斯之子,时为三川郡的郡守。 ㊵外黄——秦县名,县治在今河南民权西北。 ㊶衔枚——枚者其状如箸,横衔之,以小绳结之于项,用于奔袭敌人时防止喧哗。 ㊷陈留——秦县名,县治在今河南开封祥符区东南。 ㊸吕将军——即吕臣,原为陈涉侍从,陈涉兵败被杀后,吕臣收合残部,又曾一度攻克陈郡,后归项梁。 ㊹巨鹿——秦县名,县治在今河北平乡西南。 ㊺司徒——三公之一,位列卿,掌教化。 ㊻令尹——战国时楚官名,职同丞相。 ㊼扶义——以仁义为助。与"仗义"义同。 ㊽道——经由。 成阳——即城阳,县治在今山东菏泽东北。 杠(gōng)里——秦县名,在城阳之西,今山东菏泽牡丹区东。 夹壁——犹言"对垒"。 ㊾彭越——昌邑(今山东巨野南)人,反秦名将之一。后归刘邦,于灭楚中有大功,后被刘邦所杀。 ㊿栗——秦县名，在今河南夏邑。 ㉛刚武侯——师古曰：“史失其名姓，唯识其爵号，不知谁也。” ㉜申徒——官名，即司徒。 ㉝高阳——古邑名，在今河南杞县西南。 ㉞郦食其（yì jī）——刘邦手下的著名说客。㉟踞床——坐在床上。床：坐具，如今之板凳一类。 ㊱郦商——食其之弟，汉朝开国名将。 ㊲白马——秦县名，县治在今河南滑县城关镇东。 ㊳曲遇——古邑名，县治在今河南中牟东。 ㊴荥阳——秦县名，县治在今河南荥阳东北。 ㊵徇——巡行示众。 ㊶颍阳——秦县名，县治在今河南许昌西南。 ㊷轘（huán）辕——山名，在今河南洛阳偃师区东南，接巩义、登封二市界。山上有轘辕关，形势险要。㊸平阴——古渡口名，在今河南洛阳孟津区东北。 ㊹绝河津——封锁黄河渡口。津：渡口。司马卬（áng）欲渡河入关，沛公则绝河津以阻之。此见沛公之贪，是要独自入关而称王。 ㊺阳城——古邑名，在今河南登封东南告成镇。 ㊻犨（chōu）——秦县名，县治在今河南鲁山县东南。 ㊼南阳郡——秦郡名，辖地约当今河南熊耳山以南叶县、内乡县和湖北大洪山以北广水、十堰郧（yún）阳区。治所在宛县（今河南南阳）。 ㊽距险——意谓守险以拒敌。 ㊾更旗帜——为掩人耳目，不使秦军知晓沛公之军复还也。 ㊿死未晚也——意谓“现在还不到死的时候”。 (71)坚守乘城——犹言“登城坚守”。乘：登。(72)止攻——谓停军于此攻打宛城。止：与西进入关相对而言。 (73)丹水——秦县名，县治在今河南淅川西南，因有丹水流经其地，故名。(74)高武侯鳃——姓氏不详。 王陵——汉代开国功臣，吕后时，曾继曹参为相国，封安国侯。此所谓“襄侯”者，或初聚党起事自称之也。降——谓归顺刘邦。 西陵——《汉书》无“西陵”二字，此疑衍。(75)胡阳——秦县名，县治在今河南唐河西南湖阳镇。 (76)番（pó）君——即吴芮。吴芮于秦时为番阳（今江西鄱阳东北）令，故称之番君。陈涉起事后，吴芮也举义反秦，后降刘邦，被封为长沙王。(77)皆——有本作“偕”，《汉书》亦作“偕”。此处应读“偕”。(78)降——使之投降。 析——秦县名，在今河南西峡。 郦——秦县名，县治在今河南内乡县西北。 (79)使秦——谓与赵高通谋。《秦始皇本纪》云：“沛公将数万人已屠武关，使人私于高。”盖指此事。

⑧郦生——即郦食其。　陆贾——刘邦手下的谋士、说客。据《留侯世家》《郦生陆贾列传》对证，此处“陆贾”二字似衍文。　⑧啖(dàn)以利——谓以利诱之。啖：以食物喂人。　⑧武关——在今陕西丹凤东南，是河南西部通往陕西东南部的交通要道。　⑧蓝田——秦县名，在今陕西蓝田西。　⑧掠卤——谓抢物抢人。卤：通“掳”，掠夺。⑧憙——同“喜”。　⑧解——通“懈”。李笠认为：沛公既啖秦将以利，又令所过毋得掠卤，故秦人喜悦而军心懈惰也。　⑧汉元年十月——公元前206年十月。因为这一年刘邦被封为汉王，所以称这年为汉元年。秦朝历法以十月为岁首，汉初仍承秦制，故所谓十月，即该年开头的第一个月。　⑧系颈以组——用丝绦系着脖子，这是古代君主投降时表示请罪的样子。组：丝绦。　⑧轵(zhǐ)道——即轵道亭，在今陕西西安东北。　⑨属(zhǔ)吏——交给主管人员看管。属：交付，委托。　⑨偶语——相聚而语。偶：相对、相聚。　弃市——处死。古者刑人于市，以示“与众共弃之”，故云。　⑨案堵如故——犹言“各就各位，一切照常”。案堵：同“安堵”，不迁动，不变更。

或说沛公曰：“秦富十倍天下，地形强。今闻章邯降项羽，项羽乃号为雍王，王关中。今则来，沛公恐不得有此。可急使兵守函谷关，无内诸侯军，稍征关中兵以自益，距之。”沛公然其计，从之。十一月中，项羽果率诸侯兵西，欲入关，关门闭。闻沛公已定关中，大怒，使黥布等攻破函谷关。十二月中，遂至戏。沛公左司马曹无伤闻项王怒，欲攻沛公，使人言项羽曰：“沛公欲王关中，令子婴为相，珍宝尽有之。”欲以求封。亚父劝项羽击沛公。方飨士，旦日合战。是时项羽兵四十万，号百万。沛公兵十万，号二十万，力不敌。会项伯欲活张良，夜往见良，因以文谕项羽，项羽乃止。沛公从百余骑，驱之鸿门，见谢项羽。项羽曰：“此沛公左司马曹无伤言之。不然，籍何以生此！”沛公以樊哙、张良故，得解归。归，立诛曹无伤。

项羽遂西，屠烧咸阳秦宫室，所过无不残破。秦人大失望，然恐,不敢不服耳。

项羽使人还报怀王。怀王曰:"如约[1]。"项羽怨怀王不肯令与沛公俱西入关,而北救赵,后天下约[2]。乃曰:"怀王者,吾家项梁[3]所立耳,非有功伐[4],何以得主约!本定天下,诸将及籍也。"乃详尊怀王为义帝,实不用其命。

正月,项羽自立为西楚霸王,王梁、楚地九郡,都彭城。负约,更立沛公为汉王,王巴、蜀、汉中,都南郑[5]。三分关中,立秦三将:章邯为雍王,都废丘;司马欣为塞王,都栎阳;董翳为翟王,都高奴。楚将瑕丘申阳为河南王,都雒阳。赵将司马卬为殷王,都朝歌。赵王歇徙王代。赵相张耳为常山王,都襄国。当阳君黥布为九江王,都六。怀王柱国共敖为临江王,都江陵。番君吴芮为衡山王,都邾。燕将臧荼为燕王,都蓟。故燕王韩广徙王辽东。广不听,臧荼攻杀之无终。封成安君陈餘河间[6]三县,居南皮。封梅鋗十万户。

四月,兵罢戏下,诸侯各就国。汉王之国,项王使卒三万人从[7]。楚与诸侯之慕从者数万人,从杜南入蚀中。[8]去辄烧绝栈道[9],以备诸侯盗兵袭之,亦示项羽无东意。至南郑,诸将及士卒多道亡归,士卒皆歌思东归。韩信[10]说汉王曰:"项羽王诸将之有功者,而王独居南郑,是迁[11]也。军吏士卒皆山东之人也,日夜跂[12]而望归,及其锋[13]而用之,可以有大功。天下已定,人皆自宁,不可复用。不如决策东乡,争权天下。"

项羽出关,使人徙义帝。曰:"古之帝者地方千里,必居上游。"乃使使徙义帝长沙郴县,趣[14]义帝行,群臣稍倍叛之。乃阴令衡山王、临江王击之,杀义帝江南[15]。项羽怨田荣[16],立齐将田都为齐王[17]。田荣怒,因自立为齐王,杀田都[18]而反楚;予彭越[19]将军印,令反梁地。楚令萧公角击彭越,彭越大破之。

陈餘怨项羽之弗王己也,令夏说说田荣,请兵击张耳。齐予陈餘兵,击破常山王张耳,张耳亡归汉。迎赵王歇于代[20],复立为赵王。赵王因立陈餘为代王。项羽大怒,北击齐。

八月,汉王用韩信之计,从故道还,袭雍王章邯。邯迎击汉陈仓。雍兵败,还走,止战好畤[21]。又复败,走废丘。汉王遂定雍地。东至咸阳,引兵围雍王废丘,而遣诸将略定陇西、北地、上郡。[22]令将军薛欧、王吸出武关,因王陵兵南阳,以迎太公、吕后于沛。楚闻之,发兵距之阳夏[23],不得前。令故吴令郑昌为韩王,距汉兵。

二年,汉王东略地,塞王欣、翟王翳、河南王申阳皆降。韩王昌不听,使韩信击破之。于是置陇西、北地、上郡、渭南、河上、中地郡;[24]关外置河南郡[25]。更立韩太尉信[26]为韩王。诸将以万人若[27]以一郡降者,封万户。缮治河上塞[28]。诸故秦苑囿园池,皆令人得田之。正月,虏雍王弟章平。大赦罪人。

汉王之出关至陕[29],抚关外父老,还,张耳来见,汉王厚遇之。

二月,令除秦社稷[30],更立汉社稷。

三月,汉王从临晋渡[31],魏王豹将兵从。下河内[32],虏殷王,置河内郡。南渡平阴津[33],至雒阳。新城三老董公遮说汉王以义帝死故[34]。汉王闻之,袒而大哭[35]。遂为义帝发丧,临[36]三日。发使者告诸侯曰:"天下共立义帝,北面事之。今项羽放杀义帝于江南,大逆无道。寡人亲为发丧,诸侯皆缟素。悉发关内兵,收三河[37]士,南浮江汉以下,愿从诸侯王击楚之杀义帝者。"

是时项王北击齐,田荣与战城阳。田荣败,走平原[38],平原民杀之。齐皆降楚。楚因焚烧其城郭,系虏其子女。齐人叛之。田荣弟横立荣子广为齐王,齐王反楚城阳。项羽虽闻汉东,既已连齐兵[39],欲遂破之而击汉。汉王以故得劫五诸侯兵[40],遂入彭城。项羽闻之,乃引兵去齐,从鲁[41]出胡陵,至萧,与汉大战彭城灵壁东睢水上,[42]大破汉军,多杀士卒,睢水为之不流。乃取汉王父母妻子于沛,置之军中以为质。当是时,诸侯见楚强汉败还,皆去汉复为楚。塞王欣亡入楚。

吕后兄周吕侯为汉将兵，居下邑。汉王从之，稍收士卒，军砀。汉王乃西过梁地，至虞[43]。使谒者[44]随何之九江王布所，曰："公能令布举兵叛楚，项羽必留击之。得留数月，吾取天下必矣。"随何往说九江王布，布果背楚。楚使龙且往击之。

汉王之败彭城而西，行使人求家室，家室亦亡，不相得。败后乃独得孝惠，六月，立为太子，大赦罪人。令太子守栎阳，诸侯子在关中者皆集栎阳为卫。引水灌废丘，废丘降，章邯自杀。更名废丘为槐里。于是令祠官祀天地、四方、上帝、山川，以时祀之。兴关内卒乘塞[45]。

是时九江王布与龙且战，不胜，与随何间行归汉。汉王稍收士卒，与诸将及关中卒益出，是以兵大振荥阳，破楚京、索间。

三年，魏王豹谒归视亲疾，至即绝河津[46]，反为楚。汉王使郦生说豹，豹不听。汉王遣将军韩信击，大破之，虏豹。遂定魏地，置三郡，曰河东、太原、上党。汉王乃令张耳与韩信遂东下井陉[47]击赵，斩陈餘、赵王歇。其明年，立张耳为赵王。

汉王军荥阳南，筑甬道属之河，[48]以取敖仓[49]。与项羽相距岁余。项羽数侵夺汉甬道，汉军乏食，遂围汉王。汉王请和，割荥阳以西者为汉。项王不听，汉王患之，乃用陈平之计，予陈平金四万斤，以间疏楚君臣。于是项羽乃疑亚父。亚父是时劝项羽遂下荥阳，及其见疑，乃怒，辞老，愿赐骸骨归卒伍，未至彭城而死。

汉军绝食，乃夜出女子[50]东门二千余人，被甲，楚因四面击之。将军纪信乃乘王驾，诈为汉王，诳楚，楚皆呼万岁，之城东观，以故汉王得与数十骑出西门遁。令御史大夫周苛、魏豹、枞公守荥阳。诸将卒不能从者，尽在城中。周苛、枞公相谓曰："反国之王，难与守城。"因杀魏豹。

汉王之出荥阳，入关收兵，欲复东。袁生说汉王曰："汉与楚相距荥阳数岁，汉常困。愿君王出武关，项羽必引兵南走，王深壁[51]，令荥阳、成皋间且得休。使韩信等辑[52]河北赵地，连燕、齐，君王乃复走荥阳，未晚也。如此，则楚所备者多，力分，汉得休，复与之战，破楚必矣。”汉王从其计，出军宛、叶间，与黥布行收兵[53]。

项羽闻汉王在宛，果引兵南。汉王坚壁不与战。是时彭越渡睢水，与项声、薛公战下邳，彭越大破楚军。项羽乃引兵东击彭越。汉王亦引兵北军成皋。项羽已破走彭越，闻汉王复军成皋，乃复引兵西，拔荥阳，诛周苛、枞公，而虏韩王信，遂围成皋。

汉王跳[54]，独与滕公共车出成皋玉门，[55]北渡河，驰宿修武。自称使者，晨驰入张耳、韩信壁，而夺之军。乃使张耳北益收兵赵地，使韩信东击齐。汉王得韩信军，则复振。引兵临河，南飨军小修武南，欲复战。郎中郑忠乃说止汉王，使高垒深堑，勿与战。汉王听其计，使卢绾、刘贾将卒二万人，骑数百，渡白马津[56]，入楚地，与彭越复击破楚军燕[57]郭西，遂复下梁地十余城。

淮阴[58]已受命东，未渡平原。汉王使郦生往说齐王田广，广叛楚，与汉和，共击项羽。韩信用蒯通计，遂袭破齐。齐王烹郦生，东走高密[59]。项羽闻韩信已举河北兵破齐、赵，且欲击楚，则使龙且、周兰往击之。韩信与战，骑将灌婴击，大破楚军，杀龙且。齐王广奔彭越。当此时，彭越将兵居梁地，往来苦楚兵，绝其粮食。

四年，项羽乃谓海春侯大司马曹咎曰：“谨守成皋。若汉挑战，慎勿与战，无令得东而已。我十五日必定梁地，复从将军。”乃行，击陈留、外黄、睢阳，下之。汉果数挑楚军，楚军不出，使人辱之五六日，大司马怒，度兵汜水。士卒半渡，汉击之，大破楚军，尽得楚国金玉货赂。大司马咎、长史欣皆自刭汜水上。项羽至睢阳，闻海春侯破，乃引兵还。汉军方围钟离眛于荥阳东，项羽至，尽走险阻[60]。

韩信已破齐，使人言曰：“齐边[61]楚，权轻，不为假王，恐不能安齐。”汉王欲攻之，留侯曰：“不如因而立之，使自为守。”乃遣张良操印绶立韩信为齐王。

项羽闻龙且军破，则恐，使盱台人武涉往说韩信。韩信不听。

楚汉久相持未决，丁壮苦军旅，老弱罢转饷[62]。汉王、项羽相与临广武之间[63]而语。项羽欲与汉王独身挑战，汉王数项羽曰：“始与项羽俱受命怀王，曰先入定关中者王之，项羽负约，王我于蜀、汉，罪一。项羽矫杀卿子冠军[64]而自尊，罪二。项羽已救赵，当还报，而擅劫诸侯兵入关，罪三。怀王约入秦无暴掠，项羽烧秦宫室，掘始皇帝冢，私收其财物，罪四。又强杀秦降王子婴，罪五。诈坑秦子弟新安二十万，王其将[65]，罪六。项羽皆王诸将善地，而徙逐故主[66]，令臣下争叛逆，罪七。项羽出逐义帝彭城，自都之，夺韩王地[67]，并王梁、楚[68]，多自予，罪八。项羽使人阴弑义帝江南，罪九。夫为人臣而弑其主，杀已降，为政不平，主约不信，天下所不容，大逆无道，罪十也。吾以义兵从诸侯诛残贼，使刑余罪人击杀项羽，何苦乃与公挑战[69]！”项羽大怒，伏弩射中汉王。汉王伤匈[70]，乃扪足曰：“虏中吾指[71]！”汉王病创卧，张良强请汉王起行劳军，以安士卒，毋令楚乘胜于汉。汉王出行军[72]，病甚，因驰入成皋。

病愈，西入关，至栎阳，存问父老，置酒，枭故塞王欣头栎阳市。留四日，复如军，军广武。关中兵益出。

当此时，彭越将兵居梁地，往来苦楚兵，绝其粮食。田横往从之[73]。项羽数击彭越等，齐王信又进击楚。项羽恐，乃与汉王约，中分天下，割鸿沟而西者为汉，鸿沟而东者为楚。项王归汉王父母妻子[74]，军中皆呼万岁，乃归而别去。

项羽解而东归。汉王欲引而西归，用留侯、陈平计，乃进兵追项羽，至阳夏南止军，与齐王信、建成侯彭越期会而击楚军。至固陵[75]，不会。楚击汉军，大破之。汉王复入壁，深堑而守之。

用张良计，于是韩信、彭越皆往。及刘贾入楚地，围寿春[76]。汉王败固陵，乃使使者召大司马周殷举九江兵而迎武王，[77]行屠城父[78]，随刘贾、齐梁诸侯皆大会垓下。立武王布为淮南王。

五年，高祖与诸侯兵共击楚军，与项羽决胜垓下。淮阴侯将三十万自当之，孔将军[79]居左，费将军[80]居右，皇帝在后，绛侯、柴将军在皇帝后[81]。项羽之卒可十万。淮阴先合，不利，却。孔将军、费将军纵[82]，楚兵不利，淮阴侯复乘之，大败垓下。项羽卒[83]闻汉军之楚歌，以为汉尽得楚地，项羽乃败而走，是以兵大败。使骑将灌婴追杀项羽东城[84]，斩首八万，遂略定楚地。鲁为楚坚守不下，汉王引诸侯兵北，示鲁父老项羽头，鲁乃降。遂以鲁公号葬项羽榖城。还至定陶，驰入齐王壁，夺其军[85]。

正月，诸侯及将相相与共请尊汉王为皇帝。汉王曰："吾闻帝贤者有也，空言虚语，非所守也[86]，吾不敢当帝位。"群臣皆曰："大王起微细，诛暴逆，平定四海，有功者辄裂地而封为王侯。大王不尊号，皆疑不信[87]。臣等以死守[88]之。"汉王三让，不得已，曰："诸君必以为便，便国家[89]。"甲午[90]，乃即皇帝位氾水之阳[91]。

皇帝曰义帝无后[92]，齐王韩信习楚风俗，徙为楚王[93]，都下邳。立建成侯彭越为梁王，都定陶。故韩王信为韩王，都阳翟[94]。徙衡山王吴芮为长沙王，都临湘[95]。番君之将梅销有功，从入武关，故德番君[96]。淮南王布、燕王臧荼、赵王敖皆如故。

天下大定。高祖都雒阳，诸侯皆臣属。故临江王驩为项羽叛汉，令卢绾、刘贾围之，不下。数月而降，杀之雒阳。

五月，兵皆罢归家。诸侯子在关中者复之十二岁，[97]其归者复之六岁，食之一岁。

高祖置酒雒阳南宫。高祖曰："列侯诸将无敢隐朕，皆言其情。吾所以有天下者何？项氏之所以失天下者何？"高起[98]、王陵对曰："陛下慢而侮人，项羽仁而爱人。然陛下使人攻城略地，所降下者因以予之，与天下同利也。项羽妒贤嫉能，有功者害之[99]，贤者疑之，战胜而不予人功，得地而不予人利，此所以失天下也。”高祖曰：“公知其一，未知其二。夫运筹策帷帐之中，决胜于千里之外，吾不如子房；镇国家，抚百姓，给馈饷，不绝粮道，吾不如萧何；连百万之军，战必胜，攻必取，吾不如韩信。此三者，皆人杰也，吾能用之，此吾所以取天下也。项羽有一范增而不能用，此其所以为我擒也。”

高祖欲长都雒阳，齐人刘敬⑩⓪说，及留侯劝上入都关中，高祖是日驾，入都关中。六月，大赦天下。

（以上为第三段，写了楚汉战争——刘邦打败项羽，并最后称帝的全过程。）

①如约——按照原来的约定办事，即“先入关者王之”。于此可知怀王亦有脊骨之人也，其不满项氏之意毫不掩盖。 ②后天下约——意谓失期落于他人后。 ③吾家项梁——按：项羽对其叔不得如此称呼。梁玉绳认为：“项梁”当作“武信君”。《汉书》则删去“项梁”二字，直作“怀王者，吾家所立耳”。二者皆通。 ④功伐——犹言“功劳”“功勋”。 ⑤南郑——今陕西汉中。以下“废丘”等地名，见《项羽本纪》注。 ⑥河间——秦代郡名，郡治乐城（今河北献县东南）。秦时属巨鹿郡。 ⑦项王使卒三万人从——汉王居霸上时有卒十万，今使三万人从，盖项羽已夺去汉王之兵矣。 ⑧杜——秦县名，县治在今陕西西安东南。 蚀——川谷名，是由今西安通往汉中的谷道，可能即子午谷。 ⑨栈道——山间架木构成的空中通道。按：烧栈道乃用张良之计，见《留侯世家》。 ⑩韩信——即淮阴侯。有人认为是韩王信者，盖误。《史记·韩信卢绾列传》阑入此语，乃史公误记。 ⑪迁——流放。后因称贬官也叫迁谪。 ⑫跂（qǐ）——踮起脚跟。 ⑬锋——锐，这里指“锐气”。 ⑭趣（cù）——催促。 ⑮杀义帝江南——此云项羽令衡山王吴芮与临江王共敖杀义帝于江南。而《黥布列传》云：“项氏立怀王为义帝，徙都长沙，乃阴令九江王布等行击之。其八月，布使将击义帝，追杀之郴县。”则杀义帝者是黥布。 ⑯项羽怨田荣——项梁救田荣出东阿后，田荣归齐立田儋子田市为王，驱逐了

当时齐人已立的齐国旧族田假。田假逃归项梁。项梁召田荣共击章邯,田荣要求项梁杀掉田假。项梁不答应,田荣于是拒绝出兵助楚。后项梁被章邯破杀。由此,项羽怨田荣。 ⑰立齐将田都为齐王——田都是田假的将领,曾随项羽一同救赵破秦入关,故项羽立之为齐王。同时又封田安为济北王,而徙田荣所立之齐王田市为胶东王。至此,原来的齐地遂一分为三。 ⑱杀田都——按:田都乃败走归楚,非被田荣所杀也,此误。 ⑲彭越——刘邦项羽入关时,彭越率众万余人居巨野泽中。项羽封诸侯,彭越不得封,故亦怨恨项羽。 ⑳迎赵王歇于代——项羽封张耳为常山王,居原赵地,而徙原赵王歇为代王。陈餘怨项羽,故击走张耳,而迎赵歇归赵。 ㉑好畤(zhì)——秦县名,县治在今陕西乾县东好畤村。 ㉒陇西——秦郡名,郡治狄道(今甘肃临洮)。北地——秦郡名,郡治义渠(今甘肃庆阳西南)。 上郡——秦郡名,郡治肤施(今陕西榆林东南)。 ㉓阳夏——秦县名,县治在今河南太康。 ㉔渭南——即后来的京兆尹,郡治长安(今西安西北)。 河上——即后来的左冯翊(píng yì),郡治亦在长安。 中地郡——即后来的右扶风,郡治亦在长安。以上三郡合称三辅,谓辅卫京畿也。㉕河南郡——郡治雒阳(今洛阳东北)。 ㉖韩太尉信——原韩国旧贵族,曾随刘邦入关,并至南郑。以功封太尉,后又封韩王。《史记》中有传。此与淮阴侯韩信同名,而非一人。 ㉗若——或。 ㉘缮治河上塞——修整河套一带的防卫匈奴的城堡。泷川资言曰:“未出关争衡,而先修边备,立本自固之道也。” ㉙陕——秦县名,县治在今河南三门峡陕州区西南。 ㉚社稷——指社稷坛,是古代的国君祭祀土神和谷神的地方。社:土神。稷:五谷之神。所谓“除秦社稷,更立汉社稷”,即表示一个新的王朝已经开始。 ㉛从临晋渡——谓从临晋关渡黄河,进入今山西南部。临晋:即临晋关,也叫蒲津关,在今陕西大荔东的黄河西岸,是秦晋间的重要通道。 ㉜河内——春秋、战国时黄河以北地区。 ㉝平阴津——渡口名,在今河南洛阳孟津区东北。㉞新城——乡邑名,在今河南伊川西南。 三老——乡官名,掌教化。 遮说——拦道告知。 ㉟袒而大哭——对尊者、长者的哭丧之礼。袒:裸露臂膀。 ㊱临——众哭也,谓哭吊死者。 ㊲三河——指河东、河内、河南地区。 ㊳平原——秦郡名,郡治在今山东平原县西南。 ㊴连齐兵——犹言"与齐连兵"。连兵:谓交战。 ㊵劫五诸侯兵——犹言"率天下兵"。劫:挟持,率领。 ㊶鲁——秦县名,县治在今山东曲阜。 ㊷灵壁——古邑名,在今安徽濉溪西北。 睢(suī)水——古代鸿沟的支派之一,自今河南开封东由鸿沟分出,流经彭城南之竹邑(今安徽宿州北)、取虑(今安徽灵璧东北)入泗水。 ㊸虞——秦县名,县治在今河南虞城北。 ㊹谒者——官名,是国君的近身侍从人员,掌传达。 ㊺乘塞——犹言"守塞",守卫关中四围之塞。乘:登,登而守之。 ㊻绝河津——断绝蒲津关的黄河渡口,为阻汉兵东渡也。 ㊼井陉(xíng)——关塞名,又名土门关,在今河北井陉北井陉山上。 ㊽甬道——两旁有墙的通道。 属之河——(谓从荥阳)一直通到黄河边上。属(zhǔ):连接,通连。 ㊾取敖仓——指取得敖仓的粮食。敖仓是秦朝在今河南荥阳东北敖山上修筑的大粮仓,下临黄河。 ㊿女子——妇女与小孩。 51深壁——犹言"深沟高垒"。 52辑——收服、安定。 53行收兵——巡行招兵。 54跳——师古曰:"轻身而急出也。"钱锺书认为:凡轻装减从而疾走皆可曰跳。 55滕公——即夏侯婴,因曾为滕令,故称滕公。他是刘邦的太仆官,为之赶车。 玉门——成皋的北门。 56白马津——黄河渡口名,在今河南滑县东北,秦、汉白马县西北古黄河南岸,与当时北岸的黎阳津隔河相对。 57燕——秦县名,县治在今河南延津东北,亦称南燕。 58淮阴——指淮阴侯韩信。 59高密——秦县名,县治在今山东高密西南。 60尽走险阻——谓汉军畏惧项羽,解围而尽走险阻。险阻:险要易守之处。 61边——靠近。 62罢转饷——疲弊于运送粮饷。罢:通"疲"。 63广武之间——即广武涧,在今河南荥阳东北广武山上。山上有东西二城,相距约二百余步,中隔广武涧,即刘、项对峙处也。时刘邦据西城,项羽据东城。 64卿子冠军——即宋义,事见《项羽本纪》。 65王其将——指封章邯为雍王事。 66徙逐故主——如项羽封张耳为常山王,王赵地,而徙故赵王歇于代;封田都为齐王,而徙故齐王田市于胶东;等等。 67夺韩王地——韩成曾被项梁立为韩王,项羽入关后,也曾封其为韩王,但项羽又因其无军功而不令就国,最终将其杀害。

⑱并王梁、楚——言项羽同时兼有梁、楚两国之地。 ⑲何苦乃与公挑战——按:“乃与公”似应作“与乃公”。因当时项羽曾对汉王曰:“天下匈匈数岁者,徒以吾两人耳,愿与汉王挑战决雌雄,毋徒苦天下之民父子为也。”故刘邦答云:“使刑余罪人击杀项羽,何苦乃与公挑战!”乃公:犹言“你老子”,为刘邦习用骂人语。若作“乃与公”,则“公”字乃称呼项羽,话虽可通,但不如前者之神气毕现。读者可参照《项羽本纪》细思之。 ⑳匈——同“胸”。 ㉑虏中吾指——犹言“这个囚徒射中了我的脚趾”。《正义》曰:“权以安士卒之心也。”泷川资言曰:“变起仓猝,而举止泰然如此,汉皇非徒木强人也。” ㉒行军——视察、检阅军队。行:巡视。 ㉓田横往从之——崔適认为:“彭越将兵居梁地”至“田横往从之”,此皆三年重文也。今删。 ㉔归汉王父母妻子——据记载,这时居楚军中的只有太公与吕后。高步瀛认为:此时高帝母刘媪已死,而高祖异母弟有楚元王交,则母者盖庶母也。齐悼惠王肥为高祖庶子,最长,或亦在项羽军中。 ㉕固陵——秦县名,县治在今河南太康南。 ㉖寿春——秦县名,县治在今安徽寿县。当时亦为九江郡的郡治所在地。 ㉗周殷——项羽的将领,当时屯驻于舒(今安徽庐江西南),刘邦派人召之归汉。 武王——指黥布。徐孚远认为:黥布称为武王……当是叛楚以后,未归汉以前假为此号。按:黥布原为九江王,后叛楚只身归汉;今周殷亦叛,故迎其故主而使之仍统九江之众。

㉘行屠城父——前进中随势屠灭了城父县。城父:秦县名,县治在今安徽亳州东南。 ㉙孔将军——孔熙,后封蓼(liǎo)侯。 ㊵费将军——陈贺,后封费侯。孔熙、陈贺皆韩信部将。 ㊶绛侯——周勃。

柴将军——柴武,后封棘蒲侯。 ㊷纵——出兵攻击。董份认为:一“却”一“纵”,每用一字,而进退迭用之势宛然在目,最奇。 ㊸卒——张文虎认为:“卒”应作“夜”。《项羽本纪》作“夜”。 ㊹东城——秦县名,县治在今安徽定远东南。 ㊺驰入齐王壁,夺其军——凌稚隆认为:《纪》中凡夺(信)军者三,帝未尝一日忘信也。 ㊻空言虚语,非所守也——意谓徒有虚名而无实际的人,是不应把持皇帝之位的。守:把守,把持。 ㊼皆疑不信——犹言“人心皆疑虑不安”。 ㊽守——坚持(自己的意见)。 ㊾诸君必以为便,便国家——犹言“既然你们一定认为这样做合适，那我也就从方便国事上来考虑吧”。 ⑩甲午——甲午日，汉五年（前202）的二月初三。 ⑪汜（fàn）水之阳——汜水的北岸，这里是指山东菏泽定陶区北。汜水：古水名。故道在今山东曹县北，由古济水分出，流经菏泽定陶区南，注入古菏泽。久湮。 ⑫义帝无后——按：此处语气未完。其意盖谓，义帝虽死，其后亦当受封；今乃无后，而不得封之，深以为憾事。 ⑬徙为楚王——按：所谓“韩信习楚风俗”者，乃刘邦之托辞，实为忌韩信据有强齐，故迁调之以孤其势。 ⑭阳翟（dí）——秦县名，县治在今河南禹州。当时亦为颍川郡的郡治所在地。 ⑮临湘——秦县名，县治在今湖南长沙。 ⑯德番君——感谢吴芮。因为吴芮的将领梅铜曾跟从刘邦入关破秦，故刘邦感谢吴芮，而封之为长沙王。因吴芮曾为秦朝的番（今江西鄱阳东北）令，故称之番君。 ⑰诸侯子在关中者——即刘、项荥阳对峙时，在关中栎阳拥卫太子的诸将之子弟。见上文。 复——免除赋税徭役。 ⑱高起——钱大昕认为：《魏相传》述高帝时受诏长乐宫者，但有将军陵，无臣起；《汉纪》亦无“高起”二字，二字当衍文。 ⑲有功者害之——犹言“谁有功就嫉恨谁”。害：嫉恨。 ⑳刘敬——本名娄敬，因力劝刘邦定都关中有功而赐姓刘，《史记》有传。

十月[①]，燕王臧荼反，攻下代地。高祖自将击之，得燕王臧荼。即立太尉卢绾为燕王。使丞相哙将兵攻代。[②]

其秋，利幾反，高祖自将兵击之，利幾走。利幾者，项氏之将。项氏败，利幾为陈公[③]，不随项羽，亡降高祖，高祖侯之颍川[④]。高祖至雒阳，举通侯籍召之[⑤]，而利幾恐[⑥]，故反。

六年，高祖五日一朝太公，如家人父子礼。太公家令[⑦]说太公曰：“天无二日，土无二王。今高祖虽子，人主也；太公虽父，人臣也。奈何令人主拜人臣！如此，则威重不行。”后高祖朝，太公拥篲迎门却行。[⑧]高祖大惊，下扶太公。太公曰：“帝，人主也，奈何以我乱天下法！”于是高祖乃尊太公为太上皇。心善家令言，赐金五百斤。

十二月，人有上变事[⑨]告楚王信谋反，上问左右，左右争欲击之。用陈平计，乃伪游云梦[⑩]，会诸侯于陈，楚王信迎，即因执之。是日，大赦天下。田肯贺，因说高祖曰："陛下得韩信，又治秦中[⑪]。秦，形胜之国[⑫]，带河山之险[⑬]，悬隔千里[⑭]，持戟百万，秦得百二[⑮]焉。地势便利，其以下兵于诸侯，譬犹居高屋之上建瓴水[⑯]也。夫齐，东有琅邪、即墨之饶，[⑰]南有泰山之固，西有浊河之限，[⑱]北有勃海之利[⑲]。地方二千里，持戟百万，悬隔千里之外[⑳]，齐得十二[㉑]焉。故此东西秦[㉒]也。非亲子弟，莫可使王齐矣。"高祖曰："善。"赐黄金五百斤。

后十余日，封韩信为淮阴侯，分其地为二国。高祖曰："将军刘贾数有功，以为荆王，王淮东。弟交为楚王，王淮西。子肥为齐王，王七十余城，民能齐言者皆属齐。"乃论功，与诸列侯剖符行封。徙韩王信太原[㉓]。

七年，匈奴攻韩王信马邑[㉔]，信因与谋反太原[㉕]。白土曼丘臣、王黄立故赵将赵利为王以反，[㉖]高祖自往击之。会天寒，士卒堕指者什二三，遂至平城[㉗]。匈奴围我平城，七日而后罢去。令樊哙止定代地[㉘]，立兄刘仲为代王。

二月，高祖自平城过赵、雒阳，至长安。长乐宫成[㉙]，丞相已下徙治长安[㉚]。

八年，高祖东击韩王信余反寇于东垣[㉛]。

萧丞相营作未央宫[㉜]，立东阙、北阙[㉝]、前殿、武库、太仓。高祖还，见宫阙壮甚，怒，谓萧何曰："天下匈匈[㉞]苦战数岁，成败未可知，是何治宫室过度也？"萧何曰："天下方未定，故可因遂就[㉟]宫室。且夫天子以四海为家，非壮丽无以重威，且无令后世有以加也。"高祖乃说。

高祖之东垣，过柏人[㊱]。赵相贯高等谋弑高祖，高祖心动，因不留。代王刘仲弃国亡[㊲]，自归雒阳，废以为合阳侯。

九年，赵相贯高等事发觉，夷三族。废赵王敖为宣平侯。是岁,徙贵族楚昭、屈、景、怀、齐田氏关中。

未央宫成。高祖大朝诸侯群臣,置酒未央前殿。高祖奉玉卮,起为太上皇寿,曰:“始大人常以臣无赖[38],不能治产业,不如仲力[39]。今某之业所就孰与仲多?”殿上群臣皆呼万岁,大笑为乐。

十年十月,淮南王黥布、梁王彭越、燕王卢绾、荆王刘贾、楚王刘交、齐王刘肥、长沙王吴芮皆来朝长乐宫。春夏无事。

七月,太上皇崩栎阳宫。楚王、梁王皆来送葬。赦栎阳囚。更命郦邑曰新丰[40]。

八月,赵相国陈豨反代地[41]。上曰:“豨尝为吾使,甚有信。代地吾所急[42]也,故封豨为列侯,以相国守代,今乃与王黄等劫掠[43]代地!代地吏民非有罪也,其赦代吏民。”九月,上自东往击之。至邯郸[44],上喜曰:“豨不南据邯郸而阻漳水[45],吾知其无能为也。”闻豨将皆故贾人也,上曰:“吾知所以与之[46]。”乃多以金啖豨将,豨将多降者。

十一年,高祖在邯郸诛豨等未毕,豨将侯敞将万余人游行[47],王黄军曲逆[48],张春渡河击聊城。[49]汉使将军郭蒙与齐将击,大破之。太尉周勃道太原入,定代地。至马邑,马邑不下,即攻残之。

豨将赵利[50]守东垣,高祖攻之,不下,月余,卒骂高祖[51]。高祖怒,城降,令出骂者斩之,不骂者原之。于是乃分赵山北,立子恒以为代王,[52]都晋阳[53]。

春,淮阴侯韩信谋反关中,夷三族。

夏,梁王彭越谋反[54],废,迁蜀;复欲反,遂夷三族。立子恢为梁王,子友为淮阳王。

秋七月,淮南王黥布反[55],东并荆王刘贾地,北渡淮,楚王交走入薛。高祖自往击之。立子长为淮南王。

十二年十月,高祖已击布军会甀[56],布走,令别将追之。

高祖还归,过沛,留。置酒沛宫,悉召故人父老子弟纵酒,发沛中儿得百二十人，教之歌。酒酣，高祖击筑[57]，自为歌诗曰："大风起兮云飞扬，威加海内兮归故乡，安得猛士兮守四方！"令儿皆和习之。高祖乃起舞，慷慨伤怀，泣数行下。谓沛父兄曰："游子悲故乡。吾虽都关中，万岁后吾魂魄犹乐思沛。且朕自沛公以诛暴逆，遂有天下，其以沛为朕汤沐邑[58]，复其民，世世无有所与。[59]"沛父兄诸母故人日乐饮极欢，道旧故为笑乐。十余日，高祖欲去，沛父兄固请留高祖。高祖曰："吾人众多，父兄不能给。"乃去。沛中空县皆之邑西献。[60]高祖复留止，张饮[61]三日。沛父兄皆顿首曰："沛幸得复，丰未复[62]，唯陛下哀怜之。"高祖曰："丰吾所生长，极不忘耳，吾特为其以雍齿故反我为魏。"沛父兄固请，乃并复丰，比沛。于是拜沛侯刘濞[63]为吴王。

汉将别击布军洮水[64]南北，皆大破之，追得斩布鄱阳。

樊哙别将兵定代，斩陈豨当城[65]。

十一月，高祖自布军至长安。十二月，高祖曰："秦始皇帝、楚隐王陈涉、魏安釐王、齐缗王、赵悼襄王皆绝无后，予守冢各十家，秦皇帝二十家，魏公子无忌五家。"赦代地吏民为陈豨、赵利所劫掠者，皆赦之。陈豨降将言豨反时，燕王卢绾使人之豨所，与阴谋。上使辟阳侯[66]迎绾，绾称病。辟阳侯归，具言绾反有端[67]矣。二月，使樊哙、周勃将兵击燕王绾，赦燕吏民与反者，立皇子建为燕王。

高祖击布时，为流矢所中，行道病。病甚，吕后迎良医。医入见，高祖问医，医曰："病可治[68]。"于是高祖嫚骂之曰："吾以布衣提三尺剑取天下，此非天命乎？命乃在天，虽扁鹊何益！"遂不使治病，赐金五十斤罢之。已而吕后问："陛下百岁后，萧相国即死，令谁代之？"上曰："曹参可。"问其次，上曰："王陵可。然陵少戆[69]，陈平可以助之。陈平智有余，然难以独任。周勃重厚少文，然安刘氏者必勃也，可令为太尉。"吕后复问其次，上曰："此后亦非而[70]所知也。"

卢绾与数千骑居塞下候伺,幸上病愈自入谢[71]。

四月甲辰[72],高祖崩长乐宫。四日不发丧。吕后与审食其谋曰:"诸将与帝为编户民,今北面为臣,此常怏怏,今乃事少主[73],非尽族是,天下不安。"人或闻之,语郦将军[74]。郦将军往见审食其,曰:"吾闻帝已崩,四日不发丧,欲诛诸将。诚如此,天下危矣。陈平、灌婴将十万守荥阳,樊哙、周勃将二十万定燕、代,此闻帝崩,诸将皆诛,必连兵还乡[75]以攻关中。大臣内叛,诸侯外反,亡可翘足而待也。"审食其入言之,乃以丁未发丧,大赦天下。

卢绾闻高祖崩,遂亡入匈奴。

丙寅,葬。己巳,立太子[76],至太上皇庙。群臣皆曰:"高祖起微细,拨乱世反之正,平定天下,为汉太祖,功最高。"上尊号为高皇帝,太子袭号为皇帝,孝惠帝也。令郡国诸侯各立高祖庙,以岁时祠。

及孝惠五年,思高祖之悲乐沛[77],以沛宫为高祖原庙[78]。高祖所教歌儿百二十人,皆令为吹乐[79],后有缺,辄补之。

高帝八男:长庶[80]齐悼惠王肥;次孝惠,吕后子;次戚夫人[81]子赵隐王如意;次代王恒,已立为孝文帝,薄太后子;次梁王恢,吕太后时徙为赵共王;次淮阳王友,吕太后时徙为赵幽王;次淮南厉王[82]长;次燕王建[83]。

(以上为第四段,写刘邦称帝后的晚年经历。)

①十月——应作"七月"。 ②丞相哙——即樊哙。这里的"丞相"是虚衔,实际樊哙并未为丞相。 攻代——攻臧荼入代之军。③陈公——陈县(今河南周口淮阳区)令。 ④侯之颍川——封之为颍川侯。颍川:郡名,郡治阳翟(今河南禹州)。 ⑤举通侯籍召之——召集所有在册的通侯都到雒阳来。举:凡是,全部。通侯:即列侯,以其功勋通于王室,故云。通侯,本称彻侯,史公为避武帝刘彻讳而改。 ⑥利幾恐——按:利幾本项羽将,刘邦称帝后,缉捕项羽故旧,故利幾虽身为侯,亦常惴恐不安。上述臧荼之叛,亦有类似原因。 ⑦家令——代为掌管家事的官吏。 ⑧拥篲(huì)——抱着扫帚,以表示对

来人的尊敬，意将为之清扫道路也。篲：同“彗”，扫帚。　迎门却行——钱锺书认为：却行者，虽引进而不敢为先，故倒退以行，仍面向贵者而不背向之，所以示迎逢之至敬也。按：这种礼节尚见于《刺客列传》。然此《高祖本纪》所云，则纯乎出于家令的谄媚讨好，为满足刘邦的个人虚荣，故捉弄、导演乡下老翁如此。　⑨变事——告发谋反的书状。变：非常之事。　⑩伪游云梦——假说巡游云梦泽，而实际为袭捕韩信。云梦：薮泽名，在今湖北潜江西南。汉代的所谓云梦，地域范围不大，后来有关云梦的说法越来越多，区域也越说越大了。　⑪治秦中——犹言“建都关中”。治：以……为首都（府）。秦中：当时东方人对关中地区的习惯称呼。　⑫形胜之国——犹言“形势险要的地方”。形胜：形势险要，足以胜人。　⑬带河山之险——以险要的黄河、殽山为襟带。　⑭悬隔千里——言关中地域辽阔，山川间隔，纵横千里。王先谦曰：“犹张良云‘关中沃野千里’耳。”　⑮百二——诸说纷纭。一说，百二者，言二足以当百也，指可生五十倍的效用。一说，古人谓“倍”为“二”，百二者，犹百倍也，谓可生百倍的效用。其他不录。⑯高屋之上建瓴（líng）水——《集解》引如淳曰：“瓴，盛水瓶也。居高屋之上而翻瓴水，言其向下之势易也。”　⑰琅邪——秦县名，县治在今山东青岛黄岛区琅邪台西北。　即墨——秦县名，县治在今山东平度东南。　⑱浊河——黄河。　限——隔、断。　⑲勃海之利——指鱼盐的出产。　⑳悬隔千里之外——《索隐》曰：“千里之外，言齐境阔，不啻（止）千里，故云‘千里之外’。”　㉑十二——犹言“十倍”。谓同等数量可产生大于他国十倍的效用。　㉒东西秦——胡三省曰：“言齐地形胜与秦亢衡也。”　㉓徙韩王信太原——韩王信原都阳翟（今河南禹州），今则嫉之，迁之于山西，另以太原一带为韩国地。㉔马邑——秦县名，县治在今山西朔州。当时韩王信建都于此。㉕信因与谋反太原——匈奴攻马邑，韩王信数遣使请和，汉乃疑其反，使人责之。韩王信惧，遂以马邑降匈奴，并领其军攻太原。　㉖白土——汉县名，县治在今陕西神木西。　故赵将——梁玉绳曰：“信本传云‘立赵苗裔’，《汉纪》云‘赵后’，则‘将’乃‘后’字之误。”故赵后：谓战国时赵国之后代也。按：此数句关系不清，似有脱文。《汉书·高帝纪》云:“上自将击韩王信于铜鞮(古邑名,在今山西沁县南),斩其将,信亡走匈奴。与其将曼丘臣、王黄共立故赵后赵利为王。”可参考。 ㉗平城——秦县名,县治在今山西大同东北。其东有白登山,即匈奴围高祖处。 ㉘令樊哙止定代地——言高祖回京,而留下樊哙,使之继续平定代地。 ㉙长乐宫——汉宫名,在今陕西西安汉长安城内东南隅。 ㉚丞相已下徙治长安——谓整个中央机构迁至长安。在此以前汉中央机构设在栎阳(今西安阎良区武屯街道)。 ㉛东垣——秦县名,后改称真定,县治在今河北石家庄东。 ㉜未央宫——汉宫名,在今陕西西安西北郊汉长安城内西南隅。 ㉝立东阙、北阙——谓在未央宫的东门、北门立阙。阙:宫门前的建筑物,一般都是左右各一,筑起高台,台上有楼观。因两台之间有空缺,故称为阙。 ㉞匈匈——烦苦劳扰的样子。 ㉟因遂就——趁着机会建成。 ㊱高祖之东垣,过柏人——即上文所述为“击韩王信余反寇”而至东垣时,回来路过赵地柏人县。柏人:秦县名,县治在今河北隆尧西。 ㊲刘仲弃国亡——当时匈奴攻代,刘仲不能守,遂弃国而亡走长安。 ㊳无赖——无所恃以为生。即今之所谓“没有出息”。 ㊴不如仲力——犹言“不如二哥干得好”。力:有力量,有本事。 ㊵更命郦邑曰新丰——郦邑:在今陕西西安临潼区东北。《正义》曰:“太上皇时凄怆不乐,高祖窃因左右问故,答以平生所好皆屠贩少年,酤酒卖饼,斗鸡蹴踘,以此为欢,今皆无此,故不乐。高祖乃作新丰,徙诸故人实之。太上皇乃悦。按:前于郦邑筑城寺,徙其民实之,未改其名,太上皇崩后,命曰新丰。”按:曰“新丰”者,以高祖旧籍乃丰邑也。又,《西京杂记》曾记此事,大意略同。 ㊶赵相国陈豨(xī)反代地——按:“赵相国”应作“代相国”。陈豨喜宾客,好养士,为周昌所告,刘邦疑其不轨,召使入朝。陈豨惧,遂串通王黄等反。 ㊷急——关心,重视。 ㊸劫掠——此处是“劫持”的意思,谓劫持他人一同造反。 ㊹邯郸——古都邑名,在今河北邯郸。汉初为赵都。 ㊺漳水——源于山西,流经今河北、河南两省交界,东北入古黄河。 ㊻吾知所以与之——犹言“我知道怎么对付他”。与:对付,打交道。 ㊼游行——谓游动作战。 ㊽曲逆(nì)——秦县名,县治在今河北顺平东南。 ㊾渡河——指渡黄河。 聊城——秦县名,县治在今山东聊城西北,汉初属齐。 ㊿豨将赵利——赵利事见上文,乃韩王信叛入匈奴后,被曼丘臣、王黄立为王者。自高祖七年(前200)为乱于代地,至今已四年,现陈豨反,且势又大,故遂归之为其将。 (51)月余,卒骂高祖——言东垣在被围的一个月中,赵利令其部下始终谩骂高祖。卒:始终,一直。 (52)山北——指常山(恒山)以北。常山在今河北曲阳西北。 子恒——高祖子刘恒,即后日的汉文帝。 (53)晋阳——古邑名,即今山西太原西南古城营。 (54)彭越谋反——按:彭越谋反,罪名亦属"莫须有",实为高祖、吕后所罗织杀害。详见《魏豹彭越列传》。 (55)黥布反——高祖杀死彭越后,把他剁成肉酱分赐与各个诸侯,黥布大恐,遂"反"。详见《黥布列传》。 (56)会甀(kuài zhuì)——乡邑名,在今安徽宿州南。 (57)筑——乐器名,形状似瑟而小,有弦,以竹击之。 (58)汤沐邑——原指古代诸侯往朝天子时,天子在自己的领地内拨出一块赐予诸侯,以供其住宿及斋戒沐浴之费。后世遂用以称天子、皇后、公主等人的私人封地。 (59)复——免除赋税徭役。 无有所与——指与赋税徭役没有关系。 (60)空县——一个不剩全县出动。 献——谓供献饮食。 (61)张饮——搭设帐篷而聚饮。 (62)沛幸得复,丰未复——秦时丰邑乃是沛县的一个乡,故称高祖为"沛丰邑人也"。至汉,则沛、丰各自设县,故此两者能对举而言。 (63)刘濞(pì)——高祖次兄刘仲之子。事迹见《吴王濞列传》。 (64)洮水——《集解》引徐广曰:"洮音道,在江淮间。"张文虎曰:"九江左右无洮水,盖沘(bǐ)水也。"按:沘水,今作淠(pì)水,即今安徽淠河,源出大别山,经霍山、六安,到寿县西正阳关附近入淮河。 (65)当城——古邑名,在今河北蔚(yù)县东北。 (66)辟阳侯——审食其(yì jī),吕后的宠臣,曾官至左丞相。 (67)有端——有苗头,有迹象。按:《史》文著此,以明佞幸之奸言害事。 (68)病可治——钱锺书认为:不医之症而婉言曰"可治"也。按:此说甚确。盖其意高祖亦自明之,故曰"命乃在天,虽扁鹊何益"。 (69)少戆(zhuàng)——稍有点粗疏而认死理。戆:憨厚刚直。 (70)而——你。中井积德曰:"是数语,恐有后人所附益也。" (71)幸上病愈自入谢——幸:希望。按:此回应上文审食其之谮,以明卢绾之本不欲反。 (72)四月甲辰——公元前195年6月1日。高祖时年六十二。一说五十三。 ⑬今乃事少主——少主:指未来的汉惠帝。以上四句是说,诸将都和高祖一样出身平民,而结果高祖做了皇帝,他们却只能北向称臣,如此他们就已经很不高兴了;现在高祖已死,难道他们还能听从小主子的使唤? ⑭郦将军——指郦商,郦食其之弟。⑮还乡——回兵向里。乡:通"向"。 ⑯立太子——指立太子刘盈为帝。梁玉绳认为此段文字错乱,应依《汉书》作"五月丙寅,葬长陵。已下。皇太子群臣皆反至太上皇庙"。 ⑰悲乐沛——犹上文所言之"乐思沛",意即思念沛、喜欢沛。悲:思也。 ⑱原庙——第二宗庙。《集解》曰:"谓'原'者,再也。先既已立庙(于长安),今又再立,故谓之原庙。" ⑲皆令为吹乐——谓除令其能歌外,尚令其练习吹奏,使能倚声而伴和。《汉书·礼乐志》云:"以沛宫为原庙,皆令歌儿习吹以相和。" ⑳庶——庶子,本谓妾所生者,齐悼惠王之母曹氏,本他人妇,高祖微时与之相通,生悼惠王肥,故亦称肥为庶子。 ㉑戚夫人——高祖的宠姬,高祖死后,被吕后所害。事见《吕太后本纪》。㉒淮南厉王——刘长,高祖之子。文帝时,刘长因骄逸犯法而被流放蜀地,途中绝食自杀。 ㉓燕王建——高祖之子。燕王卢绾叛汉逃入匈奴后,吕后立刘建为燕王。

太史公曰:夏之政忠[①],忠之敝[②],小人以野[③],故殷人承之以敬[④]。敬之敝,小人以鬼[⑤],故周人承之以文[⑥]。文之敝,小人以僿[⑦],故救僿莫若以忠。三王之道若循环,终而复始[⑧]。周、秦之间,可谓文敝矣。秦政不改,反酷刑法,岂不缪[⑨]乎?故汉兴,承敝易变[⑩],使人不倦,得天统[⑪]矣。朝以十月[⑫],车服黄屋左纛[⑬]。葬长陵[⑭]。

(以上为第五段,是作者的论赞。作者肯定了汉初的"承敝易变",而对武帝政治略致讽讥之意。)

①夏之政忠——夏朝的政治教化以质朴忠厚为本。忠:质朴忠厚。②敝——衰败。 ③小人以野——小人就变得粗野起来。小人:古代统治阶级称被压迫人民为小人。野:粗野,少礼节。 ④敬——指敬

天地、敬祖先之类。 ⑤鬼——指迷信鬼神。 ⑥文——文采,指礼节、仪容等各方面的典章制度。 ⑦僿(sài)——谓只讲表面的客套,而内心不诚实。 ⑧三王之道若循环,终而复始——按:这是司马迁的历史观,只看到周而复始,看不到由低到高的发展变化,这当然不对。但他身在汉代而提出应该"以忠救僿"的理论,则是有针对性的。既针对了秦朝的严刑酷法,又针对了汉武帝"儒表法里"式的王霸杂用。 ⑨缪——通"谬"。错误。 ⑩汉兴,承敝易变——指高帝废秦苛法,与民约法三章,实行与民休息的各项政策。 ⑪天统——天然的规律、顺序。 ⑫朝以十月——以每年的十月为诸侯王入京朝见皇帝的日子。 ⑬车服黄屋左纛(dào)——按:此句文义不清,显有脱误。中井积德认为:车服下宜有"尚赤"等语。黄屋左纛:据《汉书·高帝纪》此四字乃在前文"将军纪信乃乘王驾"句下。黄屋:用黄缯为顶的篷车,帝王所乘。左纛:在左侧马的头顶上插有牦牛尾的饰物。纛:以牦牛尾为之,状如拂尘。 ⑭葬长陵——梁玉绳认为:此是错简,当在"丙寅"句下。长陵:刘邦的陵墓,在今咸阳东北。

[**简评**] 本篇记述了刘邦由起事反秦,楚汉相争,到统一国家,建号称帝的全过程。对于刘邦取得成功的一切优胜措施,如顺应时代,凝聚人心,分化敌人,团结内部,知人善任而又驾御有方,刚柔并济,恩威兼施,等等,一一作了生动描绘,说明了他的成功绝非偶然。而对于刘邦的造言妖异,自托圣神,表面豁达而内心忌刻,尤其是他晚年残杀功臣,诛除无已,史公则表现了极大的厌恶。本文在描绘刘邦的心机、性格上,手法极其高妙。

[**集评**] 《太史公自序》:"子羽暴虐,汉行功德;愤发蜀汉,还定三秦;诛籍业帝,天下惟宁,改制易俗。作《高祖本纪》第八。"

班固曰:"高祖不修文学,而性明达,好谋能听,自监门戍卒,见之如旧。初顺民心,作三章之约;天下既定,命萧何次律令,韩信申军法，张苍定章程，叔孙通制礼仪，陆贾造《新语》；又与功臣剖符作誓，丹书铁契，金匮石室，藏之宗庙，虽日不暇给，规摹宏远矣。”（《汉书·高帝纪》）

洪亮吉曰：“高祖所以得天下者有五，而三杰不与焉。扶义而西，无所侵暴，告谕父老，约法三章，不违怀王命，一也；封秦府库，还军霸上，以待怀王约，二也；项羽逆命主封，高祖还定三秦，不替怀王命，三也；闻羽弑帝，袒而大哭，亲为发丧，缟素兴师，四也；项羽既诛，义帝无后，始即帝位而封功臣，五也。五者之中，惟发丧讨贼为最大，而高祖能行之，此汉之所以得天下也。”（《历朝史案》）

王鸣盛曰：“项起吴中，以精兵八千人渡江，并陈婴数千人，黥布、蒲将军亦以兵属，凡六七万人。又并秦嘉军，其势强盛。项梁闻陈王死，召诸别将，会薛计事，沛公亦起沛往焉。此时沛公甚弱，未能成军，项梁益沛公卒五千人，五大夫将十人，始得攻丰拔之。此后凡所攻伐，《史》每以沛公、项羽并称。两人相倚如左右手，非项借刘，乃刘依项。项氏之失策，在立楚怀王而听命焉。羽欲西入关，怀王不许，而以命沛公，乃使羽北救赵，约先入关者王之，其后羽乃得‘负约’名，此项之失策也。然当日若非羽破秦兵于巨鹿，虏王离、杀涉间，使章邯震恐乞降，沛公安能入关乎？羽不救赵破秦兵，秦得举赵则关中声势转壮，沛公入秦何如此之易乎？沛公始终借项之力以成事，而反噬项者也。故曰‘吾能斗智不斗力’，其自道如此。若使夫子评之，必曰‘谲而不正’。”（《十七史商榷》）

毛泽东曰：“刘邦是在封建时代被历史家称为‘豁达大度，从谏如流’的英雄人物，刘邦同项羽打了好几年仗，结果刘邦胜了，项羽败了，不是偶然的。”“刘邦能够打败项羽，是因为刘邦和贵族出身的项羽不同，比较熟悉社会生活，了解人民心理。”（《毛泽东读书笔记解析》）

台湾三军大学曰:“刘邦所以能得如许人杰为之臂助,则又不能不归功于其人事政策与领导之得宜。刘邦在入汉中之时,萧何已为其策定‘致贤人’之用人方针。故能拔韩信于刑余之中,用陈平于捕逃之下。又刘邦用人之特点,为惟才是用,不论品德。盖才识为创业之本,至于德与不德,惟在用人者统御之道如何耳。综观历史,用人有如刘邦之魄力者,殊不多觏。故历史中,人才有如刘邦之盛者,亦遂罕见也。”(《中国历代战争史》)

李景星曰:“三代以下,以匹夫而有天下者,自汉高祖始,故太史公作纪多用特笔,与他本纪不同。篇幅虽长,约而言之,可分五截读:自首至‘多欲附者矣’为一截,是纪其出身之异;自‘秦二世元年’至‘此所谓河北之军也’为一截,是纪其起兵;自‘秦二世三年’至‘惟恐沛公不为秦王’为一截,是纪其灭秦;自‘或说沛公曰’至‘而利幾恐,故反’为一截,是纪其灭楚;自‘六年’至末为一截,是纪其定天下以后各事。而一篇收束又分为五层:叙高起、王陵语为一层,叙高祖未央宫语为一层,叙高祖过沛语为一层,叙高祖死时语为一层,叙群臣上庙号语为一层。洋洋万余言组成一片,纵横驰骤,一丝不乱,非有神力,安能办此!”(《四史评议》)

吕太后本纪第九

吕太后[①]者，高祖微时妃也[②]，生孝惠帝、女鲁元太后[③]。及高祖为汉王，得定陶戚姬，爱幸，生赵隐王如意。孝惠为人仁弱，高祖以为不类我，常欲废太子，立戚姬子如意，如意类我。戚姬幸，常从上之关东，日夜啼泣，欲立其子代太子。吕后年长，常留守，希[④]见上，益疏。如意立为赵王后，几代太子者数矣，赖大臣争之，及留侯策，[⑤]太子得毋废。

吕后为人刚毅，佐高祖定天下，所诛大臣多吕后力。吕后兄二人，皆为将。长兄周吕侯死事[⑥]，封其子吕台为郦侯，子产为交侯；次兄吕释之为建成侯。

高祖十二年四月甲辰，崩长乐宫，太子袭号为帝。是时高祖八子：长男肥，孝惠兄也，异母，肥为齐王；余皆孝惠弟，戚姬子如意为赵王，薄夫人子恒为代王，诸姬子子恢为梁王，子友为淮阳王，子长为淮南王，子建为燕王。高祖弟交为楚王，兄子濞为吴王。非刘氏功臣鄱君吴芮子臣为长沙王。

吕后最怨戚夫人及其子赵王，乃令永巷[⑦]囚戚夫人，而召赵王[⑧]。使者三反，赵相建平侯周昌[⑨]谓使者曰："高帝属[⑩]臣赵王，赵王年少。窃闻太后怨戚夫人，欲召赵王并诛之，臣不敢遣王。

王且亦病,不能奉诏。”吕后大怒,乃使人召赵相。赵相征至长安,乃使人复召赵王。王来,未到。孝惠帝慈仁,知太后怒,自迎赵王霸上,与入宫,自挟[11]与赵王起居饮食。太后欲杀之,不得间[12]。孝惠元年[13]十二月,帝晨出射。赵王少,不能蚤起。太后闻其独居,使人持鸩饮之。犁明[14],孝惠还,赵王已死。于是乃徙淮阳王友为赵王。夏,诏赐郦侯父追谥为令武侯。太后遂断戚夫人手足,去眼,煇[15]耳,饮喑药,[16]使居厕中,命曰“人彘”。居数日,乃召孝惠帝观人彘。孝惠见,问,乃知其戚夫人,乃大哭,因病,岁余不能起。使人请太后曰:“此非人所为。臣为太后子,终不能治天下[17]。”孝惠以此日饮为淫乐,不听政,故有病也。

二年,楚元王、齐悼惠王皆来朝。十月,孝惠与齐王燕饮太后前,孝惠以为齐王兄,置上坐,如家人之礼。太后怒,乃令酌两卮鸩,置前,令齐王起为寿。齐王起,孝惠亦起,取卮欲俱为寿。太后乃恐,自起泛[18]孝惠卮。齐王怪之,因不敢饮,详醉去。问,知其鸩,齐王恐,自以为不得脱长安,忧。齐内史[19]士说王曰:“太后独有孝惠与鲁元公主。今王有七十余城,而公主乃食数城。王诚以一郡上太后,为公主汤沐邑,太后必喜,王必无忧。”于是齐王乃上城阳[20]之郡,尊公主为王太后[21]。吕后喜,许之。乃置酒齐邸[22],乐饮,罢,归齐王。三年,方筑长安城,四年就半,五年六年城就。诸侯来会。十月朝贺。

(以上为第一段,写刘邦去世后,孝惠为帝时,吕后对刘邦宠姬、诸子所进行的种种残害。)

①吕太后——名雉,字娥姁(xǔ)。 ②微时——贫贱的时候,与后日的富贵显达相对而言。 妃——配偶。 ③孝惠帝——名盈,公元前194—前188年在位。 鲁元太后——孝惠帝之姊,嫁与张耳之子张敖为妻。其被称为“太后”的原因,详见下文。 ④希——稀少。 ⑤争——谏诤,劝阻。 留侯策——即令太子迎“商山四皓”事。 ⑥周吕侯死事——吕泽曾随刘邦平秦灭楚,因功受封周吕侯,后死于国事。 ⑦永巷——宫廷中的牢狱。中井积德认为:永巷本后宫女使所

居,群室排列如街巷而长连,故名永巷。亦有狱,以治后宫有罪者,以其在永巷也,故亦称永巷。 ⑧召赵王——按:《汉书·外戚传》云:"吕后为皇太后,乃令永巷囚戚夫人,髡钳,衣赭衣,令舂。戚夫人舂且歌曰:'子为王,母为虏,终日舂薄暮,常与死为伍。相离三千里,当谁使告女!'太后闻之,大怒,曰:'乃欲倚女子邪?'乃召赵王诛之。" ⑨周昌——刘邦手下的直臣,随刘邦一道起义灭秦,先后任中尉、御史大夫等职。刘邦临终封其爱子刘如意为赵王,为怕自己死后吕后杀如意,故特派周昌为赵相以护卫之。 ⑩属——通"嘱"。委托,托付。 ⑪自挟(xié)——亲自携带、保护。挟:携带,伴随。 ⑫间——空隙,机会。 ⑬孝惠元年——前194年。 ⑭犁明——等到天亮以后。犁:及,等到。王念孙曰:"帝晨出射,则天将明矣。及既射而还,则在日出之后,不得言'犁明,孝惠还'也。'犁明,孝惠还',当作'犁孝惠还'。'犁'犹'比'也,言比及孝惠还,而赵王已死也。《汉书·外戚传》作'迟帝还,赵王死','迟''犁'声相近,迟帝还,比帝还也。" ⑮煇——通"熏",用火熏灼。 ⑯饮——灌。 喑(yīn)药——喝了使人变哑的药。喑:哑。 ⑰终不能治天下——盖谓母之残虐如此,为其子者亦惶愧而无颜复居人上。终:犹今之所谓"无论如何"。 ⑱泛——翻、覆。这里指倒掉。 ⑲内史——官名。汉初在诸侯国内设置内史,管理民政,位在丞相之下。 ⑳城阳——秦所置郡,西汉文帝二年(前178)改为国,治莒(jǔ)县(今属山东)。 ㉑尊公主为王太后——师古曰:"盖齐王忧不得脱,故从内史之言,请尊公主为齐太后,以母礼事之,用悦媚吕太后耳。"有人认为:悼惠、公主,姐弟也。虽欲谄吕后而以母事之,于理安乎?王先谦则认为:惠帝乃公主亲弟,尚将为其婿,何有于齐王之虚尊!颜说未可驳也。 ㉒齐邸——齐王在京师的府邸。依汉法,各诸侯皆可筑府舍于京师,以供入朝时使用。

七年秋八月戊寅,孝惠帝崩。发丧,太后哭,泣不下。留侯子张辟彊为侍中[①],年十五,谓丞相[②]曰:"太后独有孝惠,今崩,哭不悲,君知其解[③]乎?"丞相曰:"何解?"辟彊曰:"帝毋壮子,太后畏君等。君今请拜吕台、吕产、吕禄为将，将兵居南北军[4]，及诸吕皆入宫，居中用事，如此则太后心安，君等幸得脱祸矣。”丞相乃如辟彊计。太后悦，其哭乃哀。吕氏权由此起。乃大赦天下。九月辛丑，葬。太子[5]即位为帝，谒高庙[6]。元年[7]，号令一出太后。

太后称制[8]，议欲立诸吕为王，问右丞相王陵。王陵曰：“高帝刑白马盟[9]曰：‘非刘氏而王，天下共击之。’今王吕氏，非约也。”太后不说。问左丞相陈平、绛侯周勃。勃等对曰：“高帝定天下，王子弟，今太后称制，王昆弟诸吕，无所不可[10]。”太后喜。罢朝，王陵让陈平、绛侯曰：“始与高帝啑[11]血盟，诸君不在邪？今高帝崩，太后女主，欲王吕氏，诸君纵欲阿意背约，何面目见高帝地下？”陈平、绛侯曰：“于今面折廷争，臣不如君；夫全社稷，定刘氏之后，君亦不如臣。”王陵无以应之。十一月，太后欲废王陵，乃拜为帝太傅[12]，夺之相权。王陵遂病免归。乃以左丞相平为右丞相，以辟阳侯审食其为左丞相。左丞相不治事，令监宫中[13]，如郎中令[14]。食其故得幸太后[15]，常用事，公卿皆因而决事[16]。乃追尊郦侯父为悼武王，欲以王诸吕为渐[17]。

四月，太后欲侯诸吕，乃先封高祖之功臣郎中令无择为[18]博城侯。鲁元公主薨，赐谥为鲁元太后，子偃为鲁王[19]。鲁王父，宣平侯张敖[20]也。封齐悼惠王子章为朱虚侯，以吕禄女妻之。齐丞相寿[21]为平定侯。少府延为梧侯。[22]乃封吕种[23]为沛侯，吕平[24]为扶柳侯，张买[25]为南宫侯。

太后欲王吕氏，先立孝惠后宫子[26]彊为淮阳王，子不疑为常山王，子山为襄城侯，子朝为轵侯，子武为壶关侯。太后风[27]大臣，大臣请立郦侯吕台为吕王，太后许之。建成康侯释之[28]卒，嗣子[29]有罪，废，立其弟吕禄[30]为胡陵侯，续康侯后。二年，常山王薨，以其弟襄城侯山为常山王，更名义。十一月，吕王台薨，谥为肃王，太子嘉代立为王。三年，无事。四年，封吕嬃[31]为临光侯，吕他为俞侯，吕更始为赘其侯，吕忿为吕城侯[32]，及诸侯丞相五人[33]。

宣平侯女为孝惠皇后时，无子，详为有身，取美人子名之，[34]杀其母，立所名子为太子。孝惠崩，太子立为帝。帝壮[35]，或闻其母死，非真皇后子，乃出言曰："后安能杀吾母而名我？我未壮，壮即为变。"太后闻而患之，恐其为乱，乃幽之永巷中，言帝病甚，左右莫得见。太后曰："凡有天下治为万民命者[36]，盖之如天，容之如地，上有欢心以安百姓，百姓欣然以事其上，欢欣交通而天下治。今皇帝病久不已，乃失惑惛乱，不能继嗣奉宗庙祭祀，不可属天下，其代之[37]。"群臣皆顿首言："皇太后为天下齐民[38]计所以安宗庙社稷甚深，群臣顿首奉诏。"帝废位，太后幽杀之。五月丙辰，立常山王义为帝，更名曰弘。不称元年者，以太后制天下事也。以轵侯朝为常山王。置太尉[39]官，绛侯勃为太尉。五年八月，淮阳王薨，以弟壶关侯武为淮阳王。六年十月，太后曰吕王嘉居处骄恣，废之，以肃王台弟吕产为吕王。夏，赦天下。封齐悼惠王子兴居为东牟侯。

七年正月，太后召赵王友。友以诸吕女为后，弗爱，爱他姬，诸吕女妒，怒去，谗之于太后，诬以罪过，曰"吕氏安得王！太后百岁后，吾必击之"。太后怒，以故召赵王。赵王至，置邸不见，令卫围守之，弗与食。其群臣或窃馈，[40]辄捕论[41]之。赵王饿，乃歌曰："诸吕用事兮刘氏危，迫胁王侯兮强授我妃。我妃既妒兮诬我以恶，谗女乱国兮上曾不寤。[42]我无忠臣兮何故[43]弃国？自决中野兮苍天举直！[44]于嗟不可悔兮宁蚤自财[45]。为王而饿死兮谁者怜之！吕氏绝理[46]兮托天报仇。"丁丑，赵王幽死[47]，以民礼葬之长安民冢次[48]。

己丑，日食，昼晦。太后恶之，心不乐，乃谓左右曰："此为我也。"

二月，徙梁王恢为赵王。吕王产徙为梁王，梁王不之国，为帝太傅。立皇子平昌侯太为吕王。更名梁[49]曰吕,吕[50]曰济川。太后女弟吕嬃有女为营陵侯刘泽[51]妻,泽为大将军。太后王诸吕,恐即崩后刘将军为害,乃以刘泽为琅邪王,以慰其心。

梁王恢之徙王赵,心怀不乐。太后以吕产女为赵王后。王后从官皆诸吕,擅权,微伺[52]赵王,赵王不得自恣。王有所爱姬,王后使人鸩杀之。王乃为歌诗四章,令乐人歌之。王悲,六月即自杀。太后闻之,以为王用妇人弃宗庙礼,[53]废其嗣。

宣平侯张敖卒,以子偃为鲁王,敖赐谥为鲁元王。秋,太后使使告代王,欲徙王赵。代王谢,愿守代边[54]。

太傅产、丞相平等言,武信侯吕禄上侯[55],位次第一[56],请立为赵王。太后许之,追尊禄父康侯为赵昭王。九月,燕灵王建薨,有美人子,太后使人杀之,无后,国除。八年十月,立吕肃王子东平侯吕通为燕王,封通弟吕庄为东平侯。

三月中,吕后祓[57],还过轵道[58],见物如苍犬,据[59]高后掖,忽弗复见。卜之,云赵王如意为祟[60]。高后遂病掖伤。

高后为外孙鲁元王偃年少,蚤失父母,孤弱,乃封张敖前姬两子,侈为新都侯,寿为乐昌侯,以辅鲁元王偃[61]。及封中大谒者[62]张释为建陵侯,吕荣为祝兹侯。诸中宦者令、丞皆为关内侯,[63]食邑五百户。

七月中,高后病甚,乃令赵王吕禄为上将军,军[64]北军;吕王产居南军。吕太后诫产、禄曰:"高帝已定天下,与大臣约曰:'非刘氏王者,天下共击之。'今吕氏王,大臣弗平。我即崩,帝年少,大臣恐为变。必据兵卫宫,慎毋送丧,毋为人所制。"辛巳,高后崩,遗诏赐诸侯王各千金,将、相、列侯、郎、吏皆以秩赐金。大赦天下。以吕王产为相国[65],以吕禄女为帝后。

(以上为第二段,记叙了孝惠死后,吕后直接掌权时残酷迫害刘氏诸王,大肆培植吕氏势力的种种活动。)

①侍中——原为丞相史,往来殿中奏事。西汉为加官,可入宫禁,

以备参谋顾问。 ②丞相——此时的右丞相是王陵，左丞相是陈平。 ③解——道理，缘故。 ④南北军——俞正燮认为：高祖时之南、北军，以卫两宫……长乐在东，为北军；未央在西南，为南军……帝居未央，后居长乐。一说，南军居城内，掌屯卫宫门；北军居城外，掌巡徼京师。梁玉绳则认为：南北军不容三人将之，《汉传》无吕禄，甚是。禄乃继台将北军者也。 ⑤太子——梁玉绳曰："《史》《汉》皆不言其名，盖孝惠后宫子。《正义》引刘伯庄谓'幸吕氏有身而入宫生子者'妄。"泷川资言曰："张辟彊既曰'帝无壮子'，其有子明矣。" ⑥谒高庙——到刘邦的庙里去行朝拜之礼。按：历代皇帝登基时，都要到本朝的开国皇帝庙里去进行朝拜，以禀告继位登基。 ⑦元年——前 187 年。 ⑧称制——意即代行天子之权。师古曰："天子之言，一曰'制书'，二曰'诏书'。制书者，谓为制度之命也，非皇后所得称。今吕太后临朝行天子事，断决万机，故称制诏。" ⑨刑白马盟——古代订立盟约或宣誓时，往往宰杀牲畜以血涂口，是之谓"歃（shà）血"，以表盟誓的庄重。按：刘邦与群臣刑白马定盟事，《本纪》不载。 ⑩王昆弟诸吕，无所不可——昆弟诸吕：犹言"吕氏诸兄弟"。昆弟：兄弟。凌稚隆认为：陈平、周勃不以此时极谏而顾阿谀曲从，以致酿成其祸，他日虽有安刘之功，仅足以赎今之罪耳。 ⑪喋血——同"歃血"。 ⑫太傅——官名，辅导帝王施行政教，为周初的三公（太师、太傅、太保）之一，位极尊贵。东周以来，此职久废。今吕氏以此任王陵，名似提高，实为夺其相权。 ⑬监宫中——管理宫廷内的事务。 ⑭郎中令——官名，九卿之一，负责守卫宫门及管理郎内诸官。 ⑮故得幸太后——故：从前。审食其曾与吕后一同被项羽所俘，留项羽军中数年，因受宠幸。 ⑯公卿——三公九卿，这里泛指朝廷大臣。 皆因而决事——都通过他、借助他来决断大事。 ⑰欲以王诸吕为渐——犹言"欲以为王诸吕之渐"。渐：开头，从此越来越甚。 ⑱无择——姓冯，楚汉战争中曾为刘邦力战，有功；特别是在荥阳之战中，曾保护吕泽杀出重围，因此吕后封之为侯。 ⑲子偃为鲁王——中井积德曰："既号鲁元太后，是为鲁王之母也，故封其子为鲁王，使谥号相称也。" ⑳宣平侯张敖——张敖是张耳的儿子，先曾袭其父爵为赵王，娶鲁元公主为妻。后因其臣下贯高等欲谋杀刘邦,被降为宣平侯。 ㉑齐丞相寿——齐国的丞相名寿者。其人亦姓齐。 ㉒少府——官名,九卿之一,掌管山海池泽,以及各种为宫廷服务的手工业制造,是皇家的财政总管。 延——姓阳成,名延。 ㉓吕种——吕后兄建成侯吕释之的儿子。 ㉔吕平——吕后姊长姁的儿子。中井积德曰:"吕平,吕后姊子,则不当姓吕,是恐有误。" ㉕张买——刘邦骑将张戊的儿子。 ㉖后宫子——指宫中一般妃嫔、美人所生的孩子,为与皇后所生者区别而言。 ㉗风——用含蓄的语言暗示。 ㉘建成康侯释之——吕释之被封为建成侯,死后谥曰"康",故云。 ㉙嗣子——应该接续其位的儿子,指嫡长子。 ㉚其弟吕禄——《集解》引徐广曰:"禄,释之少子。" ㉛吕媭(xū)——吕后之妹,舞阳侯樊哙之妻。泷川资言曰:"妇人封侯自此始。" ㉜"吕他为俞侯"三句——吕他为吕媭之子,吕更始、吕忿皆为吕后之侄。据《惠景间侯者年表》,吕更始为滕侯,赘其侯是吕胜。 ㉝及诸侯丞相五人——梁玉绳曰:"是年四月丙申封侯者,朱通、卫无择、王恬开、徐厉、周信及越六人,非五人也。六人中卫无择是卫尉,周信是河南守,非皆诸侯相也。此误。"凌约言认为:欲侯诸吕则有先封,而以"乃"字转之;欲王诸吕则有先立,而以"风"字转之,皆太史公揣摩吕后本意,欲假公以济私也。 ㉞美人——西汉时妃嫔的称号之一,其等级相当于二千石。 名之——称说是自己所生的儿子。 ㉟帝壮——"壮"字疑衍。后文有帝曰:"我未壮,壮即为变。"可知此时帝犹未壮也。 ㊱凡有天下治为万民命者——张文虎认为:《汉书·高后纪》无"为"字、"命"字,皆衍。 ㊲其代之——《汉书·高后纪》作"其议代之",意谓"请大家讨论一下换了他"。 ㊳齐民——犹言"平民"。

㊴太尉——官名,秦汉时为三公之一,掌管全国军事。按:此处所以称"置太尉官"者,乃因汉代建国以来此职时设时废。 ㊵其群臣——指赵王带来的僚属。 馈(kuì)——进食于人。 ㊶论——判罪。这里指处死。 ㊷谗女——指赵妃吕氏。 乱国——指败坏赵国。 曾——竟然,根本。 ㊸何故——即"何辜",有何罪过。 ㊹自决——自杀。 苍天举直——意谓"让老天爷来看看我所受的冤屈吧"。师古曰:"天色苍苍故曰苍天,言己之理直,冀天临监之。" ㊺于

嗟不可悔兮宁蚤自财——意谓“后悔莫及呀,当初不如早点自杀”。财:通“裁”。 ㊻绝理——灭绝天理。 ㊼幽死——被关闭困饿而死。 ㊽民冢次——平民百姓的坟墓旁。次:侧,旁。 ㊾梁——汉初郡国名,高祖五年(前202)改砀郡为梁国,治睢阳(今河南商丘南)。 ㊿吕——汉初诸侯国名,乃吕后二年(前186)割齐国济南郡所设立,都历城(今山东济南)。 51刘泽——刘邦的堂兄弟,以军功封营陵侯。 52微伺——暗中监视。 53用——因。 弃宗庙礼——抛弃了祭祀宗庙的礼仪,指其自杀。 54代王谢,愿守代边——谢:推辞,谢绝。茅坤认为:文帝不愿徙赵,便有畏吕后而自远之意。 55武信侯吕禄——吕禄前被封为胡陵侯,今曰武信侯者,大约是有过改封之事。 上侯——上等侯爵。 56位次第一——梁玉绳曰:“《大事记》谓‘吕后二年定位时,萧、曹皆死,必递迁第三之张敖为第一;敖既死,遂以禄补其处’,或当然耳,盖陈平阿意顺之。” 57祓(fú)——祈求免祸除灾的祭祀。 58轵(zhǐ)道——古亭名,在今陕西西安东北。 59据——《汉书·五行志》作“檝”(jǐ)。师古曰:“檝,谓拘持之也。”按:此处“据”字似应解为“冲击”“顶撞”之义。 60祟(suì)——古称鬼神作怪以害人。 61鲁元王偃——中井积德曰:“‘元’者,赵敖夫妻之谥,不当更称其子。盖衍文。”梁玉绳曰:“《汉书·张耳传》无‘元’字,是也。此《纪》及《耳传》并是误增之。” 62中大谒者——谒者是官名,主管为皇帝接收文件、传达诏命、接待宾客等事。此职常以阉人为之。诸官号前凡加“中”字者,多为阉人。泷川资言认为:宦官为列侯始于此,以其劝王诸吕赏之也。 63诸中宦者令、丞——《汉书·高后纪》作“诸中官宦者令、丞。”师古曰:“诸中官,凡阉人给事于中者皆是也。宦者令、丞,宦者署之令、丞。”按:宦者令、丞为宦官头目,令为正职,丞为副职,皆属少府。 关内侯——有侯爵而无封地,常住关内(京师)者称关内侯,其地位低于有封地的列侯。 64军——居,统领。 65以吕王产为相国——按:汉初设相国一人,萧何任之;萧何死,曹参任之;曹参死,乃命王陵为右丞相,陈平为左丞相,至此则一人任相国之制度改矣。今有陈平为右丞相,审食其为左丞相,忽又生出吕产为“相国”事,则吕后欲抛开陈平,用旧制独任吕产之意甚明。

高后已葬，以左丞相审食其为帝太傅。

朱虚侯刘章有气力[①]，东牟侯兴居其弟也，皆齐哀王[②]弟，居长安[③]。当是时，诸吕用事擅权，欲为乱，畏高帝故大臣绛、灌[④]等，未敢发。朱虚侯妇，吕禄女，阴知其谋。恐见诛，乃阴令人告其兄齐王，欲令发兵西，诛诸吕而立[⑤]。朱虚侯欲从中与大臣为应。齐王欲发兵，其相弗听。八月丙午，齐王欲使人诛相，相召平乃反，举兵欲围王，王因杀其相，遂发兵东，诈夺琅邪王兵[⑥]，并将之而西。语在《齐王》语中[⑦]。

齐王乃遗诸侯王书曰："高帝平定天下，王诸子弟，悼惠王王齐。悼惠王薨，孝惠帝使留侯良立臣为齐王。孝惠崩，高后用事，春秋高[⑧]，听诸吕，擅废帝更立，又比杀三赵王，[⑨]灭梁、赵、燕以王诸吕，分齐为四[⑩]。忠臣进谏，上惑乱弗听。今高后崩，而帝春秋富[⑪]，未能治天下，固恃大臣诸侯。而诸吕又擅自尊官，聚兵严威[⑫]，劫列侯忠臣，矫制以令天下，宗庙所以危。寡人率兵入诛不当为王者。"汉闻之，相国吕产等乃遣颍阴侯灌婴将兵击之。灌婴至荥阳，乃谋曰："诸吕权兵[⑬]关中，欲危刘氏而自立。今我破齐还报，此益吕氏之资[⑭]也。"乃留屯荥阳，使使谕齐王及诸侯，与连和，以待吕氏变，共诛之。齐王闻之，乃还兵西界待约。

吕禄、吕产欲发乱关中，内惮绛侯、朱虚等，外畏齐、楚[⑮]兵，又恐灌婴畔之，欲待灌婴兵与齐合[⑯]而发，犹豫未决。当是时，济川王太、淮阳王武、常山王朝名为少帝弟，[⑰]及鲁元王吕后外孙，皆年少未之国，居长安。赵王禄、梁王产[⑱]各将兵居南北军，皆吕氏之人，列侯群臣莫自坚[⑲]其命。

太尉绛侯勃不得入军中主兵。曲周侯郦商老病，其子寄与吕禄善。绛侯乃与丞相陈平谋，使人劫郦商，令其子寄往绐说吕禄曰："高帝与吕后共定天下，刘氏所立九王，吕氏所立三王，皆大臣之议，事已布告诸侯，诸侯皆以为宜。今太后崩，帝少，而足下佩赵王印，不急之国守藩[20]，乃为上将，将兵留此，为大臣诸侯所疑。足下何不归将印，以兵属太尉，请梁王归相国印，与大臣盟而之国。齐兵必罢，大臣得安，足下高枕而王千里，此万世之利也。”吕禄信然其计，欲归将印，以兵属太尉。使人报吕产及诸吕老人，或以为便，或曰不便，计犹豫未有所决。吕禄信郦寄，时与出游猎。过其姑吕媭，媭大怒，曰：“若为将而弃军，[21]吕氏今无处矣！[22]”乃悉出珠玉宝器散堂下，曰：“毋为他人守也！”

左丞相食其免。

八月庚申，旦，平阳侯窋行御史大夫事，[23]见相国产计事。郎中令贾寿使[24]从齐来，因数产曰：“王不蚤之国，今虽欲行，尚可得耶?”具以灌婴与齐、楚合从[25]，欲诛诸吕告产，乃趣产急入宫[26]。平阳侯颇闻其语，乃驰告丞相[27]、太尉。太尉欲入北军，不得入。襄平侯通尚符节，[28]乃令持节矫纳[29]太尉北军。太尉复令郦寄与典客[30]刘揭先说吕禄曰：“帝使太尉守北军，欲足下之国，急归将印辞去，不然，祸且起。”吕禄以为郦兄[31]不欺己，遂解印属典客，而以兵授太尉。太尉将之，入军门，行令军中曰：“为吕氏右袒，为刘氏左袒！”军中皆左袒为刘氏。太尉行至[32]，将军吕禄亦已解上将印去[33]，太尉遂将北军。

然尚有南军。平阳侯闻之，以吕产谋告丞相平，丞相平[34]乃召朱虚侯佐太尉。太尉令朱虚侯监军门。令平阳侯告卫尉[35]：“毋入[36]相国产殿门。”吕产不知吕禄已去北军，乃入未央宫，欲为乱，殿门弗得入，徘徊往来。平阳侯恐弗胜[37]，驰语太尉。太尉尚恐不胜诸吕，未敢讼言[38]诛之，乃遣朱虚侯谓曰：“急入宫卫帝。”朱虚侯请卒，太尉予卒千余人。入未央宫门，遂见产廷中。日餔时[39]，遂击产。产走。天风大起，以故其从官乱，莫敢斗。逐产，杀之郎中府吏厕中。

朱虚侯已杀产，帝命谒者持节劳朱虚侯。朱虚侯欲夺节信，谒者不肯，朱虚侯则从与载[40]。因节信驰走[41]，斩长乐卫尉吕更始。还，驰入北军，报太尉。太尉起，拜贺朱虚侯曰："所患独吕产，今已诛，天下定矣。"遂遣人分部悉捕诸吕男女，无少长皆斩之。辛酉，捕斩吕禄，而笞[42]杀吕媭。使人诛燕王吕通，而废鲁王偃。壬戌，以帝太傅食其复为左丞相。戊辰，徙济川王王梁[43]，立赵幽王子遂为赵王。遣朱虚侯章以诛诸吕氏事告齐王，令罢兵。灌婴兵亦罢荥阳而归。

（以上为第三段，写功臣元老与刘氏宗室共同诛灭诸吕的惊险过程。）

①气力——气指慷慨有志节，力指勇武。 ②齐哀王——名襄，齐悼惠王刘肥之子，刘邦之孙。 ③居长安——指其在京侍卫天子。 ④绛、灌——绛侯周勃，颍阴侯灌婴，《史记》中都有传。 ⑤诛诸吕而立——谓使刘襄诛诸吕而自立为帝。按：当时诸侯国中以齐国势力为最大，悼惠王刘肥为孝惠帝之异母长兄，今刘肥之子刘襄又于刘邦诸孙中年龄最大，故刘章有此设想。 ⑥诈夺琅邪王兵——刘襄不知琅邪王刘泽的意向如何，派人将其骗至齐国拘押，而后尽发琅邪之兵。 ⑦语在《齐王》语中——意谓有关此事的详细情况都在《齐悼惠王世家》中。 ⑧春秋高——指年老，上了岁数。春秋：指岁月，年龄。 ⑨比——紧挨着，此处指接连。 三赵王——指刘如意、刘友、刘恢。 ⑩分齐为四——指削夺齐地以建吕、琅邪、城阳三国。 ⑪春秋富——指年轻。所谓"富"，是指其未来之日尚长。 ⑫聚兵严威——集兵权于己手以扩大权威。严：用作动词。 ⑬权兵——"权"字有本作"拥"，《通鉴》亦作"拥"。拥兵：即握兵。 ⑭益吕氏之资——为吕氏增添资本。益：增添。 ⑮楚——刘邦之异母弟刘交的封国，都彭城（今江苏徐州）。 ⑯合——谓合战，交兵。 ⑰济川——诸侯国名，即前文所述改吕国而称之者，都历城。 名为少帝弟——名：称说。其意乃谓刘太、刘武、刘朝三人，亦皆孝惠张皇后取美人子而称说为自己所生者。 ⑱梁王产——梁玉绳曰："七年更名'梁'曰'吕'，故上文已书'吕王产'矣，而此忽改称曰'梁王'何也？下文'请梁王归相国印'，亦非。" ⑲自坚——自保，自信。 ⑳藩——指诸侯的封国。古称诸

侯之国为天子的藩篱屏障,故云。 ㉑若——尔,汝。 弃军——离开军队。 ㉒今——将,立即就要。 无处——师古曰:“言见诛灭无处所也。‘处’字或作‘类’,言无种类也。” ㉓平阳侯窋(zhú)——即曹窋,曹参的儿子,袭其父爵为平阳侯。 行——代理。 御史大夫——官名,汉代的“三公”之一,主管监察、弹劾。 ㉔使——出使,出差。 ㉕合从——这里即指联合。从:“纵”的古字。 ㉖趣(cù)产急入宫——其意乃使吕产迅速入宫拥兵自卫,及控制皇帝以发号施令。趣:赶快,急促。 ㉗丞相——指陈平。 ㉘襄平侯通——即纪通,刘邦功臣纪成之子。 尚符节——为皇帝掌管兵符印信。尚:主管。 ㉙矫纳:假传命令使之放进。按:此时是传令,太尉尚未到。 ㉚典客——官名,主管诸侯及国内少数民族事务。后来改称大鸿胪。 ㉛郦兄——即郦寄,字兄。兄:同“况”。 ㉜行至——将到而未到之前。行:将。 ㉝解上将印去——前已云“解印属典客,而以兵授太尉”矣,则此处实际指吕禄本人也离开北军而去。按:此二句补充交代太尉未入北军之前事,《汉书》删之。 ㉞“平阳侯闻之……丞相平”——梁玉绳曰:“此十三字与上下文不接,且前已言‘平阳侯驰告丞相太尉’矣,其为重出无疑,当衍之,《汉书》无。” ㉟卫尉——官名,主管防卫宫廷,为汉代的“九卿”之一。按:汉初卫尉有二,一为长乐宫卫尉,一为未央宫卫尉,品级相同。此处乃指未央宫卫尉。 ㊱毋入——不要放进。茅坤认为:恐其从中矫制为乱也。须安宫中而后可以制外。 ㊲恐弗胜——泷川资言认为:“恐弗胜”三字疑衍。 ㊳讼言——公开说,明着说。讼:公也。 ㊴日餔(bū)时——犹言傍晚时分。餔:通“晡”,日申时也,相当于今之下午三点至五点。 ㊵从与载——谓登上谒者之车,与之同车共载。 ㊶因节信驰走——意谓凭着谒者手中的节信,故可于宫廷禁地驰走无阻。节信:师古曰:“因谒者所持之节,用为信也。” ㊷笞(chī)——用棍棒或竹板打人。 ㊸徙济川王王梁——谓将吕后削夺齐国而来的济川地归还齐国。

诸大臣相与阴谋[①]曰:“少帝及梁、淮阳、常山王,皆非真孝惠子也[②]。吕后以计诈名他人子,杀其母,养后宫,令孝惠子之,立以为后及诸王，以强吕氏。今皆已夷灭诸吕，而置所立[3]，即长用事，吾属无类[4]矣。不如视诸王最贤者立之。”或言“齐悼惠王高帝长子，今其適子为齐王，推本言之，高帝適长孙，可立也。”大臣皆曰：“吕氏以外家[5]恶而几危宗庙，乱功臣。今齐王母家驷钧[6]，恶人也，即立齐王，则复为吕氏。”欲立淮南王，以为少，母家又恶。乃曰：“代王方今高帝见子[7]，最长，仁孝宽厚。太后家薄氏谨良。且立长故顺，以仁孝闻于天下，便。”乃相与共阴使人召代王。代王使人辞谢。再反，然后乘六乘传[8]。后九月晦日己酉，[9]至长安，舍代邸。大臣皆往谒，奉天子玺上代王，共尊立为天子。代王数让，群臣固请，然后听。

东牟侯兴居曰：“诛吕氏吾无功，请得除宫[10]。”乃与太仆汝阴侯滕公入宫，[11]前谓少帝曰：“足下非刘氏，不当立。”乃顾麾左右执戟者掊兵罢去。[12]有数人不肯去兵，宦者令张泽[13]谕告，亦去兵。滕公乃召乘舆车[14]载少帝出。少帝曰：“欲将我安之乎？”滕公曰：“出就舍[15]。”舍少府[16]。乃奉天子法驾[17]，迎代王于邸。报曰：“宫谨除。”代王即夕[18]入未央宫。有谒者十人持戟卫端门[19]，曰：“天子在也，足下何为者而入？”代王乃谓太尉，太尉往谕，谒者十人皆掊兵而去。代王遂入而听政。夜，有司[20]分部诛灭梁、淮阳、常山王及少帝于邸。

代王立为天子，二十三年崩[21]，谥为孝文皇帝。

（以上为第四段，写群臣拥立刘恒即位的经过。）

①阴谋——暗中商量。 ②少帝及梁、淮阳、常山王，皆非真孝惠子也——梁：应作“吕”。前文云：“立皇子太为吕王”是也。何焯认为：少帝非刘氏，乃大臣既诛诸吕，从而为之辞耳。 ③置——放，留着。所立——指现时在位的少帝刘弘。 ④无类——绝种，指被杀光。 ⑤外家——外戚之家。 ⑥驷钧——驷钧是齐王刘襄母舅，吕后死，齐王与钧谋灭诸吕。 ⑦见子——现存的儿子。见：同“现”。 ⑧乘六乘传（zhuàn）——乘坐着六匹马拉的驿车。六马以表身份。传：驿车。 ⑨后九月——即闰九月。 晦日己酉——意谓这个月的二十九

日是最后一天。晦:月终。己酉:二十九日。 ⑩请得除宫——意谓请让我先去清扫一下皇宫,意谓处置少帝及其他各种有碍文帝登基的人员。 ⑪太仆——官名,汉代的“九卿”之一,为皇帝掌管车马。 滕公——即夏侯婴,刘邦的开国功臣,以功封汝阴侯。因其在秦时曾为滕令,故时人习惯称之为滕公、滕婴。 ⑫麾(huī)——通“挥”,指挥,命令。 掊兵——放下武器。掊:通“踣”(fù),仆,倒。 ⑬张泽——似是自代国随文帝来京的宦官头目。 ⑭乘舆车——天子所乘坐的车驾。 ⑮出就舍——犹言“出去找个地方住”。 ⑯舍少府——住在少府的官署。 ⑰法驾——天子举行典礼时所乘坐的车驾。《集解》引蔡邕曰:“天子有大驾、小驾、法驾。上乘金根车,驾六马,有五时副车,驾四马,侍中参乘,属车三十六乘。” ⑱即夕——当天晚上。 ⑲端门——宫殿的正门。 ⑳有司——主管该项事务的官员。设官分职,各有所司,故曰有司。司:主管。 ㉑二十三年崩——张文虎认为:孝文自有纪,何为豫书崩年谥法于此?“二十三年”以下十一字,盖后人妄增。

太史公曰:孝惠皇帝、高后之时,黎民得离战国之苦,君臣俱欲休息乎无为①,故惠帝垂拱②,高后女主称制,政不出房户,天下晏然③。刑罚罕用,罪人是希。民务稼穑,衣食滋殖④。

(以上为第五段,是作者的论赞,表现了作者对吕后当政时期的政治经济措施和社会生产发展状况的肯定。)

①无为——古代道家学派的一种哲学思想,提倡顺应自然,不要人为地生事。其主旨是“无为”,但实际上却要达到“无不为”的目的,很符合辩证法。汉代初期为适应恢复生产、休养生息的社会要求,统治者多喜欢黄老哲学,即所谓“休息乎无为”。 ②垂拱——垂衣拱手、清闲无事的样子。以表示当时社会的太平安乐,国家统治者皆安闲而无所事事。 ③政不出房户,天下晏然——意谓皇帝不用出屋,政事就能处理好,天下太平无事。晏:安也。 ④民务稼穑(sè),衣食滋殖——意谓老百姓都从事农业生产,衣食日益富足。稼:播种。穑:收获。滋:渐。殖:生,繁。赵恒认为:刑措则罪人是希,务农则衣食滋殖,所谓天

下妟如也。"纪"与"赞"互见,功罪不相掩。

［简评］ 本篇名为本纪,实则只是记述了刘邦死后,吕后为了揽权、专权、固权而大肆培植吕氏势力,残酷打击刘氏宗室和刘邦的元老功臣,以致激起刘氏宗室与元老功臣联合,一举诛灭吕氏集团的惊险斗争。吕后与功臣的矛盾,始自诛杀韩信、彭越;吕后与宗室的矛盾,始自惨杀戚夫人与赵王刘如意。吕后亦自知其倒行逆施不得人心,亦自知其社会基础十分薄弱,于是大封诸吕,使其掌握一切重要的军政大权;同时又以嫁女结亲的方式,企图监督控制刘氏宗室,其用心亦可谓苦矣。无奈由于实在不得人心,所以吕氏集团最后在齐王与灌婴联合的军事压力下,被周勃、陈平等所发动的政变一举摧毁了。太史公对吕后的权势熏心、凶残忌刻、营私结党是极其厌恶的,但对其执政时期的政治经济措施以及社会生产的发展状况,仍是肯定的。足见作者的唯物、求实精神。司马迁对周勃、陈平诛灭诸吕的行动是赞成的,但对于他们在吕后执政时的见风使舵,媚上保身,以及后来在谋划立谁为帝和造作虚词以诛惠帝诸子上所表现出的严重私心,则微致讽讥。文章情节紧张,语言生动,艺术水平不在项羽、荆轲、田单等纪传之下。

［集评］ 《太史公自序》:"惠之早霣,诸吕不台;崇强禄产,诸侯谋之;杀隐幽友,大臣洞疑,遂及宗祸。作《吕太后本纪》第九。"

徐时栋曰:"天下号令在某人,则某人为'本纪',此史公史例也。故《高祖本纪》之前,有《项羽本纪》;高祖以后,不立《孝惠皇帝本纪》,而独立《吕后本纪》,固以本纪为纪实,而非争名分之地也。此后无人能具此识力,亦无人敢循此史例矣。"(《烟屿楼读书志》)

泷川资言曰:“史公舍惠帝而纪吕后,犹舍楚怀而纪项羽,盖以政令之所出也。”(《史记会注考证》)

赵翼曰:“吕后则当高帝临危时问萧相国后孰可代者,是固以安国家为急也。孝惠既立,政由母氏,其所用曹参、王陵、陈平、周勃等,无一非高帝注意安刘之人,是惟恐孝惠之不能守业,非如武后以嫌忌而杀太子宏、太子贤也。后所生惟孝惠及鲁元公主,其他皆诸姬子,使孝惠而在,则方与孝惠图治计长久,观于高祖欲废太子时,后迫留侯画策,至跪谢周昌之廷诤,则其母子间可知也。迨孝惠既崩,而所取后宫子立为帝者,又以怨怼而废,于是己之子孙无在者,则与其使诸姬子据权势以凌吕氏,不如先张吕氏以久其权。故孝惠时未尝王诸吕,王诸吕乃在孝惠崩后,此则后之私心短见。盖嫉妒者妇人之常情也,然其所最妒亦只戚夫人母子,以其先宠幸时几至于夺嫡,故高帝崩后即杀之。此外诸姬子如文帝封于代,则听其母薄太后随之;淮南王长无母,依吕后以成立,则始终无恙;齐悼惠王以孝惠庶兄失后意,后怒,欲鸠之,已而悼惠献城阳郡为鲁元汤沐邑,即复待之如初;其子朱虚侯章入侍宴,请以军法行酒,斩诸吕逃酒者一人,后亦未尝加罪也。赵王友之幽死,梁王恢之自杀,则皆以与妃吕氏不谐之故。然赵王友妃吕产女,梁王妃亦诸吕女,又少帝后及朱虚侯妻皆吕禄女,吕氏有女不以他适,而必以配诸刘,正见后之欲使刘吕常相亲,以视武后之改周灭唐相去万万也。”(《廿二史札记》)

王鸣盛曰:“诸吕之平,灌婴有力焉。方高后病甚,令吕禄为上将军居北军、吕产居南军,其计可谓密矣。卒使郦寄绐说吕禄归将印以兵属太尉,而诛诸吕者,陈平、周勃之功也。然其始惠帝崩,高后哭泣不下,此时高后奸谋甫兆,使平、勃能逆折其邪心,安见不可扑灭者?乃听张辟彊狂竖之言,请拜产、禄为将,将兵居南、北军;高后欲王诸吕,王陵守白马之约,而平、勃以为无所不可，然则成吕氏之乱者平、勃也。幸而产、禄本庸才，又得朱虚侯之忠勇，平、勃周旋其间，而乱卒平，功尽归此两人；而孰知当留屯荥阳，与齐连合之时，婴之远虑有过人者！齐王之杀其相而发兵，夺琅琊王兵并将而西也，此时吕禄独使婴击之。婴高帝宿将，诸吕方忌故大臣，而危急之际，一旦假以重兵，此必婴平日伪自结于吕氏，若乐为之用者，而始得此于禄。既得兵柄，遂留屯荥阳，待其变而共诛之。其时吕氏乱谋急矣，顾未敢猝发者，彼见大将握重兵在外，而与敌连和以观变，恐猝发而婴倍之，反率诸侯西向，故犹豫未忍决，于是平、勃乃得从容定计，夺其兵权而诛之。然则平、勃之成功，婴有以助之也。然婴不以此时亟与齐合，引兵而归共诛诸吕，乃案兵无动者，盖太尉入北军，吕禄归将印，此其诛诸吕如振槁叶耳。若婴合齐兵而归，遽以讨吕氏为名，则吕氏乱谋发之必骤，将印必不肯解，而太尉不得入北军矣。彼必将胁平、勃而拒婴与齐之兵，幸而胜之，喋血京师，不戕千万之命不止，此又婴计之得也。”(《十七史商榷》)

孝文本纪第十

孝文皇帝[①],高祖中子也。高祖十一年春,已破陈豨军,定代地,立为代王,都中都。[②]太后薄氏[③]子。即位十七年,高后八年七月,高后崩。九月,诸吕吕产等欲为乱,以危刘氏,大臣共诛之,谋召立代王,事在《吕后》语中。

丞相陈平、太尉周勃等使人迎代王。代王问左右郎中令[④]张武等,张武等议曰:"汉大臣皆故高帝时大将,习兵,多谋诈,此其属意非止此也,[⑤]特畏高帝、吕太后威耳。今已诛诸吕,新喋血[⑥]京师,此以迎大王为名,实不可信。愿大王称疾毋往,以观其变。"中尉[⑦]宋昌进曰:"群臣之议皆非也。夫秦失其政,诸侯豪桀并起,人人自以为得之[⑧]者以万数,然卒践天子之位者,刘氏也,天下绝望[⑨],一矣。高帝封王子弟,地犬牙相制,此所谓盘石之宗也,[⑩]天下服其强,二矣。汉兴,除秦苛政,约法令[⑪],施德惠,人人自安,难动摇,三矣。夫以吕太后之严,立诸吕为三王,[⑫]擅权专制,然而太尉以一节入北军,一呼士皆左袒,为刘氏,叛诸吕,卒以灭之。此乃天授,非人力也。今大臣虽欲为变,百姓弗为使,其党宁能专一邪[⑬]?方今内有朱虚、东牟之亲,外畏吴、楚、淮南、琅邪、齐、代之强。[⑭]方今高帝子独淮南王与大王,大王又长,贤圣仁孝,闻于天下,故大臣因天下之心而欲迎立大王,大王勿疑也。”代王报太后计之,犹与[15]未定。卜之龟,卦兆得大横[16]。占曰:“大横庚庚,余为天王,夏启以光。[17]”代王曰:“寡人固已为王矣,又何王?”卜人曰:“所谓‘天王’者乃天子。”于是代王乃遣太后弟薄昭往见绛侯,绛侯等具为昭言所以迎立王意。薄昭还报曰:“信矣,毋可疑者。”代王乃笑谓宋昌曰:“果如公言。”乃命宋昌参乘,张武等六人乘传诣长安[18]。至高陵休止,而使宋昌先驰之长安观变。[19]

昌至渭桥,丞相以下皆迎。宋昌还报。代王驰至渭桥,群臣拜谒称臣。代王下车拜。太尉勃进曰:“愿请间言[20]。”宋昌曰:“所言公,公言之;所言私,王者不受私。”太尉乃跪上天子玺符。代王谢曰:“至代邸[21]而议之。”遂驰入代邸,群臣从至。丞相陈平、太尉周勃、大将军陈武、御史大夫张苍、宗正刘郢、朱虚侯刘章、东牟侯刘兴居、典客刘揭皆再拜言曰:“子弘等皆非孝惠帝子,不当奉宗庙。[22]臣谨请阴安侯、列侯顷王后与琅邪王、宗室、大臣、列侯、吏二千石议曰:‘大王高帝长子,宜为高帝嗣。’愿大王即天子位。”[23]代王曰:“奉高帝宗庙,重事也。寡人不佞,不足以称宗庙。愿请楚王计宜者[24],寡人不敢当。”群臣皆伏固请。代王西乡[25]让者三,南乡让者再。丞相平等皆曰:“臣伏计之,大王奉高帝宗庙最宜称,虽天下诸侯万民以为宜。臣等为宗庙社稷计,不敢忽[26],愿大王幸听臣等。臣谨奉天子玺符再拜上。”代王曰:“宗室将相王列侯以为莫宜寡人,寡人不敢辞。”遂即天子位。群臣以礼次侍。

乃使太仆婴与东牟侯兴居清宫[27],奉天子法驾,迎于代邸。皇帝即日夕入未央宫。乃夜拜宋昌为卫将军[28],镇抚南北军。以张武为郎中令,行殿中。[29]还坐前殿。于是夜下诏书曰:“间者[30]诸吕用事擅权,谋为大逆,欲以危刘氏宗庙,赖将相列侯宗室大臣诛之,皆伏其辜。朕初即位,其赦天下,赐民爵一级,女子百户牛酒，酺五日。[31]”

（以上为第一段，写刘恒自代进京即皇帝位。）

①孝文皇帝——刘恒，前180—前157年在位。 ②代地——约当今山西北部及与之临近的河北西北部地区。 中都——汉县名，在今山西平遥西南。 ③太后薄氏——文帝之母薄氏原是刘邦的一个普通姬妾，文帝即位后尊之为太后。 ④左右郎中令——左右近臣及郎中令。郎中令：此指代国的郎中令，为王守卫宫廷门户，并统领侍从官员。 ⑤属意——犹今之所谓“用心”。 非止此——指不满足于为列侯、将相，都还有更大的阴谋。 ⑥喋（dié）血——践血而行，极言流血之多。喋：本作“蹀”。 ⑦中尉——汉初诸侯国主管民政之官。 ⑧人人自以为得之——谁都认为自己可以做皇帝。 ⑨天下绝望——指起义群雄都对刘邦心服，自己不再存有奢想。 ⑩地犬牙相制——指高祖子弟的封国与中央直属的郡县犬牙交错，紧相控制，大臣们想造反是造不成的。 盘石之宗——像磐石一样稳固的宗法统治。 ⑪约法令——精减法律条文。约：减，省。刘邦刚入咸阳时有所谓“约法三章”，即此类。 ⑫严——威风，威望。 立诸吕为三王——按：时吕产为梁王、吕禄为赵王、吕通为燕王，三人皆吕后之侄。 ⑬其党宁能专一邪——他们的内部就能铁板一块吗？或谓，凭他们就能把天下人团聚在一起吗？ ⑭内有朱虚、东牟之亲——朱虚：朱虚侯刘章。东牟：东牟侯刘兴居，刘章之胞弟。二人皆刘邦长男刘肥之子，当时都在长安。 外畏吴、楚、淮南、琅邪、齐、代之强——吴：吴王刘濞，刘邦之侄，都广陵（今扬州）。楚：楚王刘交，刘邦之弟，都彭城（今徐州）。淮南：淮南王刘长，刘邦之子，都寿春（今安徽寿县）。琅邪：琅邪王刘泽，刘邦之同族堂兄弟，都东武（今山东诸城）。齐：齐王刘襄，刘邦长男刘肥之子，刘章之兄，都临菑（今山东淄博临淄区）。 ⑮犹与——亦作“犹豫”。 ⑯卦兆得大横——兆：指龟壳上显示的征象。大横：粗大的横纹。 ⑰庚庚——鲜明、显豁的样子，形容龟壳上的横纹。 夏启以光——夏启继父之位，能光大禹之事业。 ⑱宋昌参乘，张武等六人乘传诣长安——意谓宋昌为文帝参乘，与张武等六人乘传车，直奔长安。 ⑲高陵——在今陕西西安高陵区，在当时的长安城东北。 使宋昌

先驰之长安观变——郭嵩焘认为：遣薄昭见绛侯，所以观大臣将相之心；又复使宋昌观变，以少帝尚在，虑其事或中变也。写得文帝周详慎重。 ⑳愿请间言——希望能个别交谈。间：隙，避开众人。 ㉑代邸——代王在京的官邸。 ㉒子弘——刘弘，惠帝之子，吕后执政时期的傀儡皇帝。 不当奉宗庙——即不能在位称帝，因为只有皇帝才能主持宗庙的祭祀。 ㉓臣谨请阴安侯、列侯顷王后——“列侯”二字疑衍。阴安侯：刘邦的大嫂，羹颉侯刘信之母。顷王后：刘邦的二嫂，刘濞之母。刘濞之父曾为代王，谥曰“顷”，故称其妻曰“顷王后”。 琅邪王——刘泽，刘邦的同族兄弟。 二千石——相当于郡守、诸侯相一级。 ㉔愿请楚王计宜者——楚王：刘邦的少弟刘交。何焯认为：阴安侯、顷王后皆妇人，琅邪王疏属，帝言请楚王计宜，斯识体矣。 ㉕乡——通“向”，面向。 ㉖不敢忽——不敢掉以轻心。忽：不注意，掉以轻心。 ㉗清宫——此处实指前往驱除还在宫里的傀儡皇帝刘弘，使其为文帝让出地方。 ㉘卫将军——主管皇帝的警卫。 ㉙以张武为郎中令——张武原为代国之郎中令，今乃更为朝廷之郎中令，九卿之一，主管宫殿门户。 行殿中——在宫殿中巡逻。 ㉚间者——前者，前不久。 ㉛赐民爵一级——赐给每个成年男人一级爵位。秦汉时的爵位共分二十级，这种爵位可以由战场上立功获得，也可以由皇帝开恩赏赐获得，后来也可以用粮食换或用钱买。 女子百户牛酒——意谓家里没有成年男人，不能得到爵位的女户，则每百家赐牛若干、赐酒若干。 酺（pú）五日——允许吏民可以自由地聚饮五天。酺：聚饮。

孝文皇帝元年十月庚戌，徙立故琅邪王泽为燕王。[①]

辛亥，皇帝即阼[②]，谒高庙。右丞相平徙为左丞相，太尉勃为右丞相，大将军灌婴为太尉。[③]诸吕所夺齐、楚故地，皆复与之。

壬子，遣车骑将军薄昭[④]迎皇太后于代。皇帝曰：“吕产自置为相国，吕禄为上将军，擅矫遣灌将军婴将兵击齐，欲代刘氏。[⑤]婴留荥阳弗击，与诸侯合谋以诛吕氏。吕产欲为不善，丞相陈平与太尉周勃谋夺吕产等军。朱虚侯刘章首先捕吕产等,太尉身率襄平侯通持节承诏入北军,典客刘揭身夺赵王吕禄印[6]。益封太尉勃万户,赐金五千斤;丞相陈平、灌将军婴邑各三千户,金二千斤;朱虚侯刘章、襄平侯通、东牟侯刘兴居邑各二千户,金千斤;封典客揭为阳信侯,赐金千斤。"

十二月,上曰:"法者,治之正也,所以禁暴而率善人也。[7]今犯法已论,而使毋罪之父母妻子同产坐之,及为收帑,朕甚不取。[8]其议之。"有司皆曰:"民不能自治,故为法以禁之。相坐坐收,所以累其心,使重犯法,所从来远矣。[9]如故便。"上曰:"朕闻法正则民悫,罪当则民从。[10]且夫牧民而导之善者,吏也。其既不能导,又以不正之法罪之,是反害于民为暴者也,何以禁之[11]?朕未见其便,其孰计[12]之。"有司皆曰:"陛下加大惠,德甚盛,非臣等所及也。请奉诏书,除收帑诸相坐律令。"

正月,有司言曰:"蚤[13]建太子,所以尊宗庙,请立太子。"上曰:"朕既不德,上帝神明未歆享,天下人民未有嗛志。[14]今纵不能博求天下贤圣有德之人而禅天下焉,而曰豫建太子,是重吾不德也。[15]谓天下何?其安之[16]。"有司曰:"豫建太子,所以重宗庙社稷,不忘天下也。"上曰:"楚王,季父也,春秋高,阅天下之义理多矣,明于国家之大体;吴王于朕,兄也,惠仁以好德;淮南王,弟也,秉德以陪朕,岂为不豫哉![17]诸侯王宗室昆弟有功臣,多贤及有德义者,若举有德以陪朕之不能终[18],是社稷之灵,天下之福也。今不选举焉,而曰必子[19],人其以朕为忘贤有德者而专于子,非所以忧天下也。朕甚不取也。"有司皆固请曰:"古者殷周有国,治安皆千余岁,古之有天下者莫长焉,用此道也。[20]立嗣必子,所从来远矣。高帝亲率士大夫,始平天下,建诸侯,为帝者太祖[21];诸侯王及列侯始受国者皆亦为其国祖[22]。子孙继嗣,世世弗绝,天下之大义也,故高帝设之以抚海内。今释宜建而更选于诸侯及宗室,非高帝之志也,更议不宜。子某[23]最长,纯厚慈仁,请建以为太子。”上乃许之。因赐天下民当代父后者[24]爵各一级。封将军薄昭为轵侯。

三月，有司请立皇后。薄太后曰：“诸侯皆同姓，立太子母为皇后[25]。”皇后姓窦氏。上为立后故，赐天下鳏寡孤独穷困及年八十已上、孤儿九岁已下布帛米肉各有数。

上从代来，初即位，施德惠天下，填抚诸侯四夷皆洽欢，[26]乃循从代来功臣[27]。上曰：“方大臣之诛诸吕迎朕，朕狐疑，皆止朕，唯中尉宋昌劝朕，朕以得保奉宗庙。已尊昌为卫将军，其封昌为壮武侯。诸从朕六人，官皆至九卿。”

上曰：“列侯从高帝入蜀、汉中者六十八人，皆益封各三百户；故吏二千石以上从高帝颍川守尊等十人食邑六百户，淮阳守申徒嘉等十人五百户，卫尉定等十人四百户。封淮南王舅父赵兼为周阳侯，齐王舅父驷钧为清郭侯。”秋，封故常山丞相蔡兼为樊侯。

人或说右丞相曰：“君本诛诸吕，迎代王，今又矜其功，受上赏，处尊位，祸且及身。”右丞相勃乃谢病免罢，左丞相平专为丞相。

（以上为第二段，写文帝即位初为稳定局势所表现的态度与所采取的诸种措施。）

①孝文皇帝元年——前180年。　徙立故琅邪王泽为燕王——“立故”二字疑衍。按：刘泽当初被吕后封为琅邪王时，是从齐国割出来了一个郡。齐王刘襄在诛灭诸吕中有大功，文帝为了把琅邪郡还给齐国，所以只好给刘泽另找个地方。燕：汉代诸侯国名，国都蓟，在今北京西南。　②即阼——即位，登基。阼：帝王大殿前东侧的台阶。③右丞相平徙为左丞相——意谓陈平由第一把手降为了第二把手，因为在诛灭诸吕中，陈平不如周勃功大。汉初以右为上。　太尉——国家的最高军事长官，与丞相、御史大夫合称“三公”。　④车骑将军薄昭——薄太后之弟，文帝之舅。车骑将军：高级武官名，统领战车与骑兵。　⑤吕产自置为相国——按：此乃强加罪名，吕产之为相国乃吕后

所封。 矫遣——假传圣旨派遣。 灌将军婴将兵击齐——当初吕后一死，在京城的刘章立即让其兄齐王刘襄带兵进京，谋取皇位。吕产、吕禄听说齐王起兵，便派灌婴率军前往讨伐。 ⑥典客刘揭身夺赵王吕禄印——据《吕太后本纪》，北军将印乃刘揭与郦寄一同从吕禄手中骗来的。 ⑦法者，治之正也——法律是审判、定罪的原则和标准。 率善人——引导人改恶向善。 ⑧犯法已论——犯法者已经受到惩处。论：判决，惩处。 同产——犹言“同胞”，指兄弟。 坐——连坐，因受牵连被判罪。 收帑——没入官府为奴。帑：通“孥”；孥，通“奴”。收：逮捕，没入。 ⑨相坐坐收——因受牵连而被拘留、逮捕。收：逮捕，下狱。 累其心——意即使其牢记心头。 重犯法——不敢犯法。重：以犯法为严重之事。 ⑩悫(què)——诚实，谨慎。 罪当——处罚的轻重与其罪过相当，即量刑合适。 ⑪何以禁之——意谓官吏以不正之法害民，那就是官吏们带头为暴，法律还怎么能“禁暴”呢？ ⑫孰计——认真考虑。孰：“熟”的古字。 ⑬蚤——通“早”。 ⑭上帝神明未歆享——意即尚未得到上帝神明的福佑。歆享：愉快地享用祭祀，意即将给祭祀者以护佑。 未有嗛(qiè)志——对我的统治还不够满意。嗛：通“慊”，快意，满意。 ⑮禅(shàn)天下——以国家政权相传让。 豫建——及早建立。豫：后作“预”。 重吾不德——更加重我的道德品质之差。 ⑯其安之——还是放放再说吧。 ⑰秉德以陪朕——秉行仁义，对我多有辅佐。陪：辅。 岂为不豫哉——我难道没有考虑过吗？意思说这几个人都是我准备禅让的对象。 ⑱举有德以陪朕之不能终——意谓选一个德行更高的人，帮着我完成这个我所不能胜任的工作。不能终：不能到底，不能完成。 ⑲而曰必子——而说什么一定要选立我的儿子。 ⑳古之有天下者莫长焉——自古以来的历代王朝没有比商朝、周朝的统治时间更长的了。 用此道也——就是用的这种传子制度。 ㉑为帝者太祖——为汉代历朝皇帝的始祖。太：大，至高无上。 ㉒为其国祖——是他们那个诸侯国的始祖。 ㉓子某——为避景帝讳，应作“子启”。 ㉔当代父后者——指有继承权的男人。 ㉕诸侯皆同姓，立太子母为皇后——按：史公用语过略，上下不连。杨慎认为：天子当以贵族为后，宜娶于诸侯之异姓者,如周之齐姜。今诸侯皆同姓,无异姓而王者,则立后当以太子母为正。 ㉖填——通“镇”。 洽欢——满意、喜悦。洽:和乐。 ㉗乃循从代来功臣——循:以次及之。按:《汉书》作“修”,意思相同,这里指封赏。从代来:由代国跟从而来的人。

二年十月,丞相平卒,复以绛侯勃为丞相。上曰:“朕闻古者诸侯建国千余,各守其地,以时入贡,民不劳苦,上下欢欣,靡有遗德。今列侯多居长安,邑远,吏卒给输费苦,而列侯亦无由教驯其民。其令列侯之国,为吏及诏所止者遣太子。[①]”

十一月晦,日有食之。十二月望,日又食。上曰:“朕闻之,天生蒸民[②],为之置君以养治之。人主不德,布政不均,则天示之以灾,以诫不治[③]。乃十一月晦,日有食之,适见于天,灾孰大焉[④]!朕获保宗庙,以微眇之身托于兆民君王之上,天下治乱,在朕一人,唯二三执政犹吾股肱也。朕下不能理育群生,上以累三光之明,[⑤]其不德大矣。令至,其悉思朕之过失,及知见思之所不及,丐以告朕。[⑥]及举贤良方正能直言极谏者,以匡朕之不逮。[⑦]因各饬其任职,务省繇费以便民。[⑧]朕既不能远德,故憪然念外人之有非,[⑨]是以设备未息。今纵不能罢边屯戍,而又饬兵厚卫,其罢卫将军军。[⑩]太仆见马遗财足,余皆以给传置。[⑪]”

正月,上曰:“农,天下之本,其开籍田,朕亲率耕,以给宗庙粢盛。[⑫]”

三月,有司请立皇子为诸侯王。上曰:“赵幽王幽死[⑬],朕甚怜之,已立其长子遂为赵王。遂弟辟彊及齐悼惠王子朱虚侯章、东牟侯兴居有功,可王。”乃立赵幽王少子辟彊为河间王,以齐剧郡立朱虚侯为城阳王,立东牟侯为济北王,皇子武为代王,子参为太原王,子揖为梁王。

上曰:“古之治天下,朝有进善之旌、诽谤之木,所以通治道而来谏者。[⑭]今法有诽谤妖言之罪,是使众臣不敢尽情,而上无由闻过失也,将何以来远方之贤良?其除之。民或祝诅上以相约结而后相谩[15],吏以为大逆;其有他言[16],而吏又以为诽谤,此细民之愚无知抵死[17],朕甚不取。自今以来,有犯此者勿听治。[18]"

九月,初与郡国守相为铜虎符、竹使符[19]。

三年十月丁酉晦,日有食之。十一月,上曰:"前日诏遣列侯之国,或辞未行,丞相朕之所重,其为朕率列侯之国。"绛侯勃免丞相就国,以太尉颍阴侯婴为丞相。罢太尉官,属丞相[20]。

四月,城阳王章薨。淮南王长与从者魏敬杀辟阳侯审食其[21]。

五月,匈奴入北地,居河南为寇。[22]帝初幸甘泉[23]。六月,帝曰:"汉与匈奴约为昆弟,毋使害边境,所以输遗[24]匈奴甚厚。今右贤王离其国,将众居河南降地,非常故。[25]往来近塞,捕杀吏卒,驱保塞蛮夷[26],令不得居其故,陵轹边吏,入盗,甚敖无道,非约也。[27]其发边吏骑八万五千诣高奴[28],遣丞相颍阴侯灌婴击匈奴。"匈奴去,发中尉材官属卫将军军长安。[29]

辛卯,帝自甘泉之高奴,因幸太原,见故群臣,皆赐之。[30]举功行赏,诸民里赐牛酒。复晋阳、中都民三岁[31]。留游太原十余日。

济北王兴居闻帝之代,欲往击胡,乃反,发兵欲袭荥阳[32]。于是诏罢丞相兵,遣棘蒲侯陈武为大将军,将十万往击之。祁侯贺[33]为将军,军荥阳。

七月辛亥,帝自太原至长安,乃诏有司曰:"济北王背德反上,诖误[34]吏民,为大逆。济北吏民兵未至先自定,及以军地邑降者,皆赦之,复官爵。与王兴居去来[35],亦赦之。"八月,破济北军,虏其王[36]。赦济北诸吏民与王反者。

六年,有司言淮南王长废先帝法,不听天子诏,居处毋度,出入拟于天子,擅为法令,与棘蒲侯太子奇谋反,遣人使闽越及匈奴,发其兵,欲以危宗庙社稷。群臣议,皆曰"长当弃市"。帝不忍致法于王,赦其罪,废勿王。群臣请处王蜀严道邛都[37],帝许之。长未到处所，行病死，上怜之。后十六年，追尊淮南王长谥为厉王，立其子三人为淮南王、衡山王、庐江王。

十三年夏，上曰："盖闻天道祸自怨起而福繇德兴[38]，百官之非，宜由朕躬。今秘祝之官移过于下，[39]以彰吾之不德，朕甚不取。其除之。"

五月，齐太仓令淳于公有罪当刑，诏狱逮徙系长安。[40]太仓公无男，有女五人。太仓公将行会逮，骂其女曰："生子不生男，有缓急非有益也[41]！"其少女缇萦[42]自伤泣，乃随其父至长安，上书曰："妾父为吏，齐中皆称其廉平，今坐法当刑。妾伤夫死者不可复生，刑者不可复属[43]，虽复欲改过自新，其道无由也。妾愿没入为官婢，赎父刑罪，使得自新。"书奏天子，天子怜悲其意，乃下诏曰："盖闻有虞氏之时，画衣冠异章服以为僇，[44]而民不犯。何则？至治[45]也。今法有肉刑三[46]，而奸不止，其咎安在？非乃朕德薄而教不明欤？吾甚自愧。故夫驯道不纯而愚民陷焉。[47]《诗》曰：'恺悌君子，民之父母[48]。'今人有过，教未施而刑加焉，或欲改行为善而道毋由也。朕甚怜之。夫刑至断支体，刻肌肤，终身不息，[49]何其楚痛而不德也，岂称为民父母之意哉！其除肉刑。"

上曰："农，天下之本，务莫大焉。今勤身从事而有租税之赋，是为本末者毋以异[50]，其于劝农之道未备，其除田之租税。"

十四年冬，匈奴谋入边为寇，攻朝那塞，杀北地都尉卬。[51]上乃遣三将军军陇西、北地、上郡，中尉周舍为卫将军，郎中令张武为车骑将军，军渭北[52]，车千乘，骑卒十万。帝亲自劳军，勒兵申教令，赐军吏卒。帝欲自将击匈奴，群臣谏，皆不听。皇太后固要[53]帝，帝乃止。于是以东阳侯张相如为大将军，成侯赤为内史，栾布为将军，击匈奴。[54]匈奴遁走。

春，上曰："朕获执牺牲珪币以事上帝宗庙[55]，十四年于今，历日县长，以不敏不明而久抚临天下，朕甚自愧。其广增诸祀墠场[56]珪币。昔先王远施不求其报，望祀不祈其福，右贤左戚，[57]先民后已，至明之极也。今吾闻祠官祝釐，皆归福朕躬，[58]不为百姓，朕甚愧之。夫以朕不德，而躬享独美其福[59]，百姓不与焉，是重吾不德。其令祠官致敬，毋有所祈。”

是时北平侯张苍为丞相，方明律历[60]。鲁人公孙臣上书陈终始传五德事，[61]言方今土德时，土德应黄龙见，当改正朔服色制度。[62]天子下其事与丞相议。丞相推以为今水德，始明正十月上黑事，[63]以为其言非是，请罢之。

十五年，黄龙见成纪，天子乃复召鲁公孙臣，以为博士，[64]申明土德事。于是上乃下诏曰："有异物之神见于成纪，无害于民，岁以有年[65]，朕亲郊祀上帝诸神。礼官议，毋讳以劳朕[66]。”有司礼官皆曰："古者天子夏躬亲礼祀上帝于郊[67]，故曰'郊'。”于是天子始幸雍，郊见五帝，以孟夏四月答礼焉。[68]赵人新垣平以望气见，因说上设立渭阳五庙。[69]欲出周鼎，当有玉英见[70]。

十六年，上亲郊见渭阳五帝庙，亦以夏答礼而尚赤。[71]

十七年，得玉杯，刻曰"人主延寿"。于是天子始更为元年，令天下大酺。[72]其岁，新垣平事觉，夷三族[73]。

后二年，上曰："朕既不明，不能远德，是以使方外之国或不宁息。夫四荒之外不安其生，封畿之内勤劳不处，[74]二者之咎，皆自于朕之德薄而不能远达也。间者累年匈奴并暴边境，多杀吏民，边臣兵吏又不能谕吾内志[75]，以重吾不德也。夫久结难连兵，中外之国将何以自宁？今朕夙兴夜寐，勤劳天下，忧苦万民，为之怛惕不安，未尝一日忘于心，故遣使者冠盖相望，结轶于道[76]，以谕朕意于单于。今单于反古之道[77]，计社稷之安，便万民之利，亲与朕俱弃细过，偕之大道，结兄弟之义，以全天下元元之民。和亲已定，始于今年。”

后六年冬，匈奴三万人入上郡，三万人入云中。以中大夫令勉为车骑将军，军飞狐；[78]故楚相苏意为将军，军句注；[79]将军张武屯北地；河内守周亚夫为将军，居细柳；[80]宗正刘礼[81]为将军，居霸上;祝兹侯军棘门[82],以备胡。数月,胡人去,亦罢。

天下旱,蝗。帝加惠,令诸侯毋入贡,弛山泽,减诸服御狗马,损郎吏员。[83]发仓庾以振贫民,民得卖爵。[84]

孝文帝从代来,即位二十三年,宫室苑囿狗马服御无所增益,有不便,辄弛以利民。[85]尝欲作露台,召匠计之,直百金。上曰:"百金,中民十家之产。吾奉先帝宫室,常恐羞之,[86]何以台为!"上常衣绨衣[87],所幸慎夫人,令衣不得曳地,帏帐不得文绣,以示敦朴,为天下先。治霸陵皆以瓦器,不得以金银铜锡为饰,不治坟,[88]欲为省,毋烦民。南越王尉佗自立为武帝,然上召贵尉佗兄弟,以德报之,佗遂去帝称臣。与匈奴和亲,匈奴背约入盗,然令边备守,不发兵深入,恶烦苦百姓。[89]吴王诈病不朝,就赐几杖。群臣如袁盎等称说虽切,常假借用之。[90]群臣如张武等受赂遗金钱,觉,上乃发御府金钱赐之,以愧其心,弗下吏。[91]专务以德化民,是以海内殷富,兴于礼义。

(以上为第三段,缕述了文帝在位时期的主要政事。)

①令列侯之国——让所有列侯都到自己的封地去。之:往。当时列侯的领地(基本为一个县)也称作"国"。　为吏——指在朝廷任有职务,如丞相、太尉等。　诏所止——皇帝特别下令让其住在京城的。　遣太子——让各自的"太子"先去。汉初诸侯王的嫡长子也称"太子"。　②蒸民——泛称黎民。蒸:众。　③天示之以灾,以诫不治——上天以灾变告诫下界的人君,警告他治国有问题。　④適见于天,灾孰大焉——上天对人世的警告,还有比这(日食、月食)更严重的吗? 適:通"谪",责备。古人认为日食、月食都是重大的天变,预示大难将生。　⑤不能理育群生——不能治理、养育百姓。　累三光之明——使三光之明连累受损,即指日食、月食。三光:指日、月、星。　⑥知见思之所不及——我的所知、所见、所思,有什么不周到的。　丐以告朕——请你们告诉我。丐:乞,求。　⑦匡——扶助,扶正。　不逮——不到位,这里指缺失。　⑧各饬其任职——严格要求各个在职的官吏。饬:严管。　繇费——徭役及与之相关的费用。繇:通"徭",

兵役、劳役。 ⑨不能远德——不能以道德感化境外的其他国家、民族。 僩(xiàn)然——恐惧不安的样子。 念外人之有非——担心境外的民族寻衅生事。 ⑩饬兵厚卫——指严密地守卫宫廷。 罢卫将军军——撤掉卫将军宋昌统领的禁军。 ⑪太仆见马——太仆所管理的现有马匹。太仆:给皇帝赶车并为皇帝管理车马的官,九卿之一。见:同“现”。 遗财足——留到够用即可。财:通“才”。 给传置(zhuàn zhì)——补充到驿站去。 ⑫籍田——皇帝亲自耕种的农田。按:中国自古重农,故皇帝也要亲耕“籍田”,为全国树榜样。 率耕——带头进行农耕活动。 给宗庙粢(zī)盛——将收获的粮食供祭祀宗庙之用。 ⑬赵幽王幽死——赵幽王,名友,刘邦之子,前被吕后拘禁,饿死。 ⑭进善之旌——应劭曰:“旌,幡也。尧设之五达之道,令民进善也。”如淳曰:“欲有进者,立于旌下言之。” 诽谤之木——类似今故宫前之华表。王先谦引《古今注》:“今之华表以横木交柱头,状如花,形似桔槔,大路交衢悉施焉,或谓之表木,以表王者纳谏。” 通治道——使治国之道上下沟通。 来谏者——吸引人们前来提意见。来:招致,招纳。 ⑮民或祝诅上以相约结而后相谩——意谓有些人曾经在一起诅咒过皇上,约好大家都不说,后来彼此闹翻了,遂相互攻击告发。谩:负,背叛。 ⑯其有他言——如果再说一些不满、不服的话。 ⑰细民之愚无知抵死——将一些无知的小民糊里糊涂地弄成了死罪。 ⑱自今以来——从此以后。 勿听治——不要过问,不必制裁。 ⑲初与郡国守相为铜虎符、竹使符——郡国守相:朝廷直属郡的郡守与诸侯国的丞相,都是朝廷任命的实际掌权的地方官员。铜虎符、竹使符:《集解》引应劭曰:“铜虎符,第一至第五,国家当发兵,遣使者至郡合符,符合,乃听受之。竹使符,皆以竹箭五枚,长五寸,镌刻篆书,第一至第五。”初:首次实行。 ⑳罢太尉官,属丞相——撤销“太尉”职务的建制,原属太尉的一切事务,全由丞相管理。 ㉑淮南王长与从者魏敬杀辟阳侯审食其(yì jī)——审食其是吕后的亲信,淮南王刘长之母赵氏在怀着刘长的时候,因贯高谋杀刘邦事被牵连下狱,赵氏通过审食其向吕后求情,审食其办事不力,致使赵氏生下刘长后愤而自杀,因此刘长恨审食其,长大后将其杀死。 ㉒北地——汉郡名,郡治马领,在今甘肃庆城西北。　居河南为寇——河南:指今内蒙古黄河以南的伊克昭盟一带。秦将蒙恬曾将匈奴人逐至黄河后套以北,并在黄河以北修筑长城,派兵驻守。秦末以来中原战乱,匈奴人遂乘机南下,又占据了黄河以南的大片地区。　㉓帝初幸甘泉——甘泉:宫名,在今陕西淳化西北。按:文帝之“幸”甘泉,有巡北边以御匈奴之意,故《史》文连及之。　㉔输遗(wèi)——运送,给予。　㉕右贤王——仅次于匈奴单于的两个头领之一,左贤王居东方,右贤王居西方,协助单于治理。　居河南降地——“降”字无来由,疑衍。　非常故——不是原来的样子。　㉖保塞蛮夷——归附汉朝,住在汉帝国边境的少数民族。保:依附,依靠。塞:边塞,国境线。　㉗陵轹(lì)——侵陵,践踏。轹:车轮碾过。　甚敖——敖:通“傲”,狂傲。　㉘高奴——汉县名,县治在今陕西延安东北。　㉙中尉材官——中尉属下以力大闻名的特种兵。中尉:主管首都治安的军事长官。材官:军中由力大善射者组成的特种兵。　军长安——驻扎京城附近,以备匈奴。　㉚太原——汉郡名,郡治晋阳(今山西太原西南古城营),即当年文帝为代王时的领地。　故群臣——当日文帝为代王时的老属下。　㉛复晋阳、中都民三岁——免掉晋阳、中都两个地区居民三年的劳役与赋税。复:免除赋役。中都:当年代国的国都,在今山西平遥西南。　㉜乃反,发兵欲袭荥阳——济北王刘兴居与其兄刘章在诛灭诸吕中有功,文帝即位后,原答应封刘章为赵王,封刘兴居为梁王,后来反悔,只从齐国割出两个郡分封了他们。二人皆不满,刘章愤恚死去,刘兴居遂公开反叛。荥阳:汉郡名,郡治在今河南郑州惠济区西北古荥。　㉝祁侯贺——姓缯,名贺,刘邦的开国功臣。封地祁,在今山西祁县东南。　㉞诖(guà)误——此指以欺骗手段连累人犯罪。诖:欺骗。　㉟去来——犹“往来”。　㊱虏其王——虏济北王刘兴居。　㊲蜀严道邛(qióng)都——蜀郡严道县的邛邮邑。“都”乃“邮”字之讹。严道:汉县名,在今四川荥经。邛邮:在今四川荥经西南,当时属于严道县。　㊳福繇德兴——繇:通“由”。　㊴秘祝之官——祭祀时祈求为某人降福或向某人降祸的巫祝。　移过于下——将皇帝的过失转移给臣下。　㊵齐太仓令——齐国粮库的主管官员。　淳于公——姓淳于,名意,即《扁鹊仓公列传》所谓“仓公”。 诏狱逮徙系长安——朝廷派人来逮捕，要将其押解到长安下狱。诏狱：关押皇帝下令逮捕的犯人的监狱。 ㊶有缓急非有益也——其意谓父亲有罪判刑，如果家里有儿子，可以让儿子去顶替；现在家里都是女儿，这就一点办法也没有了。缓急：复词偏义，这里指急。 ㊷少女缇萦（tí yíng）——最小的女儿名叫缇萦。

㊸刑者不可复属——刑者：指被斩断了肢体。不可复属：不能再连起来。 ㊹有虞氏——即舜帝，名重华。 画衣冠异章服以为僇（lù）——画衣冠：在犯人的衣服、帽子上画上某种标志。异章服：让罪犯的帽子、衣服与一般人有明显不同。僇：通“戮”，辱，惩罚。 ㊺至治——美好无比的政治局面。 ㊻今法有肉刑三——梁玉绳曰：“疑此是劓、刖、宫为三肉刑，盖黥至轻，自不应数之。” ㊼驯道不纯——对百姓的教育有问题。驯道：指训导。驯：通“训”。 陷——指沦于犯罪。 ㊽恺悌君子，民之父母——意谓君子有和乐简易之德，则其民尊之如父，亲之如母。 ㊾支体——即“肢体”。支：通“肢”。 终身不息——永远不能再长出来。息：生。 ㊿为本末者毋以异——意谓如果对农民征税，那就和对待商人没有区别了。本：指农业。末：指手工业、商业。 ⑸朝那塞——即萧关，在今宁夏固原东南。 北地都尉卬——北地郡的都尉孙卬。北地郡的郡治马领，在今甘肃庆城西北。

⑸军渭北——指驻军渭北以捍卫京城。 ⑸固要（yāo）——此处意为坚决不让。要：要求，阻止。 ⑸东阳侯张相如——汉初功臣，地位颇高，但《史记》《汉书》皆无传。 成侯赤为内史——成侯赤：董赤，高祖功臣董渫之子，继其父爵为侯。内史：后来改称京兆尹，为首都及其附近地区的行政长官。 栾布——原是彭越的部下，高祖刘邦任其为都尉。文帝时为燕相。后在平定七国之乱中立功封侯。 ⑸执牺牲珪币以事上帝宗庙——即婉言为皇帝，只有皇帝才有资格主持祭祀上帝与宗庙。 ⑸诸祀墠（shàn）场——各个祭祀场所。墠：除地而祭。有曰“墠”字应作“坛”。 ⑸远施——指施恩德于化外。 望祀——此指遥祭名山大川。 右贤左戚——以贤为上，然后及亲。 ⑸祠官祝釐——祭祀的官员向鬼神祝祷以求福。釐：通“禧”，福。 皆归福朕躬——意即都是为我求福。 ⑸躬享独美其福——语句繁芜不顺，意

即独享其福。 ⑥⓪方明律历——正在为国家制定律度、历法。明:阐而行之。 ⑥①鲁人公孙臣——鲁郡的阴阳五行家,姓公孙,名臣。 终始传五德——当时阴阳五行家们的一种说法,他们把金、木、水、火、土五行的“相克”,与历代王朝的更替相比附。如说周朝是“火德”,而秦朝能取代它,则秦朝必是“水德”;汉朝又能取代秦朝,则汉朝定是“土德”;如此等等,构成一个循环系统。 ⑥②土德应黄龙见——土德的征兆,是将有黄龙出现。应:效应,征兆。 改正朔服色制度——改正朔:指重新规定以十二个月中的某个月为“岁首”,如周以十一月为岁首,秦以十月为岁首,汉朝应该再加以改变。朔:每个月的初一。服色:五行家还把红、黄、蓝、白、黑五种颜色与五行相比附,从而各个“德性”不同的王朝,其所推崇的颜色也就不同,如周朝“火德”,重红色;秦朝“水德”,重黑色;汉朝如果是“土德”,就应该重黄色。制度:指包括度量衡在内的各种章程、规定。 ⑥③以为今水德——汉初许多人也同样讲五行运转,他们之所以坚持说汉是“水德”,关键在于不承认秦是一个王朝。他们认为汉代是直接上继周朝,所以主张应把秦朝所用的一切全部接过来,不用改变。 始明正十月上黑事——阐发以十月为岁首、颜色尚黑的一套理论。 ⑥④黄龙见成纪——成纪:汉县名,县治在今甘肃静宁西南。见:同“现”。 博士——官名,属太常,在帝王身边掌议论、顾问。 ⑥⑤有年——指农业丰收。 ⑥⑥毋讳以劳朕——不要因怕我劳苦而有话不讲。 ⑥⑦夏躬亲礼祀上帝于郊——夏至日皇帝亲自于北郊祭祀上帝。 ⑥⑧始幸雍——首次到雍县祭天。雍:汉县名,县治在今陕西宝鸡凤翔区南,其地有秦朝祭天的坛台。 郊见五帝——郊祀以拜五帝之神。五帝:五方之帝,即东方青帝、南方赤帝、西方白帝、北方黑帝、中央黄帝。 孟夏——夏季的第一个月。 答礼——指祭祀以报谢上帝的福佑。 ⑥⑨新垣平——当时的方士,姓新垣名平。 望气——通过观望云气以推断吉凶。 立渭阳五庙——在渭水之北新建五座神庙。 ⑦⓪欲出周鼎,当有玉英见——新垣平又蛊惑汉文帝到汾阴打捞周鼎,并扬言将有花朵一样的玉石出现。 ⑦①以夏答礼——意即在夏天举行祭祀。 尚赤——以红色为贵,指祭神所用的供品与祭祀者所穿的礼服都为红色。 ⑦②始更为元年——改十七年为“后元元年”。　令天下大酺(pú)——允许百姓聚饮欢庆。按:当时国家禁止百姓随意聚饮,故每有喜庆,必待朝廷下令特准方能聚饮。　⑦③新垣平事觉,夷三族——《史记·封禅书》:“人有上书告新垣平所言气、神事皆诈也,下平吏治,诛夷新垣平。”　⑦④四荒之外——四境以外的荒远地区,亦即上文之所谓“方外”。　封畿(jī)之内——即国内。封:国境线。畿:此指首都的郊区。　勤劳不处——即不得安生。处:居。⑦⑤谕吾内志——明白我的内心想法。谕:明白。　⑦⑥结轶(zhé)于道——车迹布满道路。轶:通“辙”。　⑦⑦反古之道——重新回到古代圣人的治国安邦之道。　⑦⑧中大夫令勉——中大夫令,其名曰“勉”,史失其姓。一说为中大夫官,姓令,名勉。按:疑前说为是。“中大夫”属郎中令,掌议论,品级较低,恐不能一跃而为“车骑将军”。中大夫令:原名卫尉,九卿之一,统领护卫宫廷的军队,秩中二千石。　飞狐——飞狐口,要隘名,在今河北蔚县东南恒山峡谷口之北口。　⑦⑨故楚相——曾为楚元王刘交之相。　句注——句注山,在今山西代县西北。　⑧⓪河内守周亚夫——绛侯周勃之子,河内郡治怀县,在今河南武陟西南。　细柳——地名,在当时的长安城西,今陕西咸阳西南。⑧①宗正刘礼——楚元王刘交之子。宗正:官名,九卿之一,掌管刘氏皇族的事务。　⑧②祝兹侯军棘门——祝兹侯:应作“松兹侯”,此人为徐厉。棘门:原为秦宫门,在今陕西咸阳东北。　⑧③弛山泽——放宽有关山林水泽的禁令,允许百姓打猎、捕鱼。　服御狗马——指皇帝本人的衣食用度与游乐设备。　损郎吏员——裁减皇帝身边侍卫、侍从的常备人数。郎:皇帝的侍从人员,如中郎、侍郎、郎中等。　⑧④发仓庾以振贫民——庾:露天的积谷处。振:“赈”的本字。　民得卖爵——秦汉时期,一般平民亦有爵,此爵可由战场立功获得,可由皇帝开恩赐得,亦可由自己向国家缴纳粮食换得。平民有此爵后,可用以折税、折罪,也可用以卖钱。　⑧⑤不便——不利,指百姓遇到天灾人祸。　弛以利民——打开皇家的园囿,让百姓耕种、采樵。　⑧⑥奉先帝宫室——奉:秉承,继续享用。　常恐羞之——害怕自己干得不好,为祖先带来耻辱。　⑧⑦常衣绨(tí)衣——极言服饰之俭朴。绨:厚缯之滑泽者,常指粗劣的丝织品。　⑧⑧治霸陵——指文帝为自己预造陵墓,在今西安东北。　不得以金银铜锡为饰——按：此语恐多夸饰。　不治坟——不在平地另起丘陵。　⑧⑨令边备守，不发兵深入——按：史公以此为文帝善政，盖不满武帝之大用兵于匈奴。　恶（wù）烦苦百姓——恶：怕，不愿意。烦苦：麻烦。　⑨⓪袁盎等称说虽切——按：文帝时对时政“称说虽切”的人有贾谊、晁错、张释之、袁盎等，所针对的主要有匈奴侵扰问题、国内诸侯王割据问题，以及一些体制、礼法上的问题等。袁盎所涉及的主要是后者，有的提议不免于谄。　假借用之——犹言参照用之，意即可用则用，不可用也不正面驳回。　⑨①御府——皇家府库。　弗下吏——不将其交有关官吏查办。

后七年六月己亥，帝崩于未央宫。[①]遗诏曰：“朕闻盖天下万物[②]之萌生，靡不有死。死者天地之理，物之自然者，奚可甚哀。[③]当今之时，世咸嘉生而恶死，厚葬以破业，重服以伤生，[④]吾甚不取。且朕既不德，无以佐百姓；今崩，又使重服久临，以离寒暑之数，哀人之父子，伤长幼之志；[⑤]损其饮食，绝鬼神之祭祀，[⑥]以重吾不德也，谓天下何！朕获保宗庙，以眇眇之身托于天下君王之上，二十有余年矣。赖天地之灵，社稷之福，方内[⑦]安宁，靡有兵革。朕既不敏，常畏过行，以羞先帝之遗德；维年之久长，惧于不终。[⑧]今乃幸以天年，得复供养于高庙，[⑨]朕之不明与嘉之[⑩]，其奚哀悲之有！其令天下吏民，令到出临三日，皆释服[⑪]。毋禁取妇嫁女祠祀饮酒食肉者。自当给丧事服临者，皆无践。[⑫]绖带无过三寸，毋布车及兵器，[⑬]毋发民男女哭临宫殿[⑭]。宫殿中当临者，皆以旦夕各十五举声[⑮]，礼毕罢。非旦夕临时，禁毋得擅哭。已下，服大红十五日，小红十四日，[⑯]纤七日[⑰]，释服。佗不在令中者，皆以此令比率[⑱]从事。布告天下，使明知朕意。霸陵山川因其故[⑲]，毋有所改。归夫人以下至少使[⑳]。”令中尉亚夫为车骑将军，属国悍为将屯将军，郎中令武为复土将军。[㉑]发近县见卒万六千人，发内史卒万五千人，藏郭穿复土属将军武。[㉒]

乙巳，群臣皆顿首上尊号曰孝文皇帝。[㉓]太子即位于高庙[㉔]。

丁未[25],袭号曰皇帝。

孝景皇帝元年十月,制诏御史[26]:“盖闻古者祖有功而宗有德,制礼乐各有由。[27]闻歌者,所以发德也[28];舞者,所以明功也。高庙酎,奏《武德》《文始》《五行》之舞[29];孝惠庙酎,奏《文始》《五行》之舞。孝文皇帝临天下,通关梁,不异远方[30];除诽谤[31],去肉刑,赏赐长老,收恤孤独,以育群生;减嗜欲,不受献[32],不私其利也。罪人不帑[33],不诛无罪;除宫刑,出美人,重绝人之世[34]。朕既不敏,不能识。此皆上古之所不及,而孝文皇帝亲行之。德厚侔天地[35],利泽施四海,靡不获福焉。明象乎日月,而庙乐不称[36],朕甚惧焉。其为孝文皇帝庙为《昭德》之舞,以明休德[37]。然后祖宗之功德著于竹帛,施于万世,[38]永永无穷,朕甚嘉之。其与丞相、列侯、中二千石、礼官具为礼仪奏。[39]”丞相臣嘉[40]等言:“陛下永思孝道,立《昭德》之舞以明孝文皇帝之盛德,皆臣嘉等愚所不及。臣谨议:世功莫大于高皇帝,德莫盛于孝文皇帝,高皇庙宜为帝者太祖之庙,孝文皇帝庙宜为帝者太宗之庙。[41]天子宜世世献祖宗之庙[42]。郡国诸侯宜各为孝文皇帝立太宗之庙。诸侯王列侯使者侍祠,天子岁献祖宗之庙[43]。请著之竹帛,宣布天下。”制曰:“可。”[44]

(以上为第四段,写文帝之死,详载文帝遗诏与景帝诏,以彰文帝之德。)

①后七年——前157年。　六月己亥——六月初一。　崩于未央宫——是年文帝五十六岁。　②朕闻盖天下万物——“盖”字当衍。　③死者天地之理,物之自然者——观此数语,文帝果从理论上宗于道家。　奚可——岂可。　④重服——服重孝,指守丧的时间长,且又礼数多。　伤生——有害于活着的人。　⑤久临——长时间哭丧。临:哭丧。　离寒暑之数——意即经过漫长的寒暑。离:通“罹”,遭,陷入。　伤长幼之志——让老人小孩都跟着伤心。　⑥损其饮食——吏民为皇帝守丧,饮食皆不得奢华。　绝鬼神之祭祀——由于给皇帝办丧事,致使其他祭祀活动均告停止。　⑦方内——四方之内,犹言“海

内”“宇内”。 ⑧过行——做错事。 维年之久长——自念即位以来已多有年数。维：通“惟”，思虑。 惧于不终——害怕不得善终。⑨幸以天年——谓幸以天年终，指病死，以区别于不得好死。 供养于高庙——指自己的神主将被人们与高祖供奉在一起。 ⑩朕之不明与嘉之——此句文字不顺。大意谓：像我这样不高明的人，能有这样的结局，我已经觉得够好了。与：语气词。 ⑪出临三日，皆释服——意即哭三天丧就算完事。释服：脱去孝服。 ⑫自当给丧事服临者——指皇室家属与经办丧事的人。给：从事。 无践——践：光着脚，以表示哀戚之至。或谓“践，翦也”，即服“斩衰(cuī)”，是一种不缝边的孝服，用粗麻布制成，以示无饰，服期三年，是丧礼中最重者。 ⑬绖(dié)带——守丧者头上所缠和腰里所系的麻布带子。 毋布车及兵器——不必把车驾与兵器都用麻布包起来。 ⑭毋发民男女哭临宫殿——不要征调其他百姓来进宫助哭。 ⑮旦夕各十五举声——早晨、晚上每个人只哭十五声。 ⑯已下——棺木下葬以后。 大红十五日——应服九个月丧服的亲属，现在从简，改服十五日。大红：即“大功”，九个月的丧服。红：通“功”。 小红十四日——该服五个月丧服的亲属，现在改服十四日。 ⑰纤七日——应服三十六日丧服的亲属，现在只服七日。纤：服丧三十六日。 ⑱比率——比照，依照这里的尺度。⑲霸陵山川因其故——陵园当地的山川都要保持其原有的样子。按：霸陵在今西安东北。意即不大兴土木。 ⑳归夫人以下至少使——将自己的姬妾都遣放回家。夫人以下有美人、良人、八子、七子、长使、少使，凡七等。 ㉑中尉——主管首都治安的军事长官，兼主北军，位列九卿，秩中二千石。 属国悍——徐悍，前面提到的松兹侯徐厉之子。属国：即典属国，主管少数民族事务。 将屯将军——杂号将军名，典屯军以备非常。 郎中令武——指郎中令张武。 复土——出土下棺，已而填之，故云复土。 ㉒近县见卒——长安附近各县所驻的现有军队。见：同“现”。 内史卒——首都行政长官统管的士兵。 藏郭穿复土属将军武——指上述三万多人负责挖坑、下棺椁、封土，受张武指挥。郭：外棺。 ㉓乙巳——六月初七。按：“乙巳”下应有“葬霸陵”三字。文帝六月初一卒，初七葬，前后只七天。 上尊号——指议定谥号。 ㉔即位于高庙——历代皇帝的即位典礼，通常是在开国皇帝的庙里举行，以示继承传统之意。 ㉕丁未——六月初九。 ㉖孝景皇帝元年——前156年。古代帝王继位，即在先王死后不久；而改用自己的年号，则通常在第二年。孝景皇帝：刘启，文帝之子，窦皇后所生。 制诏御史——下令给御史。汉代皇帝下达命令的程序是：先将命令下达给御史大夫，由御史府形成文件；而后将文件转到丞相府，丞相府讨论后，再呈请皇帝批示，而后下达全国。 ㉗祖有功而宗有德——始取天下者为"祖"，故称刘邦为"高祖"；始治天下者为"宗"，故称文帝为"太宗"。 制礼乐各有由——给死后的某个帝王用什么歌舞礼乐，要根据那个帝王的具体情况而定。 ㉘闻歌者，所以发德也——"闻"字系衍文。发德：阐发其德，与下之"明功"对文。 ㉙高庙酎(zhòu)——意谓给高祖庙进酒时。酎：醇酒。 《武德》《文始》《五行》——皆舞名，《武德》者其舞人执干戚；《文始》舞，执羽籥；《五行》舞，冠冕衣服法五行之色。 ㉚通关梁，不异远方——指废除国内限制各地往来的关卡，以利士人游宦与商贾流通。 ㉛除诽谤——废除惩办"诽谤"罪的刑法。 ㉜不受献——不接受各郡国的进贡。 ㉝罪人不帑——惩办罪人不连累其妻子。帑：通"孥"，指将犯人的妻子儿女没入官府为奴。 ㉞重绝人之世——不愿让某些人断子绝孙。重：看重，不轻易。 ㉟侔天地——与天地之德相比。侔：相比，相当。 ㊱庙乐不称——祭祀文帝庙所用的歌舞与文帝的功德不相称。 ㊲休德——美德。休：美善。 ㊳著于竹帛——即载之于史册。竹帛：古代用来书写的材料。 施(yì)于万世——意即流传千古。施：延续，流传。 ㊴中二千石——汉代的"二千石"官分三等，最高者为"中二千石"，意即十足的二千石，"九卿"等是；其次为"二千石"，郡守与诸侯相是；其三为"比二千石"，中郎将、光禄大夫等是。 具为礼仪奏——制订一套相应的礼仪上奏。 ㊵丞相臣嘉——申屠嘉，刘邦的开国功臣，文帝时代张苍为丞相。 ㊶太祖——最伟大的祖先。 太宗——永为后世帝王之所宗仰者。 ㊷天子宜世世献祖宗之庙——意即后世的皇帝既要亲自祭祀"太祖"，也要亲自祭祀"太宗"。 ㊸诸侯王列侯使者侍祠，天子岁献祖宗之庙——意谓各诸侯王与各列侯，每年都要派专人进京陪同皇帝一起祭祀太祖、太宗,而且每年还都得交一份助祭的钱,即所谓"岁献"或"酎金"。 ㊹制曰:"可。"——"可"是皇帝在大臣呈报的文件上所作的批语。制:皇帝的命令。

太史公曰:孔子言必世然后仁[①]。善人之治国百年,亦可以胜残去杀[②],诚哉是言!汉兴,至孝文四十有余载,德至盛也,廪廪乡改正服封禅矣,谦让未成于今。[③]呜呼,岂不仁哉[④]!

(以上为第五段,是作者的论赞,作者对文帝的政绩充满歌颂,言外有讽刺武帝之意。)

①必世然后仁——《论语·子路》:"子曰:如有王者,必世而后仁。"《集解》引孔安国曰:"三十年曰'世',如有受命王者,必三十年仁政乃成。" ②胜残去杀——《论语·子路》:"子曰:善人为邦百年,亦可以胜残去杀矣,诚哉是言也。"王肃曰:"胜残,胜残暴之人,使不为恶也。去杀,不用刑杀也。" ③廪廪乡改正服封禅矣——廪廪:接近、靠近的样子。改正服:即改正朔、易服色。封禅:指到泰山顶上祭天与到泰山脚下祭地。 谦让未成于今——意谓由于文帝谦让,一直到今天也没有搞改正朔、易服色,以及封禅等活动。按:根据此语,赖长扬、赵生群等都认为《孝文本纪》乃是司马谈所作。 ④呜呼,岂不仁哉——刘咸炘认为:论意以不改正服为仁,讥武帝为不仁也。

[**简评**] 本篇记叙了文帝于大臣诛灭诸吕后,果断入朝,继承皇位,以及为帝后所施行的一系列善政,塑造了一个作者所欣赏、所向往的帝王形象。作者通过汉文帝所表达的政治理想,其一是赞扬文帝的公天下,赞扬他谦虚、谨慎,让贤、让德,而与其他篇所表现的那些为争权夺利而不择手段形成鲜明对照;其二是赞扬德政,赞扬文帝的一切措施皆从黎民的利益出发,皆以利于百姓的安生为准则;其三是反对战争、反对严刑峻法,反对统治者的铺张奢侈,劳民伤财;其四是广开言路,听取各种批评。这些思想都贯穿《史记》全书,是作者"一家之言"的重要表现。

作者在《五帝本纪》中歌颂禅让，歌颂德政，集中塑造了他所推崇的帝王尧、舜；而在三代以后，秦汉以来，真正符合作者理想的帝王就只有汉文帝了。作者歌颂文帝，有对比、批评汉代其他诸帝的用意，尤其对武帝政治，则明显是指桑骂槐，这一点读者应该特别注意。本文在揭示统治集团内部的深刻矛盾方面，可谓隐微细致，发人深思，诸如周勃、陈平等人当初为什么要选汉文帝，以及汉文帝入朝后又对周勃、陈平等人做了些什么？在平定诸吕中立有最大功劳的是朱虚侯刘章，而文帝即位后又是怎么对待兄弟刘章的？文帝即位前，曾反复推让，文帝即位后，又一连对各个方面，以及对全国的百姓普加奖赏，这些是为什么？作者的确歌颂汉文帝，但对汉文帝的故弄玄虚，也并非视而未见。摒除表面上的一片颂声，仔细推敲，这里边还大有奥妙，很能让人长见识。赵生群等认为本篇的作者应是司马谈，而不是司马迁，似乎可以成立。

［**集评**］《太史公自序》："汉既初兴，继嗣不明，迎王践祚，天下归心；蠲除肉刑，开通关梁，广恩博施，厥称太宗。作《孝文本纪》第十。"

吴见思曰："本纪之体，是诸传之提纲，故挨年逐月一路叙去，用花巧不得，止看其叙法之简净，安放之妥当而已。""此纪通篇与武帝事对照，昔人所谓《鱼藻》之义也。"(《史记论文》)

汤谐曰："孝文为三代以后第一贤君，史公在孝武时作《孝文纪》，故尤极无穷慨慕也。二十余年，深仁厚泽，纪中排缵不尽，止举其大要，而余者令人悠然可思，正是史公画龙点睛妙手。而或以为'年缺不具，有残简之失'者，误矣。"(《史记半解》)

钟惺曰："文帝谦逊爱养，事事以静为主，至欲自将击匈奴，大臣谏不听，何其勇也。愚尝谓，文帝用兵远过武帝，武帝击匈奴，枉行一己之志，故常生事；文帝枉图天下之安，故常归于无事，大小公私其本末不同耳。”“文帝遗诏薄葬，短丧其旨本出老、庄，而以一片虚怀谦志发之，不露奇言异迹。帝王举动自应如此，不尔，便是一杨王孙矣。”（《史怀》）

陈仁子曰：“帝自代来，辞让再三，初无一毫垂涎鼎玺之心。最是卑词而和匈奴，软语而谕南粤（越），视名位若将浼焉。有司请建太子，而帝曰‘别择贤’，彼岂为其私哉？后立景帝，特以身履诸吕之变，不容不早定耳。西汉有帝王气象，文帝一人而已。”（《史记评林》引）

杨维桢曰：“脱大臣之祸而起诸吕之权者，张辟彊也。大臣依之而谋诸吕者，朱虚侯也。辟彊罪当诛，而朱虚不加恩何耶？以立齐王之嫌而绌之也。吁！帝亦不广矣。”（《史记评林》引）

真德秀曰：“《太史公书》于高、景二纪，诏皆不书；独文帝纪，凡诏皆称‘上曰’，以其出于帝之实意故也。不然则山东老癃，扶杖听诏，愿见德化之成，其可以空言动邪？”（《文章正宗》）

李景星曰：“太史公于他帝诏令多不载录，独于《孝文本纪》录诏令最详，盖以孝文各诏质古温醇，实属三代之遗。且所行政事，又足以副之，非托诸空言者比也。通篇叙事，纯以文胜，写得秩秩楚楚，优柔不迫。既无《高纪》中疏荡之气，亦无《吕纪》中刻挚之笔，又处处与《武纪》中作反面对照。写仁厚守成之主，不得不另用此一副笔墨也。后幅收束，尤为严密。‘从代来即位’一段，总叙帝之生平于未崩之前；‘后七年六月’一段，详叙帝之遗诏于既崩之后。下又继以景帝之诏、群臣之议，将帝所行之大事再括叙一番，而以‘功莫大于高（皇）帝，德莫大于孝文皇帝’一语作为断定，精确正大，穆然高古。……赞语气脉音节俱佳，有似承似转，若断若续之妙。最后点一‘仁’字，是全纪眼睛，不可轻易视之。”（《四史评议》）

毛泽东曰：“高祖之后，史家誉为文景之治，其实文、景二帝乃守旧之君，无能之辈，所谓‘萧规曹随’，没有什么可称道的。

倒是汉武帝雄才大略，开拓刘邦的业绩，晚年自知奢侈、黩武、方士之弊，下了罪己诏，不失为鼎盛之世。”（《毛泽东读书笔记解析》）

孝景本纪第十一

孝景皇帝者，孝文之中子也。[1]母窦太后。孝文在代时，前后有三男[2]，及窦太后得幸，前后死。及三子更死，故孝景得立。[3]

元年[4]四月乙卯，赦天下。乙巳，赐民爵一级。五月，除田半租[5]，为孝文立太宗庙。令群臣无朝贺。匈奴入代[6]，与约和亲。

二年春，封故相国萧何孙系为武陵侯[7]。男子二十而得傅[8]。四月壬午，孝文太后[9]崩。广川、长沙王皆之国。丞相申屠嘉卒。八月，以御史大夫开封侯陶青[10]为丞相。彗星出东北。秋，衡山[11]雨雹，大者五寸，深者二尺。荧惑逆行，守北辰；月出北辰间；岁星逆行天廷中。[12]置南陵及内史祋祤为县[13]。

三年正月乙巳，赦天下。长星出西方，天火燔雒阳东宫大殿城室。[14]吴王濞、楚王戊、赵王遂、胶西王卬、济南王辟光、菑川王贤、胶东王雄渠反，发兵西乡[15]。天子为诛晁错，遣袁盎谕告，不止，遂西围梁。[16]上乃遣大将军窦婴、太尉周亚夫将兵诛之。六月乙亥，赦亡军及楚元王子蓺等与谋反者。[17]封大将军窦婴为魏其侯，立楚元王子平陆侯礼为楚王。立皇子端为胶西王，子胜为中山王。徙济北王志为菑川王[18]，淮阳王餘为鲁王，汝南王非为江都王。齐王将庐、燕王嘉皆薨[19]。

(以上为第一段,写景帝即位,与其平定吴楚七国之乱的情形。)

①孝景皇帝——刘启,“景”是谥。　孝文之中子也——梁玉绳曰:“孝文四男,景帝为长,故立为太子。《史》并其前夭死之三男数之,而云‘中子’,非也。”　②前后有三男——前后:文帝为代王初期的王后。有三男:据《外戚世家》,代王前后生四男。　③三子更死——前王后之三男,在文帝即位前后,皆相继死去。更:相继,交替。　故孝景得立——在文帝现存的儿子中,孝景最长,且又为宠姬窦氏所生,故得立为太子。　④元年——前157年。　⑤除田半租——文帝十三年尽除田租,至此年,始复收其半租。　⑥代——汉代诸侯国名,都晋阳(今山西太原西南)。　⑦封故相国萧何孙系为武陵侯——“武陵”应作“武阳”;其名曰“嘉”,不曰“系”。　⑧男子二十而得傅——傅:登录名字于户籍,从此交纳赋税。“得”字系衍文。　⑨孝文太后——文帝的母亲薄太后。　⑩御史大夫开封侯陶青——刘邦建国初期的功臣陶舍之子,袭开封侯。御史大夫:当时的“三公”之一,位同副宰相,主管监察。　⑪衡山——汉代诸侯国名,治邾县(今湖北黄冈西北)。　⑫荧惑逆行,守北辰——意即火星运行到了北极星的位置。荧惑:即今之火星。守:逼近。北辰:即今所谓北极星。　月出北辰间——月亮运行到了北极星的位置。　岁星逆行天廷中——木星运行到了太微垣。岁星:即今之所谓木星,十二年绕行太阳一周,古人用以纪年,故称“岁星”。天廷:即“太微垣”,在北斗之南,有星十颗。按:以上三者都是天文上的反常现象,古人以为不祥,故书于史。　⑬置南陵及内史袚祤(duì xǔ)为县——将南陵和内史辖区的袚祤设立为县。南陵:文帝母薄太后的陵墓名,在今西安东南。景帝为表示对其祖母陵墓的尊崇,因而将其所在地区设立陵邑,建制同县。内史袚祤:内史辖区里的袚祤邑,设县后的县治在今陕西铜川耀州区东。内史:官名,也是地区名,后来改称“京兆尹”。国家首都及其郊区的行政长官,同时也用以称首都与其郊区相当一个郡的行政区域。　⑭长星——彗星。　天火燔(fán)雒阳东宫大殿城室——天火:由雷电等所引起的火灾。雒阳:应作“淮阳”。淮阳国的国都陈县,在今河南周口淮阳区。按:汉人迷信“天人感应”,以为上之天变屡屡,皆与下之吴楚七国之乱相对应,故史

家书之。 ⑮发兵西乡——发兵向西方杀来。乡:通“向”。 ⑯天子为诛晁错——晁错当时为御史大夫,力主削弱诸侯王,故割据势力以讨晁错为名发动叛乱,景帝为讨好叛乱诸侯王,听信袁盎谗言将晁错杀害。 遣袁盎谕告,不止——袁盎借刀杀人,劝景帝杀了晁错后,景帝派袁盎去劝说吴、楚退兵,吴、楚不退。 西围梁——西下包围了梁孝王的国都睢阳(今河南商丘南)。梁孝王名武,文帝子,景帝的胞弟。 ⑰亡军——平叛过程中开小差的政府军人。 楚元王子蓺——刘蓺,刘交之子,楚王刘戊之叔。 ⑱徙济北王志为菑川王——济北王志:刘志,刘肥之子。济北国都卢县,在今山东济南长清区西南。按:济北王刘志起初也答应了参加叛乱,后被部下劫持,未能反成,故受宽容。 ⑲齐王将庐、燕王嘉皆薨——将庐:也作“将闾”,齐悼惠王刘肥之子。起初也答应与吴、楚一道造反,后来反悔,被胶西、胶东等四反国所围,朝廷派栾布等将兵救之,齐围始得解。后来朝廷知道了齐王最初也曾答应谋反的事情,将闾畏罪自杀。燕王嘉:刘嘉,刘邦功臣刘泽之子,继其父为燕王。

四年夏,立太子,立皇子彻为胶东王。[①]六月甲戌,赦天下。后九月,更以易阳为阳陵。[②]复置津关,用传出入。[③]冬,以赵国为邯郸郡[④]。

五年三月,作阳陵、渭桥[⑤]。五月,募徙阳陵[⑥],予钱二十万。江都大暴风从西方来,坏城十二丈。丁卯,封长公主子蟜为隆虑侯,徙广川王为赵王。[⑦]

六年春,封中尉绾为建陵侯,江都丞相嘉为建平侯,陇西太守浑邪为平曲侯,赵丞相嘉为江陵侯,故将军布为鄃侯。[⑧]梁、楚二王皆薨[⑨]。后九月,伐驰道树,殖兰池[⑩]。

七年冬,废栗太子为临江王。十一月晦,日有食之。春,免徒隶作阳陵者。[⑪]丞相青免。二月乙巳,以太尉条侯周亚夫为丞相。四月乙巳,立胶东王太后[⑫]为皇后。丁巳,立胶东王为太子,名彻[⑬]。

（以上为第二段，写景帝更换太子。）

①立太子——立栗姬所生的刘荣为太子。　立皇子彻为胶东王——皇子彻：刘彻，即日后的汉武帝，景帝妃王氏所生。胶东王雄渠因谋反被灭，故景帝得以胶东封其子。　②后九月——闰九月。　更以易阳为阳陵——意即改“易阳县”为“阳陵邑”。梁玉绳曰：“‘弋阳’是‘易阳’之误，《汉·地理志》可证。”易阳：汉县名，在今陕西咸阳东北，在当时长安城东北的渭水之北，因汉景帝的陵墓“阳陵”在此县境内，故改此县为“阳陵邑”。按：汉代帝王自其即位时起，便为自己预造陵墓，并同时设置陵邑，与县同级。　③置津关——在一些重要的关隘、渡口设置关卡，盘查行人。津：渡口。　传（zhuàn）——此指通行证。　④以赵国为邯郸郡——按：赵王刘遂因谋反被灭，故赵国被改为邯郸郡。　⑤作阳陵、渭桥——作阳陵：即开始为景帝建造陵墓。渭桥：此为东渭桥，故址在今西安高陵区南耿镇街道白家嘴西南。　⑥募徙阳陵——召募吏民向阳陵邑搬迁，以使其迅速成为繁华城镇。⑦长公主子蟜（jiǎo）——长公主是景帝之姊，名嫖，武帝陈皇后之母，其夫家姓陈，儿子名陈蟜。　徙广川王为赵王——将广川王刘彭祖徙封为赵王，于是又将邯郸郡改为赵国。　⑧封中尉绾（wǎn）为建陵侯——中尉绾：即卫绾。中尉：官名，掌管首都治安，兼主北军，位列九卿。　江都丞相嘉——江都国的丞相程嘉。　陇西太守浑邪——姓公孙，名浑邪。陇西：汉郡名，郡治狄道（今甘肃临洮）。　赵丞相嘉——赵国的丞相苏嘉。　江陵侯——似应作“江阳侯”。　故将军布——即栾布。　鄃侯——封地在俞县（今山东平原县南）。以上五人之所以封侯，都是因为在平定吴楚之乱中有功。　⑨梁、楚二王皆薨——按：楚王刘礼卒于此年，梁孝王刘武乃卒于景帝中元六年（前 144），后文中有明确记载，此处误。　⑩伐驰道树，殖兰池——大意谓将驰道旁边的树移植在兰池。驰道：秦始皇时所修的御道。兰池：秦时的宫殿名，在今陕西咸阳东。　⑪免徒隶作阳陵者——将修建阳陵工程的囚徒、奴隶一律赦免为平民。徒：囚徒，苦役犯。　⑫胶东王太后——即武帝之母王娡，前夫姓金，后来嫁与汉景帝。　⑬名彻——“名彻”二字疑乃后人之注讹写为大字，本纪无此书法。

中元年，封故御史大夫周苛孙平为绳侯，故御史大夫周昌子左车为安阳侯。[①]四月乙巳，赦天下，赐爵一级。除禁锢[②]。地动。衡山、原都雨雹，大者尺八寸。

中二年二月，匈奴入燕，遂不和亲。三月，召临江王来，即死中尉府中[③]。夏，立皇子越为广川王，子寄为胶东王，封四侯。[④]九月甲戌，日食。

中三年冬，罢诸侯御史中丞[⑤]。春，匈奴王二人率其徒来降，皆封为列侯。立皇子方乘为清河王[⑥]。三月，彗星出西北。丞相周亚夫免，以御史大夫桃侯刘舍为丞相。四月，地动。九月戊戌晦，日食，军东都门外[⑦]。

中四年三月，置德阳宫[⑧]，大蝗。秋，赦徒作阳陵者[⑨]。

中五年夏，立皇子舜为常山王，封十侯。[⑩]六月丁巳，赦天下，赐爵一级。天下大潦，更命诸侯丞相曰相。秋，地动。

中六年二月己卯，行幸雍，郊见五帝[⑪]。三月，雨雹。四月，梁孝王、城阳共王、汝南王皆薨。立梁孝王子明为济川王，子彭离为济东王，子定为山阳王，子不识为济阴王，梁分为五，封四侯[⑫]。更命廷尉为大理，将作少府为将作大匠，主爵中尉为都尉，长信詹事为长信少府，将行为大长秋，大行为行人，奉常为太常，典客为大行，治粟内史为大农。[⑬]以大内为二千石，置左右内官，属大内。[⑭]七月辛亥，日食。八月，匈奴入上郡。

后元年冬，更命中大夫令为卫尉。[⑮]三月丁酉，赦天下，赐爵一级，中二千石、诸侯相爵右庶长。[⑯]四月，大酺。五月丙戌，地动，其蚤食时复动，上庸[⑰]地动二十二日，坏城垣。七月乙巳，日食，丞相刘舍免。八月壬辰，以御史大夫绾为丞相，封为建陵侯。[⑱]

后二年正月，地一日三动。郅将军[⑲]击匈奴。酺五日。令内史郡不得食马粟，没入县官[⑳]。令徒隶衣七緵布，止马舂。[㉑]为岁不登，禁天下食不造岁，省列侯遣之国。[22]三月，匈奴入雁门[23]。十月，租长陵田[24]。大旱，衡山国、河东、云中郡民疫。

后三年十月，日月皆食，赤五日。十二月晦，雷。日如紫。五星逆行守太微，月贯天廷中。[25]正月甲寅，皇太子冠。甲子，孝景皇帝崩。[26]遗诏赐诸侯王以下至民为父后爵一级[27]，天下户百钱。出宫人归其家，复无所与[28]。太子即位，是为孝武皇帝[29]。三月，封皇太后弟蚡为武安侯，弟胜为周阳侯。置阳陵[30]。

（以上为第三段，写景帝中后期的政治状况。）

①中元年——前149年。　周苛——周苛是刘邦的部将，曾以御史大夫的身份为刘邦守荥阳，城破被项羽所杀。　周昌——周苛之弟，汉初功臣，曾为御史大夫。　②除禁锢——撤销禁止某些人进入官场的命令。　③即死中尉府中——被中尉郅都逼迫自杀。　④皇子越为广川王——皇子越：刘越，景帝妃王氏（王皇后之妹）所生。广川王：国都广川（今河北景县西南广川镇）。　子寄为胶东王——子寄：刘寄，刘越之胞弟。　封四侯——七国反时，楚相张尚、太傅赵夷吾，赵相建德、内史王悍，此四人各谏其王勿反，不听，皆被杀，今朝廷封张尚之子（名“当居”）为山阳侯；赵夷吾之子（名“周”）为商陵侯；建德之子（名“横”）为遽侯；内史王悍之子（名“弃”）为新市侯。　⑤罢诸侯御史中丞——按：应依《汉书》作“罢御史大夫”。御史中丞是御史大夫的属官。七国之乱后，为削减诸侯权势，乃将其“丞相”改称为“相”，撤销其“御史大夫”，只设“御史中丞”。　⑥立皇子方乘为清河王——“方”字衍，刘乘是刘越的胞弟。清河国的国都清阳，在今河北清河东南。⑦军东都门外——驻兵于东都门外，因有“天变”，以备非常。　⑧置德阳宫——汉景帝为自己建立的生庙，在古咸阳东北。　⑨赦徒作阳陵者——按：前七年已云“免徒隶作阳陵者”，今乃又言“赦徒作阳陵者”，盖因兴造阳陵之徒隶每年皆有新来者。　⑩立皇子舜为常山王——皇子舜，刘越的胞弟。常山国的国都元氏，在今河北元氏西北。

封十侯——“十”乃“五”之讹。此五侯为亚谷侯卢它父、隆虑侯陈蟜、乘氏侯刘买、桓邑侯刘明、盖侯王信。他们之所以封侯，是因为卢它父是高祖时燕王卢绾之子，卢它父叛入匈奴后，又以东胡王归降汉朝；陈蟜是长公主刘嫖的儿子；刘买、刘明，都是梁孝王刘武的儿子；王信是王皇后之兄。 ⑪郊见五帝——意即在雍县祭祀五帝。郊：祭祀名，在郊野筑坛祭天。五帝：东帝（青帝）、南帝（赤帝）、西帝（白帝）、中帝（黄帝）、北帝（黑帝）。 ⑫梁分为五，封四侯——“封四侯”当作“封五王”。即长子买为梁王，子明为济川王，子彭离为济东王，子定为山阳王，子不识为济阴王。 ⑬更命——改名。 廷尉——九卿之一，国家的最高司法长官。 将作少府——主管宫室建筑，秩二千石。 主爵中尉——主管列侯事务，秩二千石。 长信詹事——为皇太后宫管理财物。长信：即长信宫，皇太后居住的宫殿。 将行——为皇后理财。 大行为行人——按：五字疑误。景帝曾改典客为大行令，未尝改大行为行人。 奉常——九卿之一，主管宗庙礼仪。 典客——九卿之一，主管归附的少数民族事务。 治粟内史——主管粮食的生产与储存。 ⑭以大内为二千石——将主管“大内”长官的官阶确定为二千石。大内：储存金银布帛等财货的国库，这里实际是指掌管大内的长官。 左右内官——就文意，二职皆是大内长官的属官。 ⑮后元年——前143年。 卫尉——九卿之一，护卫宫廷的军事长官，当时的未央宫与长乐宫各有卫尉一人。 ⑯三月丁酉——三月十九。 中二千石、诸侯相爵右庶长——凡中二千石的各部门长官与各诸侯国相皆赐爵为“右庶长”，其他级别的官吏照此推算，皆可获赐。如淳曰：“虽有尊官，未必有高爵，故数有赐爵。”中二千石：即足二千石，其下为二千石、比二千石。当时的九卿即属中二千石。右庶长：秦汉时期二十级爵位由下向上的第十一级。 ⑰上庸——汉县名，县治在今湖北竹山西南。 ⑱八月壬辰——八月无“壬辰”日，疑干支有误。 以御史大夫绾为丞相，封为建陵侯——御史大夫绾：即卫绾，景帝时为河间王太傅，以击吴楚之乱有功，任中尉，封建陵侯。此句似应作“以御史大夫建陵侯绾为丞相”。 ⑲郅将军——《正义》认为是郅都，其时郅都已死，应是另一个姓郅者，其人不详。 ⑳内史郡不得食马粟，没入县官——按：“食马粟”三字当重出，意即不允许内史郡的人用粮食喂马，谁敢用粮食喂马，便将他的马匹充公。内史郡：后改称京兆尹，指首都及其郊区。食:后作“饲”。没入县官:即收归国有。县官:这里指国家,官府。 ㉑緵(zōng)布——丧家所用的粗麻布。 止马春——《索隐》曰:“止人为马春粟,为岁不登也。” ㉒不登——无收成。登:丰收。 禁天下食不造岁——似有讹误,“禁”字如改为“恐”则大致可通,即担心粮食吃不到明年。 省列侯遣之国——减少留住京城的列侯的人数,命令他们都到各自的封地去。按:许多列侯娶公主为妻,公主不愿离开京城,故列侯也就在京住着不走。 ㉓雁门——汉郡名,郡治善无(今山西右玉南)。 ㉔十月,租长陵田——“十月”当作“七月”。租长陵田:将长陵邑的农田租给农民耕种。 ㉕靁(léi)——同“雷”。五星逆行守太微——金、木、水、火、土五星逆行,逼近太微垣的位置。 月贯天廷中——月亮从天廷中穿行而过。“天廷”亦即“太微垣”,前文已见。古人将天空星座与人世秩序相比附,认为上述现象预示将有人臣图谋不轨。 ㉖甲子——正月二十七。 孝景皇帝崩——按:景帝刘启以孝惠七年(前188)生,三十二岁即位为帝,在位十六年,卒年四十八岁。 ㉗遗诏赐诸侯王以下至民为父后爵一级——意即给普天下所有家庭的合法继承人赐爵一级。为父后:父亲的合法继承人。 ㉘复无所与——免除其一切劳役赋税,类似差遣都不参加。复:免除劳役赋税。 ㉙是为孝武皇帝——司马迁死于武帝去世前,不可能知道武帝之谥。此句应为后人所加。 ㉚置阳陵——“置”应作“葬”。阳陵:在今咸阳东北,今西安北郊渭河之畔建有汉阳陵博物馆。

太史公曰:汉兴,孝文施大德,天下怀安[①]。至孝景,不复忧异姓,而晁错刻削诸侯,遂使七国俱起,合从而西乡。[②]以诸侯太盛,而错为之不以渐[③]也。及主父偃[④]言之,而诸侯以弱,卒以安。安危之机,岂不以谋哉?[⑤]

(以上为第四段,是作者的论赞,作者对景帝解决诸侯王问题的方式提出了批评。)

①怀安——感怀皇帝之德,社会安定。 ②不复忧异姓——不再担心异姓诸侯造反,因为有势力的异姓诸侯,在刘邦去世前都已被铲除

干净。 刻削——残苛地侵削。 合从(zòng)——即“合纵”,联合。从:“纵”的古字。 ③为之不以渐——不是循序渐进地采取措施。④主父偃——姓主父,名偃,劝武帝对诸侯实行“推恩令”,即让各诸侯王分割其地以封其诸子为侯,从而实现了贾谊在文帝时就曾提出的“众建诸侯而少其力”的主张。 ⑤机——关键。 岂不以谋哉——岂不是在于有没有好的谋略吗?

［**简评**］《孝景本纪》原是班固、张晏所说的“有录无书”的十篇之一,作品中的讹误也的确不少;但大多数研究者仍认为是司马迁的原作。司马迁认为景帝不修“君德”,在论赞中他特别赞美文帝的“施大德”,就是对景帝的一种批评对照。为了突出这一点,他引圣人语录,详载诏策条文,对文帝反复称许,一唱三叹;而在本篇则只是书写大事纲目,文不加饰。即使对平定吴楚七国之乱这件景帝一生中最大的功绩,也只是平淡地一叙而过。董份说司马迁这种写法是“意固有在”,我看符合事实。司马迁在本篇里对景帝的批判不很明显,必须参照其他篇章以探明其究竟。如有关景帝与其母、其弟的矛盾,详见《梁孝王世家》《魏其武安侯列传》;有关景帝与其妃、其子的矛盾,详见《外戚世家》《五宗世家》;关于景帝与其功臣的矛盾,见于《绛侯世家》《袁盎晁错列传》。但总体看来,景帝还是继续奉行了文帝休养生息的政策,生活也相对俭朴,对社会生产的发展是起了良好作用的。景帝有其恶劣的方面,主要表现在统治阶级的内部斗争中,而在当时的治国方略与影响国计民生的大问题上,应谴责的似乎不多。

［**集评**］《太史公自序》:“诸侯骄恣,吴首为乱,京师行诛,七国伏辜,天下翕然,大安殷富。作《孝景本纪》第十一。”

张晏曰:“迁没之后,亡《景纪》《武纪》《礼书》《乐书》《兵

书》《汉兴以来将相年表》《日者列传》《三王世家》《龟策列传》《傅靳列传》。”(《汉书》注引)

吕祖谦曰:“《景纪》,此其篇具在者也。《索隐》信张晏之说,遂谓《景纪》后人取班书补之。学者取司马氏、班氏二纪观其去取详略之意,其才识之高下可默喻矣。此纪所载,间有班书所无者,不惟非生班孟坚后者所能补,亦非元成间褚先生所能知也。况用意高远,岂他人所能办乎?”(《东莱集》)

李景星曰:“《孝景本纪》,班固以为有录无书,卫宏以为褚先生所补,茅坤以为太史公未定之书,柯维骐以为纪缺而赞存。余以为四家之说,皆非也。是纪之用笔,以严简胜,而书法尤为不苟,在史公为另一格文字,实后来作本纪者之正例也。元年书‘为孝文帝立太宗庙’而不详叙,此事已详《文纪》之末,故此处只书其纲,无庸再详。书‘天子为诛晁错,遣袁盎谕告,不止’,所以著其诛错之失也。本纪体例,书封王不书封侯,而此书封赵绾等五侯,所以著录其讨吴楚之功也。故御史大夫周苛孙平,故御史大夫周昌子左车亦以封侯书者,所以著录其忠臣之后也。‘置德阳宫’,景帝自作庙也,书之所以著失德也。‘立太子’‘立皇子彻’必连书之者,所以为后来废立伏案也。凡此皆所谓书法也。至于七国之反,关系国家安危,是孝景时第一大事,故纪中既载之,而赞语复论及之。‘卒以安’三字,娟峭之至。末后结出‘谋’字,尤有无穷感慨。”(《四史评议》)

班固曰:“孔子称‘斯民三代之所以直道而行也’,信哉!周秦之敝,罔密文峻,而奸轨不胜;汉兴,扫除烦苛,与民休息。至于孝文,加之以恭俭,孝景遵业,五六十载之间,至于移风易俗,黎民醇厚,周云‘成康’,汉言‘文景’,美矣!”(《汉书·景帝纪》)

史珥曰:“景帝虽号刻核,其养民之政实多可录,文、景并称宜矣,纪中多不之及,何哉?”(《四史剿说》)

董份曰:“《孝文纪》备载诏令德泽,而《景纪》止书年月,赞

中亦止及七国一事,盖景帝不及文帝远甚,意固有在也。"(《史记评林》引)

刘放曰:"《史记》文、景事最略,《汉书》则颇有所录,盖班氏博采他书成之。"(《汉书》注引)

邵经邦曰:"景帝不作雕文刻镂、锦绣纂组及禁采黄金珠玉,与文帝之敦朴无以异也,二帝之所以致殷富之本,正在于此。"(《汉书评林》引)

苏辙曰:"汉之贤君皆曰'文''景',文帝宽仁大度,有高帝之风;景帝忌刻少恩,无人君之量,其实非文帝比也。原其所以能全身保国,与文帝俱称贤君者,惟不改其恭俭故耳。"(《汉书评林》引)

孝武本纪第十二

孝武皇帝者，孝景中子也，母曰王太后。孝景四年，以皇子为胶东王。孝景七年，栗太子废为临江王，以胶东王为太子。孝景十六年崩，太子即位，为孝武皇帝。孝武皇帝初即位，尤敬鬼神之祀。

元年，汉兴已六十余岁矣，天下乂安，荐绅之属皆望天子封禅改正度也。而上乡儒术，招贤良，赵绾、王臧等以文学为公卿，欲议古立明堂城南，以朝诸侯。草巡狩封禅改历服色事未就。会窦太后治黄老言，不好儒术，使人微得赵绾等奸利事，召案绾、臧，绾、臧自杀，诸所兴为者皆废。

后六年，窦太后崩。其明年，上征文学之士公孙弘等。

明年，上初至雍，郊见五畤，后常三岁一郊。是时上求神君，舍之上林中蹄氏观。神君者，长陵女子，以子死悲哀，故见神于先后宛若。宛若祠之其室，民多往祠。平原君往祠，其后子孙以尊显。及武帝即位，则厚礼置祠之内中，闻其言，不见其人云。

是时而李少君亦以祠灶、谷道、却老方见上，上尊之。少君者，故深泽侯入以主方。匿其年及所生长，常自谓七十，能使物，却老。其游以方遍诸侯。无妻子。人闻其能使物及不死，更馈遗之,常余金钱帛衣食。人皆以为不治产业而饶给,又不知其何所人,愈信,争事之。少君资好方,善为巧发奇中。尝从武安侯饮,坐中有年九十余老人,少君乃言与其大父游射处,老人为儿时从其大父行,识其处,一坐尽惊。少君见上,上有故铜器,问少君。少君曰:“此器齐桓公十年陈于柏寝。”已而案其刻,果齐桓公器。一宫尽骇,以少君为神,数百岁人也。

少君言于上曰:“祠灶则致物,致物而丹沙可化为黄金,黄金成以为饮食器则益寿,益寿而海中蓬莱仙者可见,见之以封禅则不死,黄帝是也。臣尝游海上,见安期生,食臣枣,大如瓜。安期生,仙者,通蓬莱中,合则见人,不合则隐。”于是天子始亲祠灶,而遣方士入海求蓬莱安期生之属,而事化丹沙诸药齐为黄金矣。

居久之,李少君病死。天子以为化去不死也,而使黄锤史宽舒受其方。求蓬莱安期生莫能得,而海上燕齐怪迂之方士多相效,更言神事矣。

亳人薄诱忌奏祠泰一方,曰:“天神贵者泰一,泰一佐曰五帝。古者天子以春秋祭泰一东南郊,用太牢具,七日,为坛开八通之鬼道。”于是天子令太祝立其祠长安东南郊,常奉祠如忌方。其后人有上书,言“古者天子三年一用太牢具祠神三一:天一,地一,泰一。”天子许之,令太祝领祠之忌泰一坛上,如其方。后人复有上书,言“古者天子常以春秋解祠,祠黄帝用一枭破镜;冥羊用羊;祠马行用一青牡马;泰一、皋山山君、地长用牛;武夷君用干鱼;阴阳使者以一牛”。令祠官领之如其方,而祠于忌泰一坛旁。

其后,天子苑有白鹿,以其皮为币,以发瑞应,造白金焉。

其明年,郊雍,获一角兽,若麃然。有司曰:“陛下肃祗郊祀,上帝报享,锡一角兽,盖麟云。”于是以荐五畤,畤加一牛以燎。赐诸侯白金,以风符应合于天地。

于是济北王以为天子且封禅,乃上书献泰山及其旁邑。天子受之，更以他县偿之。常山王有罪，迁，天子封其弟于真定，以续先王祀，而以常山为郡。然后五岳皆在天子之郡。

其明年，齐人少翁以鬼神方见上。上有所幸王夫人，夫人卒，少翁以方术盖夜致王夫人及灶鬼之貌云，天子自帷中望见焉。于是乃拜少翁为文成将军，赏赐甚多，以客礼礼之。文成言曰："上即欲与神通，宫室被服不象神，神物不至。"乃作画云气车，及各以胜日驾车辟恶鬼。又作甘泉宫，中为台室，画天、地、泰一诸神，而置祭具以致天神。居岁余，其方益衰，神不至。乃为帛书以饭牛，详弗知也，言此牛腹中有奇。杀而视之，得书，书言其怪，天子疑之。有识其手书，问之人，果伪书。于是诛文成将军而隐之。

其后则又作柏梁、铜柱、承露仙人掌之属矣。

文成死明年，天子病鼎湖甚，巫医无所不致，不愈。游水发根乃言曰："上郡有巫，病而鬼下之。"上召置祠之甘泉。及病，使人问神君。神君言曰："天子毋忧病。病少愈，强与我会甘泉。"于是病愈，遂幸甘泉，病良已。大赦天下，置寿宫神君。神君最贵者太一，其佐曰大禁、司命之属，皆从之。非可得见，闻其音，与人言等。时去时来，来则风肃然也。居室帷中。时昼言，然常以夜。天子祓，然后入。因巫为主人，关饮食，所欲者言行下。又置寿宫、北宫，张羽旗，设供具，以礼神君。神君所言，上使人受书其言，命之曰"画法"。其所语，世俗之所知也，毋绝殊者，而天子独喜。其事秘，世莫知也。

其后三年，有司言"元宜以天瑞命，不宜以一二数。一元曰建元，二元以长星曰元光，三元以郊得一角兽曰元狩"云。

其明年冬，天子郊雍，议曰："今上帝朕亲郊，而后土毋祀，则礼不答也。"有司与太史公、祠官宽舒等议："天地牲角茧栗。今陛下亲祀后土，后土宜于泽中圜丘为五坛，坛一黄犊太牢具，已祠尽瘗，而从祠衣上黄。"于是天子遂东，始立后土祠汾阴脽上，如宽舒等议。上亲望拜,如上帝礼。礼毕,天子遂至荥阳而还。过雒阳,下诏曰:“三代邈绝,远矣难存。其以三十里地封周后为周子南君,以奉先王祀焉。”是岁,天子始巡郡县,侵寻于泰山矣。

其春,乐成侯上书言栾大。栾大,胶东宫人,故尝与文成将军同师,已而为胶东王尚方。而乐成侯姊为康王后,毋子。康王死,他姬子立为王。而康后有淫行,与王不相中,相危以法。康后闻文成已死,而欲自媚于上,乃遣栾大因乐成侯求见言方。天子既诛文成,后悔恨其早死,惜其方不尽,及见栾大,大悦。大为人长美,言多方略,而敢为大言,处之不疑。大言曰:“臣尝往来海中,见安期、羡门之属。顾以为臣贱,不信臣。又以为康王诸侯耳,不足予方。臣数言康王,康王又不用臣。臣之师曰:‘黄金可成,而河决可塞,不死之药可得,仙人可致也。’臣恐效文成,则方士皆掩口,恶敢言方哉!”上曰:“文成食马肝死耳。子诚能修其方,我何爱乎!”大曰:“臣师非有求人,人者求之。陛下必欲致之,则贵其使者,令有亲属,以客礼待之,勿卑,使各佩其信印,乃可使通言于神人。神人尚肯邪不邪?致尊其使,然后可致也。”于是上使先验小方,斗旗,旗自相触击。

是时上方忧河决,而黄金不就,乃拜大为五利将军。居月余,得四金印,佩天士将军、地士将军、大通将军、天道将军印。制诏御史:“昔禹疏九江,决四渎。间者河溢皋陆,堤繇不息。朕临天下二十有八年,天若遗朕士而大通焉。《乾》称‘蜚龙’,‘鸿渐于般’,意庶几与焉。其以二千户封地士将军大为乐通侯。”赐列侯甲第,僮千人,乘舆斥车马帷帐器物以充其家,又以卫长公主妻之,赍金万斤,更名其邑曰当利公主。天子亲如五利之第,使者存问所给,连属于道。自大主将相以下,皆置酒其家,献遗之。于是天子又刻玉印曰“天道将军”,使使衣羽衣,夜立白茅上,五利将军亦衣羽衣,立白茅上受印,以示弗臣也。而佩“天道”者,且为天子道天神也。于是五利常夜祠其家,欲以下神。

神未至而百鬼集矣，然颇能使之。其后治装行，东入海，求其师云。大见数月，佩六印，贵振天下，而海上燕齐之间，莫不扼腕而自言有禁方、能神仙矣。

其夏六月中，汾阴巫锦为民祠魏脽后土营旁，见地如钩状，掊视得鼎。鼎大异于众鼎，文镂毋款识，怪之，言吏。吏告河东太守胜，胜以闻。天子使使验问巫锦得鼎无奸诈，乃以礼祠，迎鼎至甘泉，从行，上荐之。至中山，晏温，有黄云盖焉。有麃过，上自射之，因以祭云。至长安，公卿大夫皆议请尊宝鼎。天子曰："间者河溢，岁数不登，故巡祭后土，祈为百姓育谷。今年丰庑未有报，鼎曷为出哉？"有司皆曰："闻昔大帝兴神鼎一，一者一统，天地万物所系终也。黄帝作宝鼎三，象天地人也。禹收九牧之金，铸九鼎，皆尝鬺烹上帝鬼神。遭圣则兴，迁于夏商。周德衰，宋之社亡，鼎乃沦伏而不见。《颂》云：'自堂徂基，自羊徂牛；鼐鼎及鼒，不虞不骜，胡考之休。'今鼎至甘泉，光润龙变，承休无疆。合兹中山，有黄白云降盖，若兽为符，路弓乘矢，集获坛下，报祠大飨。惟受命而帝者心知其意而合德焉。鼎宜见于祖祢，藏于帝廷，以合明应。"制曰："可。"

入海求蓬莱者，言蓬莱不远，而不能至者，殆不见其气。上乃遣望气佐候其气云。

其秋，上幸雍，且郊。或曰"五帝，泰一之佐也，宜立泰一而上亲郊之"。上疑未定。齐人公孙卿曰："今年得宝鼎，其冬辛巳朔旦冬至，与黄帝时等。"卿有札书曰："黄帝得宝鼎宛侯，问于鬼臾区。区对曰：'黄帝得宝鼎神策，是岁己酉朔旦冬至，得天之纪，终而复始。'于是黄帝迎日推策，后率二十岁得朔旦冬至，凡二十推，三百八十年，黄帝仙登于天。"卿因所忠欲奏之。所忠视其书不经，疑其妄书，谢曰："宝鼎事已决矣，尚何以为！"卿因嬖人奏之。上大说，召问卿。对曰："受此书申功，申功已死。"上曰："申功何人也？"卿曰："申功，齐人也。与安期生通，受黄帝言，无书，独有此鼎书。曰‘汉兴复当黄帝之时，汉之圣者在高祖之孙且曾孙也。宝鼎出而与神通，封禅。封禅七十二王，唯黄帝得上泰山封’。申功曰：‘汉主亦当上封，上封则能仙登天矣。黄帝时万诸侯，而神灵之封居七千。天下名山八，而三在蛮夷，五在中国。中国华山、首山、太室、泰山、东莱，此五山黄帝之所常游，与神会。黄帝且战且学仙。患百姓非其道，乃断斩非鬼神者。百余岁然后得与神通。黄帝郊雍上帝，宿三月。鬼臾区号大鸿，死葬雍，故鸿冢是也。其后黄帝接万灵明廷，明廷者，甘泉也。所谓寒门者，谷口也。黄帝采首山铜，铸鼎于荆山下。鼎既成，有龙垂胡髯下迎黄帝。黄帝上骑，群臣后宫从上龙七十余人，龙乃上去。余小臣不得上，乃悉持龙髯，龙髯拔，堕黄帝之弓。百姓仰望黄帝既上天，乃抱其弓与龙胡髯号，故后世因名其处曰鼎湖，其弓曰乌号。’”于是天子曰：“嗟乎！吾诚得如黄帝，吾视去妻子如脱躧耳。”乃拜卿为郎，东使候神于太室。

上遂郊雍，至陇西，西登空桐，幸甘泉。令祠官宽舒等具泰一祠坛，坛放薄忌泰一坛，坛三垓。五帝坛环居其下，各如其方，黄帝西南，除八通鬼道。泰一所用，如雍一畤物，而加醴枣脯之属，杀一犛牛以为俎豆牢具。而五帝独有俎豆醴进。其下四方地，为餟食群神从者及北斗云。已祠，胙余皆燎之。其牛色白，鹿居其中，彘在鹿中，水而洎之。祭日以牛，祭月以羊彘特。泰一祝宰则衣紫及绣，五帝各如其色，日赤，月白。

十一月辛巳朔旦冬至，昧爽，天子始郊拜泰一。朝朝日，夕夕月，则揖；而见泰一如雍礼。其赞飨曰：“天始以宝鼎神策授皇帝，朔而又朔，终而复始，皇帝敬拜见焉。”而衣上黄，其祠列火满坛，坛旁烹炊具。有司云“祠上有光焉”。公卿言“皇帝始郊见泰一云阳，有司奉瑄玉嘉牲荐飨，是夜有美光，及昼，黄气上属天”。太史公、祠官宽舒等曰：“神灵之休，祐福兆祥，宜因此地光域立泰畤坛以明应。令太祝领，秋及腊间祠。三岁天子一郊见。”

其秋，为伐南越，告祷泰一，以牡荆画幡日月北斗登龙，以象天一三星，为泰一锋，名曰“灵旗”。为兵祷，则太史奉以指所伐国。而五利将军使不敢入海，之泰山祠。上使人微随验，实无所见。五利妄言见其师，其方尽，多不雠，上乃诛五利。

其冬，公孙卿候神河南，见仙人迹缑氏城上，有物若雉，往来城上。天子亲幸缑氏城视迹。问卿：“得毋效文成、五利乎？”卿曰：“仙者非有求人主，人主求之。其道非少宽假，神不来。言神事，事如迂诞，积以岁乃可致。”于是郡国各除道，缮治宫观名山神祠所，以望幸矣。

其年，既灭南越，上有嬖臣李延年以好音见。上善之，下公卿议，曰：“民间祠尚有鼓舞之乐，今郊祠而无乐，岂称乎？”公卿曰：“古者祀天地皆有乐，而神祇可得而礼。”或曰：“泰帝使素女鼓五十弦瑟，悲，帝禁不止，故破其瑟为二十五弦。”于是塞南越，祷祠泰一、后土，始用乐舞，益召歌儿，作二十五弦及箜篌瑟自此起。

（以上为第一段，记汉武帝前期祭祀天地鬼神与迷信方士的种种荒唐行为。本文除开头的六十余字外，其他均节自《封禅书》的第五段。故注释请见《封禅书》，此处从略。）

其来年冬，上议曰：“古者先振兵泽旅，然后封禅。”乃遂北巡朔方，勒兵十余万。还祭黄帝冢桥山，泽兵须如。上曰：“吾闻黄帝不死，今有冢，何也？”或对曰：“黄帝已仙上天，群臣葬其衣冠。”即至甘泉，为且用事泰山，先类祠泰一。

自得宝鼎，上与公卿诸生议封禅。封禅用希，旷绝莫知其仪礼，而群儒采封禅《尚书》《周官》《王制》之望祀射牛事。齐人丁公年九十余，曰：“封者，合不死之名也。秦皇帝不得上封。陛下必欲上，稍上即无风雨，遂上封矣。”上于是乃令诸儒习射牛，草封禅仪。数年，至且行。天子既闻公孙卿及方士之言，黄帝以上封禅，皆致怪物与神通，欲放黄帝以尝接神仙人蓬莱士，高世比德于九皇，而颇采儒术以文之。群儒既以不能辩明封禅事，又牵拘于《诗》《书》古文而不敢骋。上为封祠器示群儒，群儒或曰“不与古同”，徐偃又曰“太常诸生行礼不如鲁善”，周霸属图封事，于是上绌偃、霸，尽罢诸儒弗用。

三月，遂东幸缑氏，礼登中岳太室。从官在山下闻若有言“万岁”云。问上，上不言；问下，下不言。于是以三百户封太室奉祠，命曰崇高邑。东上泰山，山之草木叶未生，乃令人上石立之泰山颠。

上遂东巡海上，行礼祠八神。齐人之上疏言神怪奇方者以万数，然无验者。乃益发船，令言海中神山者数千人求蓬莱神人。公孙卿持节常先行候名山，至东莱，言夜见一人，长数丈，就之则不见，见其迹甚大，类禽兽云。群臣有言见一老父牵狗，言“吾欲见巨公”，已忽不见。上即见大迹，未信，及群臣有言老父，则大以为仙人也。宿留海上，与方士传车及间使求仙人以千数。

四月，还至奉高。上念诸儒及方士言封禅人人殊，不经，难施行。天子至梁父，礼祠地主。乙卯，令侍中儒者皮弁荐绅，射牛行事。封泰山下东方，如郊祠泰一之礼。封广丈二尺，高九尺，其下则有玉牒书，书秘。礼毕，天子独与侍中奉车子侯上泰山，亦有封。其事皆禁。明日，下阴道。丙辰，禅泰山下阯东北肃然山，如祭后土礼。天子皆亲拜见，衣上黄而尽用乐焉。江淮间一茅三脊为神藉。五色土益杂封。纵远方奇兽蜚禽及白雉诸物，颇以加祠。兕旄牛犀象之属弗用。皆至泰山然后去。封禅祠，其夜若有光，昼有白云起封中。

天子从封禅还，坐明堂，群臣更上寿。于是制诏御史：“朕以眇眇之身承至尊，兢兢焉惧弗任。维德菲薄，不明于礼乐。修祀泰一，若有象景光，屑如有望，依依震于怪物，欲止不敢，遂登封泰山，至于梁父，而后禅肃然。自新，嘉与士大夫更始，赐民百户牛一、酒十石，加年八十孤寡布帛二匹。复博、奉高、蛇丘、历城，毋出今年租税。其赦天下,如乙卯赦令。行所过毋有复作。事在二年前,皆勿听治。"又下诏曰:"古者天子五载一巡狩,用事泰山,诸侯有朝宿地。其令诸侯各治邸泰山下。"

天子既已封禅泰山,既无风雨灾,而方士更言蓬莱诸神山若将可得,于是上欣然庶几遇之,乃复东至海上望,冀遇蓬莱焉。奉车子侯暴病,一日死。上乃遂去,并海上,北至碣石,巡自辽西,历北边至九原。五月,返至甘泉。有司言宝鼎出为"元鼎",以今年为"元封"元年。

其秋,有星茀于东井。后十余日,有星茀于三能。望气王朔言:"候独见其星出如瓠,食顷复入焉。"有司言曰:"陛下建汉家封禅,天其报德星云。"

其来年冬,郊雍五帝,还,拜祝祠泰一。赞飨曰:"德星昭衍,厥维休祥。寿星仍出,渊耀光明。信星昭见,皇帝敬拜泰祝之飨。"

其春,公孙卿言见神人东莱山,若云"见天子"。天子于是幸缑氏城,拜卿为中大夫。遂至东莱,宿留之数日,毋所见。见大人迹,复遣方士求神怪采芝药以千数。是岁旱,于是天子既出毋名,乃祷万里沙,过祠泰山。还至瓠子,自临塞决河,留二日,沈祠而去。使二卿将卒塞决河,河徙二渠,复禹之故迹焉。

是时既灭南越,越人勇之乃言"越人俗信鬼,而其祠皆见鬼,数有效。昔东瓯王敬鬼,寿至百六十岁。后世谩怠,故衰耗"。乃令越巫立越祝祠,安台无坛,亦祠天神上帝百鬼,而以鸡卜。上信之,越祠鸡卜始用焉。

公孙卿曰:"仙人可见,而上往常遽,以故不见。今陛下可为观,如缑氏城,置脯枣,神人宜可致。且仙人好楼居。"于是上令长安则作蜚廉桂观,甘泉则作益延寿观,使卿持节设具而候神人。乃作通天台,置祠具其下,将招来神仙之属。于是甘泉更置前殿,始广诸宫室。夏,有芝生殿防内中。天子为塞河,兴通天台，若有光云，乃下诏曰："甘泉防生芝九茎，赦天下，毋有复作。"

其明年，伐朝鲜。夏，旱。公孙卿曰："黄帝时封则天旱，干封三年。"上乃下诏曰："天旱，意干封乎？其令天下尊祠灵星焉。"

其明年，上郊雍，通回中道，巡之。春，至鸣泽，从西河归。

其明年冬，上巡南郡，至江陵而东。登礼潜之天柱山，号曰"南岳"。浮江，自寻阳出枞阳，过彭蠡，祀其名山川。北至琅邪，并海上。四月中，至奉高增封焉。

初，天子封泰山，泰山东北阯古时有明堂处，处险不敞。上欲治明堂奉高旁，未晓其制度。济南人公王带上黄帝时明堂图。明堂图中有一殿，四面无壁，以茅盖，通水，圜宫垣，为复道，上有楼，从西南入，命曰昆仑。天子从之入，以拜祠上帝焉。于是上令奉高作明堂汶上，如带图。及五年修封，则祠泰一、五帝于明堂上坐，令高皇帝祠坐对之。祠后土于下房，以二十太牢。天子从昆仑道入，始拜明堂如郊礼。礼毕，燎堂下。而上又上泰山，有秘祠其颠。而泰山下祠五帝，各如其方，黄帝并赤帝，而有司侍祠焉。泰山上举火，下悉应之。

其后二岁，十一月甲子朔旦冬至，推历者以本统。天子亲至泰山，以十一月甲子朔旦冬至日祠上帝明堂，每修封禅。其赞飨曰："天增授皇帝泰元神策，周而复始。皇帝敬拜泰一。"东至海上，考入海及方士求神者，莫验，然益遣，冀遇之。

十一月乙酉，柏梁灾。十二月甲午朔，上亲禅高里，祠后土。临渤海，将以望祠蓬莱之属，冀至殊庭焉。

上还，以柏梁灾故，朝受计甘泉。公孙卿曰："黄帝就青灵台，十二日烧，黄帝乃治明庭。明庭，甘泉也。"方士多言古帝王有都甘泉者。其后天子又朝诸侯甘泉，甘泉作诸侯邸。勇之乃曰："越俗有火灾，复起屋必以大，用胜服之。"于是作建章宫，度为千门万户，前殿度高未央。其东则凤阙，高二十余丈；其西则唐中，数十里虎圈；其北治大池，渐台高二十余丈，名曰泰液池，中有蓬莱、方丈、瀛洲、壶梁，象海中神山龟鱼之属；其南有玉堂、壁门、大鸟之属。乃立神明台、井干楼，度五十余丈，辇道相属焉。

夏，汉改历，以正月为岁首，而色上黄，官名更印章以五字，因为太初元年。是岁，西伐大宛。蝗大起。丁夫人、雒阳虞初等以方祠诅匈奴、大宛焉。

其明年，有司言雍五畤无牢熟具，芬芳不备。乃命祠官进畤犊牢具，五色食所胜，而以木禺马代驹焉。独五帝用驹。行亲郊用驹，及诸名山川用驹者，悉以木禺马代。行过，乃用驹。他礼如故。

其明年，东巡海上，考神仙之属，未有验者。方士有言“黄帝时为五城十二楼，以候神人于执期，命曰迎年”。上许作之如方，名曰明年。上亲礼祠上帝，衣上黄焉。

公王带曰：“黄帝时虽封泰山，然风后、封钜、岐伯令黄帝封东泰山，禅凡山，合符，然后不死焉。”天子既令设祠具，至东泰山，东泰山卑小，不称其声，乃令祠官礼之，而不封禅焉。其后令带奉祠候神物。夏，遂还泰山，修五年之礼如前，而加禅祠石闾。石闾者，在泰山下阯南方，方士多言此仙人之闾也，故上亲禅焉。

其后五年，复至泰山修封，还过祭常山。

今天子所兴祠，泰一、后土，三年亲郊祠，建汉家封禅，五年一修封。薄忌泰一及三一、冥羊、马行、赤星，五，宽舒之祠官以岁时致礼。凡六祠，皆太祝领之。至如八神诸神，明年、凡山他名祠，行过则祀，去则已。方士所兴祠，各自主，其人终则已，祠官弗主。他祠皆如其故。今上封禅，其后十二岁而还，遍于五岳、四渎矣。而方士之候祠神人，入海求蓬莱，终无有验。而公孙卿之候神者，犹以大人迹为解，无其效。天子益怠厌方士之怪迂语矣，然终羁縻弗绝，冀遇其真。自此之后，方士言祠神者弥众,然其效可睹矣。

（以上为第二段,记武帝后期封禅求仙的种种荒唐行为,本段文字节取自《封禅书》之第六段。注释请见《封禅书》,此处从略。）

太史公曰:余从巡祭天地诸神名山川而封禅焉。入寿宫侍祠神语,究观方士祠官之言,于是退而论次自古以来用事于鬼神者,具见其表里。后有君子,得以览焉。至若俎豆珪币之详,献酬之礼,则有司存焉。

（以上为第三段,是作者的论赞,作者以目击者的身份对武帝受诸骗子愚弄的可悲事实,表现了深深感慨。此论赞亦《封禅书》之论赞原文。注释见《封禅书》,此处从略。）

［**简评**］ 《武帝本纪》是班固、张晏所说的十篇“有录无书”者之一。现有作品的文字,除开头的六十余字外,其余皆节录于《封禅书》的后半截,甚至连《封禅书》的“太史公曰”也一并录了过来,只是在某些字句上略有出入而已。有人说这件事是褚少孙做的,对此钱大昕曾有辨正,其说可信,应是更晚的妄人所为。《史记》原有的《今上本纪》的确是佚失了,至于佚失的原因,《汉旧仪注》及《西京杂记》皆云:司马迁作《景帝本纪》,极言其短,及武帝之过,帝怒而削去之。这“及武帝之过”是否即指《今上本纪》,难以断定。总之这是一种说法。从今天流行的裴氏《史记集解》以下的各种本子看,班固当时所说的“有录无书”的十篇,除《今上本纪》仍无其本文,《日者列传》像是后人补作外,其余八篇都有,而且《景帝本纪》《傅靳蒯成列传》相当完整,像是史公旧文,其他六篇则都是不同程度有所残缺。至于《景帝本纪》原来不见,后又复出,而独不见《今上本纪》者,吕祖谦认为:《景纪》所以复出者,武帝特能毁其副在京师者,藏之名山固自有他本也。《武纪》终不见者,岂非指切尤甚,虽民间亦畏祸而不敢藏。梁玉

绳曰:“诸所说皆妄也……且史公《自序》曰:‘天下翕然,大安殷富,作《孝景本纪》。’‘汉兴五世,隆在建元,作《今上本纪》。’可知纪中必不作毁谤语,只残缺失传尔,岂削之哉!”梁说亦似有理。

《武帝本纪》录自《封禅书》,关于其文章的思想价值与其写法方面的诸问题,详见《封禅书》之注评。

[**集评**] 《太史公自序》:“汉兴五世,隆在建元,外攘夷狄,内修法度,封禅,改正朔,易服色。作《今上本纪》第十二。”

张晏曰:“迁没之后,亡《景纪》《武纪》《礼书》《乐书》《兵书》《汉兴以来将相年表》《日者列传》《三王世家》《龟策列传》《傅靳列传》。元成之间褚先生补缺,作《武帝纪》《三王世家》《龟策》《日者传》,言辞鄙陋,非迁本意也。”(《汉书·司马迁传》注引)

钱大昕曰:“张晏云此纪褚先生补作,予谓少孙补《史》,皆取史公所阙,意虽浅近,词无雷同,未有移甲以当乙者也。或魏晋以后,少孙补篇亦亡,乡里妄人取此以足其数耳。”(《廿二史考异》)

三代世表第一

太史公曰：五帝、三代之记，尚矣。[①]自殷以前诸侯不可得而谱[②]，周以来乃颇可著。[③]孔子因史文次《春秋》，[④]纪元年[⑤]，正[⑥]时日月，盖[⑦]其详哉。至于序《尚书》，则略无年月；或颇有，然多阙，不可录。故疑则传疑，盖其慎也。

余读谍记[⑧]，黄帝以来皆有年数。稽其历谱谍、终始五德之传，[⑨]古文[⑩]咸不同，乖异。夫子之弗论次其年月，岂虚哉[⑪]！于是以《五帝系谍》《尚书》集世，[⑫]纪黄帝以来讫共和为《世表》。[⑬]

（以上是本表的序，简要说明了汉代以前的文献情况和编修本表的资料情况。）

①五帝——司马迁指黄帝、颛顼、帝喾、尧、舜。　三代——指夏、商、周。尚——久远。　②谱——布列，编排。此处指按照史料编成的表册。　③颇——略微。下文“颇”字义同。　著——著录。　④因史文——指依据鲁国史官所编鲁史等文献资料。　次——依次序编排。　⑤元年——帝王与诸侯即位之首年。　⑥正——改正谬误。⑦盖——通“盍”。何。有人仍读为gài，疑误，因为句末“哉”字表感叹语气。　⑧谍记——指“历谱谍”，即历书和记载古代帝王世系、谥号的谱牒类著作。谍：通“牒”。　⑨稽——考核。　终始五德之传——

阴阳家驺衍以水、火、木、金、土五行相生相克的理论阐述朝代的更替，循环不已。终始：周而复始。五德：每个王朝各具五行的一德，夏、商、周的兴亡，就是火（周）克金（商），金克木（夏）。《吕氏春秋》曰："代火者必将水……数备将徙于土"，所以后人又附会秦为水德，汉为土德。传：有二解，一说解作运行；另一说读 zhuàn，指历谱牒和介绍终始五德的著作。后说是。 ⑩古文——指先秦六国古籍。战国时代东方六国使用的文字与秦汉不同，汉代人称之为"古文"。 ⑪岂虚哉——难道没有道理吗？虚：空，无。 ⑫《五帝系谍》——《大戴礼记》有《五帝德》和《帝系》两篇，讲古代帝王的谱系，言颛顼、帝喾、尧、舜、禹都是黄帝的后裔。《大戴礼记》的成书在《史记》之后，司马迁所说的《五帝系谍》是否即《五帝德》《帝系》的形态，不得而知，但必是这方面的内容。

集世——编集世系。 ⑬讫——通"迄"。到；至。 共和——周厉王暴虐，被国人驱逐，流放到彘（今山西霍州），《竹书纪年》曰："共伯和摄行天子事。"故称共和。《周本纪》说是"召公、周公二相行政"，今多以为不可信。共和凡十四年（前 841—前 828 年）。 《世表》——因为年月阙略，只列世系，故称"世表"。

帝王世国号	**黄帝号有熊。**（黄帝：华夏族始祖，少典氏后裔，姬姓，号轩辕氏，有熊国君，曾居姬水。一说，都于涿鹿，迁于有熊。阪泉之战，打败炎帝，涿鹿之战，擒杀蚩尤，被尊为天子。有子二十五人。）	**帝颛顼**，黄帝孙。起黄帝，至颛顼三世。号高阳。	**帝佶**，黄帝曾孙。起黄帝，至帝佶四世。号高辛。	**帝尧**。起黄帝，至佶子五世。号唐。
颛顼属（颛顼：黄帝之孙，昌意之子，号高阳氏。生于若水，曾佐少昊氏。居于帝丘。）	黄帝生昌意。（昌意：黄帝元妃嫘祖所生，居于若水。）	昌意生颛顼。为高阳氏。		
佶属（佶：同“喾”，即帝喾，黄帝曾孙，名俊，号高辛氏。都于亳。传说他是商人、周人的祖先。）	黄帝生玄嚣。（玄嚣：嫘祖所生。）	玄嚣生蟜极。（蟜：音 jiǎo，《世本》作“侨”。）	蟜极生高辛，为帝佶。	
尧属（尧：名放勋，号陶唐氏，或说姓伊祁。都于平阳。曾举鲧治洪水，禅位于舜。一说，尧德衰，舜逼其让位。）	黄帝生玄嚣。	玄嚣生蟜极。	蟜极生高辛。高辛生放勋。	放勋为尧。

舜属 （舜：号有虞氏，姚姓，一作妫姓，名重华。生于妫汭，继尧为帝，都于蒲坂。一说舜是东夷之人，居于妫汭。据《山海经》《天问》和甲骨卜辞，帝俊、帝喾、舜、夔应是一人，后发生分化。舜与尧一起被儒家尊为圣王。传说尧晚年举舜摄政，舜任用贤者，放逐四凶，命禹治水，并禅位给禹。一说晚年被禹放逐。或曰死于鸣条，或曰死于苍梧。）	黄帝生昌意。	昌意生颛顼。颛顼生穷蝉。 （穷蝉：《世本》作“穷系”。一说穷蝉有别名“虞幕”。一说穷蝉为虞幕所生，非颛顼之子。）	穷蝉生敬康。敬康生句望。 （句 gōu 望：也作“句芒”。）	句望生蟜牛。蟜牛生瞽叟。 （“蟜”字也作“桥”“乔”。瞽叟：舜父。瞽：目盲，此指有目而不辨好坏。叟：一作“瞍”，有目无珠。）
夏属	黄帝生昌意。	昌意生颛顼。		
殷属 （殷：商王盘庚自奄迁都于殷，故后世也称商为“殷”或“殷商”。）	黄帝生玄嚣。	玄嚣生蟜极。蟜极生高辛。	高辛生卨。 （卨，音 xiè，亦作“契”，也称玄王，子姓，殷人的始祖。《诗经・商颂・玄鸟》：“天命玄鸟，降而生商。”传说卨母为有娀氏之女简狄，食玄鸟卵受孕而生卨。卨曾任司徒。《世本》称“契居蕃[亳]”。）	卨为殷祖。
周属	黄帝生玄嚣。	玄嚣生蟜极，蟜极生高辛。	高辛生后稷，为周祖。 （后稷：《诗经・大雅・生民》说稷母姜原感上帝之迹生稷，生而弃之，故名“弃”。弃好农耕，任农官，被封于邰。姬姓，号后稷。“为”上应增“后稷”二字。）	后稷生不窋。 （据《山海经・大荒西经》“帝俊生后稷，稷降以百谷。稷之弟曰台玺，生叔均。叔均是代其父及稷播百谷，始作耕”。《海内经》称“稷之孙曰叔均，是始作牛耕”。故后稷与不窋 zhú 不应是父子关系，世代必有脱遗。）

帝王世国号	**帝舜**，黄帝玄孙之玄孙，号虞。	**帝禹**，黄帝耳孙，号夏。（禹：鲧之子，姒姓，又称神禹、大禹。奉舜命治理洪水，用疏导方法，历十三载而成功。舜禅位于禹。《竹书纪年》《世本》称禹居阳城。“夏商周断代工程”估计禹之元年约在公元前2070年。据《竹书纪年》推算，则应在公元前1968年。禹欲传益，而禹之子启夺位建立夏朝。一说“禹”上“帝”字应削。耳孙：八世孙，泛指远孙。郭嵩焘曰：“案《本纪》，则禹为黄帝元孙，颛顼之孙也，于舜为五世族祖。史公似亦知其义不可通，故《三代世表》但谓之‘耳孙’，亦疑以传疑之意。”）	**帝启**，伐有扈，作《甘誓》。（启：夏王，禹之子，都阳翟。有扈：有扈氏，相传为夏之诸侯。旧说在今陕西西安鄠邑区一带，今人疑在今河南原阳西。夏启继父位为君，有扈氏不服，启率师征伐，战于甘。旧说甘亦在今陕西西安鄠邑区一带，今人疑在河南洛阳西南。《甘誓》：《尚书》篇名。）	**帝太康**（太康：启之子，居斟鄩。好淫乐，不理政事，有穷氏后羿乘太康出猎夺取其政权，太康失国。）
颛顼属				
佶属				
尧属				
舜属	瞽叟生重华，是为帝舜。			

夏属	颛顼生鲧。鲧生文命。 （鲧:《汉书·律历志下》称“颛顼五世而生鲧”,更可信。鲧封于崇,号有崇氏,又称崇伯。洪水泛滥,尧命鲧治水,筑堤拦堵,九年无成,鲧被舜杀于羽山。文命:此为禹之名。一说“文命”非禹名。）	文命,是为禹。		
殷属	卨生昭明。 （《荀子·成相》:“契玄王,生昭明,居于砥石迁于商。”商在今河南商丘西南。）	昭明生相土。 （相土:又作“乘杜”,居于商。《诗经·商颂·长发》:“相土烈烈,海外有截。”《世本》:“相土作乘马。”）	相土生昌若。	昌若生曹圉。曹圉生冥。 （曹圉:也作“遭圉”“根圉”。冥:因为勤其官而水死,殷人给予隆重的祭礼。《世本》曰:“遭圉生根国,根国生冥。”多出根国一世。《汉书·古今人表》同《世本》。）
周属	不窋生鞠。 （鞠:《世本》作“鞠陶”。）	鞠生公刘。 （公刘:复修后稷之业,勤于农耕,民众富足,百姓归服,周族自此兴盛。《刘敬叔孙通列传》曾记载:自后稷至公刘“十有余世”,公刘避夏桀,率族人迁于豳。）	公刘生庆节。	庆节生皇仆。皇仆生差弗。

帝王世国号	**帝仲康**，太康弟。（仲康：曾命胤侯征讨天文官羲和。）	**帝相**（相：仲康之子，居于帝丘，曾伐淮夷、黄夷。寒浞杀羿自立，浞之子浇又杀相。）	**帝少康**（少康：相之子。浇杀相，相妻有孕，逃归母家有仍氏，生少康。《左传·哀公元年》载：少康曾任有仍氏牧正、有虞氏庖正，虞思妻以二姚，“邑诸纶”，布德收夏众，灭寒浞，最终复位，史称“少康中兴”。）	**帝予**（予：少康之子，也作“杼”“佇”“季佇”，音 zhù。参与了灭寒浞之子豷的战争，先后居原、老丘，曾征东海，始作甲。史书称赞他能修禹之道。）	**帝槐**（槐：予之子，《竹书纪年》《世本》“槐”作“芬”。在位期间，九夷宾服。）
颛顼属					
俈属					
尧属					
舜属					
夏属					

殷属	冥生(振)[核]。(核又作"胲""该""垓""王亥"。中华本原作"振",误,今正。始驾牛。到有易做交易,被其君绵臣所杀。甲骨卜辞称之为"高祖亥"或"高祖王亥"。)	(振)[核]生微。微生报(丁)[乙]。("核"原作"振",今正。微:上甲微。"上甲"是庙号,"微"是名。借河伯之师杀绵臣,灭有易。中华本原作"报丁",据甲骨卜辞,微生"报乙",非"报丁",今正。)	(报丁生报乙)报乙生报丙。[报丙生报丁]。(按:中华本原误,今据甲骨卜辞更正。报乙、报丙是庙号。)	报(丙)[丁]生主壬。主壬生主癸。(按:"报丁"中华本原作"报丙",今据甲骨卜辞更正。又"主壬""主癸"甲骨卜辞作"示壬""示癸"。)	主癸生天乙,是为殷汤。(天乙:传说名"履",又称"成汤""武王"。"天"当是"大"字之误。大,通"太"。甲骨文、金文称"成""唐""大乙""成唐"。以伊尹、仲虺为相,征葛、韦、顾、昆吾,十一征无敌于天下。夏桀无道,汤败桀于鸣条,放逐于南巢,遂建立商朝。自离至汤十四世凡八徙国都。汤始居亳,在今山东曹县南;灭夏后则迁于西亳,即今河南偃师商城。汤时"商"不称"殷",故"殷汤"应曰"商汤"。)
周属	差弗生毁渝。毁渝生公非。(毁渝:《周本纪》作"毁隃",《世本》作"毁揄",或作"伪榆"。公非:《世本》作"公非辟方"。《汉书·古今人表》曰:"辟方,公非子。"或说公非字辟方,或说公非、辟方为兄弟。)	公非生高圉。高圉生亚圉。(《世本》作"高圉侯侔生亚圉云都"。《汉书·古今人表》"侯侔"作"夷竢",以为夷竢、亚圉为高圉子,云都为亚圉弟。汉宋衷《世本》注曰:"高圉能率稷者也,周人报之。")	亚圉生公祖类。(《周本纪》"公"下有"叔"字,"类"或作"赖"。《世本》作"太公组绀诸盩"。《汉书·古今人表》作"公祖"。马骕《绎史》以为组绀、诸盩为二世。王玉哲以为应是一代,太公、组绀、诸盩、公组可能为四兄弟。)	公祖类生太王亶父。(太王亶父:也称"公亶父",为避狄人侵害,由豳迁居周原。时为商王武乙时。周人灭商的奠基者,武王时尊为"太王"。)	亶父生季历。季历生文王昌。益《易卦》。(季历:又称"公季""王季",名季历,亶父少子。亶父欲立季历之子昌,故传位于季历。季历曾朝殷王武乙,多次打败戎狄,殷命他为牧师。终为殷王文丁所杀。文王昌:周文王姬昌。殷末时为西方诸侯之长,称为"周西伯"。勤政爱民,文治武功突出,诸侯归服,三分天下有其二,生前即称王。由岐下迁丰,在今陕西西安长安区沣河以西。曾被殷纣王囚在羑里,传说他把《易》的八卦演为六十四卦。益:增加。)

帝王世国号	**帝芒**（芒：《竹书纪年》作“荒”，槐之子，曾东狩于海。）	**帝泄**（泄：芒之子，泄二十一年加畎夷、白夷、赤夷等爵命。）	**帝不降**（不降：泄之子，《世本》有辑本单称“降”，《竹书纪年》同《史记》。不降六年伐九苑。）	**帝扃**，不降弟。	**帝廑**（廑：《竹书纪年》称一名“胤甲”，扃之子，居西河。）	**帝孔甲**，不降子。好鬼神，淫乱，不好德，二龙去。（孔甲：《国语·周语下》云：“孔甲乱夏，四世而殒。”二龙去：天降龙，孔甲命刘累豢养。雌龙死，刘累拿龙肉给孔甲吃。后来孔甲还要吃龙肉，刘累惧而逃走了。“二龙去”，与《夏本纪》所说不同。）	**帝皋**（皋：《竹书纪年》作“昊”，孔甲之子，其墓在崤山南陵。）	**帝发**（发：又作“后敬”“发惠”，皋之子。诸夷来献乐舞。）
颛顼属								
俈属								
尧属								
舜属								
夏属								
殷属								

周属	文王昌生武王发。（武王发：周武王，名发，即位后迁都于镐京，在今陕西西安长安区西北。以太公望、周公旦辅政。约公元前1046年率诸侯兵破殷纣王于牧野，纣王兵败自焚而死。周武王灭殷后建立周朝，分封宗室功臣与前王后裔为诸侯。一说，周之始年当依《竹书纪年》，在公元前1027年。）							

帝王世国号	**帝履癸**，是为桀。从禹至桀十七世。从黄帝至桀二十世。（桀：又称："癸""履癸"，发之子。《世本》说是皋之子。桀居斟鄩。暴虐无道，百姓无法忍受。汤伐桀，败之鸣条，放逐南巢而死。按：夏代凡十四世，十七王。依此表，自黄帝至桀为十八世，二十一王。今人据《竹书纪年》推算，夏约亡于公元前 1535 年。"夏商周断代工程"估定夏亡约在公元前 1600 年。）	**殷汤代夏氏。**从黄帝至汤十七世。（十七世：梁玉绳以为应作"十八世"。"夏商周断代工程"估定商汤始年为公元前 1600 年。依《竹书纪年》推算，应为公元前 1535 年。）	**帝外丙**，汤太子。太丁蚤卒，故立次弟外丙。（外丙：甲骨文作"卜丙"，名胜，居亳。太丁：卜辞"太"字作"大"，下同。蚤：通"早"。）	**帝仲壬**，外丙弟。（仲壬：又作"中壬"，名"庸"。卜辞未见仲壬，一说即卜辞中之"南壬"。）	**帝太甲**，故太子太丁子。淫，伊尹放之桐宫。三年，悔过自责，伊尹乃迎之复位。（太甲：即位后不遵汤之法度，乱德，被伊尹放之桐宫。三年后悔过，迎之复位。因能继汤功业，死后被尊为太宗。伊尹：名挚，号阿衡，汤之贤相，辅汤灭夏建商，放太甲后摄政三年。《竹书纪年》说伊尹放太甲而自立，七年后太甲杀伊尹而复位。此说不可信，因为卜辞中对伊尹有隆重的祭祀。桐宫：桐地的宫室，今之所在难考，一说在今河南虞城。）	**帝沃丁。**伊尹卒。（沃丁：名绚，太甲之子。甲骨文中无沃丁而有羌丁，于省吾以为"沃"为"羌"字之讹。伊尹卒，沃丁以王礼葬之。）	**帝太庚**，沃丁弟。（太庚：名辨，《竹书纪年》作"小庚"。）

颛顼属							
俈属							
尧属							
舜属							
夏属							
殷属							
周属							

帝王世国号	帝小甲，太庚弟。殷道衰，诸侯或不至。（帝小甲：名高，《殷本纪》《世本》都说小甲是太庚之子。“殷道衰，诸侯或不至”，《殷本纪》记于雍己时。）	帝雍己，小甲弟。（雍己：名伷。）	帝太戊，雍己弟。以桑穀生，称中宗。（太戊：名密，以伊尹之子伊陟为相。《殷本纪》曰：桑树、穀树共生于朝廷，一暮大拱。伊陟劝太戊不信此妖孽之象而修德，“殷复兴，诸侯归之，故称中宗。”卜辞中礼序为太戊、雍己、仲丁，又卜辞中称“中宗祖乙”，未见称太戊为中宗。穀：音 gǔ，树木名，落叶乔木，也叫“构”。）	帝中丁。（中丁：也作“仲丁”，名庄，太戊之子，自亳迁都于嚣 āo，也作“隞”，在今河南荥阳东北，近人或以为即郑州商城遗址。征蓝夷。）	帝外壬，中丁弟。（外壬：甲骨卜辞作“卜壬”，太戊之子。）	帝河亶甲，外壬弟。（河亶甲：名整，亦称“整甲”，甲骨卜辞作“戋甲”，太戊之子。自嚣迁都于相，在今河南内黄东南。殷衰。征蓝夷、班方。）	帝祖乙（祖乙：名滕，由甲骨卜辞知其为中丁之子，与《殷本纪》河亶甲之子说不同。任巫贤为相，殷复兴，被尊称中宗。据《竹书纪年》知其曾两次迁都，先迁于邢，在今河北邢台。邢亦称耿，被水冲毁。后又迁于庇，在今山东郓城北。）	帝祖辛（祖辛：祖乙之子。）	帝沃甲，祖辛弟。（沃甲：《竹书纪年》《世本》作“开甲”，甲骨卜辞作“羌甲”，名踰。）

颛顼属										
俈属										
尧属										
舜属										
夏属										
殷属										
周属										

帝王世国号	**帝祖丁**，祖辛子。	**帝南庚**，沃甲子。（南庚：名更，自庇迁都于奄，庇在今山东郓城北，奄在今山东曲阜。）	**帝阳甲**，祖丁子。（阳甲：名和。曾西征。中丁以来九世，不断发生废嫡立诸弟子，诸弟子又争立，殷衰，诸侯不来朝。）	**帝盘庚**，阳甲弟。徙河南。（盘庚：名旬，盘又作“般”。自奄迁都于殷，在今河南安阳小屯村。由于臣民反对，盘庚曾几次发布训令，即今《尚书》中的《盘庚》三篇。迁都后，“百姓由宁，殷道复兴”。司马迁误以为盘庚是由邢迁于亳，所以说“徙河南”；实际情况是奄在河南，殷在河北。盘庚迁都约在公元前1300年。《竹书纪年》曰：“自盘庚迁殷至纣之灭，二百五十二年更不徙都。”）	**帝小辛**，盘庚弟。（小辛：名颂。殷复衰。）	**帝小乙**，小辛弟。（小乙：名敛，甲骨文又作“小祖乙”“后祖乙”。）	**帝武丁**。雉升鼎耳雊。得傅说。称高宗。（武丁：名昭，小乙之子。相传他久劳于外，了解民间疾苦，又学于贤臣甘盘。即位后三年不言，以观国风。后从民间访得傅说，任以为相，殷朝大治。曾征伐土方、羌方等，战功显赫，疆域扩大。在位五十九年，约在公元前1250—前1192年。死后被尊为“高宗”。雉升鼎耳雊：武丁祭祀成汤，有雉飞到鼎耳上鸣叫，武丁以为不祥，乃听从祖己之言，修德行政，而使殷道复兴，自己也被后代称为圣君。）	**帝祖庚**。（祖庚：名曜，或作“跃”。武丁之子。）

颛顼属								
俈属								
尧属								
舜属								
夏属								
殷属								
周属								

帝王世国号	**帝甲**，祖庚弟。淫。（甲：又称“祖甲”，名载。淫：淫乱，《国语·周语下》：“帝甲乱之，七世而陨。”）	**帝廪辛**（廪辛：又作“冯辛”“凭辛”，名先，祖甲之子。）	**帝庚丁**，廪辛弟。殷徙河北。（庚丁：甲骨卜辞作“康丁”“康且［祖］丁”。徙河北：此说误，庚丁未迁都，“夏商周断代工程”估定祖庚、帝甲、廪辛、庚丁四王在位年为公元前1191—前1148年。）	**帝武乙**，慢神震死。（武乙：甲骨文作“武祖乙”，庚丁之子。据说他曾以箭射天，侮辱天神，后在河渭之地狩猎时被雷震死。慢神：对天神傲慢。《竹书纪年》载：武乙三十四年，周季历来朝，赐地与玉马，次年季历伐西落鬼戎。）	**帝太丁**（太丁：《竹书纪年》作“文丁”，甲骨文作“文武丁”。文丁是武乙之子。文丁初命周季历为牧师。文丁时季历频繁伐诸戎，周之势力迅速发展，文丁遂召季历杀之。）	**帝乙**。殷益衰。（帝乙：甲骨文作“文武帝乙”，文丁之子。帝乙二年，周伐商。帝乙曾两次亲征人方。）	**帝辛**，是为纣。弑。从汤至纣二十九世。从黄帝至纣四十六世。（帝辛：名纣，或作“受”，又称“辛”“受辛”“商纣”，帝乙之子。暴虐淫乱，亲谄谀，拒忠良，长期征东夷，重赋严刑，以致众叛亲离，周武王率诸侯伐纣，殷士兵倒戈，纣败，自焚死，殷灭。“夏商周断代工程”估定纣在位三十年，即公元前1075—前1046年。弑：据《逸周书·克殷解》《周本纪》，武王至纣死所，亲斩纣头，故曰“弑”。二十九世：依本表当作“三十世”。四十六世：依本表当作“四十七世”。不计未立而卒的太丁，商实有十七世、三十王。《竹书纪年》说：“汤灭夏以至于受，二十九王，用岁四百九十六年。”《鬻子》则说：“汤之治天下也……积岁五百七十六岁至纣。”）	**周武王代殷**。从黄帝至武王十九世。（十九世：依本表应作“二十世”但“十九”“二十”都不可信，见前不窋、公刘注。《周本纪》称武王克殷“后二年”病卒，“夏商周断代工程”估定武王灭殷建周在公元前1046年，灭殷后在位四年，为公元前1046—前1043年。一些学者如雷海宗、陈梦家、高本汉、丁山、何炳棣、王玉哲等都依《竹书纪年》，定武王灭殷于公元前1027年。）

颛顼属								
俈属								
尧属								
舜属								
夏属								
殷属								
周属								

成王诵 （成王：名诵，武王之子。年幼即位，由周公摄政，平管蔡之乱，东征淮夷和奄，命召公营建东都雒邑，七年后周公还政。“夏商周断代工程”推定成王在位二十二年，即公元前1042—前1021年。）	**康王钊**。刑错四十余年。 （康王：名钊，成王之子。由召公、毕公辅佐。《周本纪》曰：“成康之际，天下安宁，刑错四十余年不用。”晋侯筑宫而美，康王使让之。错：置，不用。康王出兵平定东夷，又讨伐鬼方。“夏商周断代工程”定康王在位二十五年，即公元前1020—前996年。）	**昭王瑕**。南巡不返。不赴，讳之。 （昭王：名瑕，康王之子。昭王十六年（前980），南征楚荆，十九年（前977），丧六师于汉水，昭王溺死，即所谓“南巡不返”。不赴：不向诸侯国通报丧事。赴：今作“讣”。讣告；报丧。讳：隐匿不说。“夏商周断代工程”定昭王在位十九年，即公元前995—前977年。）
鲁周公旦，武王弟。初封。 （周公：名旦，武王同母弟，也称“叔旦”。采邑在周，在今陕西岐山县北，故称“周公”，也称“周文公”。先后任太宰、太师。与太公望、召公奭等佐武王灭殷建周。武王死后，成王年幼，周公摄政，管叔、蔡叔勾结纣子武庚发动叛乱，被周公讨平。七年后还政成王。据《诗经·鲁颂·閟宫》《左传·定公四年》载，始封于鲁、称“鲁公”者是周公之子伯禽，与《史记》不同。又，一说鲁之始封地在今河南鲁山一带。）	**鲁公伯禽** （伯禽：周公长子，又称“禽父”，鲁国的第一代国君。都曲阜。周公东征后，成王把奄的土地与殷民六族封给伯禽。淮夷、徐戎反叛，伯禽伐之于费，作《费誓》。）	**考公** （名酋，也作“就”“遒”，伯禽之子。在位四年。郭克煜等著《鲁国史》，何炳棣、刘雨《夏商周断代工程基本思路质疑》均定考公元年于公元前998年，以为实是我国确切纪年之始。其四年为公元前995年。）
齐太公尚，初封。文王、武王师。 （太公尚：姜姓吕氏，名望，字尚父，又称“太公望”“吕望”，东海人。文王遇之于渭水滨，曰“吾太公望子久矣”，故号“太公望”。为文王、武王师，辅武王灭纣建周，被封于营丘，后改名临菑，在今山东淄博临淄区北。）	**丁公吕伋** （丁公：名伋，太公之子。）	**乙公** （名得，丁公之子。）
晋唐叔虞，初封。武王子。 （唐叔虞：名虞，字子于，武王之子，成王之弟。周公灭唐后，成王封虞于唐，在今山西翼城西。至其子燮时，因唐境内有晋水，故改国号曰晋。一说始封或燮迁都于晋阳。）	**晋侯燮** （名燮，又称“燮父”，唐叔虞之子。改国号为晋。）	**武侯** （名宁族，铭文作“曼期”“曼旗”，燮之子。）
秦恶来，助纣。父飞廉，有力。 （恶来：嬴姓，名革。有力。伯益之后。其父飞廉善走，父子俱事殷纣。飞廉也作“蜚廉”，别号处父。）	**女防** （恶来之子。）	**旁皋** （女防之子。）

楚熊绎。初封。绎父鬻熊,事文王。 (熊绎:芈姓,熊氏,楚国始封之君。成王时封于楚蛮,食子男之田,居丹阳,在今湖北秭归。鬻熊:也称“鬻子”“鬻熊子”,传说曾为周文王师。“鬻”字也作“粥”。据《楚世家》,熊绎为鬻熊之曾孙。)	**熊乂** (《世本》作“熊艾”,“乂”“艾”二字相通。熊绎之子。)	**熊黮** (黮:或作“黚”“亶”,熊乂之子。)
宋微子启,初封。纣庶兄。(微子:名启,殷帝乙之子,因母贱,不得嗣,封于微。一说与纣同母,生纣时其母方为正妃。纣昏乱,微子屡谏,纣不听,微子遂出亡。周公平武庚之乱,命微子代殷后,国于宋,在今河南商丘。)	**微仲**,启弟。 (微仲:名衍。少数学者以为微仲是启之子。)	**宋公** (名稽,微仲之子。)
卫康叔,初封。武王弟。(康叔:名封,又称“康叔”“卫侯”,周武王的同母弟。初封于康,在今河南禹州西北。周公东征平乱后,封康叔于殷王旧地,曰卫,都朝歌,在今河南淇县。周公对康叔的训诫,即《尚书·康诰》。)	**康伯** (名髦,或作“牟”,又称“王孙牟”“牟伯”,康叔之子。)	**孝伯**(《卫康叔世家》作“考伯”,梁玉绳云“考”为“孝”之讹。康伯之子。)
陈胡公满,初封。舜之后。(胡公:名满,舜之后。《左传》称“胡公不淫”,舜之后。武王克殷,以长女太姬妻满,封之于陈,在今河南周口淮阳区,奉舜祀。)	**申公** (名犀侯,胡公之子。)	**相公**(《汉书·古今人表》作“柏公”。名皋羊,申公之弟。)
蔡叔度,初封。武王弟。(蔡叔:名度,武王的同母弟。灭商后,武王封度于蔡,在今河南上蔡西南。与管叔相武庚。成王幼,周公摄政,管叔、蔡叔疑周公不利于成王,乃挟武庚作乱。周公诛武庚,杀管叔,蔡叔被流放而死。)	**蔡仲**(名胡,《汉书·古今人表》称“蔡中胡”,蔡叔之子。改过修德,周公以为鲁国卿士,复封于蔡。)	**蔡伯**(名荒,蔡仲之子。梁玉绳曰:“蔡为侯爵,何以荒称‘伯’。”)
曹叔振铎,初封。武王弟。(曹叔:名振铎、叔铎,周武王的同母弟。克殷后,封于曹,都陶丘,在今山东菏泽定陶区。)		**太伯** (名脾,振铎之子。)
燕召公奭,初封。周同姓。(召 shào 公奭:姬姓,名奭。因采邑在召,也作邵,在今陕西岐山县西南,故也称“邵公”。灭殷后,被封于燕,金文作“匽”“郾”,都城在今北京房山区琉璃河镇董家林。由其子到燕地就封,召公则留于王都与周公共佐成王。召公与周公分陕而治,自陕以东周公主之,自陕以西召公主之。主持修建东都雒邑。相传至康王时召公尚为太保。)	九世至**惠侯**。 (惠侯当周厉王奔彘、共和之时。《索隐》曰:“并国史先失也。”金文中有“匽侯旨”,学者认为应是第二代燕侯,其父召伯父辛当是召公奭子,从召分封到燕。)	

穆王满。作《甫刑》。荒服不至。 （穆王：名满，昭王之子。穆王曾讨淮夷、犬戎，伐徐至九江。《竹书纪年》《穆天子传》称穆王周游四方，北征行流沙千里，西征至昆仑丘。学者认为穆王远游实有其事。穆王在位五十五年，“夏商周断代工程”推定于公元前 976—前 922 年。作《甫刑》，即关于刑法的文告。荒服：据说古代帝王统属的地区由近及远分为五服：曰甸服、侯服、宾服、要服、荒服。“要服”“荒服”都指周边的少数民族地区。《国语·周语上》说周穆王因为征伐犬戎，致使荒服之人不再来朝。）	**恭王伊扈** （恭王：也作“共王”，名伊扈，也作“繄扈”，穆王之子。灭密。《国语·鲁语下》称“周恭王能庇昭、穆之阙而为‘恭’”。“夏商周断代工程”推定恭王在位二十三年，即公元前 922—前 900 年。）	**懿王坚**。周道衰，诗人作刺。 （懿王：名坚，也作“艰”，恭王之子。周衰，戎狄交侵，懿王迁都犬丘，在今陕西兴平东南。诗人作刺：《汉书·匈奴传》以为指《诗经·小雅·采薇》之所谓“靡室靡家，猃狁之故”云云。懿王元年“天再旦于郑”，“夏商周断代工程”推算在公元前 899 年。）
炀公，考公弟。 （炀公：名熙，一作“怡”。《世本》：“炀公徙鲁。”鲁初封于少昊之墟，在奄之东。炀公徙居奄城，二城相距三四里，后联而为一。炀公在位六年，即公元前 994—前 989 年。）	**幽公** （名宰，一作“圉”，炀公之子。魏公杀之。在位十四年，即公元前 988—前 975 年。）	**魏公** （也作“微公”，名“濞”“弗”或“弗甚”，幽公之弟。杀幽公自立。在位五十年，即公元前 974—前 925 年。）
癸公 （《世本》作“祭公”，名慈母，乙公之子。）	**哀公** （名不辰，《世本》作“不臣”。癸公之子。纪侯谮哀于周，周夷王烹哀公。《世本》宋衷注：“哀公荒淫田游，史作《还》诗以刺之也。”）	**胡公** （名静，哀公之弟。徙都薄姑，在今山东博兴东南。）
成侯 （名服人，武侯之子。《诗谱》曰：“徙居曲沃。”）	**厉侯** （名福，《世本》作“辐”，成侯之子。）	**靖侯** （名宜臼，厉侯之子。靖侯十七年，厉王奔彘。）

大几 (《秦本纪》作“太几”,“太”“大”相通。旁皋之子。)	**大骆** (大几之子。)	**非子** (大骆之子。善养马,周孝王使主畜牧,邑之秦,在今甘肃张家川东,使复续嬴氏之祀,号曰“秦嬴”,在位约三十余年。此处当书“初封”二字。)
熊胜 (熊黮之子。)	**熊炀** (“炀”字《楚世家》作“杨”,《汉书·古今人表》作“锡”。熊胜之弟。)	**熊渠** (熊炀之子。周夷王时王室衰微,熊渠兴兵伐庸、杨越,至于鄂,并立其三个儿子为王,周厉王暴虐,楚畏受伐,去王号。)
丁公 (名申,宋公稽之子。)	**湣公**,丁公弟。 (湣公:名共,《宋微子世家》《汉书·古今人表》以湣公为丁公子。梁玉绳谓此误。)	**炀公**,湣公弟。 (炀公:名熙。)
嗣伯 (孝伯之子。)	**疌伯** (疌:音 jié。《卫康叔世家》作“庢伯”,《世本》作“挚伯”,嗣伯之子。	**靖伯** (疌伯之子。)
孝公 (名突,申公之子。)	**慎公** (名圉戎,孝公之子。马骕《绎史》曰:“《世家》‘慎公当周厉王时’,历二百五十年,周十世,陈止五世,疑有遗脱。”)	**幽公** (名宁,慎公之子。幽公十三年,周厉王奔彘。)
宫侯 (蔡伯荒之子。)	**厉侯** (宫侯之子。)	**武侯** (厉侯之子。武侯时,周厉王奔彘。)
仲君 (名平,太伯之子。)下行为燕世系,无字从略。	**宫伯** (名侯,仲君之子。)	**孝伯** (名云,宫伯之子。)

孝王方，懿王弟。 （孝王：名方，《周本纪》《汉书·古今人表》名辟方，恭王弟。《世本》、本表曰懿王弟，梁玉绳谓其有误。）	**夷王燮**，懿王子。 （夷王：名燮。烹齐哀公。命虢公伐太原之戎。“夏商周断代工程”推定懿、孝、夷三王共在位二十二年，即公元前899—前878年。）	**厉王胡**。以恶闻过乱，出奔，遂死于彘。 （厉王：名胡，夷王之子。暴虐侈傲，专山泽之利，杀谤者，民不堪命，最终引发暴动，厉王奔彘而死。因厉王无道，戎狄寇掠，西戎深入犬丘，淮夷深入伊、雒。厉王在位三十七年，“夏商周断代工程”定于公元前877—前841年。彘：在今山西霍州。）	**共和**，二伯行政。 （二伯：指当时的周公与召公。按：据《竹书纪年》《左传》《吕氏春秋》皆以为是“共伯和”行天子事。共：国名，在今河南辉县市，其君是伯爵，名和。以好行仁义，诸侯奉之以行政，其首年称“共和元年”，与司马迁“周、召二伯联合执政”之说异。共和元年为公元前841年。）
厉公 （名擢，或作“翟”，魏公之子。在位三十七年，即公元前924—前888年。）	**献公**，厉公弟。 （献公：名具，在位三十二年，即公元前887—前856年。）	**真公** （《世本》作“慎公”，名濞，或作“挚”，献公之子。在位三十年，即公元前855—前826年。周厉王奔彘在真公十四年。按：除《鲁周公世家》持不肯定之说，《管蔡世家》《燕召公世家》未明说，《晋世家》似主当年为共和元年，其余《史记》有关各篇与《十二诸侯年表》均记共和行政于厉王奔彘之次年，“夏商周断代工程”推定为当年改元，这里所记仍依《史记》各篇。）	**武公**，真公弟。 （按：“武公”乃春秋时人，此五字应删。）
献公，弑胡公。 （献公：名山，哀公同母少弟。杀胡公自立。元年复都临淄。在位九年。）	**武公** （名寿，献公之子。武公九年，厉王奔彘。）		

秦侯 （非子之子，在位十年，即公元前 857—前 848 年。）	**公伯** （秦侯之子，在位三年，即公元前 847—前 845 年。）	**秦仲** （公伯之子。秦仲三年，周厉王无道，西戎反周室，灭犬丘大骆嫡子成之族，周宣王任命秦仲为大夫，攻西戎；西戎杀秦仲。秦仲在位二十三年，即公元前 844—前 822 年。）	
熊无康 （《楚世家》作“毋康”，熊渠长子。《世本》作“庸”。早卒，未立。）	**熊鸷红** （《楚世家》作“挚红”，熊渠中子。《世本》《大戴礼记·帝系》无“鸷”字。谯周、马骕以为即《左传·僖公二十六年》之熊挚。有疾未立，后世为夔子。梁玉绳谓挚、红为二人，红为弟。）	**熊延**，红弟。 （熊渠少子，《世本》《大戴礼记·帝系》“延”字作“疵”“疪”；《楚世家》前作“执疵”，后作“延”。均为一人，“延”“疵”“疪”中必有误。）	**熊勇** （熊延之子。熊勇在位十年，其六年，周厉王奔彘。）
厉公 （名鲋祀，一作“鲂祀”，湣公庶子。弑炀公自立。）	**釐公** （名举，厉公之子。釐：亦作“僖”。读做“xī”，下同。釐公十七年周厉王奔彘。）		
贞伯 （《世本》作“箕伯”，靖伯之子。）	**顷侯** （贞伯之子。《卫康叔世家》说顷侯厚赂周夷王命卫为侯，《索隐》以为卫君本为侯爵，伯乃方伯之伯。梁玉绳以为顷侯之世晚于夷王。）	**釐侯** （顷侯之子，釐侯十三年，周厉王奔彘。）	
釐公 （釐公之立在共和时，此二字应削。）	（下行为蔡世系，无字，从略。）		
夷伯（名喜，孝伯之子。夷伯二十三年，周厉王奔彘。）	（下行为燕世系，无字，从略。）		

张夫子问褚先生曰[①]:“《诗》言契、后稷皆无父而生[②]。今案诸传记咸言有父,[③]父皆黄帝子[④]也,得无与《诗》谬乎?[⑤]”

褚先生曰:“不然。《诗》言契生于卵、后稷人迹者,欲见其有天命精诚之意耳。[⑥]鬼神不能自成,须人而生,奈何无父而生乎!一言[⑦]有父,一言无父,信以传信[⑧],疑以传疑,故两言之。尧知契、稷皆贤人,天之所生,故封之契七十里[⑨],后十余世至汤,王天下[⑩]。尧知后稷子孙之后王也,故益封之百里[⑪],其后世且千岁,至文王而有天下。《诗传》[⑫]曰:‘汤之先为契,无父而生。契母与姊妹浴于玄丘水[⑬],有燕衔卵堕之,契母得,故含之,误吞之,即生契。契生而贤,尧立为司徒[⑭],姓之曰子氏[⑮]。子者兹[⑯];兹,益大也。诗人美而颂之曰:“殷社芒芒,天命玄鸟,降而生商[⑰]。”商者质[⑱],殷号也。文王之先为后稷,后稷亦无父而生。后稷母为姜嫄[⑲],出见大人迹而履践之,[⑳]知于身[㉑],则生后稷。姜嫄以为无父,贱而弃之道中,牛羊避不践也。抱[㉒]之山中,山者[㉓]养之。又捐[㉔]之大泽,鸟覆席食之。[㉕]姜嫄怪之,于是知其天子[㉖],乃取长[㉗]之。尧知其贤才,立以为大农[㉘],姓之曰姬氏。姬者,本也[㉙]。诗人美而颂之曰“厥初生民[㉚]”,深修益成[㉛],而道后稷之始也。’孔子曰[㉜]:‘昔者尧命契为子氏[㉝],为有汤也。命后稷为姬氏,为有文王也。大王命季历[㉞],明天瑞[㉟]也。太伯之吴[㊱],遂生源[㊲]也。’天命难言,非圣人莫能见。舜、禹、契、后稷皆黄帝子孙也。黄帝策[㊳]天命而治天下,德泽深[㊴]后世,故其子孙皆复立为天子,是天之报有德也。人不知,以为泛[㊵]从布衣匹夫起耳。夫布衣匹夫安能无故而起王天下乎?其有天命然[㊶]。”

(以上是褚少孙补写的他对契与后稷“无父而生”以及得受尧封、后世昌大的理解。)

①张夫子——张长安,字幼君,山阳(在今河南焦作东)人。师事王式(《鲁诗》传人、昌邑王刘贺之师),为博士,参加石渠阁会议,官至淮阳中尉。见《汉书·儒林传》。　褚先生——褚少孙,颍川(治今河

南禹州)人,寓居沛(在今江苏沛县)。与张长安同事王式,为博士。好《史记》,续补《史记》十篇,即今存《史记》之"褚先生曰"者。 ②皆无父而生——见《表》中"禼(契)"注、"后稷"注。 ③案——考察。咸言有父——指高辛生禼和后稷。按:言帝喾有四妃,分别生后稷、禼、帝尧、帝挚之说,见于《大戴礼记·帝系》。 ④子——这里是子孙的意思。高辛为黄帝曾孙。 ⑤得无——莫不是,难道不。 谬——乖谬,不合。按:张长安之疑有理,褚少孙之说乃调和之论。对此,顾颉刚说:司马迁"信了《诗经》又信《帝系》,于是把这两种不同的记载混合起来"了。 ⑥天命——上天的意旨。 精诚——纯诚,真诚。 ⑦一言——有一种说法。 ⑧信——真确可信的。 ⑨封之契七十里———指尧舜时封契于商。《世本》则说"契居蕃"。其地众说纷纭,难以指实。 ⑩王(wàng)天下——称王于天下。 ⑪益封之百里——指邰(在今陕西武功西)。按:皇甫谧《帝王世纪》有尧"始封稷、契、咎繇",舜时稷、契、皋繇皆益地之说。 ⑫《诗传》——解释《诗经》的著作。张、褚都是《鲁诗》的经师,这里所引是《鲁诗》的解说。⑬玄丘水——传说中的地名。 ⑭尧立为司徒——《殷本纪》说舜命契为司徒。司徒:官名,掌管国家土地与人民教化。 ⑮姓之曰子氏——赐他姓子。古代姓与氏有别,汉以后姓、氏不分,这里就是混说。 ⑯子者兹——"子"的意思就是"兹"。兹:通"滋",增益,增长之意。 ⑰"殷社芒芒"三句——今《诗经·商颂·玄鸟》作"天命玄鸟,降而生商,宅殷土芒芒。"殷社:殷商的土地。社:土地神或祭土地神之所,引申为社稷与国家。芒芒:同"茫茫",广大的样子。玄鸟:燕子,燕子色黑,故称玄鸟。玄:黑色。简狄食玄鸟卵生子,说明当时还处于母系社会,人们只知其母不知其父。说契为帝喾之子,当出于后世附会。一说,玄鸟为商人图腾。 ⑱质——质朴。《春秋繁露·三代改制质文》曰:"王者以制,一商一夏,一质一文。商质者主天,夏文者主地。"又曰:"天将授汤,主天法质而王……质易纯仁。" ⑲姜嫄——有邰氏之女。姜为姓,嫄为名。 ⑳迹——脚印。 履——踩,踏。 ㉑知于身——知道自己怀孕了。身:身孕。 ㉒抱——读作"抛"。 ㉓山者——住在山里的人。 ㉔捐——弃。 ㉕覆席——覆盖铺垫。《周本纪》:“飞鸟以其翼覆荐之”。 食(sì)之——给他食物吃。按,这段记载与《诗经·大雅·生民》所记之“诞置之隘巷,牛羊腓字之。诞置之平林,会伐平林。诞置之寒冰,鸟覆翼之”大致相同。 ㉖天子——上天之子。 ㉗长(zhǎng)——抚养。 ㉘大农主管农业的官员。 ㉙姬者,本也《广雅·释言》曰:“姬,基也。”即根基,根本。 ㉚厥初生民这是《诗经·大雅·生民》中的首句,下句为“时(是)维姜嫄”,本意为当初生下始祖后稷的人,是姜嫄。这里非取本意,只是说后稷是周族的始祖。 ㉛深修益成深自修养,多所成就。 ㉜孔子曰下面所引孔子的话,可能出于汉代纬书,都是伪托。 ㉝尧命契为子氏《殷本纪》说舜封契于商,赐姓子氏,《周本纪》说命后稷为姬氏的也是舜,与此不同。 ㉞命季历——命季历继承王位。 ㉟天瑞上天降下的祥瑞。《周本纪》说“生昌,有圣瑞”,张守节引《尚书帝命验》云:“赤爵(雀)衔丹书入于酆,止于昌户。其书云:‘……以仁得之,以仁守之,其量百世。……’” ㊱太伯之吴因为太王要传位给季历及其子昌,太王封长子太伯于虞(在今山西平陆北),太伯卒,仲雍即位(故又称虞仲)。吴,即虞。参《穆天子传》《左传·僖公五年》。《周本纪》说,太伯、仲雍逃亡至吴(在今江苏无锡),不可信。吴为仲雍支族,在周康王时至吴。 ㊲遂生源——成就周人世代传衍的本源。遂:成就。 ㊳策——仗,秉持。 ㊴深——深远,久远。 ㊵泛——等于今天所说“平平常常地”。 ㊶然——用法同“焉”。

“黄帝后世何王天下之久远邪?”

曰:“传云天下之君王为万夫之黔首请赎民之命者帝[①],有福万世。黄帝是也。五政[②]明则修礼义,因天时[③]举兵征伐而利者王,有福千世。蜀王,黄帝后世也[④],至今在汉西南五千里,常来朝降[⑤],输献[⑥]于汉,非以其先之有德,泽流后世邪?行道德岂可以忽[⑦]乎哉!人君王者举而观之[⑧]。汉大将军霍子孟名光者[⑨],亦黄帝后世[⑩]也。此可为博闻远见者言,固难为浅闻者说也。何以言之?古诸侯以国为姓。霍者,国名也。武王封弟叔处于霍,后世晋献公灭霍[11]，公后世为庶民，往来居平阳。平阳在河东[12]，河东晋地，分为魏国[13]。以《诗》言之，亦可为周世[14]。周起后稷，后稷无父而生。以三代世传[15]言之，后稷有父名高辛；高辛，黄帝曾孙。《黄帝终始传》[16]曰：'汉兴百有余年，有人不短不长，[17]出白燕之乡[18]，持天下之政，时有婴儿主[19]，却行车[20]。'霍将军者，本居平阳白燕。臣为郎[21]时，与方士考功会旗亭下，[22]为臣言。岂不伟哉[23]！"

以上是褚少孙为西汉后期权臣霍光歌功颂德，妄称天命的附会之言。）

①"传云天下之君"句——此语不顺，泷川资言认为"黔首"当是"元首"的讹误。传(zhuàn)：经书以外的著作，或解经的文字。赎：通"续"，延续。 ②五政——各家所说不同。《管子·四时》说春、夏、秋、冬各有"五政"，如春之五政："一政曰论幼孤，舍有罪；二政曰赋爵列，授禄位；三政曰冻解修沟渎，复亡人；四政曰端险阻，修封疆，正千伯(阡陌)；五政曰无杀麑夭，毋蹇华绝芋。"汉荀悦《申鉴·政体》以"兴农桑以养其生，审好恶以正其俗，宣文教以章其化，立武备以秉其威，明赏罚以统其法"为五政。 ③天时——犹天命、运会。 ④蜀王，黄帝后世也——张守节据谱记记载，说蜀王为黄帝曾孙帝喾之后，周末首先称王者为蚕丛。司马贞据《蜀王本纪》，以为蜀王杜宇应出于唐杜氏，也是黄帝之后。蜀，即今四川成都一带。后世，后代。 ⑤常来朝降——中井积德疑"降"字为衍文。 ⑥输献——输送贡献。 ⑦忽——轻忽，忽略。 ⑧举而观之——都要以此省察自己。 ⑨霍子孟名光者——霍光，字子孟，河东平阳(在今山西临汾西南)人。西汉大臣。汉武帝死时，昭帝年幼，霍光受遗诏辅昭帝，任大司马大将军，封博陆侯。昭帝死，迎立昌邑王贺，以淫乱废之，又迎立宣帝。执政二十年，权倾内外。 ⑩黄帝后世——周文王之子霍叔封于霍(在今山西霍州西南)，因为传说周人为黄帝后裔，霍光既为霍叔之后，所以这样说。《汉书·霍光金日磾传》曰："昔霍叔封于晋，晋即河东，光岂其苗裔乎？" ⑪晋献公灭霍——事在晋献公十六年(前661)，献公灭霍、耿、魏三国。

⑫河东——汉代河东郡，在黄河之东，今山西省西南部，治所在安邑（在今山西夏县西北）。 ⑬分为魏国——“魏”字原作“卫”，误，今据《史记会注考证》订正。 ⑭以《诗》言之，亦可为周世——《毛诗》释文引《诗谱》说“周以（魏地）封同姓”，《左传·襄公二十九年》也说魏为姬姓国。此魏为西周初年封国，其地“在《禹贡》冀州雷首之北、析城之西、南枕河曲、北涉汾水”，治所在今山西芮城北。至晋献公灭魏，以魏封毕万，则后为战国韩、赵、魏之魏，亦为周之同姓。周世：周人的后代。 ⑮世传——世代相传的统系。 ⑯《黄帝终始传》——西汉纬书，言五行终始，大概出于阴阳家。 ⑰有人——指霍光。 不短不长——不矮不高。据《汉书·霍光金日磾传》，霍光身高七尺三寸，约合今一点六八米，为中等身材。 ⑱白燕之乡——张守节曰：“一本作‘白彘’。按霍光，平阳人。平阳……汉为彘县。……遍检记传，无白燕之名，疑‘白彘’是乡之名。”梁玉绳曰：“当作‘白彘’为是。”又曰：“褚少孙……徒见《世表》讫于共和，天位久虚，人臣摄政，遂以其事与霍光相类，因附论焉……诚小司马所谓‘言之不经，芜秽正史’者也。” ⑲婴儿主——指昭帝，即位时仅八岁。 ⑳却行车——能使行进的车倒退，喻霍光擅权。 ㉑郎——皇帝的侍从官员。郎官有议郎、中郎、侍郎、郎中等，由郎中令主管（武帝太初元年改郎中令为光禄勋）。 ㉒方士——讲神仙方术，从事巫卜星相等职业的人。 考功——中井积德认为其是方士的官衔。 旗亭——市楼，负责督察集市。 ㉓岂不伟哉——此段文字意在说明霍光之事之“伟”，当续补于“霍氏盛时”，不当叙于宣帝地节四年（前66年）霍光之子霍禹谋反被族诛之后。王鸣盛曾斥此文“妄且陋”，张文虎称此文为“续貂之尤鄙谬者”。

［**简评**］《三代世表》以五帝和三代君王的世系传承及其国号为中心，并附有帝王的先世和周代十一诸侯的世系，时代久远，不能“论次其年月”，只能是“集世”，而“纪黄帝以来讫共和”。既然司马迁所见牒记“咸不同，乖异”，那么像欧阳修所说“尧之崩也，下传其四世孙舜。舜之崩也，复上传其四世祖

禹……稷、契于高辛为子，乃同父异母之兄弟，今以其世次而下之，汤与王季同世……是文王以十五世祖臣事十五世孙纣；而武王以十四世祖伐十四世孙纣而代之王”的情形也就不足为怪了。值得注意的是，依据《三代世表》，不仅五帝中的后四帝都是黄帝后代，而且夏、商、周三代之王也都出于黄帝，这种五帝、三王同出一源之说，形成于战国时期。《国语》一书开始出现了“昔少典取于有蟜氏生黄帝、炎帝”和天下有土之君“皆黄、炎之后”的说法。到了《大戴礼记》的《五帝德》《帝系》和《吕氏春秋》的《尊师》《古乐》，则把炎帝除外，都说成黄帝之后了。可见天下一统的思想形成于《国语》至《大戴礼记》《吕氏春秋》的时代。《三代世表》的主旨在于说明“帝王世、国号”。依照本表的设计，五帝、三代之王的世代传续及其国号只能算是第一栏，而不能书于以下各栏。以下各栏只是表明帝王的系属，他们的没有作过帝王的先世。至于周成王以下加入十一诸侯，不仅为《十二诸侯年表》张本，而且依照他们所处的时代，也正适宜写在这里。

［**集评**］ 《太史公自序》：“维三代尚矣，年纪不可考，盖取之谱牒旧闻，本于兹，于是略推，作《三代世表》第一。”

王充曰：“《三代世表》言五帝三王皆黄帝子孙，自黄帝转相生，不更禀气于天。作《殷本纪》言契母简狄浴于川，遇玄鸟坠卵，吞之，遂生契焉。及《周本纪》言后稷之母姜嫄野出，见大人迹，履之则妊，身生后稷焉。夫观《世表》，则契与后稷，黄帝之子孙也；读殷、周《本纪》，则玄鸟大人之精气也；二者不可两传，而太史公兼记不别。案帝王之妃不宜野出，浴于川水，今言浴于川吞玄鸟之卵，出于野履大人之迹，违尊贵之节，误是非之言也。”（《论衡·案书篇》）

顾颉刚曰：“司马迁作《史记》，最足表见其截断众流之魄力者，厥惟《三代世表》。……《十二诸侯年表》始于‘共和’元年

(前841),前于《春秋经》(前722—前481)凡一百一十九年。此一时期中之王朝与列国之年数不知迁由何处得来?书既未述,莫得而明。然迁既承认为可信,则在其比较精密之标准下,如无别种资料足以否定之者,吾侪自当信之。故凡言中国史之正确年代必托始于'共和',至今一九六二年凡二千八百零四年。今人论古史每分史前期与历史期。余意,分期标准如以有无文字记载为断,则盘庚迁殷,爰有甲骨文,是迁殷后为历史期;如以有无正确年代为断,则共和行政,《年表》肇焉,应以厉王流彘后为历史期。如持后说,则《三代世表》所载并视为史前期可也。”(《史林杂识初编·三代世表》)

李景星曰:“《三代世表》,所以表明三代之世次也。著世而不著年,纪远从略之义也。表名'三代',而实叙上及五帝者,详三代所自出也。自周以来兼谱诸侯,志三代所由弱也。谱诸侯而不及夏殷者,表序所谓'自殷以前诸侯不可得而谱,周以来乃颇可著'也。序中'详''慎'二字,已将作意提出。其当详者不能不详,其不当详者又不敢不慎也。表以帝王世为经,以属为纬,立法极是。然世属相配,多未匀停。以殷属十四君,当夏之世十七王。周属十六君,当夏殷之世四十七王。是以殷属终于帝槐之世,周属终于帝芒之世。自帝泄至帝辛,有世而无属。其中义例殊难强通。又据桓谭之言,谓太史公《三代世表》'旁行斜上,并效周谱'。今本《世表》,乃有旁行而无斜上,显与旧传不同,疑未免为后人所乱矣。”(《四史评议》)

张大可曰:“《史记》有十篇年表,用表格形式谱列某一时期的史事人物。年表前面有一段文字概说,习惯称之为表序。表序集中地阐述司马迁通古今之变的史学理论,同时提示年表内容,言约义丰,必须作贯通的阅读,方知司马迁作史之意。前人阐释史表,主要是从组织材料上立论。唐司马贞曰:'《礼》有《表记》,而郑玄云'表,明也'。谓事微而不著,须表明也,故言表也。'(《三代世表·索隐》)清赵翼说:'《史记》作十表,仿于周之谱牒,与纪传相为出入,凡列侯、将、相、三公、九卿功名表著者,既为立传,此外大臣无功无过者,传之不胜传,而又不容尽没,则于表载之,作史体裁,莫大于是。'(《廿二史札记》卷一)准此,则'表'之义有三:其一,表隐微细事,使之鲜明;其二,扩大纪、传的记事范围;其三,表与纪传互为经纬,是联系纪传的桥梁。从编纂方法看,这些解释无疑是正确的。但这只是表层意义。从史学构架立论,十表为司马迁精心之作,每篇年表均有切合内容的特殊结构。十表合成一系统结构,深微的史学义理蕴藏于年表的结构之中。十表的史学义例也可以概为三点:其一,编年记正朔,与本纪互相贯通,发明补充,展现天下大势为全书之纲;其二,打破王朝体系,划分历史变革的时代段落;其三,各表结构与表序结合,阐述深微大义,最具《春秋》笔法。十表篇目依年代顺序排列,按时代断限将黄帝至汉武帝近三千年历史划分为三个阶段,即上古、近古、今世;五个时期,即三代、春秋十二诸侯、战国、秦汉之际、汉兴以来。……《三代世表》谱列五帝三代世系,而篇名只称'三代世表',不命名为'五帝三代世表',这是因为五帝禅让,不是传代;且五帝之世为传说之史,世系也不可确考;而三代称王以后世系才较为明晰,故定名'三代世表'。全表分为两截,谱列内容以帝王世次为经,前半截以不居帝王位者世次为纬,后半截以周初所封自鲁至曹十国世次为纬。主旨是'观百世之本支',追溯历史起于黄帝,宣扬大一统。"(《史记全本导读辞典·三代世表》)

十二诸侯年表第二

太史公读春秋历谱谍，至周厉王，未尝不废书而叹也。曰：呜呼，师挚见之矣！[①]纣为象箸而箕子唏[②]。周道缺，诗人本之衽席，《关雎》作[③]。仁义陵迟，《鹿鸣》刺焉。[④]及至厉王，以恶闻其过，公卿惧诛而祸作，厉王遂奔于彘[⑤]，乱自京师始，而共和[⑥]行政焉。是后或力政，强乘弱，[⑦]兴师不请天子。然挟王室之义，以讨伐为会盟主，政由五伯，诸侯恣行，淫侈不轨，贼臣篡子滋起矣。齐、晋、秦、楚其在成周[⑧]微甚，封或百里、或五十里。晋阻三河，[⑨]齐负东海，[⑩]楚介江淮[⑪]，秦因雍州之固，[⑫]四海迭兴[⑬]，更为伯主，文武所褒大封，皆威而服焉[⑭]。是以孔子明王道，干七十余君[⑮]莫能用，故西观周室，论[⑯]史记旧闻，兴于鲁而次《春秋》，[⑰]上记隐[⑱]，下至哀之获麟，[⑲]约其辞文，去其烦重，以制义法[⑳]，王道备，人事浃[㉑]。七十子之徒口受其传指，为有所刺讥褒讳挹损之文辞不可以书见也。[㉒]鲁君子左丘明惧弟子人人异端，[㉓]各安[㉔]其意，失其真，故因孔子史记具论其语[㉕]，成《左氏春秋》[㉖]。铎椒为楚威王傅，[㉗]为王不能尽观《春秋》[㉘]，采取成败，卒[㉙]四十章，为《铎氏微[㉚]》。赵孝成王[㉛]时，其相虞卿上采《春秋》，下观近势[㉜]，亦著八篇，为《虞氏春秋》。吕不韦者，秦庄襄王相，亦上观尚古，删拾

《春秋》,集六国时事,以为八览、六论、十二纪,为《吕氏春秋》。及如荀卿、孟子、公孙固、韩非之徒,各往往捃摭㉝《春秋》之文以著书,不可胜纪。汉相张苍历谱五德,上大夫董仲舒推《春秋》义,颇著文焉。

太史公曰:儒者断其义,㉞驰说者骋其辞,㉟不务综其终始;历人取其年月,数家隆于神运,㊱谱谍独记世谥,其辞略,欲一观诸要㊲难。于是谱十二诸侯,自共和讫孔子㊳,表见《春秋》《国语》学者所讥盛衰大指著于篇,㊴为成学治古文者要删焉。㊵

①师挚——乐师名挚,依文意,当为厉王时人。　见之矣——预见到了周的衰败。　②"纣为象箸"句——纣:殷纣王。象箸:象牙筷子。箕子:纣王的叔父,任太师。屡谏纣不听,乃佯狂为奴。唏:哀叹。　③"周道缺"三句——本:依据。衽席:闺房之内,指房中男女情欲之事。《关雎》:《诗经·周南》篇名。今人认为是爱情诗;《诗序》认为是写"后妃之德";《鲁诗》则说是刺周康王贪色晏起之作。史公用《鲁诗》说。　④陵迟——衰落,败坏。　《鹿鸣》——《诗经·小雅》篇名。梁玉绳引《文选》注蔡邕《琴操》,谓"《鹿鸣》者,周大臣之所作也。王道衰,大臣知贤者幽隐,故弹弦风谏",所说与此一致。　⑤彘(zhì)——古邑名,在今山西霍州。　⑥共和——司马迁认为是周公、召公二相行政,而《竹书纪年》《左传》《吕氏春秋》以为是共国君主名和者摄行天子事。　⑦或——有的(诸侯)。　力政——靠强力征伐。政:通"征"。　乘——凌驾,欺压。　⑧成周——依文意,此"成周"是指西周初年分封诸侯之时。　⑨阻——依恃。　三河——指晋国西、南、东三面有黄河围绕。　⑩负——背靠,依仗。　东海——指齐国东方的大海(今之渤海、黄海)。　⑪介江淮——依赖江淮之险。介:依赖。　⑫因——凭借。　雍州——古九州之一,在今陕西和甘肃一带。　⑬四海迭兴——天下诸侯交替兴起。迭:轮换。　⑭"文武所褒大封"二句——周文王、周武王所褒奖分封的大国(如鲁、燕等),都慑于声威服从它们了。　⑮干七十余君——干:求,求见。《庄子·天运》说孔子曾"干七十二君",荒诞不足信。　⑯论——编集,汇集,按一定的次

序排列言论。 ⑰兴于鲁——以鲁国的史书为基础。 次——依次序编排。 ⑱隐——鲁隐公,公元前 722—前 712 年在位。《春秋》记事起于鲁隐公元年。 ⑲哀——鲁哀公,公元前 494—前 468 年在位。获麟——鲁哀公十四年(前 481)"西狩获麟",孔子叹息道:"吾道穷矣!"其《春秋》即止于此年。 ⑳义法——义理,法则,此指《春秋》褒贬的笔法。 ㉑浃——即"浃洽",贯通、融洽。 ㉒挹(yì)损——贬抑。挹,通"抑"。 不可以书见——不便于写出来给人看。 ㉓左丘明——生平不详。说左丘明是《左传》作者的,司马迁为第一人。 异端——(采用)不同的说法、论点。 ㉔安——认为稳妥。 ㉕具论其语——详备地编辑了孔子的评语。按:《左传》中汇集了几十条孔子评史事、人物的话。 ㉖《左氏春秋》——即《左传》。《左传》参考了鲁《春秋》的记事大纲,也始于鲁隐公元年(前 722),而结束于鲁悼公四年(前 464),较《春秋》多十七年。记事详细生动,是一部完备的史书。战国晚期著作亦称《左传》为《春秋》,所以司马迁称它为《左氏春秋》。西汉时因为先后有了《春秋公羊传》《春秋穀梁传》,刘歆以为《左氏春秋》也是"传"《春秋》的,开始称之为《春秋左氏传》,后世简称《左传》。 ㉗铎椒——楚人,《左传》的传习者,楚威王太傅。刘向说:"左丘明授曾申,申授吴起,起授其子期,期授楚人铎椒,铎椒作《抄撮》八卷。"《抄撮》即下文所说的《铎氏微》。 楚威王——战国时楚国诸侯,公元前 339—前 329 年在位。 ㉘《春秋》——此兼指《春秋》和《左传》而言,《春秋》在当时不过一万八千字,而《左传》多达十八万字,所以说"不能尽观"。 ㉙卒——终,编成。 ㉚微——阐释精微之旨,所以名之为"微"。 ㉛赵孝成王——战国时赵国诸侯,公元前 265—前 245 年在位。 ㉜近势——当作"近世"。 ㉝捃摭(jùn zhí)——摘取,搜集。 ㉞儒者——指荀、孟、公孙固。 断其义——截取《春秋》的大义。 ㉟驰说者——奔走游说的人,指虞卿、吕不韦等。 骋——尽情施展。 ㊱数家——数术家,如张苍。数:数术,指天文、五行、筮占。隆于神运——在兴衰变化的气运方面留意。隆:推重,重视。 ㊲观诸要——了解其重要的方面、内容。诸:相当于"之于"。 ㊳讫(qì)孔子——止于孔子。按:孔子卒于周敬王四十一年(前 479),此表止于敬王崩之年。此为概略说法,由此既可以看出司马迁对孔子的敬重,又照顾到了周王世系的更替。 ㊴表见——以表格的形式显现。见:同“现”。 《国语》——国别体史书,偏重记言,分别记录周、鲁、齐、晋、郑、楚、吴、越的史事,主要集中在春秋时期。司马迁认为,《国语》的作者也是左丘明。 讥——稽查,考察。 ㊵成学——犹“茂学”,博学、饱学。 古文——谓《春秋》《国语》等。汉代人对战国时代的东方六国文字称古文。 要删——撮其大要,而删其烦文。

	前 841	前 840	前 839	前 838	前 837	前 836	前 835
	庚申				甲子		
周	**共和**元年。厉王子居召公宫，是为宣王。王少，大臣共和行政。	二	三	四	五	六	七
鲁	**真公濞**十五年 （真公：《世本》《汉书·古今人表》并作“慎公”，名濞，一作挚，献公之子，始封君伯禽玄孙。在位三十年，居曲阜。）	十六	十七	十八	十九	二十	二十一
齐	**武公寿**十年 （武公：名寿，献公之子，始封君太公五世孙。在位二十六年，居临菑。）	十一	十二	十三	十四	十五	十六
晋	**靖侯宜臼**十八年 （靖侯：名宜臼，厉侯之子，始封君唐叔五世孙。在位十八年，居曲沃，在今山西闻喜。）	**晋釐侯司徒**元年 （名司徒，靖侯之子。）	二	三	四	五	六
秦	**秦仲**四年 （秦仲：公伯之子，始封君非子曾孙。在位二十三年，为西戎所杀。居于秦，在今甘肃张家川。）	五	六	七	八	九	十
楚	**熊勇**七年 （熊勇：熊延之子，始封君熊绎六世孙。在位十年，居丹阳，今湖北秭归西北。）	八	九	十	**楚熊严**元年 （熊勇之弟。《汉书·古今人表》以为熊勇之子。）	二	三

宋	**釐公**十八年 （釐公：名举，厉公之子，微仲五世孙。在位二十八年，居商丘，在今河南商丘南。）	十九	二十	二十一	二十二	二十三	二十四
卫	**釐侯**十四年 （釐侯：顷侯之子，始封君康叔八世孙。在位四十八年，居沬，在今河南淇县。）	十五	十六	十七	十八	十九	二十
陈	**幽公宁**十四年 （幽公：名宁，慎公之子，始封君胡公四世孙。在位二十三年，居陈，在今河南周口淮阳区。）	十五	十六	十七	十八	十九	二十
蔡	**武侯**二十三年 （武侯：厉侯之子，始封君叔度的五世孙。在位二十六年，居蔡，在今河南上蔡西南。）	二十四	二十五	二十六	**蔡夷侯**元年 （武侯之子。）	二	三
曹	**夷伯**二十四年 （夷伯：名喜，孝伯之子，始封君叔振铎五世孙。在位三十年，居陶丘，在今山东菏泽定陶区。）	二十五	二十六	二十七	二十八	二十九	三十
郑							
燕	**惠侯**二十四年 （惠侯：在位三十八年。）	二十五	二十六	二十七	二十八	二十九	三十
吴	（据《吴太伯世家》，周初始封君为仲雍曾孙周章，初都梅里，在今江苏无锡新吴区，历十四世而至寿梦。）						

	前834	前833	前832	前831	前830	前829	前828	前827	前826
								甲戌	
周	八	九	十	十一	十二	十三	十四　宣王即位，共和罢。（宣王：名静，厉王之子。厉王死于彘，大臣共立宣王。）	**宣王**元年	二
鲁	二十二	二十三	二十四	二十五	二十六	二十七	二十八	二十九	三十
齐	十七	十八	十九	二十	二十一	二十二	二十三	二十四	二十五
晋	七	八	九	十	十一	十二	十三	十四	十五
秦	十一	十二	十三	十四	十五	十六	十七	十八	十九
楚	四	五	六	七	八	九	十	**楚熊霜**元年（熊严长子。）	二

宋	二十五	二十六	二十七	二十八	**宋惠公覸**元年（釐公子。）	二	三	四	五
卫	二十一	二十二	二十三	二十四	二十五	二十六	二十七	二十八	二十九
陈	二十一	二十二	二十三	**陈釐公孝**元年（幽公子。）	二	三	四	五	六
蔡	四	五	六	七	八	九	十	十一	十二
曹	**曹幽伯彊**元年（夷伯之弟，《汉书·古今人表》说是夷伯之子。）	二	三	四	五	六	七	八	九
郑									
燕	三十一	三十二	三十三	三十四	三十五	三十六	三十七	三十八	**燕釐侯庄**元年（“庄”字衍文。）
吴									

	前825	前824	前823	前822	前821	前820	前819	前818	前817
									甲申
周	三	四	五	六	七	八	九	十	十一
鲁	**鲁武公敖**元年（慎公之弟。）	二	三	四	五	六	七	八	九
齐	二十六	**齐厉公无忌**元年（武公之子。）	二	三	四	五	六	七	八
晋	十六	十七	十八	**晋献侯籍**元年（釐侯之子，《世本》名苏。）	二	三	四	五	六
秦	二十	二十一	二十二	二十三	**秦庄公其**元年（秦仲之子，为西垂大夫。居西犬丘，在今甘肃天水西南。）	二	三	四	五

楚	三	四	五	六	**楚熊徇**元年（熊严之子，亦称季纠，《汉书·古今人表》以为是熊严之弟，误。）	二	三	四	五
宋	六	七	八	九	十	十一	十二	十三	十四
卫	三十	三十一	三十二	三十三	三十四	三十五	三十六	三十七	三十八
陈	七	八	九	十	十一	十二	十三	十四	十五
蔡	十三	十四	十五	十六	十七	十八	十九	二十	二十一
曹	**曹戴伯鲜**元年（《管蔡世家》名苏，幽伯之弟。杀幽伯代立。《汉书·古今人表》以为是幽伯之子。）	二	三	四	五	六	七	八	九
郑									
燕	二	三	四	五	六	七	八	九	十
吴									

	前816	前815	前814	前813	前812	前811	前810	前809	前808	前807
										甲午
周	十二	十三	十四	十五	十六	十七	十八	十九	二十	二十一
鲁	十	**鲁懿公戏**元年（武公少子，宣王爱戏，立之。）	二	三	四	五	六	七	八	九
齐	九	**齐文公赤**元年（厉公子。）	二	三	四	五	六	七	八	九
晋	七	八	九	十	十一	**穆侯弗生**元年（弗生或作费生。献侯子。据《诗谱》穆侯自曲沃迁都于绛，在今山西翼城东南。）	二	三	四　取齐女为夫人（取：通"娶"。）	五
秦	六	七	八	九	十	十一	十二	十三	十四	十五

楚	六	七	八	九	十	十一	十二	十三	十四	十五
宋	十五	十六	十七	十八	十九	二十	二十一	二十二	二十三	二十四
卫	三十九	四十	四十一	四十二	**卫武公和**元年（釐侯之子，太子早逝，或说武公杀太子自立。）	二	三	四	五	六
陈	十六	十七	十八	十九	二十	二十一	二十二	二十三	二十四	二十五
蔡	二十二	二十三	二十四	二十五	二十六	二十七	二十八	**蔡釐侯所事**元年（名所事，夷侯之子。）	二	三
曹	十	十一	十二	十三	十四	十五	十六	十七	十八	十九
郑										
燕	十一	十二	十三	十四	十五	十六	十七	十八	十九	二十
吴										

	前806	前805	前804	前803	前802	前801	前800	前799
周	二十二	二十三	二十四	二十五	二十六	二十七	二十八	二十九
鲁	**鲁孝公称**元年 [**鲁伯御**元年] 伯御立为君，称为诸公子云。伯御，武公孙。	二 [伯御二]	三 [伯御三]	四 [伯御四]	五 [伯御五]	六 [伯御六]	七 [伯御七]	八 [伯御八]
齐	十	十一	十二	**齐成公说**元年 （文公之子。）	二	三	四	五
晋	六	七　以伐条生太子仇。	八	九	十　以千亩战生仇弟成师。二子名反，君子讥之。后乱。	十一	十二	十三
秦	十六	十七	十八	十九	二十	二十一	二十二	二十三

楚	十六	十七	十八	十九	二十	二十一	二十二	**楚熊鄂**元年 （熊徇之子。）
宋	二十五	二十六	二十七	二十八	二十九	三十	三十一 宋惠公薨。 ［**宋哀公**元年］	**宋戴公**立。 元年 （哀公子。梁玉绳谓“立”字衍。）
卫	七	八	九	十	十一	十二	十三	十四
陈	二十六	二十七	二十八	二十九	三十	三十一	三十二	三十三
蔡	四	五	六	七	八	九	十	十一
曹	二十	二十一	二十二	二十三	二十四	二十五	二十六	二十七
郑	**郑桓公友**元年始封。周宣王母弟。 （桓公：名友，厉王少子，死于犬戎灭周。《竹书纪年》说是宣王之子，名多父。）	二	三	四	五	六	七	八
燕	二十一	二十二	二十三	二十四	二十五	二十六	二十七	二十八
吴								

	前798	前797	前796	前795	前794	前793	前792	前791	前790	前789	前788
		甲辰									
周	三十	三十一	三十二	三十三	三十四	三十五	三十六	三十七	三十八	三十九	四十
鲁	九[伯御九]	十[伯御十]	十一[伯御十一]周宣王诛伯御，立其弟称，是为孝公。	十二[**鲁孝公**称元年]	十三[二]	十四[三]	十五[四]	十六[五]	十七[六]	十八[七]	十九[八]
齐	六	七	八	九	**齐庄公赎**元年（《齐太公世家》名购，此误。成公子。）	二	三	四	五	六	七
晋	十四	十五	十六	十七	十八	十九	二十	二十一	二十二	二十三	二十四
秦	二十四	二十五	二十六	二十七	二十八	二十九	三十	三十一	三十二	三十三	三十四

楚	二	三	四	五	六	七	八	九	**楚若敖**元年（若敖：即熊仪，熊鄂之子。楚君之无谥者皆称敖，而冠以葬地。敖即豪，犹今之酋长。）	二	三
宋	二	三	四	五	六	七	八	九	十	十一	十二
卫	十五	十六	十七	十八	十九	二十	二十一	二十二	二十三	二十四	二十五
陈	三十四	三十五	三十六	**陈武公灵**元年（鳌公子。）	二	三	四	五	六	七	八
蔡	十二	十三	十四	十五	十六	十七	十八	十九	二十	二十一	二十二
曹	二十八	二十九	三十	**曹惠公伯雉**元年（《管蔡世家》称“惠伯”。）	二	三	四	五	六	七	八
郑	九	十	十一	十二	十三	十四	十五	十六	十七	十八	十九
燕	二十九	三十	三十一	三十二	三十三	三十四	三十五	三十六	**燕顷侯**元年	二	三
吴											

	前787	前786	前785	前784	前783	前782	前781	前780	前779
	甲寅								
周	四十一	四十二	四十三	四十四	四十五	四十六	**幽王**元年（名宫涅shēng,或作宫湦,宣王之子。）	二　三川震。（三川:指泾水、洛水、渭水,都在今陕西境内。）	三　王取褒姒。（幽王宠妃,褒国之女,姒姓。）
鲁	二十［九］	二十一［十］	二十二［十一］	二十三［十二］	二十四［十三］	二十五［十四］	二十六［十五］	二十七［十六］	二十八［十七］
齐	八	九	十	十一	十二	十三	十四	十五	十六
晋	二十五	二十六	二十七　穆侯卒,弟殇叔自立,太子仇出奔。	**晋殇叔**元年	二	三	四　仇攻杀殇叔,立,为文侯。	**晋文侯仇**元年	二
秦	三十五	三十六	三十七	三十八	三十九	四十	四十一	四十二	四十三

楚	四	五	六	七	八	九	十	十一	十二
宋	十三	十四	十五	十六	十七	十八	十九	二十	二十一
卫	二十六	二十七	二十八	二十九	三十	三十一	三十二	三十三	三十四
陈	九	十	十一	十二	十三	十四	十五	**陈夷公说**元年 （武公之子。）	二
蔡	二十三	二十四	二十五	二十六	二十七	二十八	二十九	三十	三十一
曹	九	十	十一	十二	十三	十四	十五	十六	十七
郑	二十	二十一	二十二	二十三	二十四	二十五	二十六	二十七	二十八
燕	四	五	六	七	八	九	十	十一	十二
吴									

	前 778	前 777	前 776	前 775	前 774	前 773	前 772	前 771	前 770
		甲子							
周	四	五	六	七	八	九	十	十一　幽王为犬戎所杀。	**平王**元年　东徙雒邑。（雒邑：周东都，周公与召公营建，在今河南洛阳。）
鲁	二十九［十八］	三十［十九］	三十一［二十］	三十二［二十一］	三十三［二十二］	三十四［二十三］	三十五［二十四］	三十六［二十五］	三十七［二十六］
齐	十七	十八	十九	二十	二十一	二十二	二十三	二十四	二十五
晋	三	四	五	六	七	八	九	十	十一
秦	四十四	**秦襄公**元年（庄公子。）	二	三	四	五	六	七　始列为诸侯。	八　初立西畤，祠白帝。

楚	十三	十四	十五	十六	十七	十八	十九	二十	二十一
宋	二十二	二十三	二十四	二十五	二十六	二十七	二十八	二十九	三十
卫	三十五	三十六	三十七	三十八	三十九	四十	四十一	四十二	四十三
陈	三	**陈平公燮**元年（夷公弟。）	二	三	四	五	六	七	八
蔡	三十二	三十三	三十四	三十五	三十六	三十七	三十八	三十九	四十
曹	十八	十九	二十	二十一	二十二	二十三	二十四	二十五	二十六
郑	二十九	三十	三十一	三十二	三十三	三十四	三十五	三十六 以幽王故，为犬戎所杀。	**郑武公滑突**元年（《郑世家》作“掘突”，桓公之子，迁都新郑。）
燕	十三	十四	十五	十六	十七	十八	十九	二十	二十一
吴									

	前769	前768	前767	前766	前765	前764	前763	前762	前761
			甲戌						
周	二	三	四	五	六	七	八	九	十
鲁	三十八［二十七］	**鲁惠公弗湦**元年（《世本》作弗皇。孝公子。）	二	三	四	五	六	七	八
齐	二十六	二十七	二十八	二十九	三十	三十一	三十二	三十三	三十四
晋	十二	十三	十四	十五	十六	十七	十八	十九	二十
秦	九	十	十一	十二　伐戎至岐而死。（岐：岐山，在今陕西岐山县东北。）	**秦文公**元年（襄公子。）	二	三	四（迁都于汧渭之会，在今陕西宝鸡陈仓区。）	五
楚	二十二	二十三	二十四	二十五	二十六	二十七	**楚霄敖**元年（即熊坎，号霄敖，若敖之子。）	二	三

宋	三十一	三十二	三十三	三十四	**宋武公司空**元年（名司空，戴公子。）	二	三	四	五
卫	四十四	四十五	四十六	四十七	四十八	四十九	五十	五十一	五十二
陈	九	十	十一	十二	十三	十四	十五	十六	十七
蔡	四十一	四十二	四十三	四十四	四十五	四十六	四十七	四十八	**蔡共侯兴**元年（釐侯之子。）
曹	二十七	二十八	二十九	三十	三十一	三十二	三十三	三十四	三十五
郑	二	三	四	五	六	七	八	九	十　娶申侯女武姜。（申：姜姓国，传为伯夷之后，在今河南南阳东南。）
燕	二十二	二十三	二十四	**燕哀侯**元年	二	**燕郑侯**元年	二	三	四
吴									

	前 760	前 759	前 758	前 757	前 756	前 755	前 754	前 753	前 752
				甲申					
周	十一	十二	十三	十四	十五	十六	十七	十八	十九
鲁	九	十	十一	十二	十三	十四	十五	十六	十七
齐	三十五	三十六	三十七	三十八	三十九	四十	四十一	四十二	四十三
晋	二十一	二十二	二十三	二十四	二十五	二十六	二十七	二十八	二十九
秦	六	七	八	九	十　作鄜畤。	十一	十二	十三	十四
楚	四	五	六	**楚蚡冒**元年（即熊眴，号蚡冒，霄敖之子，又称楚厉王。）	二	三	四	五	六
宋	六	七	八	九	十	十一	十二	十三	十四
卫	五十三	五十四	五十五	**卫庄公杨**元年（《卫康叔世家》作“扬”，武公之子。）	二	三	四	五	六

陈	十八	十九	二十	二十一	二十二	二十三	**陈文公圉**元年　生桓公鲍、厉公他。他母蔡女。（文公：平公子。）	二	三
蔡	二	**蔡戴侯**元年（共侯子。）	二	三	四	五	六	七	八
曹	三十六	**曹穆公**元年（名武，惠伯之子，杀兄石甫代立。）	二	三	**曹桓公终生**元年（“终生”一作“终湦”，穆公子。）	二	三	四	五
郑	十一	十二	十三	十四　生庄公寤生。（寤生：逆生，因生时难产，其母姜氏恶之，故名此。）	十五	十六	十七　生（大）[太]叔段。（太叔段：亦称共叔段。）	十八	十九
燕	五	六	七	八	九	十	十一	十二	十三
吴									

	前751	前750	前749	前748	前747	前746	前745	前744	前743
					甲午				
周	二十	二十一	二十二	二十三	二十四	二十五	二十六	二十七	二十八
鲁	十八	十九	二十	二十一	二十二	二十三	二十四	二十五	二十六
齐	四十四	四十五	四十六	四十七	四十八	四十九	五十	五十一	五十二
晋	三十（晋文侯杀周携王。）	三十一	三十二	三十三	三十四	三十五	**晋昭侯**元年封季（弟）［父］成师于曲沃，曲沃大于国，君子讥曰："晋人乱自曲沃始矣。"（昭侯：文侯之子。）	二	三
秦	十五	十六	十七	十八	十九 作祠陈宝。	二十	二十一	二十二	二十三
楚	七	八	九	十	十一	十二	十三	十四	十五
宋	十五	十六	十七	十八 生鲁桓公母。	**宋宣公力**元年（武公子。）	二	三	四	五

卫	七	八	九	十	十一	十二	十三	十四	十五
陈	四	五	六	七	八	九	十　文公卒。	**陈桓公**元年（“桓公”下应有“鲍”字。）	二
蔡	九	十	**蔡宣侯楷论**元年（《管蔡世家》作“措父”，《春秋》作“考父”。戴侯子。）	二	三	四	五	六	七
曹	六	七	八	九	十	十一	十二	十三	十四
郑	二十	二十一	二十二	二十三	二十四	二十五	二十六	二十七	**郑庄公寤生**元年 祭仲相。（祭仲：名足，郑大夫。祭为食邑，在今河南郑州。）
燕	十四	十五	十六	十七	十八	十九	二十	二十一	二十二
吴									

	前742	前741	前740	前739	前738	前737	前736	前735	前734	前733
						甲辰				
周	二十九	三十	三十一	三十二	三十三	三十四	三十五	三十六	三十七	三十八
鲁	二十七	二十八	二十九	三十	三十一	三十二	三十三	三十四	三十五	三十六
齐	五十三	五十四	五十五	五十六	五十七	五十八	五十九	六十	六十一	六十二
晋	四	五	六	[七] 潘父杀昭侯，纳成师，不克。昭侯子立，是为孝侯。	二	三	四	五	六	七
秦	二十四	二十五	二十六	二十七	二十八	二十九	三十	三十一	三十二	三十三
楚	十六	十七	**武王**立。（武王：熊通，熊眴之弟，杀眴子自立。依例应书“楚武王元年”。）	二	三	四	五	六	七	八
宋	六	七	八	九	十	十一	十二	十三	十四	十五

卫	十六	十七 爱妾子州吁，州吁好兵。	十八	十九	二十	二十一	二十二	二十三 夫人无子，桓公立。 （夫人：庄姜，齐庄公之女，即《诗经·卫风·硕人》所歌咏者。桓公：名完，陈女所生，庄姜养为己子，故立。）	**卫桓公完**元年	二　弟州吁骄，桓黜之，出奔。 （黜：贬斥，废除。）
陈	三	四	五	六	七	八	九	十	十一	十二
蔡	八	九	十	十一	十二	十三	十四	十五	十六	十七
曹	十五	十六	十七	十八	十九	二十	二十一	二十二	二十三	二十四
郑	二	三	四	五	六	七	八	九	十	十一
燕	二十三	二十四	二十五	二十六	二十七	二十八	二十九	三十	三十一	三十二
吴										

	前732	前731	前730	前729	前728	前727	前726	前725	前724	前723
						甲寅				
周	三十九	四十	四十一	四十二	四十三	四十四	四十五	四十六	四十七	四十八
鲁	三十七	三十八	三十九	四十	四十一	四十二	四十三	四十四	四十五	四十六
齐	六十三	六十四	**齐釐公禄父**元年（庄公之子。）	二　同母弟夷仲年生公孙毋知也。（毋：《齐太公世家》作“无”。）	三	四	五	六	七	八
晋	八	九　曲沃桓叔成师卒，子代立，为庄伯。（庄伯：名鱓。“子代立”应作“子鱓立”。）	十	十一	十二	十三	十四	十五	十六　曲沃庄伯杀孝侯，晋人立孝侯子郤为鄂侯。（鄂侯：《史记》以为孝侯之子，《左传》以为孝侯之弟，梁玉绳曰《史记》误。因被庄伯所逼逃亡随地，晋人迎回居鄂，在今山西乡宁，故称鄂侯。）	**晋鄂侯郤**元年　曲沃强于晋。

秦	三十四	三十五	三十六	三十七	三十八	三十九	四十	四十一	四十二	四十三
楚	九	十	十一	十二	十三	十四	十五	十六	十七	十八
宋	十六	十七	十八	十九　公卒，命立弟和，为穆公。	**宋穆公**和元年	二	三	四	五	六
卫	三	四	五	六	七	八	九	十	十一	十二
陈	十三	十四	十五	十六	十七	十八	十九	二十	二十一	二十二
蔡	十八	十九	二十	二十一	二十二	二十三	二十四	二十五	二十六	二十七
曹	二十五	二十六	二十七	二十八	二十九	三十	三十一	三十二	三十三	三十四
郑	十二	十三	十四	十五	十六	十七	十八	十九	二十	二十一
燕	三十三	三十四	三十五	三十六	**燕穆侯**元年	二	三	四	五	六
吴										

	前722	前721	前720	前719	前718	前717	前716
						甲子	
周	四十九	五十	五十一	**桓王**元年 （名林，平王太子泄父之子。）	二　使虢公伐晋之曲沃。 （因曲沃庄伯叛王，故伐之。虢：国名。此指北虢，都上阳，在今河南三门峡陕州区。）	三	四
鲁	**鲁隐公息姑**元年 母声子。 （隐公：名息姑，惠公的长庶子，因太子年幼摄行政事。声子：惠公妾，后为继室，宋女。）	二	三　二月，日蚀。	四	五　公观鱼于棠，君子讥之。 （观鱼：观看捕鱼。棠：在今山东鱼台。君子讥之：鲁臣臧僖伯劝阻之，以为乱政，《左传》曰非礼。）	六　郑人来渝平。 （渝平：捐弃旧怨，复归于好。）	七
齐	九	十	十一	十二	十三	十四	十五
晋	二	三	四	五	六　鄂侯卒。曲沃庄伯复攻晋。立鄂侯子光为哀侯。 （《左传·隐公六年》晋人迎鄂侯于随，纳诸鄂。鄂侯未卒甚明。）	**晋哀侯光**元年 （哀侯：鄂侯之子。）	二　庄伯卒，子称立，为武公。
秦	四十四	四十五	四十六	四十七	四十八	四十九	五十
楚	十九	二十	二十一	二十二	二十三	二十四	二十五

宋	七	八	九　公属孔父立殇公。冯奔郑。	**宋殇公与夷**元年 （宣公子。）	二　郑伐我。我伐郑。 （今年郑人伐宋，因去年宋应卫州吁之请与卫伐郑。）	三	四
卫	十三	十四	十五	十六　州吁弑公自立。	**卫宣公晋**元年　共立之。讨州吁。 （宣公：名晋，桓公之弟。《卫康叔世家》为先杀州吁后立宣公。杀州吁在上年。）	二	三
陈	二十三	二十四	二十五	二十六　卫石碏来告，故执州吁。 （卫石碏骗使州吁至陈，令陈人拘捕之。）	二十七	二十八	二十九
蔡	二十八	二十九	三十	三十一	三十二	三十三	三十四
曹	三十五	三十六	三十七	三十八	三十九	四十	四十一
郑	二十二 段作乱，奔。	二十三 公悔，思母不见，穿地相见。	二十四 侵周，取禾。	二十五	二十六	二十七　始朝王，王不礼。 （周桓王怒郑取周禾，故对郑伯不以礼相待。）	二十八
燕	七	八	九	十	十一	十二	十三
吴							

	前715	前714	前713	前712	前711	前710	前709	前708
周	五	六	七	八	九	十	十一	十二
鲁	八　易许田,君子讥之。	九　三月,大雨雹,电。（雨雹:下冰雹。）	十	十一　大夫翚请杀桓公,求为相,公不听,即杀公。（大夫翚:字羽父,鲁宗室。相:执政之卿。）	**鲁桓公允**元年　母宋武公女,生手文为鲁夫人。（桓公名允,《世本》作"轨"。惠公子。）	二　宋赂以鼎,入于太庙,君子讥之。	三　翚迎女,齐侯送女,君子讥之。（依礼,诸侯嫁女,大国上卿送之,齐僖公亲送女至讙,在今山东肥城南,《左传》责其非礼。）	四
齐	十六	十七	十八	十九	二十	二十一	二十二	二十三
晋	三	四	五	六	七	八	**晋小子**元年（《晋世家》称之小子侯,幼弱无谥,故称小子。哀侯之子。）[哀侯九]（《左传》《晋世家》皆谓哀侯有九年。）	二[**晋小子侯**元年]

秦	**秦（宁）[宪]公**元年（文公太子静公之子。“宪”字原误作“宁”，今据《秦始皇本纪》附《秦记》与《秦公钟铭》改。）	二（徙居平阳，在今陕西宝鸡陈仓区。）	三	四	五	六	七	八
楚	二十六	二十七	二十八	二十九	三十	三十一	三十二	三十三
宋	五	六	七　诸侯败我。我师与卫人伐郑。（诸侯：指齐、郑、鲁，三国败宋师于菅，在今山东单县北。）	八	九	[十]　华督见孔父妻好，悦之。华督杀孔父，及杀殇公。**宋公冯**元年　华督为相。（宋公：当作“宋庄公”，名冯。穆公子。杀殇公当年改元。）	二	三
卫	四	五	六	七	八	九	十	十一
陈	三十	三十一	三十二	三十三	三十四	三十五	三十六	三十七
蔡	三十五	**蔡桓侯封人**元年（宣侯子。）	二	三	四	五	六	七
曹	四十二	四十三	四十四	四十五	四十六	四十七	四十八	四十九
郑	二十九　与鲁祊，易许田。	三十	三十一	三十二	三十三　以璧加鲁，易许田。（郑以祊与鲁，复加玉璧。）	三十四	三十五	三十六
燕	十四	十五	十六	十七	十八	**燕宣侯**元年	二	三
吴								

	前707	前706	前705	前704	前703	前702	前701	前700
	甲戌							
周	十三　伐郑。 （桓王夺郑伯政与虢公，郑伯不朝，周率诸侯伐之。）	十四	十五	十六	十七	十八	十九	二十
鲁	五	六	七	八	九	十	十一	十二
齐	二十四	二十五　山戎伐我。 （山戎：古族名，在今河北玉田无终山一带。《匈奴列传》称其越燕伐齐，战于齐郊。）	二十六	二十七	二十八	二十九	三十	三十一
晋	三 ［二］	［三］　曲沃武公杀小子。周伐曲沃，立晋哀侯弟湣为晋侯。 **晋侯湣**元年 （《左传》称曲沃伯杀小子在鲁桓公七年，晋侯湣元年在鲁桓公八年。此误上。）	二 ［四］	三 ［**晋侯湣**元年］	四 ［二］	五 ［三］	六 ［四］	七 ［五］
秦	九	十	十一	十二	**秦出公**元年 （宪公子，一称“出子”。）	二	三	四

楚	三十四	三十五　侵随，随为善政，得止。（随：国名，姬姓，在今湖北随州。）	三十六	三十七　伐随，弗拔，但盟，罢兵。（楚自称王。）	三十八	三十九	四十	四十一
宋	四	五	六	七	八	九	十　执祭仲。（郑庄公卒，祭仲欲立公子忽，宋欲立宋女所生之公子突，因诱执祭仲令立之。执：拘禁。）	十一
卫	十二	十三	十四	十五	十六	十七	十八　太子伋弟寿争死。	十九
陈	三十八　弟他杀太子免。代立，国乱，再赴。（他：也作佗，桓公弟，又称五父。明年蔡人杀陈他。再赴：指桓公卒两次报丧。）	**陈厉公（他）［跃］**元年（厉公名跃，桓公子。史公称厉公名他，误。）	二　生敬仲完，周史卜完后世王齐。	三	四	五	六	七　公淫蔡，蔡杀公。（陈厉公无淫蔡被杀之事，史公误以厉公为陈他，又据陈他事而书此。）
蔡	八	九	十	十一	十二	十三	十四	十五
曹	五十	五十一	五十二	五十三	五十四	五十五	**曹庄公射姑**元年（《管蔡世家》作夕姑，误。桓公子。）	二
郑	三十七　伐周，伤王。（伐周当作拒周。此役郑败周，且射中王肩。）	三十八　太子忽救齐，齐将妻之。（太子忽即后之郑昭公。）	三十九	四十	四十一	四十二	四十三	**郑厉公突**元年（厉公：名突，庄公子，宋女所生。）
燕	四	五	六	七	八	九	十	十一
吴								

	前699	前698	前697	前696	前695	前694
			甲申			
周	二十一	二十二	二十三	**庄王**元年　生子颓。 （庄王：名佗，桓王子。子颓：庄王嬖姬所生，太子之弟。）	二　有弟克。 （即王子克，字子仪。）	三
鲁	十三	十四	十五　天王求车，非礼。 （天王：指周天子。依礼，诸侯不贡车服。）	十六　公会曹，谋伐郑。 （鲁桓公会宋公、蔡侯、卫侯于曹，在正月；四月诸国伐郑。）	十七　日食，不书日，官失之。 （时在公元前695年10月10日。）	十八　公与夫人如齐，齐侯通焉，使彭生杀公于车上。 （如：往。通：通奸。彭生：齐公子，有勇力。）
齐	三十二　釐公令毋知秩服如太子。 （秩服：爵禄和服饰的品级。太子：即后之齐襄公。）	三十三	**齐襄公诸儿**元年　贬毋知秩服，毋知怨。 （襄公：釐公子。）	二	三	四　杀鲁桓公，诛彭生。 （鲁责齐，齐杀彭生。）
晋	八[六]	九[七]	十[八]	十一[九]	十二[十]	十三[十一]
秦	五	六　三父杀出公，立其兄武公。 （三父：秦大夫，后被武公所诛。）	**秦武公**元年　伐彭，至华山。 （武公：宪公之子，出子之兄。彭：彭戏氏，戎部族名，在今陕西白水县。华山：即西岳。）	二	三	四

楚	四十二	四十三	四十四	四十五	四十六	四十七
宋	十二	十三	十四	十五	十六	十七
卫	**卫惠公朔**元年 （宣公子。母为齐女。）	二	三　朔奔齐，立黔牟。 （《左传》《卫康叔世家》记此事于下年。）	**卫黔牟**元年［卫惠公四］ （黔牟是宣公原太子伋之弟。其元年应在下年。）	二　［**卫黔牟**元年］	三［二］
陈	**陈庄公林**元年 桓公子。 （庄公：厉公之弟。）	二	三	四	五	六
蔡	十六	十七	十八	十九	二十	**蔡哀侯献舞**元年 （或作献武，桓侯之弟。）
曹	三	四	五	六	七	八
郑	二	三　诸侯伐我，报宋故。 （宋、齐、蔡、卫、陈伐郑，报复鲁桓公十二年之诸国伐宋。）	四　祭仲立忽，公出居栎。 （厉公恶祭仲之专权，谋杀之，未果，出居栎；故祭仲立忽。栎：郑边邑，在今河南禹州。）	**郑昭公忽**元年　忽母邓女，祭仲取之。 （邓：国名，曼姓，在今湖北襄阳樊城区。祭仲当初为庄公娶邓女见《左传·桓公十一年》。）	二　渠弥杀昭公。 （昭公素恶郑大夫高渠弥，渠弥畏诛，遂弑昭公。）	**郑子亹**元年　齐杀子亹，昭公弟。 （高渠弥立子亹，子亹会齐襄公，二人有旧怨，襄公伏甲杀之。）
燕	十二	十三	**燕桓侯**元年 （《世本》称桓侯徙临易，在今河北雄县。）	二	三	四
吴						

	前693	前692	前691	前690	前689	前688	前687
							甲午
周	四　周公欲杀王而立子克，王诛周公，克奔燕。（据《左传》此事在三年。周公：名黑肩，此时独执周政。燕：此指南燕，相传其君是黄帝后裔，在今河南延津东北。）	五	六	七	八	九	十
鲁	**鲁庄公同**元年（桓公子。）	二	三	四	五　与齐伐卫，纳惠公。（与齐、宋等国伐卫，为使惠公朔返国为君。）	六	七　星陨如雨，与雨偕。（此次流星雨发生在公元前687年3月16日，是世界上最早的天琴座流星雨的记载。）
齐	五	六	七	八　伐纪，去其都邑。（纪：姜姓国名，在今山东寿光南。去年纪侯弟曾以地降齐，纪分为二；今齐伐纪，纪侯逃离其都。）	九	十	十一
晋	十四［十二］	十五［十三］	十六［十四］	十七［十五］	十八［十六］	十九［十七］	二十［十八］
秦	五	六	七	八	九	十	十一

楚	四十八	四十九	五十	五十一　王伐随，告夫人心动，王卒军中。（夫人：邓曼，告其夫曰“王禄尽矣”。）	**楚文王赀**元年　始都郢。（文王赀：武王子。郢：在今湖北荆州市荆州区。据《左传·昭公二十三年》沈尹戌语，似若敖、蚡冒时已居郢，而文王始定。）	二　伐申，过邓，邓甥曰楚可取，邓侯不许。（申：国名，在今河南南阳。邓甥：指邓国的骓甥、聃甥、养甥三大夫。邓侯：指邓祁侯。）	三
宋	十八	十九	**宋湣公捷**元年（庄公子。）	二	三	四	五
卫	四［三］	五［四］	六［五］	七［六］	八［七］	九［卫惠公十二］［八］（惠公入，放黔牟于周。）	十［卫惠公十三］齐立惠公，黔牟奔周。（据《左传》此在上年。）
陈	七	**陈宣公杵臼**元年　杵臼，庄公弟。	二	三	四	五	六
蔡	二	三	四	五	六	七	八
曹	九	十	十一	十二	十三	十四	十五
郑	**郑子婴**元年　子亹之弟。（子亹被杀，故郑人立其弟。子婴：《左传》曰“郑子”“子仪”，《汉书·古今人表》曰“子婴齐”。）	二	三	四	五	六	七
燕	五	六	七	**燕庄公**元年	二	三	四
吴							

	前686	前685	前684	前683	前682	前681	前680
周	十一	十二	十三	十四	十五	**釐王**元年（名胡齐，庄王之子。）	二
鲁	八　子纠来奔，与管仲俱避毋知乱。（子纠：齐襄公之弟，以襄公杀诛不当，他恐被杀逃亡。因其母鲁女，故奔鲁。管仲：此时为公子纠之傅。）	九　鲁欲与纠入，后小白，齐距鲁，使生致管仲。（与：助。后：晚，晚于。小白：即日后之齐桓公，亦襄公弟，在鲍叔牙的辅佐下捷足先返齐国。距：通“拒”。抵抗。生致：活捉。）	十　齐伐我，为纠故。（此即长勺之战，由于曹刿设谋，齐师败回。）	十一　臧文仲吊宋水。（臧文仲：名辰，鲁大夫，年辈晚，此时不能有活动，可能是史公误读《左传》文。吊：慰问受到灾祸者。）	十二	十三　曹沫劫桓公。反所亡地。（此事详见于《刺客列传》，而《左传》无，学者多以为是战国人编造。）	十四
齐	十二　毋知杀君自立。	**齐桓公小白**元年春，齐杀毋知。	二	三	四	五　与鲁人会柯。（柯：齐邑名，在今山东阳谷东北阿城镇。）	六
晋	二十一［十九］	二十二［二十］	二十三［二十一］	二十四［二十二］	二十五［二十三］	二十六［二十四］	二十七［二十五］
秦	十二	十三	十四	十五	十六	十七	十八

楚	四	五	六　息夫人，陈女，过蔡，蔡不礼，恶之。楚伐蔡，获哀侯以归。（息夫人：息侯之妻。息：国名，在今河南息县西南。由于蔡侯对息夫人无礼，息侯请楚伐蔡，虏蔡哀侯。）	七	八	九	十
宋	六	七	八	九　宋大水，公自罪。鲁使臧文仲来吊。（公自罪：指宋湣公对鲁使所说“寡人以不能事鬼神，政不修，故水”等自责的话。）	十　万杀君，仇牧有义。（万：南宫万，宋卿，因曾被鲁俘，宋公戏呼曰“鲁虏”，于是万弑宋君。仇牧：宋大夫，在与南宫万的战斗中被万所杀。）	**宋桓公御说**元年　庄公子。（南宫万弑湣公而立公子游，诸公子杀万弟南宫牛与公子游，立湣公弟御说。后又杀南宫万。）	二
卫	卫惠公朔复入。十四年。（惠公复入在前年。）	十五	十六	十七	十八	十九	二十
陈	七	八	九	十	十一	十二	十三
蔡	九	十	十一　楚虏我侯。	十二	十三	十四	十五
曹	十六	十七	十八	十九	二十	二十一	二十二
郑	八	九	十	十一	十二	十三	十四
燕	五	六	七	八	九	十	十一
吴							

	前679	前678	前677	前676	前675	前674	前673
			甲辰				
周	三	四	五	**惠王**元年 取陈后。（惠王：名阆，釐王之子。陈后：陈国之女。）	二 燕、卫伐王，王奔温，立子颓。（惠王夺子颓之师芀国等田宅，芀国等奉子颓反王失败，出奔温、卫。卫与南燕助子颓伐周，立子颓为王。温：西南周氏封国，春秋初绝封，后或续封或灭。在今河南温县西南。）	三（惠王处郑之栎邑。）	四 诛颓，入惠王。（郑、虢之君诛颓，复入惠王。）
鲁	十五	十六	十七	十八	十九	二十	二十一
齐	七 始霸，会诸侯于鄄。（齐侯与宋公、陈侯、卫侯、郑伯会于鄄，在今山东鄄城北，卫邑。）	八	九	十	十一	十二	十三
晋	二十八［二十六］ 曲沃武公灭晋侯湣，以宝献周，周命武公为晋君，并其地。（武公灭侯湣在此年，但周命武公为诸侯乃在明年，即鲁庄公十六年。）	**晋武公称**并晋，已立三十八年，不更元，因其元年。	三十九 武公卒，子诡诸立，为献公。	**晋献公诡诸**元年	二	三	四

秦	十九	二十　葬雍，初以人从死。（雍：秦邑，在今陕西宝鸡凤翔区。以人从死：此次殉葬者六十六人。）	**秦德公**元年　武公弟。（德公迁都雍城）	二　初作伏，祠社，磔狗邑四门。（初作伏：开始设立伏日。祠社：祭祀社神。磔狗邑四门：将狗切成碎块以祭都城四门，以去除热毒。）	**秦宣公**元年。（德公之子。）	二	三
楚	十一	十二　伐邓，灭之。	十三	**楚堵敖囏**元年（文王子。《左传》文王十四年。）	二（《左传》文王十五年。）	三（《左传》堵敖元年。）	四（《左传》堵敖二年。）
宋	三	四	五	六	七　取卫女，文公弟。（文公之妹）	八	九
卫	二十一	二十二	二十三	二十四	二十五	二十六	二十七
陈	十四	十五	十六	十七	十八	十九	二十
蔡	十六	十七	十八	十九	二十	**蔡穆侯肸**元年（哀侯子。）	二
曹	二十三	二十四	二十五	二十六	二十七	二十八	二十九
郑	**郑厉公**元年　厉公亡后十七岁复入。（《郑世家》称"后元年"。）	二　诸侯伐我。（《春秋》曰："夏，宋人、齐人、卫人伐郑。"）	三	四	五	六	七　救周乱，入王。
燕	十二	十三	十四	十五	十六　伐王，王奔温，立子颓。（伐王者为南燕，不应书此。）	十七　郑执我仲父。（此仲父乃南燕之君，不当书此。）	十八
吴							

	前672	前671	前670	前669	前668	前667	前666	前665
						甲寅		
周	五　太子母早死。惠后生叔带。（太子即日后之襄王。惠后：亦太子母，史公说误。叔带：又称王子带，封于甘。叔带受惠后宠爱，襄王时勾结戎狄作乱，被晋文公所杀。）	六	七	八	九	十　赐齐侯命。（命齐侯为伯。伯即诸侯之长。）	十一	十二
鲁	二十二	二十三　公如齐观社。（观社：观看祭祀社神的民间活动。）	二十四	二十五	二十六	二十七	二十八	二十九
齐	十四　陈完自陈来奔，田常始此也。（田常：陈完的后代，即成子陈恒，后来篡夺姜氏政权的关键人物之一。）	十五	十六	十七	十八	十九	二十	二十一
晋	五　伐骊戎，得姬。（骊戎：戎族的一支，在今陕西西安临潼区一带。得姬：得到了骊姬姊妹。）	六	七	八　尽杀故晋侯群公子。（群公子：指桓叔、庄伯之族。先建邑使之聚居，后尽杀之。盖为消除本族的威胁。）	九　始城绛都。（晋自穆侯已都绛，此处乃增筑，非始筑）	十	十一	十二　太子申生居曲沃，重耳居蒲城，夷吾居屈，骊姬故。（骊姬为使其子奚齐篡取政权，故设法排斥太子与其他公子。曲沃是晋国的宗庙所在地，蒲城在今山西隰县，屈在今山西吉县。）

秦	四　作密畤。（在雍郊渭水南岸建造祭祀青帝的神坛。）	五	六	七	八	九	十	十一
楚	五　弟恽杀堵敖自立。（《左传》堵敖三年。）	**楚成王恽**元年（恽：或作“頵”“髡”。）	二	三	四	五	六	七
宋	十	十一	十二	十三	十四	十五	十六	十七
卫	二十八	二十九	三十	三十一	**卫懿公赤**元年（惠公子。）	二	三	四
陈	二十一　厉公子完奔齐。	二十二	二十三	二十四	二十五	二十六	二十七	二十八
蔡	三	四	五	六	七	八	九	十
曹	三十	三十一	**曹釐公夷**元年（夷：一作“赤”，庄公子。）	二	三	四	五	六
郑	**郑文公捷**元年（厉公子。捷：或作“踕”。）	二	三	四	五	六	七	八
燕	十九	二十	二十一	二十二	二十三	二十四	二十五	二十六
吴								

	前664	前663	前662	前661	前660	前659
周	十三	十四	十五	十六	十七	十八
鲁	三十	三十一	三十二　庄公弟叔牙鸩死。庆父弑子般。季友奔陈，立湣公。 （庄公有弟三人，曰庆父、叔牙、季友。庄公死，叔牙欲立庆父，季友杀叔牙，立庄公之子般。庆父杀般立启方，即湣公。季友奔陈。）	**鲁湣公开**元年 （湣：通“闵”。汉人避景帝讳，改“启”为“开”。《世本》、马王堆出土《春秋事语》名启方，此当作开方。庄公子。）	二　庆父杀湣公。季友自陈立申，为釐公。杀庆父。	**鲁釐公申**元年　哀姜丧自齐至。 （釐公：庄公少子。齐桓公召杀哀姜，送其尸归鲁。）
齐	二十二	二十三　伐山戎，为燕也。 （山戎伐燕，桓公为救燕而伐山戎。）	二十四	二十五	二十六	二十七　杀女弟鲁庄公夫人，淫故。 （鲁庄公夫人哀姜是齐桓公之妹或女，与庆父通，并杀闵公，故齐桓公召而杀之。）
晋	十三	十四	十五	十六　灭魏、耿、霍。始封赵夙耿，毕万魏，始此。 （赵夙、毕万皆晋大夫。魏：在今山西芮城北。耿：在今山西河津东南。霍：在今山西霍州西南。）	十七　申生将军，君子知其废。 （献公命申生率军伐翟，衣之偏衣，佩之金玦，晋之诸大臣皆知太子将废。）	十八

秦	十二	**秦成公**元年（德公子。）	二	三	四	**秦穆公任好**元年（德公子。）
楚	八	九	十	十一	十二	十三
宋	十八	十九	二十	二十一	二十二	二十三
卫	五	六	七	八	［九］　翟伐我。公好鹤，士不战，灭我国。国怨惠公乱，灭其后，更立黔牟弟。卫戴公元年。（戴公名申，黔牟的同母弟昭伯顽之子。居于曹，在今河南滑县城关街道东。元年卒。本年亦为懿公九年。）	**卫文公燬**元年　戴公弟也。
陈	二十九	三十	三十一	三十二	三十三	三十四
蔡	十一	十二	十三	十四	十五	十六
曹	七	八	九	**曹昭公**元年（名班，釐公子。）	二	三
郑	九	十	十一	十二	十三	十四
燕	二十七	二十八	二十九	三十	三十一	三十二
吴						

	前658	前657	前656	前655	前654	前653	前652
		甲子					
周	十九	二十	二十一	二十二	二十三	二十四	二十五［**襄王**元年］ 襄王立，畏太叔。（襄王名郑，惠王子。太叔：即王子带。）
鲁	二	三	四	五	六	七	八
齐	二十八 为卫筑楚丘。救戎狄伐。（楚丘：在今河南滑县东。）	二十九 与蔡姬共舟，荡公，公怒，归蔡姬。（蔡姬：桓公之夫人，蔡穆侯之妹。）	三十 率诸侯伐蔡，蔡溃，遂伐楚，责包茅贡。	三十一	三十二 率诸侯伐郑。（因去年桓公召诸侯会惠王太子盟于首止，郑伯中途逃归，故今年伐之。）	三十三	三十四
晋	十九 荀息以币假道于虞以伐虢，灭下阳。	二十	二十一 申生以骊姬谗自杀。重耳奔蒲，夷吾奔屈。（骊姬诬陷申生欲鸩献公，申生自杀。）	二十二 灭虞、虢。重耳奔狄。（献公听信骊姬谗言，派人杀重耳，重耳奔其母家狄。）	二十三 夷吾奔梁。（梁：国名，在今陕西韩城南。）	二十四	二十五 伐翟，以重耳故。

秦	二	三	四　迎妇于晋。（穆公娶献公女为夫人。）	五	六	七	八
楚	十四	十五	十六　齐伐我，至陉，使屈完盟。（陉：陉山，在召陵南，在今河南漯河郾城区东，一说在今河南新郑西南。）	十七	十八　伐许，许君肉袒谢，楚从之。（许：国名，在今河南许昌东。从之：应作“释之”。）	十九	二十
宋	二十四	二十五	二十六	二十七	二十八	二十九	三十　公疾，太子兹父让兄目夷贤，公不听。（兹父：即襄公。目夷：字子鱼，襄公庶兄。）
卫	二　齐桓公率诸侯为我城楚丘。（从此卫遂都于楚丘。）	三	四	五	六	七	八
陈	三十五	三十六	三十七	三十八	三十九	四十	四十一
蔡	十七	十八　以女故，齐伐我。（桓公遣蔡姬归蔡，蔡人嫁之，齐遂伐蔡。）	十九	二十	二十一	二十二	二十三
曹	四	五	六	七	八	九	**曹共公**元年（昭公子，名襄。）
郑	十五	十六	十七	十八	十九	二十	二十一
燕	三十三	**燕襄公**元年	二	三	四	五	六
吴				（周章十三世孙句卑在位。）			

	前 651	前 650	前 649	前 648	前 647	前 646
					甲戌	
周	**襄王**元年［二］　诸侯立王。 （四字应在前一年之“畏太叔”下。）	二［三］	三［四］　戎伐我，太叔带召之。欲诛叔带，叔带奔齐。 （叔带召戎入王城，失败奔齐事，在明年，书此误。）	四［五］	五［六］	六［七］
鲁	九　齐率我伐晋乱，至高梁还。 （齐隰朋会秦，俱送夷吾入立。无鲁事，此误。高梁：晋邑，在今山西临汾东北。）	十	十一	十二	十三	十四
齐	三十五　夏，会诸侯于葵丘。天子使宰孔赐胙，命无拜。 （葵丘：宋邑，在今河南民权。宰孔：周王室太宰名孔。赐胙：赐给诸侯祭肉，以表示对其尊崇。）	三十六　使隰朋立晋惠公。 （隰朋：齐大夫。）	三十七	三十八　使管仲平戎于周，欲以上卿礼，让，受下卿。	三十九　使仲孙请王，言叔带，王怒。 （仲孙：仲孙湫，齐臣。请王：为叔带讲情。）	四十
晋	二十六　公卒，立奚齐，里克杀之及卓子。立夷吾。 （奚齐、卓子：骊姬与其娣所生。里克：晋大夫，重耳一派。先欲迎立重耳，重耳不入，乃立夷吾。）	**晋惠公夷吾**元年　诛里克，倍秦约。 （诛里克：惧其串通重耳生变。倍秦约：夷吾原答应割地与秦，回晋后遂背约。倍：通“背”。）	二	三	四　饥，请粟，秦与我。 （饥：灾荒。）	五　秦饥，请粟，晋倍之。 （晋：应作“我”。倍：背恩，不借粟与秦。）

秦	九　夷吾使郤芮赂，求入。（郤芮：晋大夫。赂：贿赂秦国，求秦国助其回晋即位。）	十　丕郑子豹亡来。（丕郑：里克一党，夷吾杀丕郑，故其子奔秦。）	十一　救王伐戎，戎去。	十二	十三　丕豹欲无与，公不听，输晋粟，起雍至绛。	十四
楚	二十一	二十二	二十三　伐黄。（黄：国名，在今河南潢川西北。）	二十四	二十五	二十六　灭六、英。（六、英：皆国名，六在今安徽六安，英在今安徽金寨东南。）
宋	三十一　公薨，未葬，齐桓会葵丘。	**宋襄公兹父**元年　目夷相。	二	三	四	五
卫	九	十	十一	十二	十三	十四
陈	四十二	四十三	四十四	四十五	**陈穆公款**元年（宣公子。）	二
蔡	二十四	二十五	二十六	二十七	二十八	二十九
曹	二	三	四	五	六	七
郑	二十二	二十三	二十四　有妾梦天与之兰，生穆公兰。（妾：指燕姞。梦天：《左传》作“梦天使”。）	二十五	二十六	二十七
燕	七	八	九	十	十一	十二
吴						

	前645	前644	前643	前642	前641	前640	前639	前638
周	七[八]	八[九]	九[十]	十 [十一]	十一 [十二]	十二 [十三]	十三 [十四]	十四[十五] 叔带复归于周。 (王召之回。)
鲁	十五　五月,日有食之。不书,史官失之。	十六	十七	十八	十九	二十	二十一	二十二
齐	四十一	四十二　王以戎寇告齐,齐征诸侯戍周。 (征:征调。戍:驻守。)	四十三	**齐孝公昭**元年 (桓公死,子无诡立,立三月,被杀,无谥,而后太子昭立。)	二	三	四	五　归王弟带。
晋	六　秦虏惠公,复立之。 (韩原之战,秦虏晋惠公,由于秦穆夫人讲情,秦放归晋惠公。)	七　重耳闻管仲死,去翟之齐。 (管仲死于去年。去:离开。之:前往。)	八	九	十	十一	十二	十三　太子圉质秦亡归。 (太子圉:即日后之怀公,韩原之战后在秦为质,今闻父病,逃回国。)
秦	十五　以盗食善马士得破晋。	十六　为河东置官司。 (《左传》记此于去年。)	十七	十八	十九　灭梁。梁好城,不居,民罢,相惊,故亡。 (好城:喜欢筑城。罢:通"疲"。相惊:相惊曰秦寇至。今秦遂灭之。)	二十	二十一	二十二

楚	二十七	二十八	二十九	三十	三十一	三十二	三十三　执宋襄公，复归之。（宋公在盂之会与楚争盟，楚执之以伐宋，不久放回。）	三十四
宋	六	七　陨五石，六鹢退飞，过我都。（退飞：鸟飞遇风而退缩不进。）	八	九	十	十一	十二　召楚盟。（宋襄公欲为盟主，召楚，楚王怒，遂执宋襄公。）	十三　泓之战，楚败公。（泓：水名，在今河南柘城。楚伐宋救郑，宋以襄公愚蠢而败于楚。）
卫	十五	十六	十七	十八	十九	二十	二十一	二十二
陈	三	四	五	六	七	八	九	十
蔡	**蔡庄侯甲午**元年（名甲午，穆侯之子。）	二	三	四	五	六	七	八
曹	八	九	十	十一	十二	十三	十四	十五
郑	二十八	二十九	三十	三十一	三十二	三十三	三十四	三十五　君如楚，宋伐我。
燕	十三	十四	十五	十六	十七	十八	十九	二十
吴								

	前637	前636	前635	前634	前633	前632	前631
	甲申						
周	十五[十六]	十六[十七]　王奔氾。氾,郑地也。(王子带又勾结狄攻王,故王外奔。氾fán:在今河南襄城南。中华本误“氾”为“汜”,今正。)	十七[十八]　晋纳王。(以兵送襄王入,杀子带。)	十八[十九]	十九[二十]	二十[二十一]　王狩河阳。(是年晋败楚于城濮,而后在践土举行盟会,令周天子也来参加,因不合礼,故《春秋》讳之曰“天王狩于河阳”。河阳:在今河南孟州西。)	二十一[二十二]
鲁	二十三	二十四	二十五	二十六	二十七	二十八　公如践土会朝。(践土:在今河南原阳西南。本年鲁僖公五月朝王于践土,十月朝王于河阳。)	二十九
齐	六　伐宋,以其不同盟。(鲁僖公十九年,陈、蔡、楚、郑曾盟于齐,今乘宋败于泓讨其不盟。)	七	八	九	十　孝公薨,弟潘因卫公子开方杀孝公子。立潘。	**齐昭公潘**元年　会晋败楚,朝周王。(昭公:孝公弟。)	二
晋	十四　圉立,为怀公。	**晋文公**元年　诛子圉。魏武子为魏大夫,赵衰为原大夫。咎犯曰:“求霸莫如内王。”(魏武子:名犨。咎犯:即狐偃,重耳之舅,与赵衰等随重耳流亡多年。魏大夫:魏邑的行政长官。内王:将蒙难在外的周王送回京城。内:“纳”的古字。)	二	三　宋服。(宋以襄公善待重耳遂叛楚服晋,故楚来伐。)	四　救宋,报曹、卫耻。(晋为救宋而侵曹伐卫。事在下年。耻:指当年曹、卫对重耳无礼。)	五　侵曹伐卫,取五鹿,执曹伯。诸侯败楚而朝河阳,周命赐公土地。(五鹿:卫邑,在今河南濮阳东北。赐公土地:乃前纳王时事,此时乃命之为伯,并赐车服弓箭等。)	六

秦	二十三　迎重耳于楚，厚礼之，妻之女。重耳愿归。（女：即怀嬴。）	二十四　以兵送重耳。	二十五　欲内王，军河上。（军：驻兵。）	二十六	二十七	二十八　会晋伐楚朝周。	二十九
楚	三十五　重耳过，厚礼之。	三十六	三十七	三十八	三十九　使子玉伐宋。（子玉：即成得臣，此时为楚令尹。）	四十　晋败子玉于城濮。	四十一
宋	十四　公疾死泓战。（泓之战，公伤股，今遂死。）	**宋成公王臣**元年（名王臣，襄公之子。）	二	三　倍楚亲晋。	四　楚伐我，我告急于晋。	五　晋救我，楚兵去。	六
卫	二十三　重耳从齐过，无礼。（从齐过：从齐来，过卫。）	二十四	二十五	**卫成公郑**元年（文公子。）	二	三　晋伐我，取五鹿。会出奔，立公子瑕，会晋朝，复归卫。	四　晋以卫与宋。（晋分曹卫之田与宋，乃城濮战前事，此晚书一年。）
陈	十一	十二	十三	十四	十五	十六　会晋伐楚，朝周王。	**陈共公朔**元年（穆公子。）
蔡	九	十	十一	十二	十三	十四　会晋伐楚，朝周王。	十五
曹	十六　重耳过，无礼，僖负羁私善。（僖负羁：曹大夫。重耳过曹当在去年。）	十七	十八	十九	二十	二十一　晋伐我，执公，复归之。	二十二
郑	三十六　重耳过，无礼，叔詹谏。（叔詹：管仲称他为郑国的“三良”之一。）	三十七	三十八	三十九	四十	四十一	四十二
燕	二十一	二十二	二十三	二十四	二十五	二十六	二十七
吴							

	前630	前629	前628	前627	前626	前625	前624	前623
				甲午				
周	二十二［二十三］	二十三［二十四］	二十四［二十五］	二十五［二十六］	二十六［二十七］	二十七［二十八］	二十八［二十九］	二十九［三十］
鲁	三十	三十一	三十二	三十三　僖公薨。	**鲁文公兴**元年(僖公子。)	二	三　公如晋。	四
齐	三	四	五	六　狄侵我。	七	八	九	十
晋	七　听周归卫成公。与秦围郑。(鲁僖公为卫成公说情,并向周王、晋侯各纳玉十双,晋乃赦卫。围郑:因郑曾对重耳无礼,又曾亲楚。)	八	九　文公薨。	**晋襄公驩**元年　破秦于殽。(驩:文公子。殽:即崤山,在今河南西部。)	二　伐卫。卫伐我。	三　秦报我殽,败于汪。(此言秦败,与《左传》同,而与《晋世家》异。汪:在今陕西澄城。一说在陕西白水县。)	四　秦伐我,取王官,我不出。(王官:在今山西闻喜南。不出:用赵衰言故意避让。)	五　伐秦,围邧、新城。(此晋报王官之役。邧:在今陕西澄城南;新城:在今陕西澄城东北。)
秦	三十　围郑,有言即去。(指烛之武为秦分说利害,秦与郑单独媾和而去。)	三十一	三十二　将袭郑,蹇叔曰不可。(蹇叔:秦老臣。)	三十三　袭郑,晋败我殽。(即秦晋殽之战。)	三十四　败殽将亡归,公复其官。(败殽将:失败于殽山的秦将,指孟明视等。)	三十五　伐晋报殽,败我于汪。(秦败于晋,失汪与彭衙。)	三十六　以孟明等伐晋,晋不敢出。	三十七　晋伐我,围邧、新城。

楚	四十二	四十三	四十四	四十五	四十六　王欲杀太子立职，太子恐，与傅潘崇杀王。王欲食熊蹯死，不听。自立为王。（欲杀：《左传》是欲废。太子：名商臣，即日后之楚穆王。傅：帝王或太子的辅导官。欲食熊蹯：熊蹯难熟，以待外援。）	**楚穆王商臣**元年　以其太子宅赐崇，为相。（为相之说不确，时楚有令尹。《左传》说“使为大师，且掌环列之尹”。）	二　晋伐我。	三　灭江。（江：国名，在今河南正阳西南。）
宋	七	八	九	十	十一	十二	十三	十四
卫	五　周入成公，复卫。	六（狄围卫，卫迁都于帝丘，在今河南濮阳东南。）	七	八	九　晋伐我，我伐晋。	十	十一	十二　公如晋。
陈	二	三	四	五	六	七	八	九
蔡	十六	十七	十八	十九	二十	二十一	二十二	二十三
曹	二十三	二十四	二十五	二十六	二十七	二十八	二十九	三十
郑	四十三　秦、晋围我，以晋故。	四十四	四十五　文公薨。	**郑穆公兰**元年　秦袭我，弦高诈之。（兰：文公子。弦高：郑商人，经商途中遇秦军，假作奉使劳军，遂解郑难。）	二	三	四	五
燕	二十八	二十九	三十	三十一	三十二	三十三	三十四	三十五
吴								

	前622	前621	前620	前619	前618	前617	前616
						甲辰	
周	三十[三十一]	三十一[三十二]	三十二[三十三]	三十三[三十四]襄王崩。	**顷王**元年（襄王子，名壬臣。）	二	三
鲁	五	六	七	八　王使卫来求金以葬，非礼。（卫：毛伯卫，周室卿士。求金：讨助丧财物。此事在明年。）	九	十	十一　败长翟于咸而归，得长翟。
齐	十一	十二	十三	十四	十五	十六	十七
晋	六　赵成子、栾贞子、霍伯、臼季皆卒。（赵成子：赵衰。栾贞子：栾枝。霍伯：先且居，先轸之子。臼季：胥臣。）	七　公卒。赵盾为太子少，欲更立君。恐诛，遂立太子，为灵公。（赵盾：赵衰之子，时掌晋政。）	**晋灵公夷皋**元年　赵盾专政。（灵公：襄公子。）	二　秦伐我，取武城，报令狐之战。（武城：晋邑，在今陕西渭南华州区东。令狐之战：去年赵盾为迎立公子雍所导致的秦晋冲突。令狐：在今山西临猗西。）	三　率诸侯救郑。	四　伐秦，拔少梁。秦取我北徵。（少梁：秦邑，在今陕西韩城南。北徵：晋邑，在今陕西澄城西南。）	五

秦	三十八	三十九　缪公薨。葬殉以人，从死者百七十人，君子讥之，故不言卒。（君子讥之：《左传》引君子曰：“秦穆之不为盟主也宜哉，死而弃民。”又曰：“君子是以知秦之不复东征也。”不言卒：《春秋》没有记载秦穆公死的事。）	**秦康公䓨**元年（康公：穆公子。）	二	三	四　晋伐我，取少梁。我伐晋，取北徵。	五
楚	四　灭六、蓼。（蓼：国名，在今河南唐河县。）	五	六	七	八　伐郑，以其服晋。	九	十
宋	十五	十六	十七　公孙固杀成公。（无公孙固杀成公事。《宋微子世家》与《左传》皆言公死后公孙固被杀，时公孙固任大司马。）	**宋昭公杵臼**元年襄公之子。（昭公是成公子，非襄公子。）	二	三	四　败长翟长丘。（《左传》记此事在宋武公之世，宋武公生活在春秋以前。长丘：在今河南封丘西南。）
卫	十三	十四	十五	十六	十七	十八	十九
陈	十	十一	十二	十三	十四	十五	十六
蔡	二十四	二十五	二十六	二十七	二十八	二十九	三十
曹	三十一	三十二	三十三	三十四	三十五	**曹文公寿**元年（共公子。）	二
郑	六	七	八	九	十　楚伐我。	十一	十二
燕	三十六	三十七	三十八	三十九	四十	**燕桓公**元年	二
吴							

	前615	前614	前613	前612	前611	前610	前609
周	四	五	六　顷王崩。公卿争政，故不赴。（赴：今作“讣”，报丧。）	**匡王**元年（名班，顷王之子。）	二	三	四
鲁	十二	十三	十四　慧星入北斗，周史曰：“七年，宋、齐、晋君死。”	十五　六月辛丑，日蚀，齐伐我。（即公元前612年4月28日；一说在4月21日。）	十六	十七　齐伐我。	十八　襄仲杀嫡，立庶子，为宣公。（襄仲：鲁公子遂，庄公子。文公的嫡子名恶，襄仲在齐国认可的情况下杀恶而立宣公。）
齐	十八	十九	二十　昭公卒。弟商人杀太子自立，是为懿公。（太子：名舍。）	**齐懿公商人**元年（昭公死后，子舍立，商人弑舍自立。）	二　不得民心。（骄，民不附。）	三　伐鲁。	四　公刖邴歜父而夺阎职妻，二人共杀公。立桓公子惠公。
晋	六　秦取我羁马。与秦战河曲，秦师遁。（羁马：晋邑，在今山西永济西南。河曲：在今山西芮城风陵渡。）	七　得随会。（随会：也称“士会”“范会”，晋之良臣。受命去接公子雍，后赵盾变卦，迎击秦军于令狐，随会便留在秦国，今将其骗回晋国。）	八　赵盾以车八百乘纳捷菑。平王室。（捷菑：邾文公之子，晋女所生，故晋纳之。未成。平王室：调停周公阅与王孙苏之间的矛盾。）	九　我入蔡。	十	十一　率诸侯平宋。（平：平定。）	十二

秦	六　伐晋，取羁马。怒，与我大战河曲。（怒：《晋世家》说晋侯怒；《左传》说是晋将赵穿怒。）	七　晋诈得随会。	八	九	十	十一	十二
楚	十一	十二	**楚庄王侣**元年（穆王子。或名旅。）	二	三　灭庸。（庸：国名，在今湖北竹山县西南。）	四	五
宋	五	六	七	八	九　襄夫人使卫伯杀昭公。弟鲍立。（襄夫人：宋襄公的夫人，周襄王姊。卫伯：《左传》作“帅甸”。）	**宋文公鲍**元年　昭公弟。晋率诸侯平我。（宋人杀昭公，晋率诸侯伐宋。文公已定立，反定其位而还兵。）	二
卫	二十	二十一	二十二	二十三	二十四	二十五	二十六
陈	十七	十八	**陈灵公平国**元年（共公子。）	二	三	四	五
蔡	三十一	三十二	三十三	三十四　晋伐我。庄侯薨。（蔡未参加去年的新城之盟，故晋人来伐。）	**蔡文侯申**元年（庄侯子。）	二	三
曹	三	四	五	六　齐入我郛。（郛：即“郭”。外城。）	七	八	九
郑	十三	十四	十五	十六	十七	十八	十九
燕	三	四	五	六	七	八	九
吴							

	前608	前607	前606	前605	前604	前603
		甲寅				
周	五	六　匡王崩。	**定王**元年 （名瑜，匡王之弟。）	二	三	四
鲁	**鲁宣公倭**元年　鲁立宣公，不正，公室卑。（宣公是文公庶子，身份卑下，从此公室卑微，政在季氏。）	二	三	四	五	六
齐	**齐惠公元**元年　取鲁济西之田。 （惠公名元，桓公之子。鲁人为立宣公，赂齐以济西之田。济西：济水之西。）	二　王子成父败长翟。 （王子成父：齐大夫。）	三	四	五	六
晋	十三　赵盾救陈、宋，伐郑。	十四　赵穿杀灵公，赵盾使穿迎公子黑臀于周，立之。赵氏赐公族。	**晋成公黑臀**元年伐郑。	二	三　中行桓子荀林父救郑，伐陈。（中行桓子：即荀林父，桓子是谥。时为中行将。中行：新三军的中军将。时郑受楚攻，故晋伐陈以救郑。）	四　与卫侵陈。 （因陈亲楚，故侵之。）
秦	**秦共公和**元年 （和：《世本》作“稻”，康公子。）	二	三	四	五 （《秦本纪》共公在位五年，《春秋》则只四年。）	**秦桓公**元年 （名荣，共公之子。）

楚	六　伐宋、陈，以倍我服晋故。	七	八　伐陆浑，至雒，问鼎轻重。	九　若敖氏为乱，灭之。伐郑。	十	十一
宋	三　楚、郑伐我，以我倍楚故也。	四　华元以羊羹故陷于郑。（华元：宋卿。因其在战前犒赏士兵时，没有给他的车夫喝肉汤，导致车夫直接把他拉进了敌营。）	五　赎华元，亡归。围曹。（华元逃回在去年。围曹：因宋国的叛乱分子在曹国。）	六	七	八
卫	二十七	二十八	二十九	三十	三十一	三十二　与晋侵陈。
陈	六	七	八	九	十　楚伐郑，与我平。晋中行桓子距楚，救郑，伐我。（平：讲和，结约。）	十一　晋、卫侵我。
蔡	四	五	六	七	八	九
曹	十	十一	十二　宋围我。	十三	十四	十五
郑	二十　与楚侵陈，遂侵宋。晋使赵盾伐我，以倍晋故。	二十一　与宋师战，获华元。	二十二　华元亡归。（《左传》在上年。）	**郑灵公夷**元年　公子归生以鼋故杀灵公。（夷：穆公子。公子归生：郑公族，灵公因不使公子宋喝甲鱼汤，公子宋怒，使归生弑灵公。）	**郑襄公坚**元年　灵公庶弟。楚伐我，晋来救。	二
燕	十	十一	十二	十三	十四	十五
吴						

	前602	前601	前600	前599	前598	前597	前596	前595	前594
						甲子			
周	五	六	七	八	九	十	十一	十二	十三
鲁	七	八　七月，日蚀。（当作十月，“七月”误。时在公元前601年9月20日。）	九	十　四月，日蚀。（时在公元前599年3月6日。）	十一	十二	十三	十四	十五　初税亩。（按土地亩数征收租税。改劳役地租为实物地租。）
齐	七	八	九	十　公卒。崔杼有宠，高、国逐之，奔卫。	**齐顷公无野**元年（惠公子。）	二	三	四	五
晋	五	六　与鲁伐秦，获秦谍，杀之绛市，六日而苏。（谍：奸细。与晋伐秦者乃白狄，非鲁。绛：晋都。）	七　使桓子伐楚。以诸侯师伐陈救郑。成公薨。（《春秋》有“荀林父帅师伐陈”及“晋郤缺帅师救郑”云云。）	**晋景公据**元年　与宋伐郑。（景公：《春秋》名“獳”，成公子。）	二	三　救郑，为楚所败河上。（此即邲之战，荀林父等惨败。河上：河边，即今河南荥阳东北的黄河南岸。）	四	五　伐郑。	六　救宋，执解扬，有使节。秦伐我。（执解扬：解扬被郑人所执。）
秦	二	三　晋伐我，获谍。	四	五	六	七	八	九	十　伐晋。

楚	十二	十三　伐陈，灭舒蓼。（舒蓼：国名，在今安徽舒城西南。）	十四　伐郑，晋郤缺救郑，败我。（郤缺：郤芮之子，也称冀缺。）	十五	十六　率诸侯诛陈夏徵舒，立陈灵公子午。	十七　围郑，郑伯肉袒谢，释之。	十八	十九　围宋，为杀使者。（宋杀楚聘齐之使者申舟。）	二十　围宋。五月，华元告子反以诚，楚罢。（子反：楚国司马。诚：实情。）
宋	九	十	十一	十二	十三	十四　伐陈。（此时陈附楚，而宋亲晋。）	十五	十六　杀楚使者，楚围我。	十七　华元告楚，楚去。
卫	三十三	三十四	三十五	**卫穆公遬**元年　齐崔杼来奔。（卫穆公：成公子。）	二	三	四	五	六
陈	十二	十三　楚伐我。	十四	十五　夏徵舒以其母辱，杀灵公。（夏徵舒：字南，陈大夫。陈灵公及其大臣与夏母淫乱，夏徵舒杀陈灵公。）	**陈成公午**元年　灵公太子。	二	三	四	五
蔡	十	十一	十二	十三	十四	十五	十六	十七	十八
曹	十六	十七	十八	十九	二十	二十一	二十二	二十三　文公薨。	**曹宣公庐**元年（文公子。）
郑	三	四	五　楚伐我，晋来救，败楚师。	六　晋、宋、楚伐我。（郑处于晋、楚之间，附此则彼伐，附彼则此伐。）	七	八　楚围我，我卑辞以解。（卑辞：谦卑的言辞。）	九	十　晋伐我。	十一　佐楚伐宋，执解扬。
燕	十六	**燕宣公**元年	二	三	四	五	六	七	八
吴									

	前593	前592	前591	前590	前589	前588	前587	前586
							甲戌	
周	十四	十五	十六	十七	十八	十九	二十	二十一　定王崩。
鲁	十六	十七　日蚀。（记载有误。）	十八　宣公薨。	**鲁成公黑肱**元年　春，齐取我隆。（成公：宣公子。隆：《左传》作“龙”。在今山东泰安东南。取隆事当在下年。）	二　与晋伐齐，齐归我汶阳，窃与楚盟。（汶阳：汶水以北之地，原属鲁，齐侵之，今归还。是年楚侵鲁，鲁背晋与楚盟。）	三　会晋、宋、卫、曹伐郑。	四　公如晋，晋不敬，公欲倍晋合于楚。	五
齐	六	七　晋使郤克来齐，妇人笑之，克怒，归去。（郤克：晋卿，时执晋政。妇人：指顷公之母，窃观使者之跛，笑之。）	八　晋伐败我。（《左传》“晋侯、卫大子臧伐齐，至于阳谷”。）	九	十　晋郤克败公于鞍，虏逢丑父。（此即鞍之战。鞍：在今山东济南西北。逢丑父：齐顷公之车右，假扮为顷公而被俘。）	十一　顷公如晋，欲王晋，晋不敢受。（《齐太公世家》《晋世家》也有此语，似史公错会《左传》“将授玉”，晋“未之敢任”文意。）	十二	十三
晋	七　随会灭赤翟。（灭甲氏等。）	八　使郤克使齐，妇人笑之，克怒归。	九　伐齐，（质）[执]子彊，兵罢。（子彊：顷公庶子。）	十	十一　与鲁、曹败齐。	十二　始置六卿。率诸侯伐郑。	十三　鲁公来，不敬。	十四　梁山崩。伯宗隐其人而用其言。（梁山：在今陕西韩城。）

秦	十一	十二	十三	十四	十五	十六	十七	十八
楚	二十一	二十二	二十三　庄王薨。	**楚共王审**元年（审：《国语》作"蒇"，庄王子。）	二　秋，申公巫臣窃徵舒母奔晋，以为邢大夫。冬，伐卫、鲁，救齐。（申公巫臣：楚大夫。徵舒母：即夏姬，郑穆公女。邢：在今河南温县东。）	三	四　子反救郑。（是年郑侵许，晋救许伐郑，楚子反救郑。）	五　伐郑，倍我故也。郑悼公来讼。（郑、许两国于楚争讼，郑不胜，乃请成于晋。楚之伐郑乃在明年。讼：争辩，诉讼。）
宋	十八	十九	二十	二十一	二十二	**宋共公瑕**元年（瑕：《春秋》作"固"，文公子。）	二	三
卫	七	八	九	十	十一　穆公薨。与诸侯败齐，反侵地。楚伐我。	**卫定公臧**元年（穆公子。）	二	三
陈	六	七	八	九	十	十一	十二	十三
蔡	十九	二十　文侯薨。	**蔡景侯固**元年（文侯子。）	二	三	四	五	六
曹	二	三	四	五	六	七　伐郑。	八	九
郑	十二	十三	十四	十五	十六	十七　晋率诸侯伐我。	十八　晋栾书取我氾。襄公薨。（栾书：晋卿，执晋政。氾：应作汜，今河南荥阳一带。）	**郑悼公费**元年　公如楚讼。（费：或作沸，襄公子。）
燕	九	十	十一	十二	十三	十四	十五	**燕昭公**元年
吴								（句卑之子去齐卒。）

	前585	前584	前583	前582	前581	前580	前579
周	**简王**元年 （名夷，定王子。）	二	三	四	五	六	七
鲁	六	七	八	九	十　公如晋，送葬，讳之。 （讳之：指《春秋》不写。成公赴晋，晋人疑鲁从楚，止公使送葬，鲁人耻之。）	十一	十二
齐	十四	十五	十六	十七　顷公薨。	**齐灵公环**元年 （顷公子。）	二	三
晋	十五　使栾书救郑，遂侵蔡。 （此年晋迁都于新田，在今山西侯马西。）	十六　以巫臣始通于吴而谋楚。 （楚杀巫臣之族，巫臣为晋使吴，实施联吴伐楚之计。）	十七　复赵武田邑。侵蔡。 （赵武是赵盾之孙。其母庄姬是景公之妹，勾结其他大族诬赵同、赵括等为乱，于是晋灭赵氏。赵武随母庄姬在晋宫，未及难。后因韩厥为赵氏分说，晋复立赵武，归其田邑。）	十八　执郑成公，伐郑。秦伐我。	十九	**晋厉公寿曼**元年 （寿曼：亦作州蒲，景公子。）	二

秦	十九	二十	二十一	二十二　伐晋	二十三	二十四　与晋侯夹河盟，归，倍盟。（夹河盟：秦、晋二君原定会于令狐，但秦伯临时变卦，双方只派大臣过河分别与二君会晤。倍盟：指秦召白狄伐晋。）	二十五
楚	六	七　伐郑。	八	九　救郑。冬，与晋成。（成：讲和。）	十	十一	十二
宋	四	五	六	七	八	九	十
卫	四	五	六	七	八	九	十
陈	十四	十五	十六	十七	十八	十九	二十
蔡	七　晋侵我。	八	九　晋伐我。	十	十一	十二	十三
曹	十	十一	十二	十三	十四	十五	十六
郑	二　悼公薨。楚伐我，晋使栾书来救。	**郑成公睔**元年　悼公弟也。楚伐我。	二	三　与楚盟。公如晋，执公伐我。	四　晋率诸侯伐我。	五	六
燕	二	三	四	五	六	七	八
吴	**吴寿梦**元年（寿梦名乘。仲雍十九世孙，去齐之子。始称王。）	二　巫臣来，谋伐楚。	三	四	五	六	七

	前 578	前 577	前 576	前 575	前 574	前 573	前 572
		甲申					
周	八	九	十	十一	十二	十三	十四　简王崩。
鲁	十三　会晋伐秦	十四	十五　始与吴通，会钟离。（钟离：吴邑，在今安徽凤阳东北。）	十六　宣伯告晋，欲杀季文子，文子得以义脱。（宣伯：叔孙侨如，鲁卿，因欲灭季氏、孟氏未成，出奔齐。季文子：季孙行父，鲁国执政。义脱：季文子被晋人所执，晋臣范文子称其忠良，晋人释之。）	十七	十八　成公薨。	**鲁襄公午**元年　围宋彭城。（襄公：成公之子。围宋彭城：为宋讨伐彭城之鱼石。）
齐	四　伐秦。	五	六	七	八	九	十　晋伐我，使太子光质于晋。（因齐未参加讨彭城，故晋来讨。太子光：即日后之齐庄公。）
晋	三　伐秦至泾，败之，获其将成差。（泾：水名，源于宁夏，经甘肃至陕西，入渭水。是役诸国败秦麻隧，在今陕西泾阳北。）	四	五　三郤谗伯宗，杀之，伯宗好直谏。（三郤：指郤锜、郤犨、郤至。伯宗：晋国直臣。）	六　败楚鄢陵。（此即鄢陵之战。鄢陵：郑邑，在今河南鄢陵西北。）	七（厉公在今年被弑。）	八［**晋悼公**元年］　栾书、中行偃杀厉公，立襄公［曾］孙，为悼公。	**晋悼公**元年［二］　围宋彭城。（悼公：名周，襄公曾孙。）
秦	二十六　晋率诸侯伐我。（诸侯：指齐、鲁、宋、卫、郑、曹、邾、滕。）	二十七（据《春秋》此年为秦桓公二十八年。）	**秦景公**元年（桓公子。）	二	三	四	五

楚	十三	十四	十五　许畏郑，请徙叶。 （叶：楚邑，在今河南叶县南。）	十六　救郑，不利。子反醉，军败，杀子反归。	十七	十八　为鱼石伐宋彭城。 （鱼石：宋襄公庶兄子鱼的曾孙，为宋左师。共公死后宋乱，鱼石逃楚。彭城：在今江苏徐州。）	十九　侵宋，救郑。
宋	十一　晋率我伐秦。	十二	十三　华元奔晋，复还。 （宋司马唐山攻杀太子肥，又欲杀华元，华元奔晋。）	**宋平公成**元年 （一作“戍”。共公少子。）	二	三　楚伐彭城，封鱼石。 （封：意即授与。）	四　楚侵我，取犬丘。晋诛鱼石，归我彭城。（犬丘：在今河南永城西北。取犬丘者为郑。）
卫	十一	十二　定公薨	**卫献公衎**元年 （定公子。）	二	三	四	五　围宋彭城。
陈	二十一	二十二	二十三	二十四	二十五	二十六	二十七
蔡	十四	十五	十六	十七	十八	十九	二十
曹	十七　晋率我伐秦	**曹成公负刍**元年 （宣公弟。）	二　晋执我公以归。（因成公杀宣公太子自立，故晋率诸侯讨之。）	三	四	五	六
郑	七　晋率我伐秦。	八	九	十　倍晋盟楚，晋伐我，楚来救。	十一	十二　与楚伐宋。	十三　晋伐败我，兵次洧上，楚来救。 （洧：水名，即今双洎河。）
燕	九	十	十一	十二	十三　昭公薨。	**燕武公**元年	二
吴	八	九	十　与鲁会钟离。	十一	十二	十三	十四

	前571	前570	前569	前568	前567	前566	前565	前564
					甲午			
周	**灵王**元年 生有髭。 （灵王：名泄心，简王子。）	二	三	四	五	六	七	八
鲁	二　会晋城虎牢。（虎牢：在今河南荥阳汜水镇。）	三	四　公如晋。	五　季文子卒。	六	七	八　公如晋。	九　与晋伐郑，会河上，问公年，十二，可冠。冠于卫。
齐	十一	十二	十三	十四	十五	十六	十七	十八　与晋伐郑。
晋	二[三]　率诸侯伐郑，城虎牢。	三[四]　魏绛辱杨干。 （悼公弟杨干乱行，魏绛戮其仆。）	四[五]　魏绛说和戎狄，狄朝晋。 （说：劝说，劝说悼公与戎狄交好。）	五[六]	六[七]	七[八]	八[九]	九[十]　率齐、鲁、宋、卫、曹伐郑。秦伐我。
秦	六	七	八	九	十	十一	十二	十三　伐晋，楚为我援。
楚	二十	二十一　使子重伐吴，至衡山。使何忌侵陈。 （子重：庄王之弟，为楚令尹。衡山：在今安徽当涂东北。何忌：楚司马。）	二十二　伐陈。	二十三　伐陈。	二十四	二十五　围陈。	二十六　伐郑。	二十七　伐郑，师于武城，为秦。（武城：楚邑，在今河南南阳北。）

宋	五	六	七	八	九	十	十一	十二　晋率我伐郑。
卫	六	七	八	九	十	十一	十二	十三　晋率我伐郑。师曹鞭公幸妾。（师曹：乐师名曹。卫献公嬖妾学琴于师曹，曹鞭之。）
陈	二十八	二十九　倍楚盟，楚侵我。	三十　楚伐我。成公薨。	**陈哀公弱**元年（弱：《春秋》作"溺"，成公子。）	二	三　楚围我，为公亡归。（楚围陈，诸侯会于鄬谋救陈，陈大夫通楚，诱骗陈哀公自会亡归。"为"疑是"会于鄬"之残文。）	四	五
蔡	二十一	二十二	二十三	二十四	二十五	二十六	二十七　郑侵我。	二十八
曹	七	八	九	十	十一	十二	十三	十四　晋率我伐郑。
郑	十四　成公薨。晋率诸侯伐我。	**郑釐公恽**元年（恽：成公子，一作"髡顽"，又作"髡原"。）	二	三	四	五　子驷使贼夜杀釐公，诈以病卒赴诸侯。（子驷：穆公子，为郑执政。釐公欲从晋，子驷主从楚，子驷杀釐公，以病死告诸侯。）	**郑简公嘉**元年　釐公子。	二　诛子驷。晋率诸侯伐我，我与盟。楚怒，伐我。（诛子驷：子驷抑损尉止等人，止等作乱，杀子驷。）
燕	三	四	五	六	七	八	九	十
吴	十五	十六　楚伐我。	十七	十八	十九	二十	二十一	二十二

	前563	前562	前561	前560	前559	前558	前557
							甲辰
周	九　王叔奔晋。 （王叔：王叔陈生，与伯舆同为卿士，争权，王祖伯舆，王叔遂奔晋。）	十	十一	十二	十三	十四	十五
鲁	十　楚、郑侵我西鄙。 （鄙：边境。）	十一　三桓分为三军，各将军。（三桓：由桓公三子后代所形成的三大家族，即季孙氏、叔孙氏、孟孙氏。三家各掌一军，鲁国公室被他们架空。）	十二　公如晋。	十三	十四　日蚀。 （时在公元前559年1月14日。）	十五　日蚀。齐伐我。 （时在公元前558年5月31日。）	十六　齐伐我。地震。齐复伐我北鄙。
齐	十九　令太子光、高厚会诸侯钟离。 （高厚：齐大夫。）	二十	二十一	二十二	二十三　卫献公来奔。	二十四　伐鲁。	二十五　伐鲁。
晋	十[十一]　率诸侯伐郑。荀蒃伐秦。 （荀蒃：荀林父之侄，也称知蒃、知伯，时为中军将，掌晋政。）	十一[十二]　率诸侯伐郑。秦败我栎。公曰：“吾用魏绛，九合诸侯。”赐之乐。 （栎：晋邑，在今山西南部、黄河北岸。）	十二[十三]	十三[十四]	十四[十五]　率诸侯大夫伐秦，败棫林。 （棫林：秦邑名，在今陕西泾阳附近。为报栎之役。）	十五　悼公薨。	**晋平公彪**元年　伐败楚于湛坂。（平公：悼公子。湛坂：楚地，在今河南平顶山市西南。）
秦	十四　晋伐我。	十五　我使庶长鲍伐晋救郑，败之栎。 （庶长鲍：名鲍，官为庶长。）	十六	十七	十八　晋诸侯大夫伐我，败棫林。 （晋将帅不和而败。）	十九	二十

楚	二十八　使子囊救郑。（子囊：庄王子，时为楚令尹。）	二十九　与郑伐宋。	三十	三十一　吴伐我，败之。共王薨。（败之：败吴。）	**楚康王昭**元年　共王太子出奔吴。（共王太子即康王，无太子出奔事。）	二	三　晋攻我，败湛坂。
宋	十三　郑伐我，卫来救。	十四　楚、郑伐我。	十五	十六	十七	十八	十九
卫	十四　救宋。	十五　伐郑。	十六	十七	十八　孙文子攻公，公奔齐，立定公弟狄。（孙文子：即孙林父，卫大夫。定公弟狄：应曰“定公弟之子狄”。狄：《卫康叔世家》作“秋”。）	**卫殇公狄**元年　定公弟。（狄乃定公弟黑背之子，此误。）	二
陈	六	七	八	九	十	十一	十二
蔡	二十九	三十	三十一	三十二	三十三	三十四	三十五
曹	十五	十六	十七	十八	十九	二十	二十一
郑	三　晋率诸侯伐我，楚来救。子孔作乱，子产攻之。（子产：穆公之孙，子国之子。）	四　与楚伐宋，晋率诸侯伐我，秦来救。	五	六	七	八	九
燕	十一	十二	十三	十四	十五	十六	十七
吴	二十三	二十四	二十五　寿梦卒。	**吴诸樊**元年　楚败我。（诸樊：寿梦长子，名遏，或作“谒”。）	二　季子让位。楚伐我。（季子：名札，寿梦之第四子。贤，其父、兄皆欲立札，季札不受）	三	四

	前556	前555	前554	前553	前552	前551	前550	前549
周	十六	十七	十八	十九	二十	二十一	二十二	二十三
鲁	十七 齐伐我北鄙。	十八 与晋伐齐。	十九	二十 日蚀。（时在公元前553年8月31日。）	二十一 公如晋。日再蚀。（第一次在公元前552年8月20日。无第二次日食，“日再蚀”所记有误。）	二十二 孔子生。（《公羊》《穀梁》都说孔子生于上一年，即前552年。）	二十三	二十四 侵齐。日再蚀。（第一次在公元前549年6月19日，“再蚀”为误记。）
齐	二十六 伐鲁。	二十七 晋围临菑。晏婴。（晋伐齐，齐败，灵公逃入临菑，晏婴谏止，灵公弗从。晋遂围临菑。此处有缺文。临菑：亦作“临淄”。）	二十八 废光，立子牙为太子。光与崔杼杀牙自立。晋、卫伐我。（灵公废太子光，立其妾子公子牙。崔杼立故太子光，杀公子牙。）	**齐庄公**元年（依文例，“庄公”下应有“光”字。灵公子。）	二	三 晋栾逞来奔，晏婴曰：“不如归之。”（栾逞：即《左传》之栾盈，栾书之孙，栾黡之子，去年奔楚，今来齐。）	四 欲遣栾逞入曲沃，伐晋，取朝歌。（朝歌：在今河南淇县。齐派栾逞入晋为内应，齐国出兵伐晋，因栾逞失败，齐取朝歌而返，报晋之伐临淄也。）	五 畏晋通楚，晏子谋。（齐伐晋而惧，派人使楚乞师，楚师伐郑以救齐。）
晋	二	三 率鲁、宋、郑、卫围齐，大破之。	四 与卫伐齐。	五	六 鲁襄公来。杀羊舌虎。（羊舌虎：叔向之异母弟。范宣子逐栾盈，杀其党羊舌虎。）	七 栾逞奔齐。	八	九

秦	二十一	二十二	二十三	二十四	二十五	二十六	二十七	二十八
楚	四	五　伐郑。	六	七	八	九	十	十一　与齐通。率陈、蔡伐郑救齐。
宋	二十　伐陈。	二十一　晋率我伐齐。	二十二	二十三	二十四	二十五	二十六	二十七
卫	三　伐曹。	四	五　晋率我伐齐。	六	七	八	九　齐伐我。	十
陈	十三　宋伐我。	十四	十五	十六	十七	十八	十九	二十　楚率我伐郑。
蔡	三十六	三十七	三十八	三十九	四十	四十一	四十二	四十三　楚率我伐郑。
曹	二十二　卫伐我。	二十三　成公薨。	**曹武公胜**元年(胜:《春秋》作“滕”,成公子。)	二	三	四	五	六
郑	十	十一　晋率我围齐。楚伐我。	十二　子产为卿。	十三	十四	十五	十六	十七　子产曰范宣子为政。我请伐陈。(范宣子:士匄,士会之孙,士燮之子,时执晋政。郑伯朝晋,请宣子轻币,且请伐陈。)
燕	十八	十九　武公薨。	**燕文公**元年	二	三	四	五	六
吴	五	六	七	八	九	十	十一	十二

	前548	前547	前546	前545	前544
		甲寅			
周	二十四	二十五	二十六	二十七	**景王**元年 （名贵，灵王子。）
鲁	二十五　齐伐我北鄙，以报孝伯之师。 （孝伯之师：指去年孝伯率师伐齐。孝伯：仲孙羯，时为鲁卿。）	二十六	二十七　日蚀。 （时在公元前546年10月13日。）	二十八　公如楚。葬康王。	二十九　吴季札来观周乐，尽知乐所为。 （周乐：周王室的音乐，因周公殊勋，天子赠鲁周乐。乐工依次演奏《风》《雅》《颂》，季札皆知其意。）
齐	六　晋伐我，报朝歌。崔杼以庄公通其妻，杀之，立其弟，为景公。	**齐景公杵臼**元年　如晋，请归卫献公。 （景公：庄公异母弟。请归卫献公：时卫献公被晋人扣留。）	二　庆封欲专，诛崔氏，杼自杀。 （庆封：齐大夫，崔杼自杀后，庆封专齐政。）	三　冬，鲍、高、栾氏谋庆封，发兵攻庆封，庆封奔吴。 （鲍：桓公大臣鲍叔牙之后，此指鲍国。高：此指公孙虿，字子尾，子高之子。栾氏：此指公孙灶，字子雅，子栾之子。庆封失败后，先奔鲁，又奔吴。）	四　吴季札来使，与晏婴欢。
晋	十　伐齐至高唐，报太行之役。 （高唐：齐邑，在今山东高唐东。太行之役：齐取朝歌时亦侵太行。）	十一　诛卫殇公，复入献公。	十二	十三	十四　吴季札来，曰："晋政卒归韩、魏、赵。" （韩：韩万之后。魏：毕万之后。赵：赵夙之后。）
秦	二十九　公如晋，盟不结。 （此事在上一年。）	三十	三十一	三十二	三十三

楚	十二　吴伐我，以报舟师之役，射杀吴王。 （舟师之役：指去年楚以水军侵吴，今年吴报楚，诸樊被楚人射死。）	十三　率陈、蔡伐郑。	十四	十五　康王薨。	**楚熊郏敖**元年 （熊：此字衍，应削。郏敖：名员或麇。郏：敖的葬地，在今河南郏县。）
宋	二十八	二十九	三十	三十一	三十二
卫	十一	十二［**卫献公衎**后元年］齐、晋杀殇公，复内献公。 （献公当年改元。）	**卫献公衎**后元年［后二］	二［后三］	三［后四］
陈	二十一　郑伐我。	二十二　楚率我伐郑。	二十三	二十四	二十五
蔡	四十四	四十五	四十六	四十七	四十八
曹	七	八	九	十	十一
郑	十八　伐陈，入陈。 （子展、子产伐陈，入其都。）	十九　楚率陈、蔡伐我。	二十	二十一	二十二　吴季札谓子产曰："政将归子，子以礼，幸脱于厄矣。" （以礼：以礼为政。厄：灾难。）
燕	**燕懿公**元年	二	三	四　懿公薨。	**燕惠公**元年　齐高止来奔。 （惠公：《左传》作"简公"。高止：齐大夫，高厚之子，专断好功，被子尾、子雅放逐于燕。）
吴	十三　诸樊伐楚，迫巢门，伤射以薨。 （迫：逼近。巢门：巢国城门。巢：国名，在今安徽桐城南，一说在安徽六安东北。）	**吴餘祭**元年 （餘祭：又称戴吴，诸樊之二弟。）	二	三　齐庆封来奔。	四　守门阍杀餘祭。季札使诸侯。 （阍：守门人，多由战俘与刑后之人充当。）

	前543	前542	前541	前540	前539	前538
周	二	三	四	五	六	七
鲁	三十	三十一　襄公薨。昭公年十九，有童心。	**鲁昭公稠**元年 （稠：亦作“裯”，襄公子。）	二　公如晋，至河，晋谢还之。 （晋平公宠姬少姜死，鲁昭公欲往吊丧，晋谢绝。）	三	四　称病不会楚。 （时楚灵王召诸侯会盟。）
齐	五	六	七	八　田无宇送女。 （田无宇：齐大夫。送女：送齐女少姜嫁晋。）	九　晏婴使晋，见叔向，曰：“齐政归田氏。”叔向曰：“晋公室卑。” （叔向：羊舌肸。归田氏：将归田氏所有。）	十
晋	十五	十六	十七　秦后子来奔。 （后子：名鍼，景公弟，有宠于桓公。）	十八　齐田无宇来送女。	十九	二十
秦	三十四	三十五	三十六　公弟后子奔晋，车千乘。 （车千乘：极言其富。）	三十七	三十八	三十九
楚	二	三　王季父围为令尹。 （季父：叔父。围：即日后之楚灵王。共王子。）	四　令尹围杀郏敖，自立为灵王。	**楚灵王围**元年　共王子，肘玉。 （肘玉：楚共王为选嗣君，埋玉于地下，召五个儿子拜，灵王的肘压在璧上，康王跨璧，平王压璧纽，三人后皆为王。）	二	三　夏，合诸侯宋地，盟。伐吴朱方，诛庆封。冬，报我，取三城。

宋	三十三	三十四	三十五	三十六	三十七	三十八
卫	卫襄公恶元年（献公子。）	二	三	四	五	六　称病不会楚。
陈	二十六	二十七	二十八	二十九	三十	三十一
蔡	四十九　为太子取楚女，公通焉，太子杀公自立。	**蔡灵侯班**元年（班：亦作“般”，景侯子。）	二	三	四	五
曹	十二	十三	十四	十五	十六	十七　称病不会楚。
郑	二十三　诸公子争宠相杀，又欲杀子产，子（成）[皮]止之。	二十四	二十五	二十六	二十七　夏，如晋。冬，如楚。	二十八　子产曰：“三国不会。”（三国：当曰四国。《左传》指鲁、卫、曹、邾，《楚世家》指晋、宋、鲁、卫。）
燕	二	三	四	五	六　公欲杀公卿立幸臣，公卿诛幸臣，公恐，出奔齐。（《左传》曰欲立嬖宠，当即幸臣。《燕世家》曰欲立宠姬，大臣杀此宠姬。）	七
吴	五[**吴餘昧**元年]（餘祭在位四年，餘昧在位十七年，史公颠倒，今正。）	六[餘昧二]	七[餘昧三]	八[餘昧四]	九[餘昧五]	十[餘昧六]　楚诛庆封

	前537	前536	前535	前534	前533	前532	前531
	甲子						
周	八	九	十	十一	十二	十三	十四
鲁	五	六	七　季武子卒。日蚀。（时在公元前335年3月18日。）	八　公如楚，楚留之。贺章华台。（此为去年事。）	九	十	十一
齐	十一	十二　公如晋，请伐燕，入其君。	十三　入燕君。（景公赴晋，齐、晋共入燕君。）	十四	十五	十六	十七
晋	二十一　秦后子归秦。（景公卒故。）	二十二　齐景公来，请伐燕，入其君。	二十三　入燕君。	二十四	二十五	二十六　春，有星出婺女。七月，公薨。（有星出婺女：有客星出现在婺女宿。婺女：二十八宿中的女宿。）	**晋昭公夷**元年（昭公：平公子。）
秦	四十　公卒，后子自晋归。	**秦哀公**元年（哀公：《秦始皇本纪》作“毕公”，景公子。）	二	三	四	五	六
楚	四　率诸侯伐吴。（报棘、栎、麻之役，楚无功而还。）	五　伐吴，次乾谿。（乾谿：楚邑名，在今安徽亳州东南。）	六　执芋尹，亡人入章华。	七　就章华台，内亡人实之。灭陈。（纳亡人实章华台事在上年。）	八　弟弃疾将兵定陈。（弃疾：即日后之楚平王。定陈：实为灭陈。）	九	十　醉杀蔡侯，使弃疾围之。弃疾居之，为蔡侯。（侯：应作“公”。）

宋	三十九	四十	四十一	四十二	四十三	四十四　平公薨。	**宋元公佐**元年（元公：平公子。）
卫	七	八	九　夫人姜氏无子。（襄公妾生子元，立以为嗣。）	**卫灵公**元年（襄公子。）	二	三	四
陈	三十二	三十三	三十四	三十五　弟招作乱，哀公自杀。（哀公弟招杀太子偃师，立次妃所生子留。楚灭陈，穿封戌为陈公。）	**陈惠公吴**元年［楚灭陈］　哀公孙也。楚来定我。	二［楚灭陈］	三［楚灭陈］
蔡	六	七	八	九	十	十一	十二　灵侯如楚，楚杀之，使弃疾居之，为蔡侯。（楚灭蔡，弃疾为蔡公。“侯”字应作“公”。蔡公是蔡邑的行政长官。）
曹	十八	十九	二十	二十一	二十二	二十三	二十四
郑	二十九	三十	三十一	三十二	三十三	三十四	三十五
燕	八	九　齐伐我。	**燕悼公**元年　惠公归至卒。（至：至燕。）	二	三	四	五
吴	十一［餘昧七］　楚率诸侯伐我。	十二［餘昧八］楚伐我，次乾谿。	十三［餘昧九］	十四［餘昧十］	十五［餘昧十一］	十六［餘昧十二］	十七［餘昧十三］

	前530	前529	前528	前527	前526	前525	前524
				甲戌			
周	十五	十六	十七	十八　后，太子卒。（“后”下应有“崩”字。太子名寿。）	十九	二十	二十一
鲁	十二　朝晋至河，晋谢之归。	十三	十四	十五　日蚀。公如晋，晋留之葬，公耻之。（时在公元前527年4月18日。）	十六	十七　五月朔，日蚀。彗星见辰。（日蚀：实际出现时间在公元前525年8月21日。见辰：出现于辰宿。辰宿即心宿。）	十八
齐	十八　公如晋。	十九	二十	二十一	二十二	二十三	二十四
晋	二	三	四	五	六　公卒。六卿强，公室卑矣。（六卿：指范、中行、知、韩、赵、魏六家。）	**晋顷公去疾**元年（昭公子。）	二
秦	七	八	九	十	十一	十二	十三
楚	十一　王伐徐以恐吴。次乾谿。民罢于役，怨王。（徐：国名，在今江苏泗洪南，是吴的同盟国与甥舅之国。罢：通“疲”。）	十二　弃疾作乱自立，灵王自杀。复陈、蔡。（弃疾作乱：弃疾与公子比杀灵王太子，又设计逼子比自杀，而自立为王。为讨好诸侯，又使陈蔡复国。）	**楚平王居**元年　共王子，抱玉。（平王原名弃疾，后改名居。抱玉：当年其父占验五子时，平王正好把玉压在胸前。）	二　王为太子取秦女，好，自取之。（太子：名建。取秦女：《秦本纪》在三年，《左传》在六年。）	三	四　与吴战。	五

宋	二	三	四	五	六	七	八　火。
卫	五　公如晋，朝嗣君。（嗣君：指晋昭公。）	六	七	八	九	十	十一　火。
陈	四［楚灭陈］	五［**陈惠公吴**元年］　楚平王复陈，立惠公。（是年立，则应为元年。）	六［二］	七［三］	八［四］	九［五］	十［六］　火。
蔡	**蔡侯庐**元年［楚灭蔡］　景侯子。（蔡侯庐元年应在下一年。）	二［**蔡侯庐**元年］　楚平王复我，立景侯子庐。（蔡侯庐即蔡平侯，灵侯之孙。蔡国从此迁于新蔡，在今河南新蔡。）	三［二］	四［三］	五［四］	六［五］	七［六］
曹	二十五	二十六	二十七	**曹平公须**元年（武公子。）	二	三	四　平公薨。
郑	三十六　公如晋。	**郑定公宁**元年（简公子。）	二	三	四	五　火，欲禳之，子产曰："不如修德。"（禳：祭祀祈求免灾。）	六　火。
燕	六	七	**燕共公**元年	二	三	四	五　共公薨。
吴	**吴餘昧**元年［十四］（餘昧：《左传》作"夷末""夷昧"，诸樊之三弟。是年为餘昧十四年。）	二［十五］	三［十六］	四［十七］	**吴僚**元年（僚：寿梦庶子。一说是餘昧子。）	二　与楚战。	三

	前 523	前 522	前 521	前 520	前 519	前 518
周	二十二	二十三	二十四	二十五	**敬王**元年 （本年秋王子朝入居王城称王，敬王出居于东郊狄泉，二王对立。）	二
鲁	十九　地震。 （在五月己卯。）	二十　齐景公与晏子狩，入鲁问礼。 （《左传》之景公田于沛，下文有“仲尼曰”，应是孔子评论。）	二十一　公如晋至河，晋谢之，归。日蚀。 （晋谢之：时晋将伐鲜虞。日食在公元前 521 年 6 月 10 日。）	二十二　日蚀。 （时在公元前 520 年 11 月 23 日。）	二十三　地震。 （是年八月乙未，鲁地震。）	二十四　鹳鹆来巢。 （此事在下年。鹳鹆：八哥。时人以此为昭公出走之兆。）
齐	二十五	二十六　猎鲁界，因入鲁。	二十七	二十八	二十九	三十
晋	三	四	五	六　周室乱，公平乱，立敬王。（景王死，子朝争立，子猛得立。猛卒，晋攻子朝立匄，是为敬王。）	七	八
秦	十四	十五	十六	十七	十八	十九
楚	六	七　诛伍奢、尚，太子建奔宋，伍胥奔吴。（伍奢：楚大夫，时任太子太傅。费无极诬太子建与伍奢谋反，平王杀伍奢与其长子伍尚。伍奢次子伍员奔吴，太子建奔宋。）	八　蔡侯来奔。 （蔡侯指蔡侯朱。）	九	十　吴伐败我。	十一　吴卑梁人争桑，伐取我钟离。 （钟离：楚邑，在今安徽凤阳东北。卑梁人与钟离人争桑引发边境战争。）

宋	九	十　公毋信，诈杀诸公子。楚太子建来奔，见乱，之郑。（毋：没有。）	十一	十二	十三	十四
卫	十二	十三	十四	十五	十六	十七
陈	十一[七]	十二[八]	十三[九]	十四[十]	十五[十一]　吴败我兵，取胡、沈。（胡：国名，在安徽阜阳。沈：国名，在今河南平舆北。二国皆楚国附庸，其君今被吴国所俘。）	十六[十二]
蔡	八[七]	九[八]　平侯薨。灵侯孙东国杀平侯子而自立。（平侯子名朱，已即位，平侯弟东国受楚费无极支持逐朱而自立。事在下年。）	**蔡悼侯东国**元年　奔楚。（奔楚者为平侯子朱。朱在位近一年，冬被逐。）	二	三	**蔡昭侯申**元年　悼侯弟。
曹	**曹悼公午**元年（平公子。）	二	三	四	五	六
郑	七	八　楚太子建从宋来奔。	九	十	十一　楚建作乱，杀之。（楚太子建与晋人谋袭郑，被郑所杀。《郑世家》系此事于上年。）	十二　公如晋，请内王。
燕	**燕平公**元年	二	三	四	五	六
吴	四	五　伍员来奔。	六	七	八　公子光败楚。（公子光：《吴太伯世家》称其为诸樊子。）	九

	前517	前516	前515	前514	前513	前512	前511
	甲申						
周	三	四	五	六	七	八	九
鲁	二十五　公欲诛季氏，三桓氏攻公，公出居郓。（郓：鲁邑，在今山东郓城东。昭公开始出居于齐，至下年，始回居于郓。）	二十六　齐取我郓以处公。（齐攻郓在去年十二月，今年正月取之。）	二十七	二十八　公如晋，求入，晋弗听，处之乾侯。（乾侯：晋邑，在今河北成安东南。）	二十九　公自乾侯如郓。齐侯曰"主君"，公耻之，复之乾侯。（主君：卿大夫家臣称其主子曰"主君"。）	三十	三十一　日蚀。（公元前511年11月14日。）
齐	三十一	三十二　彗星见。晏子曰："田氏有德于齐，可畏。"（指将篡夺齐国。）	三十三	三十四	三十五	三十六	三十七
晋	九	十　知跞、赵鞅内王于王城。（知跞：知盈之子，时为晋卿。赵鞅：赵简子，赵武之孙，时为晋卿。二人帮周敬王打回都城。）	十一	十二　六卿诛公族，分其邑，各使其子为大夫。（指灭祁氏、羊舌氏二族，祁氏为献侯之后，羊舌氏为武公之后。分其邑为十县，任十人为大夫。其中有四人为六卿子弟，"各使其子"语不当。）	十三	十四　顷公薨。	**晋定公午**元年（顷公子。）
秦	二十	二十一	二十二	二十三	二十四	二十五	二十六

楚	十二	十三　欲立子西，子西不肯。秦女子立，为昭王。（子西：平王长庶子，昭王之兄，后为令尹。）	**楚昭王珍**元年　诛无忌以说众。（无忌：《左传》作"无极"，害伍奢与太子建者，楚灭其族。说："悦"的古字，取悦。）	二	三	四　吴三公子来奔，封以捍吴。（三公子：应作二公子，即王僚之二弟掩余、烛庸。楚封之以城父与胡之田，用以遏制吴国。）	五　吴伐我六、潜。（六：楚邑，在今安徽六安。潜：楚邑，在今安徽霍山县东北。）
宋	十五	**宋景公头曼**元年（头曼：《左传》称"栾"，元公子。）	二	三	四	五	六
卫	十八	十九	二十	二十一	二十二	二十三	二十四
陈	十七[十三]	十八[十四]	十九[十五]	二十[十六]	二十一[十七]	二十二[十八]	二十三[十九]
蔡	二	三	四	五	六	七	八
曹	七	八	九	**曹襄公**元年（《世家》作声公，名野，悼公之弟。经传无声公。）	二	三	四
郑	十三	十四	十五	十六	**郑献公虿**元年（定公子。）	二	三
燕	七	八	九	十	十一	十二	十三
吴	十	十一	十二　公子光使专诸杀僚，自立。（专诸：《左传》作"鱄设诸"。）	**吴阖闾**元年（阖闾：也作阖庐，《吴太伯世家》以其为诸樊子。一说以其为餘昧子。）	二	三　三公子奔楚。（当作"二公子"。）	四　伐楚六、潜。

	前510	前509	前508	前507	前506	前505	前504
				甲午			
周	十　晋使诸侯为我筑城。	十一	十二	十三	十四　与晋率诸侯侵楚。(在三月。)	十五	十六　王子朝之徒作乱故，王奔晋。(《周本纪》同，《左传》曰出居姑莸，非奔晋。)
鲁	三十二　公卒乾侯。	**鲁定公宋**元年　昭公丧自乾侯至。(定公:昭公弟。)	二	三	四	五　阳虎执季桓子，与盟，释之。日蚀。(阳虎:季孙氏的家臣。季桓子:季孙斯，季平子之子，谥桓，鲁之执政。日蚀:时在公元前505年2月16日。)	六
齐	三十八	三十九	四十	四十一	四十二	四十三	四十四
晋	二　率诸侯为周筑城。	三	四	五	六　周与我率诸侯侵楚。(周室刘文公会诸侯伐楚。)	七	八
秦	二十七	二十八	二十九	三十	三十一　楚包胥请救。(包胥:申包胥，楚大夫。)	三十二	三十三
楚	六	七　囊瓦伐吴，败我豫章。蔡侯来朝。(囊瓦:字子常，子囊之孙，时任楚令尹。)	八	九　蔡昭侯留三岁，得裘，故归。	十　吴、蔡伐我，入郢，昭王亡。伍子胥鞭平王墓。(在本年冬。《左传》无鞭墓事。)	十一　秦救至，吴去，昭王复入。	十二　吴伐我番，楚恐，徙鄀。(楚:应作“我”。番:此役吴获楚将潘子臣，疑“番”字讹误。鄀:在今湖北宜城东南。)

宋	七	八	九	十	十一	十二	十三
卫	二十五	二十六	二十七	二十八	二十九　与蔡争长。 （主盟者欲先蔡侯，卫争之，乃使卫居蔡先。）	三十	三十一
陈	二十四［二十］	二十五［二十一］	二十六［二十二］	二十七［二十三］	二十八［二十四］	**陈怀公柳**元年 （怀公：惠公子。）	二
蔡	九	十　朝楚，以裘故留。 （囊瓦欲得蔡侯之裘，蔡侯不与，遂被扣留。）	十一	十二　与子常裘，得归，如晋，请伐楚。	十三　与卫争长。楚侵我，吴与我伐楚，入郢。	十四	十五
曹	五　平公弟通杀襄公自立。	**曹隐公**元年 （名通，平公之弟。经传无隐公。）	二	三	四	**曹靖公路**元年 （声公弟。《世本》以为是悼公之弟。）	二
郑	四	五	六	七	八	九	十　鲁侵我。
燕	十四	十五	十六	十七	十八	十九	**燕简公**元年
吴	五	六　楚伐我，迎击，败之，取楚之居巢。 （居巢：在今安徽六安东北。）	七	八	九　与蔡伐楚，入郢。 （参加伐楚者尚有唐。）	十	十一　伐楚取番。 （番：或曰讹误；或曰指鄱，在今江西鄱阳；或曰为古番国地，灭入楚，在今河南固始。）

	前503	前502	前501	前500	前499	前498
周	十七　刘子迎王，晋入王。（周卿士刘桓公等迎王，晋人籍秦护送王入王城。）	十八	十九	二十	二十一	二十二
鲁	七　齐伐我。（时齐叛晋，故伐鲁。）	八　阳虎欲伐三桓，三桓攻阳虎，虎奔阳关。（阳关：鲁邑，在今山东泰安南。）	九　伐阳虎，虎奔齐。	十　公会齐侯于夹谷。孔子相。齐归我地。（夹谷：故址有三说，旧说在今江苏连云港赣榆区；一说在今山东济南莱芜区；一说在今山东淄博淄川区。相：傧相，赞礼者。齐国原拟趁会劫鲁君，孔子识破阴谋，迫使齐国归还汶阳之田。）	十一	十二　齐来归女乐，季桓子受之，孔子行。（归女乐：送给鲁国一班歌舞伎。归：通"馈"，赠送。季桓子接受后，三天不听政，又不分祭肉给诸大夫，于是孔子离开鲁国。）
齐	四十五　侵卫。伐鲁。	四十六　鲁伐我。我伐鲁。（鲁报复侵齐，故齐伐鲁。）	四十七　囚阳虎，虎奔晋。	四十八	四十九	五十　遗鲁女乐。（遗 wèi：给，赠。）
晋	九　入周敬王。	十　伐卫。	十一　阳虎来奔。（阳虎先逃齐，经宋而至晋。）	十二	十三	十四

秦	三十四	三十五	三十六　哀公薨。	**秦惠公**元年　彗星见。（惠公：哀公太子夷公之子。）	二　生躁公、怀公、简公。（此误说，据《秦始皇本纪》所附《秦记》，躁公、怀公是兄弟，为惠公曾孙。据《秦本纪》与《六国年表》，简公是怀公之子。）	三
楚	十三	十四　子西为民泣，民亦泣，蔡昭侯恐。（为民泣：为楚民泣而谋伐蔡，以蔡导吴伐楚也。《管蔡世家》系此于上一年。）	十五	十六	十七	十八
宋	十四	十五	十六　阳虎来奔。（阳虎自齐往晋而经宋。）	十七	十八	十九
卫	三十二　齐侵我。	三十三　晋、鲁侵伐我。（卫叛晋，故伐。）	三十四	三十五	三十六	三十七　伐曹。
陈	三	四　公如吴，吴留之，因死吴。（梁玉绳以此说为误。）	**陈湣公越**元年（湣公越：又名周，怀公子。）	二	三	四
蔡	十六	十七	十八	十九	二十	二十一
曹	三	四　靖公薨。	**曹伯阳**元年（名阳，伯是爵，西周时有曹夷伯、幽伯、戴伯等。）	二	三　国人有梦众君子立社宫，谋亡曹，振铎请待公孙彊，许之。（社宫：即社庙。古时帝王、诸侯社祭之处。公孙彊：一个好弋猎的野人，以霸道怂恿曹君犯宋，宋遂灭曹。）	四　卫伐我。
郑	十一	十二	十三　献公薨。	**郑声公胜**元年　郑益弱。（声公：献公子。）	二	三
燕	二	三	四	五	六	七
吴	十二	十三　陈怀公来，留之，死于吴。（说误。）	十四	十五	十六	十七

	前 497	前 496	前 495	前 494	前 493
	甲辰				
周	二十三	二十四	二十五	二十六	二十七
鲁	十三	十四	十五　定公薨。日蚀。(日蚀:时在公元前 495 年 7 月 22 日。)	**鲁哀公将**元年(定公子。)	二
齐	五十一	五十二	五十三	五十四　伐晋。	五十五　输范、中行氏粟。
晋	十五　赵鞅伐范、中行。(此说误。本年赵鞅因被范吉射、中行寅所伐而逃到晋阳。伐范氏、中行氏者为荀跞、韩不信、魏曼多。范氏、中行氏失败后逃奔朝歌。)	十六	十七	十八　赵鞅围范、中行朝歌。齐、卫伐我。	十九　赵鞅围范、中行,郑来救,我败之。
秦	四	五	六	七	八
楚	十九	二十	二十一　灭胡。以吴败我,倍之。(《楚世家》系灭胡于昭王二十年者误,此与《左传》同。)	二十二　率诸侯围蔡。(诸侯指陈、随、许。)	二十三
宋	二十	二十一	二十二　郑伐我。	二十三	二十四

卫	三十八　孔子来，禄之如鲁。 （卫国给孔子的俸禄，和孔子在鲁国所得一样多。）	三十九　太子蒯聩出奔。 （蒯聩：即日后之卫庄公。）	四十	四十一　伐晋。	四十二　灵公薨，蒯聩子辄立。晋纳太子蒯聩于戚。 （戚：卫邑，在今河南濮阳。）
陈	五	六　孔子来。 （此说误。孔子拟来陈，中途被围于匡，而后返回卫。）	七	八　吴伐我。	九
蔡	二十二	二十三	二十四	二十五　楚伐我，以吴怨故。	二十六　畏楚，私召吴人，乞迁于州来，州来近吴。 （州来：时为吴邑，在今安徽凤台，因蔡迁此，改称下蔡。）
曹	五	六　公孙彊好射，献雁，君使为司城，梦者子行。 （司城：曹国执政之官。梦者子：当年做梦人的后代。《管蔡世家》记做梦者死前告其子，见公孙彊主事则迅速离曹。）	七	八	九
郑	四	五　子产卒。 （此说不可信。据《左传》子产死于鲁昭公二十年，公元前 522 年。）	六　伐宋。	七	八　救范、中行氏，与赵鞅战于铁，败我师。 （铁：卫邑，在今河南濮阳。）
燕	八	九	十	十一	十二
吴	十八	十九　伐越，败我，伤阖闾指，以死。 （指：脚趾。是年为越王句践元年。）	**吴王夫差**元年 （夫差：阖庐子。）	二　伐越。	三

	前492	前491	前490	前489	前488	前487
						甲寅
周	二十八	二十九	三十	三十一	三十二	三十三
鲁	三　地震。 （此年四月甲午有地震。）	四	五	六	七　公会吴王于缯。吴征百牢，季康子使子贡谢之。 （缯：鲁邑，在今山东兰陵西北。子贡：孔子弟子，以辞令见称。）	八　吴为邾伐我，至城下，盟而去，齐取我三邑。 （因去年鲁曾伐邾故也。邾：也作邹，在今山东邹城东南。三邑：当作二邑，指讙与阐。）
齐	五十六	五十七　乞救范氏。 （乞：田乞，齐大夫。）	五十八　景公薨。立孽姬子为太子。 （孽姬子：指晏孺子荼，景公少子。）	**齐晏孺子**元年　田乞诈立阳生，杀孺子。 （阳生：景公庶子。）	**齐悼公阳生**元年	二　伐鲁，取三邑。 （三邑：应是二邑。）
晋	二十	二十一　赵鞅拔邯郸、柏人，有之。 （上年赵鞅围朝歌，范吉射、中行寅奔邯郸，中行寅又自邯郸奔柏人，柏人在今河北隆尧西。赵鞅本年拔邯郸，明年拔柏人。）	二十二　赵鞅败范、中行，中行奔齐。伐卫。 （《左传》与《晋世家》都说是范氏、中行氏一道奔齐。）	二十三	二十四　侵卫。	二十五
秦	九	十[**秦悼公**元年] 惠公薨。 （依《春秋》，惠公于九年死，十年葬。）	**秦悼公**元年[二] （惠公子。）	二[三]	三[四]	四[五]

楚	二十四	二十五	二十六	二十七　救陈，王死城父。（城父：楚邑，在今安徽亳州东南。）	**楚惠王章**元年 （昭王子。）	二　子西召建子胜于吴，为白公。（白：在今河南息县东北。公：楚称县长曰公。）
宋	二十五　孔子过宋，桓魋恶之。 （《孔子世家》系此事于鲁定公十五年，误，此与《宋微子世家》同。桓魋：宋司马。孔子与弟子在树下习礼，桓魋拔其树。）	二十六	二十七	二十八　伐曹。	二十九　侵郑，围曹。	三十　曹倍我，我灭之。
卫	**卫出公辄**元年 （出公辄：灵公之孙，其父蒯聩因得罪灵公夫人南子而逃于外，故灵公死后，辄即继位。因后被其父夺位出奔，故曰出公。）	二	三　晋伐我，救范氏故。	四	五　晋侵我。	六
陈	十	十一	十二	十三　吴伐我，楚来救。	十四	十五
蔡	二十七	二十八　大夫共诛昭侯。 （怕昭侯继续东迁。）	**蔡成侯朔**元年 （昭侯子。）	二	三	四
曹	十　宋伐我。	十一	十二	十三　宋伐我。	十四　宋围我，郑救我。	十五　宋灭曹，虏伯阳。
郑	九	十	十一	十二	十三	十四
燕	**燕献公**元年 （献公：似应依《竹书纪年》作“孝公”。）	二	三	四	五	六
吴	四	五	六	七　伐陈。	八　鲁会我缯。	九　伐鲁。

	前486	前485	前484	前483	前482	前481
周	三十四	三十五	三十六	三十七	三十八	三十九
鲁	九	十　与吴伐齐。	十一　齐伐我。冉有言，故迎孔子，孔子归。（冉有：孔子弟子，名求，以政治才能著称。）	十二　与吴会橐皋。用田赋。（橐皋：吴邑名，在今安徽巢湖市西北。用田赋：按田亩数量征收赋税。）	十三　与吴会黄池。（黄池：在今河南封丘西南。）	十四　西狩获麟。卫出公来奔。（获麟：传说孔子修订《春秋》绝笔于获麟。卫出公来奔：《左传》系此事于下一年。此误。）
齐	三	四　吴、鲁伐我。鲍子杀悼公，齐人立其子壬为简公。（鲍子：鲍牧，齐大夫。杀悼公者，《史记》诸篇都说是鲍牧，《左传》则称鲍牧已在鲁哀公八年为悼公所杀，梁玉绳以为杀悼公者应是田恒。）	**齐简公**元年　鲁与吴败我。（齐简公：名壬，悼公子。）	二	三	四　田常杀简公，立其弟骜，为平公，常相之，专国权。（田常：即陈恒。）
晋	二十六	二十七　使赵鞅伐齐。	二十八	二十九	三十　与吴会黄池，争长。（争长：争为诸侯盟主，即歃血时居先。）	三十一
秦	五[六]	六[七]	七[八]	八[九]	九[十]	十[十一]

楚	三　伐陈，陈与吴故。（与：交结，亲附。）	四　伐陈。	五	六　白公胜数请子西伐郑，以父怨故。（父怨：白公的父亲太子建是被郑人所杀。）	七　伐陈。	八
宋	三十一　郑围我，败之于雍丘。（雍丘：宋邑，在今河南杞县。）	三十二　伐郑。	三十三	三十四	三十五　郑败我师。	三十六
卫	七	八　孔子自陈来。（《卫世家》同，《孔子世家》则称鲁哀公六年孔子自楚来卫。）	九　孔子归鲁。	十　公如晋，与吴会橐皋。（梁玉绳认为："如晋"当作"如吴"。据《左传》本年吴、鲁会于橐皋，吴、卫会于郧，郧在今山东莒县南。）	十一	十二　父蒯聩入，辄出亡。（《左传》记此事在明年。）
陈	十六　倍楚，与吴成。	十七	十八	十九	二十	二十一
蔡	五	六	七	八	九	十
曹						
郑	十五　围宋，败我师雍丘，伐我。	十六	十七	十八　宋伐我。	十九　败宋师。	二十
燕	七	八	九	十	十一	十二
吴	十	十一　与鲁伐齐救陈。诛（五）[伍]员。（夫差诛伍员，《吴太伯世家》与表同在此年，《左传》则系之于下一年。伍：中华本原作"五"，今正。）	十二　与鲁败齐。	十三　与鲁会橐皋。	十四　与晋会黄池。	十五

	前480	前479	前478	前477
				甲子
周	四十	四十一	四十二	四十三　敬王崩。 (《左传》等谓敬王崩于明年,在位四十四年,为今通行之说。陈梦家、杨宽仍主本表为是。)
鲁	十五　子服景伯使齐,子贡为介,齐归我侵地。 (子服景伯:仲孙氏之后,名何,鲁大夫。介:副;次。归我侵地:指归还鲁国成邑,前邑宰公孙宿曾据之叛鲁降齐。)	十六　孔子卒。	十七	十八　二十七卒。 (鲁哀公在位二十七年而卒。此言后事,下同。)
齐	**齐平公骜**元年　景公孙也。齐自是称田氏。 (平公:名骜,简公之弟。称:称颂。当时田氏大斗出贷,小斗收还。)	二	三	四　二十五卒。 (齐平公在位二十五年而卒。)
晋	三十二	三十三	三十四	三十五　三十七卒。 (晋定公在位三十七年而卒。)
秦	十一[十二]	十二[十三]	十三[十四]	十四[十五]　卒,子厉共公立。 (秦悼公在位十五年卒,其子秦厉共公继位。)

楚	九	十　白公胜杀令尹子西，攻惠王。叶公攻白公，白公自杀。惠王复国。 （叶公：沈诸梁，字子高，因曾为叶县之长故称叶公，此时任楚国令尹兼司马。）	十一	十二　五十七卒。 （楚惠王在位五十七年而卒。）
宋	三十七　荧惑守心，子韦曰："善。"（荧惑守心：火星运行到心宿附近。心宿是宋国的分野。古人认为这预示着宋国将有大灾。）	三十八	三十九	四十　六十四卒。 （据《左传》，宋景公在位四十八而卒，与此异。）
卫	**卫庄公蒯聩**元年［卫出公辄十三年］ （庄公：灵公子，庄公元年当在下年。）	二［**卫庄公蒯聩**元年］	三［二］　庄公辱戎州人，戎州人与赵简子攻庄公，出奔。	**卫君起**元年　石傅逐起，出辄复入。 （卫君起：名起，庄公之弟。石傅：卫大夫。《卫康叔世家》作"石曼尃"。）
陈	二十二	二十三　楚灭陈，杀湣公。		
蔡	十一	十二	十三	十四　十九卒。 （蔡成侯在位十九年而卒。）
曹				
郑	二十一	二十二	二十三	二十四　三十八卒。 （郑声公在位三十八年而卒。）
燕	十三	十四	十五	十六　二十八卒。 （燕献公在位二十八年而卒。）
吴	十六	十七	十八　越败我。 （越王句践败吴军于笠泽。）	十九　二十三卒。 （吴王夫差在位二十三年而卒。）

[**简评**]　此表相比《三代世表》周成王段增加了郑、吴二国，凡十四栏。周为共主，余为十三诸侯。为何称“十二诸侯”呢？学界曾长期争论，有着多种不同解释。其中最有说服力的说法应当是本表以鲁史《春秋》为纲，又多取材于鲁史《左氏春秋》，以鲁为主而表述十二诸侯，故不数鲁而称《十二诸侯年表》。正如同《六国年表》本列七国，以“因《秦记》……表六国时事”故称《六国年表》。本表“年经而国纬，所以观天下之大势也”。平王东迁，周室衰落，“政由五霸，诸侯恣行。”齐、晋、秦、楚“更为霸主”，征讨不断。司马迁“综其终始”，以表现这个时期的“盛衰大指”。尽管“自共和讫孔子”的起讫时间有可以商榷之处，但是司马迁看出通常所说的春秋时期既不同于西周，又不同于战国的历史特征，从而划分为不同的历史时期，并相应地分期立表，已诚属不易。司马迁对表的设计、安排很好，但有时记事不很细致，前人指出每有当书而不书，不宜书而书之者。我们在注释的过程中还发现一些史实记述的错误，不止一次地看到司马迁引用《左传》，但由于未能细读而错会文意。司马迁的写作速度似乎很快，朱熹曾说：“司马迁才高，识亦高，但粗率。”这个评价是很确当的。

[**集评**]　《太史公自序》：“幽厉之后，周室衰微，诸侯专政，《春秋》有所不纪；而谱牒经略，五霸更盛衰，欲睹周世相先后之意，作《十二诸侯年表》第二。”

傅占衡曰：“太史公表共和以后诸侯，实十三国也，而称‘十二’者，《索隐》及苏氏洵之说，谓以为不数吴也，吴不数而序之者，吴尝伯焉耳。余窃谓不然。吴，彝（夷）也，楚与越亦彝（夷）也，淫名而病中国，楚于吴愈矣，何为昵楚而雠吴哉？其不数者盖鲁也。吾尝并《六国表》而观之，按《表》首周次鲁，而后齐、晋、秦、楚次之，宋、卫、陈、蔡、曹、郑、燕、吴又次之。其曰十二者，以鲁为主也，犹《六国表》首周次秦，而后曰魏、曰韩、曰赵、曰楚、曰燕、曰齐继之。其不曰七国者，以秦为主也。夫《十二诸侯表》，据《春秋》而次者也，《六国表》，据《秦纪（记）》而次者也。《春秋》详于鲁，故序皆言《春秋》，其始曰'太史公读《春秋》'，终曰'表见《春秋》《国语》'，而日、月之蚀皆书于鲁，十二国不与焉。《秦纪（记）》详于秦，故序皆言秦，其始曰'太史公读《秦纪（记）》'，终曰'予于是因《秦纪（记）》踵《春秋》之后'，而日、月之蚀皆书于秦，六国者不与焉，然则太史公非有所不数也。其据而作《表》者则殊焉，十二国与六国《表》皆然也，何以谓不数吴？吴处十二诸侯之末而不数，而齐之于六国亦然，而谓实七国不数齐乎？敢问越何以不载？曰：越微甚，事五见于《春秋》，不若吴自寿梦鲁成公七年入州来、十五年会种（钟）离、通上国也。且宋、杞，二王之后也，杞稍先见于经，然与许、莒、滕、薛之属，并不得比于成国，则《表》皆没焉，况于越乎？越不得列于《表》，而吴得列，则越非独以彝（夷）黜矣。吴不得以彝（夷）黜，而与楚俱列于《表》，列于《表》而复不数之，则无义矣。"（《湘帆堂集·十二诸侯年表辨》）

张大可曰："《十二诸侯年表》年经国纬，谱列春秋之时的列国事件，共有十四栏，即：周、鲁、齐、晋、秦、楚、宋、卫、陈、蔡、曹、郑、燕、吴。除首栏周为共主外，实谱十三诸侯。因第二栏鲁象征《春秋》当一王之法，不计在十二数中，故表名《十二诸侯年表》。《十二诸侯年表》与《三代世表》相接，划分上古史为两个时期。《三代世表》反映积德累善得天下的古朴时期，《十二诸侯年表》反映春秋霸政时期。《十二诸侯年表》断限起西周共和元年，讫孔子卒，即公元前 841 年至公元前 476 年，共 366 年。孔子卒于公元前 479 年，因《十二诸侯年表》用周历纪年，而周敬王卒于公元前 476 年，故年表的下限绝对年代延伸了三年，这是为了便于纪年而作的变通处理。表序云：‘自共和讫于孔子’，示意《年表》断限以重大历史事件为临界点，表现了司马迁杰出的历史断限理论。《十二诸侯年表》摘载春秋时大事，书诸侯相攻，书篡弑之罪，书淫乱之事，书日食天变，书孔子、晏婴、子产等贤人事迹，书征伐会盟，皆精言摘要，‘不骋其词’。周匡王二年载齐懿公‘不得民心’；周景王二十年载郑火，‘欲禳之，子产曰：不如修德’；周敬王四年载齐国彗星见，晏子曰：‘田氏有德于齐，可畏’。这些记载就是司马迁‘综其终始’所得到的认识，故载于表中。表序阐述修撰史书的价值，曲折地表达了《史记》效《春秋》以当一王之法的目的。”（《史记全本导读辞典·十二诸侯年表》）

伊藤德男曰：“共和以后，中国社会秩序混乱，乱臣贼子越来越多，周王室名义上是宗主，实则天下政权归霸主左右。孔子为了彰明没落的王权，游说七十余君皆不被用。孔子明白王道已经不可恢复，便把自己的思想托之于鲁史，编纂了《春秋》。人们认为，孔子将他的王道思想出色地熔铸到了史实的记载当中。由此可见，《十二诸侯年表》就是追溯由文、武、周公所建立的王道，特别是称为其象征的封建秩序，以及为这种秩序所维护的周室权威逐渐走向无望挽回状态的过程。换言之，也就是追溯王道衰微到了孔子不得不编纂《春秋》以微言大义进行褒贬的过程。而厉王的出奔，是王道由盛到衰的转折点。这种思想集中表现在周国一栏内，其所以如此排列，是因为周国虽然衰微了，但仍保持着天下宗主的地位。”（《从史记十表看司马迁的历史观》）

六国年表第三

太史公读《秦记》[①],至犬戎败幽王,[②]周东徙雒邑[③],秦襄公[④]始封为诸侯,作西畤用事上帝,[⑤]僭端见矣[⑥]。《礼》曰:“天子祭天地,诸侯祭其域内名山大川。”今秦杂戎翟之俗,先暴戾,后仁义,位在藩臣而胪于郊祀[⑦],君子惧焉。及文公逾陇[⑧],攘夷狄,尊陈宝[⑨],营岐、雍[⑩]之间,而穆公修政,东竟至河,[⑪]则与齐桓、晋文中国侯伯侔矣。[⑫]是后陪臣执政[⑬],大夫世禄[⑭],六卿[⑮]擅晋权,征伐会盟,威重于诸侯。及田常杀简公而相齐国,诸侯晏然弗讨,海内争于战攻矣。三国[⑯]终之卒分晋,田和[⑰]亦灭齐而有之,六国之盛自此始。务在强兵并敌,谋诈用而从衡短长[⑱]之说起。矫称蜂出,誓盟不信,虽置质剖符犹不能约束也。秦始小国僻远,诸夏宾之,[⑲]比于戎翟,至献公[⑳]之后常雄诸侯。论秦之德义不如鲁、卫之暴戾者,量秦之兵不如三晋之强也,然卒并天下,非必险固便、比形埶[㉑]利也,盖若天所助焉。

或曰:“东方物所始生,西方物之成孰[㉒]。”夫作事者必于东南,收功实者常于西北。故禹兴于西羌[㉓],汤起于亳[㉔],周之王也以丰、镐伐殷,[㉕]秦之帝用雍州[㉖]兴,汉之兴自蜀汉[㉗]。

秦既得意[㉘],烧天下《诗》《书》,诸侯史记尤甚,为其有所刺讥也。《诗》《书》所以复见者，多藏人家，而史记独藏周室，以故灭。惜哉，惜哉！独有《秦记》，又不载日月，其文略不具。然战国之权变亦有可颇采者，何必上古。秦取天下多暴，然世异变，成功大。传曰"法后王"，何也[29]？以其近己而俗变相类，议卑而易行也。学者牵于所闻，见秦在帝位日浅，不察其终始，因举而笑之，不敢道，此与以耳食[30]无异。悲夫！

余于是因《秦记》，踵《春秋》之后，起周元王，表六国时事，讫二世，凡二百七十年，著诸所闻兴坏之端。后有君子，以览观焉。

①《秦记》——记载秦国史事的编年体史书。 ②犬戎——古族名，古戎人的一支，分布于今陕西彬州、岐山一带。 幽王——西周的末代国君，前781—前771年在位。因政治腐败，内部矛盾，被犬戎所灭。 ③雒邑——在今河南洛阳王城公园一带。 ④秦襄公——秦庄公之子，前777—前766年在位，原为西垂（在今甘肃东南部一带）大夫。犬戎攻周，襄公起兵救周，并卫送平王东迁，被平王封为诸侯，赐以岐以西之地。 ⑤西畤（zhì）——秦襄公在西垂所建的祭祀白帝的神祠。畤：止，神所栖止。 用事上帝——以此畤祭祀上帝。用：以。 ⑥僭（jiàn）端见矣——超越本分的苗头表现出来了。见：同"现"。 ⑦胪于郊祀——意陈设等同于天子的郊祀。胪：陈列。郊祀：古代祭礼。在郊外祭天或祭地。冬至祭天曰郊，夏至祭天曰祀。 ⑧文公逾陇——指秦文公越过陇山向东方发展。文公：襄公之子，前765—前716年在位。即位四年，营造城邑于汧、渭之汇，迁而都之。十六年伐犬戎，收复岐山一带地区。陇：陇山，在陕、甘之间。 ⑨陈宝——文公十九年得到一块神石，据说其神"若雄鸡"，立祠供奉于陈仓（今陕西宝鸡东）北阪，称为"陈宝"。 ⑩岐——岐山。 雍——在今陕西宝鸡凤翔区。 ⑪竟——同"境"。 河——黄河。 ⑫中国——指中原地区。 侔——相等。汉代人以齐桓、晋文、宋襄、秦穆、楚庄为春秋五霸，所以这句认为秦穆公与齐桓、晋文相当。 ⑬陪臣执政——指诸侯势弱，卿大夫掌握诸侯国的实权，如晋国六卿、齐国田氏。陪臣：指卿大夫，为诸侯之臣，对天子而言则是陪臣。 ⑭世禄——指父子相承世代

任职食禄。 ⑮六卿——指掌晋权的范氏、中行氏、智(知)氏、韩氏、赵氏、魏氏。 ⑯三国——即韩、赵、魏。晋国六卿中范氏、中行氏先亡,接着韩、赵、魏又灭智氏,三家皆俨然为国。至前403年,周天子遂策命韩、赵、魏为诸侯。 ⑰田和——田常曾孙,初相齐康公,前391年迁康公于海上;前386年列为诸侯。 ⑱从衡短长——从事合纵、连横活动,到各国说短论长。从:"纵"的古字,合纵。衡:通"横",连横。"合众弱以攻一强"为合纵,"事一强以攻众弱"为连横。又因为秦在西,六国在东,故又有人说南北联合为合纵,东西联合为连横。 ⑲诸夏——指中原地区各诸侯国。夏:华夏,我国古代对中原地区的称呼。 宾——通"摈(bìn)",排斥。 ⑳献公——名师隰,前384—前362年在位。秦国至献公开始强大;其子孝公任用商鞅变法,秦一跃而成为最强国。 ㉑埶——同"势"。 ㉒东方物所始生,西方物之成孰——古人把春、夏、秋、冬四季与东、西、南、北相配,认为东方之神为青帝,主春;西方之神为白帝,主秋。因为东方与春相配,故曰"物之始生",西方与秋相配,故曰"物之成孰"。孰:"熟"的古字。 ㉓故禹兴于西羌——《正义》引《帝王纪》:"(禹)本西夷人也。"盖自古就有此一说。 ㉔汤起于亳(bó)——通常认为汤之亳在今河南境内(有西亳、南亳、北亳),而司马迁明言"西北",故徐广、钱大昕认为此所说之亳当指今陕西西安东南之亳亭。 ㉕丰——在今陕西西安长安区西南之沣河以西,周文王由岐山迁都于此。 镐(hào)——在丰邑东北的沣河之东,周武王由丰迁都于此。 ㉖雍州——秦德公由平阳迁都雍。 ㉗汉之兴自蜀汉——刘邦初为汉王,拥有蜀地和汉中地区,都南郑(今陕西汉中南郑区)。 ㉘得意——指秦统一天下,得遂其志。 ㉙传曰"法后王",何也——《荀子·儒效》:"法后王,一制度。"《荀子·非相》:"舍后王而道上古,譬之是犹舍己之君而事人之君也。"传:贤人的著述称"传",此指《荀子》。法后王:以后代的帝王为法。 ㉚以耳食——用耳朵吃饭,不知其滋味。比喻不能分辨省察其是非。

	前 476	前 475	前 474	前 473	前 472	前 471
周	周元王元年 （依《左传》，似是年为周敬王四十四年。元王：敬王之子，名仁，一说名赤。）	二 （依《左传》，是年为周元王元年。）	三	四	五	六
秦	秦厉共公元年 （厉共公：悼公之子，名不详。都雍。）	二 蜀人来赂。 （蜀：古国名，都于郫，在今四川成都郫都区，周慎靓王五年被秦所灭。赂：进献财物。）	三	四	五 楚人来赂。	六 义渠来赂。绵诸乞援。
魏	（魏献子） 卫出公辄后元年 （出公：灵公之孙，蒯聩之子。）	晋定公卒。 （定公：顷公之子，名午，在位三十七年。）	晋出公错元年 （出公：定公之子，名错，《世本》《晋世家》名凿，在位二十三年。）			
韩	（韩宣子）					

赵	赵简子四十二 （简子：晋卿赵武之孙、景叔成之子，名鞅，居晋阳。）	四十三。 ［赵襄子元年］	四十四 ［襄子二］	四十五 ［襄子三］	四十六 ［襄子四］	四十七 ［襄子五］
楚	楚惠王章十三年 吴伐我。 （惠王：昭王之子，名章，都郢。）	十四 越围吴，吴怒。 （吴怒：张文虎认为“怒”字当作“恐”字。按《吴太伯世家》《越王句践世家》均无“怒”之记载，张说疑是。）	十五	十六 越灭吴。 （是年为吴王夫差二十三年，越王句践二十四年。）	十七 蔡景侯卒。 ［蔡成侯卒］	十八 蔡声侯元年 （声侯：成侯之子，名产。）
燕	燕献公十七年 ［燕孝公十七年］ （都蓟。）	十八	十九	二十	二十一	二十二
齐	齐平公骜五年 （平公：悼公之子，简公之弟，名骜。都临菑。）	六	七 越人始来。	八	九 晋知伯瑶来伐我。	十

	前470	前469	前468	前467	前466	前465
周	七	八	定王元年 (定王:又称贞定王,元王之子,名介。)	二	三	四
秦	七 彗星见。 (本年与始皇七年之彗星皆为哈雷彗星,见马非百《秦集史·厉共公纪》。)	八	九	十 庶长将兵拔魏城。彗星见。 (庶长:秦官爵名,掌军政,地位相当于各国的卿。魏城:在今山西芮城北。)	十一	十二
魏	卫出公饮,大夫不解袜,公怒,即攻公,公奔宋。	(卫悼公黔元年。是年《左传》:"立悼公。"庄公弟。)				
韩						

赵	四十八 ［襄子六］	四十九 ［襄子七］	五十 ［襄子八］	五十一 ［襄子九］	五十二 ［襄子十］	五十三 ［襄子十一］
楚	十九 王子英奔秦。	二十	二十一	二十二 鲁哀公卒。 （哀公：定公之子，名将，一作蒋。依本表在位二十八年。依《左传》与前表，哀公卒于前468年。）	二十三 鲁悼公元年。三桓胜，鲁如小侯。 （悼公：哀公之子，名宁，一作曼。依《左传》，悼公元年在前467年。）	二十四
燕	二十三	二十四	二十五	二十六	二十七	二十八
齐	十一	十二 （宋景公卒。）	十三 （宋昭公元年。）	十四	十五	十六

	前464	前463	前462	前461	前460	前459
周	五	六	七	八	九	十
秦	十三	十四 晋人、楚人来赂。	十五	十六 堑阿旁。伐大荔。补庞戏城。	十七	十八
魏	（卫敬公弗元年。）					
韩	知伯伐郑，驷桓子如齐求救。 （驷桓子：郑大夫驷弘，桓子为谥。）	郑声公卒。 （声公：献公之子，名胜，在位三十八年。《世家》曰三十七年。）	郑哀公元年 （哀公：声公之子，名易，在位八年被杀。）			
赵	五十四 ［襄子十二］ 知伯谓简子，欲废太子襄子，襄子怨知伯。 （襄子：简子之子，名毋邮）	五十五 ［襄子十三］	五十六 ［襄子十四］	五十七 ［襄子十五］	五十八 ［襄子十六］	五十九 ［襄子十七］

楚	二十五 （越王句践卒。）	二十六 （越王鼫与元年。）	二十七	二十八	二十九	三十
燕	燕孝公元年 ［二十九］ （继简公立，名不详。）	二 ［三十］	三 ［三十一］	四 ［三十二］	五 ［三十三］	六 ［三十四］
齐	十七 救郑，晋师去。中行文子谓田常：“乃今知所以亡。”	十八	十九	二十	二十一	二十二

	前 458	前 457	前 456	前 455	前 454	前 453
周	十一	十二	十三	十四	十五	十六
秦	十九	二十 公将师与绵诸战。	二十一	二十二	二十三	二十四
魏			晋哀公忌元年 （哀公：当作“敬公”或“懿公骄”。在位十八年。其元年在前 451 年。）	卫悼公黔元年 （悼公：灵公之子，出公叔父，名黔，一作虔。悼元有前 469 年，前 468 年二说，此误。）		魏桓子败智伯于晋阳。 （魏桓子：晋卿，名驹。）
韩				［郑共公元年］ （《表》失书声公弟共公丑一世，今补。《郑世家》载共公三年晋灭智伯，则在哀公被杀当年改元，《表》定幽公元年在前 423 年，共公实有三十二年，非三十年。）		韩康子败智伯于晋阳。 （韩康子：晋卿，名虎。）

赵	六十 ［襄子十八］	襄子元年 ［十九］ 未除服，登夏屋，诱代王，以金斗杀代王。封伯鲁子周为代成君。 （伯鲁：襄子之兄。）	二 ［二十］	三 ［二十一］	四 ［二十二］ 与智伯分范、中行地。 （不在本年。）	五 ［二十三］ 襄子败智伯晋阳，与魏、韩三分其地。
楚	三十一	三十二 蔡声侯卒。 （越王不寿元年，一说为前457年。）	三十三 蔡元侯元年 （元侯：声侯之子，名不详。）	三十四	三十五	三十六
燕	七 ［三十五］	八 ［三十六］	九 ［三十七］	十 ［三十八］	十一 ［燕成公元年］	十二 ［二］
齐	二十三	二十四	二十五	齐宣公就匝元年 （宣公：平公之子，《齐世家》曰名“积”。）	二	三

	前 452	前 451	前 450	前 449	前 448	前 447	前 446
周	十七	十八	十九	二十	二十一	二十二	二十三
秦	二十五 晋大夫智开率其邑来奔。 （智开：智伯之子，一说智伯之族。一本“邑”下有“人”字。智伯，又作“知伯”“知瑶”。）	二十六 左庶长城南郑。	二十七	二十八 越人来迎女。	二十九 晋大夫智宽率其邑人来奔。 （智宽：智伯之族。）	三十	三十一
魏		（晋敬公元年）	卫敬公元年 （敬公：悼公之子，名弗，一作费。在位十九年。一说敬公元年在前 464 年，平势隆郎定于前 454 年。）				
韩							
赵	六 [二十四]	七 [二十五]	八 [二十六]	九 [二十七]	十 [二十八]	十一 [二十九]	十二 [三十]

楚	三十七	三十八	三十九 蔡侯齐元年 （蔡侯：元侯之子，名齐。为楚所灭。）	四十	四十一	四十二 楚灭蔡。 （越王朱句元年，一说为前448年。）	四十三
燕	十三 [三]	十四 [四]	十五 [五]	燕成公元年 [六] （继孝公立，名载。据《竹书纪年》智伯灭在成公二年，则成公元年应在周定王十五年，前454年。在位十六年。）	二 [七]	三 [八]	四 [九]
齐	四	五 宋景公卒。 （景公：元公之子，名头曼，一作栾。景卒于前469年。）	六 宋昭公元年 （昭公：元公之孙，名特，一作得。在位四十七年。昭公元年在前468年。）	七	八	九	十

	前 445	前 444	前 443	前 442	前 441	前 440
周	二十四	二十五	二十六	二十七	二十八	考王元年 （考王：定王之子，名嵬。封其弟揭于河南，是为西周柏公。）
秦	三十二	三十三 伐义渠，虏其王。	三十四 日蚀，昼晦。星见。 （此次日食应发生在次年，即前 442 年 3 月 11 日。）	秦躁公元年 （躁公：厉共公之子，名不详。）	二 南郑反。	三
魏	［魏文侯斯元年］ （居安邑。）	［二］	［三］ （卫昭公元年约在本年前后。《史记志疑》认为在定王二十四年。）	［四］	［五］	［六］
韩						

赵	十三 ［三十一］	十四 ［三十二］	十五 ［三十三］	十六 ［三十四］	十七 ［三十五］	十八 ［三十六］
楚	四十四 灭杞。杞，夏之后。	四十五	四十六	四十七	四十八	四十九
燕	五 ［十］	六 ［十一］	七 ［十二］	八 ［十三］	九 ［十四］	十 ［十五］
齐	十一	十二	十三	十四	十五	十六

	前 439	前 438	前 437	前 436	前 435	前 434	前 433
周	二	三	四	五	六	七	八
秦	四	五	六	七	八 六月，雨雪。日、月蚀。 （是年无我国可见的日食。月食的情况也可疑。）	九	十
魏	［七］	［八］	［九］ 晋幽公柳元年。服韩、魏。 （幽公：继敬公立，在位十八年。此年为晋敬公十五年。钱穆、陈梦家定幽元在前 433 年。服韩魏：当作“朝韩、赵、魏”。）	［十］ （依《卫康叔世家》，怀公在位十一年，其元年约在本年。《中国历史大辞典》认为应在前 439 年。）	［十一］	［十二］	［十三］ （晋幽公柳元年。）

韩							
赵	十九 ［三十七］	二十 ［三十八］	二十一 ［三十九］	二十二 ［四十］	二十三 ［四十一］	二十四 ［四十二］	二十五 ［四十三］
楚	五十	五十一	五十二	五十三	五十四	五十五	五十六
燕	十一 ［十六］	十二 ［燕滑公元年］	十三 ［滑公二］	十四 ［滑公三］	十五 ［滑公四］	十六 ［滑公五］	燕滑公元年 ［六］ （滑公：继成公立，名不详。其元年在前438年。）
齐	十七	十八	十九	二十	二十一	二十二	二十三

	前 432	前 431	前 430	前 429	前 428	前 427	前 426
周	九	十	十一	十二	十三	十四	十五
秦	十一	十二	十三 义渠伐秦，侵至渭阳。 （渭阳：当作渭阴。）	十四	秦怀公元年生灵公。 （怀公：厉共公之子，躁公之弟，名不详。）	二	三
魏	［十四］	［十五］ 卫昭公元年 （昭公：敬公之子，名纠。梁玉绳认为昭公元年在前 445 年，平势隆郎定于前 436 年。）	［十六］	［十七］	［十八］	［十九］	［二十］
韩							

赵	二十六 [四十四]	二十七 [四十五]	二十八 [四十六]	二十九 [四十七]	三十 [四十八]	三十一 [四十九]	三十二 [五十]
楚	五十七	楚简王仲元年 灭莒。 （简王：惠王之子，名仲。莒：国名，初都计斤，今山东胶州西南。后都莒，今山东莒县。）	二	三 鲁悼公卒。	四 鲁元公元年 （元公：悼公之子，名嘉。其元年在何年，众说不一，郭克煜《鲁国史》认为本表不误。）	五	六
燕	二 [七]	三 [八]	四 [九]	五 [十]	六 [十一]	七 [十二]	八 [十三]
齐	二十四	二十五	二十六	二十七	二十八	二十九	三十

	前 425	前 424	前 423	前 422	前 421	前 420	前 419
周	威烈王元年 （威烈王：考王之子，名午。）	二	三	四	五	六	七
秦	四 庶长晁杀怀公。太子蚤死，大臣立太子之子，为灵公。 （太子蚤死：《秦本纪》："怀公太子曰昭子，蚤死。"蚤：通"早"。）	秦灵公元年 生献公。 （灵公：怀公之孙，昭子之子。灵公时迁都于泾阳。）	二	三 作上、下畤。 （上、下畤：秦灵公所建的神祠，地在吴山之阳。上畤祠黄帝，下畤祠炎帝。）	四	五	六
魏	[二十一] 卫悼公亹元年 （悼公：《世家》作"怀公"。怀公为昭公之子，名亹，杀父自立。梁玉绳认为其元年在前 439 年，平势隆郎定为前 431 年。依《卫康叔世家》，慎公在位四十二年，本年应为慎公元年。）	魏文侯斯元年 [二十二] （文侯：桓子之子，名斯。其元年在前 445 年。是年为魏斯自称侯元年。）	二 [二十三]	三 [二十四]	四 [二十五]	五 [二十六] 魏诛晋幽公，立其弟止。 （事在前 416 年。）	六 [二十七] 晋烈公止元年。魏城少梁。 （烈公：幽公之子，名止，在位二十七年。此年为晋幽公十五年，烈公元年在前 415 年。）

韩		韩武子元年 （韩武子：康子虎之子，名启章。武子时自平阳徙居宜阳。）	二 郑幽公元年。韩杀之。 （幽公：共公之子，名已，一说为韩武子所杀。）	三 郑立幽公子，为繻公，元年。 （繻公：名骀。）	四	五	六
赵	三十三 ［五十一］ 襄子卒。	赵桓子元年 （桓子：简子之子，襄子之弟，名嘉。《世本》认为襄子之子。自晋阳迁中牟。）	赵献侯元年 （献侯：襄子之侄孙，代成君之子，襄子立其为太子，襄卒，献侯立。桓子逐之。桓子死，复立。名浣。《世本》曰浣为襄子之孙。）	二	三	四	五
楚	七	八	九	十	十一	十二	十三
燕	九 ［十四］	十 ［十五］	十一 ［十六］	十二 ［十七］	十三 ［十八］	十四 ［十九］	十五 ［二十］
齐	三十一	三十二	三十三	三十四	三十五	三十六	三十七

	前 418	前 417	前 416	前 415	前 414	前 413	前 412
周	八	九	十	十一	十二	十三	十四
秦	七 与魏战少梁。 （少梁：魏邑，在今陕西韩城南。）	八 城堑河濒。初以君主妻河。 （城堑河濒：在黄河之滨筑城，挖护城河。濒：水边。）	九	十 补庞，城籍姑。灵公卒，立其季父悼子，是为简公。 （庞：即繁庞，秦邑，在今陕西韩城东南。籍姑：秦邑，在今韩城北。）	秦简公元年 （简公：怀公之子，名悼子。）	二 与晋战，败郑下。 （郑：秦邑，在今陕西渭南华州区东。）	三
魏	七 ［二十八］	八 ［二十九］ 复城少梁。	九 ［三十］	十 ［三十一］ ［晋烈公止元年］	十一 ［三十二］ 卫慎公元年 （慎公：公子适之子，名颓。弑怀公自立。梁玉绳认为慎公在位之年为前 428 年—前 387 年；平势隆郎认为在前 421 年—前 381 年。）	十二 ［三十三］	十三 ［三十四］ 公子击围繁庞，出其民。 （公子击：文侯之子，即日后之武侯。繁庞：即前文之“庞”。）

韩	七	八	九	十	十一	十二	十三
赵	六	七	八	九	十 中山武公初立。（武公：文公之子，其名不详。）	十一	十二
楚	十四	十五	十六	十七	十八	十九	二十
燕	十六 [二十一]	十七 [二十二]	十八 [二十三]	十九 [二十四]	二十 [燕简公元年]	二十一 [简公二]	二十二 [简公三]
齐	三十八	三十九	四十	四十一	四十二	四十三 伐晋，败黄城，围阳狐。（黄城：魏邑，在今河南内黄西北。阳狐：魏邑。在今山西垣曲东南古城。）	四十四 伐鲁、莒及安阳。（安阳：杨宽认为在今山东阳谷阿城镇西北。即日后项羽杀宋义之地。）

	前411	前410	前409	前408	前407	前406
周	十五	十六	十七	十八	十九	二十
秦	四	五 日蚀。 （齐藤国治认为即前411年1月27日之日蚀，误后一年，当因新君当年改元所致。）	六 初令吏带剑。	七　堑洛，城重泉。初租禾。 （洛：即北洛河，发源于白于山西端，东南流，至大荔南三河口入渭河。重泉：在今陕西蒲城东南。租禾：即征收实物地租。）	八	九
魏	十四 ［三十五］	十五 ［三十六］	十六 ［三十七］ 伐秦，筑临晋、元里。	十七 ［三十八］ 击守中山。伐秦，至郑还，筑洛阴、合阳。	十八 ［三十九］文侯受经子夏。过段干木之闾常式。	十九 ［四十］
韩	十四	十五	十六	韩景侯虔元年　伐郑，取雍丘。郑城京。 （景侯：武子之子，名虔。景侯时徙都阳翟。雍丘：在今河南杞县。京：在今河南荥阳东南。）	二 郑败韩于负黍。 （负黍：韩邑，在今河南登封西南。）	三
赵	十三　城平邑。 （平邑：在今河南南乐东北。《竹书纪年》曰在晋烈公四年，即上年。当是赵献侯当年改元，故误后一年。）	十四	十五	赵烈侯籍元年 魏使太子伐中山。 （烈侯：献侯之子，名籍。）	二	三

楚	二十一 (《竹书纪年》曰威烈王十五年为越王翳元年。)	二十二	二十三	二十四 简王卒。	楚声王当元年 鲁穆公元年 (声王:简王之子,名当。穆公:元公之子,名显。梁玉绳、钱穆、武内义雄对穆公元年的说法不同,郭克煜认为本表不误。)	二
燕	二十三 [简公四]	二十四 [简公五]	二十五 [简公六]	二十六 [简公七]	二十七 [简公八]	二十八 [简公九]
齐	四十五 伐鲁,取都。 (都:《田敬仲完世家》作"取鲁之一城"。盖作者不知其地,故称之"一城"或"一都"。凡有宗庙之邑曰都,无者曰邑。)	四十六	四十七	四十八 取鲁郕。 (郕:鲁邑,在今山东宁阳东北。)	四十九 与郑会于西城。 伐卫,取毌丘。	五十

	前 405	前 404	前 403	前 402	前 401	前 400
周	二十一	二十二	二十三 九鼎震。 （九鼎：相传夏禹收九牧贡金，铸九鼎，象九州，后成为夏、商、周象征国家政权的传国重器。）	二十四	安王元年 （安王：威烈王之子，名骄。又称元安王。）	二
秦	十	十一	十二	十三	十四 伐魏，至阳狐。 （阳狐：在今山西垣曲东南，史家认为此时秦尚无力攻魏至此。）	十五
魏	二十 [四十一] 卜相，李克、翟璜争。	二十一 [四十二]	二十二 [四十三] 初为侯。 （都安邑。）	二十三 [四十四]	二十四 [四十五] 秦伐我，至阳狐。	二十五 [四十六] 太子罃生。 （当作“太子子罃生”。）
韩	四	五	六 初为侯。 （都阳翟。）	七	八	九 郑围阳翟。 （阳翟：今河南禹州。）

赵	四	五	六 初为侯。 （都中牟。）	七 烈侯好音，欲赐歌者田，徐越侍以仁义，乃止。	八	九
楚	三	四	五 魏、韩、赵始列为诸侯。	六 盗杀声王。	楚悼王类元年 （悼王：声王之子，名类，一作疑。）	二 三晋来伐我，至桑丘。 （桑丘："中华本"原作"乘丘"，乃误改，今改回。据《水经·汝水注》，桑丘在今河南新蔡故城东南。）
燕	二十九 ［简公十］	三十 ［简公十一］	三十一 ［简公十二］	燕釐公元年 ［简公十三］	二 ［简公十四］	三 ［简公十五］
齐	五十一 田会以廪丘反。	齐康公贷元年 ［和子元年］ （康公：宣公之子，名贷。）	二 ［和子二］ 宋悼公元年 （悼公：昭公之子，名购由。在位十八年。其元年有多说，杨宽认为《表》不误。）	三 ［和子三］	四 ［和子四］	五 ［和子五］

	前 399	前 398	前 397	前 396	前 395	前 394	前 393
周	三 王子定奔晋。 （事不详。）	四	五	六	七	八	九
秦	秦惠公元年 （惠公：简公之子，名不详。）	二	三 日蚀。 （当在前 397 年 4 月 21 日。杨宽认为此下三次日食皆记载确实。）	四	五 伐绵诸。	六	七
魏	二十六 ［四十七］ 虢山崩，壅河。 （虢山：山名，在今河南三门峡西。）	二十七 ［四十八］	二十八 ［四十九］	二十九 ［五十］	三十 ［魏武侯元年］	三十一 ［武侯二］	三十二 ［武侯三］ 伐郑，城酸枣。 （酸枣：在今河南延津西南。）
韩	韩烈侯元年 （烈侯：景侯之子，名取。《索隐》曰《世本》作“武侯”。）	二 郑杀其相驷子阳。	三 三月，盗杀韩相侠累。	四 郑相子阳之徒杀其君繻公。	五 郑康公元年 （康公：共公之子，幽公之弟，名乙，或作乙阳。在位二十一年，郑亡。）	六 救鲁。郑负黍反。 （郑负黍反：指负黍叛归韩。负黍：在今河南登封西南。）	七

赵	赵武公元年 ［烈侯十］	二 ［烈侯十一］	三 ［烈侯十二］	四 ［烈侯十三］	五 ［烈侯十四］ （平势隆郎认为是年烈侯卒，敬侯立。）	六 ［烈侯十五］	七 ［烈侯十六］
楚	三 归榆关于郑。（榆关：在今河南中牟南。）	四 败郑师，围郑。郑人杀子阳。	五	六	七	八	九 伐韩，取负黍。
燕	四 ［简公十六］	五 ［简公十七］	六 ［简公十八］	七 ［简公十九］	八 ［简公二十］	九 ［简公二十一］	十 ［简公二十二］
齐	六 ［和子六］	七 ［和子七］	八 ［和子八］	九 ［和子九］	十 ［和子十］ 宋休公元年 （《竹书纪年》以为宋悼公在位十八年，《史记》少十年。休公元年应在前385年。）	十一 ［和子十一］ 伐鲁，取最。 （最：即郰zōu，在今山东曲阜东南。）	十二 ［和子十二］

	前392	前391	前390	前389	前388	前387
周	十	十一	十二	十三	十四	十五
秦	八	九 伐韩宜阳，取六邑。 （宜阳：韩国西部大县，在今河南洛阳。六邑：六个村落。）	十 与晋战武城。县陕。 （武城：在今陕西渭南华州区东。县陕：在陕设立县。陕：在今河南三门峡陕州区西南。）	十一 太子生。 （太子：即日后之出子，《秦本纪》曰生于十二年。）	十二	十三 蜀取我南郑。 （《秦本纪》："伐蜀，取南郑。"乃是蜀先取南郑，秦又夺回。）
魏	三十三 [武侯四] 晋孝公倾元年 （孝公：《竹书纪年》作晋桓公，在位二十年。桓公元年在前388年。此年为晋烈公二十四年。）	三十四 [武侯五]	三十五 [武侯六] 齐伐取襄陵。 （襄陵：魏邑，在今河南睢县。）	三十六 [武侯七] 秦侵阴晋。 （阴晋：魏邑，在今陕西华阴东南。）	三十七 [武侯八] （晋桓公元年。）	三十八 [武侯九]
韩	八	九 秦伐宜阳，取六邑。	十	十一	十二	十三

赵	八 [烈侯十七]	九 [烈侯十八]	十 [烈侯十九]	十一 [烈侯二十]	十二 [烈侯二十一]	十三 [烈侯二十二]
楚	十	十一	十二	十三	十四	十五
燕	十一 [简公二十三]	十二 [简公二十四]	十三 [简公二十五]	十四 [简公二十六]	十五 [简公二十七]	十六 [简公二十八]
齐	十三 [和子十三]	十四 [和子十四]	十五 [和子十五] 鲁败我平陆。 (平陆:齐邑,在今山东汶上北。)	十六 [和子十六] 与晋、卫会浊泽。	十七 [和子十七]	十八 [和子十八]

	前386	前385	前384	前383	前382	前381
周	十六	十七	十八	十九	二十	二十一
秦	秦出公元年 （出公：惠公之子。“出公”当作“出子”。）	二 庶长改迎灵公太子，立为献公。诛出公。 （《吕氏春秋·当赏》“庶长改”作“菌改”。）	秦献公元年 （献公：灵公之子，名师隰，又称公子连。献公实杀出子之年改元，故《秦本纪》曰二十四年卒。）	二 城栎阳。 （栎yuè阳：在今陕西西安阎良区东南。徐广曰“徙都之”。）	三 日蚀，昼晦。 （时在前362年7月3日。）	四 孝公生。 （孝公：献公之子，名渠梁。）
魏	魏武侯元年 [十] 袭邯郸，败焉。 （武侯：文侯之子，名击。据《竹书纪年》武侯元年当赵烈侯十四年，在前395年。）	二 [十一] 城安邑、王垣。 （安邑：魏都，在今山西夏县西北。王垣：魏邑，又称垣，在今山西垣曲东南。）	三 [十二]	四 [十三]	五 [十四]	六 [十五]
韩	韩文侯元年 （依《韩世家》，文侯为烈侯之子，名不详。）	二 伐郑，取阳城。伐宋，到彭城，执宋君。 （阳城：郑邑，在今河南登封东南。彭城：宋邑，在今江苏徐州。此时宋已迁都彭城。宋君：宋悼公。）	三	四	五	六

赵	赵敬侯元年 武公子朝作乱，奔魏。 （敬侯：烈侯之子，名章。始都邯郸。）	二	三	四 魏败我兔台。 （兔台：其地应在河北。具体位置不详。兔亦作“菟”。）	五	六
楚	十六	十七	十八	十九	二十	二十一
燕	十七 ［简公二十九］	十八 ［简公三十］	十九 ［简公三十一］	二十 ［简公三十二］	二十一 ［简公三十三］	二十二 ［简公三十四］
齐	十九 ［和子称侯元年］ 田常曾孙田和始列为诸侯。迁康公海上，食一城。 （田和：悼子之名，名和，又称和子，号太公。田齐的开国之君。据《田世家》，迁康公在康公十四年。）	二十 ［和子称侯二］ 伐鲁，破之。田和卒。 （据《竹书纪年》，齐侯剡即位。宋休公元年。韩伐宋，执悼公而死，休公当年改元。）	二十一 ［齐侯剡元年］ 田和子桓公午立。 （桓公午前尚有侯剡一世，立十年，弑于田午。《表》遗落，今补。）	二十二 ［侯剡二］	二十三 ［侯剡三］	二十四 ［侯剡四］

	前 380	前 379	前 378	前 377	前 376	前 375
周	二十二	二十三	二十四	二十五	二十六	烈王元年 （烈王：安王之子，名喜。）
秦	五	六 初县蒲、蓝田、善明氏。	七	八	九	十 日蚀。 （时在公元前 375 年 2 月 18 日。）
魏	七 ［十六］ 伐齐，至桑丘。 （桑丘：在今河北保定徐水区西南。）	八 ［十七］	九 ［十八］ 翟败我浍。伐齐，至灵丘。 （翟：即狄。浍：浍水，汾水支流，源出今山西翼城东，流经侯马，至新绛境内入汾水。）	十 ［十九］ 晋静公俱酒。元年	十一 ［二十］ 魏、韩、赵灭晋，绝无后。 （此说不确，赵肃侯时晋犹食一邑。）	十二 ［二十一］
韩	七 伐齐，至桑丘。郑败晋。	八	九 伐齐，至灵丘。	十	韩哀侯元年分晋国。 （哀侯：文侯之子，名不详。在位二年。）	二 灭郑。康公二十年灭，无后。 （灭郑：韩灭郑，韩都由阳翟迁至郑都，今河南新郑，此后韩也称郑。《索隐》引《纪年》：“魏武侯二十一年，韩灭郑，哀侯入于郑。二十二年，晋桓公邑哀侯于郑。”）

赵	七 伐齐，至桑丘。	八 袭卫，不克。	九 伐齐，至灵丘。	十	十一 分晋国。	十二
楚	楚肃王臧元年 （肃王：悼王之子，名臧。）	二 （越王翳迁于吴。）	三	四 蜀伐我兹方。 （兹方：在今湖北松滋。）	五 鲁共公元年 （共公：穆公之子，名奋。其元年在何年，今众说不一，郭克煜认为本表不误。）	六 （越王诸咎粤滑元年。上年弑翳自立。陈梦家考证，诸咎在位十三年。）
燕	二十三 [简公三十五]	二十四 [简公三十六]	二十五 [简公三十七]	二十六 [简公三十八]	二十七 [简公三十九]	二十八 [简公四十]
齐	二十五 [侯剡五] 伐燕，取桑丘。	二十六 [侯剡六] 康公卒，田氏遂并齐而有之。太公望之后绝祀。	齐威王因齐元年 [侯剡七] 自田常至威王，威王始以齐强天下。 （威王：桓公之子，名因齐，或作婴齐。中华本误删"齐"字，今恢复之。其元年在前356年。）	二 [侯剡八]	三 三晋灭其君。 [侯剡九]	四 [侯剡十] （桓公午杀侯剡自立。）

	前 374	前 373	前 372	前 371	前 370
周	二	三	四	五	六
秦	十一 县栎阳。	十二	十三	十四	十五
魏	十三 ［二十二］	十四 ［二十三］	十五 ［二十四］ 卫声公元年 败赵北蔺。 （声公：慎公之子，名训或驯。梁玉绳认为其元年在前 386 年，平势隆郎认为在前 380 年。杨宽认为在前 382 年。北蔺：即蔺，在今山西吕梁离石区西，靠近黄河。）	十六 ［二十五］ 伐楚，取鲁阳。 （鲁阳：楚邑，即今河南鲁山县。杨宽认为此年是卫成公元年。）	惠王元年 ［武侯二十六］ （惠王：武侯之子，名罃。其元年应在明年。）
韩	三 ［懿侯元年］	四 ［懿侯二］	五 ［懿侯三］	六 ［懿侯四］ 韩严杀其君。 （事在前 375 年。）	庄侯元年 ［懿侯五］ （庄侯：《韩世家》作“懿侯”，哀侯之子，名若山。《竹书纪年》作“共侯若山”，其元年在前 374 年。）

赵	赵成侯元年 （成侯：敬侯之子，名种，一作偃。）	二	三 伐卫，取都鄙七十三。魏败我蔺。 （《赵世家》“都鄙”作“乡邑”，即村落。）	四	五 伐齐于甄。魏败我怀。 （甄：即鄄，齐邑，在今山东鄄城北。怀：魏邑，在今河南武陟西南。）
楚	七	八	九	十 魏取我鲁阳。	十一
燕	二十九 ［简公四十一］	三十 ［简公四十二］ 败齐林孤。 （林孤：《燕召公世家》作“林营”，不详其地所在，当在燕、齐间。）	燕桓公元年	二	三
齐	五 ［桓公午元年］	六 ［桓公二］ 鲁伐入阳关。晋伐到鱄陵。 （阳关：在今山东泰安南汶水东岸。鱄陵：《田敬仲完世家》作“博陵”，在今山东聊城茌平区西北。）	七 ［桓公三］ 宋辟公元年 （辟公：当作“宋桓侯”，休公之子，名璧兵，一说名辟。《史记志疑》曰“当书于康公十五年”。）	八 ［桓公四］	九 ［桓公五］ 赵伐我甄。

	前369	前368	前367	前366	前365	前364
周	七	显王元年 （烈王之弟，名扁。）	二 （周分为西、东二小国。东周惠公班居雒阳。）	三	四	五 贺秦。
秦	十六 民大疫。日蚀。 （时在前369年4月11日。）	十七 栎阳雨金，四月至八月。 （栎阳雨金：《正义》曰："言雨金于秦国都，明金瑞见也。"依《秦本纪》此当书于明年。）	十八	十九 败韩、魏洛阴。 （洛阴：北洛水之南，今陕西大荔东南。）	二十	二十一 章蟜与晋战石门，斩首六万，天子贺。 （章蟜句：这是秦献公伐魏的一次战争，章蟜当是秦将。晋：指魏。石门：山名，在今山西运城解州东南。）
魏	二 ［惠王元年］ 败韩马陵。 （马陵：有数处，此指韩邑，在今河南新郑、中牟、尉氏交界的马陵岗。晋桓公二十年卒，晋亡。）	三 ［二］ 齐伐我观。 （观：魏邑，在今河南清丰西南。）	四 ［三］	五 ［四］ 与韩会宅阳。城武都。 （宅阳：韩邑，在今河南荥阳东。武都：魏邑，即武城，在今陕西渭南华州区东北。）	六 ［五］ 伐宋，取仪台。 （仪台：在今河南虞城西南。）	七 ［六］
韩	二 ［懿侯六］ 魏败我马陵。	三 ［懿侯七］	四 ［懿侯八］	五 ［懿侯九］	六 ［懿侯十］	七 ［懿侯十一］

赵	六 败魏涿泽，围惠王。 （涿泽：也作“浊泽”，在今山西运城解州西。）	七 侵齐，至长城。 （长城：指齐长城，西起今山东济南长清区。）	八	九	十	十一
楚	楚宣王良夫元年 （宣王：悼王之子，肃王之弟，名良夫。）	二	三	四	五	六
燕	四	五	六	七	八	九
齐	十 ［桓公六］ 宋剔成元年 （剔成：即司城子罕，废桓侯自立。）	十一 ［桓公七］ 伐魏，取观。赵侵我长城。	十二 ［桓公八］	十三 ［桓公九］	十四 ［桓公十］	十五 ［桓公十一］

	前363	前362	前361	前360	前359	前358
周	六	七	八	九 致胙于秦。 （致胙：将祭祀文王、武王的供肉赐给诸侯，以示尊崇。东周惠公卒。）	十	十一
秦	二十二	二十三 与魏战少梁，虏其太子。 （虏其太子：《魏世家》："与秦战少梁，虏我将公孙痤。"此言虏太子，误。）	秦孝公元年 彗星见西方。 （孝公：献公之子，名渠梁。）	二 天子致胙。	三	四
魏	八 ［七］	九 ［八］ 与秦战少梁，虏我太子。 （虏我太子：虏公孙痤，非太子。）	十 ［九］ 取赵皮牢。卫成侯元年。 （成侯：声公之子，名不逝。梁玉绳曰："秦孝公元年当卫成侯十五年，《年表》于卫出公已下其年皆错。"则成公元年在前375年。平势隆郎定于前370年。杨宽定于前371年。皮牢：赵邑，在今山西翼城东北。早年魏徙都大梁，会韩昭侯于巫沙。）	十一 ［十］	十二 ［十一］ 星昼堕，有声。	十三 ［十二］

韩	八 [懿侯十二]	九 [韩昭侯元年] 魏败我于浍。大雨三月。 (浍:浍水,汾水支流,源于今山西翼城东南,经曲沃,入汾水。)	十 [昭侯二]	十一 [昭侯三]	十二 [昭侯四]	韩昭侯元年 [五] 秦败我西山。 (昭侯:懿侯之子,名武,又称昭釐侯。杨宽定釐侯元年在前362年。)
赵	十二	十三 魏败我于浍。	十四	十五	十六	十七
楚	七	八	九	十 (越王无颛元年。)	十一	十二
燕	十	十一	燕文公元年 (文公:继桓公立,《竹书纪年》作成侯,名载。)	二	三	四
齐	十六 [桓公十二]	十七 [桓公十] (杨宽以为此年为宋桓侯元年。)	十八 [桓公十四]	十九 [桓公十五]	二十 [桓公十六]	二十一 [桓公十七] 邹忌以鼓琴见威王。

	前357	前356	前355	前354	前353	前352
周	十二	十三	十四	十五	十六	十七
秦	五	六	七 与魏王会杜平。 （魏王：魏惠王，但这时尚未称王。杜平：在今陕西澄城东。）	八 与魏战元里，斩首七千，取少梁。	九	十 卫公孙鞅为大良造，伐安邑，降之。
魏	十四 ［十三］ 与赵会鄗。 （鄗：赵邑，在今河北柏乡北。）	十五 ［十四］ 鲁、卫、宋、郑侯来。 （鲁、卫、宋、郑侯来：《魏世家·索隐》："《纪年》：鲁恭侯、宋桓侯、卫成侯、郑釐侯［韩昭侯］来朝，皆在十四年。"）	十六 ［十五］ 与秦孝公会杜平。侵宋黄池，宋复取之。	十七 ［十六］ 与秦战元里，秦取我少梁。	十八 ［十七］ 邯郸降。齐败我桂陵。	十九 ［十八］ 诸侯围我襄陵。筑长城，塞固阳。
韩	二 ［六］ 宋取我黄池。魏取我朱。 （黄池：在今河南封丘西南。朱：钱穆认为即今河南沁阳境内的朱沟水。）	三 ［七］	四 ［八］	五 ［九］	六 ［十］ 伐东周，取陵观、廪丘。 （东周：周室小诸侯国，都巩，今河南巩义西南。陵观、廪丘：可能是聚落名，其地不详。）	七 ［十一］

赵	十八 赵孟如齐。 （赵孟：先秦之人对赵氏宗主的称呼。）	十九 与燕会阿。与齐、宋会平陆。 （阿：燕邑，又名葛，在今河北安新西南安州镇。）	二十	二十一 魏围我邯郸。	二十二 魏拔邯郸。	二十三
楚	十三 君尹黑迎女秦。 （君尹黑："君尹"疑是"右尹"之误，右尹为楚官名，其名为黑。）	十四	十五	十六	十七	十八 鲁康公元年 （康公：共公之子，名屯。其元年，今众说不一，郭克煜、杨宽考证本表不误。）
燕	五	六	七	八	九	十
齐	二十二 ［桓公十八］ 封邹忌为成侯。	二十三 ［齐威王因齐元年］ 与赵会平陆。	二十四 ［四］ 与魏会田于郊。 （会田：会猎，一起打猎。《田敬仲完世家》作"与魏王会田"，"会"上有"王"字。）	二十五 ［三］	二十六 ［四］ 败魏桂陵。	二十七 ［五］

	前351	前350	前349	前348	前347	前346
周	十八	十九	二十	二十一	二十二	二十三
秦	十一 城商塞。卫鞅围固阳,降之。 (商塞:即商阪之塞,在今陕西丹凤东南,地近韩、楚。)	十二 初聚小邑为三十一县,令。为田,开阡陌。 (是年秦徙都咸阳。)	十三 初为县,有秩史。	十四 初为赋。 (初为赋:开始按户口征收军赋。赋:指户赋,户口税。云梦出土《秦律》规定,男子成年必须分家另立户口,缴纳户赋。)	十五	十六
魏	二十 [十九] 归赵邯郸。	二十一 [二十] 与秦遇彤。 (遇:会见。彤:秦邑,在今陕西渭南华州区。)	二十二 [二十一]	二十三 [二十二]	二十四 [二十三]	二十五 [二十四]
韩	八 [十二] 申不害相。	九 [十三]	十 [十四] 韩姬弑其君悼公。 (梁玉绳、钱穆等认为悼公为晋君,是年韩姬弑晋悼公。)	十一 [十五] 昭侯如秦。	十二 [十六]	十三 [十七]

赵	二十四 魏归邯郸，与魏盟漳水上。 （漳水：发源于今山西南部，有清、浊两源，在今河北西南部涉县合漳村汇合后称漳河。）	二十五	赵肃侯元年 （肃侯：成侯之子，名语。）	二	三 公子范袭邯郸，不胜，死。 （公子范：赵国公子，谋夺取政权。）	四
楚	十九	二十	二十一	二十二	二十三	二十四
燕	十一	十二	十三	十四	十五	十六
齐	二十八 ［六］	二十九 ［七］	三十 ［八］	三十一 ［九］	三十二 ［十］	三十三 ［十一］ 杀其大夫牟辛。 （大夫牟辛：徐广、司马贞认为“大夫”或作“夫人”，牟辛是其姓名。《纪年》有齐弑其君母，杀王后事。）

	前 345	前 344	前 343	前 342	前 341	前 340
周	二十四	二十五 诸侯会。	二十六 致伯秦。 [致伯秦:此为太史儋所说“合十七岁而霸王者出”之年。一说“秦”字当作“魏”。]	二十七	二十八	二十九
秦	十七	十八	十九 城武城。从东方牡丘来归。天子致伯。	二十 诸侯毕贺。会诸侯于泽。朝天子。 (泽:当作“逢泽”。按,会诸侯、朝天子在孝公十八年。)	二十一 马生人。	二十二 封大良造商鞅。 (本年商鞅率师攻魏,大破魏军,虏公子卬。以功封以於、商十五邑,号商君。商在今陕西丹凤西北;於在今河南西峡境。)
魏	二十六 [二十五]	二十七 [二十六] 丹封名会。丹,魏大臣。 (丹封名会:丹因主持著名的逢泽之会而受封。丹,即白圭,名丹,曾相魏,为魏筑堤,自谓“治水也愈于禹”。亦善经商。)	二十八 [二十七]	二十九 [二十八] 中山君为相。 (中山君为相:前 406 年魏灭中山,后中山复国,时间约在前 381 年至前 378 年间。此相魏之中山君为魏之宗亲。事在上年。)	三十 [二十九] 齐虏我太子申,杀将军庞涓。	三十一 [三十] 秦商君伐我,虏我公子卬。 (公子卬:魏将,商鞅以欺诈手段俘虏了他,魏军大败。)

韩	十四 ［十八］	十五 ［十九］	十六 ［二十］	十七 ［二十一］	十八 ［二十二］	十九 ［二十三］
赵	五	六	七	八	九	十
楚	二十五	二十六	二十七 鲁景公偃元年 （景公：康公之子，名偃。其元年在何年，学者众说不一，杨宽、郭克煜认为本表不误。）	二十八 （越王无彊元年。）	二十九	三十
燕	十七	十八	十九	二十	二十一	二十二
齐	三十四 ［十二］	三十五 ［十三］ 田忌袭齐，不胜。	三十六 ［十四］	齐宣王辟彊元年 ［威王十五］	二 ［威王十六］ 败魏马陵。田忌、田婴、田盼将，孙子为师。	三 ［威王十七］ 与赵会，伐魏。 （与赵会：徐广认为“会”下有“博望”二字，博望为齐邑，在今山东聊城茌平区西。）

	前339	前338	前337	前336	前335	前334
周	三十	三十一	三十二	三十三 贺秦。	三十四	三十五
秦	二十三 与晋战岸门。 （岸门：魏邑，在今山西河津南，此战结束于明年。）	二十四 大荔围合阳。孝公薨。商君反，死彤地。	秦惠文王元年 楚、韩、赵、蜀人来。 （惠文王：孝公之子，名驷。十三年改称王。来：来秦国朝见。）	二 天子贺。行钱。宋太丘社亡。	三 王冠。拔韩宜阳。	四 天子致文武胙。魏夫人来。
魏	三十二 ［三十一］ 公子赫为太子。 （公子赫：当即后来之魏襄王，但《世本》曰襄王名嗣，与此不同。）	三十三 ［三十二］ 卫鞅亡归我，我恐，弗内。	三十四 ［三十三］	三十五 ［三十四］ 孟子来，王问利国，对曰："君不可言利。" （孟子来魏在前320年，此误。）	三十六 ［三十五］	魏襄王元年 ［惠王后元元年］ 与诸侯会徐州，以相王。 （襄王：惠王之子，名嗣。其元年在前318年。）
韩	二十 ［二十四］	二十一 ［二十五］	二十二 ［二十六］ 申不害卒。	二十三 ［二十七］	二十四 ［二十八］ 秦拔我宜阳。	二十五 ［二十九］ 旱，作高门。屈宜臼曰："昭侯不出此门。"

赵	十一	十二	十三	十四	十五	十六
楚	楚威王熊商元年 （威王：宣王之子，熊氏名商。）	二	三	四	五	六
燕	二十三	二十四	二十五	二十六	二十七	二十八 苏秦说燕。
齐	四 ［威王十八］	五 ［威王十九］	六 ［威王二十］	七 ［威王二十一］ 与魏会平阿南。	八 ［威王二十二］ 与魏会于甄。	九 ［威王二十三］ 与魏会徐州，诸侯相王。

	前 333	前 332	前 331	前 330	前 329	前 328
周	三十六	三十七	三十八	三十九	四十	四十一
秦	五 阴晋人犀首为大良造。	六 魏以阴晋为和，命曰宁秦。 （因上年秦以阴晋犀首为大良造，又败魏雕阴，故魏献阴晋。）	七 义渠内乱，庶长操将兵定之。	八 魏入少梁河西地于秦。 （在秦国进逼下，魏将河西地全部献给秦国。河西：黄河以西，指今山西、陕西二省间黄河南段之西。）	九 度河，取汾阴、皮氏。围焦，降之。与魏会应。	十 张仪相。公子桑围蒲阳，降之。魏纳上郡。 （张仪：魏国贵族后裔，仕秦为客卿，为相。采用连横策略，为秦的发展做出了贡献，详见《张仪列传》。）
魏	二 [惠王后元二] 秦败我雕阴。	三 [惠王后元三] 伐赵。 卫平侯元年 （平侯：成侯臣，取代成侯而立，非成侯子。平侯元年有前 346 年、前 342 年说。）	四 [惠王后元四]	五 [惠王后元五] 与秦河西地少梁。秦围我焦、曲沃。	六 [惠王后元六] 与秦会应。秦取汾阴、皮氏。	七 [惠王后元七] 入上郡于秦。
韩	二十六 高门成，昭侯卒，不出此门。	韩宣惠王元年 （宣惠王：昭侯之子，名不详。《韩非子》《世本》均作宣王，《纪年》作“威侯”。）	二	三	四	五

赵	十七	十八 齐、魏伐我，我决河水浸之。 （杨宽认为事在魏徙大梁前。）	十九	二十	二十一	二十二
楚	七 围齐于徐州。 （楚威王攻杀越王无疆，不能容忍魏、齐“徐州相王”，亲自率军伐齐徐州，打败齐将申缚。）	八	九	十	十一 魏败我陉山。 （陉山：山名，在今河南新郑西南。）	楚怀王槐元年 （怀王：威王之子，名槐。）
燕	二十九	燕易王元年 （易王：文公之子，名不详。）	二	三	四	五
齐	十 ［威王二十四］ 楚围我徐州。	十一 ［威王二十五］ 与魏伐赵。	十二 ［威王二十六］	十三 ［威王二十七］	十四 ［威王二十八］	十五 ［威王二十九］ 宋君偃元年 （君偃：剔成之弟，名偃。即宋康王。钱穆定偃元年在前338年，平势隆郎定于前331年，杨宽定于本年或稍后。偃于前318年称王，前286年被齐所灭。）

	前 327	前 326	前 325	前 324	前 323
周	四十二	四十三	四十四	四十五	四十六
秦	十一 义渠君为臣。归魏焦、曲沃。	十二 初腊。会龙门。 （腊：祭名，岁终猎取禽兽以祭，并举行集会庆祝丰收。龙门：在陕西韩城东北和山西河津西北黄河上。）	十三 四月戊午，君为王。 （四月戊午：四月初四。君为王：惠文君开始称王。）	相张仪将兵取陕。 （陕：魏邑，在今河南三门峡市西。） 初更元年。	二 相张仪与齐楚会齧桑。
魏	八 秦归我焦、曲沃。 ［惠王后元八］	九 ［惠王后元九］	十 ［惠王后元十］	十一 ［惠王后元十一］ 卫嗣君元年 （嗣君：平侯之子，名不详。梁玉绳认为其元年在前 338 年，平势隆郎定为前 335 年。杨宽定于前 334 年。卫嗣君即《纪年》之孝襄侯。）	十二 ［惠王后元十二］
韩	六	七	八 魏败我韩举。 （韩举：韩国将领。是年韩始称王。）	九	十 君为王。 （公孙衍于本年发起“五国相王”，以与秦对抗。即魏、韩、赵、燕、中山五国相王。）

赵	二十三	二十四	赵武灵王元年 魏败我赵护。 （武灵王：肃侯之子，名雍，前323年称王。前307年，改革军事，实行胡服骑射。国事渐强，灭中山，拓地千里。传位于少子何，自称“主父”。赵护：赵国将领。）	二 城鄗。 （《赵世家》在三年。）	三
楚	二	三	四	五	六 败魏襄陵。 （大司马昭阳败魏师于襄陵。）
燕	六	七	八	九	十 君为王。
齐	十六 ［威王三十］	十七 ［威王三十一］	十八 ［威王三十二］	十九 ［威王三十三］	齐湣王地元年 ［威王三十四］ （湣王：宣王之子，名地。其元年在前300年，先后以田文、苏秦为相，联合韩、魏攻楚、攻秦。与秦称东、西帝。灭宋。前284年燕将乐毅攻下齐七十余城，齐湣王被淖齿所杀。）

	前322	前321	前320	前319	前318	前317
周	四十七	四十八	慎靓王元年 （慎靓王：显王之子，名定。）	二	三	四
秦	三 张仪免相，相魏。 （张仪相魏，为秦行连横之策，实兼相秦、魏两国。）	四	五 王北游戎地，至河上。 （戎：指匈奴。至河上：《秦本纪》作“至北河”，北河指黄河流经今内蒙古乌拉特前旗、托克托等地的一段黄河，在秦之最北境。）	六	七 五国共击秦，不胜而还。 （五国：魏、赵、韩、燕、中山。发起者为公孙衍。）	八 与韩、赵战，斩首八万。张仪复相。 （樗里疾率兵追击三晋军，大败之于修鱼。）
魏	十三 ［惠王后元十三］ 秦取曲沃、平周。女化为丈夫。 （《魏世家》：“魏有女子化为丈夫。秦取我曲沃、平周。”平周：在今山西介休西。）	十四 ［惠王后元十四］	十五 ［惠王后元十五］	十六 ［惠王后元十六］	魏哀王元年 ［魏襄王元年］ 击秦不胜。 （魏哀王：《竹书纪年》《世本》均无哀王，继惠王而立的是襄王。《史记》把惠王后元给襄王而多出哀王一代。）	二 ［襄王二］ 齐败我观泽。 （齐乘秦攻魏、赵之机，败魏于观泽。观泽：魏邑，亦称观，在今河南清丰西南。）

韩	十一	十二	十三	十四 秦来击我，取鄢。 （鄢：韩邑，在今河南鄢陵西北。）	十五 击秦不胜。	十六 秦败我修鱼，得韩将军申差。 （修鱼：韩邑，在今河南原阳西南。）
赵	四 与韩会区鼠。 （区鼠：邑名，不详所在。）	五 娶韩女为夫人。	六	七	八 击秦不胜。	九 与韩、魏击秦。齐败我观泽。
楚	七	八	九	十 城广陵。 （广陵：楚邑，在今江苏扬州西北。）	十一 击秦不胜。	十二
燕	十一	十二	燕王哙元年 （王哙：易王之子，名哙。）	二	三 击秦不胜。	四
齐	二 ［威王三十五］ （据《竹书纪年》，齐封田婴在此年。）	三 ［威王三十六］ 封田婴于薛。	四 ［威王三十］ 迎妇于秦。 （此为湣王时事。）	五 ［齐宣王辟彊元年］	六 ［宣王二］ 宋自立为王。 （君偃称王，以行“王政”相号召。）	七 ［宣王三］ 败魏、赵观泽。

	前316	前315	前314	前313	前312	前311
周	五	六	周赧王元年 （赧王：慎靓王之子，名延，一作诞，也称王赧。）	二	三	四
秦	九 击蜀，灭之。取赵中都、西阳、安邑。	十	十一 侵义渠，得二十五城。 （前此以义渠君为臣，义渠君乘五国击秦，败秦于李伯。故秦伐义渠。）	十二 樗里子击蔺阳，虏赵将。公子繇通封蜀。 （公子繇通：亦作公子通、公子通国，蜀王之子。惠文王封他为蜀侯。后为其相陈壮所杀。）	十三 庶长章击楚，斩首八万。 （庶长章：即魏章，魏国人，初为魏将，后入秦，任左庶长。本年率兵与楚战，败楚军于丹阳，再败楚军于蓝田。秦武王立，被逐至魏。）	十四 蜀相杀蜀侯。 （指陈壮因与蜀侯公子繇通发生冲突将其杀死事。此事违背秦王意旨，秦王为安定蜀地，所以次年派甘茂等伐蜀，杀死了陈壮。）
魏	三 [襄王三]	四 [襄王四]	五 [襄王五] 秦拔我曲沃，归其人。走犀首岸门。 （樗里疾拔魏曲沃。“走犀首岸门”当在下栏，时犀首为韩相，为秦败岸门。）	六 [襄王六] 秦来立公子政为太子。与秦王会临晋。 （临晋：在今陕西大荔西南。）	七 [襄王七] 击齐，虏声子于濮。与秦击燕。 （声子：又作赘子，齐将，被秦、魏联军所虏。濮：濮水。）	八 [襄王八] 围卫。 （上年秦助魏解煮枣之围，败齐于濮上，今年又助魏攻卫之蒲。）

韩	十七	十八	十九 （秦大破韩于岸门。）	二十	二十一 秦助我攻韩，围景座。 （景座：楚将。中华本改“秦助我”为“我助秦”，误。）	韩襄王元年 （襄王：宣王之子，名仓。一作襄哀王。）
赵	十 秦取我中都、西阳、安邑。	十一　秦败我将军英。 （将军英：《秦本纪》作“赵将泥”。）	十二 （赵送公子职归燕为王。）	十三 秦拔我蔺，虏将赵庄。	十四	十五
楚	十三	十四	十五 鲁平公元年 （平公：景公之子，名旅。钱穆、杨宽等定其元年在前 322 年。）	十六 张仪来相。 （张仪使楚，破齐楚之交，但未相楚。）	十七 秦败我将屈匄。 （屈匄 gài：楚将，丹阳之战败于秦，屈匄与部将七十多人被俘。）	十八
燕	五 君让其臣子之国，顾为臣。 ［子之元年］ （燕王哙把君位让给子之，自己反而为臣。《燕世家》记此事于燕哙三年。）	六 ［子之二年］	七 ［子之三年］ 君哙及太子、相子之皆死。 （齐伐燕起上年，而取燕在此年。）	八 （齐人据燕，燕无王。）	九 燕人共立公子平。	燕昭王元年 （昭王：王哙之子，即公子职。）
齐	八 ［宣王四］	九 ［宣王五］	十 ［宣王六］	十一 ［宣王七］	十二 ［宣王八］	十三 ［宣王九］

	前310	前309	前308	前307	前306	前305
周	五	六	七	八	九	十
秦	秦武王元年 诛蜀相壮。张仪、魏章皆出之魏。 （武王：惠文王之子，名荡。）	二 初置丞相，樗里子、甘茂为丞相。	三	四 拔宜阳城，斩首六万。涉河，城武遂。 （武遂：邑名，在今山西垣曲东南，黄河之北。以河山为塞，乃贯通韩国南北之通道。）	秦昭王元年 （昭王：即昭襄王，惠文王之子，名稷，亦作侧。在位五十余年，先后任用司马错、白起、范雎等为将相，采取远交近攻策略，攻取了大片土地，使秦国独强，为秦统一六国奠定了基础。）	二 彗星见。桑君为乱，诛。 （桑君：当作季君。武王死后，惠文王后、武王后立公子壮为季君，芈八子与魏冉等立昭王而诛季君。“桑”为“季”字之讹。）
魏	九 ［襄王九］ 与秦会临晋。	十 ［襄王十］ 张仪死。 （一说，张仪死于上年。）	十一 ［襄王十一］ 与秦会应。	十二 ［襄王十二］ 太子往朝秦。	十三 ［襄王十三］ 秦击皮氏，未拔而解。 （甘茂击皮氏，因许归韩武遂被谗而亡去。故皮氏未拔而解。）	十四 ［襄王十四］ 秦武王后来归。 （秦武王后：魏女，无子，因昭襄王立而被逐归魏。）

韩	二	三	四 与秦会临晋。秦击我宜阳。 （秦武王欲窥周室，故使甘茂攻宜阳。）	五 秦拔我宜阳，斩首六万。	六 秦复与我武遂。	七
赵	十六 吴广入女，生子何，立为惠王后。 （吴广：赵臣，入其女孟姚于武灵王，生子何，即后来之赵惠文王。）	十七	十八	十九 初胡服。	二十	二十一
楚	十九	二十	二十一	二十二	二十三 （伐越，设郡江东。）	二十四 秦来迎妇。
燕	二	三	四	五	六	七
齐	十四 ［宣王十］	十五 ［宣王十一］	十六 ［宣王十二］	十七 ［宣王十三］	十八 ［宣王十四］	十九 ［宣王十五］

	前 304	前 303	前 302	前 301	前 300
周	十一	十二	十三	十四	十五
秦	三	四 彗星见。	五 魏王来朝。 （朝于临晋之应亭。）	六 蜀反，司马错往诛蜀守煇，定蜀。日蚀，昼晦。伐楚。 （伐楚：《秦本纪》："庶长奂伐楚，斩首二万。"次年，"拔新城"，杀楚将景缺。日食在前 301 年 8 月 5 日。）	七 樗里疾卒。击楚，斩首三万。魏冉为相。
魏	十五 ［襄王十五］	十六 ［襄王十六］ 秦拔我蒲坂、晋阳、封陵。 （蒲坂：在今山西永济西。晋阳：此晋阳又称阳晋，在今山西芮城西南。封陵：在今风陵渡，属山西芮城。）	十七 ［襄王十七］ 与秦会临晋，复归我蒲坂。	十八 ［襄王十八］ 与（秦）［齐］击楚。 （与秦击楚：此说误。魏、韩乃与齐击楚，非与秦击楚，本年秦伐楚是独自进行的。韩、齐格同误，楚表亦误。）	十九 ［襄王十九］
韩	八	九 秦取武遂。	十 太子婴与秦王会临晋，因至咸阳而归。 （太子婴：死于襄王十二年，未得为王。咸阳：秦都，在今陕西咸阳东北。）	十一 秦取我穰。与（秦）［齐］击楚。 （穰：原为楚邑，此时属韩。在今河南邓州。秦取穰后，封魏冉于穰，号穰侯。）	十二

赵	二十二	二十三	二十四	二十五 赵攻中山。惠后卒。 （中山君奔齐。）	二十六
楚	二十五 与秦王会黄棘，秦复归我上庸。 （黄棘：楚邑，在今河南新野东北。上庸：在今湖北竹山县西南。）	二十六 太子质秦。 （楚倒向秦，孟尝君率齐、韩、魏攻之。）	二十七	二十八 （秦）韩、魏、齐败我将军唐昧于重丘。	二十九 秦取我襄城，杀景缺。 （襄城：又称新城，《秦本纪》、睡虎地秦简《编年纪》并作“新城”，在今河南襄城。景缺：楚将。）
燕	八	九	十	十一	十二
齐	二十 ［宣王十六］	二十一 ［宣王十七］	二十二 ［宣王十八］	二十三 ［宣王十九］ 与（秦）［韩、魏］击楚，使公子将，大有功。	二十四 ［齐湣王地元年］ 秦使泾阳君来为质。 （泾阳君：秦昭王同母弟公子市，初封泾阳，今陕西泾阳西北；后封宛，在今河南南阳。）

	前299	前298	前297	前296	前295	前294
周	十六	十七	十八	十九	二十	二十一
秦	八 楚王来，因留之。 （秦王诱骗楚王入武关会盟，入而劫至咸阳，逼其割地，楚王不从，遂被扣留。）	九	十 楚怀王亡之赵，赵弗内。	十一 彗星见。复与魏封陵。	十二 楼缓免。穰侯魏冉为丞相。 （楼缓：赵国人，曾仕赵，后入相秦。长平之战后，为秦说赵割地，被虞卿识破，亡去。）	十三 任鄙为汉中守。 （任鄙：秦武王时力士。因魏冉荐，任汉中郡守。汉中：郡名，治所在南郑，今陕西汉中西南。）
魏	二十 [襄王二十] 与齐王会于韩。	二十一 [襄王二十一] 与齐、韩共击秦于函谷。河、渭绝一日。	二十二 [襄王二十二]	二十三 [襄王二十三] （与齐、韩击秦。）	魏昭王元年 秦尉错来击我襄城。 （昭王：襄王之子，名遬。尉错：指司马错。尉：国尉，高级武官。杨宽疑“尉”字应作“将”。襄：《魏世家》作“襄城”。）	二 与秦战，我不利。
韩	十三 齐、魏王来。立咎为太子。 （咎：即日后的韩釐王。）	十四 与齐、魏共击秦。	十五	十六 与齐、魏击秦，秦与我武遂和。 （中华本删前五字，误。今复。）	韩釐王咎元年 （釐王：襄王之子，名咎。）	二 （秦将白起始攻伊阙。）

赵	二十七	赵惠文王元年以公子胜为相，封平原君。（惠文王：武灵王之子，名何。）	二 楚怀王亡来，弗内。	三 （赵灭中山，赵、宋乘齐、魏、韩之胜，攻秦至盐氏。）	四 围杀主父。与齐、燕共灭中山。 （赵灭中山在前296年，此《表》误后一年。又燕未参与灭中山。）	五
楚	三十 王入秦。秦取我八城。	楚顷襄王元年 秦取我十六城。 （顷襄王：怀王之子，名横。）	二	三 怀王卒于秦，来归葬。	四 鲁文公元年。 （文公：平公之子，名贾。《世本》作“湣公”。钱穆、杨宽定其元年为前302年。）	五
燕	十三	十四	十五	十六 （齐燕战，齐大胜燕。）	十七	十八
齐	二十五 [二] 泾阳君复归秦。薛文入相秦。 （薛文即孟尝君田文，继承其父田婴之封邑薛，故称薛文，又称薛公。本年入相秦。详见《孟尝君列传》。）	二十六 [三] 与魏、韩共击秦。孟尝君归相齐。	二十七 [四]	二十八 [五] （齐、魏、韩攻秦入函谷关，秦割封陵、武遂等三城予魏、韩。）	二十九 [六] 佐赵灭中山。 （此说疑误。）	三十 [七] 田甲劫王，相薛文走。 （田甲：齐国贵族。受齐相孟尝君指使，劫持湣王，失败，孟尝君出奔封邑薛。）

	前293	前292	前291	前290	前289	前288
周	二十二	二十三	二十四	二十五	二十六	二十七
秦	十四 白起击伊阙，斩首二十四万。	十五 魏冉免相。	十六	十七 魏入河东四百里。 （前已攻下魏之魏邑、邓，此年又攻垣、皮氏，魏被迫献地。）	十八 客卿错击魏，至轵，取城大小六十一。 （客卿错：即司马错。轵：魏邑，在今河南济源东南。）	十九 十月，为帝；十二月，复为王。任鄙卒。 （秦昭王自称西帝，尊齐湣王为东帝。相约灭赵。苏秦认为称帝不利于齐灭宋，劝齐王去帝号，秦亦遂去。）
魏	三 佐韩击秦，秦败我兵伊阙。	四	五 （田文相魏。）	六 芒卯以诈见重。 （芒卯请秦昭王荐他任魏司徒，说魏割地献秦。然后率秦、魏攻齐，得二十二县与魏。以此见重于魏。）	七 秦击我。取城大小六十一。 （《白起王翦列传》曰秦昭王十五年白起攻取，当误。）	八
韩	三 秦败我伊阙，斩首二十四万，虏将喜。 （喜：公孙喜，魏将。又称犀武或师武。）	四	五 秦拔我宛城。 （宛城：在今河南南阳。《秦本纪》曰“攻楚取宛”在上年。）	六 与秦武遂地方二百里。	七	八

赵	六	七	八	九	十	十一 秦拔我桂阳。 （桂阳:《赵世家》作“梗阳”。梗阳在今山西清徐。）
楚	六	七 迎妇秦。	八	九	十	十一
燕	十九	二十	二十一	二十二	二十三	二十四
齐	三十一 ［八］	三十二 ［九］	三十三 ［十］	三十四 ［十一］	三十五 ［十二］	三十六 ［十三］ 为东帝二月，复为王。 （齐、赵会于阿，约攻秦去帝。李兑、苏秦约五国合纵。）

	前287	前286	前285	前284	前283	前282
周	二十八	二十九	三十	三十一	三十二	三十三
秦	二十 （苏秦、李兑、孟尝君合纵齐、赵、魏、韩、燕五国攻秦。秦归还赵、魏部分侵地，而五国之师疲于成皋。）	二十一 魏纳安邑及河内。 （河内：地区名，此指黄河以北。魏国除河东、共汲以外的土地，轵等数十城已经被秦攻占。）	二十二 蒙武击齐。 （蒙武：秦将，蒙骜之子，其生活时代在始皇之世。此当作蒙骜。骜为齐人，为秦将，官至上卿。率兵攻齐、韩、魏，秦三川郡、太原郡、东郡之地，多为其略定。）	二十三 尉斯离与韩、魏、燕、赵共击齐，破之。 （此次五国攻齐，由秦约赵王主持，秦、赵、燕三国为主力。尉斯离：尉为秦武官名，斯离为名或姓名。）	二十四 与楚会穰。	二十五
魏	九 秦拔我新垣、曲阳之城。 （事在五国疲于成皋之后。新垣：与曲阳相近。曲阳：在今河南济源之西。）	十 宋王死我温。 （《战国策·宋策》曰“得而死”，即俘获被杀。）	十一	十二 与秦击齐济西。与秦王会西周。 （济西：地区名，在济水之西。西周：周王室的一个小诸侯国，都河南，在今河南洛阳西。）	十三 秦拔我安城，兵至大梁而还。 （安城：在今河南原阳西南。大梁：魏都城，在今河南开封市。）	十四 大水。 卫怀君元年 （卫怀君元年：梁玉绳认为应在魏襄王二十三年，前296年；平势隆郎认为在魏昭王二年，前294年。）

韩	九	十 秦败我兵夏山。 （夏山：未详所在。）	十一	十二 与秦击齐济西。与秦王会西周。	十三	十四 与秦会两周间。 （两周：指周王室的两个小诸侯国西周和东周。）
赵	十二	十三	十四 与秦会中阳。 （赵、秦会，谋破齐。中阳：原为赵邑，后为秦所有，在今山西中阳。）	十五 取齐昔阳。	十六	十七 秦拔我两城。 （两城：《编年纪》曰："攻兹氏。"兹氏为赵邑，在今山西汾阳东南。兹氏为"两城"之一。）
楚	十二	十三	十四 与秦会宛。	十五 取齐淮北。 （楚将淖齿救齐，任齐相，取淮北。淮北：地区名，在淮水以北，原为楚地，为宋占有，宋亡归齐。）	十六 与秦王会穰。	十七
燕	二十五	二十六	二十七	二十八 与秦、三晋击齐，燕独入至临菑，取其宝器。 （临菑：齐都城，在今山东淄博之临淄区之东北。）	二十九	三十
齐	三十七 ［十四］	三十八 ［十五］ 齐灭宋。 （以秦取安邑为条件，换取秦同意灭宋。）	三十九 ［十六］ 秦拔我列城九。 （秦已得安邑，因以破宋为齐罪，攻齐河东。）	四十 ［十七］ 五国共击湣王，王走莒。 （燕、赵共相乐毅，率师败齐。淖齿杀湣王。）	齐襄王法章元年 （襄王：湣王之子，名法章。）	二

	前281	前280	前279	前278	前277	前276
周	三十四	三十五	三十六	三十七	三十八	三十九
秦	二十六 魏冉复为丞相。 （益封陶邑。）	二十七 击赵，斩首三万。地动，坏城。	二十八 （白起攻楚。）	二十九 白起击楚，拔郢，更东至竟陵，以为南郡。 （郢：楚都城，在今湖北荆州市荆州区西北。竟陵：在今湖北潜江西北。南郡：秦攻取郢都及其周围地区，设南郡，治所在郢。）	三十 白起封为武安君。 （据《秦本纪》《白起王翦列传》，起封武安君在上年。）	三十一
魏	十五	十六	十七	十八	十九	魏安釐王元年 秦拔我两城。封弟公子无忌为信陵君。 （安釐王：昭王之子，名圉。信陵君：昭王之子，安釐王之弟，名无忌。礼贤下士，急人之难，曾窃符救赵，合纵五国攻秦。详见《魏公子列传》。）
韩	十五	十六	十七	十八	十九	二十

赵	十八 秦拔我石城。 （石城：即离石。《编年纪》于本年载："攻离石。"离石在今山西吕梁离石区。）	十九 秦败我军，斩首三万。 （秦取代、光狼。）	二十 与秦会黾池，蔺相如从。	二十一	二十二	二十三
楚	十八	十九 秦击我，与秦汉北及上庸地。	二十 秦拔隔、西陵。 （隔：即"鄢"，楚国别都，在今湖北宜城东南。西陵：今湖北宜昌西北。）	二十一 秦拔我郢，烧夷陵，王亡走陈。 （夷陵：在今湖北宜昌东南，是楚王祖坟的所有地。陈：在今河南周口淮阳区。）	二十二 秦拔我巫、黔中。 （秦昭王夺取楚国巫郡、黔中郡，合二郡为巫黔郡。辖境相当今重庆乌江流域和涪陵以下，湖北宜昌以上的长江沿岸地区。）	二十三 秦所拔我江旁反秦。 （指楚国调集军队，收复了沿江的十五邑，重新建立郡，抵抗秦国。）
燕	三十一	三十二	三十三	燕惠王元年 （惠王：昭王之子，名不详。）	二	三
齐	三	四	五 杀燕骑劫。	六	七	八

	前275	前274	前273	前272	前271	前270
周	四十	四十一	四十二	四十三	四十四	四十五
秦	三十二 （魏背秦亲齐，使魏冉伐魏。）	三十三	三十四 白起击魏华阳军，芒卯走，得三晋将，斩首十五万。	三十五 （秦灭义渠。）	三十六	三十七 （范雎献远交近攻之策。）
魏	二 秦拔我两城，军大梁城，韩来救，与秦温以和。	三 秦拔我四城，斩首四万。	四 与秦南阳以和。 （南阳：地区名，在太行山之南，黄河之北，分属韩、魏。魏之南阳在山阳、怀、宁，即今河南焦作、武陟、获嘉一带。）	五 击燕。 （《秦本纪》曰秦佐韩、魏、楚伐燕。）	六	七
韩	二十一 暴鸢救魏，为秦所败，走开封。 （暴鸢：韩国将领。曾率韩军参加垂沙之战。）	二十二	二十三	韩桓惠王元年 （桓惠王：釐王之子，名不详。此栏脱“击燕”二字。）	二	三 秦击我阏与城，不拔。

赵	二十四	二十五	二十六	二十七 （《楚世家》曰“助三晋”伐燕。）	二十八 蔺相如攻齐，至平邑。 （平邑：在今河南南乐东北。）	二十九 秦攻韩阏与，赵奢将击秦，大败之，赐号曰马服。 （按：“韩”字应作“赵”。）
楚	二十四	二十五	二十六	二十七 击燕。 鲁顷公元年 （顷公：文公之子，名雠。梁玉绳定其元年为前 273 年，钱穆、杨宽定其元年为前 279 年。黄歇侍太子入质于秦。）	二十八	二十九
燕	四	五	六	七	燕武成王元年 （燕相公孙操弑惠王立武成。武成王：惠王之子，名不详。）	二
齐	九	十	十一	十二	十三	十四 秦击我刚、寿。 （中华本“秦”下原有“楚”字，为衍文，今删。刚：在今山东宁阳东北。寿：在今山东东平西南。）

	前269	前268	前267	前266	前265	前264
周	四十六	四十七	四十八	四十九	五十	五十一
秦	三十八	三十九	四十 太子质于魏者死，归葬芷阳。 （太子：《秦本纪》称“悼太子”。芷阳：在今陕西西安东。）	四十一 （四贵失势，范雎相秦。）	四十二 宣太后薨。安国君为太子。 （安国君：即继昭王即位的秦孝文王。）	四十三
魏	八	九 秦拔我怀城。 （怀城：在今河南武陟西南。）	十	十一 秦拔我（廪）[邢]丘。 （廪丘：徐广曰：“或作‘邢丘’。”按：《编年纪》正作“邢丘”。邢丘在今河南温县东。）	十二	十三
韩	四	五 （秦用范雎之计，攻韩荥阳、太行。）	六	七	八	九 秦拔我陉。城汾旁。 （陉：即陉城，在今山西曲沃东北。城汾旁：沿汾水修筑防御工事。）

赵	三十 （《编年纪》秦赵阏与之战在本年。）	三十一	三十二	三十三	赵孝成王元年 秦拔我三城。平原君相。 （孝成王：惠文王之子，名丹。杨宽认为此时虞卿为赵相。）	二
楚	三十	三十一	三十二	三十三	三十四	三十五
燕	三	四	五	六	七 齐田单拔中阳。	八
齐	十五	十六	十七	十八	十九	齐王建元年 （齐王建：襄王之子，名建，公元前 221 年降秦，齐亡。）

	前263	前262	前261	前260	前259	前258	前257
周	五十二	五十三	五十四	五十五	五十六	五十七	五十八
秦	四十四 攻韩,取南阳。(南阳:地区名,属韩,在今河南济源、获嘉一带,在太行之南。攻此以断绝韩都与其上党郡之路。)	四十五 攻韩,取十城。(取十城:据《编年纪》,秦攻取韩的野王,今河南沁阳,然则十城即指野王等十城。至此,韩之上党郡与本土隔绝了。)	四十六 王之南郑。	四十七 白起破赵长平,杀卒四十五万。	四十八	四十九	五十 王龁、郑安平围邯郸,及龁还军,报新中。
魏	十四	十五	十六	十七	十八	十九	二十 公子无忌救邯郸,秦兵解去。
韩	十 秦击我太行。(太行:指由今河南北部翻越太行山进入山西上党地区之路。)	十一	十二	十三	十四	十五	十六

赵	三	四	五 使廉颇拒秦于长平。	六 使赵括代廉颇将。白起破括四十五万。	七	八	九 秦围我邯郸，楚、魏救我。
楚	三十六	楚考烈王元年 秦取我州。黄歇为相。 （考烈王：顷襄王之子，名元，金文作肯。州：当据徐广说作夏州，在长江北岸的江、汉汇流一带地区。《寰宇记》引《荆州图副》云："首尾七百里，华容、监利二县在其中矣。）	二	三	四	五	六 春申君救赵。
燕	九	十	十一	十二	十三	十四	燕孝王元年 （孝王：武成王之子，名不详。）
齐	二	三	四	五	六	七	八

	前256	前255	前254	前253	前252	前251
周	五十九 赧王卒。 （西周亡于秦。）					
秦	五十一 （西周君与诸侯合纵，秦攻之，西周尽献其邑三十六。）	五十二 取西周。王稽弃市。	五十三 （取魏吴城，魏委国听令。）	五十四	五十五	五十六
魏	二十一 韩、魏、楚救赵新中，秦兵罢。	二十二	二十三	二十四	二十五 卫元君元年 （元君：怀君之弟，魏婿，故魏立之。梁玉绳定其元年于前265年，平势隆郎定于前264年，杨宽定于是年。）	二十六
韩	十七 秦击我阳城。救赵新中。（阳城：在今河南登封东南。）	十八	十九	二十	二十一	二十二
赵	十	十一	十二	十三	十四	十五 平原君卒。 （《赵世家》在十四年，司马贞认为《表》与《世家》同，则其所见本与此异。）

楚	七 救赵新中。	八 取鲁，鲁君封于莒。 （钱穆认为在上年，杨宽、郭克煜认为本表不误。鲁君卒于柯，在今山东东阿西南之阿城镇。杨宽疑莒为柯之小邑。）	九	十 徙于钜阳。	十一	十二 柱国景伯死。 （柱国：官名，亦称上柱国，柱国原意为保卫国都之官，后为楚国最高武官，位仅次于令尹。景伯：生平不详，在《史记》中仅此一见。杨宽疑即景阳。）
燕	二	三	燕王喜元年 （王喜：孝王之子，名喜。亡于秦。）	二	三	四 伐赵，赵破我军，杀栗腹。 （燕相栗腹乘赵于长平之战后的虚弱，举兵攻赵，廉颇败之于鄗，杀栗腹，围燕都，燕人求和。《赵世家》围燕在次年。）
齐	九	十	十一	十二	十三	十四

	前250	前249	前248	前247	前246	前245
周		（东周亡于秦。）				
秦	秦孝文王元年 （孝文王：昭襄王之子，名庄。改元三日而亡。）	秦庄襄王楚元年 蒙骜取成皋、荥阳。初置三川郡。吕不韦相。取东周。 （庄襄王：孝文王之子，初名异人，后更名子楚。成皋：韩邑，在今河南荥阳汜水镇。荥阳：韩邑，在今河南荥阳东北。三川郡：因境内有黄河、雒水、伊水而得名。）	二 蒙骜击赵榆次、新城、狼孟，得三十七城。日蚀。 （榆次：在今山西晋中榆次区。新城：在今山西朔州西南。狼孟：在今山西阳曲。日蚀：时在前248年4月24日。）	三 王齮击上党。初置太原郡。魏公子无忌率五国却我军河外，蒙骜解去。 （王齮：《集解》谓作“王龁”。上党：韩国上党郡，在今山西沁河以东一带，北与赵的上党郡相接。太原郡：辖境有今山西五台山和管涔山以南、霍山以北地区。郡治在晋阳，在今山西太原西南。）	始皇帝元年 击取晋阳。作郑国渠。 （始皇帝：庄襄王之子，名正，或作政，二十六年称始皇帝。）	二
魏	二十七	二十八	二十九	三十 无忌率五国兵败秦军河外。	三十一	三十二
韩	二十三	二十四 秦拔我成皋、荥阳。	二十五	二十六 秦拔我上党	二十七	二十八

赵	十六	十七	十八	十九	二十 秦拔我晋阳。 （秦既先得晋阳而置太原郡，不久五国攻秦而“晋阳反”，复归于赵。“蒙骜击定之”。）	二十一
楚	十三	十四 楚灭鲁，顷公迁卞，为家人，绝祀。 （卞：《鲁周公世家》作“下邑”，即都外小邑。“卞”为“下”字之讹。家人：平民。）	十五 春申君徙封于吴。 （吴：在今江苏苏州。）	十六	十七	十八
燕	五	六	七	八	九	十
齐	十五	十六	十七	十八	十九	二十

	前244	前243	前242	前241	前240
秦	三 蒙骜击韩，取十三城。王齮死。	四 七月，蝗蔽天下。百姓纳粟千石，拜爵一级。	五 蒙骜取魏酸枣二十城。初置东郡。 （酸枣：在今河南延津西南。东郡：郡治濮阳，在今河南濮阳县西南。）	六 五国共击秦。 （五国共击秦：赵将庞煖率赵、楚、魏、燕、韩五国联军击秦，攻函谷关。这是东方各国最后一次合纵。）	七 彗星见北方、西方。夏太后薨。蒙骜死。 （齐藤国治、小泽贤二考证，是年五月二十五日哈雷彗星现于东方；六月三日现于北方，六月九日再现于西方。夏太后：秦庄襄王之生母。）
魏	三十三	三十四 信陵君死。	魏景湣王元年 秦拔我二十城。 （景湣王：安釐王之子，名增，一说名午。）	二 秦拔我朝歌。 卫从濮阳徙野王。 （朝歌：在今河南淇县。“卫从”句：卫曾与秦连横，被魏灭亡而成为魏的附庸，本年秦迁卫于野王而成为秦的附庸。濮阳：卫都，在今河南濮阳县西南。野王：在今河南沁阳。）	三 秦拔我汲。 （汲：在今河南卫辉西南。）
韩	二十九 秦拔我十三城。	三十	三十一	三十二	三十三

赵	赵悼襄王偃元年（悼襄王：孝成王之子，名偃。）	二 太子从质秦归。（杨宽疑“太子”为“公子”之误。）	三 赵相、魏相会鲁柯，盟。（柯：邑名，即阿，在今山东阳谷东北阿城镇，楚曾迁鲁顷公于此。故称“鲁柯”。中华本于此删“鲁”字，似不妥。）	四	五
楚	十九	二十	二十一	二十二 王东徙寿春，命曰郢。（寿春：在今安徽寿县。）	二十三
燕	十一	十二 赵拔我武遂、方城。（武遂：在今河北保定徐水区西。方城：在今河北固安西南。）	十三 剧辛死于赵。（剧辛：赵人，与庞煖友善，后亡走燕。燕欲乘赵弊击赵，剧辛以为“庞以易与”，将兵击之，庞煖败燕杀剧辛，见《燕召公世家》。）	十四	十五
齐	二十一	二十二	二十三	二十四	二十五

	前239	前238	前237	前236	前235	前234
秦	八 嫪毐封长信侯。 （嫪毐：赵国邯郸人。初为吕不韦食客，后入宫为宦者，深得太后宠幸。权势极大，有家僮数千人。封长信侯。后为人告发，实非宦者，与太后相乱。恐诛，发兵反，兵败被杀。）	九 彗星见，竟天。嫪毐为乱，迁其舍人于蜀。彗星复见。 （竟天：满天、遍天。秦平政变后，夷嫪毐三族，迁其舍人四千余家入蜀。舍人：私门之官，有职事的门客。）	十 相国吕不韦免。齐、越来，置酒。太后入咸阳。大索。 （太后入咸阳：因嫪毐事，秦王上年迁太后于雍，在今陕西宝鸡凤翔区西南，本年又纳茅焦之谏，迎太后入都。）	十一 吕不韦之河南。王翦击邺、阏与，取九城。 （河南：在今河南洛阳，吕不韦的封邑，食河南洛阳十万户。）	十二 发四郡兵助魏击楚。吕不韦卒。复嫪毐舍人迁蜀者。 （复：免除徭役。毐舍人罪重者已刑戮，轻者罚徒役三岁。）	十三 桓齮击平阳，杀赵扈辄，斩首十万，因东击赵，王之河南。彗星见。 （王之河南：秦王到河南视察。有人将“赵”“王”二字连读，误。）
魏	四	五 秦拔我垣、蒲阳、衍。 （垣：即首垣，在今河南长垣东北。蒲阳：在今山西隰县。衍：在今河南郑州北。）	六	七	八 秦助我击楚。	九

韩	三十四	韩王安元年 （王安：桓惠王之子，名安。亡于秦。）	二	三	四	五
赵	六	七	八 入秦，置酒。	九 秦拔我阏与、邺，取九城。	赵王迁元年 （王迁：悼襄王之子，名迁。亡于秦。追谥幽湣王。）	二 秦拔我平阳，败扈辄，斩首十万。
楚	二十四	二十五 李园杀春申君。	楚幽王悍元年 （幽王：考烈王之子，名悍，中华本原作“悼”，误也，今正。）	二	三 秦、魏击我。	四
燕	十六	十七	十八	十九	二十	二十一
齐	二十六	二十七	二十八 入秦，置酒。	二十九	三十	三十一

	前233	前232	前231	前230	前229	前228
秦	十四 桓齮定平阳、武城、宜安。韩使非来，我杀非。韩王请为臣。 （武城：赵邑，在今山东武城西北。宜安：赵邑，在今河北石家庄藁城区西南。）	十五 兴军至邺。军至太原。取狼孟。 （《秦始皇本纪》作“大兴兵，一军至邺，一军至太原，取狼孟。”）	十六 置丽邑。发卒受韩南阳地。 （丽邑：在今陕西西安临潼区东北，郦山之旁。）	十七 内史腾击得韩王安，尽取其地，置颍川郡。华阳太后薨。 （华阳太后：楚女，孝文王后，无子，以庄襄王为嗣。）	十八 （大兴兵攻赵。）	十九 王翦拔赵，虏王迁。之邯郸。帝太后薨。 （之邯郸：即《秦始皇本纪》之“秦王之邯郸”，中华本于此删“之”字，误。帝太后：即秦王政之母，赵豪家女。《吕不韦列传》说是邯郸娼，马非百《秦集史》已辩其不可信。）
魏	十	十一	十二 献城秦。	十三	十四 卫君角元年 （卫君角：元君之子，名角。梁玉绳等认为其元年在前240年。）	十五
韩	六	七	八 秦来受地。	九 秦虏王安，秦灭韩。		

赵	三 秦拔我宜安。 （是年攻而未拔。）	四 秦拔我狼孟、鄱吾，军邺。 （鄱吾：在今河北平山县东南。“鄱”字也作“番”“播”，均音pó。是年秦败于李牧军，未取鄱吾。）	五 地大动。	六	七 （李牧被谗杀。）	八 秦王翦虏王迁邯郸。公子嘉自立为代王。 （“邯郸”上或脱“之”字，或“邯郸”二字衍。公子嘉：悼襄王之子，名嘉。亡于秦。）
楚	五	六	七	八	九	十 幽王卒，弟郝立，为哀王。三月，负刍杀哀王。 （郝：幽王同母弟。）
燕	二十二	二十三 太子丹质于秦，亡来归。	二十四	二十五	二十六	二十七
齐	三十二	三十三	三十四	三十五	三十六	三十七

	前227	前226	前225	前224	前223	前222	前221
秦	二十 燕太子使荆轲刺王，觉之。王翦将击燕。 （荆轲：卫国人。游燕，处士田光荐之于太子丹，丹尊为上卿，与谋刺秦王。带樊於期首级与燕督亢地图献秦王，刺王不中，被杀。）	二十一 王贲击楚。 （王贲：秦将，王翦之子。）	二十二 王贲击魏，得其王假，尽取其地。 （引河沟水灌大梁，城坏，王假降。）	二十三 王翦、蒙武击破楚军，杀其将项燕。 （项燕：楚将，上年大破秦将李信军，是年王翦率秦六十万大军至，项燕兵败被杀，一说自杀。）	二十四 王翦、蒙武破楚，虏其王负刍。	二十五 王贲击燕，虏王喜。又击得代王嘉。五月，天下大酺。 （天下大酺 pú：朝廷让天下人欢庆，聚会饮酒。）	二十六 王贲击齐，虏王建。初并天下，立为皇帝。
魏	魏王假元年 （王假：景湣王之子，名假。亡于秦。）	二	三 秦虏王假。 （魏灭。）				
韩		（新郑反，韩王死。）					
赵	代王嘉元年	二	三	四	五	六 秦将王贲虏王嘉，秦灭赵。	

楚	楚王负刍元年 负刍，哀王庶兄。 （负刍：考烈王之子，名负刍，亡于秦。）	二 秦大破我，取十城。	三	四 秦破我将项燕。 （项燕立昌平君为荆王，反秦于淮南。马非百认为有人托项燕之名立昌平君于负刍被虏之后。）	五 秦虏王负刍，秦灭楚。		
燕	二十八 太子丹使荆轲刺秦王，秦伐我。	二十九 秦拔我蓟，得太子丹。王徙辽东。 （蓟：燕国都城，在今北京西南部。辽东：燕郡名，因在辽水以东得名。辖今大凌河以东地区。）	三十	三十一	三十二	三十三 秦虏王喜，拔辽东，秦灭燕。	
齐	三十八	三十九	四十	四十一	四十二	四十三	四十四 秦虏王建。秦灭齐。

秦	前220	二十七 更命河为“德水”。为金人十二。命民曰“黔首”。同天下书。分为三十六郡。
	前219	二十八 为阿房宫。之衡山。治驰道。帝之琅邪,道南郡入。为太极庙。赐户三十,爵一级。
	前218	二十九 郡县大索十日。帝之琅邪,道上党入。
	前217	三十
	前216	三十一 更命腊曰“嘉平”。赐黔首里六石米二羊,以嘉平。大索二十日。
	前215	三十二 帝之碣石,道上郡入。
	前214	三十三 遣诸逋亡及贾人、赘婿略取陆梁,为桂林、南海、象郡,以适戍。西北取戎为三十四县。筑长城河上,蒙恬将三十万。

秦	前 213	三十四 適治狱不直覆狱故失者筑长城。及南方越地。
	前 212	三十五 为直道,道九原,通甘泉。
	前 211	三十六 徙民于北河、榆中,耐徙三处,拜爵一级。石昼下东郡,有文言“地分”。
	前 210	三十七 十月,帝之会稽、琅邪,还至沙丘崩。子胡亥立,为二世皇帝。杀蒙恬。道九原入。复行钱。
	前 209	二世元年 十月戊寅,大赦罪人。十一月,为兔园。十二月,就阿房宫。其九月,郡县皆反。楚兵至戏,章邯击却之。出卫君角为庶人。
	前 208	二 将军章邯、长史司马欣、都尉董翳追楚兵至河。诛丞相斯、去疾,将军冯劫。
	前 207	三 赵高反,二世自杀,高立二世兄子婴。子婴立,刺杀高,夷三族。诸侯入秦,婴降,为项羽所杀。寻诛羽,天下属汉。

［简评］《六国年表》上起周元王元年（前476），也就是人们通常所定的战国时代的开始；下讫秦二世三年刘邦入关灭秦（前207），共谱列了二百七十年中的七雄并立、秦国统一，以至陈涉起义、刘邦灭秦的全过程。本表共八格，第一格是谱列周国的世系，因为尽管周国这时已近乎灭亡，但它在名义上还是各国诸侯的共主，所以它不在题目的“六国”之内。第二格是谱列秦国的世系，因为该表所反映的是秦国吞并东方六国的过程，而且此表的材料又基本是来自《秦记》，所以秦国的地位自然也不能与东方六国相同，因此题目所标的“六国”自然也不包括秦国。下面的三、四、五、六、七、八格，则分别谱列了魏、韩、赵、楚、燕和齐的世系。其实在这个表的前一半里还有晋、卫、郑、鲁、蔡、宋等国，因为它们是分别被魏、韩、楚、齐所灭的，所以晋、卫两国附列在魏国一格；郑国附列在韩国一格，鲁、蔡两国附列在楚国一格，宋国附列在齐国一格。其最大好处是使人能对战国二百多年的大事一目了然。但此表的错误也是很多的，其中以魏国、齐国诸侯的世系问题最大，此外赵国、韩国的世系也有部分问题。这是由于战国时代的材料奇缺，司马迁依据了不可靠的系年造成的。本表前面的短序，追述了秦襄公在西周末年的建国，和秦文公、秦穆公在春秋时代逐步向东方发展的情景，而后说到秦国在战国以来的日益强大，直到最后吞并东方六国，建立中央集权的统一国家的过程。司马迁在这段序文里表达了三个观点：其一是他看到了秦国统一天下有其历史的必然性，尽管还没有说得很清楚，但他在《河渠书》里提到了经济方面的原因；其二是他批评了秦王朝在实现这种统一的过程中所采用的残暴手段，与它后来所实行的愚民政策、高压政策，这的确是秦王朝最终灭亡的历史教训；其三是他肯定了秦王朝政策方略上的成功之处，指出了秦朝“世异变，成功大”的事实，驳斥了汉代儒生否定、排斥秦王

朝的不顾事实的谰言，明显与当时的官方舆论唱反调，勇气难能可贵。

［**集评**］《太史公自序》："春秋之后，陪臣秉政，强国相王；以至于秦，卒并诸夏，灭封地，擅其号。作《六国年表》第三。"

李景星曰："表列七国，而标名曰'六国'者，亦殊秦也。六国皆为秦灭，自不能以秦与六国等，故殊之。然所谓六国，亦不过举其大者而言。当时与六国有关系者，尚有许多小国亦不容略，故用附载法以联络之。宋附齐，以齐灭宋也；郑附韩，以韩灭郑也；中山附赵，以赵灭中山也；鲁、蔡附楚，以楚灭鲁、蔡也；卫不灭于魏而附焉，以地相近也。表既殊秦，故表序以《秦记》发端，以《秦记》收结，而中间以'秦取天下'为主，以六国之事夹说带叙，使二百七十年事朗若列眉。凡秦所以灭六国，及六国所以见灭于秦之故，亦于感慨之中曲曲传出。而一则曰'法后王'，再则曰'俗变相类，议卑易行'，在太史公意中尤有慨叹不已者，谓不独六国皆灭于秦，即后来世变虽多，其因革损益，恐亦不能出嬴氏之范围也。其篇内疏漏处，如'卫庄公饮，大夫不解履，公怒，即攻公，公奔宋'。此卫事也，误列第五格'赵'次。又平原君书'卒'，信陵君书'死'，前后义例相歧。又'赧王卒'之下阙'周亡'二字，后人指摘，皆不为过。至秦并天下之后，易短格为长行，正见六国皆归于秦，与前此不复相同。虽前后互异，不足为病也。"（《四史评议》）

方苞曰："篇中皆用秦事为经纬，以诸侯史记及周室所藏尽灭于秦火，所表见六国时事皆得之《秦记》也。独举三晋、田齐，以是表踵《春秋》之后，燕、楚旧国，事具《春秋》。且乱臣窃国，晏然不讨，而中原尽为所据，此世变之极，天下所以竞于谋诈而弃德义如遗迹也。秦之德义，无足比数，而卒并天下，乃前古所未有，故求其说而不得者，或本以地形，或归诸天助，又或以物所成孰之方宜收功实，而不知秦之得意，盖因乎世变。是何也？以谋诈遇德义，则民之归仁，沛然谁能御之；以谋诈驭谋诈，则秦之权变，非六国所能敌。其成功非幸，此所谓世变之异也。世变异，则治法随之，故汉之兴多沿秦法。昔三代受命，相继相因，孔子推之，以为百世可知。秦始变古，而传乃曰法后王，何也？孔子之所谓因者，礼也，天不变，道亦不变；迁之所谓法者，政也，政必逐乎情与势。而迁近己而俗变相类，论卑而易行，乃情之不谋而同，势之往而不反者也。故迁之言，亦圣人所不易也。其诮学者以不道秦事为耳食，盖深感世变而诡其辞，以志痛与！"（《方望溪先生文集》）

张大可曰："表序简括地总结了秦统一六国的历史，是一篇专论秦朝兴亡的史论。要点有二：一是讨论秦统一中国的原因；二是评价短命秦朝在历史上的地位。……读《六国年表序》当与《秦本纪》《秦始皇本纪》以及秦国人物传记并读，也可以说这篇表序就是秦国传纪的一个总论。汉代学者拘于耳食之见，诋毁秦朝是'余朝闰位'，说什么汉朝是'上继周统'，这都是违反历史事势之变的狂惑之言。司马迁反对暴政，批判了秦朝焚书坑儒的严刑酷法，但对秦朝'法后王'，革新政治而富强，终于一统天下的历史功绩却作了高度的评价和肯定，颇具辩证的目光。"（《史记新注》）

杨燕起曰："表序说明了三个问题。第一，论述战国时的天下大势，就是秦的兴起，三家分晋，田氏代齐，然后出现诸侯混乱，结果后起的秦却统一了天下，司马迁认为这是时势发展的必然结果。第二，依五行说提出'东方物所始生，西方物之成熟'，不免又受些形而上学的影响。然无意中却是说明了一个事实：中国传统的政治文化中心开创于西北，其发展方向是由西而东，由北至南，这样说它又有其实在的意义。第三，提出法后王。司马迁思想上确认的后王，乃是改造了儒家的传统观念，其所指却是促成了‘世异变,成功大’的秦,司马迁不因秦取天下多暴而全面否定它,在批判它消极一面的同时,却极力称颂它对中国历史发展所作出的巨大贡献,这正是司马迁比‘耳食’者的高明处,是他具有卓异历史观的表现。”(《史记全译》)